Herfried Münkler · Marina Münkler

ABSCHIED VOM ABSTIEG

Eine Agenda für Deutschland

ROWOHLT · BERLIN

Originalausgabe
Veröffentlicht im Rowohlt · Berlin Verlag, Berlin, Oktober 2019
Copyright © 2019 by Rowohlt · Berlin Verlag GmbH, Berlin
Satz aus der DTL Documenta
bei Pinkuin Satz und Datentechnik, Berlin
Druck und Bindung CPI books GmbH, Leck, Germany
ISBN 978-3-7371-0060-1

Inhalt

3. Die Bildungsrepublik: ein unvollendetes Projekt

4. Die Erneuerung der liberalen Demokratie

5. Deutschland, Europa und die neue Weltordnung

Schluss: Was aus alldem folgt 407

Einleitung: Zeitenwende oder Zwischenspiel?

Weithin ratlos reagiert das Gros der Beobachter darauf, dass sich inzwischen auch in Ländern mit beachtlichem Wohlstand eine Unzufriedenheit ausgebreitet hat, die jederzeit in Zorn und Wut umschlagen kann. Bis vor kurzem noch herrschte die Auffassung vor, die Ordnung der Demokratie sei dann sicher, wenn es einem Land wirtschaftlich gut gehe. Umgekehrt galten langwährende ökonomische Krisen als Gefährdung der demokratischen Ordnung. Das Paradebeispiel dafür ist die Zeit zwischen dem Ersten und dem Zweiten Weltkrieg, als die gerade erst gegründeten Demokratien Mitteleuropas sich der Reihe nach in autoritäre oder diktatorische Ordnungen verwandelten. Wenn nach historischen Analogien zur aktuellen Krise gesucht wird, fällt der Blick deshalb regelmäßig auf die 1920er und 1930er Jahre. Zumal in Deutschland wird das Ende der Weimarer Republik als Menetekel für die jüngsten Entwicklungen beschworen. Nach einer kurzen Prosperitätsphase geriet das Land in eine schwere Wirtschaftskrise, mit deren Dauer das Vertrauen in die Demokratie dahinschmolz. Im Unterschied dazu hat die Bundesrepublik die letzte Finanz- und Wirtschaftskrise glimpflich überstanden und danach ein Jahrzehnt ungebrochenen wirtschaftlichen Wachstums durchlaufen. Das ist der grundlegende Unterschied zur Endphase der Weimarer Republik. Dennoch wird der Vergleich mit den 1920er und 1930er Jahren, in denen die Demokratie allenthalben in die Defensive geriet und in Süd- und Mitteleuropa durch den Aufstieg von Diktatoren zerstört wurde, immer wieder herangezogen.[1] Sobald die Vorstellung aufkommt, die aktuelle Krise stehe für einen «Wendepunkt der Geschichte», hat das krisenverschärfende Folgen, denn diese Deutung dramatisiert die Krise und damit die weitere Entwicklung.

Unstreitig sind in den letzten Jahren in Europa und andernorts Politiker an die Macht gekommen, die den demokratischen Rechtsstaat und die Anhänger einer liberal-pluralistischen Gesellschaft verachten. Sie sind jedoch keineswegs gewählt worden, weil sie ihre Aversion gegen die Grundsätze der demokratischen Ordnung geheim gehalten hätten; vielmehr haben sie damit offen für sich geworben. Sie haben auf demokratischem Weg Mehrheiten gewonnen, auf die gestützt sie die Demokratie einschränken, wenn nicht abschaffen wollen. Das zeigt, dass eine große Anzahl von Menschen kein Vertrauen mehr in die Funktionsmechanismen der Demokratie hat – jedenfalls dann, wenn Demokratie nicht nur für die Herrschaft nach dem Willen der Mehrheit steht, sondern auch für die Bindung der Mehrheit an das Recht und die Möglichkeit individueller Präferenzentscheidungen gegen die Auffassung der Mehrheit. Auf diesen drei Grundsätzen – demokratische Machtkontrolle, Rechtsstaatlichkeit und gesellschaftliche Liberalität – beruht, was wir als «westliche Demokratie» bezeichnen. Genau das aber bestreiten die Anhänger von Erdoğan, Kaczyński und Orbán, Trump, Putin, Duterte und Bolsonaro. Für sie heißt Demokratie, dass die Mehrheit ohne Rücksicht auf Minderheiten entscheidet, was sie will, und dass diese Mehrheit mit populistischen Parolen und Maßnahmen gelenkt wird.

Die Faktoren, die zum Aufstieg der autoritär-autokratischen Politiker geführt haben, sind unterschiedlich, mischen sich teilweise aber auch: In Polen etwa verband sich gekränkter Nationalstolz mit den in ländlichen Räumen vorherrschenden Werten; in anderen Fällen trat die Vorstellung in den Vordergrund, Zuwanderung gefährde die nationale Identität; in den USA, aber auch in Teilen Frankreichs spielt die Erfahrung wirtschaftlichen Abgehängtwerdens eine zentrale Rolle; in Brasilien oder auf den Philippinen kommt physischer Angst infolge dramatischer Drogenkriminalität eine ausschlaggebende Bedeutung zu. Überall geht der Aufstieg autoritär-autokratischer Politiker mit Korruptionsvorwürfen gegen die politische Elite einher – in einigen Fällen treffen die Vorwürfe zu, in anderen sind sie nur ein Bestandteil von Denunziationskampagnen. Der Gestus des Auskehrens und Saubermachens trifft dabei nicht nur den politischen Gegner, sondern auch die demokratische Ordnung selbst: Sie sei, so der Subtext, nicht in der Lage, der sich ausbreitenden Korruption erfolgreich Widerstand zu leisten. Deshalb müssten «starke Männer» kommen, um das Land zu säubern[2] – von moralischer Verkommenheit, politischen Intrigen und gegen den «Willen des Volkes» gerichteten Einflusskoalitionen.

Die Delegitimation der politischen Parteien und der parlamentarischen Ordnung ist das eine; das andere ist ein in der Gesellschaft weit verbreitetes Gefühl der Einflusslosigkeit, der Wehrlosigkeit gegenüber Entwicklungen, die als bedrohlich wahrgenommen werden, und des Ausgeliefertseins an Mächte, denen man hilflos gegenübersteht. Als Sammelbegriff für diese Empfindungen hat sich die Formel vom Kontrollverlust durchgesetzt. Das Gefühl der Wehrlosigkeit und des Ausgeliefertseins ist inzwischen zur durchgehenden Grundierung der ansonsten wechselnden Stimmungslagen in der Politik geworden. Es findet seinen Niederschlag in der Ausbreitung obsessiver Verschwörungstheorien,[3] die auf der politischen

Linken wie der Rechten anzutreffen sind, und in einer diffusen Identifikation mit «starken Männern», die bei den an ihrer Hilflosigkeit Leidenden ein Gefühl wiedergewonnener Stärke hervorbringt.

Das unvermittelte Nebeneinander von gefühlter Hilfslosigkeit und imaginierter Allmacht ist weniger ein politisches als ein religiöses Phänomen, jedenfalls dann, wenn man als «politisch» eine Beziehung begreift, die unter dem Vorbehalt ihrer Revidierbarkeit eingegangen wird, während religiöse Bindungen unbedingt und uneingeschränkt sind. Der europäische Weg zur demokratischen Ordnung war dementsprechend mit der politischen Neutralisierung des Religiösen durch Zurückdrängung in die Sphäre des Privaten verbunden. Aber das war keine einsinnige Entwicklung, denn der gesellschaftliche Zusammenhalt, auf den Demokratien angewiesen sind, wird nicht zuletzt von im weiteren Sinn religiösen Antrieben getragen. Beides muss aber sorgsam auseinandergehalten werden.

Die Säkularisierung des Politischen in Europa ging immer wieder mit Gegenbewegungen einher, die, wie etwa der Nationalismus oder der Glauben an einen unfehlbaren Führer, religiöse Elemente in die politischen Beziehungen mischten und dabei das Politische ins Herrschaftliche oder Totalitäre zurückverwandelten.[4] Die Erinnerung an die daraus erwachsenen Katastrophen genügen aber offenbar nicht mehr, um die Sehnsucht nach der Sakralisierung des Politischen zu blockieren. In der Sehnsucht nach «starken Männern» zeichnet sich nicht nur eine Rückkehr religiöser Sehnsüchte in eine «entzauberte Welt» (Max Weber) ab, die das Projekt der liberalen Demokratie gefährden, sondern auch das Paradox, dass das, was besonders entschieden abgelehnt wird, nämlich der Islamismus, sich genau durch eine solche Vermischung von Politik und Religion auszeichnet.[5] Nun betrifft der Verweis auf den Islam sicherlich nicht das Selbstverständnis der westlichen Demokratie, die sich als Sachwalter einer irreversiblen Entwicklung angesehen hat und nach wie vor ansieht. Aber die entscheidende Frage lautet, ob es sich bei der Rückkehr religiöser Elemente in die Politik um eine zeitweilige Regression, ein politisches Zwischenspiel oder eine Zeitenwende handelt, wobei der Islamismus dann ein Vorreiter dessen wäre, was uns in Europa noch bevorsteht.

Dabei genügt es freilich nicht, nur die jüngere Vergangenheit, etwa die 1920er und 1930er Jahre, oder die Demokratisierungsschübe nach dem Ersten Weltkrieg und dem Zusammenbruch des Sowjetsystems zu betrachten.[6] Es müssen vielmehr größere Zeiträume ins Auge gefasst werden, in denen bürgerpartizipative Ordnungen für Jahrhunderte verschwunden sind. Dafür steht das Ende der athenischen Demokratie im 4. vorchristlichen Jahrhundert, die Agonie der römischen Republik nach jahrzehntelangen Bürgerkriegen drei Jahrhunderte später und auch der Untergang republikanisch-stadtstaatlicher Ordnungen im 15. und 16. Jahrhundert. In allen drei Fällen handelt es sich nicht um eine zeitweilige Unterbrechung in der Geschichte bürgerpartizipativer Ordnungen, sondern um das definitive Ende eines spezifischen Typs von Bürgerpartizipation. Als Jahrhunderte später wieder Ordnungen errichtet wurden, die auf der politischen Teilhabe von Bürgern beruhten, war dies ein Neuanfang und keine Wiederaufnahme dessen, was es zuvor schon einmal gegeben hatte. Das ist mit Wendepunkt oder Zeitenwende gemeint: eine für lange Zeit irreversible Veränderung.

Wie kommt es zu solchen Abbrüchen in der Geschichte bürgerpartizipativer Ordnungen? Der Verweis auf eine tiefe, unüberbrückbare Spaltung der Gesellschaft ist die eine Erklärung dafür: Demnach sind die sozialen und politischen Gegensätze so groß geworden, dass sie in bürgerpartizipativer Form nicht mehr zu befrieden sind und der Ruf nach einem mit uneingeschränkter Macht ausgestatteten Herrscher entsteht. Ein weiterer Grund kann sein, dass die bürgerpartizipative Ordnung von äußeren oder inneren Feinden gewaltsam zerschlagen wird. Eine dritte Erklärung spricht vom freiwilligen Rückzug der Bürger aus der Politik, sei es, weil ihnen der damit verbundene Aufwand zu lästig geworden ist, sei es, weil sie das sichere Leben im Privaten den Risiken eines politischen Lebens vorziehen.

Diese drei Erklärungen schließen sich gegenseitig nicht aus. So ist politisches Engagement in einer gespaltenen Gesellschaft sehr viel riskanter als in einer sozial und politisch geeinten. Und Feinde der bürgerpartizipativen Ordnung haben in gespaltenen Gesellschaften bessere Chancen, an die Macht zu kommen, als in gefestigten. Ob daraus nun eine Unterbrechung oder ein Abbruch politischer Teilhabe wird, hängt wesentlich davon ab, ob eine starke Gruppe der Bürger am Partizipationsprojekt festhält und es zu erneuern versucht oder ob die Bürgerschaft resigniert und eigene Macht- und Geltungsansprüche aufgibt. Étienne de La Boétie, ein französischer Jurist und Essayist des 16. Jahrhunderts, hat mit Blick auf Letzteres von der *servitude volontaire* gesprochen, der freiwilligen Knechtschaft, in die sich Bürger begeben, um der Last politischer Teilhabe ledig zu sein.[7] La Boétie glaubte, eine solche Entwicklung in seiner Gegenwart, die er mit dem Ende der römischen Republik verglich, beobachten zu können. Er gelangte zu dem Ergebnis, die Ära bürgerschaftlicher Politikpartizipation sei definitiv zu Ende gegangen.

Anders als La Boétie war Karl Marx bei seiner Auseinandersetzung mit dem Scheitern der 1848er-Revolution in Frankreich und dem Staatsstreich von Napoleons Neffen im *18. Bru-*

maire des Louis Bonaparte der Auffassung, das Ende der Epoche der Bourgeoisie und den Aufstieg des Proletariats vor Augen zu haben, wenngleich Letzteres durch die Unterwerfung der Bourgeoisie unter die Herrschaft Bonapartes aufgehalten wurde. In einem anderen Sinne als La Boétie ging aber auch er von einer freiwilligen Unterwerfung aus, nämlich vom Eingeständnis der Bourgeoisie, «dass ihr eigenes Interesse gebiete, sie der Gefahr des Selbstregierens zu überheben, dass um (...) ihre gesellschaftliche Macht unversehrt zu erhalten, ihre politische Macht gebrochen werden müsse, dass (...) um ihren Beutel zu retten, die Krone ihr abgeschlagen und das Schwert, das sie beschützen solle, zugleich als Damoklesschwert über ihr eigenes Haupt gehängt werden müsse».[8] Das klingt – ganz ähnlich wie bei La Boétie – nach freiwilliger Knechtschaft, beschreibt aber kein prinzipielles Ende, sondern nur den politischen Abstieg einer Klasse, die einer aufsteigenden Platz machen muss, den Machtwechsel aber durch ein Übergangsregime verzögert: «Die französische Bourgeoisie bäumte sich gegen die Herrschaft des arbeitenden Proletariats, sie hat das Lumpenproletariat zur Herrschaft gebracht, an der Spitze den Chef der Gesellschaft vom 10. Dezember [Louis Bonaparte].»[9]

La Boétie erzählt die Geschichte der republikanisch-bürgerpartizipativen Ordnung als eine von Niedergang und Untergang. Für ihn ist das die Summe dessen, was er einerseits an historischem Wissen zusammengetragen und andererseits selbst beobachtet hat. Marx hingegen beschreibt einen Abstieg, in dessen Hintergrund sich, wie er meint, der Anfang eines neuen Zeitalters abzeichnet. Dieser Unterschied in der Beobachtung wird aber nicht in erster Linie durch faktische Differenzen begründet, sondern durch Erzählmuster, durch Narrative, die es ermöglichen, das Beobachtete einzuordnen und zu bewerten. Abstieg und Niedergang bilden hier *frames*,

Rahmungen, die letzten Endes darüber entscheiden, ob wahrgenommene Ereignisse auf den Aufstieg der einen Klasse oder den Abstieg der anderen hindeuten, ob sie den Niedergang von Herrschaftsformen oder die Heraufkunft einer neuen Gesellschaft ankündigen.[10] Narrative sind in gesellschaftliche Konstellationen eingebettet, deren Wahrnehmung und Beschreibung ihrerseits durch ebendiese Narrative geprägt ist. Dabei verschaffen sie sich die empirischen Belege für ihre Richtigkeit selbst. Narrative können deshalb auch nicht empirisch widerlegt werden. Aber sie können ihre Deutungsmacht einbüßen.[11]

Um den Zirkel zu durchbrechen, in dem polarisierende Narrative alle anderen Formen der Weltwahrnehmung verdrängen, müssen zunächst die Narrative selbst kritisch betrachtet werden. In der Bundesrepublik wie in der DDR waren die Nachkriegszeit, die späten 1950er und die frühen 1960er Jahre von der Vorstellung eines kollektiven Aufstiegs geprägt: der Rückkehr Deutschlands in die Gemeinschaft der europäischen Völker und der allgemeinen Verbesserung der Lebensverhältnisse. Im Unterschied dazu dominieren gegenwärtig die Narrative von Abstieg und Niedergang: des Abstiegs ganzer Schichten in den Zustand dauerhafter Prekarität, aber auch des ökonomischen Abstiegs Deutschlands und Europas, ebenso wie des Niedergangs vorgeblich christlich-abendländischer Werte. Der «Westen», von dem vor nicht allzu langer Zeit noch angenommen wurde, er sei der politische und ökonomische Prägestempel der Zukunft,[12] wird als globaler Abstiegskandidat angesehen, und der ängstliche Blick richtet sich auf Ost- und Südostasien als das neue Kraftzentrum des 21. Jahrhunderts.[13] Zweifellos ins Wanken geraten ist «der Westen» als politisches Projekt; der Optimismus der frühen 1990er Jahre ist verflogen. Das Frappierende daran ist, dass man nicht recht erklären kann, warum es gerade jetzt zu diesem Stimmungsumschlag gekommen ist. Nicht die Empirie hat sich verändert, sondern das Leitnarrativ.

Nachfolgend soll es jedoch nicht nur um Erklärungen für den Stimmungswechsel gehen. Es wird auch nach Auswegen aus der Krise und nach Perspektiven für eine Gesellschaft gesucht, in der nicht mehr, wie zwischen den 1950er und den 1970er Jahren, mit einem sozialen «Fahrstuhleffekt» gerechnet werden kann.[14] Zudem werden Überlegungen zur politischen Ordnung einer Welt angestellt, in der Europa und die USA nicht länger wie selbstverständlich die wirtschaftliche Führungsposition einnehmen werden. Letztlich geht es um die Struktur einer Welt, die nicht mehr in Niall Fergusons Formel *The West and the Rest* beschrieben werden kann.[15] Und es geht um eine Gesellschaft, in der sozialer Aufstieg wie Abstieg zu einer wesentlich individuellen Angelegenheit geworden sind, wobei soziale Veränderungen zwar ganze Berufsgruppen erfassen können, aber nicht mehr zum Aufstieg ganzer Schichten und Klassen führen werden.[16] Dass dies weitreichende Folgen gerade für das Selbstverständnis der deutschen Gesellschaft hat, steht außer Frage. Sie war in der Nachkriegszeit wie in der Phase der Wiedervereinigung durch die Erwartung kollektiver Aufstiege geprägt, und der «Abschied vom Aufstieg» hat ihr Selbstverständnis wie ihren Erwartungshorizont tiefgreifend verändert.[17]

Seit den 1960er Jahren gab es in der Bundesrepublik einen starken Trend der Parteien zur politischen Mitte, weil nach Auffassung der Demoskopen die Wahlen dort und nicht auf den politischen Flügeln entschieden wurden.[18] Die Polarisierung der politischen Landschaft nahm ab, was auch damit zu tun hatte, dass sich die Erwartungen im unteren Segment der Gesellschaft nicht länger auf grundlegende Veränderungen der

Verhältnisse richteten, als deren Beförderer sich bis dahin die Parteien des linken Spektrums profiliert hatten. An ihre Stelle traten Vorstellungen eines schrittweisen, aber kontinuierlichen Aufstiegs. Parallel dazu schwand in bürgerlichen Kreisen die Angst, durch die unteren Schichten wirtschaftlich enteignet zu werden, und liberalere Auffassungen wurden auch in konservativen Kreisen akzeptabel. Die beiden Volksparteien CDU und SPD rückten weiter in die Mitte des politischen Spektrums, wo sie auf die dort seit längerem angesiedelte FDP trafen, und nach einer Phase parteiinterner Flügelkämpfe folgten ihnen auf diesem Weg auch die am Ende der 1970er Jahre neu entstandenen Grünen.[19]

Seit einiger Zeit herrscht nun in der Mitte parteipolitisches Gedränge, und es ist eher an den Nuancen in Sach- als in Grundsatzfragen erkennbar, wofür die Parteien jeweils stehen. Das ist durchaus bemerkenswert, denn der Drang zur politischen Mitte verstärkte sich in dem Maße, wie die Warnungen vor einer Erosion der sozialen Mitte häufiger wurden. Die Folge dieses allgemeinen Drangs in die Mitte war jedenfalls, dass die festen Wählerbindungen schwanden, die Zahl der Wechselwähler zunahm und die Wahlbeteiligung konstant zurückging. Die Wahlentscheidung wurde dadurch, was politische Informiertheit und Orientierung an den eigenen Interessen anbetraf, erheblich anspruchsvoller, und das kam der Mittelschicht zugute, die politisch stärker interessiert und engagiert ist. Sie ging zur Wahl, während die sozial Depravierten ihr immer häufiger fernblieben.[20]

Dann aber wurden im Gefolge der letzten Finanz- und Wirtschaftskrise und der zunehmenden Probleme, die der EU zu schaffen machten, die politischen Ränder in Europa wieder attraktiv. Es waren indes weniger die alten Rechts- und Linksparteien, die Zulauf erhielten, als neue populistische Parteien, die mit einfachen Antworten auf komplexe Fragen beachtliche Wahlerfolge erzielten.[21] Auf welcher Seite des politischen Spektrums die populistischen Bewegungen entstanden, scheint im Wesentlichen von der wirtschaftlichen Lage und der politischen Kultur des Landes abhängig zu sein: In den südlichen EU-Ländern war der Populismus (mit dem Sonderfall Italien) eher links angesiedelt, im restlichen Europa dagegen eindeutig rechts,[22] und auch im globalen Rahmen ist er überwiegend politisch rechts zu finden – wobei freilich anzumerken ist, dass die Rechtspopulisten auch einige genuin linke Themen aufgegriffen haben, mit denen sie nicht nur die Parteien «rechts der Mitte», sondern auch traditionell linke Parteien in Bedrängnis bringen konnten. In der Folge hat sich das klassische Parteienspektrum verschoben – so weit, dass sich die Frage stellt, ob die Rechts-links-Unterscheidung noch angemessen und zutreffend ist. Die Diagnose von Abstieg und Niedergang ist jedenfalls auf beiden Seiten anzutreffen, und die entsprechenden Narrative gehören zum Mobilisierungspotenzial der Parteien und Bewegungen beider politischer Flügel.

Verlierer dieser Entwicklung sind die Volksparteien, die in einer Zwickmühle stecken: Stärken sie in Reaktion auf die neuen sozioökonomischen Herausforderungen und die Verschiebungen im Parteiensystem ihre rechten oder linken Flügel, so verlieren sie Wähler in der Mitte. Bleiben sie hingegen Parteien der Mitte und grenzen sich gegen die rechts- wie linkspopulistischen Bewegungen ab, so verlieren sie Wähler auf den jeweiligen Flügeln, was sie unter Umständen die Stimmen kostet, die sie brauchen, um ihren Anspruch auf das Prädikat einer Volkspartei aufrechtzuerhalten oder zumindest eine Position zu besetzen, die eine Regierungsbildung ohne sie unmöglich macht. Wie die Entscheidung auch ausfällt: Sie ist mit erheblichen Wählerverlusten verbunden, weswegen die

Parteiführungen vor klaren Entscheidungen zurückschrecken und die Richtungskonflikte innerhalb der alten Volksparteien zunehmen.[23] Das wiederum senkt deren Attraktivität für Wähler der Mitte. Die CDU ist mit diesem Dilemma bisher geschickter umgegangen als die SPD, die die Hauptleidtragende der veränderten Parteienlandschaft ist: Sie hat in der Mitte, nach links, aber auch nach rechts verloren, und Teile ihrer alten Klientel gehen überhaupt nicht mehr zur Wahl.[24]

Gewinner dieser Entwicklung sind in Deutschland – neben den Rechtspopulisten der AfD – die Grünen, die sich leicht links von der Mitte angesiedelt und als die Partei einer modernen bürgerlichen Mittelschicht etabliert haben. Man kann darin eine Bestätigung von Ronald Ingleharts These sehen, wonach Menschen, die in materiell gesicherten Verhältnissen leben, «postmaterialistische» Werthaltungen ausbilden.[25] Dabei spielen materielle Interessen zwar weiterhin eine Rolle, aber sie stehen nicht, wie bei Personen mit «materialistischer» Grundhaltung, im Mittelpunkt der politischen Präferenzen; Werte wie Menschenrechte und Minderheitenschutz gewinnen dagegen an Bedeutung und können durchaus höher gewichtet werden als das unmittelbare Eigeninteresse. Auch das Eintreten für die Interessen der gesamten Menschheit, zu denen die Begrenzung des Klimawandels und der Schutz der Artenvielfalt gehören, kann der postmaterialistischen Werthaltung zugerechnet werden.

Die populistischen Bewegungen, gleichgültig, ob politisch rechts oder links, sind dagegen zu Sammlungsbewegungen für Personen mit «materialistischer» Grundeinstellung geworden, die sich zunächst um ihre eigene Subsistenz sorgen, aber ebenso um ihre Lebensstile, Traditionen und Werte. Das erklärt auch, warum jene Teile der Industriearbeiterschaft, die sich durch Globalisierung, Wertewandel und Umweltschutz bedroht fühlen, eher den Rechtspopulisten als der klassischen Linken zuneigen. Rechtspopulistische Bewegungen vermitteln ihnen den Eindruck, ihre Angst vor dem sozialen Abstieg werde ernst genommen und abgewertete Traditionen würden verteidigt. Dementsprechend können die Rechtspopulisten nicht nur das konservative bis rechte Narrativ des politischen Niedergangs, sondern auch das links angesiedelte des sozialen Abstiegs bespielen.[26]

Das ist das zweite Dilemma der Volksparteien: dass sie zwischen Interessenvertretung und Wertorientierung hin- und herschwanken und dabei auf Kompromisse setzen, die von einem Teil ihrer Wähler als faule Kompromisse abgelehnt werden. Sie können weder die eine noch die andere Seite hinreichend bedienen. Eine Reihe von Beobachtern hat daraus geschlussfolgert, dass die große Zeit der Volksparteien vorbei sei und diese sich in den kommenden Jahren in kleinere Parteien in einer aufgesplitterten Parteienlandschaft verwandeln würden. Was das bedeuten könnte, soll nachfolgend erörtert werden.

Die Veränderung der politischen Grundstimmung von Vertrauen zu Misstrauen, von Zuversicht zu Pessimismus und Zukunftsangst, die in den Abstiegs- und Niedergangsnarrativen ihren Ausdruck findet, dazu das Auseinanderdriften der Gesellschaft, in dessen Folge «Materialisten» und «Postmaterialisten» einander unversöhnlich gegenüberstehen, das Auseinanderfallen von Lebensstilen und schließlich die Neuordnung der Parteienlandschaft mit dem angesichts wachsender Polarisierung paradoxen Effekt eines erhöhten Zwangs zum Kompromiss – all dies hat zu einem fundamentalen Wandel der politischen Perspektiven geführt, der durchaus als Wendepunkt begriffen werden kann. Stand global seit Mitte der 1950er Jahre die Schaffung wirtschaftlicher, später auch politischer

Großräume im Mittelpunkt der Agenda, so hat sich inzwischen eine Präferenz für politische Kleinräumigkeit durchgesetzt, wie sie im Brexit-Votum der Engländer, im Erfolg der «America first»-Parole Trumps in den USA und im Anwachsen zentrifugaler Kräfte in der EU zum Ausdruck kommt. Es hat sich damit auch ein Politikstil durchgesetzt, der nicht mehr auf nüchterne und argumentativ unterfütterte Rationalität, sondern auf Herabsetzung des politischen Gegners und des «Anderen» setzt. Langfristige Planung und die dafür erforderlichen Kompromisse werden derzeit durch eine hektische, kurzfristig orientierte Politik konterkariert und durch negative Emotionalisierung, die nicht zuletzt durch die digitalen Kommunikationsplattformen des Internetzeitalters befördert wird, erschwert bis unmöglich gemacht.

Die Folge ist, dass der lange dominante Multilateralismus durch Bilateralität verdrängt wird. Die großen Mächte sind vor allem um ihre eigenen Vorteile besorgt und kümmern sich kaum noch um die *common goods* einer globalen Ordnung. Politiker, die sachbezogene Politik betreiben, haben gegen all jene, die Stimmungen aufheizen und Ängste bewirtschaften, einen schweren Stand. Das hat sich inzwischen zu einer ernst zu nehmenden Bedrohung der liberal-rechtsstaatlichen Demokratie ausgewachsen. Die Probleme sind groß und die Herausforderungen gewaltig. Dennoch sind die folgenden Kapitel im Grundton der Zuversicht gehalten. «Abschied vom Abstieg» heißt nicht, dass wir uns in eine neuerliche Aufstiegseuphorie hineinerzählen; zunächst steht für uns fest, dass der Abstieg nicht das Leitnarrativ bleiben darf. Es gibt durchaus gute Gründe, zuversichtlich in die Zukunft zu blicken. Dazu müssen freilich einige der entscheidenden Probleme bearbeitet werden.

Wir werden deshalb Vorschläge machen, die drei zentrale

gesellschaftliche und politische Felder betreffen: Bildung, Demokratie und Europa. Auf allen drei Feldern lassen sich die skizzierten Probleme und die Wirkung von Abstiegs- und Niedergangsnarrativen gut erkennen. Für alle drei Felder lässt sich aber auch eine Agenda entwickeln, um die Probleme lösungsorientiert und vorwärtsgewandt anzugehen. Gewiss werden diese Vorschläge nicht unumstritten sein, aber eine positiv ausgerichtete und auf rationalen Begründungen fußende Diskussion könnte in einer Situation, in der von medialer Empörung getriebene Kompromisslosigkeit und negative Emotionalisierung die Debatten bestimmen, schon viel helfen.

1. Der Verlust der Zukunft: eine Bestandsaufnahme

Wie der Glaube an den Fortschritt der Angst vor dem Abstieg wich

Die Linke redet vom Abstieg, die Rechte vom Niedergang, und die politische Mitte, nach wie vor die größte politische Gruppe, traut sich kaum, dagegenzuhalten und geltend zu machen, dass der gesellschaftliche Zusammenhalt auch in Zukunft gewährleistet sei und die deutsche Kultur der Prägestempel für die in diesem Land Lebenden bleiben werde. Abstiegs- und Niedergangsdiagnosen geben das Muster vor, nach dem zurzeit die Ereignisse und Entwicklungen in Deutschland und Europa sortiert und bewertet werden. Dabei ist letzten Endes gleichgültig, ob das Wahrnehmungsmuster nun auf Abstieg oder Niedergang geeicht ist: In beiden Fällen geht es bergab, und bis weit in die gesellschaftliche Mitte hinein haben viele das Gefühl, alles, was ihnen vor kurzem noch als fraglos und sicher erschien, sei ins Rutschen gekommen und der Boden unter ihren Füßen gerate mehr und mehr in Schräglage.

So wächst die alltägliche Besorgtheit der Menschen, sie verdichtet sich zur Sorge um die Zukunft, und aus der Sorge wird schließlich Angst: Angst vor der Zukunft, vor dem Neuen, vor dem Fremden. Diese Angst spielt Populisten in die Hände – vor allem aber verhindert sie, dass jene Probleme angegangen werden, die auf mittlere Sicht unseren Wohlstand und unsere Freiheit gefährden. Was Deutschland jetzt braucht, ist ein politischer und mentaler Neuanfang.

Die Zeiten der Sorglosigkeit sind ebenso vorbei wie jene

Konstellationen, in denen die Politik den Menschen ein sorgen-freies Leben versprochen hat. Das ist es, was man während der letzten Jahre beobachten konnte – nicht nur in der deutschen Gesellschaft, wenngleich die Redewendung von der *German angst* vor allem die Deutschen in den Blick nimmt,[1] sondern in allen europäischen Ländern. Die Vorstellung von Abstieg und Niedergang hat inzwischen sogar die Amerikaner erreicht, die in der europäischen Wahrnehmung über lange Zeit für unerschütterlichen Optimismus standen. Das Vertrauen, die Zukunft werde in der Summe besser sein als die Vergangenheit, und die Zuversicht, Politik und Gesellschaft würden die auf sie zukommenden Herausforderungen schon meistern, sind dahin; stattdessen haben sich bei den einen Ängstlichkeit und Resignation, bei den anderen Missmut und Zorn breitgemacht. Besorgnis und Angst sind obendrein ungleich verteilt, und die Diagnose einer gespaltenen Gesellschaft lässt sich nicht zuletzt anhand ihrer Präsenz in unterschiedlichen sozialen Gruppen veranschaulichen.

Nun bezeichnen «Abstieg» und «Niedergang» als politische Diagnosebegriffe keineswegs dasselbe: «Abstieg» steht eher für soziale Entwicklungen und bezieht sich auf bestimmte Gruppen der Gesellschaft, für die sich inzwischen der Begriff des Prekariats eingebürgert hat.[2] Es handelt sich um einen Diagnosebegriff der politischen Linken. Mit «Niedergang» und «Verfall» dagegen sind soziokulturelle, aber auch macht-politische Entwicklungen gemeint, und wo sie diagnostiziert werden, betreffen sie tendenziell alle Bürger eines Landes oder richten sich auf Europa in seiner Gesamtheit. Wo von Nieder-gang die Rede ist, wird Europa auch mit einem sonst kaum noch gebräuchlichen Begriff als «Abendland» bezeichnet.[3] Oswald Spenglers aus dem frühen 20. Jahrhundert stammende Formel vom «Untergang des Abendlandes» hat wieder einen prominenten Platz in der politischen Sprache erlangt.[4] Mit Niedergang, Verfall und Untergang argumentiert vor allem die politische Rechte, der es weniger um soziale Schichten als vielmehr um ethnische Kollektive geht.

Beiden Diagnosen ist gemeinsam, dass sie keinerlei Aussicht auf einen wie auch immer gearteten Fortschritt bieten, kein Zutrauen zur Zukunft und keine Zuversicht in die Leistungsfähigkeit der bestehenden politischen Ordnung vermitteln. Mehr noch: Beide Begriffe mitsamt den ihnen zugehörigen Wahrnehmungsmustern rufen zur Umkehr auf und stellen dabei die Vergangenheit als Vorbild und Orientierungsmarke heraus. Das «Damals» wird zum Wegweiser für das «Demnächst»: Damals, als es noch eine starke und selbstbewusste Arbeiterbewegung gab, die für ihre Ziele kämpfte und erreichte, dass der Sozialstaat weiter ausgebaut wurde – damals gab es noch Solidarität, und es wurde dafür gesorgt, dass die Gesellschaft nicht auseinanderbrach. Damals, als die Deutschen noch unter sich und nicht «Fremde im eigenen Land» waren – damals hatten sie noch Einfluss auf die ethnische Zusammensetzung des Volkes und waren die «Herren» über ihre eigene Kultur. Oder, auf beiden Seiten des politischen Spektrums zu hören: Damals, als dem Nationalstaat noch eine Nationalökonomie korrespondierte, auf die man, wenn man wollte, politisch Einfluss nehmen konnte – damals ließen sich Entwicklungen noch steuern, wohingegen die Wirtschaft sich seit der Globalisierung weitgehend der politischen Kontrolle entzogen hat, so dass ein buchstäblich entfesselter Kapitalismus entstanden ist.[5] Diese Art von Kapitalismuskritik wurde etwa laut, als sich Linke wie Rechte vehement gegen das transatlantische Handelsabkommen TTIP ausgesprochen haben.

Der Blick zurück, um sich der Zukunft zu vergewissern, ist für Konservative nicht neu; er gehört zur DNA des politischen

Konservatismus. Seit seinen Anfängen, als sich in Reaktion auf die Französische Revolution ein bis dahin diffuser Traditionalismus zu einer politisch-programmatischen Bewegung formierte,[6] hat sich der Konservatismus als ein politisches Projekt zur Entschleunigung von Veränderungen begriffen. Dieses Projekt war keineswegs durchweg pessimistisch grundiert; immerhin beurteilte man die jeweilige Gegenwart ja so positiv, dass man sie für bewahrens- und verteidigenswert hielt. Ein Fortschrittsglaube, wie er sich seit der Aufklärung entwickelt hatte und bei den Liberalen sowie insbesondere in der politischen Linken beheimatet war, blieb dem Konservatismus zunächst weitgehend fremd. In der Orientierung am Bestehenden gerieten die Konservativen jedoch schon bald unter den Druck reaktionärer Gruppierungen, die nicht mehr die Gegenwart, sondern vergangene politische und soziale Ordnungen als das propagierten, was es wiederherzustellen galt.

Gegen diese Vorstellungswelt war die sozialdemokratische Formel gerichtet, die Reaktionäre würden «das Rad der Geschichte zurückdrehen» wollen.[7] Die Sozialdemokratie gebrauchte die Redewendung in dem Vertrauen, dass alle, die das versuchten, unweigerlich unter dem «Rad der Geschichte» zermalmt würden. Die Konservativen wiederum, so eine Variation dieser Formel, würden bloß ins «Rad der Geschichte» greifen, um es anzuhalten – aber das werde ihnen auf Dauer nicht gelingen. Solange sich die Fortschrittlichen mit dem Gang der Geschichte verbündet wussten, vermochten weder Konservative noch Reaktionäre ihr politisches Selbstvertrauen zu erschüttern. Sie waren sich sicher, «die Geschichte» in Gestalt des sich in ihr vollziehenden Fortschritts auf ihrer Seite zu haben. Der Fortschrittsglaube war die entscheidende ideologiepolitische Ressource einer Linken, die sich selbst in der Tradition der Aufklärung sah.[8]

Dem reaktionären Flügel der Konservativen standen die Liberal-Konservativen gegenüber, die nicht grundsätzlich gegen den Fortschritt waren, für das Verhältnis von Bestehendem und Veränderung aber eine Beweislastumkehrung forderten: Gegen den Glauben, das Zukünftige sei grundsätzlich besser als Gegenwart und Vergangenheit, setzten sie die Regel, wonach die politisch geforderte Veränderung zu beweisen habe, in der Summe besser zu sein als das Bestehende. Die Beweislast sollte nicht, wie es der Fortschrittsglaube wollte, beim Bestehenden liegen, sondern bei der Veränderung. Das war eine pragmatische Reaktion auf den Ansturm der Progressisten. Spätestens seit Mitte der 1960er Jahre hatte sich der politische Konservatismus in Deutschland auf diese pragmatische Position zurückgezogen und sich damit auf eine im Prinzip reformoffene Politik verständigt.[9] Der orthodoxe Konservatismus ist seitdem weitgehend aus dem politischen Raum verschwunden, um sich in gesellschaftlichen Nischen einzurichten.

Der langjährige CSU-Vorsitzende Franz Josef Strauß hat die neue Liaison von Konservatismus und Fortschritt damals auf die paradoxe Formel gebracht, die Konservativen marschierten an der Spitze des Fortschritts. Dabei dürfte er vor allem den technologischen und ökonomischen Fortschritt im Auge gehabt haben, dem er in Bayern alle Türen geöffnet hat. Strauß dürfte jedoch bewusst gewesen sein, dass der ökonomische Fortschritt gesellschaftliche Veränderungen nach sich zog, die schwerlich mit einem strikt konservativen Weltbild zusammenpassten. Diese Form des Konservatismus vertraute indes darauf, dass die lebensweltlichen Gepflogenheiten der Menschen hinreichend Selbstbehauptungskraft gegen den Sog der Veränderung haben würden. Dabei sollten ihnen die Parteien der «bürgerlichen Mitte» beistehen. «Laptop und Lederhose» wurde in Bayern zur dafür einschlägigen Formel.

Die schwindende Bindekraft von Volksparteien

Konservative, so lässt sich festhalten, blicken in Gegenwart und Vergangenheit, wenn sie nach Orientierung suchen – aber auf der politischen Bühne Deutschlands hat es seit Jahrzehnten nur noch wenige Konservative in diesem Sinn gegeben. In ihrer überwiegenden Mehrheit hingen die sich als konservativ bezeichnenden Politiker einer modifizierten Vorstellung vom Fortschritt an. Dass die Menschen es in Zukunft besser haben würden als in der Vergangenheit, wurde zu einem Wahlversprechen auch der konservativen Parteien. Die Orientierung am Bestehenden beziehungsweise an der Vergangenheit ist dabei durch den Verweis auf Leistungsfähigkeit und Leistungsbereitschaft als Markenkern des politischen Konservatismus abgelöst worden. Leistung wurde als Triebkraft des Fortschritts verstanden, und Fortschritt wurde weithin mit wachsendem Wohlstand identifiziert. Dieser Sichtweise hat sich auch die Sozialdemokratie schrittweise angenähert, am weitesten mit der Agenda 2010 in der zweiten Amtszeit Gerhard Schröders als Kanzler. So haben sich die politischen Koordinaten verändert: Die Konservativen haben sich auf den Glauben an den Fortschritt eingelassen, die Sozialdemokraten auf dessen restriktive Bindung an wirtschaftliche Leistung. Da war es nur konsequent, wenn beide, die zuvor politische Alternativen dargestellt hatten, miteinander über längere Zeit koalieren mussten.[10]

Von nun an war der Fortschritt in der politischen Vorstellungswelt der Deutschen keine Gewissheit mehr, auf die man sich unbesehen verlassen konnte, sondern er musste Jahr für Jahr in Gestalt der Wirtschaftsbilanz erarbeitet werden. Der Fortschritt geriet damit unter Stress. Wohlgemerkt: Das Wahrnehmungsmuster hatte sich verändert, nicht die Realität, denn natürlich hatten Wohlstandszuwächse schon immer erarbeitet werden müssen. Doch was vorher als selbstverständlich angesehen wurde, fand nun unter erheblichem Druck statt. Dieser Stress war im Wesentlichen die Folge eines wachsenden Wissens um die internationale Konkurrenz, der gegenüber man stets aufs Neue «die Nase vorn haben» musste, um im internationalen Vergleich die Spitzenposition zu halten. Auch das war im Prinzip nicht neu, aber indem man es jetzt ständig betonte, wurde aus einer Selbstverständlichkeit eine permanente Belastung. Es kam zu einer nachhaltigen Erosion des Zukunftsvertrauens und einem allmählichen Schwinden des Glaubens an den Fortschritt – jedenfalls erfuhr man den Fortschritt nicht mehr als eine unterstützende Kraft, sondern zunehmend als etwas, dem man sich stellen musste und dem man zu genügen hatte. Damit haben die Parteien der politischen Mitte ihre wichtigste Leiterzählung verloren; seitdem irren sie weithin ziellos durch die politische Landschaft. Die Christdemokaten haben das insgesamt besser verkraftet als die Sozialdemokraten, weil sie immer noch den Glauben aktivieren können, das Bestehende sei ohnehin besser als eine ungewisse Zukunft, die nur vom Fortschrittsglauben rosarot beleuchtet werde. Für die Sozialdemokratie hingegen wuchs sich der Verlust des Fortschrittsglaubens zur folgenreichen Verstümmelung aus.

Der Verlust ihres Zentralnarrativs ließ die Bindekraft der Volksparteien schwinden. Der Verweis auf den beständigen Fortschritt als Wohlstandszuwachs hatte die Stammwählerschaft bei der Stange gehalten. Das zeigt sich bei der Sozialdemokratie um einiges deutlicher als bei den Christdemokraten. Letztere sind, wie erwähnt, mit dem Fortschrittsglauben eine eher pragmatische Liaison eingegangen, während für die Sozialdemokratie das Vertrauen in einen kontinuierlichen Fortschritt, dem man politisch nur assistieren musste, gera-

dezu ein Lebenselixier war. Die Unwiderstehlichkeit des Fortschritts und der soziale Aufstieg der Arbeiterklasse waren
dabei aufs engste miteinander verbunden. Konkret hieß das:
materielle Besserstellung, höhere Beteiligung am Volksver-
mögen und politische Gleichberechtigung der Arbeiterschaft.
Diese Fortschrittsvorstellung war zuvor die Leitidee des aufsteigenden Bürgertums, und von diesem hat die Arbeiterbewegung sie übernommen. Solange das Vertrauen in den Fortschritt plausibel war, weil man ihn «am eigenen Leib» erfahren
konnte, befand sich auch die Sozialdemokratie im Aufstieg.
Als das Wachstum der Arbeiterbewegung dann seinen Zenit
erreicht hatte, dehnte die SPD ihr Aufstiegsversprechen auf
das Kleinbürgertum in seiner Gesamtheit aus. Danach war sie
keine Klassenpartei mehr, sondern wurde zur zweiten großen
Volkspartei der Bundesrepublik. Die Sozialdemokratie war
damit zum Sachwalter und Interessenvertreter der unteren
Mitte geworden.

Doch dann begann die Gewissheit eines sich kontinuierlich
fortsetzenden Aufstiegs in der unteren Mitte zu schwinden.
Die Hochzeit der Industrialisierung ging zu Ende, und mit dem
Wachstum des Dienstleistungssektors kam es sehr viel häufiger zu *individuellen* Aufstiegen, aber auch Abstiegen. Überdies
setzte mit der teilweisen Ablösung der Industrie- durch die
Dienstleistungsgesellschaft eine Spreizung der Einkommen
ein, die sich nur schwerlich mit dem Vertrauen in einen kontinuierlichen Fortschritt vereinbaren ließ. Als in Reaktion auf
den Prozess der Deindustrialisierung insbesondere in Ostdeutschland, wo sie nach der Wiedervereinigung tatsächlich
dramatische Züge annahm, Teile der Arbeiterschaft politisch
rechts wählten, weil sie hofften, so den drohenden sozialen
Abstieg aufhalten zu können, begann auch der Abstieg der
SPD.[11] Das hatte es in der Schlussphase der Weimarer Repu-

blik schon einmal gegeben, und die Erinnerung an die Folgen dessen sorgte dafür, dass sich die Hinwendung der Arbeiterschaft sowie kleinbürgerlicher Kreise zur politischen Rechten beziehungsweise zum Rechtspopulismus in Deutschland sehr viel langsamer vollzog als in anderen europäischen Ländern oder den USA.[12]

Zeitweilig gab es in Deutschland so etwas wie eine Imprägnierung der unteren Mitte und vor allem der Arbeiterschaft gegen die Versuchung, sich unter dem Eindruck drohenden Abstiegs politisch nach rechts zu bewegen,[13] und diese Imprägnierung resultierte aus dem Blick zurück auf das Ende der Weimarer Republik. Das war jedoch ein Sonderfall. Im Prinzip war in den westeuropäischen Demokratien (und auch in den USA) das Vertrauen in einen kontinuierlichen Fortschritt als Garant kleiner, aber zuverlässiger Wohlstandszuwächse die zentrale Barriere gegen die einfachen Antworten und suggestiven Versprechungen des Populismus, ob der nun eher links oder rechts eingefärbt war. Solange man sich auf diesen Fortschritt verlassen beziehungsweise an ihn glauben konnte, war die überwiegende Mehrheit der Wahlbevölkerung gegen jede Art von Populismus immun. Die Erosion des Fortschrittsglaubens hat den Populismus erstarken lassen.

Dass der Verlust des Fortschrittsnarrativs für die Sozialdemokratie – nicht nur in Deutschland, sondern in ganz Europa – folgenreicher war als für die sogenannten bürgerlichen Parteien, lässt sich an den Wahlergebnissen des zurückliegenden Jahrzehnts ablesen. Die SPD ist notorisch unsicher, in welche Richtung sie sich bewegen und wie sie ihre Reformpolitik ausrichten soll: im Hinblick auf gesellschaftliche Fehlentwicklungen infolge veränderter ökonomischer Konstellationen und die daraus erwachsenen neuen sozialen Herausforderungen, also durchaus auf weiteren Fortschritt, dessen Motor man

33

sein will, der aber hart erarbeitet werden muss, wie das konzeptuell der Agenda 2010 zugrunde lag; oder an einer Rückkehr zum früheren Sozialstaat und dessen Versorgungsgarantien orientiert, wie sie die anschließende Abkehr von der Agenda-Politik und die Präferenz für weitergehende Umverteilungen zum Ziel hatten. Dementsprechend streiten in der deutschen Sozialdemokratie zwei Flügel miteinander, und einmal ist der eine, dann wieder der andere obenauf. Das Problem ist, dass man unter diesen Umständen nicht weiß, woran man bei den Sozialdemokraten ist.

Man kann diesen programmatischen Streit beschreiben als einen zwischen denen, die auf weiteren Fortschritt vertrauen und Politik als ein Mittel verstehen, um ihn zu moderieren und zu lenken, und jenen, die zu früheren Konstellationen zurückstreben, als die Sozialleistungen des Staates noch nicht an bestimmte Voraussetzungen geknüpft waren. Letztere stellen den sozialen Abstieg von Teilen der klassischen Arbeiterschaft, den Anstieg prekärer Beschäftigungsverhältnisse und die Ausweitung des Niedriglohnsektors in den Mittelpunkt ihrer Lagebeschreibung, während Erstere auf die Chancen setzen, die mit dem ökonomischen Wandel auch für die untere Hälfte der Gesellschaft verbunden sind. Man muss diese Chancen freilich nutzen oder nutzen können, und die Wahrnehmung von Chancen erfolgt inzwischen überwiegend individuell und nicht mehr im Kollektiv einer Schicht oder Klasse. So schwankt die Sozialdemokratie zwischen eingeschränktem Fortschrittsvertrauen und politischer Rückwärtsorientierung.[14]

Hinter diesen Widersprüchen steht nicht nur eine programmatische Konfusion, sondern auch ein für die Sozialdemokratie existenzielles Dilemma: Die tatsächlichen Veränderungen und die Interessen der klassischen Arbeiterschaft lassen sich nicht mehr auf denselben Nenner bringen, und infolgedessen kann die Sozialdemokratie das Fortschrittsnarrativ, das sie früher stark gemacht hat, kaum noch ins Spiel bringen, ohne dass dies in einem performativen Selbstwiderspruch endet. Das Versprechen, den sozialen Abstieg von Teilen der Gesellschaft aufzuhalten, ist kein Ersatz für die Vorstellung vom kollektiven Aufstieg ganzer sozialer Schichten. Das ist der Hauptgrund für den kontinuierlichen Niedergang der Sozialdemokratie während des letzten Jahrzehnts, in Deutschland wie in Europa.

Vor drei Jahrzehnten bereits hat Ralf Dahrendorf das «Ende des sozialdemokratischen Jahrhunderts» vorausgesagt, wobei er sich freilich auf eine andere Begründung als den Verlust des Fortschrittsnarrativs gestützt hat. Dahrendorf war der Überzeugung, dass die Sozialdemokratie sich durch den Erfolg ihrer eigenen Politik überflüssig gemacht habe.[15] Viele nämlich, die auf Grundlage der von Sozialdemokraten durchgesetzten Reformen einen sozialen Aufstieg geschafft hätten, seien in Positionen aufgestiegen, in denen es für sie nicht mehr opportun erschien, sozialdemokratisch zu wählen oder sich gar zu engagieren. Die meisten von denen, die den sozialen Aufstieg nicht geschafft hätten, sondern in den untersten Bereich der Gesellschaft abgerutscht seien, verfielen dagegen in politische Apathie und würden nicht mehr wählen, so dass auch von ihnen keine politische Unterstützung zu erwarten sei. Dahrendorfs Diagnose erwies sich jedoch als verfrüht, denn im Übergang vom 20. zum 21. Jahrhundert, in der Ära von Tony Blair und Gerhard Schröder, erlebte die Sozialdemokratie – teilweise im Bündnis mit ökologischen Parteien – noch einmal einen Aufschwung, in dessen Folge sie für ein Jahrzehnt die politische Agenda in Europa bestimmte. Obendrein ist zu fragen, ob das Erfordernis, den sozialen Aufstieg politisch zu begleiten und zu unterstützen, tatsächlich hinfällig geworden ist oder ob sich nur die Art des Aufstiegs – eher individuell als im Kollektiv – gewandelt hat. Die entscheidende Veränderung wäre dann nicht, dass sich die Sozialdemokratie durch ihren Erfolg überflüssig gemacht hat, sondern dass ihr die enge Bindung an kollektive Aufstiege zum Verhängnis geworden ist. Die nämlich finden seit längerem nicht mehr statt. Die politische Herausforderung besteht somit in der Neukonturierung von Zukunftsvertrauen unter den veränderten Konstellationen postindustrieller Gesellschaften. Davon wird in den nachfolgenden Kapiteln ausführlicher die Rede sein.

Was für die Sozialdemokratie der Verlust des Vertrauens in den Aufstieg ganzer Gesellschaftsschichten ist, ist für die Christdemokraten das Schwinden der Erwartung, der technologische und ökonomische Fortschritt werde gegenüber gesellschaftlichen Lebensmustern und kulturellen Leitbildern neutral bleiben. Das ist schon lange nicht mehr der Fall. Das Zusammenleben in Familien, die aus einem Mann und einer vorzugsweise nicht berufstätigen Frau sowie ihren gemeinsamen Kindern bestehen, ist nicht länger die vorherrschende Lebensform unserer Gesellschaft und kann kaum noch als sozial prägende Norm angesehen werden. Ehen haben nicht mehr die Stabilität, die ihnen frühere Sozialverhältnisse garantierten, als Frauen schon aus ökonomischen Gründen keine Scheidung anstreben konnten. Patchworkfamilien und Lebensabschnittspartnerschaften sind zumindest teilweise an ihre Stelle getreten. Homosexuelle Paare haben weitgehend die gleiche soziale Anerkennung wie heterosexuelle Paare erlangt, auch wenn sie nach wie vor oft auf homophobe Ablehnung stoßen. Die kirchlich-religiösen Bindungen der Menschen sind kontinuierlich im Schwinden begriffen, und das hat zu einer Diversifizierung der gesellschaftlichen Wertvorstellungen geführt. Grundsätzlich ist die Orientierung an Autoritäten geschwunden.

Währenddessen hat sich die Mitgliederzahl der beiden großen Volksparteien halbiert, was ihre politische Bindekraft weiter geschwächt hat. Die Christdemokraten haben im Verlauf der letzten zwei Jahrzehnte darauf mit einer Veränderung ihrer Leitvorstellungen reagiert; sie haben dadurch neue Wähler in der politischen Mitte gewonnen, aber bei einem Teil ihrer Stammwählerschaft an Attraktivität verloren. Wer weiterhin einem konservativen Gesellschaftsbild verhaftet ist, hat Mühe, diese Veränderungen mitzutragen. Erst recht gilt dies für das Auftreten der CDU als Sachwalterin der nationalen Identität, die mit ihrem traditionellen Gesellschaftsbild verbunden war. Indem die Partei die politische Mitte fest besetzt hat und dabei weit in die untere Mittelschichtklientel der SPD eingedrungen ist, hat sie am rechten Rand und im konservativen Milieu Wähler verloren. Aber der Ratschlag, doch wieder in die alten Positionen zurückzukehren, ist wenig hilfreich, da die CDU dann die in der Mitte Dazugewonnenen wieder verlieren würde – und wahrscheinlich wären das mehr, als sie durch die Rechtsverschiebung zurückgewinnen kann. Das Hauptproblem beider Volksparteien, der Christdemokraten wie der Sozialdemokraten, besteht darin, dass sich die Interessenlage, die Wertpräferenzen und die Zukunftsvorstellungen der ihnen traditionell verbundenen Wählerklientele so stark diversifiziert haben, dass sie nicht länger unter einen programmatischen Hut gebracht werden können. Die programmatisch-organisatorische Ausdifferenzierung des klassisch sozialdemokratischen Lagers durch die Etablierung der Grünen und später der Linkspartei hat sich inzwischen mit der Konsolidierung der AfD als Vertreterin nationalistischer bis rechtsradikaler Gesinnungen auf der politischen Rechten wiederholt. Allenthalben ist deswegen vom Niedergang der Volksparteien die Rede.[16]

Diffuse Zukunftsskepsis und ihre Folgen

Der sich ausbreitende Zweifel, ob die jüngsten Veränderungen noch als Fortschritt zu beschreiben sind – und zwar als Fortschritt in materieller wie in wertebezogener Hinsicht –, hat dazu geführt, dass die von Abstieg und Niedergang Sprechenden inzwischen das Debattenklima bestimmen. Sie haben die diskursive Hegemonie über das vorherrschende soziopolitische Wahrnehmungsmuster erlangt. Eine verunsicherte Mitte ist den Diagnosen des Abstiegs und Niedergangs nicht entschieden entgegengetreten, sondern hat darauf abwartend und zögerlich reagiert. Sie zeigt darin, dass sie sich ihrer Zukunft nicht mehr sicher ist.[17]

Bemerkenswert ist, dass die meisten verfügbaren Daten die Krisenszenarien des Abstiegs oder Niedergangs keineswegs bestätigen[18] – jedenfalls solange sie nicht auf bestimmte Gruppen, sondern auf das Land in seiner Gesamtheit bezogen sind. Der Widerspruch zwischen vorherrschender Stimmung und tatsächlicher Lage zeigt sich auch darin, dass die meisten der Befragten ihre persönliche Situation und die entsprechenden Zukunftsaussichten eher positiv beurteilen, während sie gleichzeitig die allgemeine Lage des Landes in düsteren Farben malen.[19] Diese Diskrepanz ist die politische Einbruchstelle für rechtspopulistische Bewegungen, deren Parolen inzwischen bis weit in die bürgerliche Mitte hinein Resonanz finden. Gleichzeitig tragen die in der politischen Linken verbreiteten Diagnosen des Abstiegs breiter sozialer Schichten und die Suche nach Möglichkeiten des Gegenhandelns zur weiteren Zersplitterung der Linken bei. So haben die rechtspopulistischen Akteure in der Öffentlichkeit eine kommunikative Dominanz erlangt, die deutlich größer ist als ihre tatsächliche Unterstützung durch die Bevölkerung. Davon unbenommen sind indes Status- und Abstiegsängste, die – vor allem in den ostdeutschen Bundesländern – auf zurückliegende biographische Erfahrungen zurückgehen, und die in bestimmten Branchen keineswegs unbegründete Befürchtung, dass Arbeitsplätze in großem Stil ins Ausland verlagert werden oder aber in den nächsten Jahren der Digitalisierung zum Opfer fallen.[20] Damit lässt sich zwar eine gespaltene Stimmungslage erklären, nicht jedoch der vorherrschende Grundton von Abstieg und Niedergang.

Wenn nun Vorstellungen von Abstieg und Niedergang die gesellschaftliche Selbstwahrnehmung prägen – welche Folgen hat das für die Möglichkeiten des Regierens oder, präziser: für die Fähigkeit der Politik, die für Abstieg und Niedergang als ursächlich ausgemachten Probleme zu bearbeiten? Auf längere Sicht angelegte Reformen beruhen auf Zuversicht und Zukunftsvertrauen. Wer sich auf den mühseligen Weg von Reformen begibt, tut dies in der Überzeugung, damit Voraussetzungen zu schaffen, um gegenwärtigen und künftigen Herausforderungen gewachsen zu sein. Obendrein benötigen Reformen eine größere Zeitspanne, bis die von ihnen eingeleiteten Maßnahmen Wirkung zeigen. In Abstiegs- und Niedergangsdiagnosen wird indes in Zweifel gezogen, dass genügend Zeit vorhanden ist, um die Probleme schrittweise bearbeiten zu können. Wo diese Überzeugung schwindet, verkümmern auch die Reformanstrengungen. An ihre Stelle treten Visionen des Untergangs, der nur noch durch eine politisch radikale Kehrtwendung verhinderbar sein soll. Wenn das Gestell der Reformpolitik in seiner Gesamtheit verworfen wird, ist es sinnlos, an seinen Stellschrauben zu drehen.

Wo sich Abstiegsängste und Niedergangsvorstellungen verbreiten, gerät die Politik unter Zeitdruck, der umso dramatischer ist, je bedrohlicher die Zukunft ausgemalt wird. Die

Politik soll schnell und umfassend reagieren, für langwierige und kleinteilige Reformen sei keine Zeit, lautet die Forderung, und erst recht sei keine Zeit für die Suche nach Kompromissen zwischen unterschiedlichen Interessen und Wertungen. Kompromisse werden unter dem Druck solcher Szenarien als «faule» Kompromisse begriffen. Mit der Forderung nach schnellem und entschlossenem Handeln ist fast immer der Ruf nach einem «starken Mann» verbunden, der die radikale Kehrtwendung durchsetzen soll. Aus der Dominanz von Niedergangs- und Untergangsvorstellungen erwächst eine Politik der Panik. Schnelles Handeln und einsame Akteure lässt das politische System der parlamentarischen Demokratie aber nicht oder kaum zu. Die parlamentarische Demokratie ist eine Ordnung der Entschleunigung, die sich am Imperativ der Fehlervermeidung orientiert.[21]

Demgemäß überschütten die Abstiegs- und Niedergangsdiagnostiker inzwischen fast jeden Reformvorschlag der etablierten Parteien mit Hohn und Spott. Reformen werden als Täuschungsmanöver denunziert: Sie täuschten Handeln vor, ohne wirkliches Handeln zu sein. Die Zurückweisung von Reformen mit dem Vorwurf, dass sie keine angemessene Antwort auf die von den Populisten ausgemachten Herausforderungen seien, ist bei der Vorstellung vom Niedergang häufiger anzutreffen als bei der vom Abstieg, wie überhaupt dort, wo am Ende der Untergang steht, sich alles dramatischer und radikaler darstellt, als wenn es «nur» um den Abstieg geht. Im Dramatisierungswettlauf wird der Linkspopulismus vom Rechtspopulismus deswegen regelmäßig überboten.[22] Beiden Strömungen des Populismus ist jedoch dasselbe Eskalationsschema eigen: Was als Kritik am politischen Personal und an dessen Arbeit beginnt, steigert sich zum Vorwurf der moralischen Verkommenheit und Korruption und wird unter dem

Einfluss von Abstiegs- und Niedergangsängsten nach einiger Zeit zur grundsätzlichen Systemkritik. Das entspricht der Logik populistischer Narrative: Die Dämonisierung der Probleme führt dazu, dass Reformen nicht mehr als adäquate Reaktion erscheinen.

Das Wahrnehmungsmuster von Abstieg oder Niedergang läuft freilich nicht zwangsläufig auf eine Radikalisierung der politischen Positionen und die damit verbundene Konfliktverschärfung hinaus. Eine alternative Reaktionsform ist die melancholische Resignation, wie Theodor Fontane sie in der Gestalt des Dubslav von Stechlin dargestellt hat. Dubslav, ein älterer märkischer Junker und Gutsherr im fiktiven Dorf Stechlin, ist vielerlei: Anhänger einer autokratischen Ordnung, von der er weiß, dass ihre Zeit vorüber ist; nonkonformistischer Konservativer, der sich auf keine zum Machtkampf entschlossene Parteipolitik einlassen will, und schließlich liberaler Pragmatiker und fürsorglicher Patriarch, dem jede Prinzipienreiterei zuwider ist.[23] Vom Grundsatz her hält Dubslav Reformen im Deutschen Reich für dringend erforderlich, nur bezweifelt er, dass sie von Erfolg gekrönt sein werden. Mit dem alten Barby diskutiert er, welche Folgen ein längeres Leben Friedrichs III. – er war im Jahre 1888 für nur neunundneunzig Tage Kaiser – für Deutschland gehabt hätte. Barby meint, Friedrich hätte Deutschland verändert, ohne dass er in die hektische Betriebsamkeit seines Sohnes und Nachfolgers Wilhelm II. verfallen wäre. Dubslav wendet dagegen ein, Friedrich wäre dabei gescheitert, und zwar keineswegs bloß an seinen Feinden, sondern auch an seinen Freunden. Der alte Stechlin hat innerlich in den Abstieg von seinesgleichen eingewilligt; er ahnt, dass eine neue Zeit heraufkommt, in der alles anders sein wird als früher, aber er bezweifelt, dass diese Zeit besser sein wird als die alte. Das alles veranlasst ihn nicht zu aufgeregter

Betriebsamkeit; er verarbeitet Abstieg und Niedergang in kontemplativer Gelassenheit. Das von Dubslav gepflegte unterhaltsame Geplauder über die kleine wie die große Politik wird zum Modus der Angstbewältigung.[24] Es gibt auch heute solche Konservative, aber sie sind selten, und in der Politik findet man sie so gut wie nie.

Den Gegentypus zu resignativer Melancholie bilden jene, die sich selbst im Anschluss an Armin Mohler als «konservative Revolutionäre» verstehen; als solche also, die erst nach einer radikalen Veränderung der bestehenden Verhältnisse oder einer entschlossenen Umkehrung dessen, was sie als politischen Niedergang wahrnehmen, einigermaßen beruhigt konservativ sein können.[25] Ein Ankommen im Modus des Bewahrens ist für sie freilich kaum möglich, weil immer, wenn dieser Zustand erreicht ist, sich sogleich die Furcht vor einer neuen Abwärtsbewegung einstellt. Deswegen unternehmen sie in einer Mischung aus Untergangsalarmismus und Umsturzphantasien alles, um den von ihnen behaupteten Niedergang aufzuhalten. Die «konservativen Revolutionäre» sind deswegen hauptsächlich revolutionär, während sie kaum dazu kommen, konservativ zu werden.[26] Revolutionär sind sie freilich nicht in dem landläufigen Sinn, dass ihnen der Fortschritt zu langsam ist und sie ihn deswegen revolutionär beschleunigen wollen, sondern es geht ihnen darum, die vorherrschende Entwicklung umzukehren und in eine reaktionäre Richtung zu lenken. Während die Abstiegsdiagnostiker – im Prinzip zumindest – durchaus zur Ruhe kommen können (sei es infolge einer zeitweise günstigen ökonomischen Lage, sei es nach Durchsetzung größerer Umverteilungsmaßnahmen), ist das bei den Niedergangs- und Verfallsdiagnostikern nicht der Fall. Sie sind in einen endlosen Kampf gegen die aus ihrer Sicht verhängnisvollen Zeitläufte verstrickt.

Das Ende einer Epoche kollektiver Aufstiege und die Entstehung des Populismus

Die Diagnosen von Abstieg und Niedergang stellen in jedem Fall eine Vereinfachung und Vereinheitlichung der jüngeren Entwicklungen in Deutschland dar. Soziologische und politikwissenschaftliche Untersuchungen liefern ein zu differenziertes Bild, als dass es in der Vorstellung von einer generellen Abwärtsbewegung der Gesellschaft zusammengefasst werden könnte. Die Soziologie konstatiert durchaus Abstiege sozialer Schichten, nur handelt es sich dabei weniger um Abstiege absoluter Art, die in Armut und Not enden, sondern fast immer um relative Abstiege, die sich erst im Vergleich zur allgemeinen Einkommens- und Wohlstandsentwicklung oder in einer notorischen Sorge und Angst um die eigene Zukunft und die der Kinder zeigen. Dem steht im Gesamtbild der Gesellschaft der Aufstieg anderer gesellschaftlicher Gruppen gegenüber. Was es seit längerem jedoch nicht mehr gibt, ist die Erwartung, dass es jedem, gleich, welcher sozialen Schicht er angehört, in einigen Jahren besser gehen wird als derzeit. Die frühere allgemeine Aufstiegserwartung war durch die Ausnahmesituation einer Nachkriegsgesellschaft geprägt, die in dieser Form nicht wiederkehren wird.[27]

Die Zeit des kollektiven Aufstiegs endete in Westdeutschland in den 1970er Jahren, als der Boom des Wirtschaftswunders auslief und sich eine allgemeine Abschwächung der Wirtschaftsentwicklung mit strukturellen Veränderungen der Industrieproduktion bemerkbar machte. Aber das gemeinsame Gedächtnis der Deutschen blieb auch danach durch die Erinnerung des kollektiven Aufstiegs geprägt, zumal das Wirtschaftswunder in Ermangelung genuin politischer Narrative zum zentralen Gründungsmythos der alten Bundesrepublik wurde.[28]

Die DDR war ebenfalls durch ein kollektives Fortschritts- und Aufstiegsnarrativ geprägt, nur dass dieser Fortschritt im Sinne allgemeiner Wohlfahrt in eine noch zu erreichende Zukunft verlegt wurde. Auch in der DDR ging man aber davon aus, dass man schon vieles erreicht habe und es zukünftig allen besser gehen werde. Ein zeitlich begrenzter Erfahrungsraum hat insofern für lange Zeit den Erwartungshorizont der Deutschen bestimmt.[29] An seine Stelle ist mittlerweile die Normalsituation einer postindustriellen Gesellschaft getreten, in der es *gleichzeitig* soziale Aufstiege und soziale Abstiege gibt, so dass überwiegend individuelle Auf- und Abstiege zu beobachten sind, während kollektive Aufstiege ganzer Schichten kaum noch vorkommen. Per saldo ist eine materiell positive Entwicklung zu konstatieren, deren Effekte jedoch nicht bei allen Gesellschaftsmitgliedern gleichermaßen ankommen. Obendrein ist die Erfahrung materiellen Fortschritts nicht länger durch die eines normativen Fortschritts gedeckt; gesollter und tatsächlicher Fortschritt sind seit der ökologischen Wende nicht mehr kongruent. Die Folge ist, dass materielle Verbesserungen seltener als solche wahrgenommen werden.

Der jüngste Streit in der deutschen Gesellschaft dreht sich im Wesentlichen um die Frage, ob die neuen Herausforderungen mit systemimmanenten Mitteln zu bewältigen sind, also im Rahmen einer parlamentarischen Demokratie und ihrer Institutionen sowie von dem politischen Personal, wie es in einer Parteiendemokratie ausgewählt wird – oder ob es dazu einer grundlegenden Veränderung bedarf, die bei der politischen Klasse[30] beginnt und vor den Institutionen der repräsentativen Demokratie nicht haltmacht. Dabei wird gegen die Leitvorstellung einer politischen Mitte, wie sie für die repräsentativ-parlamentarische Demokratie typisch ist, der Begriff des Volkes als konträre Legitimationsinstanz der direkten Demokratie gesetzt, und zwar von links wie von rechts.[31] Die auf die politische Mitte ausgerichtete Ordnung dreht sich um die Vorstellung eines *kompetenten Bürgers*,[32] also einer Person, die politisch langfristig denkt, Optionen rational gegeneinander abwägt und an Kompromissen zwischen widerstreitenden Interessen und Präferenzen orientiert ist; die entgegengesetzte Begrifflichkeit des *Volkes* hebt dagegen auf die voluntative Dimension von Politik ab, den sogenannten Volkswillen, der mit der Erwartung von schnellen sowie eindeutigen und endgültigen Entscheidungen verbunden ist. Populistische Bewegungen erheben für sich den Anspruch, den Volkswillen zu verkörpern: Sowohl bei der Occupy-Bewegung als auch bei Pegida war zu hören, man stehe für 99 Prozent der Bevölkerung, also für das Volk.[33]

Der Aufstieg populistischer Bewegungen in Europa und den USA[34] begann mit einer Kritik an der politischen Klasse, zunächst an deren materiellen Privilegien, dann an ihrer moralischen Integrität, schließlich an ihrer Problembearbeitungsfähigkeit. Diese Kritik wuchs sich relativ schnell zu einer Kritik an der gesamten politischen Ordnung aus – anfänglich, weil diese Ordnung eine bestimmte politische Klasse hervorgebracht habe, dann aber auch, weil sie Politikergebnisse produzierte, die seitens der Populisten und ihrer Anhänger grundsätzlich abgelehnt wurden, und schließlich wurde auch die Entschleunigung von Entscheidungen zwecks intensiverer Reflexion ihrer Voraussetzungen und Folgen kritisiert. Inzwischen hat ein Radikalisierungsprozess stattgefunden, bei dem ganz offen die Systemfrage gestellt wird – auch aufseiten der politischen Linken, dort freilich auf den äußersten Rand und im Wesentlichen auf die Szene der sogenannten Autonomen beschränkt, vor allem aber von rechts, und von hier mit ständig wachsender Wucht. Auch das spricht dafür, dass die Dynamik eines sich radikalisierenden Populismus eher die politische Rechte als die Linke begünstigt.[35]

In beiden Fällen bilden Abstiegs- und Niedergangsvorstellungen den Legitimationshintergrund der Kritik, und sie generieren zugleich den Zeitdruck, auf den populistische Bewegungen verweisen, wenn es darum geht, die von ihnen dramatisierte Abwärtsbewegung aufzuhalten. Erhebliche Teile dieser populistischen Bewegungen vertrauen nicht auf die institutionell vorgesehenen Einfluss- und Korrekturmöglichkeiten der Wahlen und wollen auch nicht darauf warten, dass in solchen Wahlen Macht und Einfluss neu verteilt werden. Stattdessen setzen sie unter der Parole, sie verträten den wahren Volkswillen, die gewählten Politiker unter Druck, um sie zu einer augenblicklichen Kursänderung zu zwingen oder aus ihren Ämtern zu vertreiben. Die Abstiegs- und Niedergangsszenarien, die in links- wie in rechtspopulistischen Kreisen zirkulieren, beschleunigen und verstärken die Kritik an einzelnen Maßnahmen zur Systemkritik, die radikale Mittel unverzichtbar mache.

An den populistischen Bewegungen in Europa und den USA lässt sich das Nebeneinander von Abstiegs- und Niedergangsängsten sowie deren wechselseitige Verstärkung gut beobachten. In Europa stand am Anfang dieser Entwicklung die sogenannte Eurokrise, die, befeuert durch die 2008 von den USA ausgegangene globale Finanzkrise, im Wesentlichen eine Überschuldungskrise der südlichen EU-Staaten war (und immer noch ist). Die Überschuldung der Staaten des europäischen Südens wurde verstärkt, weil auf die Finanz- eine Wirtschaftskrise folgte, die vor allem in den überschuldeten Ländern zu einem starken Anstieg der Arbeitslosigkeit führte. Schon bald war klar, dass das lange Zeit im Fokus stehende Griechenland nicht aus eigener Kraft aus dieser Krise herauskommen würde, sondern auf die Hilfe der anderen Mitglieder der Eurozone angewiesen war – wenn es nicht zum Staatsbankrott und zum wirtschaftlichen Zusammenbruch des Landes kommen sollte. Mehr als zwei Jahrzehnte hatte Griechenland weit «über seine Verhältnisse gelebt». Als man sich die Leistungsfähigkeit von Wirtschaft und Staat genauer ansah, stieß man neben einer Reihe von Steuerprivilegien auf einen überdimensionierten und wenig effizienten Staatsapparat. Das Zusammentreffen von jährlich wachsenden Schulden, ineffizienter Verwaltung und einer wenig reformbereiten Politik führte dazu, dass in den Nettozahlerländern des Euroraums ein medial angefeuerter Widerstand gegen Hilfskredite für Griechenland entstand: Einige meinten, es handele sich bei dem Land um ein «Fass ohne Boden»; andere wollten nicht für die angebliche «Leichtlebigkeit» der Griechen aufkommen, während die Nettozahler, wie betont wurde, für ihren Lebensstandard hart arbeiten mussten; wieder andere meinten, man müsse an Griechenland ein politisches Exempel statuieren, um Nachahmungseffekte bei anderen Euroländern zu verhindern. Die Suche nach konkreten Hilfsmaßnahmen für das am Abgrund stehende Land wurde schon bald von einer populistischen Stimmungsmache begleitet, die das Fundament der Europäischen Union und des Euroraums ebenso in Frage stellte, wie das bei einer Dehnung der Verträge der Fall war, ohne die man Griechenland nicht helfen konnte.[36] Die europäische Politik verständigte sich schließlich auf eine konditionierte Hilfe: Kredite für Griechenland unter der Voraussetzung, dass das Land zu harten Reformen und einer restriktiven Finanzpolitik bereit war. Letzten Endes blieb Griechenland nichts anderes übrig, als sich diesen Bedingungen unter fortgesetztem Protest zu fügen.

Den Kritikern der «Griechenlandrettung» war das jedoch nicht genug; sie reagierten auf die europäischen Beschlüsse mit der Feststellung, die EU zerfalle, weil die Verträge, auf denen sie begründet sei, nicht eingehalten würden, und dieser Niedergang werde schon bald in einer fiskalischen Katastrophe enden.[37] Die Kontroversen um die «Griechenlandrettung» wurden in Deutschland zur Geburtsstunde der AfD, die abwechselnd dafür eintrat, dass Griechenland aus dem Euro austreten, Deutschland die Eurozone verlassen oder die Eurozone ganz aufgelöst werden solle.[38] Dass Griechenland aus dem Euro austreten solle, wurde auch von anderen Parteien vorgeschlagen, da man sich durchaus darüber streiten konnte, ob es sinnvoll und auf Dauer möglich war, ihrer wirtschaftlichen Leistungsfähigkeit und ihrer währungspolitischen Mentalität nach so unterschiedliche Länder wie die des europäischen Südens mit denen der Mitte und des Nordens in einer Währungszone zusammenzuhalten.[39] Populistisch daran war zunächst in erster Linie die Kommunikation dieses Vorschlags, die auf eine strikte Verweigerung jeder Hilfe hinauslief und dabei den Eindruck erweckte, diese Hilfe gehe ausschließlich zulasten der deutschen Steuerzahler. Dass es bei der «Griechenlandrettung» auch um die Absicherung deutscher und französischer Banken ging, also darum, den Zusammenbruch von Finanzinstituten zu verhindern, der zu einer wirtschaftlichen Depression in Europa hätte führen können, wurde dabei ebenso verschwiegen wie der Umstand, dass der infolge der Verschuldungskrise des europäischen Südens sehr niedrige Wechselkurs des Euros einer Konjunkturspritze für die deutsche Exportindustrie gleichkam, was einen kontinuierlichen Rückgang der Arbeitslosenrate in Deutschland zur Folge hatte. Dass all dies in der öffentlichen Debatte nicht oder nur am Rande erwähnt wurde, kann nicht allein der AfD angelastet werden, auch wenn sie der Hauptprofiteur dieser einseitigen Darstellung war. Aber es wäre die Aufgabe der anderen Parteien gewesen, darauf nachdrücklich hinzuweisen. Unerwähnt blieb auch, welche Folgen ein Zusammenbruch Griechenlands geopolitisch für die ohnehin labile Südostflanke Europas haben würde – ein Aspekt, der letzten Endes für die «Griechenlandrettung» den Ausschlag gegeben haben dürfte.

In Griechenland wiederum führten die restriktiven Maßnahmen der Kreditgeber zu einem dramatischen Rückgang der Wirtschaftsleistung und in Verbindung damit zur Verarmung breiter Teile der Gesellschaft. Unter dem Druck dieser Entwicklung zerbrach das traditionelle griechische Parteiensystem, und es kam zum Aufstieg der linkspopulistischen Syriza sowie der rechtspopulistischen Anel, die gemeinsam eine bis heute bestehende Regierung bildeten, sich aber weitgehend auf die Administration des sozialen Abstiegs breiter Schichten beschränken mussten. Über im Wesentlichen symbolische Handlungen ist diese Regierung nicht hinausgekommen; die operative Politik, die sie betrieb, unterschied sich nicht grundsätzlich von der, die jede andere Regierung hätte betreiben müssen. Den sozialen Abstieg hat sie nicht verhindern können. Dabei wurde sichtbar, dass in einem solchen Fall weder «das Volk», der nominelle Souverän in einer Demokratie, noch die Regierung einen wirklichen Einfluss auf den Gang des Geschehens haben, sondern dass die Kreditgeber die Bedingungen diktieren, denen sich die Griechen zu fügen hatten, wenn sie nicht einen Staatsbankrott und den Zusammenbruch ihrer Wirtschaft erleiden wollten.[40]

Auch in Italien und Spanien ist es infolge einer langen wirtschaftlichen Stagnation und hoher Arbeitslosigkeit zum sozialen Abstieg gesellschaftlicher Gruppen gekommen. Auf längere Sicht dürfte die hohe Jugendarbeitslosigkeit das größte Problem dieser Länder sein, insofern dadurch eine Generation entstanden ist, von der mehr als ein Drittel keinen Weg ins

Arbeitsleben gefunden hat und wohl auch nicht mehr finden wird.[41] Die Folge dessen ist nicht nur der Abstieg bestimmter Schichten, sondern die soziale Marginalisierung einer ganzen Generation. Vor allem Italien hat infolge des wirtschaftlichen Niedergangs seine vorherige Position in der EU verloren und wird sie auf absehbare Zeit nicht wiedererlangen. Mit den sozialen Verwerfungen sind tiefsitzende Ressentiments entstanden, die sich vor allem gegen die Europäische Union richten, die für die wirtschaftliche Lage der Länder und deren Folgen verantwortlich gemacht wird. Die politische Zustimmung zur EU ist infolgedessen – nicht nur in Italien, aber hier in besonderem Maße – dramatisch zurückgegangen. Das hat die politische Handlungsfähigkeit der EU deutlich eingeschränkt. Während das bestehende Parteiensystem in Spanien dem Ansturm der linkspopulistischen Bewegung Podemos mit einigen Schrammen standgehalten hat, ist es in Italien zusammengebrochen. Hier hat sich eine Regierung der linkspopulistischen Bewegung Movimento delle Cinque Stelle und der rechtsnationalistischen Lega gebildet, deren gemeinsamer Nenner darin besteht, die EU für sämtliche Probleme Italiens verantwortlich zu machen und damit zu drohen, man werde sich nicht länger an das gemeinsame europäische Regelwerk halten. Den weiteren Abstieg Italiens wird das nicht aufhalten; zuletzt hat es ihn noch beschleunigt.

Beim Blick auf die südeuropäischen Konstellationen fällt auf, dass es dort, wo das bisherige Parteiensystem zerfallen ist, zur Bildung von Regierungen kam, die zwar von einer linkspopulistischen Bewegung geführt werden, in denen aber eine rechtsnationalistische Partei entscheidenden Einfluss hat. Das steht im Widerspruch zu den bisherigen Mustern politischer Koalitionsbildung, die entweder von der Mitte her nach links oder nach rechts erfolgte oder bei der sich Regierungen links oder rechts der Mitte bildeten, wobei jedoch nie rechte und linke Gruppierungen ohne Einbezug der politischen Mitte miteinander koalierten. Die Dreiteilung der politischen Landschaft in eine Linke, eine Rechte und die Mitte, wie sie sich im Gefolge der Französischen Revolution herausgebildet hat,[42] ist damit grundsätzlich in Frage gestellt worden. Es bleibt abzuwarten, ob es sich dabei um mehr handelt als nur eine Veränderung der politischen Symbolordnung. Im Falle Griechenlands und Italiens ist diese Entwicklung durch die Marginalisierung der sozialen Mitte möglich geworden. Bestrebungen in diese Richtung sind in Deutschland vorerst die Ausnahme geblieben.[43]

Der Aufstieg des Linkspopulismus in den südlichen Mitgliedsstaaten der EU (Italien ist ein Sonderfall) ist unübersehbar die Folge einer langanhaltenden Wirtschafts- und Finanzkrise, die in beträchtlichem Umfang den sozialen Abstieg der in der industriellen Produktion Beschäftigten nach sich gezogen hat. Vergleichbares ist in den Ländern West- und Nordeuropas nicht geschehen. Hier hat sich die Wirtschaft relativ schnell von der Finanzkrise des Jahres 2008 erholt, die Wirtschaftsleistung wächst seit einigen Jahren wieder, und die Arbeitslosenrate ist in kontinuierlichem Rückgang begriffen.[44] Zwar ist es auch hier zu Prozessen der Deindustrialisierung gekommen, die sich vor allem in den alten Montanregionen bemerkbar machen, doch konnte der Verlust an Arbeitsplätzen durch die Entstehung neuer Fertigungsstätten aufgefangen werden. Im Unterschied zu den südlichen Ländern der EU können in West- und Nordeuropa also sozioökonomische Konstellationen nicht ohne weiteres als Ursache für die Abstiegs- und Niedergangsängste der Menschen angeführt werden.

Dabei ist nicht zu unterschätzen, wie tief wirtschaftliche Umstrukturierungen in das Lebens- und Selbstwertgefühl der Menschen eingreifen. Insgesamt gilt jedoch, dass in West- und Nordeuropa nicht ein Überangebot, sondern ein Mangel an qualifizierten Arbeitskräften das Problem darstellt, und dieser Arbeitskräftemangel hat in Deutschland inzwischen zur Folge, dass die Wirtschaftsleistung in einigen Bereichen weniger wächst, als sie wachsen könnte, wenn Facharbeiter in hinreichendem Umfang zur Verfügung stünden. Hinzu kommt ein erheblicher Mangel an Pflegekräften, der sich in einer alternden Gesellschaft eklatant auswirkt: Scheiden nämlich Familienangehörige vorzeitig aus dem Beruf aus, um ihre Angehörigen zu pflegen (oder sich wegen fehlender Kitaplätze um ihre Kinder zu kümmern), so verschärft dies die Lage in anderen Segmenten des Arbeitsmarkts und hat Folgen für die Rentenansprüche der vorzeitig oder zeitweilig aus dem Berufsleben Ausgeschiedenen. Deutschland ist daher (wie die meisten prosperierenden Länder West- und Nordeuropas) auf die Zuwanderung von Arbeitskräften angewiesen – aber es ist darauf von seiner Integrationsbereitschaft her nur unzulänglich eingestellt. Noch viel weniger war es in den Jahren 2015 und 2016 auf die Aufnahme und den womöglich dauerhaften Verbleib der Geflüchteten aus der arabischen Welt und dem globalen Süden vorbereitet. Nach der Eurokrise wurde die Flüchtlingskrise zum zweiten Treiber für das Erstarken rechtspopulistischer Gruppierungen in Deutschland und eine Veränderung des politischen Klimas, in deren Folge Demokratie und Rechtsstaat von den Rechtspopulisten zunehmend als Gegensatz dargestellt wurden.[45]

Was die deutsche Gesellschaft spaltet

Der Riss, der durch die deutsche Gesellschaft geht, ist weniger ökonomischer als politisch-kultureller Art, und das gilt ähnlich für viele andere Länder Westeuropas, die in den vergangenen Jahren Geflüchtete aufgenommen haben.[46] Statt auf diesen Zustrom überwiegend junger Menschen zu reagieren, indem man ihnen, wo dies möglich war, einen schnellen Zugang zum Arbeitsmarkt eröffnete oder, wo die Ausbildungsvoraussetzungen fehlten, umgehend mit Projekten ihrer beruflichen und sprachlichen Befähigung (*Empowerment*) begann, fürchtete man, ihre Integration in den Arbeitsmarkt werde den Sogeffekt der Migration verstärken. Die Menschen wurden zur Passivität gezwungen, indem man sie einem zeitaufwendigen juristischen Sortierprozess unterwarf. In ihm wurde geprüft, welchen Anspruch auf Asyl sie hatten und was mit ihnen geschehen sollte, wenn sie keinen solchen Anspruch besaßen. So wurde viel Zeit vertan, die für die kulturelle Integration und berufliche Qualifizierung der Geflüchteten hätte verwandt werden können. Das Fatale war: Je mehr Zeit verstrich und je länger die Menschen untätig blieben, desto schwieriger wurde ihre berufliche wie politisch-kulturelle Integration. Was ein Ruhmesblatt der deutschen Politik hätte werden können, ist durch das Fehlen einer systematischen Integrationspolitik nur eines mit beschränkter Leuchtkraft geworden.

Die inzwischen vielberedete Spaltung der deutschen Gesellschaft war in der Flüchtlingskrise von Anfang an zu erkennen. Die demonstrativen Bekundungen der Hilfsbereitschaft, mit denen viele Deutsche über Wochen hinweg die Geflüchteten in Empfang nahmen, waren einerseits eine zivilgesellschaftliche Hilfestellung für eine überforderte Verwaltung, andererseits aber auch eine Nachricht an «die Welt», dass es in Deutschland nicht nur jene gab, die schon vor Beginn der großen Migrationsbewegung auf der Balkanroute damit begonnen hatten, im Aufbau befindliche Asylunterkünfte anzuzünden und eine drohende Haltung gegenüber denjenigen einzunehmen, die dort untergebracht werden sollten. Die «Willkommenskultur» sollte ein Zeichen dafür sein, dass jene, die den Geflüchteten freundlich entgegenkamen, im Vergleich zu den Feindseligen deutlich in der Mehrheit waren.[47] Was von den journalistischen Beobachtern und Kommentatoren hernach zur «Willkommenskultur» stilisiert wurde, stand zunächst für eine Auseinandersetzung innerhalb der deutschen Gesellschaft darüber, wie eine Mehrheit der Deutschen sich selbst sehen wollte.

Die Willkommensbekundungen gegenüber den Geflüchteten waren also – zumindest auch – eine Antwort auf den nächtlichen Feuerschein brennender Flüchtlingsunterkünfte. Es handelte sich um einen Kampf der Symbole, denn die Brandstiftungen hatten nicht nur die Unbenutzbarmachung der Unterkünfte zum Ziel, sondern enthielten auch die Botschaft, dass die Geflüchteten unerwünscht seien und hier keineswegs in Sicherheit würden leben können. Das war eine Variante des Terrorismus, dem es vor allem um die systematische Erzeugung von Angst und Schrecken geht. Dieser Terrorbotschaft hat sich die deutsche Zivilgesellschaft im Herbst 2015 in ihrer überwiegenden Mehrheit entgegengestellt.

Tatsächlich sind AfD, Pegida und die diversen «Pro»-Gruppierungen[48] bereits einige Zeit vor dem Höhepunkt der Migrationsbewegung entstanden, und es waren durchaus unterschiedliche Motive, die zu ihrer Formierung geführt haben. Die AfD, anfangs wegen des hohen Anteils von Wirtschaftswissenschaftlern an ihrer Spitze auch als «Professorenpartei» bezeichnet, entstand, wie erwähnt, aus der Ablehnung finanzieller Hilfe für Griechenland.[49] In die Kritik an der rechtlichen Konstruktion des Euro mischten sich schon bald abschätzige Äußerungen über die Verschuldeten, in denen nationale Ressentiments zum Ausdruck kamen. Der Euro und die Ablehnung der EU wurden zum Gelenkstück, das ökonomische Theorien, in die einige nationalpopulistische Ressentiments eingegangen waren, mit einem fremdenfeindlichen, zum Teil rechtsextremistisch durchsetzten Aufbegehren gegen die von der Regierung betriebene Politik verband.[50]

An dieser Stelle ist festzuhalten, dass sich der Rechtspopulismus, bevor er in Deutschland politische Relevanz erlangte, in den zuvor als grundliberal geltenden europäischen Nachbarländern ausgebreitet hatte, namentlich in Belgien und den Niederlanden sowie in Dänemark, Finnland und Schweden.[51] Die wichtigste Rolle spielte dabei jedoch Frankreich, wo der Front National mehrfach an der Schwelle zur Machtübernahme stand.[52] In Deutschland zogen die Rechtspopulisten erstmals im Herbst 2017 in den Bundestag ein. Eine Mehrheit der Deutschen blieb jedoch bei ihrer grundsätzlich liberalen und weltoffenen Einstellung[53] und unterstützte eine andere Politik als die auf eine strikte Abschottung der EU hinauslaufende, wie sie vor allem in den mittel- und mittelosteuropäischen Ländern eine deutliche Mehrheit der Wähler fand.

Die mehrheitliche Unterstützung der deutschen Bevölkerung für ein seit langem überfälliges Einwanderungsgesetz speist sich im Wesentlichen aus drei Motiven: dem Wissen darum, dass Deutschland auf die Zuwanderung von Arbeitskräften angewiesen ist; der Erwartung, dass es mit Hilfe eines Einwanderungsgesetzes gelingen werde, den Zuzug zu steuern und vor allem diejenigen ins Land zu holen, die auf dem deutschen Arbeitsmarkt tatsächlich gebraucht werden; schließlich

dem humanitären Impuls, legale Zugänge nach Europa zu öffnen und dafür zu sorgen, dass die nach Europa Strebenden sich
nicht zwangsläufig kriminellen Schlepperbanden andienen
und eine lebensgefährliche Fahrt über das Mittelmeer antreten
müssen. Es ist eine Mischung aus wohlverstandenem Eigeninteresse und humanitärer Einstellung, dazu der Wunsch, die
Kontrolle über die Immigration zurückzugewinnen,[54] die dafür
sorgt, dass eine Mehrheit der deutschen Gesellschaft allen
Integrationsproblemen zum Trotz die relativ liberale Politik der
Regierung in der Migrationsfrage unterstützt.

Diese von einer Mehrheit der Gesellschaft geteilte Sicht der
Immigration und ihrer Folgen für die ethnische und religiöse
Zusammensetzung der in Deutschland Lebenden ist bei einer
Minderheit jedoch auf entschiedenen Widerspruch gesto-
ßen, und dieser Widerspruch hat sich schließlich zu offenem
Widerstand gesteigert. Dabei kam auch das bereits angesprochene Gefühl des Zeitdrucks ins Spiel: Man könne nicht warten,
bis sich bei Wahlen eine andere Politik durchsetzen lasse, weil
bis dahin bereits «vollendete Tatsachen» geschaffen worden
seien. Sei es erst einmal zur «Umvolkung» der in Deutschland
Lebenden gekommen, wären die Deutschen in der Minderheit
und hätten infolge der unterschiedlichen demographischen
Reproduktionsraten der autochthonen und der zugewanderten Bevölkerung keine Chance, je wieder zur Mehrheit zu
werden. Im Prinzip handelt es sich dabei um ein Argument aus
der Debatte um die Nutzung der Kernenergie, wonach in einer
Demokratie auch von großen Mehrheiten keine irreversiblen
Entscheidungen getroffen werden dürften, weil dadurch die
gerade entscheidende Generation alle zukünftigen Generationen binde, die dann – im Falle der Atomenergie wurde mit der
Halbwertzeit argumentiert – mit den Folgen dieser Entscheidung zu leben hätten.[55] Es ist die ethnische Durchmischung

des deutschen Volkes, die aus Sicht der Rechtspopulisten bis Rechtsradikalen verhindert werden soll und die keinen Aufschub dulde.

Links-rechts: alte Schemata und neue Konstellationen

Es ist die von der Mehrheitsregel bis zur Vorstellung vom Kampf um die kulturelle Hegemonie reichende Wanderung der Argumente, Ideen und Theorien von der politischen Linken zur Rechten, die dafür spricht, dass es sich bei den jüngsten Veränderungen der politischen Landschaft nicht um eine «Zwischenlage» handelt, die nach einiger Zeit wieder den klassischen Konstellationen von links, rechts und Mitte Platz machen wird, sondern dass sich hier strukturelle Veränderungen vollziehen. Dass sich Rechtsextremisten und Islamisten, die sich in der Auseinandersetzung im Internet wie auf der Straße in unerbittlicher Feindschaft gegenüberstehen, einander im Denkduktus wie im Verhalten recht ähnlich sind,[56] ist nicht besonders überraschend, denn ähnliche Phänomene lassen sich in der Geschichte des politischen Extremismus immer wieder beobachten. Dass hingegen nahezu die gesamte Argumentationsstruktur der politischen Linken von den rechtskonservativen bis rechtsradikalen Gruppierungen und deren Vordenkern übernommen wurde, ist schon eher ein Indikator dafür, dass sich Grundmuster des politischen Verhaltens verändert haben. «Wohl in keiner neuzeitlichen Krise», so der Göttinger Politikwissenschaftler Franz Walter, «herrschte eine solche Begriffslosigkeit bei der Betrachtung von Zukunft, bei der Erörterung über das ‹danach›, wie im gegenwärtigen Umbruchsmoment.»[57] Es gibt eine Reihe von Anzeichen dafür, dass sich die mehr als zweihundertjährige politische Symbolordnung von rechts und links und der ihr zugehörige Imaginationsraum[58] aufzulösen beginnen und es zu neuen Arrangements der Symboliken kommen wird. Eine solche Entwicklung dürfte, sollte sie denn tatsächlich eintreten, erheblich folgenreicher sein als eine veränderte Gewichtsverteilung im politischen Spektrum, wie die jüngsten Veränderungen zurzeit noch beschrieben werden.

Wenn in diesem Buch mit der politischen Klassifikation von links, rechts und Mitte gearbeitet wird, so verbleiben wir mit unseren Orientierungen in jenem Symbolraum, den wir aus der Vergangenheit kennen und in dem wir uns zurechtfinden. Das ist schon deswegen unvermeidlich, weil wir über keinen anderen allgemein eingeführten politischen Symbolraum verfügen. Dementsprechend bedienen wir uns einer Begrifflichkeit, die an der Vergangenheit orientiert ist und das womöglich Neue in das Raster des Alten presst. Andererseits können wir uns zurzeit nicht sicher sein, ob wir es wirklich mit etwas grundlegend anderem und insofern Neuem, also einem «Wendepunkt» der Geschichte, zu tun haben. Sind wir vielleicht doch bloß in eine Zeit der Rückwärtsgewandtheit, der Regression eingetreten, in der die alten Orientierungen ihre Geltung behalten, weil sie ja einer Zeit entstammen, auf die, wenn denn die Regressionsthese zutrifft,[59] viele der aktuell beobachtbaren Entwicklungen zurückverweisen? Die Furcht vor einer Rückkehr der «Weimarer Verhältnisse» und die Warnungen vor neuen faschistischen beziehungsweise nationalsozialistischen Bestrebungen ist an dieser Regressionsvorstellung orientiert. Es ist aber auch nicht auszuschließen, dass bei der Analyse der Gegenwart mit den Kategorien der Vergangenheit all das übersehen wird, was an den jüngsten Veränderungen tatsächlich neu und nicht mit den Symbolen und Begriffen der Vergangenheit angemessen zu erfassen ist.

Ein Argument gegen die These von der grundlegenden Veränderung lautet, dass die politischen Akteure, die als Träger des strukturell Neuen in Betracht kommen, sich selbst in den alten Begrifflichkeiten beschreiben – und sich auch der Symboliken der Vergangenheit bedienen, etwa wenn vom Kampf gegen das «rot-grün versiffte» politische Establishment die Rede ist oder wenn sie intellektuelle Anleihen bei den rechten und nationalistischen Autoren der Weimarer Republik machen und für sich eine nationalkonservative Einstellung reklamieren. Auch die Symbolsprache des äußersten rechten Rands der rechtspopulistischen Bewegung bewegt sich, von antisemitischen Parolen bis zum Zeigen des «Hitlergrußes», ganz in den Bahnen eines Vergangenen, das selbst durch Strafandrohungen nicht gänzlich gebändigt werden kann.[60] Man begegnet hier dem, was sich in Politik wie Gesellschaft seit jeher beobachten lässt: Ressentiment und Neid, Hass und Verachtung, Wut und Aggressivität, und man wird daran erinnert, dass die staatliche Ordnung mit dem bei ihr konzentrierten Gewaltmonopol dazu errichtet wurde, diese Dispositionen und Verhaltensweisen zu kontrollieren und ihr Ausleben zu verhindern – was unter dem Eindruck einer selbstverständlich gewordenen gesellschaftlichen Liberalität häufig in Vergessenheit geraten ist.[61] Konzentriert man sich auf die Ausbrüche von Wut und Hass, aber auch von Gewalt, die sich im Umfeld populistischer Bewegungen ereignen, ist man nicht nur geneigt, im Populismus, insbesondere im Rechtspopulismus, eine nur oberflächlich camouflierte Generallizenz zum hemmungslosen Ausleben bösartiger Affekte zu sehen, sondern kommt auch zu dem Ergebnis, Zeitgenosse einer großen Regression zu sein, in deren Verlauf die zivilisatorischen Errungenschaften der letzten Jahrzehnte zunichtegemacht werden. Der Firnis der Zivilität scheint jedenfalls dünn und nur unter günstigen Kon-

stellationen stark genug, um dem Tumult entfesselter Gefühls-
regungen Grenzen zu setzen. Slavoj Žižek, das Enfant terrible
der linksintellektuellen Szene, hat in diesem Zusammenhang
von der zivilisierenden Funktion der Höflichkeit gesprochen,
die unter den Invektiven von Populisten und den Möglich-
keitsbedingungen des Internets zuschanden gehe.[62]

Entzivilisierung oder Revitalisierung?
Ein Blick durch die Brillen von Norbert Elias
und Peter Sloterdijk

All dies lässt sich auch in einer breiter angelegten Theorie-
perspektive deuten. Der deutsche Soziologe Norbert Elias,
der Mitte der 1930er Jahre wegen seiner jüdischen Herkunft
nach England emigrieren musste, hat den gesellschaftlichen
Umgang mit Affekten und Triebregungen seit dem Ausgang
des Mittelalters als eine kontinuierliche, wenngleich immer
wieder von Rückfällen unterbrochene Verwandlung von
Fremdzwang in Selbstzwang beschrieben und dies als «Prozess
der Zivilisation» bezeichnet.[63] Dabei hat er eine Vorreiterrolle
der europäischen Oberschichten herausgestellt, in deren Kreisen seit der Renaissance ein Ideal der Selbstbeherrschung und
Selbstkontrolle ausgebildet wurde, das sich im Verlauf der Jahrhunderte zunächst in der Mittel- und schließlich auch in der
Unterschicht als Verhaltensnorm durchgesetzt hat. Dies habe
zu einem Rückgang der Gewaltbereitschaft geführt, so dass
man sich zunehmend darauf verlassen konnte, keinen gewalt-
tätigen Angriffen ausgesetzt zu sein, und sich folglich gegen
solche Übergriffe auch nicht rüsten musste.[64] Je weiter die Verwandlung von Fremdzwang in Selbstzwang fortgeschritten
war, desto mehr konnte die Gewaltandrohung der Obrigkeit

gegenüber den Untertanen zurückgenommen und eine weitgehend liberale Gesellschaft ausgebildet werden.

Elias' Entwurf einer gesellschaftlichen Selbstzivilisierung
war das Gegenbild zu der gleichzeitig entwickelten Vorstellung
des der politischen Rechten zuzurechnenden Carl Schmitt.[65]
Dieser hat den Siegeszug der liberalen Gesellschaft, in deren
Folge der Zugriff der Staatsmacht auf den Einzelnen zurückgedrängt wurde, als einen Anschlag auf die Handlungsfähigkeit
des starken Staates begriffen und vor dessen Aushöhlung aus
dem befriedeten Innenraum der Gesellschaft heraus gewarnt.[66]
Lässt man Schmitts antisemitische Invektiven beiseite[67] und
liest sein Buch *Der Leviathan* als eine Auseinandersetzung mit
Thomas Hobbes (und nicht als einen Vorschlag, wie Staatlichkeit nach dem Scheitern der autoritären Lösung in totalitärer
Perspektive wiederhergestellt werden könnte), so hat Schmitt
an Hobbes' pessimistischem Menschenbild festgehalten und
bezweifelt, dass die Perioden der Selbstzivilisierung von Dauer
sein würden. Was in Elias' Sicht ein säkularer Prozess war,
blieb für Schmitt allenfalls ein Zwischenspiel. Man musste
Vorkehrungen treffen und auf der Hut sein und durfte sich
nicht einem – in Schmitts Sicht – leichtfertigen Vertrauen auf
den Fortschritt überlassen.

Nun sind gegen Elias' Theorie von der schrittweisen Selbstzivilisierung der europäischen Gesellschaften eine Reihe
empirischer wie prinzipieller Einwände geltend gemacht
worden.[68] So hat der Ethnologe Hans Peter Duerr vier Bände
unter dem Titel *Der Mythos vom Zivilisationsprozeß* veröffentlicht, in denen er auf den Feldern von Sexualität und Gewalt
zu zeigen versuchte, dass sich die Affektmuster und das Trieb-
verhalten der Menschen vom Mittelalter bis zur Gegenwart
keineswegs so grundlegend verändert hätten wie von Elias
behauptet. Vielmehr weise das menschliche Aggressions- wie

Schamverhalten eine bemerkenswerte Kontinuität auf, und Veränderungen seien nur der Zeitweiligkeit von Sittenregimen und Herrschaftsverhältnissen geschuldet.[69]

Im Unterschied zu dem empirisch arbeitenden Ethnologen Duerr hat der Philosoph Peter Sloterdijk in seinem Buch *Zorn und Zeit* prinzipiell in Frage gestellt, dass die fortschreitende Selbstzivilisierung soziopolitisch wünschenswert ist. Sloterdijk sieht in den von ihm als «thymotische» Energien beschriebenen negativen Gefühlen – Zorn, Stolz, Geltungsbedürfnis und Ressentiment – das wesentliche Antriebsmoment der Geschichte und in ihrem Rahmen auch eines gewissen zivilisatorischen Fortschritts. Als ein Beispiel nennt er die intellektuelle Praxis der Kritik, deren Entstehung höchst unwahrscheinlich gewesen sei, wenn ihr nicht ein «vom generalisierten Ressentiment befeuerte[r] Geist der Nichtunterwerfung unter bloße Tatsachen, namentlich Unrechtstatsachen» zugrunde gelegen hätte.[70] Anders als Elias, der die Domestizierung und Neutralisierung aggressiver Affekte als einen wesentlichen Bestandteil des Zivilisationsprozesses angesehen hat, misst Sloterdijk diesen zur thymotischen Energie veredelten aggressiven Affekten eine grundlegende Bedeutung bei. Zwar legt er Wert darauf, dass sie im politischen Prozess auf bestimmte Arenen begrenzt bleiben oder von entgegengesetzten Kräften ausbalanciert werden, aber die politische Ordnung muss nach Sloterdijk Räume offen halten, in denen die Äußerung von Wut und Zorn einen legitimen Platz hat. Diese Vorstellung dürfte der Grund gewesen sein, warum Sloterdijk den Aufstieg des rechten Populismus in Deutschland im Unterschied zu den meisten Intellektuellen seiner Provenienz und Generationenzugehörigkeit mit einer an offene Zustimmung grenzenden Gelassenheit begleitet hat.

Nutzt man die auf lange Zeiträume ausgelegten Theorien

von Elias und Sloterdijk, um die populistische Revolte gegen die repräsentative Demokratie zu erklären, so handelt es sich in der Sicht von Elias um einen Rückfall, auf den nach einiger Zeit eine Periode der Rezivilisierung folgen dürfte, von der auch die repräsentative Demokratie profitieren wird. In der Perspektive Sloterdijks handelt es sich bei der populistischen Revolte hingegen um die Behebung eines Ungleichgewichts, nachdem infolge der um sich greifenden Political Correctness der Raum für Äußerungen thymotischen Unwillens zeitweilig versperrt worden und damit das Verhältnis zwischen Eliten-handeln und Massenerwartungen aus der Balance geraten sei. Phasen populistischen Aufbegehrens sind für Sloterdijk Zeiten demokratischer Erneuerung, in denen die Kanäle der Willens-bildung unter thymotischem Druck gereinigt werden, um wie-der funktionstüchtig zu sein.

Sloterdijk steht mit seiner These einer immer wieder erfor-derlichen Selbstreinigung der Demokratie von der Herrschaft selbstgefälliger Eliten nicht allein da. René Cuperus, ein der Sozialdemokratie nahestehender niederländischer Politiktheo-retiker, bezeichnet Populismus als «Revolte von Menschen, die sich abgehängt fühlen», als ein «Phänomen der unter Druck gesetzten Mitte»,[71] und warnt davor, ihn auf bloße Fremden-feindlichkeit zu reduzieren, denn in einigen Punkten stehe er der sozialen Wirklichkeit der Menschen näher als alle Vor-stellungen der politisch und sozial Etablierten. Weil die her-kömmlichen Räume zur Artikulation von Ängsten und Sorgen der Menschen in den Parteien an Gewicht verloren hätten, neigten die akademisch gebildeten Parteibürokraten dazu, die eigene Lebenswelt mit der gesellschaftlichen Normalität zu verwechseln. «Die wirkliche Avantgarde sind heute die weni-ger Gebildeten, indem sie auf die Schattenseiten der Globalisie-rung hinweisen und die ungerechte und ungleiche Lastenverteilung der Globalisierung auf die politische Agenda setzen.»[72] Auch der Parteienforscher Franz Walter hat sich dieser Sicht auf den Populismus als Korrektor der Parteiendemokratie angenähert, als er schrieb: «Einst hatten die Sozialdemokraten, wenngleich zweifelsohne der Progressivität programmatisch zugetan, noch über die anthropologisch und lebensgeschichtlich gesättigte Erfahrung verfügt, dass Fortschritt auch Substanz und Ligaturen vertilgt, dass Fortschritt den einen Vorzüge bringt, den anderen aber Nachteile beschert.»[73]

Die Thesen vom Populismus als Regression und vom Populismus als Regeneration weisen jeweils zwei Varianten auf: eine, die den eher *interimistischen Charakter* des Regressiven oder Regenerativen betont, und eine, die auf die *strukturellen Folgen* des Bruchs mit zivilisierenden Einhegungen abhebt. Sowohl in der regressiven als auch in der regenerativen Sicht geht die interimistische Variante davon aus, dass populistische Bewegungen in gewissen Abständen auftreten, wobei sie im ersten Fall für eine Unterbrechung der bürgerpartizipativen Ordnung mit ihren Rechtsbindungen und Freiheitsgarantien stehen, im zweiten Fall für die Beseitigung von Funktionsstörungen dieser Ordnung, bevor nach einiger Zeit zum gewohnten Betrieb des politischen Systems zurückgekehrt werden kann. In beiden Fällen haben wir es nicht mit einem Wendepunkt in der Geschichte der Demokratie zu tun. Das ist anders bei der zweiten Variante: Hier wird ein sich auf Dauer einrichtender Populismus als Strukturbruch angesehen, nach dem nichts mehr so sein wird, wie es zuvor war. Für die These vom Populismus als Regression ist das der Eintritt einer großen Katastrophe, bei der es Jahrzehnte dauern wird, bis der Status quo ante wieder erreicht werden kann. Für die These vom Populismus als Regeneration der politischen Ordnung ist dieser Strukturbruch ein entscheidender Schritt auf dem Weg zur Verwirklichung des Volkswillens, der fortan nicht mehr durch Eliten mediatisiert wird. Wie ein solcher Volkswillen mit demokratischen und rechtsstaatlichen Institutionen vereinbar sein soll, ist freilich ein Rätsel.

Die Theorie vom neoliberalen Sündenfall und die Hoffnung auf eine neue Koalition der Linken

Womöglich sind die von Elias und Sloterdijk in den Blick genommenen Zeiträume aber auch zu groß, um in den jüngsten Entwicklungen etwas Neues beobachten zu können. Wie beschreiben das Theorien des institutionellen Arrangements und des politischen Verhaltens, deren Brennweite auf einen Zeitraum von einigen Jahrzehnten beschränkt ist? Da sind zunächst die Theorien, in denen die neoliberale Globalisierung für den Zerfall der politischen Linken und das Abwandern von Teilen der Arbeiterschaft zur politischen Rechten verantwortlich gemacht wird.[74] Die Veränderungen der letzten zwei Jahrzehnte werden dabei als wesentlich sozioökonomische (und nicht etwa politisch-kulturelle) dargestellt. Als ein früher Vorläufer dieser Sichtweise kann Richard Rorty gelten, der in seinem Buch *Stolz auf unser Land* das Verschwinden der gesellschaftlichen Mitte infolge wachsender Ungleichheit und Unsicherheit konstatiert[75] und das mit einer Kritik an der politischen Linken in den USA verbindet, die sich für diese sozioökonomischen Entwicklungen so gut wie nicht interessiert, sondern sich auf die Gleichstellung und Anerkennung von Minderheiten konzentriert habe.[76] Irgendwann, so diese Theorien, hätten die Arbeiter begriffen, dass die politische Linke nicht länger ihre Interessen vertrete. Daraufhin seien immer größere Gruppen der klassischen Arbeiterschaft nicht mehr zur Wahl gegangen, bis sie nach einiger Zeit dann politisch rechts gewählt hätten. Mit Blick auf die angloamerikanische Welt hat Tony Judt ähnliche Überlegungen angestellt, um die Krise der Sozialdemokratie zu erklären,[77] und für Großbritannien hat Paul Mason vergleichbare Thesen vertreten.[78] Neben solchen Analysen haben narrativ gesättigte Darstellungen, wie die von J. D. Vance und Didier Eribon, dazu beigetragen, den Blick auf jene sozial depravierten Gruppen zu lenken, die einst quasi natürlich links zu sein schienen.[79]

Nach dieser Auffassung hat eine von neoliberalen Vorstellungen angeleitete Doppelbewegung zum Niedergang der alten Industriereviere in West- und Mitteleuropa sowie in Nordamerika geführt: Sie besteht zum einen in der Verlagerung ganzer Produktionsketten in Billiglohnländer, vor allem nach Ost- und Südostasien, zum andern im ununterbrochenen Zustrom von Arbeitsmigranten aus dem globalen Süden, die den depravierten Industriearbeitern als billige Konkurrenten begegnen. Außerdem habe der Migrantenzustrom für steigende Lebenshaltungskosten gesorgt. Aus der ehedem stolzen und selbstbewussten Industriearbeiterschaft wurde eine Ansammlung miteinander konkurrierender Arbeitskraftanbieter, die nicht länger der Arbeit nachgehen konnten, für die sie fachlich ausgebildet und kompetent waren, sondern jede Tätigkeit annehmen oder den demütigenden Weg in die sozialen Hilfssysteme gehen mussten. Um den Aufenthalt darin möglichst unbequem zu machen, wurden in fast allen von der Deindustrialisierung erfassten Ländern die Sozialsysteme grundlegend umgebaut, indem die Versorgung der Arbeitslosen verschlechtert und die Zeiträume ihrer Unterstützungsansprüche verkürzt wurden. Die arbeitslos gewordenen Industriearbeiter sollten dadurch genötigt werden, die verfügbaren Arbeitsplätze anzunehmen, auch wenn sie dabei deutlich schlechter entlohnt wurden als bisher. – So in groben Zügen die Erzählung vom Anschlag des Neoliberalismus auf die alten Industriegesellschaften und den ehemals wohleingerichteten Sozialstaat.[80]

Die amerikanische Sozialwissenschaftlerin Nancy Fraser hat diese doppelte Entwicklung von Deindustrialisierung und Sozialstaatsabbau mit der Konzentration der politischen Linken auf neue Themenfelder, vom Kampf für die Rechte von Minderheiten bis zum Klimaschutz, in Zusammenhang gebracht und dies als «progressiven Neoliberalismus» bezeichnet. Nach ihrer Überzeugung wurde der Neoliberalismus der ökonomischen Globalisierung und der Konkurrenzverschärfung innerhalb der klassischen Industriearbeiterschaft durch die Sorge um die Unterdrückten und Benachteiligten aller Art und aus aller Welt komplementiert. Die nationale Arbeiterschaft geriet dadurch in doppelte Bedrängnis: Während sich ihre materielle Lage verschlechterte, verlor sie auch noch ihren bisherigen politischen Sachwalter. Als Personifikation dieser Veränderung hat Fraser, auf die USA bezogen, Hillary Clinton ausgemacht.[81] Mit einem Mal, so Fraser, waren Feminismus und Wall Street zwei Seiten ein und derselben Medaille.[82] Unter diesen Umständen gab es für die bereits in prekäre Beschäftigungsverhältnisse abgerutschte, zum Teil in beständiger Furcht vor diesem Abstieg lebende Industriearbeiterschaft keinen Grund mehr, die politische Linke zu wählen, geschweige denn sich für sie zu engagieren. Das war der Anfang des langen Wegs der Arbeiterschaft von links nach rechts; am Anfang stand der Amtsantritt Bill Clintons, dem dann später Tony Blairs «New Labour» und Gerhard Schröders «Neue Mitte» folgten. Über Bill Clinton schreibt Fraser: «An die Stelle der ‹New Deal›-Koalition aus gewerkschaftlich organisierten Arbeitern, Afroamerikanern und Angehörigen der urbanen Mittelklassen ließ er [Clinton] eine neue Allianz aus Unternehmern, Bewohnern der Vorstädte, Angehörigen der Neuen Sozialen Bewegungen sowie Studenten treten, deren Progressivität durch ihr Eintreten für Diversität, Multikulturalismus und Frauenrechte beglaubigt wurde.»[83] Gegen die «schnöden Interessen» der Arbeiterschaft wurden die moralisch hochstehenden Werte der neuen linken Politik ausgespielt. Damit trat «neben die Katastrophe der Deindustrialisierung nun noch die Zumutung eines progressiven Moralismus, der sie [die Arbeiter] pauschal als kulturell zurückgeblieben» abtat.[84]

Retrospektiv lässt sich festhalten, dass es in den USA für Donald Trump und in Großbritannien für Nigel Farage oder Boris Johnson ein Leichtes war, gegen die Koalition von Geld und Geist, Wall Street und diversen Minderheiten, Globalisierungsinteressen und normativem Globalismus eine Koalition der Abgekämpften und Prekarisierten, Gedemütigten und Ressentimentbeladenen auf die Beine zu stellen. Sie wurde durch zwei zentrale Elemente zusammengehalten: das Versprechen, die Verlagerung der Produktion in den globalen Süden zu stoppen und den Zustrom von Arbeitsmigranten zu blockieren, sowie das Versprechen, gegen den als abgehoben und elitär denunzierten Moralismus der Intellektuellen wieder die kleinbürgerlichen Werthaltungen der Vergangenheit zur Geltung zu bringen – von der Hierarchie zwischen Mann und Frau sowie zwischen Weißen und Schwarzen bis hin zu einem nationalen Überlegenheitsgefühl, das manche Enttäuschung im sozialen Bereich ausglich.

Diese Koalition des «reaktionären Populismus», wie Fraser ihn nennt, ist erheblich robuster als die Koalition zwischen ökonomischer Globalisierung und normativem Universalismus, und diese bemerkenswerte Stabilität wird offenkundig auch nicht durch die politischen Fehlleistungen und moralischen Fehltritte ihrer Anführer in Frage gestellt. Selbst die Tatsache, dass ein großer Teil der sich als anti-elitär gerierenden Populisten selbst der Elite angehört, spielt dabei keine Rolle. Auch deswegen ist Frasers Vorschlag, die politische Linke durch eine Verbindung von alter Arbeiterklasse, bedrohter Mittelschicht und diversen Minderheiten wieder an die Macht zu bringen, wenig überzeugend. Politisch-programmatisch lässt sich für eine solche Koalition keine Klammer finden; die einzig mögliche Klammer wäre eine charismatische Persönlichkeit an ihrer Spitze, von der die inhaltlich-programmatischen Gegensätze überspielt würden. Damit würde die Linke jedoch das politische Integrationsmodell der Rechten übernehmen – und ob sie unter dieser Voraussetzung eine grundlegend andere Politik machen könnte als die Rechte, muss dahingestellt bleiben. Die Geschichte diesbezüglicher Politikexperimente in Lateinamerika spricht dagegen.

Frasers Thesen zur Krise des neoliberalen Projekts und zum Aufstieg des Populismus wurden hier so ausführlich dargestellt, weil sie paradigmatisch sind für einen bei linken Intellektuellen vorherrschenden Theorieansatz, demzufolge vor allem der Neoliberalismus für die beklagte Entwicklung verantwortlich sei. Die Politik von Clinton über Blair bis Schröder habe, angetrieben von der neoliberalen Ideologie, die sozioökonomische Welt mutwillig umgestülpt, ohne dabei in Rechnung zu stellen, dass dies Folgen für ihre eigenen Machtgrundlagen hat. Das eine Problem dieser Analyse ist der Catch-all-Begriff des Neoliberalismus, dem alles subsummiert wird, was sich in den letzten Jahrzehnten anders entwickelt hat, als es sich hätte entwickeln sollen. Eine komplexe Problemlage wird mit semantischen Mitteln radikal vereinfacht. Das andere Problem liegt in der Unterstellung, die zunächst linken Politiker hätten sich von den Sirenengesängen des Neoliberalismus verführen lassen. Ursächlich für die beklagten Entwicklungen war demnach,

zugespitzt formuliert, eine schlichte politische Fehlkalkula-
tion, die zustande kam, weil man auf die falschen Leute gehört,
die Möglichkeiten eines reibungslosen Umbaus von der alten
Industrie- in die neue Dienstleistungsgesellschaft überschätzt
und sich an Normen mit universellem Geltungsanspruch orientiert hatte, wodurch man die partikularen Interessen der
unteren Mitte in der eigenen Gesellschaft aus dem Auge verlor.
Die These, wonach das Verhängnis linker Politik letzten Endes
ideologiegetrieben gewesen sei, ist die Grundlage für die explizit wie implizit anzutreffende Vorstellung, eine weitgehende
Revision dieser Entwicklung sei möglich, und tendenziell
könne man den politischen Faden dort wieder aufnehmen, wo
man ihn damals liegen gelassen oder verloren habe.

Drei grundsätzliche Einwände

Es gibt mindestens drei grundsätzliche Einwände gegen diese
Problemanalyse und die in ihr eröffnete Lösungsperspektive.
Da ist zunächst der Umstand, dass das wirtschaftliche Wachstum seit 1970 immer mehr abnahm, womit auch die Zuwächse
ausblieben, die zur Finanzierung des Wohlfahrtssystems
erforderlich waren.[85] Was auch immer die Ursache dafür gewesen sein mag – das Auslaufen der Rekonstruktionsperiode
zwei Jahrzehnte nach Kriegsende, der dramatische Anstieg der
Rohstoffpreise im Gefolge des «Ölpreisschocks» von 1973 oder
das Zusammentreffen eines kurzwelligen Konjunkturzyklus
mit einem langwelligen Kondratieff-Zyklus –, es kam zu einer
Wachstumskrise in Deutschland wie auch in anderen Industriegesellschaften.[86] Wäre die keynesianische Erwartung eingetreten, dass nach einer begrenzten Phase des *deficit spending*
die Konjunktur erneut anspringt und sich die früheren Wachs-

tumsraten wieder einstellen, und hätte man in den Perioden konjunktureller Erholung, wie von Keynes vorgesehen, einen strikten Sparkurs verfolgt, so wären die Kosten dieser Politik weniger dramatisch gewesen. So aber kam es zu einer ständig wachsenden Staatsverschuldung.[87]

Diese Krise von Industrie und Staatsfinanz wurde schließlich noch von wachsenden Zweifeln an der Wünschbarkeit weiterer materiellen Wachstums überlagert, die durch die Thesen des Club of Rome über die ökologischen Grenzen des Wachstums befeuert wurden. Das Zusammentreffen einer Krise des Erfahrungsraums mit einer Krise des Erwartungshorizonts, eines Versagens der wirtschaftspolitischen Instrumente, von denen man sich eine schnelle Überwindung der Krise versprochen hatte, mit einer Infragestellung der ökologischen Vertretbarkeit dieser Art von Krisenüberwindung mündete in den Zerfall des Fortschrittsglaubens, der den gesellschaftlichen Zusammenhalt zuvor wenn nicht getragen, so doch gestützt hatte.[88]

Es gab somit gute Gründe für die Annahme, einer auf wirtschaftlichem Wachstum und dessen Umverteilung beruhenden Koalition der Linken gehöre nicht länger die Zukunft und man müsse nach neuen Projekten und politischen Akteuren Ausschau halten. Eine politische Neuausrichtung der Linken war obendrein aus machtpolitischen Gründen vonnöten, da viele Industriearbeiter, die inzwischen arbeitslos geworden waren oder ein prekäres Beschäftigungsverhältnis hatten aufnehmen müssen, nicht mehr zur Wahl gingen, womit sie als relevante Größe aus den politischen Kalkülen der Parteistrategen verschwanden. Es gehört nun einmal zu den Funktionsmechanismen einer parlamentarischen Demokratie, dass politische Parteien die bevorstehende, vielleicht noch die darauffolgende Wahl im Auge haben und Wählerschaften, bei denen sich keine Rückkehr zur alten Präferenz abzeichnet, schlichtweg abschreiben. Sie werden der Erinnerungspflege durch die Parteihistoriker anvertraut.

Der zweite Einwand gegen eine allein auf den Neoliberalismus konzentrierte Erklärung der beschriebenen Entwicklung verweist auf die Erosion des Fortschrittsglaubens und die damit verbundene Freisetzung eines moralischen Normativismus, der die Benachteiligung von Minderheiten in aller Welt beseitigen will. Die Parteien der politischen Linken wurden mit der Erwartung konfrontiert, dass sie etwas gegen eine solche Benachteiligung tun und sich der jeweiligen Minderheit als deren Anwalt und Interessenvertreter annehmen müssten. Das hat zur Entstehung einer neuen Koalition der Benachteiligten als Grundlage linker Politik beigetragen. Tatsächlich enthält der Fortschrittsglaube, seit der Französischen Revolution mit dem linken Politikprojekt aufs engste verbunden, selbst eine normative Seite, die stark moralisch aufgeladen ist. Die Verwirklichung von Gerechtigkeit war insofern bereits unter der Ägide der Fortschrittsidee ein zentrales Element linker Politik. Aber dieses Element blieb in den Gang der Geschichte eingebunden. So stand der Geschichte kein moralischer Spiegel gegenüber, durch den sich jeder, der hineinsah, sofort blamiert fühlte. Da die Beseitigung von Ungerechtigkeit an sozioökonomische Voraussetzungen gebunden war, die sich aus der historischen Entwicklung ergaben, stand sie nicht im moralischen Gegensatz zu den jeweils eigenen Interessen. Obendrein war die linke Fortschrittsvorstellung so modelliert, dass die Verfolgung der Arbeiterinteressen mit der schrittweisen Beseitigung von Ungerechtigkeit in eins fiel.

Man kann dies als den heimlichen Hegelianismus der alten Linken bezeichnen, folgte diese im Grundsatz doch Hegels Feststellung aus der Vorrede zur *Rechtsphilosophie*, wonach das Vernünftige wirklich und das Wirkliche vernünftig sei[89] – mit zwei kleinen Variationen: Das, was Hegel der Gegenwart attestiert hatte, wurde an den historischen Fortschritt überwiesen, und die Realisierung des Vernünftigen schloss die Beseitigung des Ungerechten ein. Man konnte sich auf den Gang der Geschichte und die Rolle der eigenen Organisationen als deren politischer Begleiter verlassen. Als dieser Fortschrittsglaube dahinschwand, tat sich eine Kluft zwischen tatsächlicher Entwicklung und normativer Erwartung auf, die durch geschichtsphilosophische Neuinvestitionen nicht mehr geschlossen werden konnte. Stattdessen wurde sie seitens der Moralphilosophie ständig vergrößert. Nicht von ungefähr waren die 1970er Jahre eine Zeit, in der sich die politische Philosophie wieder stärker auf Kant als auf Hegel stützte und eine zunehmend kritische Grundhaltung gegenüber dem Bestehenden einnahm. Nirgendwo kam das besser zum Ausdruck als in der überragenden Bedeutung, die John Rawls' *Theorie der Gerechtigkeit* von nun an für ein sich als links verstehendes Denken und die von ihm inspirierten Projekte einnahm.

So wurde die politische Linke zum Sammelbecken und Refugium für alle, die unter Rückgriff auf Gerechtigkeitstheorien beziehungsweise Phänomenologien der Ungerechtigkeit die soziopolitische Welt beschrieben. In der Folge stand die Linke der Wirklichkeit immer im Modus notorischer Kritik gegenüber, ohne dass sie sich bei der Veränderung der Wirklichkeit mit der geschichtlichen Entwicklung eins wusste. Was sie dabei an kritischer Reflexivität hinzugewann, büßte sie an Selbstvertrauen in ihre Fähigkeit zur Umgestaltung der soziopolitischen Welt ein. Mit einem Wort: Die Linke wurde akademisch. Diese Entwicklung war aber nicht willkürlich oder ideologiegetrieben; über weite Strecken handelte es sich um eine Reaktion auf heterogene Herausforderungen, die sich nicht mehr auf den Grundwiderspruch zwischen Kapital und Arbeit zurückführen ließen. Der Wandel der politischen Linken ging nicht von einer Veränderung der Theorie aus; vielmehr suchte die Linke nach neuen Leitideen, weil die alte Theorie ihr Orientierungspotenzial verloren hatte.

Schließlich gibt es einen dritten Einwand gegen die Vorstellung, wesentlich neoliberale Konzepte seien für die jüngsten Entwicklungen verantwortlich. Die im Zuge der Globalisierung stattfindende Verlagerung von Produktionsstätten in Schwellenländer hat zu einer Verminderung der Einkommensungleichheit zwischen reichen und ärmeren Ländern geführt, während gleichzeitig die Vermögens- und Einkommensunterschiede in den alten Industriegesellschaften zugenommen haben.[90] Angesichts der Forderung, die Ungerechtigkeit generell zu verringern, heißt das, dass der Rückgang von Ungleichheit im einen Bereich mit wachsender Ungleichheit in einem anderen Bereich bezahlt werden musste. Wenn aber die Verminderung von Ungerechtigkeit hier wie dort nicht gleichzeitig möglich ist, da es sich um ein Nullsummenspiel handelt – wie soll, wie wird dann die Präferenz für den einen oder anderen Bereich ausfallen?

Dagegen hat der französische Ökonom Thomas Piketty die Probleme der sozialen Ungleichverteilung von Einkommen nicht auf die Globalisierung zurückgeführt, sondern darauf, dass der Kapitalismus durch die ungleiche Verteilung von Vermögen die Einkommensunterschiede zwangsläufig verschärfe und damit die Demokratie gefährde. Piketty vertritt in seinem Buch *Das Kapital im 21. Jahrhundert* die These, die Kapitalrendite sei seit der zweiten Hälfte des 20. Jahrhunderts stets größer gewesen als das Wirtschaftswachstum ($r > g$).[91] Das ändert jedoch nichts an der Frage, auf welche Ungerechtigkeit sich die Linke zuerst konzentrieren solle. Unter dem Aspekt universaler Gerechtigkeitsvorstellungen würde vieles dafür sprechen, die Ungleichheit zwischen den Ländern weiter zurückzudrängen, da die Lebenschancen eines Menschen nach wie vor im Wesentlichen davon abhängen, in welchem Land er geboren wurde.[92] Solange die nationale Zugehörigkeit für die Verteilung von Lebenschancen statistisch bedeutsamer ist als die Klassen- oder Schichtenzugehörigkeit, würde die Rawls'sche Gerechtigkeitstheorie jedenfalls nahelegen, weiter in den Abbau von Ungleichheit zwischen den Ländern zu investieren und erst dann, wenn ein tendenzieller Gleichstand zwischen National- und Sozialzugehörigkeit erreicht ist, die Reduktion der Ungleichheit zwischen den Klassen innerhalb einer Gesellschaft wieder auf die politische Agenda zu setzen. Außerdem lassen sich die Migrationsströme, die ein Teil der gegenwärtigen politischen Krise sind, als Reaktion auf die Ungleichheit der Lebenschancen zwischen den Nationen begreifen; wird diese Ungleichheit verringert, wäre das also auch ein nachhaltiger Beitrag zur Begrenzung von Arbeitsmigration. So weit die normative Sicht.

Nicht erst in den letzten Jahren lässt sich beobachten, dass viele Regierungen nationale Lösungen präferieren, da sie von ihren Wählern und nicht von der Erfüllung moralischer Forderungen abhängig sind. Bürger und Regierungen in den nach wie vor reichen Industriestaaten neigen dazu, sich gegen den Zustrom von Armutsmigranten abzuschotten und zum Schutz ihrer Arbeitsplätze die Einfuhr von Produkten aus Schwellenländern einzuschränken. US-Präsident Trump hat dieses Projekt als Erster zur offiziellen Leitlinie seiner Politik gemacht; als Idee lag es dem Abstimmungsverhalten vieler Briten bei der Brexit-Entscheidung zugrunde. Es gibt aber auch Regierungen, die davon ausgehen, dass Migration und Güteraustausch sich nicht voneinander trennen lassen und man die Vorteile des einen nicht beanspruchen kann, ohne die Nachteile des anderen in Kauf zu nehmen. Dabei handelt es sich um jene Staaten, die, wie Deutschland, einen Handelsüberschuss aufweisen und von einem mit Hilfe von Zöllen auf Importgütern ausgetragenen Handelskrieg insgesamt wirtschaftliche Nachteile zu befürchten haben. Auch sie sind keine Wohltäter der Menschheit aus moralischen Verpflichtungen heraus, sondern folgen durchaus (wohlverstandenen) Eigeninteressen. Aber sie betreiben dabei eine langfristig angelegte Politik und sind weniger darauf bedacht, kurzfristige Vorteile einseitig zu nutzen.

Mauern und Zäune gegen Armutsmigration,[93] Strafzölle auf Importgüter und Regulierung des Außenhandels mit *politischen* Mitteln: das sind die Instrumente zur Einschränkung eines globalen Handelsverkehrs, in deren Folge sich geschlossene Wirtschaftsräume herausbilden, die mit anderen, vom Grundsatz her ebenfalls geschlossenen Wirtschaftsräumen nur noch durch begrenzte Handelskorridore verbunden sind. Letztlich entspräche das der Wiederherstellung einer Wirtschaftsordnung, wie sie vom 16. bis zum 18. Jahrhundert bestanden hat, als der globale Warenaustausch auf wenige Luxusgüter beschränkt war. Der Unterschied bestünde darin, dass der Güteraustausch damals infolge der unzulänglichen Verkehrssysteme sehr viel kleinräumiger war, so dass man eher von segmentierten Regionalmärkten als von einer integrierten Nationalökonomie sprechen muss.[94]

Das Gedankenexperiment, die Weltwirtschaft des 18. und die des frühen 21. Jahrhunderts einander gegenüberzustellen, ist hilfreich, um die Vorteile und Nachteile von Großraumökonomien im Vergleich zu den einstigen Nationalökonomien zu studieren, bei denen die Grenzen eines Staates zugleich die äußeren Begrenzungen eines Wirtschaftsraums waren. Nationalökonomien, deren Wiederherstellung einigen

Globalisierungskritikern vorschwebt, sind kleinräumiger als eine global vernetzte Wirtschaft, in der es nur niedrigschwellige Begrenzungen gibt, die aus Zöllen, Sicherheitsstandards oder bestimmten Rechtsregelungen bestehen. Gibt es eine tragfähige Vorstellung von einer nichtglobalen Ökonomie, so würde diese auf die Herstellung von Wirtschaftsräumen hinauslaufen, die groß genug sind, um ökonomische und fiskalische Krisen aus eigener Kraft zu bewältigen, die eine weitgehend autarke Wirtschaftsstruktur bilden, das heißt nur sehr begrenzt auf Rohstoffzufuhr von außen und den Export von Fertigprodukten nach außen angewiesen sind, und zugleich eine stabile demographische Reproduktionsrate aufweisen, um Arbeitskräfte weder exportieren noch importieren zu müssen.[95] Die EU in ihrer aktuellen Ausdehnung könnte einen solchen globalisierungsalternativen Wirtschaftsraum darstellen; ob er tatsächlich groß genug ist, um ökonomische und fiskalische Krisen allein zu bewältigen, sei dahingestellt; aber weder die Rohstoffvorkommen noch die Reproduktionsrate in der EU lassen eine solche Alternative wirklich zu. Die politische Inkonsequenz rechtspopulistischer Bewegungen liegt darin, dass ihnen schon dieser Raum zu groß ist, weshalb sie fortgesetzt gegen die EU polemisieren und alles dafür tun, diesen Wirtschaftsraum aufzulösen, indem sie seine politischen Strukturen zerstören.

Politisch-kulturelle Erklärungen des Populismus

Einige Beobachter bezweifeln, dass wesentlich ökonomische Gründe zu der Welle populistischer Bewegungen in Europa und Nordamerika geführt haben. Die Erfahrung wirtschaftlicher Depravierung mag in den südlichen EU-Ländern eine zentrale

Rolle gespielt haben, ebenso in Süd- und Mittelamerika, zum Teil auch im «Rostgürtel» der USA, also jenem Raum des Mittleren Westens, in dem früher die Arbeitsplätze der Stahl- und Automobilindustrie lagen. In Deutschland, den Niederlanden sowie in Dänemark, Norwegen, Schweden und Finnland lässt sich der rasante Aufstieg rechtspopulistischer Bewegungen kaum *ausschließlich* auf die Erfahrung sozialen Abstiegs zurückführen.[96] Dagegen spricht schon der Umstand, dass von den durch das Göttinger Institut für Demokratieforschung befragten Teilnehmern der Dresdner Pegida-Demonstrationen «rund zwei Drittel ihre persönliche Lage als derzeit gut bis sehr gut qualifizieren».[97] Allerdings spielt in Ostdeutschland die Wende-Enttäuschung, die nicht unbedingt eine Erfahrung des ökonomischen Abstiegs sein muss, sondern auch als soziale Entwertungserfahrung gedeutet werden kann, eine nicht unerhebliche Rolle.[98] Nach einer Studie der Bertelsmann Stiftung war der Anteil von AfD-Wählern bei der letzten Bundestagswahl mit 28 Prozent im «prekären Milieu» zwar am höchsten, aber dem standen immerhin 14 Prozent AfD-Wähler aus den Milieus der unteren Mitte gegenüber, vor allem aber 20 Prozent aus der «bürgerlichen Mitte», und selbst in gehobenen Milieus fand sich eine relevante Anzahl von AfD-Wählern.[99] Die Soziologin Cornelia Koppetsch hat die Milieuzurechnung auf das klassische Schichtenmodell übertragen; demnach lag die Unterstützung der AfD «in der Unterschicht bei 16, in der Mittelschicht bei 14 und in der Oberschicht bei 8 Prozent».[100] Die Zahlen belegen, dass der Rechtspopulismus in Deutschland zwar großen Zuspruch aus den Reihen der sozial Benachteiligten erfährt, die Mehrheit seiner Wähler aber aus sozial eher gut situierten Verhältnissen kommt. Für die skandinavischen Länder und die Niederlande zeigen einschlägige Untersuchungen, dass das Erstarken des Rechtspopulismus nicht auf unmittelbare soziale Depravierung zurückzuführen ist, sondern auf die Angst vor einer Überforderung des Wohlfahrtsstaats, dessen Leistungen für die eigenen Bürger reserviert werden sollen, sowie die Auffassung, die eigene Kultur und Identität werde durch Migranten bedroht.[101]

Eine unmittelbare Kausalbeziehung zwischen einer angeblich durch neoliberale Konzepte inspirierten Wirtschaftsordnung und dem Aufstieg des Rechtspopulismus als Protestbewegung scheint es also nicht zu geben. Dagegen spricht auch, dass in einigen Ländern Mittelosteuropas im Zuge der dortigen «konservativen Wende» Parteien oder politische Bewegungen an die Macht gekommen sind, die neoliberale Wirtschaftspolitik mit dezidiert rechtspopulistischer Rhetorik verbinden. Allenfalls wird man sagen können, dass bei den linkspopulistischen Bewegungen der südlichen EU-Länder, bei Syriza in Griechenland, Cinque Stelle in Italien und Podemos in Spanien, die ökonomische Notlage und der soziale Abstieg ganzer Gesellschaftsschichten plus einiger Regionen des Landes eine deutlich größere und direktere Rolle spielen als bei den rechtspopulistischen Bewegungen West- und Nordeuropas. Frankreich ist hier ein Sonderfall, bei dem sich die Dynamiken Südeuropas mit denen West- und Nordeuropas verbunden haben.

Zum Aufstieg populistischer Bewegungen haben neben den sozialen Abstiegs- auch kulturelle Verlustängste beigetragen, Ängste vor dem Ungewohnten und Unvertrauten, dem Neuen und Fremden. Insofern lässt sich die populistische Welle der letzten Jahre auch als eine Rebellion gegen eine als zu schnell und zu umfassend erfahrene Veränderung begreifen, die als Entwertung des Vertrauten wahrgenommen worden ist.[102] Es sind die überkommenen Orientierungen, die eingeübten Routinen, die herkömmlichen Werte und Wertungen, die verschwinden, und das nicht wie früher Schritt für Schritt mit dem Wechsel der Generationen, sondern in rasendem Tempo. Dass Veränderung als Entwertung und Enteignung wahrgenommen wird, hat mit dem eingangs erwähnten Verlust des Fortschrittsglaubens zu tun, der viele Veränderungen in das Versprechen einer Erleichterung des Lebens eingehüllt hatte. Das Gewohnte und Vertraute verliert nach Jahren der Veränderung einfach seinen Wert, und in der Folge breiten sich Gefühle der Entfremdung und Entwertung des eigenen Lebens aus. Den sich dagegen formierenden Widerstand hat der Soziologe Peter Waldmann als «konservativen Impuls» bezeichnet.[103]

Ein solcher Impuls kann sehr unterschiedliche Effekte haben: Im «harmlosesten Fall» führt er zu einer Stärkung der konservativen Parteien bei den nächsten Wahlen, im «äußersten Fall» zum revolutionären Sturz des für die Verlust- und Enteignungserfahrungen verantwortlichen Modernisierungsregimes. Waldmann hat diesen «äußersten Fall» am Untergang des Schah-Regimes im Iran und dessen Ablösung durch die Islamische Republik exemplifiziert.[104] Welche Richtung und welche Dynamik der «konservative Impuls» annimmt, hängt offenbar von zwei Faktoren ab: *erstens* der Reichweite und Intensität, mit der die Veränderung stattgefunden hat; ob sie sozialer oder kultureller Art gewesen ist, ob sie alle Schichten der Gesellschaft gleichermaßen betroffen hat oder nur einige, ob es viele Gewinner und nur wenige Verlierer der Veränderung gegeben oder ob es sich genau umgekehrt verhalten hat, und so weiter. *Zweitens* ist für die Bahn, die der «konservative Impuls» nimmt, die politische Landschaft ausschlaggebend, von der Parteienstruktur bis zur medialen Verarbeitung des Impulses: Gibt es eine konservative Partei, die ihn aufnimmt und ins politische System integriert, oder führt er zur Entstehung einer populistischen Bewegung, die sich in Opposition zu den etablierten Parteien entwickelt? Der «konservative Impuls», so die Pointe von Waldmanns Überlegungen, kann zu einem Verstärker für die Parteien des politischen Konservatismus werden, aber er kann ebenso gut auf das genaue Gegenteil hinauslaufen und zu einem Umsturz der politischen Ordnung führen. Er kann die Entschleunigung der als Verlust erfahrenen Veränderungen zur Folge haben, aber ebenso kann er diese Veränderungen selbst noch einmal beschleunigen.

Eine der Voraussetzungen für den Aufstieg links- wie rechtspopulistischer Bewegungen in Europa war das Abschmelzen der sozialmoralischen Milieus, die den Menschen in einem gewissen Umfang sozialen Halt und wertbezogene Orientierung verschafft haben.[105] Das Konzept des sozialmoralischen Milieus beschreibt die politisch-kulturelle Überformung der sozioökonomischen Struktur einer Gesellschaft. Es geht dabei um die konkreten Lebensformen der sozialen Klassen, die in sie eingelassenen Wertungen, die speziellen Anforderungen und Erwartungen eines Milieus und die damit verbundene Perspektive von Aufstieg und Abstieg. Nicht die sozialwissenschaftlichen Parameter stehen hier im Vordergrund, sondern die Binnenorganisation und Selbstwahrnehmung einer sozialen Gruppe, wie konfessionelle Bindungen, Nachbarschaften, Vereinsleben, Parteiorganisation und vieles mehr. Das sozialmoralische Milieu gibt Aufschluss über die Wahrnehmungs- und Bewertungsmuster sozialer Gruppen, die sich oftmals weniger aus dem Zugriff auf die Produktionsmittel als aus spezifischen Werten und deren Stabilisierung durch das Milieu ergeben.

In diesem Sinn ließen sich in Deutschland vier politisch relevante sozialmoralische Milieus unterscheiden: das katholische Sozialmilieu, das konservative Milieu, das bürgerlich-protestantische Milieu und das sozialistisch-proletarische Milieu.[106] Die Erosion dieser Milieus und ihrer Deutungsmacht begann bereits in der Weimarer Republik (wovon die NSDAP erheblich profitierte); durch Flucht, Vertreibung und Neuansiedlung nach dem Zweiten Weltkrieg wurde sie weiter vorangetrieben. Ihre eigentliche Auflösung erfolgte in den 1960er bis 1980er Jahren; sie war vor allem eine Folge der sich ausbreitenden Konsumgesellschaft und weniger eine von politischen Umbrüchen und Zäsuren. Die jeweiligen Milieus sortierten zwischen individuellen Aufstiegen und denen ganzer Schichten, bestimmten die Erwartungen, die man hegte, und waren Prägeinstanzen für das, was als gerecht und ungerecht wahrgenommen wurde. Daran gemessen wirkte die sich durchsetzende Konsumgesellschaft als ein großer Gleichmacher,[107] durch den auch die Vorstellungen von Gerechtigkeit grundlegend verändert wurden. Was eben noch als selbstverständlich, gottgegeben oder Schicksal gegolten hatte, bekam nun einen ganz anderen Erwartungshorizont und wurde mitunter als ungerecht bewertet.[108] Mehr als die Idee des Sozialismus, die sehr viel stärker die Gemeinschaft als den Einzelnen herausgestellt hat, dürfte die Erfahrung eines von kapitalistischen Imperativen angetriebenen Konsums zur Durchsetzung von Egalitätsvorstellungen und der ihnen verbundenen Gerechtigkeitserwartungen beigetragen haben – eine Entwicklung, die im Übrigen bereits von Marx und Engels im *Kommunistischen Manifest* beschrieben worden ist.[109]

Friedrich Nietzsche war der Erste, der das Ressentiment als Reaktion auf diese Erwartungsegalisierung beschrieben hat. Die Erwartung an eine Lebenschancen zuteilende oder vorenthaltende Gesellschaft ist meist so groß, dass sie von ebendieser Gesellschaft kaum zufriedengestellt werden kann. Die Folge des Differenzempfindens ist eine Disposition zum Groll gegenüber allem, was geschieht oder nicht geschieht. Ressentiment ist stillgestellte Wut. In seiner Schrift *Zur Genealogie der Moral* bezeichnet Nietzsche die Ressentimentbehafteten als «ein ganzes zitterndes Erdreich unterirdischer Rache, unerschöpflich, unersättlich in Ausbrüchen gegen die Glücklichen und ebenso in Maskeraden der Rache, in Vorwänden zur Rache».[110] Der Ressentimentbeladene weiß, dass offene Wut, Zorn und Hass gesellschaftlich verpönt sind und er, wenn er sich diesen Empfindungen hingibt, davon Nachteile haben wird. Also belässt er es beim Wunsch nach Rache und versagt es sich, diesen Wunsch auszuleben. So aber kommt er weder mit sich noch mit anderen ins Reine. Das ändert sich erst, wenn er die Chance sieht, Wut, Zorn und Hass auszuleben, und nirgendwo fühlt er sich so wohl und so sehr bei sich selbst wie in der Gemeinschaft derer, die dies mit ihm gemeinsam tun. Doch kaum, dass er das tut und den lange unterdrückten Impulsen nachgibt, fühlt er sich von denen beobachtet, die ihren Zorn nicht ausleben, und er ahnt, dass er etwas von sich preisgegeben hat, was ihn der Verachtung durch die anderen ausliefert. Er hat jetzt zwei Möglichkeiten: sich entweder wieder in die Haltung des innerlichen Grollens zurückzuziehen und sich seines Gefühlsausbruchs zu schämen, was sein Ressentiment weiter verstärkt; oder sich in den Wut- und Hassgemeinschaften einzurichten und seinen Zorn gegen alle zu kehren, von denen er vermutet, dass sie ihn verachten. Von nun an macht er sie für sein und des ganzen Landes Unglück verantwortlich.

Legt man die mit Teilnehmern der Pegida-Umzüge geführten Interviews zugrunde, so lassen sich die Disposition zum Ressentiment sowie beide Umgangsformen damit gut beobachten: einerseits das zeitweilige Herauslassen des Grolls, seine Steigerung zur Wut, wobei aber, wenn danach gefragt wird, nicht recht klar ist, was ihre Gründe und Ziele sind, weswegen die Betreffenden sich nach einiger Zeit wieder in ihren inneren Groll zurückziehen; andererseits das auf Dauer angelegte Sicheinrichten in einer Wut- und Hassgemeinschaft. Letztere stabilisiert sich dadurch, dass sie ein Objekt gefunden hat, auf das sie sich konzentriert und das sie für alles, was missfällt und abgelehnt wird, verantwortlich macht: Dieses Objekt können Politiker, Medien und vor allem Fremde, Migranten und Asylsuchende sein. An der notorischen Thematisierung der Objekte von Wut und Hass hängt der Zusammenhalt der ansonsten ephemeren Gemeinschaften.[111]

Dieser politisch-kulturelle Erklärungsansatz für den Aufstieg des Populismus bestreitet keineswegs, dass dabei Veränderungen in der sozialen Position der Menschen und die Verdüsterung ihrer Zukunftsaussichten eine Rolle spielen, aber er geht nicht davon aus, dass die Erfahrung des sozialen Abstiegs *unmittelbar* in ein Engagement in populistischen Bewegungen mündet. Dazu bedarf es der Zwischen- und Vermittlungsschritte, die in diversen Wahrnehmungs- und Reaktionsmustern zu suchen sind. Der bloße Verweis auf den Neoliberalismus und die durch ihn – angeblich oder tatsächlich – bewirkte Spaltung der Gesellschaft genügt mitnichten zur Erklärung der populistischen Welle. Die soziale Spreizung der Gesellschaft ist eine notwendige, aber nicht hinreichende Bedingung für den Aufstieg populistischer Bewegungen. «Die gegenwärtigen politischen Turbulenzen in Europa und den USA», so auch Ivan Krastev, «lassen sich nicht auf eine Revolte der ökonomischen Globalisierungsverlierer reduzieren. Das stärkste Argument für die These, dass es hier nicht nur um Wirtschaft geht, liefert Polen: Die Polen erlebten ein Jahrzehnt eindrucksvollen Wirtschaftswachstums, Wohlstands und sogar eines Rückgangs der sozialen Ungleichheit und stimmten dennoch 2015 für eine reaktionäre populistische Partei, die sie nur wenige Jahre zuvor abgewählt hatten.»[112] Krastev hätte auch auf Tschechien verweisen können, wo schon lange vor der globalen Finanz- und Wirtschaftskrise von 2008 mit Václav Klaus ein Mann die Politik des Landes bestimmte, der eine dezidiert neoliberale Wirtschaftspolitik mit einer starken national-konservativen Ausrichtung auf den anderen Politikfeldern verband. Ohnehin gilt für alle Visegrád-Staaten, dass sie ihren wirtschaftlichen Aufschwung nicht zuletzt mit Geldern aus Brüssel finanzieren, während sie gleichzeitig Stimmung gegen die EU machen und deren Einfluss auf die nationale Politik mit dem der Sowjet- union auf die Staaten des Ostblocks gleichsetzen.

Der aus Indien stammende Publizist Pankaj Mishra, der sich mit den Wellen von Wut und Zorn nicht nur in Europa und den USA, sondern auch in Süd- und Südostasien beschäftigt hat, spricht von einer globalen Revolte gegen die rationalis- tische Planungseuphorie und die hinter ihr stehenden wirt- schafts- und sozialwissenschaftlichen Theorien.[113] Das ver- breitete Empfinden, Versuchskaninchen von Theoretikern und Politikern zu sein, die Pläne machen und diese als alterna- tivlos ausgeben, habe eine Rebellion ausgelöst, die aus Angst und Wut, Zorn und Hass, Verweigerung und Rachegefühl besteht. Mishras Diagnose vom «Zeitalter des Zorns», das nun begonnen habe und das soziale und politische Leben für lange Zeit bestimmen werde, ist auch eine Antwort auf Francis Fukuyamas These vom «Ende der Geschichte», der zufolge es nach dem Zusammenbruch der sozialistischen Regime keine grundsätzliche Alternative zu Demokratie und Markt- wirtschaft mehr gebe. Der Hegel'sche Blick auf das Ende der Geschichte als ein Zum-Stillstand-Kommen der dialektischen Geschichtsbewegung infolge des Fehlens einer antithetisch- antagonistischen Gegenposition wird bei Fukuyama freilich immer wieder konterkariert durch den Nietzsche'schen Blick

auf das Ende der Geschichte im Sinne einer Heraufkunft
der «letzten Menschen», die behaupten, sie hätten das Glück
erfunden: «Sie haben die Gegenden verlassen, wo es hart war
zu leben: denn man braucht Wärme. Man liebt noch den Nach-
bar und reibt sich an ihm: denn man braucht Wärme. Krank-
werden und Mißtrauen-haben gilt ihnen sündhaft: man geht
achtsam einher. Ein Tor, der noch über Steine und Menschen
stolpert! Ein wenig Gift ab und zu: das macht angenehme
Träume. Und viel Gift zuletzt, zu einem angenehmen Sterben.
(…) Kein Hirt und eine Herde!»[114] Die von Nietzsche formulierte Diagnose der zeitgenössischen Gesellschaft lautet: «Jeder
will das gleiche, Jeder ist gleich: wer anders fühlt, geht freiwil-
lig ins Irrenhaus. (…) Man hat sein Lüstchen für den Tag und
sein Lüstchen für die Nacht: aber man ehrt die Gesundheit.
‹Wir haben das Glück erfunden› – sagen die letzten Menschen
und blinzeln.»[115] Diese Variante politischer Alternativlosigkeit
gründet sich nicht auf eine stillgestellte Dialektik, sondern auf
bloße Erschöpfung. Die «letzten Menschen» haben genug von
den großen und großenteils vergeblichen Anstrengungen der
Vergangenheit und wollen nur noch das kleine Glück, eben ihr
«Lüstchen» genießen. Fukuyama hat beide Sichtweisen vom
Ende der Geschichte miteinander verbunden.[116]

Mishras Antwort auf Fukuyama ist differenziert: In einer
ideengeschichtlichen Analyse versucht er zu zeigen, dass das
«Zeitalter des Zorns» als eine diffuse Rebellion gegen die Aufklärung und die mit ihr verbundenen Planungen begriffen
werden muss. Die Revolte lehnt die Aufklärung und ihre Folgen einerseits ab und besteht andererseits auf der Einhaltung
ihrer Versprechen. In dieser Rebellion äußert sich vor allem
die Empörung darüber, dass nicht alle das Glück der «letzten
Menschen» genießen können; dies bleibt einigen wenigen vorbehalten, die es jedoch nicht in stiller Zurückgezogenheit tun,

sondern offen zeigen und damit den Zorn jener anfeuern, die solches Glück nur von ferne betrachten. Für Mishra ergibt sich daraus eine Linie, die von den anarchistischen Attentätern des 19. Jahrhunderts bis zu den jungen EU-Bürgern reicht, die im Auftrag des IS Attentate auf Pariser Restaurants und Clubs verübten: «Damals wie heute war das Gefühl, von arroganten und betrügerischen Eliten gedemütigt zu werden, weit verbreitet, und zwar über nationale, religiöse und rassische Trennlinien hinweg.»[117]

Das Zeitalter der Revolutionen, das Mitte des 17. Jahrhunderts begann und bis ins 20. Jahrhundert hinein andauerte, ist zu Ende gegangen, seitdem es keine bestimmten Antithesen im Hegel'schen Sinn mehr gibt, seitdem mehr oder weniger ausformulierte Gegenentwürfe zur sozialen und politischen Ordnung fehlen und ein unbestimmter Widerstand gegen die Verhältnisse, die politische Klasse, die Banken, den Finanzkapitalismus deren Stelle eingenommen hat. Politisch linke Bewegungen wie Occupy und der Rechtspopulismus in seiner ganzen Breite bilden keine Ausnahmen. Es ist eher ein Unbehagen an den Verhältnissen als die Vorstellung von einer anderen Gesellschaftsordnung, das dem populistischen Aufbegehren und den periodischen Ausbrüchen von Zorn und Wut zugrunde liegt. Und weil die Protagonisten dieses Aufbegehrens nicht wirklich sagen können, wie die Gesellschaft aussehen soll, die von ihnen angestrebt wird, sind sie auf die Pflege von Feindbildern angewiesen: Im einen Fall sind es die Banker, die für den Ausbruch der Finanzkrise mit all ihren Folgen verantwortlich gemacht werden, im andern Fall sind es Personifikationen des globalen Kapitalismus wie George Soros, der mit Finanzspekulationen zu einem Vermögen gekommen ist, das er nun über Stiftungen zur Verbreitung liberalen Denkens einsetzt.[118] Vor allem sind es «die Fremden», Arbeitsmigranten,

Vertriebene und politische Flüchtlinge, die zu einer Bedrohung für Sicherheit und Wohlstand, kulturelle Identität und das ungehinderte Ausleben des «kleinen Glücks» stilisiert werden, um dann zum Objekt von Anfeindungen, von Beschimpfungen bis zu Hetzjagden, zu werden. Was Mishra das «Zeitalter des Zorns» genannt hat, ist eine Epoche der Rebellionen und Revolten, in denen sich eine Empörung Bahn bricht, die nicht zu sagen weiß, wohin eine alternative Gesellschaftsentwicklung gehen und wie eine grundlegend andere Politik aussehen soll.[119] Bemerkenswerterweise führt Mishra das auf einen «übersteigerten Individualismus» zurück.[120]

Der Übergang vom Zeitalter der Revolutionen in das der Revolten und Rebellionen hat unter anderem dazu geführt, dass in den politischen Kontroversen Affekte und Emotionen eine sehr viel größere Bedeutung erlangt haben, als man sie ihnen noch vor kurzem zugebilligt hat.[121] Zentral sind dabei negative Emotionen, die von Angst, Neid und Missgunst bis zu Wut, Zorn und Hass reichen.[122] Erneut lässt sich dabei die oben bereits angesprochene Wanderung der Motive und Dispositive von links nach rechts beobachten: Am Anfang dieser Entwicklung stand als motivierende Unterstützung der Revolte Stéphane Hessels Essay *Indignez-vous!*, dessen deutsche Übersetzung eine überwältigend hohe Auflage hatte,[123] wobei die von der Bankenkrise ausgehende Aufforderung zur Empörung von der Vorstellung getragen war, diese Empörung sei der Anstoß zu einer grundlegenden Veränderung der Gesellschaft, über die bei Hessel zunächst aber nichts gesagt wird.[124] Sehr bald war das Empörungsmotiv jedoch nicht mehr der aktuelle Anstoß mit einem weit in die Zukunft gerichteten Blick, sondern eine Zusammenstellung gegenwärtiger und zukünftiger Bedrohungen, womit der Blick zurück in die Vergangenheit gerichtet wurde. Der «konservative Impuls» trat immer stärker hervor und wurde zu einer Blickanweisung für den Empörungsgestus; der Groll löste Erwartung und Zuversicht ab, und aus dem Aufstand von links wurde die Revolte von rechts.[125]

Angst und Furcht

Politische Systeme sind immer auch Ordnungen der Angstbegrenzung, wie denn überhaupt die Verwandlung von Angst in Furcht eine der zentralen Aufgaben von Politik ist. Unter Angst wird dabei die unspezifische Disposition zu einer diffusen Wahrnehmung von Gefahren und Gefährdungen verstanden. Ausschlaggebend dafür ist weniger die Identifizierung realer Gefahren und tatsächlicher Bedrohungen, sondern die Grundannahme, dass wir überall und jederzeit gefährdet und bedroht sind und uns dessen nicht erwehren können. Angst ist ein Gefühl des Ausgeliefertseins, dem man nicht zu entfliehen vermag. Sie kommt von innen; das Außen mit seinen tatsächlichen Gefahren und Bedrohungen ist der Angst bloß die Bestätigung für das, was sie schon immer verspürt hat. Dagegen ist Furcht eine Reaktion auf identifizierte Gefahren und Bedrohungen, gegen die man Vorsorge treffen und sich schützen sollte. Furcht ist ein Impuls der besorgten Aufmerksamkeit, der Fokussierung auf Ereignisse und Entwicklungen; in ihr werden Beobachtungen und Beurteilungen innerlich verarbeitet und als Herausforderungen der Besorgtheit des Einzelnen oder der Gemeinschaften anheimgestellt. Die Unterscheidung zwischen Angst und Furcht geht auf den dänischen Philosophen Søren Kierkegaard zurück und ist von Sigmund Freud, dem «Vater der Psychoanalyse», weiter ausgearbeitet worden.[126] Sie dient nachfolgend dazu, Politik als Modus der Angstbegrenzung und Angstbewältigung von einer

«Politik mit der Angst» und schließlich einer Paralyse der Politik durch Wellen der Angst zu unterscheiden.[127]

Freuds berühmte Äußerung über die Verwandlung des «Es» in das «Ich» variierend, lautet die Forderung an jede Politik: Wo Angst ist, soll Furcht werden. Angst als diffuse Disposition muss in Furcht im Sinne fokussierter Vorsorge verwandelt werden, damit eine politische Ordnung bestehen kann, in deren Rahmen Gefahren von Risiken und Bedrohungen von Irritationen unterschieden, Abstufungen im Niveau der Herausforderung festgelegt und voneinander getrennte Politikbereiche der Abwehr von Bedrohungen und der Eingrenzung von Gefahren entwickelt werden.[128] Nur so ist eine effektive Politik möglich, deren Wirkungen beobachtet werden, um ihre Leistungsfähigkeit zu steigern.

Solche Regime zur Bearbeitung von Herausforderungen, die ihrerseits Furcht in Vertrauen verwandeln, und zwar Vertrauen in die politische Ordnung und Zutrauen zu deren Leistungsfähigkeit, sind wiederum durch Wellen der Angst bedroht, die sich periodisch ausbreiten und die Regime des Furcht-Managements hinwegspülen. Man kann solche Wellen der Angst auch als große Regressionen beschreiben, von denen die Systeme zur Reduktion von Angst und zur Begrenzung von Furcht innerhalb kürzester Zeit zerstört werden. Was diese Wellen ausgelöst hat, lässt sich selten präzise ausmachen. In einigen Fällen sind verursachende Faktoren zu identifizieren, wie etwa die Ausbreitung von Seuchen, gegen die es keine medizinischen Gegen- oder Vorbeugemittel gibt und bei deren Abwehr sich die Politik hilflos zeigt. Wo sich die Sicherungssysteme als wirkungslos erweisen, durchbricht die Angst die zu ihrer Begrenzung errichteten Dämme. Die Grundstimmung der Gesellschaft schlägt um: Wo eben noch Zuversicht und Zutrauen herrschte, breitet sich Verzagtheit und Verzweiflung aus. Die Menschen verfallen in eine Mischung aus Apathie und Hysterie, in Phantasmen der Angst und den insgeheim gehegten Glauben an Wunder, die doch noch für Abhilfe sorgen könnten – man weiß nur nicht, wie und wodurch.

All das ist keineswegs nur ein Kennzeichen der Moderne. Die große Pest, die Europa in der Mitte des 14. Jahrhunderts heimsuchte und ein Drittel seiner Bevölkerung das Leben kostete, war ein Auslöser ebensolcher Angstwellen.[129] Nach der Pest war nichts mehr so wie zuvor: Familiäre Bindungen waren zerrissen, das darauf gründende Vertrauen war dahin, der gesellschaftliche Zusammenhalt hatte sich aufgelöst, nachdem das Selbstverständliche (wie die Bestattung der Toten) zeitweise zur Ausnahme geworden war, und der Optimismus, der das Wachstum der europäischen Städte bis dahin getragen hatte, war verschwunden. Der Bau von Kirchen und öffentlichen Gebäuden wurde zurückgestellt oder gänzlich abgebrochen (manche von ihnen, wie der Kölner Dom oder das Ulmer Münster, wurden erst im 19. Jahrhundert vollendet), und Plätze, die als neues Zentrum der Stadt geplant worden waren, wie die Piazza dei Miracoli in Pisa, blieben dauerhaft am Stadtrand. Die europäischen Gesellschaften hatten nicht nur ihre Ressourcen, sondern auch das Zutrauen in ihre Fähigkeiten und Möglichkeiten verloren. Die Angst war mitsamt ihren lähmenden Effekten zurückgekehrt.[130] Wenngleich seit dem späten 19. Jahrhundert die Abwehrsysteme der Medizin und der Politik sehr viel leistungsfähiger geworden sind, taucht auch in unseren Tagen immer wieder eine durch Berichte über sich schnell ausbreitende Epidemien befeuerte Angst auf und verändert die gesellschaftliche Stimmungslage. Aids, Ebola und die Entstehung multiresistenter Keime sind nur drei von vielen Beispielen dafür.[131]

Es gibt indes auch Wellen der Angst, denen sich keine Ursa-

chen zuschreiben lassen, die im Verhältnis zu den von ihnen
ausgelösten Folgen stehen. In diesem Fall verstärken sich die
Angstwellen nach einem marginalen Anlass selbst und ziehen
immer größere Angstwellen nach sich: Angst erzeugt Angst.
Unter dem Rubrum *German angst* wird vor allem den Deutschen eine besondere Disposition nachgesagt, sich solchen
epidemisch auftretenden Angstwellen ohne angemessene
Relativierung hinzugeben. Angstwellen lassen sich jedoch in
allen Kulturen und zu allen Zeiten beobachten, und sie sind die
nachhaltigsten Zerstörer politischer, sozialer und kultureller
Ordnungen. Insofern ist Angst die antipolitische Disposition
par excellence. Wer mit ihr spielt, gleicht Goethes Zauber-
lehrling, der das, was er in Gang gesetzt hat, nicht mehr zu
beherrschen vermag. Es ist die «Politik mit der Angst», die den
Rechtspopulismus so gefährlich macht – nicht so sehr, weil
er kurzfristig politische Agenden verändert, sondern wegen
seiner mittel- und langfristigen Folgen.[132] Es dauert Jahrzehnte,
bis die Wellen der Angst zur Ruhe gekommen sind.

Fakten und Narrative, Experten und Ideologen

Die Wahrnehmungsmuster von Abstieg und Niedergang
wirken als Katalysatoren der Angst. Auch hier spielt die
Unterscheidung zwischen Angst und Furcht eine Rolle. Im
Modus der Furcht werden Ursachen für die Abwärtsentwick-
lung identifiziert, die sich bearbeiten lassen, was heißt, dass
politische und soziale Entwicklungen mit systemimmanenten
politischen Mitteln begrenzt, gestoppt oder umkehrt werden
können. Das ist bei der Ausbreitung von Angst nicht der Fall.
Hier wird die politische, soziale und wirtschaftliche Ordnung grundsätzlich in Frage gestellt, da sie gegen die Wellen

der Angst keinen verlässlichen Schutz zu bieten scheint. Ob bestimmte Entwicklungen nun zu Furcht oder zu Wellen der Angst führen, hat vor allem mit dem Zusammenspiel von Fakten und Narrativen zu tun, also mit der Art und Weise, wie statistische Daten und Entwicklungslinien in das Selbstverständnis einer Gesellschaft «hineinerzählt» werden. Das klingt nach bewusster Manipulation, doch das ist hier nicht gemeint; es geht vielmehr um das Zusammenwirken von Faktizität beziehungsweise dem, was dafür gehalten wird, und gesellschaftlichen Leiterzählungen, bei dem die Fakten die Kontrollinstanz der Narrative sind. Die Weltdeutungen und Zukunftsversprechen der großen Erzählungen werden in der Welt der Tatsachen «geerdet», während die Erzählungen die Fakten zu einem in sich stimmigen und sinnhaften Geschehen verbinden. Politische Ordnungen gewinnen ihre Stabilität aus diesem Zusammenspiel, und dabei zeigen die Narrative die Richtung an, in die es gehen kann und gehen soll: aufwärts oder abwärts, vorwärts oder rückwärts.[133]

Narrative, die weder Grundlage noch Begründung im Faktischen haben, sind Instrumente in den Händen von Ideologen, die versprechen, was sie nicht halten können; Fakten wiederum, die nicht in gesellschaftlich verbreitete Narrative eingebettet sind, dienen als Fundament für eine Herrschaft von Experten, die von den Bürgern aufgrund der – ihnen unterstellten – mangelnden Kenntnis allenfalls dem Output nach beurteilt werden kann. Politische Entscheidungen als «alternativlos» zu beschreiben folgt einer Expertensicht, die Optionen in einer für die Bürger undurchsichtigen Weise prüft und zu Ergebnissen gelangt, ohne dass diese Optionen zuvor in Leiterzählungen übersetzt und den Wählern zur Beurteilung vorgelegt worden wären. Das gefährdet die Demokratie, weil es sie tendenziell überflüssig macht. Das Zusammenspiel von

Fakten und Narrativen ist die Voraussetzung einer lebendigen Demokratie, insofern erst durch die erzählende Aufbereitung des Faktischen die Chance zu einer verantwortungsbewussten Bewertung von Politik gegeben ist. Es sind die Narrative, die eine Ansammlung von Fakten zu einem Projekt machen, für das oder gegen das man in einer Wahl optieren kann.

Als Jean-François Lyotard von einem «Ende der großen Erzählungen» sprach,[134] wurde dieser Warnhinweis zumeist übersehen oder missverstanden. Erst die Narrative machen politische Optionen als solche sichtbar und beurteilbar. Die EU etwa ist ein Beispiel für Expertenherrschaft ohne eine große Leiterzählung, was zur Folge hat, dass dem Europaprojekt die politische Unterstützung der Bürger abhandenkommt, sobald Probleme auftauchen oder Krisen drohen. Aber Narrative bergen auch die Gefahr, dass sie die Fakten verdecken und verdrehen, entwerten und für unbedeutsam erklären. War es lange die Ideologie, mit deren Hilfe Fakten entwertet wurden, so ist es nunmehr die Formel von den «alternativen Fakten», die den potenziellen Einspruch der Tatsachen gegen die Behauptungen bestimmter Politiker außer Kraft setzen soll.

Wie die Angst instrumentalisiert wird

All das hat viel mit Angst und Furcht zu tun, denn welche dieser beiden Verarbeitungsformen von Sorge das politische Geschehen bestimmt, hängt, wie beschrieben, wesentlich am Zusammenspiel von Fakten und Narrativen. Dieses wird jedoch seinerseits durch Rahmenbedingungen vielfältiger Art bestimmt, die mit Blick auf die in jüngster Zeit verstärkt auftretenden Wellen der Angst hier etwas genauer betrachtet werden sollen. Offenbar ist die Entgrenzung von Raum und

Zeit, die während der letzten Jahrzehnte zum Bedeutungsverlust des Nationalstaats geführt hat,[135] ein Vorgang, der
Furcht wie Angst erzeugt. Zwar lässt sich geltend machen,
die Beschleunigung von Produktion und Distribution habe
auch beachtliche Wohlstandsgewinne erzeugt, und die wirtschaftliche Verflechtung von Räumen habe dazu geführt, dass
Versorgungskrisen seltener geworden seien und bei einer
guten Organisation der Weltwirtschaft nicht mehr auftreten
sollten. Aber die bereits im Zuge der Industriellen Revolution
geübte Kritik an der Beschleunigung, die auf eine Verteidigung
des Handwerks hinauslief und den Verzicht auf preisgünstige
Produkte einschloss, zeigt im Rückblick, dass das Versprechen
erhöhter Konsumchancen nicht immer die Entwertung des
Gewohnten ausgleichen kann.[136] Offenbar ist der Verlust von
Sicherheit und Gewissheit durch die Entwertung des Vertrauten und Gewohnten ein erhebliches sozialpsychologisches
Problem.

In der Maslow'schen Bedürfnispyramide steht der Wunsch
nach Sicherheit ganz oben,[137] und dieses Sicherheitsbedürfnis
weist eine überaus enge Verbindung zum Selbstwertgefühl
der Menschen auf. Dieses Selbstwertgefühl wiederum gründet
sich auf die einer Person zur Verfügung stehenden Ressourcen,
wobei deren Relevanz umso größer ist, je kleiner die Räume
sind, in denen sich die Person bewegt, und je überschaubarer
die Gruppen und Verbände sind, in denen sie eine Rolle zu
spielen beansprucht.[138] Durch Entgrenzung und Beschleunigung überfordert, ziehen sich größere Gruppen in für sie über-
schaubare und vertraute Lebenswelten zurück und meiden die
Begegnung mit Fremden oder Andersgesinnten, wo sie sich
unsicher fühlen oder Angst empfinden. Auch der Bezug auf
eine – zumeist idealisierte – Vergangenheit kann die Funktion
eines solchen Rückzugs in vertraute Lebenswelten haben.[139]

Melancholische Nostalgie etwa ist eine Form imaginativer Vergegenwärtigung von Sicherheit und Gewissheit. Diesem resignativen Rückzug ins sozialräumlich oder lebensgeschichtlich Vertraute korrespondiert eine aggressive Wendung gegen das Neue und Unvertraute, die in Radikalisierung und Fanatisierung münden kann.[140] Der Wunsch nach Sicherheit geht dabei eine Verbindung mit der aggressiven Ablehnung des Unbekannten und Unvertrauten ein, und so wird aus Angst eine unbändige Wut.[141]

Das unbedingte Streben nach Sicherheit stärkt in paradoxer Weise das Gefühl des Bedrohtseins. Deshalb führt die Ablehnung des Fremden in Gestalt von Migranten und Asylsuchenden auch zur Ablehnung all derer, die ihnen positiv gegenüberstehen. Die derart von Ressentiment Umgetriebenen fühlen sich nur noch einem Teil der Gesellschaft zugehörig – in ihrer Sicht dem besseren Teil, dem wirklichen Volk –, während alle anderen als Drahtzieher und Agenten der Zerstörung des Eigenen angesehen werden. Das ist der sozialpsychologische Nährboden des Rechtspopulismus. So haben das Streben nach Sicherheit und das Bedürfnis nach Vertrautem die paradoxe Folge, dass sie zu einer Spaltung der Gesellschaft führen, die vom rechten Flügel der Rechtspopulisten dann gezielt vorangetrieben wird.[142] Diese Spaltung der Gesellschaft wiederum verstärkt das Bedürfnis nach Sicherheit, was bei den ohnehin Verunsicherten das Gefühl der Angst verstärkt. So kommt ein tendenziell selbstläufiger Prozess der Radikalisierung in Gang, der den Effekt einer sich selbst erfüllenden Prophezeiung hat.

Es gibt somit eine Reihe von sozialen Mechanismen, die den «mit der Angst Politik Machenden» in die Hände spielen. Sie müssen nicht viel tun, nachdem sie ihre Botschaften von der drohenden Überfremdung des Landes durch ins Land strömende Migranten in die Welt gesetzt haben. Alles, was mit

Sexualität zusammenhängt, die hohen Reproduktionsraten der Zugewanderten sowie deren religiöse Gepflogenheiten und die damit verbundene Behauptung, sie seien nicht bereit, sich an die religiöse Toleranz hierzulande anzupassen, sondern würden ihre religiösen Riten und Bräuche im Ankunftsland für alle verbindlich machen wollen – all das muss nur erwähnt werden, um Wellen der Angst auszulösen.

Es sind archaische Ängste, um die es hier geht: Die männliche Sexualität ist seit jeher eine Quelle diffuser Ängste gewesen. Zweifellos gibt es Gründe, besorgt zu sein, aber diese sprechen für die Transformation von Angst in konkrete Befürchtungen, die dann durch rechtliche und administrative Maßnahmen begrenzt werden können. Dadurch entsteht ein Vertrauen in die gegebene Ordnung, das zunächst auch durch ihre Verletzung nicht erschüttert wird. Einzelne Ereignisse und ihre mediale Verarbeitung können die Stimmung jedoch umschlagen lassen: Wo kurz zuvor noch das Bedrohungspotenzial der Sexualität so sehr gebändigt war, dass es in Kriminalfilmen zur abendlichen Unterhaltung des Fernsehpublikums herhalten konnte, führt die Verbindung mit dem Fremden dazu, dass eine Bedrohung ausgemacht wird, die begründete Furcht in diffuse Angst zurückverwandelt.

Die Kölner Silvesternacht 2015/16 war ein solches Angstereignis. Es kam zu massiven Übergriffen von zumeist aus dem Maghreb stammenden jungen Männern auf Frauen, die auf der Domplatte den Jahreswechsel feierten. Da Silvester und Karneval in einigen Regionen Deutschlands Zeiträume sind, in denen die vorherrschenden Konventionen körperlicher Annäherung nur eingeschränkt gelten, wurden Ausmaß und Intensität der Übergriffe von der Polizeiführung und den politisch Verantwortlichen zunächst falsch eingeschätzt und heruntergespielt. Das war ein weiteres Element bei der Skandalisierung

der Ereignisse. Mit einem Mal war die Angst vor sexuell gieri-
gen, notorisch übergriffigen Fremden da, und sie ließ sich auch
mit Hilfe von Statistiken nicht in Furcht rückverwandeln, eine
Furcht, die sich auf soziale Nahbeziehungen konzentriert, wo
bekanntermaßen das Risiko sexueller Übergriffe statistisch
am höchsten ist.[143] Die Sexualangst wurde in Deutschland zum
Wahlhelfer des Rechtspopulismus und seiner rechtsextremis-
tischen Verbündeten, von denen die Kölner Ereignisse immer
wieder erwähnt wurden, um neue Angstwellen durchs Land
zu schicken.[144] Dass die russische Politik dabei mit Falschmel-
dungen Hilfestellung leistete,[145] um die politischen Konstellationen in Deutschland zu destabilisieren und die Regierung zu
schwächen, soll hier zumindest angemerkt werden.

Mit der Sexualität aufs engste verbunden sind Fragen der
Demographie, also der biologischen Reproduktion der auf
einem Territorium lebenden Bevölkerung oder, wenn es zu
einem Schrumpfen der Bevölkerung kommt, der über Zuwanderung erfolgenden sozialen Reproduktion.[146] Die Befürchtung,
dass von einer schrumpfenden Bevölkerung Sogwirkungen
ausgehen, die zu starker Zuwanderung führen, ist im späten
19. Jahrhundert erstmals aufgetaucht und hat vor allem in der
ersten Hälfte des 20. Jahrhunderts eine Fülle rassebiologischer
Texte nach sich gezogen, die vor einer drohenden «Umvolkung» warnten.[147] Dieser Diskurs, der von einer Gefährdung ethnischer Homogenität bis zum Verschwinden ganzer
Völkerschaften reichte, setzte sich bis in die Bundesrepublik
fort,[148] verlor aber unter dem Eindruck des Babybooms der
späten 1950er und frühen 1960er Jahre zunehmend an Einfluss
auf das politische Problembewusstsein der Deutschen. Inzwischen hat er jedoch mit dem Bestseller *Deutschland schafft sich
ab* des ehemaligen SPD-Politikers und Bundesbankvorstands
Thilo Sarrazin eine Neuauflage erfahren. Sarrazin beschreibt

darin den Rückgang der biologischen Reproduktionsrate in Deutschland seit dem Ende des Babybooms und erörtert die Möglichkeit, diesem «seit mehr als 40 Jahre [sic!] andauernden stabilen Abwärtstrend» durch «eine gezielte Bevölkerungspolitik» gegenzusteuern. Er bezweifelt jedoch, dass dies möglich ist. «Ein Mehr an Zuwanderung könnte nur entlastend wirken, wenn diese auf die Qualifizierten beschränkt bleibt. Das aber setzt voraus, dass Deutschland für diese Gruppe attraktiv ist.»[149] Da Sarrazin die Zuwanderung aus der Türkei und anderen islamisch geprägten Ländern als Zuwanderung der Unqualifizierten darstellt, die wesentlich in die Sozialsysteme oder die kriminelle Szene erfolge, kommt er zu dem Schluss: «Verfall und Gefährdung sind schon lange nicht mehr zu übersehen.»[150]

Sarrazin wurde damit zum Protagonisten einer ethnisch-kulturalistischen Angstwelle, die dazu beitrug, dass zuvor auf rechtsextremistische Kreise beschränkte Vorstellungen bis in die vielbeschworene «Mitte der Gesellschaft» hinein vordringen konnten. Dieses Projekt führte er mit der Veröffentlichung weiterer Bücher fort, wobei er sich zunehmend auf den Islam als die eigentliche Bedrohung des Wohlstands und der kulturellen Identität der Deutschen konzentrierte.[151] Zentrale Punkte seines Angstszenarios sind die angeblich notorische Bildungsverweigerung und das von ihm behauptete Intelligenzdefizit der muslimischen Zuwanderer, deren Folgen für die deutsche Gesellschaft durch die im Vergleich zur heimischen Bevölkerung höhere biologische Reproduktionsrate der Zuwanderer noch verstärkt würden. Dass es sich bei den Zugewanderten, um eine Formel Georg Pichts aus den 1960er Jahren aufzugreifen, um eine «Bildungsreserve» Deutschlands handeln könnte,[152] die systematisch zu fördern ist, kommt Sarrazin nicht in den Sinn, oder er weist diese Vorstellung unter

Verweis auf die angebliche Bildungsaversion des Islam umgehend zurück.

Tatsächlich hat sich die deutsche Politik von den 1960er Jahren bis in die jüngste Vergangenheit hinein so gut wie nicht um die Fort- und Weiterbildung von Geflüchteten und Arbeitsmigranten und nur wenig um die Ausbildung ihrer Kinder bemüht. Die mit dem Anspruch eines empirischen Belegs daherkommenden Statistiken Sarrazins sagen insofern mehr über die lange währende Ignoranz deutscher Bildungspolitik aus als über die Bildungsunwilligkeit der Zugewanderten. Das politische Credo, es handele sich bei ihnen um «Gastarbeiter», die nach einiger Zeit in ihr Herkunftsland zurückkehren würden, stand zusammen mit der politischen Lebenslüge, Deutschland sei kein Einwanderungsland, allen diesbezüglichen Anstrengungen entgegen. Schließlich funktionierte die Integration über den Arbeitsmarkt zunächst recht gut, und so herrschte die Meinung vor, man müsse sich nicht über speziell auf die Zuwandererkinder zugeschnittene Bildungs- und Ausbildungsprogramme sowie eine speziell für sie geeignete Didaktik Gedanken machen. Die aus diesem Defizit resultierenden Probleme kamen erst in den Blick, als man überrascht feststellte, dass die in Deutschland aufgewachsene zweite und dritte Generation der Zuwanderer zu einem erheblichen Teil unzulänglich in die deutsche Gesellschaft integriert waren und bei schulischen Abschlüssen erhebliche Rückstände aufwiesen. Da diese Defizite, wie bei Sarrazin, dem Sozialverhalten der Kinder von Migranten angelastet wurden, lösten sie zusammen mit dem Verweis auf die Parallelgesellschaften der Zugewanderten eine weitere Angstwelle aus. Die in Deutschland geborenen Kinder von Migranten wurden im rechtspopulistischen Diskurs über ethnische oder kulturalistische Konstruktionen aus der Nation ausgeschlossen und als

Fremde oder gar Eindringlinge markiert, die eine Bedrohung für die Gesellschaft darstellten. Nativistische Identitäts- und kulturalistische Ausgrenzungspolitik wurden zu zwei Seiten ein und derselben Medaille.[153]

Ein dritter Angsterzeuger ist die religiös-konfessionelle Frage: «Der Islam» avancierte zur Sammelbezeichnung für Menschen unterschiedlicher nationaler Herkunft und wurde zu einer Bedrohung der christlichen (oder, wie einige eilfertig ergänzten, christlich-jüdischen) Prägung Europas stilisiert. In diesem Zusammenhang kam es dann auch zur Reaktivierung des aus dem geläufigen Sprachgebrauch verschwundenen Ausdrucks «Abendland», der als Gegenstück zu dem der Luther'schen Übersetzung des Neuen Testaments entstammenden «Morgenland» gebraucht wurde: Das Akronym «PEGIDA» steht für «Patriotische Europäer gegen die Islamisierung des Abendlandes». Dieser semantischen Strategie einer politischen Aufladung zunächst unpolitischer Begriffe kam zugute, dass der Abendlandbegriff eine Vorgeschichte als ideologischer Identitätsmarker besaß, an die sich umstandslos anknüpfen ließ.[154] «Abendland» war und ist ein politisch unterbestimmter Begriff, der den Okzident gegen den Orient abgrenzt, dabei aber die Frage unbeantwortet lässt, wo denn die kulturelle Grenze zwischen beiden zunächst nur geographisch bestimmten Räumen verläuft und wer sich hier gegen wen oder was abgrenzt: Bezieht sich «Abendland» auf das große Schisma, in dem sich die lateinische von der griechischen Christenheit trennte? Oder geht es um den politischen Gegensatz zwischen Rom und Byzanz? War dieser Gegensatz theologisch begründet, etwa durch ein unterschiedliches Christusbild, oder politisch, weil der Bischof von Rom, der sich als Papst bezeichnen ließ, einen Führungsanspruch erhob, den der Patriarch von Konstantinopel nicht akzeptierte? Es

handelte sich also zunächst um eine innerchristliche Gegen-
begrifflichkeit, die erst mit dem Beginn der Kreuzzüge vom
Gegensatz zwischen Christentum und Islam überschrieben
wurde. Aber dieser Gegensatz war nie klar und eindeutig, denn
schon im 16. Jahrhundert gab es keine geschlossene Front der
christlichen Herrscher Europas gegen die auf dem Balkan vordringenden islamischen Osmanen, und die islamische Welt
agierte ihrerseits zu keinem Zeitpunkt geschlossen gegen das
christliche Europa. Der Abendlandbegriff, der inzwischen in
rechtspopulistischen Kreisen eine größere Rolle spielt, ist eine
politisch-kulturelle Konstruktion rechtskonservativer Kreise,
die wesentlich dem 20. Jahrhundert entstammt, aber den Eindruck erweckt, bis in die Anfänge des Mittelalters zurückzurei-
chen.

Die heikle Frage der kollektiven Identität

Es sind im Wesentlichen Begriffe des Ungefähren und Unge-
nauen, die im rechtspopulistisch-konservativen Weltbild in
Stellung gebracht werden, um politische Identität zu markieren.
Dabei ist der Rechtspopulismus in die Falle des islamistischen
Dschihadismus gegangen, der einen religiös-konfessionellen
Begriff, eben den des Islam, zum politischen Identitätsmarker
gemacht hat. Die Rechtspopulisten haben sich umgehend
auf die dschihadistische Freund-Feind-Unterscheidung eingelassen und arbeiten damit den Dschihadisten ungewollt in
die Hände.[155] Diese haben einen Begriff lanciert, der eine mit
der nationalstaatlichen Zugehörigkeit der Menschen konkurrierende Identität ins Spiel gebracht hat; der Islam ist dabei
nicht nur eine religiöse, sondern auch eine politische Inklusi-
ons- und Exklusionskategorie. Es wäre klug gewesen, einem

solchen religiösen Inklusions- und Exklusionsbegriff im deutschen und europäischen Diskurs keine politische Kraft zuzugestehen, sondern ihn *unterhalb* der Schwelle des Politischen zu halten.[156] Nicht so der Rechtspopulismus, der alles dafür getan hat, dass in den westeuropäischen Ländern lebende Türken, Syrer, Iraker, Iraner, Pakistani und so weiter mit einem Male nur noch als Muslime angesprochen und behandelt wurden. Die Folge war, dass sie nach einiger Zeit begannen, sich als solche zu begreifen und zu fühlen. Statt auf die in Europa in den innerchristlichen Konflikten mühsam erlernte Neutralisierung des Religiös-Konfessionellen[157] auch im Umgang mit dem Islam zu setzen, alle diesbezüglichen Projekte aus den Reihen der Zugewanderten zu unterstützen und in der eigenen Reaktion auf dschihadistische Terroranschläge jede Bezugnahme auf den Islam zu vermeiden (etwa indem man die nationale Herkunft der Attentäter herausstellte), ist man (dieses «man» bezieht sich nicht nur auf die Rechtspopulisten) den Dschihadisten auf den Leim gegangen, indem man eine die «politischen Fronten» verändernde Begrifflichkeit übernommen hat.

Letztlich hat der Rechtspopulismus von dieser Übernahme politisch profitiert. Durch die zusammenfassende Benennung der zuvor nach ihrer nationalen Herkunft Bezeichneten als Muslime entstand zunächst eine große Gruppe innerhalb der eigenen Gesellschaft, die nicht nur als «anders» markiert, sondern auch als «bedrohlich» dargestellt werden konnte. Dieser Gruppe wurde sodann auf der Basis ihrer angeblich gemeinsamen religiösen Prägung eine notorische Distanz gegenüber der deutschen Gesellschaft zugeschrieben, die sich bis zur Feindschaft steigern konnte. Das waren wesentliche Voraussetzungen für die Angstwellen, die seit etwa eineinhalb Jahrzehnten nach jedem Terroranschlag der Dschihadisten durch die europäischen Gesellschaften gehen und aus denen jedes

Mal die Parteien mit rechtspopulistischer Grundausrichtung politischen Gewinn zogen. Sexualität, Demographie und Religion sind zu Angstauslösern geworden, die jederzeit aktivierbar sind und die Gesellschaft in einen Zustand der Unsicherheit versetzen. Das Gefühl der Unsicherheit aber vermag, sobald es über längere Zeit andauert, eine politische Ordnung erheblich zu irritieren, wenn nicht gar zu zerstören.[158]

Die durch die Themen Sexualität, Demographie und Religion verursachten Angstwellen zeigen vor allem dann Wirkung, wenn sie auf eine Bevölkerung treffen, die sich ihrer eigenen Identität nicht sicher und gerade in Identitätsfragen verwundbar ist. Von den rechtspopulistischen Organisationen in Deutschland wird diese Verwundbarkeit auf die *reeducation* der Deutschen nach dem Zweiten Weltkrieg und die intensive Auseinandersetzung mit den Verbrechen des Naziregimes seit den 1960er Jahren zurückgeführt: Der damals entstandene «Schuld-Kult» und dessen Verstärkung durch die Beschäftigung mit der Nazizeit hätten eine Bevölkerung ohne kollektives Selbstbewusstsein hervorgebracht, die zu einer selbstsicheren Reaktion auf politisch-kulturelle Herausforderungen nicht in der Lage sei. Deswegen müsse sie vor allem Fremden geschützt werden. Das ist die vorsichtigere Begründung für die Zurückweisung von Migranten, während die offensivere von vornherein eine kulturelle und ethnische Unvereinbarkeit zwischen Deutschen und Zuwanderern geltend macht, die nicht selten an den Rassediskurs aus der Zeit vor 1945 anschließt.[159] Die Sprecher der Rechtspopulisten bedienen sich dieser beiden Begründungen je nach Kontext und Auditorium. Es geht allein um den Effekt, und der besteht darin zu zeigen, dass die Deutschen mit Grund Angst vor den Fremden haben und zu Recht verlangen, dass diese nicht ins Land kommen.

Identität ist freilich nichts Naturwüchsiges: Man *hat* sie

nicht ohne weiteres, sondern man muss sie sich *erwerben.* Außerdem bleibt sie sich nicht gleich, sondern befindet sich in ständiger Transformation. Das erworbene Haben ist kein fester Zustand, sondern bedarf der steten Erneuerung und Veränderung. Das gilt für die individuelle wie für die kollektive Identität. Arbeit an der eigenen Identität ist indes ein mühsamer, immer wieder von Brüchen und Rückschlägen durchsetzter Prozess. Das ist bei einer religiös-konfessionellen Identität in höherem Maße evident als bei nationaler Identität; die Grundsätze des Glaubens müssen erlernt und in Ritualen eingeübt werden. Nationale Identitäten werden durchaus in ähnlicher Weise geprägt; sie sind nichts, in was man hineingeboren wird und was einem dann «wie von selbst» anhaftet. Als im 19. Jahrhundert das Schulwesen der meisten europäischen Länder darauf verpflichtet wurde, die lokalen und regionalen Identitäten durch eine nationale Identität zu «überschreiben», spielten einige Unterrichtsfächer dabei eine herausragende Rolle: Geschichte, Geographie und Literatur wurden zu Einübungen in die nationale Identität. Die Natiogenesen, die in Europa während des 19. Jahrhunderts stattfanden,[160] bestanden im Wesentlichen aus großangelegten Lernprozessen, die auf die Formung individueller Identität nach Vorgabe einer kollektiven Identität hinausliefen. Die Folgen waren allenthalben ambivalent: Sie reichten von der Entstehung des Sozialstaats, von dem man sich eine solidarische Verpflichtung gegenüber den anderen Angehörigen der Gemeinschaft auferlegen ließ, bis zur soldatischen Opfer- und Todesbereitschaft in den Materialschlachten des Ersten Weltkriegs.

Zu diesem Typus kollektiver Identität kann und soll das heutige Europa nicht zurückkehren. Kollektive Identität ist in Europa inzwischen vielschichtig angelegt, und damit ist sie um einiges komplexer als in der Vergangenheit. Sie muss deswegen aber nicht schwächer sein. Sie kann sich nicht mehr auf die negative Prägekraft des zum Feindbild stilisierten Nachbarlandes stützen, bei der die abschreckende Wirkung des Anderen dem Bild des Eigenen «auf die Sprünge helfen» soll. Das Projekt der politischen Rechten läuft darauf hinaus, das weggefallene Feindbild des europäischen Nachbarn durch das des kulturell und religiös «Anderen» zu ersetzen, und dieses «Andere» ist in Europa zurzeit der Islam. Im Unterschied dazu ist eine mit dem Europaprojekt zu vereinbarende Kollektividentität aus regionalen, nationalen sowie supranationalen Elementen zusammengesetzt. Es steht außer Frage, dass in dieser zusammengesetzten Kollektividentität die nationale Komponente weiterhin eine wichtige Rolle spielt und spielen muss, da eine wie auch immer konturierte europäische Identität ohne Rekurs auf nationale Identitäten nicht auskommt. Zugespitzt formuliert: Es gibt keinen Weg zu einem europäischen Selbstbewusstsein, der nicht über das nationale Selbstbewusstsein führt – ein Selbstbewusstsein freilich, das nicht auf der Herabsetzung anderer Nationen oder Gruppen beruht.

Der Exkurs über die kollektive Identität zeigt zweierlei: erstens, dass kollektives Selbstbewusstsein erlernt und erarbeitet sein will, was heißt, dass es von gebürtigen Deutschen ebenso wie von ursprünglich Fremden erworben werden kann; zweitens, dass die nativistische Identität, die von den Identitären unter den Rechtspopulisten ins Zentrum ihrer Identitätsvorstellung gerückt wird,[161] eine Schwundstufe der kollektiven Identitätszuschreibung ist. Solchen minimalistischen Konzeptionen von Identität ist die Angst vor der Überwältigung und Marginalisierung durch das Fremde beziehungsweise die Fremden eingeschrieben. Es handelt sich um ein bloß behauptetes Selbstbewusstsein, dem jede selbstbewusste Gelassenheit fehlt.

Wer sich seiner Teilhabe an den kollektiven Identitäten, die man für sich reklamiert, nicht sicher ist, hat Angst vor neuen Herausforderungen. Die «besorgten» Bürger, die in Deutschland zuletzt von sich reden machten, waren vor allem verängstigte Bürger, die ob ihrer Hilflosigkeit schnell in Wut gerieten. Sie spürten eklatante Identitätsdefizite, die ihnen als Schwäche bewusst wurden. Also suchten sie Schutz hinter der Forderung nach Zäunen und Mauern an den Grenzen des Staatsgebiets, redeten von «Kontrollverlust», um ihren Mangel an Selbstbewusstsein zu verdecken, und sahen sich selbst dort bedroht, wo sie mit der evidenten Hilflosigkeit der Geflüchteten konfrontiert waren.

Der Aufstieg des Rechtspopulismus in Europa ist ein Indikator der Schwäche der europäischen Gesellschaften. Stärke ist aber erforderlich, wenn man gegenwärtige und zukünftige Probleme lösen will. Dazu müssen die Abstiegs- und Niedergangsnarrative und die ihnen zugehörigen emotionalen Regime von Angst, Wut und Zorn überwunden werden. Der Abschied vom Abstieg und die Bewältigung der Angst vor dem kollektiven Niedergang sind ein großes Projekt, das mit der Formel vom gesellschaftlichen Zusammenhalt nur unzulänglich umschrieben ist. Es geht um Integration in jeder Hinsicht: Um die Integration in die Gesellschaft durch Bildung und soziale Teilhabe, um die gesellschaftliche und politisch-kulturelle Integration der Zugewanderten, die in Teilen bereits erfolgreich war und nicht durch Herabsetzung zunichtegemacht werden darf; und nicht zuletzt um die Reintegration derjenigen, die sich in die Scheinsicherheit des Rechtspopulismus geflüchtet haben.

2. Abstiegsängste, Niedergangsprognosen und ihre Profiteure

Große Erzählungen vom nahen Ende

Niedergangsvorstellungen sind in der Geschichte des politischen Denkens immer wieder aufgetreten. Nur in wenigen Fällen beruhten sie auf der sensiblen Wahrnehmung und Verarbeitung von faktisch begründeten Indikatoren einer sich abzeichnenden Krise, und wenn dies der Fall war, führten die damit verbundenen Ängste dazu, den Niedergang weiter zu beschleunigen. Die Fin-de-Siècle-Stimmung im Wien des späten 19. und frühen 20. Jahrhunderts war zwar eine Reaktion auf die faktische Krise des Habsburgerreichs, aber sie führte zu einem leichtfertigen Spiel mit dem Krieg, der vorantrieb, was er aufhalten sollte: den Untergang des Habsburgerreichs.[1] Im gleichen Zeitraum beschleunigte auch das Osmanische Reich das eigene Ende durch den Versuch, seinen Niedergang zu verhindern. Möglicherweise werden sich retrospektiv auch der Brexit und die «America first»-Politik des amerikanischen Präsidenten Trump, die beide zu einer tiefen Spaltung der Bevölkerungen geführt haben, in diese Reihe einordnen lassen. Die Geschichte des Heraufbeschwörens von Niedergangsängsten und der Maßnahmen, die den Untergang verhindern sollten, ist eine Abfolge von Beispielen dafür, wie man das Gegenteil des Angestrebten bewirkt. Die Kombination von Angst und Durchsetzungswillen hat sich bei der Lösung politischer Probleme selten als hilfreich erwiesen.[2]

Dennoch lohnt es sich, der Geschichte von Niedergangsängsten und Untergangsnarrativen nachzugehen. So schlechte Ratgeber sie sind, lässt sich daran doch ablesen, welche Durchschlagskraft sie entfalten können.[3] Das hängt auch damit zusammen, dass Niedergangsprognosen und Niedergangsnarrative kaum voneinander zu trennen sind. Narrative sind Erzählmuster, die eine Weltsicht prägen.[4] Und Prognosen resultieren in aller Regel aus einer narrativ gefestigten Weltsicht. Was die Zukunft bedeutet, hängt nicht zuletzt davon ab, wie die Vergangenheit erzählt wird. Insofern sind narrativ imaginierte Niedergangsszenarien keineswegs harmlose Erzählungen und ihre Häufung lediglich literarische Moden. Sie erzeugen einen verdüsterten Blick auf die Gegenwart und Angst vor der Zukunft. Auch bloß imaginierte Niedergänge können dazu führen, dass unkluge bis fatale Reaktionen daraus folgen. In beiden Fällen, einer Niedergangsprognose wie der literarisch befeuerten Dekadenzstimmung, wird die Zukunft nur noch ex negativo gesehen; nicht mehr als zu gestaltende, sondern als zu verhindernde.

Der Fortschrittsglaube hat dagegen etwas Beruhigendes, weil der «Gang der Geschichte» verspricht, den fortschrittlichen politischen Akteuren die Arbeit mehr oder weniger abzunehmen. Auch der Fortschrittsglaube ist nicht unproblematisch, aber die mit ihm verbundenen politischen Risiken sind andere als bei Niedergangsvorstellungen: Das Vertrauen in einen unaufhaltsamen Fortschritt kann zu Illusionen verleiten und ebenso dazu, vom selbstläufigen Fortgang der Geschichte zu erwarten, was nur durch eigenes politisches Agieren zu erreichen ist. Auch soziale Abstiegsängste haben andere Effekte als Niedergangsprognosen, da dem Abstieg mit langfristig angelegten politischen Maßnahmen entgegengearbeitet werden kann. Selbst wenn die sozialen Abstiegsängste unbegründet waren oder durch einen medial befeuerten Alarmismus übersteigert wurden, sind hier die negativen Effekte von Fehleinschätzungen reversibel. Das ist bei Niedergangsvorstellungen und Untergangsszenarien nicht der Fall: Sie sind hochgradig angstbesetzt und provozieren die Vorstellung, der Niedergang lasse sich nur noch mit drastischen Maßnahmen verhindern. Solche Ängste münden dann in die Forderung, die Politik autoritär auszurichten, rechtliche Bindungen und normative Kontrollen zu beseitigen. Das können wir derzeit überall beobachten. Gelegentlich wird diese Forderung durchaus von dem Bewusstsein begleitet, dass mit dem Abweichen vom demokratischen Weg Risiken verbunden sind. Letztlich jedoch setzt sich die Drohung von Niedergang und Untergang durch. Man kann das exemplarisch an den Argumentationen zahlreicher Autoren in den letzten Jahren der Weimarer Republik nachvollziehen.[5] Insofern bezeichnen Abstieg und Niedergang zwar beide Abwärtsbewegungen, im Hinblick auf die politischen Schlussfolgerungen unterscheiden sie sich aber erheblich.[6]

Nun sind Abstieg und Niedergang keineswegs bloß literarische Konstrukte, sondern lassen sich von Familienschicksalen über den Werdegang sozialer Schichten und Klassen bis hin zur Geschichte von Imperien beobachten. Der Adel, einst die herrschende Schicht Europas, hat im Verlauf eines langewährenden Niedergangs seine Macht und großenteils auch sein Vermögen eingebüßt, die Sklavenhaltergesellschaften der Antike sind ebenso untergegangen wie die in der Karibik oder den Südstaaten der USA, und untergegangen sind auch die großen Reiche, die zum Teil über Jahrhunderte den Eindruck erweckten, sie seien für die Ewigkeit gemacht: das römische, das spanische und schließlich das britische Reich, um nur die wichtigsten zu nennen.[7] Inzwischen ist absehbar, dass auch das amerikanische Zeitalter seinen Höhepunkt überschritten hat und die USA als Weltmacht im Niedergang begriffen sind. Das sind Entwicklungen, die von den Zeitgenossen alles andere als leidenschaftslos betrachtet werden. Wer in Niedergangs- und Untergangsphantasien schwelgt, blickt in die Vergangenheit, um die eigene Zukunft zu antizipieren. Der in der Vergangenheit wahrgenommene Niedergang ist das für die Zukunft zu Vermeidende. Ein solcher Zweck heiligt nahezu alle Mittel.

Plausibilität entfalten Niedergangs- und Untergangsnarrative auch deshalb, weil sie das kulturelle Gedächtnis über sehr lange Zeiträume geformt haben. Die Vorstellung von einem unabwendbaren Niedergang findet sich schon im Buch *Daniel* des Alten Testaments (Daniel 2, 31-35), und zwar im Traum Nebukadnezars. Der babylonische König träumt von einer riesigen Menschengestalt mit einem Kopf aus Gold, einer Brust und Armen aus Silber, einem Bauch aus Erz und Beinen aus Eisen, die freilich auf tönernen Füßen steht und in sich zusammenfällt, als die Füße von einem herabstürzenden Felsbrocken zerschmettert werden.[8] Das kollektive Gedächtnis der Europäer – und insbesondere der Deutschen – ist durch Erzählungen von Niedergang und Untergang geprägt: von Homers *Ilias*, der biblischen Erzählung der Vertreibung von Adam und Eva aus dem Paradies und der griechisch-römischen Vorstellung einer abfallenden Folge von Zeitaltern (beginnend mit einer goldenen Ära des Glücks und des Friedens, endend mit einem durch Krieg und Gewalt bestimmten eisernen Zeitalter) bis zum *Nibelungenlied* und Richard Wagners *Ring des Nibelungen.*

Solche Niedergangs- und Untergangserzählungen haben metahistorischen, quasihistorischen oder historischen Charakter. Metahistorische Niedergangserzählungen legen das Grundmuster der Geschichte fest, die Struktur, der gemäß sich der Gang der Welt vollzieht; zu ihnen zählen neben Nebukadnezars Traum unter anderem Hesiods *Werke und Tage*.[9] Sie formen auch den Blick auf die jeweilige Gegenwart. Das metahistorische Narrativ gibt vor, dass der in größere oder kleinere Schritte unterteilte unaufhaltsame Niedergang der Welt in deren Untergang mündet: in Form eines großen Strafgerichts Gottes oder als *ekpyrosis*, als Vernichtung der Welt im Feuersturm. Dieser Untergang kann hinausgezögert, aber nicht verhindert werden. Die politisch bedeutsamste Vorstellung einer aufhaltenden und entschleunigenden Macht ist die vom *katechon*, eine unter anderem dem mittelalterlichen Reich zugedachte Funktion, das sich selbst als Fortsetzung des Römischen Reichs betrachtete. Solange das Heilige Römische Reich bestand, hielt es den Beginn der Endzeit auf.[10]

Diese metahistorischen Erzählmuster haben seit dem Aufstieg der Wissenschaften keineswegs ihre Bedeutung verloren, sondern prägen bis heute Vorstellungen vom Verlauf der Geschichte. Das hat seinen Grund nicht zuletzt darin, dass Narrative nicht widerlegbar sind, sondern nur ihre Funktion verlieren können. Umgekehrt bedeutet das aber auch, dass sich Narrative von Niedergang und Untergang immer wieder revitalisieren lassen. Sie bilden die ideologische Reserve antimoderner und rechter Bewegungen.

Metahistorische Narrative liegen auch jenen quasihistorischen Erzählungen zugrunde, die etwa vom kriegerischen Untergang eines Volkes erzählen und die trotz (oder wegen) ihres wenig zuversichtlich stimmenden Inhalts häufig den Status von Nationalmythen erlangt haben. Quasihistorische Narrative haben eine geringere Reichweite als metahistorische, sie beziehen sich auf einzelne Reiche, Herrschaften oder auch Sippen und Familienverbände. Sie verdichten historische Ereignisse exemplarisch und liefern damit Wahrnehmungsmuster, die konkreter sind als die der metahistorischen Narrative. Aufgrund der größeren Konkretion sind quasihistorische Narrative besonders anschlussfähig für die Selbstwahrnehmung. Beispiele dafür sind die *Ilias*, das *Nibelungenlied* und die Lieder vom Untergang eines serbischen Heeres in der Schlacht auf dem Amselfeld.[11] Diese Epen enthalten fragmentierte Erinnerungen an historische Ereignisse, etwa an den Kampf griechischer Händler und Abenteurer um die Meerengen zwischen Ägäis und Schwarzem Meer, wo das historische Troja lag, oder an die Kämpfe germanischer Wandervölker gegen die nachdrängenden Hunnen, an die Unzuverlässigkeit von Koalitionsbildungen in der Völkerwanderungszeit oder den vergeblichen Widerstand balkanischer Fürstentümer gegen die vordringenden Osmanen. Das kollektive Gedächtnis bildet jedoch nur den Ausgangspunkt für Erzählungen, die sich um heroische Kämpfe drehen. In ihrem Mittelpunkt stehen trotziger Widerstand und heldenhaftes Martyrium, an ihrem Ende der unaufhaltsame Untergang, häufig als Folge von Verrat und Hinterlist. Dem schicksalhaften Ende, so der Grundton der Erzählungen, kann keiner entkommen, und die wahren Helden stellen sich dem letzten Gefecht in todesmutigem Fatalismus. Freilich hat ein solcher narrativ hergestellter heroischer Fatalismus eine Rückseite: Er fordert dazu auf, sich das Verlorene zurückzuholen.

Unter den quasihistorischen Erzählungen finden sich auch die vom langsamen Niedergang infolge eines schrittweisen Schwindens der Vitalität und jener ethischen Tugenden, die zur Selbstbehauptung im Kampf erforderlich sind. An die Stelle von Heroismus und Fatalismus tritt hier die Dekadenz. Das in der deutschen Literatur bekannteste Beispiel dafür ist Thomas Manns Roman *Die Buddenbrooks*, der (ebenfalls mit einem «historischen Kern») vom Schicksal einer Lübecker Kaufmannsfamilie handelt und den Zusammenbruch eines zunächst blühenden Handelshauses beschreibt. Ursächlich für den «Verfall einer Familie», wie der Untertitel des Romans lautet, ist, physiologische und psychologische Beobachtungen miteinander verschränkend, eine sich von Generation zu Generation verstärkende «Nervenschwäche», die sich bei zunehmender Komplexität und Beschleunigung des Geschäftslebens als Manko im Konkurrenzkampf der Handelshäuser bemerkbar macht.[12] Die Nervenschwäche wiederum wird als Folge wirtschaftlicher Veränderungen dargestellt, die dazu führen, dass sich die Wirtschaftssubjekte innerhalb weniger Generationen verschleißen.[13] Die *Buddenbrooks* wurden damit zu einem Paradigma der Wirtschaftspsychologie; der Ökonom Walt Whitman Rostow hat von einer «Buddenbrook-Dynamik» gesprochen,[14] die er als typisch für die Geschichte von Familienunternehmen ansah.

Neben den meta- und quasihistorischen Niedergangserzählungen gibt es schließlich – drittens – die im engeren Sinn historischen Erzählungen, die nicht nur einen «historischen Kern» enthalten, sondern von geschichtlichen Entwicklungen und Ereignissen handeln. Die großen, das kollektive Gedächtnis von Generationen prägenden Werke drehen sich um den Niedergang und das Ende mächtiger Reiche, und unter ihnen haben die vom Untergang des Römischen Reichs eine die politische Geschichte dominierende Relevanz erlangt. Es ist der Schatten der Vergänglichkeit, der hier historischer Größe angeheftet wird. Auch Rom, dem Vergil in der *Aeneis* das Attribut der Ewigkeit zugesprochen hat,[15] ist zuletzt zerfallen: zunächst in das West- und das Oströmische Reich und dann im Westen in ein sich ständig veränderndes Mosaik germanischer Königreiche. Dafür hat Rom sich umso machtvoller in der historischen Erinnerung festgesetzt. Edward Gibbons Werk über «Verfall und Untergang des Römischen Imperiums» wurde als

Menetekel für die Endlichkeit und den unabwendbaren Verfall *aller* großen Reiche gelesen und erfreute sich immer dann großer Beliebtheit, wenn man meinte, den eigenen Niedergang vor Augen zu haben.[16] Rom, das den Anspruch der Ewigkeit erhoben hatte, wurde zum Inbegriff für die Vergänglichkeit politischer Macht.

Fasst man die drei Varianten der Niedergangsnarrative zusammen, so wird deutlich, dass die Zeiten des Fortschrittsglaubens nur Episoden in einer dominanten Vorstellung vom unvermeidlichen Niedergang sind. Niedergangsnarrative sind relativ immun gegen Fakten, weil alles, was ihnen entgegenläuft, als unwesentlich oder unwahr abgetan werden kann. Für den politischen Betrieb folgt daraus, dass die «Propheten des Untergangs», mögen sie auch noch so oft im Unrecht sein,[17] es im Ringen um die vorherrschende Sichtweise sehr viel leichter haben als jene, die Gründe für Zutrauen und Zuversicht geltend machen. Niedergangsnarrative haben insofern einen strukturellen Vorteil gegenüber dem Glauben an den Fortschritt, und dieser Vorteil macht sich ein ums andere Mal in der politischen Auseinandersetzung bemerkbar.

Das hängt auch damit zusammen, dass die Idee des Fortschritts historisch erst relativ spät, eigentlich erst mit der Aufklärung entstanden ist und stets von gegenläufigen Erzählungen begleitet wurde. Neben dem auf die Aufklärung zurückgehenden Strang des Fortschrittsbewusstseins gibt es indes eine weitere Vorstellung vom Fortschritt, die sich als Säkularisation christlicher Heilsvorstellungen beschreiben lässt. In ihr ist der Dreischritt von Sündenfall, Erlösung und Jüngstem Gericht zu einer weltimmanenten Fortschrittserzählung geworden,[18] der es weniger um eine Steigerung des materiellen Wohlergehens oder die Mehrung individueller Freiheitsspielräume geht als darum, den Fortschritt an der

Selbstverwirklichung des Menschen auszurichten. «Selbstverwirklichung» ist freilich ein schillernder Begriff, der als Container für recht unterschiedliche Ideen dienen kann. Ihnen ist nur gemeinsam, dass die Vermehrung der materiellen Güter kein zuverlässiger Maßstab für die Beurteilung von Veränderung als Fortschritt ist.

Der Fortschritt wird jedoch auch grundsätzlich in Frage gestellt, wenn bezweifelt wird, dass die materielle Umgestaltung der Welt eine hin zum Besseren ist. Dabei ging es in der romantischen Phase der Fortschrittskritik zunächst nur um die Schönheit und Unversehrtheit der Natur, doch schon bald wurden auch die Überlebensbedingungen der Menschheit angesichts fortschreitender Naturausbeutung und wachsender Weltbevölkerung thematisiert. Es tauchte die Frage auf, ob das, was bis dahin als Fortschritt gefeiert wurde, womöglich nur ein weiterer Schritt in Richtung Abgrund war: Fortschritt als Selbsttäuschung auf dem Weg in den Untergang.[19] Dass unter dem Einwirken von Wissenschaft und Technik eine tiefgreifende Veränderung der Welt stattgefunden hat, lässt sich schwerlich bestreiten; was sich jedoch bestreiten lässt, ist die Bewertung dessen als Fortschritt in der Lebensqualität der Menschen oder gar in deren moralischer Selbstvervollkommnung.

Die Zweifel daran, dass der angebliche Fortschritt wirklich ein Fortschritt sei, gehen auf Jean-Jacques Rousseau zurück, sind also gleichursprünglich mit dem Aufstieg des Fortschrittsglaubens. Bei Nietzsche verdichteten sich diese Zweifel dann zum Aufweis einer grundsätzlichen Ambiguität des Fortschritts: Es gibt keinen Fortschritt, der nicht zugleich ein Rückschritt ist, und nichts hat den Prozess der Dekadenz, Nietzsches großes Thema, so sehr vorangetrieben wie das, was Nietzsches Zeitgenossen als materiellen und politischen Fortschritt gefeiert haben. Der Glaube an den Fortschritt kann gegenüber den diversen Niedergangsvorstellungen auch darum so leicht ins Hintertreffen geraten, weil er für Qualifizierungen offen ist, bei denen sich ein moralischer gegen den physischen, ein geistiger gegen den materiellen Fortschritt ausspielen lässt. Die vielfältigen Qualifizierungen des Fortschritts haben sich nie zu einer geschlossenen Vorstellung verdichten lassen, wie das bei Abstieg, Verfall und Untergang der Fall ist. Man kann den einen Niedergang zwar gegen einen anderen ausspielen, aber die Niedergangswahrnehmung selbst wird dadurch nicht in Frage gestellt. Der Glaube an den Fortschritt ist hochgradig verwundbar. Die Vorstellung vom Niedergang ist ziemlich robust.

Aufstieg und Niedergang in geschichtlichen Zyklen

Neben der fragilen Fortschrittserzählung und den robusten Niedergangsnarrativen hat sich ein drittes Erzählmuster entwickelt, das beides miteinander verknüpft: das Zyklusnarrativ, das die Erzählungen von Aufstieg und Niedergang als aufeinanderfolgende Zyklen deutet. Es hat den Vorzug, dass damit die negative Bewertung des Geschichtsverlaufs gegen den Einwand, die Entwicklung verlaufe doch stetig nach oben, immunisiert werden kann. Bezogen auf die politische Geschichte, lässt sich die große Erzählung vom zyklischen Verlauf der Weltgeschichte vor allem als der Aufstieg und Niedergang großer Reiche erzählen.

Ähnlich wie Niedergangsnarrative haben zyklische Erzähl- und Welterklärungsmuster eine große historische Tiefe. Schon früh haben Politiktheoretiker und Geschichtsphilosophen den Verlauf der Geschichte als Abfolge von Aufstieg und Niedergang beschrieben und sich darum bemüht, dieses Auf und Ab zu erklären. So verfestigte sich im Laufe des 2. vorchristlichen Jahrhunderts in der mittleren Stoa die Vorstellung von einem Kreislauf der Verfassungsformen, der eng mit dem Auf- und Abstieg der großen Mächte verbunden war. Zu Beginn des 16. Jahrhunderts hat der Florentiner Politiktheoretiker Niccolò Machiavelli dann sein aus Polybios, Livius und Tacitus gewonnenes Wissen über die römische Geschichte mit Beobachtungen aus seiner eigenen Zeit verknüpft und die Vorstellung entwickelt, Aufstieg und Niedergang eines Staates hingen von der *virtù* (Tugend) seiner Bürger ab. Sobald diese nicht mehr in hinreichendem Maße vorhanden sei, beginne der Niedergang eines Staates. «So sinkt man stets vom Guten zum Übel und steigt vom Übel zum Guten. Denn die Tapferkeit bringt Ruhe, die Ruhe Müßiggang, der Müßiggang Unordnung, die Unordnung Verfall. Ebenso entsteht aus dem Verfall Ordnung, aus der Ordnung Tapferkeit, hieraus Ruhm und Glück.»[20] Trotz der andauernden Bewegung, die damit beschrieben war, haftete der Geschichte aus der Perspektive eines metahistorischen, weltgeschichtlichen Narrativs ein statisches Element an, weil die Wiederkehr des Ewiggleichen im Zyklus unausweichlich schien.

Die zyklische Geschichtsvorstellung weist jedoch zwei sehr unterschiedliche Varianten auf: Geschichte kann als ein großes Glücksrad gedacht werden, aber auch als die Summe stetig wiederkehrender Geschichtsverläufe wie bei Oswald Spengler und Arnold Toynbee. Spenglers Perspektive auf die Geschichte verband die drei Ausprägungen von Geschichtsnarrativen in ihrer zyklischen Variante: das metahistorische Narrativ, insofern Spengler eine Morphologie der Weltgeschichte entwickelte, das quasihistorische Narrativ, indem er an verdichtete Erzählungen über Aufstieg und Niedergang anknüpfte, und das historische Narrativ durch den Bezug auf paradigmatische geschichtliche Ereignisse wie den Untergang Roms.[21] Entgegen dem Titel seines Hauptwerks *Der Untergang des Abendlandes* lässt sich Spengler deshalb nicht einfach dem Untergangsnarrativ zuordnen; dass der Titel zu solchen Deutungen einlud, war ihm durchaus klar und veranlasste ihn mehrfach zu Richtigstellungen.[22] Vielmehr vertrat er ein zyklisches Geschichtsbild, in dem der Untergang einzelner Reiche so unvermeidlich war wie der Aufstieg neuer Reiche.

Die Deutung von Spenglers Werk, die wegen der jüngsten Rückkehr von Niedergangs- und Untergangsvorstellungen sowie der Wiederaufnahme des Abendlandbegriffs hier von besonderer Bedeutung ist, hat ihre Tücken. Spengler selbst hat seinem Vorhaben verschiedene Absichten unterlegt, und die von ihm ausgehenden beziehungsweise sich auf ihn berufenden Denkstränge weisen in unterschiedliche Richtungen.[23] Vereinfachend lässt sich das Werk auf zwei Weisen lesen, von denen die eine als «wissenschaftlich-kontemplativ» und die andere als «politisch-aktivistisch» bezeichnet werden kann. Erstere rückt die Beobachtung von Verfall und Dekadenz ins Zentrum und hebt auf die von Spengler immer wieder betonte Unausweichlichkeit der Verläufe ab. Die dazu alternative Deutung stellt die von Spengler gepflegte Unterscheidung zwischen Kultur und Zivilisation heraus sowie dessen Aufforderung zu einer aktivistischen, machtorientierten Politik:[24] Wenn Spengler behauptet, «die faustische Kultur» in Europa gehe zu Ende, so verknüpft er dies mit der an Deutschland gerichteten Aufforderung, in dem damit verbundenen Übergang zu einer «imperialistischen Zivilisation» eine aktive Rolle zu spielen. Das Ende der «faustischen Kultur» bedeutet für Spengler den Abschied von bürgerpartizipativen politischen Ordnungen und die Heraufkunft der «neuen Caesaren», die von nun an den Gang der politischen Geschichte bestimmen würden. Die Frage sei bloß, ob die Deutschen einen solchen Caesar hervorbringen könnten und ihn als ihren Führer annehmen würden.[25]

Der italienische Germanist Massimo Ferrari Zumbini, der eher der wissenschaftlich-kontemplativen Deutungslinie zuzurechnen ist, hat Spenglers *Untergang* als eine Verschränkung von Futurologie und Paläontologie bezeichnet und zu zeigen versucht, dass das ausführliche Nachzeichnen eines sich über ein Jahrtausend erstreckenden Kulturzyklus dazu dienen sollte, eine naturwissenschaftlichen Verfahren nahekommende Gewissheit über die zukünftige Geschichte zu erlangen.[26] Im Zentrum steht dabei die Analogie von *Imperium Romanum* und *Imperium Germanicum*. So hatte Spengler nach 1914 den Ersten Weltkrieg mit den Punischen Kriegen parallelisiert und dabei Deutschland die Rolle Roms und England – in Spenglers Perspektive der Hauptfeind – die Karthagos zugewiesen.[27] Sein unter dem Titel *Preußentum und Sozialismus* veröffentlichtes Buch hatte Spengler ursprünglich «Römer und Preußen» betiteln wollen. Die entscheidende Frage nach der für Spengler überraschenden Niederlage Deutschlands im Weltkrieg war, an welchem Punkt der römischen Entwicklungskurve sich Deutschland befand: Blickt man auf Spenglers Formel von der «Heraufkunft der Caesaren», so war eine Parallele mit der Zeit des römischen Bürgerkriegs, jedenfalls der Endphase der Republik, naheliegend. Dazu würde auch passen, dass Spenglers Hinweise auf Rom dazu dienen sollten, den Deutschen ihre philhellenischen Neigungen auszutreiben, sie also von eher kulturellen Vorlieben auf eine wesentlich machtpolitische Blickrichtung umzuorientieren. Das Ende einer Kultur und der Beginn einer durch globale Machtkämpfe geprägten Zivilisation – Spenglers Diagnose seiner Gegenwart war demnach weniger durch melancholische Niedergangsstimmung als durch die Aufforderung gekennzeichnet, energisch in den Kampf um die Macht einzugreifen.

Ferrari Zumbini liest Spengler indes anders, stärker im Sinne von Verfall und Niedergang. Als Beleg dafür dienen ihm Spenglers Bezüge auf Gibbon, den Historiker des römischen Untergangs, auf Gobineau, der die Frage der Dekadenz ins Zentrum seiner Überlegungen gestellt und sie wiederholt am Beispiel des Römischen Reichs exemplifiziert hat, und schließlich auf Nietzsche und dessen Charakterisierung der «letzten Menschen», die sich dem Kampf um die Macht entzogen haben, um in Ruhe ihr «kleines Glück» zu genießen. Immer wieder hat Spengler auf sein «Agadir-Erlebnis» von 1911 verwiesen, das ihm die Idee zum Schreiben des *Untergangs* gegeben habe. Dabei hat er das Zurückweichen der Deutschen in der Marokkokrise (wobei fraglich ist, ob sie tatsächlich zurückgewichen sind) als Hinnahme der feindlichen Einkreisung und Einschließung verstanden und Analogien zur römischen Politik in der Zeit der Völkerwanderung hergestellt. Demnach wäre der *Untergang des Abendlandes* eben doch wesentlich ein Untergang und nicht bloß das Ende einer griechenlandaffinen Orientierung der Deutschen an der Kultur vor dem geforderten Wechsel zur romaffinen Politik.

Dem steht die maßgeblich von dem Amerikaner John Farrenkopf vertretene politisch-aktivistische Deutung Spenglers gegenüber, der zufolge dieser den Untergangsbegriff wesentlich auf das europäische System eines Gleichgewichts der Mächte bezogen habe, wie es Leopold von Ranke in seinem Essay über «Die großen Mächte» als Strukturmodell Europas entwickelt hatte.[28] Eine Voraussetzung dieses Gleichgewichts war die Annahme, dass die großen europäischen Mächte politisch saturiert seien, was den Eliten die Möglichkeit verschafft habe, sich der Kultur zu widmen und darüber die Politik links liegen zu lassen. Diese Phase der Geschichte, so Spengler gemäß Farrenkopfs Interpretation, sei vorbei, und nun gehe es darum, dass die deutschen Eliten die ihnen zugefallene Aufgabe annähmen und eine imperialistische Politik betrieben. Das ist eine Umkehrung von Nietzsches bedauernder Feststellung, mit der Bismarck'schen Reichsgründung sei es zur Ausrottung der deutschen Kultur gekommen.[29] Spengler, «Nietzsches kluger Affe», wie Thomas Mann ihn genannt hat,[30] ersetzte kurzerhand Nietzsches Bedauern dieser Entwicklung durch deren Affirmation und forderte dazu auf, den 1914 nach seiner Auffassung nur zögerlich beschrittenen Weg nunmehr, nach der Kriegsniederlage, mit äußerster Entschlossenheit zu verfolgen: Die Ära des deutschen Geistes sei vorbei, die Ära der deutschen Machtpolitik müsse jetzt beginnen.

Spenglers *Untergang des Abendlandes* ist dieser Deutung zufolge also keineswegs melancholisch und auf ein Ende hin geschrieben, sondern eine Aufforderung, die Fesseln der Kultur abzuwerfen und rücksichtslose Machtpolitik zu betreiben. Spengler distanzierte sich damit auch von jenen deutschen Wissenschaftlern und Gelehrten, die während des Ersten Weltkriegs die Einheit von deutscher Kultur und deutscher Machtpolitik gegen die Polemiken französischer Intellektueller verteidigt hatten.[31] In der Verbindung von Kultur und Machtpolitik sah er eine Selbstfesselung, die zusammen mit der Orientierung am System der europäischen Mächte die deutsche Politik daran gehindert habe, ihre Interessen durchzusetzen, was schließlich zur Niederlage im Weltkrieg führte. Der *Untergang des Abendlandes* ruft demnach dazu auf, nicht länger nostalgisch zurückzublicken; vielmehr müsse der Blick auf das gegenwärtige Ringen um die Weltherrschaft gerichtet werden.

Nach dem Ende der «faustischen Kultur» stehe man vor einer Entscheidung: eine Existenzform zu wählen, wie Nietzsche sie in den «letzten Menschen» beschrieben habe, oder aber den Vorgaben von Nietzsches «Übermenschen» zu folgen und, so Spengler, der seitens der Kultur immer wieder gestellten Sinnfrage keine Bedeutung mehr beizumessen. In deutlicher Anlehnung an Nietzsche formulierte Spengler die Aufforderung, sich nicht dem Schicksal zu ergeben: «Was wir heute gern als Lebensenergie (Vitalität) bezeichnen, jenes ‹es› in uns, das vorwärts und aufwärts will um jeden Preis, der blinde, kosmische, sehnsüchtige Drang nach Geltung und Macht, (…) das Gerichtetsein und Wirkenmüssen ist es, was überall unter höheren Menschen als politisches Leben die großen Entscheidungen sucht und suchen muß, um ein Schicksal entweder zu sein oder zu erleiden. Denn man wächst oder stirbt ab. Es gibt keine dritte Möglichkeit.»[32]

Die beiden Ausdeutungen von Spenglers Geschichtsphilosophie, die kontemplative einer Morphologie der Kulturen und Zivilisationen und die aktivistische, bei der es in erster Linie darum geht, die Chancen einer zu Ende gehenden Epoche zu nutzen, bilden die Eckpunkte der Spengler-Interpretation, zwischen denen es eine Reihe von Mischpositionen gibt. Welche der möglichen Lesarten vorherrscht, hängt nicht zuletzt von den politischen und ökonomischen Konstellationen ab, unter denen der *Untergang* gelesen wurde: In den aufgewühlten Verhältnissen der Weimarer Republik dominierte die politisch-aktivistische Deutung, während Spengler in der späteren Bundesrepublik als ein Geschichtstheoretiker gelesen wurde, dessen Überlegungen zwar zur intellektuellen Auseinandersetzung mit der Gegenwart anregten, aber keinen politischen Handlungsimpuls gaben.[33] Mit der Neuformierung des Kulturkonservatismus und der Herausbildung einer dezidiert rechtsintellektuellen Szene in Deutschland und Europa ist unter dem politisch entschärften Kulturmorphologen erneut der aktivistische Spengler zum Vorschein gekommen.[34] Das zeigt sich etwa, wenn der Althistoriker David Engels unter Bezug auf Spengler die aktuelle Krise der EU mit dem Untergang der römischen Republik parallelisiert,[35] oder in der Bemerkung des französischen Philosophen Michel Onfray, die Geschichtsphilosophie Spenglers sei ihm zwar insgesamt zu mechanistisch, doch sage ihm dessen «Vitalismus durchaus zu».[36] Auch in Rolf Peter Sieferles fragmentarischem Text *Finis Germania* [sic!] schimmert Spengler durch, wenn es dort heißt, im weltgeschichtlichen Ringen zwischen einem noch auf «weitgehend intakten Familienstrukturen und Gruppenloyalitäten» beruhenden «Osten» und einem «Westen», «der über keine normativen Reserven im Sinne der Gemeinwohlorientierung mehr verfügt», werde «Deutschland keine prägende Rolle mehr spielen (...). Seine Zeit als welthistorisches Volk liegt hinter ihm.»[37] Fritz Sterns Diagnose vom «Kulturpessimismus als politische Gefahr» ist wieder aktuell.[38]

Apokalyptische Szenarien

Die Vorstellung des bevorstehenden Untergangs ist jedoch keine exklusive Idee der politischen Rechten, sondern findet sich auch auf der politischen Linken – weniger bei den Parteien, die in der Regel auf einen linearen Fortschritt vertrauen, den sie selbst zu befördern beanspruchen, als bei Außenseitern des linken Spektrums, die dem Fortschrittsvertrauen der Parteibürokraten misstrauen. Durch das Ausmalen apokalyptischer Untergangsszenarien lassen sich weder Massenorganisationen zusammenhalten noch nachhaltige politische Projekte steuern. Es gibt jedoch den Typ des Intellektuellen, der inszenierte Einsamkeit als Vorteil begreift und sich selbst in der Rolle des Unheilspropheten wohlfühlt. Von Zeit zu Zeit schwillt die Schar der Untergangspropheten an, und ihre Stimmen sind im Rauschen der öffentlichen Meinung deutlich vernehmbar, doch dann werden sie auch wieder leiser, und für geraume Zeit sind sie kaum noch zu hören – bis sie sich von neuem bemerkbar machen. In gewisser Hinsicht sind diese Intellektuellen auf die Vorherrschaft eines eher naiven Fortschrittsglaubens angewiesen, denn sie können sich umso eher Gehör verschaffen, je mehr sie sich davon abheben. Die Pose des einsamen Warners ist für Untergangspropheten essenziell, und sie treten damit einer leichtgläubigen Masse oder einer Gruppe nur auf die eigenen Interessen fixierter Reicher und Mächtiger gegenüber, die nicht auf sie hört, sie stattdessen verspottet – und weitermacht, als ob es keine Warnung gäbe. Sobald die Warnung aber Wirkungen zeitigt und sich die Anzeichen einer Ab- und Umkehr mehren, verliert der prophetische Warner seine Position; er muss dann seine Rolle aufgeben und die Bewegung organisieren, wobei er in Konkurrenz mit all jenen gerät, die das viel besser können als er. Eigentlich will er gar nicht, dass seine Warnungen gehört werden. Der Untergangsprophet ist eine Personifikation dessen, was Hegel «das unglückliche Bewusstsein» genannt hat.[39]

Ein wesentlicher Unterschied zwischen den Untergangsszenarien der Links- und Rechtsintellektuellen besteht darin, dass in den Warnungen Ersterer der Untergang – außer von ihnen selbst – unvorhergesehen erfolgt. Die verblendeten oder verführten Massen mitsamt ihren verantwortungslosen Anführern glauben sich auf dem Weg dessen, was sie selbst als Fortschritt begreifen, und sehen sich ihren Zielen näher kommen, bis vollkommen unerwartet der jähe Sturz in den Abgrund folgt. Um sich zu retten, müssten die Massen sich in einer radikalen Kehrtwendung gegen ihre bisherigen Vorstellungen von Sicherheit (im Fall der nuklearen Abschreckungsregime) oder Wohlstand (durch Vermehrung der verfügbaren Güter) entscheiden und ihren Erwartungshorizont grundlegend revidieren. Dass sie dies tun, ist unwahrscheinlich und allenfalls in Form eines religiösen Erweckungserlebnisses vorstellbar. Solche Erweckungserlebnisse folgen indes einer grundsätzlich anderen imperativischen Struktur als politische Entwicklungen; insofern bleiben die linken Untergangspropheten zur Politik auf Abstand: Was allein die Rettung bringen könnte, ist mit den Mitteln der Politik nicht zu erreichen. So bleibt am Schluss nur die Hoffnung auf ein Wunder, auf göttliches Eingreifen oder einen völlig unerwarteten Geschichtsverlauf, zusammengefasst etwa in der Formel «Welch eine Wendung durch Gottes Fügung».[40]

Im Unterschied dazu sind die Untergangsszenarien der politischen Rechten nicht auf Intellektuelle beschränkt, die den Parteiorganisationen fernstehen, und vor allem erzählen sie eine langwährende Vorgeschichte, deren verhängnisvolle Folgen für jeden, der es sehen wolle, erkennbar sei: Es drohe politischer Niedergang oder moralische und sittliche Dekadenz. Die Vorstellung vom Niedergang, der sich mit einer entschiedenen Kehrtwendung beenden lässt, reicht – auch das unterscheidet das rechte Ideenkonglomerat einer drohenden Katastrophe von dem der Linken – bis weit ins konservative Lager hinein. Dabei unterscheidet sich die konservative Vorstellungswelt von jener der politischen Rechten darin, dass die Niedergangsbeschreibung weniger dramatisch ausfällt und die verlangte Kehrtwendung auch zu einer «geistig-moralischen Wende» entschärft werden kann, wie sie von Helmut Kohl zu Beginn seiner langen Regierungszeit eher angekündigt als eingefordert worden ist.[41] Dementsprechend ist die Regierung Kohl von strammen Konservativen mit der Zeit immer schärfer kritisiert worden.[42] Die Niedergangsvorstellungen auf der rechten Seite des politischen Spektrums können sich also auf Mahnungen beschränken, die auf politische Kurskorrekturen begrenzt bleiben. Sie können jedenfalls ohne ein drohendes Untergangsszenario auskommen. Aber sie lassen sich auch dramatisieren und zu einer scharfen Kritik am nachlässigen Massenverhalten zuspitzen – bis hin zu der Auffassung, dass die Massen, wenn sie sich denn nicht *belehren* ließen, zur Kehrtwende *gezwungen* werden müssten. Derartige Szenarien entwerfen das Bild des politischen Führers, der umsetzt, was das Volk zu seiner Rettung bedarf.

Das stellt sich auf der linken Seite des politischen Spektrums wiederum anders dar. Auch hier gibt es die Vorstellung vom politischen Führer, der die Massen zu etwas zwingt, was sie von sich aus nicht wollen, doch dieser Zwang beschleunigt den Geschichtsverlauf und folgt nicht den Imperativen der Kehrtwendung. Die linken Intellektuellen, von denen apokalyptische Untergangsszenarien verbreitet wurden, waren in der Regel Apostaten des Fortschrittsglaubens, von dem sie sich enttäuscht abwendeten. Dass sich die linken Untergangspropheten im Verlauf des 20. Jahrhunderts vermehrt haben, lässt sich als Indiz für den politischen Niedergang der Linken infolge eines sich ausbreitenden Zweifels am eigenen Projekt verstehen. Wo der Zweifel zur Verzweiflung wird, hat die Linke keine Chance mehr auf politische Mehrheiten. Mit Blick auf die sich als links verstehenden Untergangspropheten heißt das: Entweder sie werden zu Protokollanten der unabwendbaren Katastrophe, oder sie lassen sich auf die Imperative einer Kehrtwendung ein und gleichen sich damit den Rechtsintellektuellen an.

Am Anfang der linken Kritik am Fortschrittsglauben steht Walter Benjamins Essay *Über den Begriff der Geschichte*, den er 1940 nach seiner Entlassung aus dem Internierungslager in tiefer Verzweiflung geschrieben hat. Benjamin spricht von dem «Augenblick der Gefahr» und dem Feind, der «zu siegen nicht aufgehört» hat.[43] Im Anschluss daran interpretiert er Paul Klees Bild *Angelus Novus* als Symbol des vom Paradies her tosenden Sturms der Geschichte, wobei der Engel, den Blick der Vergangenheit zugewandt, das Ergebnis des Geschichtsverlaufs sieht, während die fortschrittsgläubig in die Zukunft blickenden Gegenwärtigen sich Illusionen über das machen, was ist und kommen wird: «Wo eine Kette von Begebenheiten vor *uns* erscheint, da sieht *er* eine einzige Katastrophe, die unablässig Trümmer auf Trümmer häuft und sie ihm vor die Füße schleudert. Er möchte wohl verweilen, die Toten wecken und das Zerschlagene zusammenfügen. Aber ein Sturm weht vom Paradiese her, der sich in seinen Flügeln verfangen hat und so stark ist, daß der Engel sie nicht mehr schließen kann. Dieser Sturm treibt ihn unaufhaltsam in die Zukunft, der er den Rücken kehrt, während der Trümmerhaufen vor ihm in den Himmel wächst. Das, was wir den Fortschritt nennen, ist *dieser* Sturm.»[44] Immerhin – es ist die vergangene Geschichte, die in Benjamins Interpretation der Engelsfigur Paul Klees zur Katastrophe wird. Doch auch die Zukunft wird, wenn sich nicht alles ändert, ein Bestandteil dieser Katastrophe sein. Benjamins apokalyptisches Szenario ist eines, das aus der Betrachtung des Vergangenen erwächst, weswegen die Möglichkeit zur Rettung in der Zukunft nicht ausgeschlossen ist – doch dazu bedarf es eines Aufstands der Menschen, der die Geschichte zum Anhalten bringt. In einer vielzitierten Anmerkung Benjamins zu Abschnitt XVII des Essays heißt es: «Marx sagt, die Revolutionen sind die Lokomotiven der Weltgeschichte. Aber vielleicht ist dem gänzlich anders. Vielleicht sind die Revolutionen der Griff des in diesem Zuge reisenden Menschengeschlechts nach der Notbremse.»[45]

Was bei Benjamin noch eine Stimme der Vergangenheit war, ist bei Günther Anders nach den Atombombenabwürfen von Hiroshima und Nagasaki zum zwingenden Ergebnis der Zukunft geworden: zur Katastrophe, die das Ende der Menschheit besiegeln wird. Wann und wie genau sich das «Zeitenende» ereignen werde, sei zwar nicht vorauszusagen, aber sein Eintritt sei unvermeidlich, nachdem das Menschengeschlecht durch eine immer größere Steigerung seiner technisch-wissenschaftlichen Fähigkeiten die «Endzeit» erreicht habe. Anders begründet dies mit der «Antiquiertheit des Menschen», die dadurch definiert ist, dass dessen Zerstörungsfähigkeiten seine Möglichkeiten zur Selbstkontrolle inzwischen weit übersteigen. Diese Lücke, die Anders als «prometheisches Gefälle» bezeichnet oder auch «Apokalypseblindheit» nennt, kann prinzipiell nicht mehr geschlossen werden.[46] Nicht der Niedergang, sondern der Fortschritt hat sie entstehen lassen; nicht eine wie auch immer geartete Dekadenz, sondern die beständig weiter voranschreitende Entwicklung der menschlichen Fähigkeiten hat ein Problem geschaffen, für das es keine Lösung mehr gibt. Dieser Gedanke weist Anders als einen linken Dissidenten des Fortschrittsglaubens aus: Nicht Abstieg, sondern Aufstieg führt in die Katastrophe.

Eine dritte Version linker Untergangsszenarien findet sich bei Noam Chomsky, der die drohende Katastrophe als Summe aus nuklearem Wettrüsten, Klimawandel, Artensterben und einer neoliberalen Wirtschaftspolitik ansieht. Dabei weist er der US-Politik die Hauptverantwortung für die Zukunft der Menschheit zu. Noch kann die Menschheit von dem Abgrund, an dem sie steht, zurücktreten, und es ist eine politische Entscheidung, ob sie dies tut oder in den Untergang stürzt. «Es ist unübersehbar», so Chomsky, «dass diese Generation zum ersten Mal in der Geschichte des Homo sapiens Entscheidungen treffen muss, die das Schicksal der organisierten menschlichen Gesellschaft bestimmen und vieles vom Rest des Lebens auf der Erde.»[47] Für Chomsky sind es keine von der gegenwärtigen Generation nicht mehr zu beeinflussenden Entwicklungsprozesse, die das Unheil heraufführen, sondern politische Entscheidungen mitsamt den dahinterstehenden Machtfragen. Wie die Geschichte ausgehen wird, ist für Chomsky daher keineswegs ausgemacht. Haben Benjamin und Anders die Rolle eines weithin resignierten Beobachters eingenommen, der aufschreibt, was der Fall ist, und gleichzeitig weiß, dass dies auf den Fortgang der Geschichte keinerlei Einfluss haben wird, so tritt Chomsky in die Rolle des Sehers und Warners ein, der weiß, was die Stunde geschlagen hat, und der dieses Wissen appellativ verbreitet, um das drohende Unheil doch noch abzuwenden. Chomsky ähnelt darin den Propheten des Alten Testaments, die gegen die Herrschenden auftraten und dem Volk zuredeten, um es zur Umkehr zu bewegen. Insofern kommt es nicht von ungefähr, wenn für ihn Intellektuelle und als «Propheten» Bezeichnete tendenziell identisch sind: «Das Wort ‹Prophet› bedeutet so ziemlich das, was wir heute als ‹Intellektuelle› bezeichnen. Es hat nichts mit Prophezeiungen zu tun.» Und: «Ich bin glücklich, mit Elijah, der sich dem schlimmsten König, der in der Bibel erwähnt wird, widersetzte, in Verbindung gebracht zu werden.»[48] Rettung oder Untergang der Menschheit wird sich demnach daran entscheiden, ob die Massen auf diese Intellektuellen beziehungsweise Propheten hören oder nicht – es geht also um die Frage, ob sie eher Jona oder Kassandra gleichen.[49]

Chomskys Darstellungen der Lage sind durch Dramatisierungen gekennzeichnet, die zu entschiedenem Handeln, zu politischem Eingreifen auffordern. Das ist der Idee einer beeinflussbaren Entscheidungssituation geschuldet: Noch lässt sich alles zum Guten wenden. Die Beschreibung des Abgrunds und die Chance der Rettung stehen nebeneinander. Das erste von mehreren Untergangsszenarien ist das eines außer Kontrolle geratenen Anthropozäns, einer Epoche also, die von tiefen Eingriffen des Menschen in seine Umwelt bestimmt ist. Nicht kosmische oder geologische Ereignisse, sondern menschliches Verhalten ist für die Fortdauer des Lebens auf dem Planeten verantwortlich: «Wir befinden uns bereits im sechsten großen Massensterben. Das bedeutet, daß wir Menschen uns auf dem Weg befinden, Arten so umfassend zu zerstören, wie es zuletzt vor 65 Millionen Jahren – während des fünften großen Massensterbens – geschah, als ein riesiger Meteorit die Erde traf und das Zeitalter der Dinosaurier beendete. Die gegenwärtigen Prognosen für die Menschheit und diesen Planeten sind düster.»[50] Umweltzerstörung und Klimawandel sind jedoch nur ein Bereich, in dem sich die Zukunft der Menschheit entscheidet. Ein weiterer, und das ist das zweite Untergangsszenario, sind das nukleare Wettrüsten und der Einsatz künstlicher Intelligenz zu militärischen Zwecken: «Die große Sorge bezieht sich auf die Automatisierung militärischer Waffen, die eine sehr große Zerstörungskraft haben. In technischer Hinsicht können automatische Systeme beeindruckende Dinge vollbringen, aber es gibt Momente, in denen der menschliche Instinkt eine zentrale Rolle spielt. Diesen haben solche Systeme nicht. Wenn Raketensysteme und nukleare Waffen automatisiert werden, müssen wir mit Fehlern rechnen. Diese Fehler können tödlich sein, wenn es keine menschliche Intervention gibt. Doch da die Systeme immer mehr und mehr automatisiert werden, wird es auch immer schwieriger, sie zu kontrollieren.»[51] Klimawandel, Umweltzerstörung, Artensterben und schließlich der nukleare Winter – Chomskys Resümee lautet: «Ich denke, daß das menschliche Überleben auf dem Spiel steht.»[52]

An dieses linke Untergangsszenario schließen sich mehrere Fragen an: Gibt es angesichts der jüngeren Geschichte einen Grund zu erwarten, dass eine relevante Gruppe von Menschen für das langfristige Überleben der Menschheit aufsteht und sich gegen die kurzfristigen Interessen der aufsummierten Einzelnen durchsetzt? Ist ein solches Projekt unter demokratischen Rahmenbedingungen vorstellbar? Oder läuft es darauf hinaus, dass im Sinne von Platons Philosophenherrschaft die Macht an «die Wissenden», also die Mahner und Warner, übertragen werden muss? Und wie sieht das Chomsky selbst? Dass Intellektuelle als politische Führer alles besser machen würden, bezweifelt er;[53] sie sollten auf die Rolle eines kritischen Korrektivs beschränkt bleiben. Chomsky weist auf die verhängnisvolle Rolle hin, die Intellektuelle im bolschewistischen Projekt oder in der Kennedy-Administration gespielt haben. Darüber hinaus kommt hier eine grundsätzliche Differenz in der Wahrnehmung und Beschreibung ins Spiel: Intellektuelle pflegen den Blick von oben, sie erkennen Probleme und deren Folgen, aber der zur Problembearbeitung erforderliche Blick aus der im politischen Kampf geschulten Akteursperspektive ist ihnen fremd. Deswegen unterschätzen sie Widerstände gegen bestimmte Lösungsansätze und können mit emotionalen Kampagnen gegen ihre Vorschläge nicht umgehen. Ein prinzipieller Mangel ihrer Problembeschreibungen und Lösungsvorschläge liegt darin, dass sie mit den Bearbeitungsformen der Demokratie nur schwer zu vereinbaren sind, weshalb Intellektuelle seit jeher eher die Nähe von autokratischen

Herrschern gesucht haben, als sich auf die Überzeugungs- und Durchsetzungskämpfe in einer Demokratie einzulassen. Intellektuelle suchen den direkten «Zugang zum Machthaber» (Carl Schmitt), und sie sind irritiert, wenn sie nicht mit einer Einzelperson konfrontiert sind, die es zu überzeugen gilt, sondern mit einem Stimmengewirr, in dem sie sich Gehör verschaffen müssen.[54]

Bei der Frage, ob es aus der Sicht Chomskys überhaupt die Hoffnung gibt, dass eine breite Mehrheit der Weltbevölkerung – und vor allem eine Mehrheit der US-Bürger – sich engagieren wird, um den drohenden Untergang noch zu verhindern, spielt der Kampf um verlässliche Informationen, gesichertes Wissen, *fake news* und «alternative Fakten» eine Rolle. Chomsky ahnt, dass es – solange die Hälfte der Republikaner die globale Erwärmung leugnet und 70 Prozent von ihnen bestreiten, dass sie «menschengemacht» sei – wenig Grund gibt, mit einem solchen Engagement zu rechnen.[55] Doch obwohl er wie kaum ein Zweiter die Szenarien eines bevorstehenden Untergangs ausgemalt hat, will er die Hoffnung nicht fahren lassen: «Ja, die Zeiten sind unschön, aber es gibt auch Zeichen der Hoffnung. Man muss daran denken, wie die Dinge gewesen sind und was in den letzten Jahren erreicht wurde. All das geschah nicht einfach so, es war kein Geschenk des Himmels. Es geschah dank ernstem, hingebungsvollem Aktivismus, hauptsächlich durch junge Menschen. Das macht deutlich, was erreicht werden kann, und heute ist es einfacher als früher. Denn durch das, was in der Vergangenheit erreicht wurde, kann man heute mit einem guten Fundament, einer Hinterlassenschaft, starten.»[56]

Chomsky ist also der Auffassung, die politischen Kämpfe der letzten Jahre und die in ihnen errungenen Erfolge seien ein Grund zur Zuversicht. Wenn man jedoch die Dramatik seiner

Untergangsszenarien und die von ihm gelieferte Begründung für die Abwendbarkeit der Katastrophe nebeneinanderhält, fällt das deutliche Missverhältnis zwischen beidem auf. Was Chomsky als den Grund der Hoffnung benennt, mag für eine im Kern reformistische Politik genügen, zumal dann, wenn diese längerfristig angelegt ist und man bei der Verfolgung der Ziele auf einen langen Atem setzen kann; der unmittelbar bevorstehende Untergang lässt sich damit jedoch keinesfalls verhindern. Die Propheten des Alten Testaments glaubten bei ihren Verkündigungen und der in Aussicht gestellten Rettung «im letzten Augenblick» einen allmächtigen Gott an ihrer Seite zu haben. Wenn nun göttliche Allmacht durch den guten Willen einiger Aktivisten ersetzt wird, bleibt eine Lücke, die nicht geschlossen werden kann: Entweder ist das beschriebene Unheil so groß, dass mit dem Allerweltszutrauen, wie es politische Gruppierungen gerne ins Spiel bringen, nicht dagegen anzukommen ist; oder aber die verfügbaren Kapazitäten zur Problembearbeitung sind derart überschaubar, dass man sich nur Aufgaben stellen sollte, die im Rahmen reformistischer Politik zu lösen sind. Letzteres würde bedeuten, dass keine Untergangsszenarien an die Wand gemalt werden dürfen, denn nach einiger Zeit führt das, was als Weckruf gedacht war, zu Resignation oder Verzweiflung. Aus linker Sicht kann es einen «Abschied vom Abstieg» geben, aber der «Absprung vom Untergang» ist ein Projekt, das weder theoretisch zu Ende gedacht worden ist noch politisch implementiert werden kann.

Verwissenschaftlichte Niedergangsbeschreibungen: Rom als Analysefolie

Die Vorstellung vom zyklischen Auf- und Abstieg der Staaten hat ebenso wie die Beobachtung, dass der Abstieg einer sozialen Klasse in der Regel mit dem Aufstieg einer anderen einhergeht, zu Zweifeln an der Diagnose eines säkularen Niedergangs geführt. Zum einen ist die Frage von Aufstieg oder Abstieg eine des *Standpunkts* des Beobachters, zum andern hängt der Befund vom *Zeitpunkt* der Beobachtung ab: Der Historiker kann ein politisches Gebilde einmal in einer Aufstiegs- und ein anderes Mal in einer Abstiegsbewegung studieren. Niedergänge werden also relativ zum Zeitpunkt ihrer Beobachtung oder zum sozialen und politischen Standpunkt des jeweiligen Beobachters konstatiert.[57] Deswegen sind sie häufig nichts anderes als ein politisch-kulturelles Statement desjenigen, der sie abgibt und der damit im Grunde eingesteht, dass es um das von ihm favorisierte soziopolitische Projekt nicht gut steht. Diese Sichtweise und Bewertung mögen andere, womöglich viele mit ihm teilen, aber das heißt zunächst nur, dass er nicht der Einzige ist, dessen Zukunftserwartungen enttäuscht worden sind. Die Zustimmung für Niedergangsdiagnosen ist unter diesen Umständen kein Indikator ihrer Richtigkeit, sondern zeigt nur die Zahl derer an, die ähnliche soziale Präferenzen und politische Wertungen haben. Hier gilt das Börsenprinzip: Wenn viele auf steigende Kurse setzen, weil ein Analyst das vorausgesagt hat, bedeutet das noch lange nicht, dass die Kurse auch tatsächlich steigen werden. Das gilt ebenso für fallende Kurse.

Da Niedergangsdiagnostiker häufig in der Pose des einsamen Mahners und Warners auftreten, stellt der Verweis auf die vielen, die ihrer Meinung seien, zudem das Selbstverständnis der Vorhersage in Frage: Was sie zu beobachten glauben, ist gar nicht so originär, wie sie vorgeben, sondern wird von breiten Gruppen der Gesellschaft genauso gesehen. Der einsame Mahner und Warner, als der sich der Niedergangsdiagnostiker inszeniert, ist nur die lauteste und am deutlichsten vernehmbare Stimme im Gemurmel der Massen. Um diesem Schicksal zu entgehen, haben sich die Propheten des Niedergangs in wissenschaftliche Diagnostiker verwandelt: Sie suchen Gesellschaften wie Staaten nach Symptomen ab, die für sie ebenso untrügliche wie zweifelsfreie Indizien dafür sind, dass man es mit einem Niedergang zu tun hat und dass dieser, wenn den Warnungen nicht Gehör geschenkt wird, unumkehrbar ist.

Solange sich Propheten bei ihren Niedergangsbeobachtungen und Untergangsvoraussagen auf göttliche Eingebung beriefen, lief dies auf die Forderung nach Reue und Buße hinaus. Diese konnten in der Rückkehr zum Glauben an den einzig wahren Gott bestehen, dessen Geboten man nun wieder gehorchte, aber auch in eine Erneuerung der Gesellschaft durch Umverteilung des Reichtums münden. Dann wurde der Bußprophet zum Initiator einer sozialen Revolution, die auf einen Neustart der Geschichte abzielte. Doch die sozialrevolutionären Propheten scheiterten zumeist am Widerstand der Mächtigen und der mit diesen verbundenen Priesterkaste, oder die Niedergangsprognose erwies sich bloß als vernichtendes Urteil über den Lebensstil der Eliten und die ihm entsprechenden gesellschaftlichen Verhältnisse. Der «linke Flügel der Reformation» hat in Deutschland letztmalig diesen Typus von Niedergangs- und Umkehrpropheten verkörpert.[58] Seit dem 18. Jahrhundert traten die Niedergangspropheten im Gewand von Wissenschaftlern auf: Nicht göttliche Eingebung, sondern präzise Analyse, so der Anspruch, war die Basis ihrer Beobachtungen und Vorhersagen.[59]

Diese Verwissenschaftlichung begann damit, dass der Untergang des Römischen Reichs im Westen wieder thematisiert wurde. Dabei ging man immer weniger davon aus, dass der von den germanischen Wandervölkern auf die Reichsgrenzen ausgeübte Druck für den Zusammenbruch verantwortlich war, und wies stattdessen dem Zerfall der gesellschaftlichen Ordnung, der Erosion des sozialmoralischen Zusammenhalts und dem Verlust des politischen Selbstbehauptungswillens die entscheidende Rolle zu. Nicht die Übermacht der von außen herandrängenden Feinde, sondern der Schwund politischer Handlungsfähigkeit im Innern sei dafür ausschlaggebend gewesen, dass das Römische Reich im Westen zerfiel, während es im Osten noch ein Jahrtausend fortbestand – durch seine Gegner zwar arg gerupft und zerzaust, doch von einem starken Selbstbehauptungswillen aufrechterhalten. Damit gab es zumindest zwei Ebenen, auf denen man die auf die Gegenwart gerichteten Niedergangsbehauptungen «verwissenschaftlichen» konnte: Man konnte Westrom und Ostrom miteinander vergleichen, und man konnte Analogien zwischen dem Niedergang des Römischen Reichs im Westen und der eigenen Gegenwart herstellen, was umso attraktiver war, je mehr es sich bei der mit Rom verglichenen Macht um eine Großreichsbildung handelte. Dementsprechend wurden solche Vergleiche vor allem in England gezogen, während das Thema in Deutschland zunächst kaum eine Rolle spielte. Der Beginn dieser Debatte war auch schon ihr Höhepunkt: das Erscheinen des ersten Bandes von Edward Gibbons *Verfall und Untergang des Römischen Reiches* im Jahre 1776.[60]

In Gibbons Darstellung wurden neben dem Aufstieg des Christentums der lange Frieden und ein sich in dessen Gefolge ausbreitender Wohlstand für den Niedergang des Reichs verantwortlich gemacht. Sie führten zur Verweichlichung der

Bürger, die infolgedessen die Grenzen des Reichs nicht mehr verteidigen wollten, weswegen man dafür Germanen in Sold nehmen musste. Geld trat an die Stelle von Wehrhaftigkeit und Freiheitswillen, und dies lieferte das Reich Schritt für Schritt seinen Feinden aus. Gibbon schreibt: «Es war für die Augen der Zeitgenossen kaum möglich, unter dieser öffentlichen Glückseligkeit die verborgenen Ursachen des Verfalls und Verderbens zu entdecken. Der lange Friede und die gleichförmige Regierung der Römer hatten den Lebenstheilen des Reiches ein langsames und geheimes Gift einträufelt. Es trat eine allmälige Verflachung der Gemüther ein, das Feuer des Genius erlosch, ja selbst der militärische Geist verflog. (...) Der Wille des Souverains gab ihnen Gesetze und Statthalter, und in Bezug auf ihre Verteidigung vertrauten sie einem Söldnerheere. Selbst die Nachkommen ihrer kühnsten Anführer waren mit dem Range von Bürgern und Unterthanen zufrieden. Die aufstrebendsten Geister begaben sich an den Hof und reihten sich unter die Standarte der Kaiser, und die verlassenen Provinzen, aller politischen Kraft und Einigkeit beraubt, sanken unmerklich zur matten Gleichgültigkeit des Privatlebens herunter.»[61] Es schwanden also nicht nur Freiheitsliebe und Wehrhaftigkeit in den Provinzen, sondern auch die intellektuelle Kreativität im Reichszentrum, das sich in geistiger Hinsicht darauf beschränkte, Früheres zu imitieren. Dies alles fasst Gibbon zur Diagnose einer langsam fortschreitenden, deswegen auch unmerklichen Dekadenz zusammen, die zuletzt nur durch eine Rettung von außen gestoppt werden konnte – um den Preis des Untergangs Roms: «Diese verkleinerte Natur des Menschengeschlechtes (...) sank täglich immer mehr unter ihr altes Maß, und die römische Welt war in der That von einer Raçe Pygmäen bevölkert, als die gewaltigen Hünen des Nordens einbrachen und das winzige Geschlecht verbesserten. Sie stellten einen männlichen Geist der Freiheit wieder her, und diese Freiheit wurde nach Verlauf von zehn Jahrhunderten die glückliche Mutter der Künste und der Wissenschaften.»[62]

An Gibbons Darstellung des römischen Niedergangs fällt zweierlei auf. Zunächst, dass sie einem zyklischen Modell der Geschichte verhaftet ist, in dem auf den Abstieg ein neuerlicher Aufstieg folgt: Zwar ging das Weströmische Reich in der Mitte des 5. Jahrhunderts unter, doch dieser Untergang war die Vorbedingung eines neuen Aufstiegs, der dann ein Jahrtausend später, ironischerweise zeitgleich mit dem Ende des Oströmischen Reichs, in der italienischen Renaissance einen neuen Zyklus der Geschichte einleitete. Die «Hünen des Nordens», die das Römische Reich zerschlugen, stehen in Gibbons Sicht am Anfang einer Aufwärtsentwicklung, die sich zunächst langsam und weithin unsichtbar entwickelte und erst mit der Renaissance an Dynamik und allgemeiner Sichtbarkeit gewann. Während Ostrom nach langem Siechtum in der Mitte des 15. Jahrhunderts aus der Geschichte verschwand,[63] bereitete der Untergang (West-)Roms den Boden für den Aufstieg des europäischen Nordwestens vor, der sich zu Gibbons Zeit anschickte, zum Beherrscher des globalen Raums zu werden. Das ist die zuversichtliche Betrachtungsweise, die neben den Analogien zwischen dem Niedergang Roms und der Krise des britischen Weltreichs infolge des Aufstands der amerikanischen Siedler bei Gibbon auch zu finden ist.

Daneben prägte Gibbon, zweitens, ein Narrativ zur politisch-militärischen Selbstbehauptung der Briten, das aus der Analyse römischer Dekadenz zu gewinnen war. Ein langwährender Frieden und ein sich im Reich ausbreitender Wohlstand hätten den Selbstbehauptungswillen der römischen Bevölkerung untergraben. Mit einer kritischen Bemerkung zur menschlichen Neigung, die eigene Zeit als eine des Niedergangs zu beschreiben, skizzierte Gibbon den Zustand des Reichs in der Ära der antoninischen Kaiser als einen des Glücks: «So geneigt der Mensch auch ist, die Vergangenheit zu erheben und die Gegenwart herabzusetzen, wurde doch der ruhige und glückliche Zustand des Reiches von den Provinzbewohnern wie von den Römern lebhaft gefühlt und offen eingestanden. Sie erkannten an, ‹daß die wahren Grundlagen des geselligen Lebens, Gesetze, Ackerbau und Wissenschaft, welche die Weisheit von Athen zuerst erfunden hatte, jetzt durch die römische Macht, deren glücklicher Einfluß die wildesten Barbaren durch die gleiche Regierung und gemeinsame Sprache verbunden habe, fest begründet worden wären. Sie behaupteten, daß sich mit der Vervollkommnung der Künste und Gewerbe das Menschengeschlecht sichtlich vermehrt habe. Sie priesen den zunehmenden Glanz der Städte, das schöne Aussehen des wie ein unermeßlicher Garten bebauten und geschmückten Landes; und den langen Feiertag des Friedens, dessen sich so viele Nationen erfreuten, ihrer alten Feindschaften vergaßen, und frei waren von Besorgniß künftiger Gefahren.› Welchen Zweifel auch», so fügt Gibbon dem Zitat des ungenannten Verfassers hinzu, «der etwas deklamatorische Ton in diesen Stellen erregen mag, so stimmt doch ihr wesentlicher Inhalt vollkommen mit der historischen Wahrheit überein.»[64]

Es waren demnach weder politische noch klimatische, weder soziale noch technologische Veränderungen, die zum allmählichen Niedergang des Römischen Reichs führten, sondern wesentlich ein Wandel der Mentalitäten, den Gibbon als Folge eines langen und sich auf den gesamten imperialen Raum erstreckenden Friedens betrachtete: Wenn der Zustand der Welt sich dem Goldenen Zeitalter beziehungsweise dem Paradies annähere («wie ein unermeßlicher Garten», «der lange Feiertag des Friedens»), dann schwänden die Fähigkeiten und Einstellungen, die zuvor dafür gesorgt hätten, dass man sich den Gefahren und Bedrohungen gewachsen erwies.[65] Man könnte sagen, die Menschen seien den Suggestionen des ewigen Friedens und paradiesischer Verhältnisse erlegen und hätten den erreichten Zustand des Wohlergehens für unumkehrbar gehalten. Als sich die Verhältnisse dann mit einem Mal änderten, seien sie nicht darauf vorbereitet gewesen und hätten sich nicht zu behaupten vermocht.[66]

Das britische Empire musste nach Gibbons Auffassung indes nicht befürchten, alsbald das Schicksal des Römischen Reichs zu teilen, führte es doch beständig Kriege nach außen, und auch die Verhältnisse in seinem Innern waren von paradiesischen Zuständen weit entfernt. Der Verlust der nordamerikanischen Kolonien stellte einen schmerzlichen Rückschlag dar, war aber, folgt man Gibbons Überlegungen, nicht existenzbedrohend – im Gegenteil: Er war ein politischer Weckruf, der die Bürger des Empires daran hinderte, sich sorglos ihrem Wohlergehen hinzugeben. – Ein ähnliches Denkmuster lässt sich bei den US-amerikanischen Neocons der 1990er Jahre ausmachen, die den Wegfall der Sowjetunion als globalen Gegenspieler für bedrohlich ansahen, weil sich die USA auf ihrer Position als einzig verbliebene Weltmacht ausruhten und kein Auge für neue Bedrohungen hätten.[67] Dieses offenkundig an der Geschichte des Römischen Reichs – keineswegs nur in der von Gibbon thematisierten Zeit der antoninischen Kaiser, sondern bereits nach der Niederringung Karthagos – geschulte Narrativ wurde noch dadurch verstärkt, dass die Clinton-Administration keine auf militärische Stärke gestützte Außenpolitik präferierte, sondern auf eine von Freihandel und Marktintegration getragene Weltordnung setzte. Die USA seien zur stärksten Macht geworden, die die Welt jemals gesehen habe, aber, so der neokonservative Vorwurf, sie machten nichts aus dieser Stärke.[68] Insofern stellten die Terroranschläge vom 11. September 2001 für die Neokonservativen, die in der Bush-Administration an die Schalthebel der Macht gelangt waren, nicht nur die Mahnung dar, dass sich militärische Macht nicht durch ökonomische Macht ersetzen lasse, sondern sie boten auch die Möglichkeit, wieder eine sehr viel stärker auf militärische Zwangsmittel als auf *soft power* und ökonomische Anreize gestützte Außenpolitik zu betreiben.[69] Die Interventionen zunächst in Afghanistan und dann im Irak waren Konkretisierungen dieser Rückkehr zu einer auf militärischen Zwang gestützten Außenpolitik.

Die bittere Pointe dieser von Niedergangsängsten beeinflussten Politik war, dass das, was den amerikanischen Niedergang verhindern sollte, ihn tatsächlich beschleunigte. Bereits die Obama-Administration kam zu dem Ergebnis, die USA sollten sich aus einigen ihrer globalen Verpflichtungen zurückziehen, und Donald Trump hat dann, teilweise im Widerspruch zur eigenen Administration, eine Politik des überstürzten Rückzugs aus zuvor eingegangenen Verpflichtungen durchgesetzt. Die USA, so Trump, hätten lange genug die Rolle eines «Weltpolizisten» gespielt und dabei mehr den Interessen anderer als den eigenen gedient. Damit war das neokonservative Projekt zur Vermeidung des Niedergangs, eines «Abschieds vom Abstieg» durch globales militärisches Engagement, auf ganzer Linie gescheitert.

Seit dem 18. Jahrhundert, seit Gibbons Veröffentlichungen, ist der Niedergang des Römischen Reichs zur Chiffre für das Schicksal der west- und mitteleuropäischen Staaten geworden – vor allem derer, die außerhalb Europas Kolonialimperien errichtet hatten. Der Althistoriker Alexander Demandt hat bei seiner Durchsicht der Ätiologien für den Fall Roms mehrere Erklärungsansätze unterschieden: zunächst die *religions-*

geschichtliche Deutung, die den Aufstieg des Christentums für den Verlust des römischen Selbstbehauptungswillens verantwortlich macht.[70] In den jüngsten Parallelisierungen unserer Gegenwart mit dem Niedergang Roms ist der Islam an die Stelle des Christentums getreten, wobei, während den Christen im Fall Roms ihre pazifistische Grundhaltung zum Vorwurf gemacht wurde, heutzutage die Muslime im Verdacht stehen, Anhänger einer notorisch kriegerischen Religionsauslegung zu sein.[71] Sodann die *sozioökonomische* Erklärung, die den wachsenden Gegensatz zwischen Arm und Reich, also eine soziale Spaltung der römischen Gesellschaft, als Ursache des Niedergangs ausmacht.[72] Während in den der politischen Linken zuzurechnenden Abstiegsanalysen Analogien zur römischen Geschichte kaum hergestellt werden, finden sich in der rechtspopulistischen Literatur immer wieder Vergleiche mit dem Niedergang Roms. Udo Ulfkotte etwa, ein zuletzt im rechten Umfeld beheimateter Journalist, stellt den angeblichen wirtschaftlichen Niedergang Deutschlands als Folge einer sozialen Spaltung der Gesellschaft dar, an der die etablierten Parteien nach Kräften beteiligt seien.[73] Als Drittes nennt Demandt *naturwissenschaftliche* Erklärungen, die sich um die Erschöpfung der ökologischen Lebensgrundlagen drehen.[74] Zu ihnen gehören die Erosion der Böden und der Wandel des Klimas, der Rückgang der Bevölkerung und der massenhafte Tod infolge von Seuchen sowie schließlich das, was Demandt unter der Bezeichnung «Rassenentartung» zusammenfasst.[75]

Alle drei Erklärungsansätze spielen auch in der jüngeren Niedergangsdebatte eine Rolle, wobei Bodenerosion und Klimawandel von den grünen Parteien eher als Warnzeichen denn als Beleg für Niedergangsdiagnosen eingesetzt werden – im Unterschied zu jenen Ökologen, die sich schon früh auf den Weg zur politischen Rechten gemacht haben. Einer von ihnen war Rolf Peter Sieferle, der bis zu seinem Freitod eine Professur für Geschichte an der Universität St. Gallen innehatte. In Sieferles letzter Veröffentlichung spielen die ökologischen Fragen, mit denen er sich seit den 1980er Jahren überwiegend beschäftigt hatte, freilich kaum eine Rolle. Das Ende Deutschlands, das er voraussagt, ist nicht das Ergebnis einer ökologischen Katastrophe, sondern der Unterwerfung unter die geschichtspolitische Definitionsmacht der Siegermächte des Zweiten Weltkriegs sowie eines «Sozialdemokratismus», der zur Folge habe, dass es in Deutschland «zwar Arme und Reiche, Mächtige und Ohnmächtige gibt, nicht aber eine herrschende Klasse, die diesen Namen verdient».[76] Sieferle zieht dann aber doch noch eine Linie, die von der «Menschenverschwendung» in den Materialschlachten des Ersten Weltkriegs bis zur Ressourcenverschwendung der gegenwärtigen Konsumgesellschaften reicht: «Am Ausgang des 20. Jahrhunderts steht eine verwüstete, kahle, verseuchte Welt, in der man die Opfer bejammert, von Verantwortung und Betroffenheit schwatzt und daran geht, die letzten kulturellen Bestände zu verjubeln.»[77]

Während der Klimawandel von rechtspopulistischen Parteien geleugnet und als Erfindung der politischen Linken denunziert wird, wird der Bevölkerungsrückgang von ihnen dramatisiert und propagandistisch ausgeschlachtet. Als bedrohlich wird beklagt, dass die europäische Bevölkerung in Relation zur Weltbevölkerung schrumpfe, wohingegen die Afrikas beständig wachse. Dass die EU-Bevölkerung in den letzten zwei, drei Jahrzehnten infolge von Zuwanderung, also sozialer Reproduktion, konstant geblieben ist, wird dabei nicht als Lösung, sondern als Verschärfung des Problems angesehen. Zuwanderung, zumal aus dem globalen Süden, sei eine der Ursachen des Niedergangs – so der durchgängige Tenor vom Rechtsextremismus bis zum Rechtspopulismus.[78] Die Klage

darüber, dass sich die (west)europäischen Länder nicht länger
durch eigenen Nachwuchs reproduzieren, sondern auf Zuwanderung aus außereuropäischen Gebieten angewiesen sind, verweist auf den engen Zusammenhang mit dem, was Demandt
als den Erklärungsansatz der «Rassenentartung» in der Ätiolo-
gie des römischen Niedergangs bezeichnet hat.

Ein vierter Erklärungsansatz für den Fall Roms sind *innen-*
politische Deutungen, die sich um «Staatsversagen» drehen.[79]
Dabei kann es sich um Despotismus und Militarismus handeln, was vor allem der liberale Denkstrang herausgestellt
hat. Auf der anderen Seite haben konservative Historiker das
Abrüstungsprojekt des Augustus nach Beendigung des Bürgerkriegs als fatale Fehlentscheidung bezeichnet und ihm Folgen
attestiert, die bis zur «Germanisierung des Militärs» im 4. Jahrhundert reichten: Dass das Reich durch germanische Söldner
verteidigt werden musste, war demnach der entscheidende
Schritt zu seinem Untergang. Aus heutiger Sicht ist die Frage
der inneren Sicherheit indes wichtiger als die Rekrutierung des
Militärs. In der Spätphase des Reichs fanden sich immer wieder
Klagen über ein Bandenwesen, unter dem vor allem die Land-
bevölkerung litt, weswegen die Eigentümer großer Latifundien
eigene Sicherheitskräfte anwarben, um sich umherziehender
Plünderer und Räuber zu erwehren. Dem Reich verweigerten
sie die Steuern, da dieses dafür keine Gegenleistung erbringe.
Die Folge war, dass die Reichsadministration den germanischen
Söldnern oft nicht den vereinbarten Sold zahlen konnte, was
das Problem der marodierenden Banden vergrößerte und den
Schutz der Außengrenzen schwächte. Dem entspricht im heutigen rechtspopulistischen Diskurs der «Kontrollverlust» des
Staates an seinen Außengrenzen und die angeblich anwach-
sende Gewaltkriminalität im Innern. Indem beides als Folge
von Armutsmigration dargestellt wird, entsteht ein Zusam-

menhang zwischen Grenzkontrolle und innerer Sicherheit. Wo
beides nicht mehr gewährleistet sei, zeige dies den Niedergang
eines politischen Gemeinwesens an.[80]

Seit Gibbon durchzieht die Vorstellung vom Verlust des
Freiheits- und Herrschaftswillens der römischen Bevölkerung
wie ein roter Faden die Theorien zum Fall Roms. Die Men-
talitätsgeschichte ist wie keine andere Subdisziplin der His-
toriographie ein Tummelplatz von Dekadenzvorstellungen.
Hier lässt sich am leichtesten eine heroische Vergangenheit
konstruieren, an der gemessen die jeweilige Gegenwart von
schwachen und feigen Menschen geprägt ist. Rolf Peter Sieferle etwa beklagt, dass «die alte aristokratisch-großbürger-
liche Symbiose des Kaiserreichs» infolge der «Umwälzungen
von 1919, 1933 und 1945 (...) vollständig verschwunden» sei.
«Die neue Herrschaftskultur, die sich im Geltungsbereich des
Grundgesetzes formiert hat, trägt dagegen die Züge kleinbürgerlicher Unsicherheit.»[81] Oder: «Die Auflösung der Familie,
deren Abschluß wir in diesem Jahrhundert erleben, schneidet
das Individuum von seinen Ahnen, von der Geisterwelt, vom
Absoluten ab. Es verbleibt ein Elementarteilchen in einem endlosen kalten und finsteren Raum.»[82] Und schließlich in einer
die dekadenztheoretischen Betrachtungen Nietzsches und
Spenglers aufnehmenden Passage: «Die moderne, zivilisierte
Gesellschaft ist in der Tat demokratisch, d.h. es herrscht in
ihr der kleine Mann, und er prägt ihr seinen Stempel auf. Dies
unterscheidet sie von früheren Hochkulturen, in denen immer
Aristokratien geherrscht haben, die gewöhnlich eine Patina
kultureller Verfeinerung ansetzten. Die Massenzivilisation ist
deshalb so unkultiviert (...), weil in ihr ein vulgärer Typus an
der Herrschaft ist: der Massenmensch, für den Fast Food und
Entertainmentkultur geschaffen sind und dessen Bedürfnissen
sie exakt entsprechen.»[83]

Sieferles Befund ähnelt Spenglers Beschreibung des «Fellachentums» in der Endphase des Untergangs: «Die intellektuelle Spannung kennt nur noch eine, die spezifisch weltstädtische Form der Erholung: die Entspannung, die ‹Zerstreuung›. Das echte Spiel, die Lebensfreude, die Lust, der Rausch sind aus dem kosmischen Takte geboren und werden in ihrem Wesen gar nicht mehr begriffen. Aber die Ablösung intensivster praktischer Denkarbeit durch ihren Gegensatz, die mit Bewußtsein betriebene Trottelei, die Ablösung der geistigen Anspannung durch die körperliche des Sports, der körperlichen durch die sinnliche des ‹Vergnügens› und die geistige der ‹Aufregung› des Spiels und der Wette, der Ersatz der reinen Logik der täglichen Arbeit durch die mit Bewußtsein genossene Mystik – das kehrt in allen Weltstädten aller Zivilisationen wieder. Kino, Expressionismus, Theosophie, Boxkämpfe, Niggertänze, Poker und Rennwetten – man wird alles in Rom wiederfinden, und ein Kenner sollte einmal die Untersuchung auf die indischen, chinesischen und arabischen Weltstädte ausdehnen. (…) Es liegt ein Kult zugrunde, ohne Zweifel, aber es ist ein Parfüm darüber gebreitet wie über den fashionablen stadtrömischen Isiskult in der Nachbarschaft des Circus Maximus.»[84]

Die Klage über die Vulgarität der Massenzivilisation bei Spengler und Sieferle ist von Inhalt wie Gestus her keineswegs rechtspopulistisch, sondern in seiner verächtlichen Distanz zu den breiten Massen rechtsaristokratisch. Deutlicher als sonst wird in den zitierten Passagen die Ambivalenz rechter Einstellungen gegenüber der großen Mehrheit der Bevölkerung sichtbar: Sie sind durchzogen von Verachtung für Lebensstil, Geschmackspräferenzen und Werthaltungen der Masse. Das daraus folgende «Pathos der Distanz» (Nietzsche) lässt sich jedoch nur pflegen, solange die Betreffenden als Intellektuelle und Kritiker auftreten; sobald sie in die Rolle des

Politikers überwechseln, müssen sie den verachteten Massen schmeicheln. Sie versprechen ihnen dann, ihre Ansprüche und Erwartungen gegen ein politisches Establishment durchzusetzen, das auf sie keine Rücksicht nehme. Das ist entweder pure Heuchelei, dem Umstand geschuldet, dass man in einer demokratischen Gesellschaft nun einmal nur mit Unterstützung der Massen an die Macht kommt, oder es steckt das strategische Projekt dahinter, die Massen zu nutzen, um sie wieder zu einem für aristokratische Ziele brauchbaren Instrument zu machen. Sieferle deutet das eher an, als dass er es ausspricht: «Die Vollendung der Zivilisation ist das kulturelle Tierreich: das Reich der niedrigen Bedürfnisse und ihrer unmittelbaren Befriedigung. Hier stirbt keiner mehr für ein Ideal, sondern man bringt sich durch Raubüberfälle oder in Bandenkriegen um, in denen es um Rauschgiftreviere und Schutzgelderpressungen geht. Der Naturzustand steht am Ende, nicht am Anfang der bürgerlichen Gesellschaft. Nachdem das Aas des Leviathan verzehrt ist, gehen sich die Würmer gegenseitig an den Kragen.»[85]

Das Schicksal des Römischen Reichs, für dessen Niedergang im mentalitätsgeschichtlichen Ansatz eine unter der Formel *panem et circenses*, Brot und Spiele, gefasste Verbindung von Versorgungsgarantie und dem Massengeschmack angepasster Unterhaltung[86] verantwortlich gemacht worden ist, beschäftigt seit dem 18. Jahrhundert die westeuropäischen Staaten und hat dort Zweifel an der eigenen Selbstbehauptungsfähigkeit aufkommen lassen. Der Fall Roms ist im kulturellen Gedächtnis des Westens zu einem periodisch wiederkehrenden Trauma geworden. Das ist im Osten, in Russland, anders, wo man sich seit den Prophezeiungen des Mönchs Filofej von Pskow mit Stolz in der Nachfolge des oströmischen, des byzantinischen Reichs gesehen hat, das mit dem Aufstieg Russlands zu neuer

Größe und Macht gelangt sei.[87] Dieser Gedanke durchzieht die
russische Literatur von Dostojewski bis Solschenizyn, und er
hat nach dem Ende der Sowjetunion mit dem Aufstieg Putins
für das politisch-kulturelle Selbstverständnis Russlands erneut
an Bedeutung gewonnen. Damit wird der Zerfall der Sowjetunion zu einer Episode in der langen Geschichte Russlands,
deren Folgen inzwischen revidiert worden seien, während der
Westen als ein Raum der Dekadenz und sittlichen Verkommenheit erscheint, von dem man sich fernhalten müsse. Vor
allem bei Alexander Dugin, einem radikalen Rechtsintellektuellen, dem ein gewisser Einfluss auf Putin nachgesagt wird,[88]
findet sich diese Auffassung.

Dieser von keinerlei Niedergangsängsten getrübte Rom-
Bezug ist das Fundament eines politisch-kulturellen russischen Selbstbewusstseins, das auch in Zeiten globaler Ein-
flüsse geeignet scheint, eine eigene Identität gegen Diversität
zu behaupten. Diversität ist nach dieser Auffassung für die
Gesellschaften des Westens typisch und für deren Niedergang
mitverantwortlich;[89] ungebrochene Identität kennzeichne
dagegen die russische Gesellschaft und alle, die sich an ihrem
Vorbild orientierten, und sei die Grundlage für deren bevorstehenden Sieg über den Westen. Dieses Versprechen entfaltet
eine ganz eigene Attraktivität bei denen, die Multikulturalität
und Offenheit gegenüber dem Fremden misstrauen. In kulturell konservativen und politisch rechten Kreisen ist das russische Selbstbild inzwischen adaptiert worden, und Russland
ist hier zum Bollwerk gegen den Niedergang Europas avanciert.
Es ist ein nach Nordosten verschobenes «Abendland», das von
der politischen Rechten verteidigt werden soll. Sieht man freilich auf die ökonomischen und demographischen Daten, so ist
diese Erwartung nichts anderes als ein ungedeckter Scheck.

Niedergang und Zerfall des Römischen Reichs dienen freilich noch in ganz anderer Hinsicht als Analogiemuster der angeblichen europäischen Pathologie: Dabei ist die Rede von der farbigen Weltrevolution, in der die Völker Asiens und Afrikas die europäische Herrschaft abschütteln und auf der Suche nach Wohlstand Europa überrennen würden, um hier die Macht zu übernehmen. Als im Herbst 2015 etwa eine Million Menschen aus dem Nahen und Mittleren Osten sowie Nord- und Ostafrika auf der Balkanroute nach Europa strömten, war umgehend die Formel von einer «neuen Völkerwanderung» präsent, um die damit verbundene Bedrohung Europas zu veranschaulichen: Wie vormals die germanischen Wandervölker den Limes überwanden und tief ins Innere des Reichs eindrangen, so drängten nun die hungrigen Massen Asiens und Afrikas nach Europa, um den Kontinent zu übernehmen, zunächst durch «Einwanderung in die Sozialsysteme», später durch Übernahme der Macht.[90] Die europäischen Eliten, so der rechtspopulistische Diskurs weiter, würden sich aufgrund ihrer moralischen Schwäche nicht trauen, die Migranten an der Invasion Europas zu hindern. Das Ideal des Multikulturellen habe zur Folge, dass die Europäer sich über kurz oder lang den Invasoren unterwerfen müssten. In den Worten Sieferles: «Da dieser Prozeß [der Entstehung einer multikulturellen Gesellschaft] mit der realen Masseneinwanderung in die industriellen Wohlstandszonen verbunden wird, zielt diese Forderung [nach Multikulturalität] (paradoxerweise) darauf, daß eine kulturelle Formation, nämlich das indigene Volk, zugunsten anderer Volksgruppen auf seine spezifische Identität verzichten soll.»[91]

An dieser Stelle gerät die neurechte Klage über die Verkommenheit einer Politik, die ihre Außengrenzen nicht zu sichern vermöge und durch die massenhafte Aufnahme von Migranten die Identität der indigenen Bevölkerung in Frage stelle, in ein unauflösbares Dilemma, wenn sie sich auf jene Gruppe von Schriftstellern und Intellektuellen bezieht, die von Armin Mohler als «konservative Revolutionäre» bezeichnet worden sind.[92] Arthur Moeller van den Bruck, einer dieser konservativen Revolutionäre, hat die Geschichte als Kampf der «jungen» gegen die «alten Völker» beschrieben.[93] Die alten Völker, deren Stunde vorbei sei, würden die Macht nicht abgeben wollen, weshalb die jungen Völker, zu denen Moeller van den Bruck vor allem die Deutschen rechnete, diese Macht in einem kriegerischen Ringen erkämpfen müssten. Dabei sei das historische Recht auf ihrer Seite, weil sie eben «junge» Völker seien, denen die Zukunft gehöre. – Von dieser Sicht ist in Sieferles Wehklage über die Bedrohung der Indigenen nichts mehr zu spüren.[94] Würden die Neurechten den Theorievorgaben der konservativen Revolutionäre folgen, so müssten ihre Sympathien eher bei den Migranten als bei den Indigenen liegen. Dass sie sich nicht einmal auf eine intellektuelle Auseinandersetzung mit diesem Problem einlassen, zeigt die Oberflächlichkeit und den Opportunismus ihrer Theoriebildung.

An der Figur des «Barbaren» lässt sich die Differenz zwischen dem jungkonservativen Denken der Weimarer Republik und den neurechten Autoren des 21. Jahrhunderts gut aufzeigen. Bereits im späten Kaiserreich und nach der Niederlage im Weltkrieg dann verstärkt in der Weimarer Republik galt der «Barbar» als Chiffre für die erhoffte Revitalisierung. Rebarbarisierung wurde als eine Möglichkeit empfohlen, der Dekadenz zu entkommen und durch «Verjüngung» neue Kraft für den Kampf um die Weltherrschaft zu gewinnen.[95] Im Diskurs über die Migration aus dem globalen Süden und ihre politisch-kulturellen Folgen haben sich Rechtspopulisten dagegen auf die Seite der «Zivilisierten» geschlagen, denen sie zwar ihre «moralische Erschöpfung» vorhalten, die sie aber gegen die aus dem Süden kommenden «Barbaren» schützen und verteidigen wollen. Dass das Barbarische in der Denktradition, die man für sich in Anspruch nimmt, einmal als Quellgrund der Revitalisierung angesehen wurde – davon ist nicht mehr die Rede. Einen affirmativen Bezug auf das Barbarische gibt es allenfalls bei Hooligans, Skinheads und Punks,[96] von denen Erstere seit einiger Zeit eine Verbindung mit dem Rechtsextremismus eingegangen sind.

Michel Houellebecqs Vision des vollendeten Niedergangs

Der französische Schriftsteller Michel Houellebecq hat in seinen Romanen den Übergang von einer global ausgreifenden europäischen Bewegung, freilich nicht militärischer, sondern touristischer Art, zu einer ängstlich zurückgezogenen Abschottung bis schließlich zur Unterwerfung unter muslimisch-arabische Herrschaft dargestellt. Damit ist er zu einem bis weit in die bürgerliche Mitte hinein rezipierten literarischen Propheten dessen geworden, was den Europäern widerfahren werde, wenn sie dem vordringenden Islam keinen entschiedenen Widerstand entgegensetzen: Der Niedergang führe dann nicht in den Untergang, sondern in die Unterwerfung. Ihr vorausgegangen ist, wie Houellebecq in seinen Romanen erzählt, eine Lebensweise, die keinen höheren Sinn mehr kennt, sondern nur noch sinnlichen Genuss in Form von Alkohol- und Drogenkonsum sowie exzessiv ausgelebte Sexualität.[97] Den meisten von Houellebecqs Protagonisten genügt dies, während einige von ihnen unter der Sinnleere leiden und immer wieder mit dem Gedanken spielen, ihrem Leben ein Ende zu setzen.

Es ist die Perspektive Arthur Schopenhauers und Friedrich Nietzsches, die der Houellebecq'schen Beschreibung des

Lebens zugrunde liegt.[98] Die Angehörigen der Mittelschicht haben das Fortschrittsversprechen der Aufklärung ausgekostet und müssen nun feststellen, dass es trügerisch gewesen ist: Am Ende steht die Ankunft in völliger Leere, nicht die Selbstverwirklichung des Menschen, sondern seine Reduktion auf ein animalisches Wesen, das von sich selbst zutiefst gelangweilt ist. Langeweile ist der Modus des Lebens in einer transzendent obdachlosen Welt.[99] Glück empfindet in dieser Welt nur, wer in der ständigen Wiederholung sinnlicher Vergnügungen seine Erfüllung findet, wer somit das von Nietzsche im *Zarathustra* geschilderte Leben der «letzten Menschen» lebt und sich mit den darin gebotenen «Lüstchen» begnügt.[100] Dagegen schwanken alle, die sich weiterhin auf reflexive Selbstbeobachtung und Selbstkontrolle einlassen, zwischen Lebensüberdruss und Weltverachtung, Ekel vor den Menschen und Selbstmordphantasien. Houellebecq beschreibt eine Welt nach dem «Tod Gottes», wie sie von Nietzsche skizzenhaft umrissen worden ist und als deren Illustration die Houellebecq'schen Romane gelesen werden können. Die Menschheit hat sich aus der «Furcht des Herrn» entlassen, und geblieben ist ihr nur der unverstellte Blick in eine leere Existenz. Eine Pointe von Houellebecqs Bild der Zukunft ist das Scheitern des «Übermenschen» (wenn man denn die an der Reflexivität festhaltenden Ich-Erzähler der Romane als Konkretionen von Nietzsches «Übermenschen» verstehen will): Die Protagonisten ahnen, dass es sinnlos ist, die Sinnfrage zu stellen, da es keine Antwort gibt. Für Houellebecq sind die «letzten Menschen» eine Schrumpfform des «Übermenschen», denn sie haben, indem sie sich dem Genuss sinnlicher Vergnügungen hingeben, immerhin die quälende Frage nach dem Sinn des Lebens hinter sich gelassen.

Der Roman *Die Möglichkeit einer Insel* schildert die Endzeit des Menschengeschlechts, die Houellebecq auf den Beginn des

21. Jahrhunderts datiert, aus dem Abstand von zweitausend Jahren. Die bisherige Menschheit ist durch eine Reihe von Naturkatastrophen und Atomkriegen ausgelöscht worden.[101] Überlebt haben auf der einen Seite Neo-Menschen, die in abgeschotteten Stationen leben, und auf der anderen Seite Reste des früheren Menschengeschlechts, die auf das Niveau von Primaten zurückgefallen sind. Mit diesen tierähnlichen Lebewesen haben die Neo-Menschen nichts mehr zu tun. Wie sehr sich die beiden aus der einstigen Menschheit hervorgegangenen Stämme unterscheiden, zeigt sich auch in der Art ihrer Reproduktion: Bei den Neo-Menschen erfolgt sie durch das Klonen des genetischen Materials, das aus dem Untergang des Menschengeschlechts vor zweitausend Jahren gerettet wurde (es handelt sich um das Genmaterial einer sozialen Elite), während die Primaten sich weiterhin in herkömmlicher Weise fortzeugen. Die Neo-Menschen führen ein Leben ohne sinnliches Vergnügen, ohne Lust, aber auch ohne Leid. Das war bei den vormaligen Menschen noch ganz anders, als man die Last des Alterns durch den ständigen Austausch des als bloßes Lustobjekt firmierenden Partners relativieren konnte. Sobald sich jedoch längerwährende Beziehungen entwickelten, sickerte das Leid in die Sphäre der Lust ein. Erst mit der Separierung des Menschengeschlechts in Neo-Menschen und primatenähnliche Lebewesen sind körperliches wie seelisches Leid aus dem Leben der Neo-Menschen verschwunden.

Houellebecq schildert das Leben der letzten Menschen, die vor den großen Katastrophen noch das Wechselspiel von Lust und Leid mit den daraus erwachsenden Ambivalenzen durchlebt haben, anhand von drei Protagonisten: Esther 1, die sich der Lust des Augenblicks restlos hingibt und das kann, weil ihr aufgrund eines angeborenen Nierenleidens ohnehin nur ein kurzes Leben vergönnt ist; Isabelle, die an dieser Art zu leben verzweifelt, weil sinnliche Lust ihr nicht viel bedeutet; und Daniel 1, der die Lust zwar genießt, aber eigentlich nach Liebe sucht, die er nicht findet. Es ist der Lebensbericht von Daniel 1, der zweitausend Jahre nach seiner Niederschrift einen Neo-Menschen dazu veranlasst, die sicheren Stationen zu verlassen, um sich auf die Suche nach jenen zu begeben, die, wie er gehört hat, schon früher aus ihren Stationen aufgebrochen sind, um sich außerhalb der schmerz- und leidensfreien Welt anzusiedeln. Der aus dem genetischen Material von Daniel 1 geklonte Daniel 25 wandert durch eine mit Trümmern der untergegangenen Zivilisation übersäte Welt, aber er begegnet keinem Menschen, sondern nur degenerierten Primaten. Seine Suche ist vergeblich. Es gibt für ihn keinen Ausstieg aus Sinnlosigkeit und Langeweile.

Der mit dem «Tod Gottes» eingetretene Transzendenzverlust hat eine Lücke gerissen, die nicht mehr geschlossen werden kann. Hat Houellebecq in *Die Möglichkeit einer Insel* die mit diesem Verlust einhergehende Erschöpfung der utopischen Potenziale durchgespielt, so geht es in dem Roman *Plattform* um einen dschihadistischen Terrorangriff auf eine Sextourismusanlage in Thailand, also im weiteren Sinn um eine Widerstandshandlung der «Kämpfer Gottes» gegen die weitere Ausbreitung einer auf sinnlichen Lebensgenuss beschränkten Existenzform. Nicht das Leerlaufen der Utopie, sondern der bewaffnete Angriff auf eine utopieförmige Konkretion der postmodernen Gesellschaft ist hier das Thema. Ausgangspunkt ist, wie üblich bei Houellebecq, eine gelangweilte und frustrierte Mittelschicht, fern der Frage nach dem Sinn des Lebens und auf der Suche nach Reizen und Anregungen, Nervenkitzel und Abwechslung. Zwei Protagonisten des Romans, in der Tourismusbranche tätig und mit der Bedienung dieser Wünsche beschäftigt, entwickeln ein Sextourismusangebot

mit Zielen in Thailand, der Karibik, Brasilien und im subsaharischen Afrika. Sex mit Nichteuropäern, das erscheint als geniale
Lösung für das Problem eines Marktes, der ständig Neues
und noch Aufregenderes einfordert. Aus einigem Abstand
betrachtet, handelt es sich bei dem Projekt um eine Form von
Neokolonialismus, bei der erotische und sexuelle Ressourcen
genutzt werden, die in Europa versiegt sind. Immer wieder
beklagen Houellebecqs männliche Protagonisten, die europäischen Frauen hätten durch Emanzipation und Berufstätigkeit jede erotische Attraktivität verloren. Houellebecq zeichnet
eine Gesellschaft, deren Fortschritt sich bei genauerem Hinse-
hen als Verlust und Verarmung herausstellt. Diese Gesellschaft
hat den vorläufigen Endpunkt ihres Niedergangs erreicht: Sie
kann sich biologisch nicht mehr reproduzieren und vermag
auch die für ihre erotische Unterhaltung erforderlichen Reize
nicht mehr aus sich selbst hervorzubringen. Nietzsches «letzte
Menschen» langweilen sich mit sich selbst und müssen, um
ihr «Lüstchen» zu befriedigen, außerhalb ihrer Gesellschaft auf
die Suche gehen. Eine auf dem Weg ihrer sozialmoralischen
Selbstauflösung weit vorangekommene Zivilisation greift auf
vom europäischen «Fortschritt» bislang nicht kontaminierte
Kulturen über, um ihr Ende hinauszuzögern.

Währenddessen bricht die französische Gesellschaft auseinander: Der hochgradig individualisierten Mittelschicht,
die an Langeweile leidet, aber über das Geld verfügt, um sich
Abwechslung kaufen zu können, stehen die Jugendlichen aus
den Banlieues gegenüber, die Banden bilden und sich mit allen
Mitteln holen, worauf sie ein Anrecht zu haben glauben. Die
dramatisch ansteigende Gewaltkriminalität im Großraum
Paris bildet den Hintergrund der Erzählung. Beiläufig wird
mitgeteilt, dass sich Raubüberfälle, Morde und Vergewaltigun-
gen häufen; davon sind auch Angehörige des Tourismusunter-

nehmens betroffen, in dem die Protagonisten beschäftigt sind. Houellebecqu beschreibt eine in Segmente zerfallene Gesellschaft; eigentlich kann man schon gar nicht mehr von einer Gesellschaft sprechen, handelt es sich doch nur noch um eine Ansammlung von Individuen und Gruppen, die sich mit den ihnen verfügbaren Ressourcen – Geld oder Gewalt – aneignen, was sie haben wollen. Für den Ich-Erzähler im Roman spielt der Zerfall der französischen Gesellschaft jedoch keine Rolle, da er Frankreich auf Dauer verlassen will, um nach Thailand zu gehen; dort sei das Klima besser, und die Frauen seien williger.

Doch dann kommt die Katastrophe: Bei einem dschihadistischen Terrorangriff auf die thailändische Sextourismusanlage wird die weibliche Protagonistin getötet und der Ich-Erzähler schwer verletzt; er verfällt in Apathie. In der Presse wird ausführlich über die Sextourismusangebote des Reiseunternehmens berichtet, was einen geschäftsgefährdenden Skandal zur Folge hat. Die in der öffentlichen Empörung zum Ausdruck kommende Bigotterie erscheint als ein weiteres Indiz für den Niedergang der westlichen Gesellschaften: Sie können und wollen sich ihre Abhängigkeit von nur noch außerhalb zu findenden Mitteln gegen die Langeweile nicht eingestehen; sobald ihre Praktiken bekannt werden, reagieren sie darauf mit Empörung und Abscheu. In diesen ihrem Untergang entgegeneilenden Gesellschaften gibt es keine Aufstiege mehr; das wesentlich vom Ich-Erzähler entwickelte Sextourismusangebot, das ihn zu einem der bestbezahlten Mitarbeiter des Unternehmens gemacht hat, bricht nach dem Terroranschlag zusammen. Das Leben des Ich-Erzählers gleicht dem Rad der Fortuna: Es bewegt sich zunächst aufwärts und trägt ihn nach oben, doch schon bald ist der Scheitelpunkt der Aufwärtsbewegung erreicht; danach geht es bergab, zunächst langsam und unmerklich, dann schlagartig. Was bleibt, ist ein zerstörtes Leben. Diese Kreisbewegung, so Houellebecqs Botschaft, ist das Äußerste an Glück, das in Gesellschaften des vollendeten Niedergangs noch zu haben ist.

Auch im Roman *Unterwerfung* ist die Sinnentleerung einer hochgradig individualisierten und säkularisierten Gesellschaft Ausgangspunkt der Erzählung. Die Handlung spielt im universitären Milieu von Paris. Der Ich-Erzähler hat wechselnde Beziehungen, zumeist zu seinen Studentinnen. Er ist getrieben von der Angst vor dem Altern, dem Verfall des Körpers und schwindender sexueller Potenz. Sein Leben dreht sich im Wesentlichen um Sex und Gaumenfreuden. Da der Sex zumeist eher Wunsch als Wirklichkeit ist, bleibt vor allem der Alkohol, dem der Ich-Erzähler reichlich zuspricht. Auch hier malt Houellebecq seine Vorstellung einer Gesellschaft aus, die metaphysisch entleert ist. Eine solche Gesellschaft ist weder zur Selbsterneuerung noch zur Selbstverteidigung in der Lage. Die Gesellschaft der «letzten Menschen» ist eine, die ihres Endes harrt.

In *Unterwerfung* erfolgen die Angriffe von zwei Seiten, von der politischen Rechten wie von muslimischen Organisationen, die beide starke Wir-Vorstellungen und ein ausgeprägtes Pflichtbewusstsein propagieren. Bei den Wahlen des Jahres 2017 wird schließlich ein Muslim zum französischen Präsidenten gewählt, und damit beginnt eine tiefgreifende Veränderung Frankreichs. Von nun an gibt es ein zweigeteiltes Bildungssystem, bei dem das herkömmliche laizistische zwar fortbesteht, finanziell aber nur knapp ausgestattet wird. Daneben sind von den Saudis und den Golfemiraten finanzierte muslimische Bildungseinrichtungen entstanden, in denen strikte Geschlechtertrennung herrscht und nur muslimische beziehungsweise zum Islam konvertierte Lehrer und Profes-

soren tätig sind. Außerdem ist mit der Scharia auch die Poly-
gamie eingeführt worden. Das hat weitreichende Folgen, denn
damit sind die Ehefrauen wieder für beide Formen männlicher
Befriedigung zuständig, Ernährung wie Sexualität. Nicht
wenige der zuvor verlotterten Intellektuellen erweisen sich für
dieses Projekt als ausgesprochen anfällig: Ihre Unterwerfung
wird ihnen versüßt durch die Unterwerfung der muslimischen
Frauen, die ihnen nun dienstbar sind. Ernährung wie sexuelle
Befriedigung sind jedenfalls in die Familie zurückverlagert,
und ausdrücklich wird im Roman vermerkt, die Geschäfte der
Caterer und Escort-Agenturen seien seitdem stark rückläufig.

Houellebecqs Erzählung folgt der von Arnold Toynbee
vertretenen These, wonach Kulturen nicht infolge äußerer
Angriffe, sondern an innerer Schwäche zugrunde gingen.[102]
Im Roman belegt dies der Verfall historischer Gebäude im
Zentrum von Brüssel, während die brutal funktionalistische
Architektur der EU-Gebäude immer weiter um sich greift. Das
«Abendland», soll das heißen, hat weder Kraft noch Durch-
haltevermögen, und es verfügt auch über keine Leitideen
mehr, die zu seiner Revitalisierung führen könnten. Nicht
die Selbstzerfleischung in zwei Weltkriegen, so die implizite
These Houellebecqs, ist für den Niedergang Europas ursächlich,
sondern die Erosion des Christentums und die Entstehung
einer säkularen Gesellschaft ohne religiöse Energie.[103] Die ein-
gehende Beschäftigung des Ich-Erzählers mit den französischen katholischen Denkern des 19. Jahrhunderts lässt sich als
Andeutung verstehen, dass die einzige Kraft, die das «Abendland» hätte verteidigen können, ein wehrhafter Katholizismus
gewesen wäre.[104] Dazu gehört auch die verschiedentlich ein-
gestreute Erinnerung an Kirchen, die in der Zeit Karl Martells
und der Zurückschlagung des muslimischen Vorstoßes in der
Schlacht bei Poitiers errichtet worden sind. Das frühe Mittel-

alter und die konservativen katholischen Intellektuellen des 19. Jahrhunderts sind für Houellebecq so etwas wie ein «ferner Spiegel» (Barbara Tuchman), in dem er durch den Kontrast die Schwächen der Gegenwart und die Unaufhaltsamkeit des Niedergangs entwirft. So ist der Ich-Erzähler von Marienbildern und klösterlichem Leben durchaus angezogen, doch sobald er diesem Impuls folgt, beobachtet er, dass beides entweder touristischen Charakter hat oder eine Psychotherapie der Frustrierten ist, so dass daraus keine religiöse Inbrunst mehr erwachsen kann. Wo Religion der Bekämpfung von Langeweile dient, ist der Untergang, so lässt sich Houellebecq verstehen, nicht mehr aufzuhalten.[105]

Pseudonaturwissenschaftliche Niedergangsbeschreibungen: das Entropiegesetz, der lange Frieden und der Sog der Metropole

In rechten Niedergangsvorstellungen spielt die Übertragung thermodynamischer Gesetze auf gesellschaftliche Entwicklungen eine zentrale Rolle. Ordnung wird dabei als ein System von Temperaturunterschieden betrachtet, deren Abschwächung einen Ordnungsverlust darstellt. Der Verlauf der Zeit wird als ein im Prinzip irreversibler Differenzverlust gefasst, an dessen Ende der Wärmetod steht, der völlige Ausgleich aller Unterschiede und Differenzen, der die Natur kraftlos zurücklässt. Wenn die Entropie abgeschlossen ist, ist das Leben auf der Erde erloschen. Wird das Entropiegesetz auf die Gesellschaft übertragen,[106] dann ist alles, was Prozesse der Angleichung und des Ausgleichs verhindert, für die Überlebensfähigkeit der gesellschaftlichen Ordnung gut und deswegen zu unterstützen, wohingegen alles, was Angleichung und Ausgleich fördert, den Niedergang der Gesellschaft beschleunigt und darum zu bekämpfen ist.

Sieht man genauer hin, so wird das Gesetz der Entropie von den rechtskonservativen bis neurechten Theoretikern jedoch nur selektiv und den jeweiligen politischen Präferenzen gemäß in Anschlag gebracht. Das bevorzugte Anwendungsfeld ist die Trennung der soziopolitischen Räume nach Ethnien. Dabei reklamieren die Vertreter dieser Sichtweise unter Bezugnahme auf das Entropiegesetz für sich eine Wissenschaftlichkeit, die ihren nur «moralisch» argumentierenden Gegnern abgehe. Der Ethnopluralismus, auf den sich vor allem die Bewegung der Identitären beruft,[107] nimmt zusätzlich der Biologie entstammende Vorstellungen von der Artenvielfalt und deren Erhaltung für sich in Anspruch und positioniert diese vorgeblich «wissenschaftliche» Sicht auf die Gesellschaft polemisch gegen die Political Correctness seiner Gegner. Die politisch Korrekten sind in den Augen der Rechten deswegen so gefährlich, weil sie unumkehrbare Entwicklungen in Gang setzen, die angeblich den Niedergang einer Gesellschaft beschleunigen. Die Entstehung einer multiethnischen Gesellschaft wird demgemäß nicht, wie es deren Verteidiger tun, als Beförderung von Vielfalt beziehungsweise Diversität begriffen, was nach den Vorgaben des Entropiegesetzes ebenfalls möglich wäre, sondern mit Blick auf die ethnische Geschlossenheit einer Nation als Wärmetod am Ende des Entropieprozesses verstanden. Dass politisch-kulturelle Separationsvorstellungen indes auch ohne den pseudowissenschaftlichen Verweis auf Entropie und Artenvielfalt auskommen können, zeigen Islamismus und Dschihadismus, die religiös-konfessionell definierte Gemeinschaften ebenfalls einer strikten Trennung unterworfen wissen wollen.[108]

Ein weiterer Bereich, in dem Teile der politischen Rechten auf Separation zwecks Entropievermeidung drängen, ist die

Frauenemanzipation, die Gleichstellung der Geschlechter sowie insbesondere Gendertheorien in Schule und Universität. Dem Imperativ, Frauen sollten ins Heim und an den Herd zurückkehren, folgen rechtspopulistische Bewegungen jedoch nur eingeschränkt. Da die Verdrängung der Frauen aus dem Berufsleben zu einer dramatischen Verschärfung des Arbeitskräftemangels und damit zu stärkerer Abhängigkeit von ausländischen Arbeitskräften führen würde, wird das Entropieargument hier nur sehr zurückhaltend ins Spiel gebracht. Lediglich rechtsextremistische Gruppen stellen die Gleichstellung der Geschlechter prinzipiell in Frage,[109] während sich rechtspopulistische Bewegungen auf Invektiven gegen die *Gendertheorien* beschränken. Die Übertragung des Entropiegesetzes auf die Gesellschaft unterliegt offensichtlich den Vorgaben politischer Opportunität.

Noch deutlicher zeigt sich der letztlich (wahl)taktische Umgang mit dem Entropiegesetz, wenn es um soziale Unterschiede geht. Rechtspopulistische Bewegungen geben sich mit ihrem emphatischen Bezug auf das Volk gerne volkstümlich, tatsächlich aber zeichnen sich ihre rechtsintellektuellen Stichwortgeber durch einen erheblichen Elitismus aus. Nicht dass rechtspopulistische Bewegungen für soziale Gleichheit eintreten würden, aber in ihren Wahlprogrammen wird auch nicht eine große Ungleichheit der Einkommen und Vermögen im Kampf gegen Entropie und Niedergang gefordert. Das legt zwei Schlussfolgerungen nahe: Entweder ist die angeblich naturwissenschaftliche Fundierung rechtskonservativer bis rechtsradikler Politikprogrammatik nur ein Scheinargument, das nach Belieben ins Spiel gebracht wird, oder diese Bewegungen verfolgen das Projekt einer systematischen Vertiefung von Gegensätzen, machen das aber aus wahltaktischen Erwägungen nicht öffentlich.

Im Kern des rechtspopulistischen Projekts steht deshalb der «Ethnopluralismus», der durch den Bezug auf das Entropiegesetz gerechtfertigt werden soll. Die unterschiedlichen Ethnien sollen strikt voneinander getrennt bleiben, und alle Ansätze, sie zu vermischen, konsequent bekämpft werden: keine Migration, schon gar nicht aus anderen Kulturen, vor allem nicht aus der arabisch-muslimischen Welt, und keine multiethnische Gesellschaft. Die in Deutschland entstandene postmigrantische Gesellschaft soll vielmehr rückabgewickelt werden. Die angeblich wissenschaftliche Begründung einer gegen Migration wie postmigrantische Gesellschaften gerichteten Politik ist jedoch selbstwidersprüchlich, da die Definition ethnischer Identität und die Unterscheidung zwischen dem Eigenen und dem Fremden[110] in hohem Maße beliebig ist und ebenfalls politischen Opportunitätsgesichtspunkten unterliegt: Bedrohten aus Sicht der politischen Rechten früher Juden und Slawen die ethnische Identität der Deutschen, so sind an deren Stelle inzwischen Muslime und Afrikaner getreten. Seit die Zuwanderung nicht mehr überwiegend aus dem Osten erfolgt, sondern aus dem Südosten und Süden, hat sich die Definition des Fremden als des Anderen verändert, und da die im Verlauf der 1990er Jahre aus Osteuropa Zugewanderten häufig rechtskonservative Neigungen haben, sind sie kurzerhand in die Vorstellung vom Eigenen integriert worden.

Die Übertragung thermodynamischer Gesetze auf gesellschaftliche Entwicklungen greift, rein wissenschaftlich betrachtet, schon deswegen ins Leere, weil die Entstehung von Ethnien selbst ein Vorgang der Mischung und Verschmelzung von Gruppen unterschiedlicher Herkunft war. Das lässt sich in der Zeit der Völkerwanderung an Entstehung, Zerfall und Neuformierung von Völkerschaften sehr gut beobachten – somit genau in jenem Feld, dem in der Vorstellungswelt der

politischen Rechten stets eine besondere Bedeutung zuge-
kommen ist. Es ist nämlich keineswegs so, dass die aus dem
Osten und Nordosten heranziehenden Völker auf ihrer oft
jahrhundertelangen Wanderung identisch geblieben wären.[111]
Größere Gruppen dieser Völker sind dort, wo sie nach länge-
rer Wanderung eine Ackerbaukultur errichtet hatten, zurückgeblieben und haben sich mit der ursprünglichen Bevölkerung
dieses Raumes sowie nachdrängenden Völkern vermischt,
während andere Gruppen, zumeist die jungen Männer, der
Aufforderung kriegerischer Anführer gefolgt und zu weiter
nach Westen führenden Eroberungszügen aufgebrochen sind.
Sie zogen indes nicht allein los, sondern ihnen schlossen sich
junge Männer aus anderen Ethnien an, Abenteurer, politisch
Gescheiterte und Vertriebene, und so entstand, wenn die
Gruppe im Kampf um Siedlungsräume im Römischen Reich
erfolgreich war, eine neue Ethnie. Die Völkerwanderungszeit war eine Epoche forcierter Ethnogenesen, der Entstehung
neuer Völker in einem Prozess permanenter Umgruppie-
rungen. Nach den Vorgaben des Entropiegesetzes lassen sich
diese Vorgänge nicht angemessen beschreiben, womit auch die
Anwendung dieses Gesetzes auf die weitere Geschichte der
Nationenbildung obsolet ist. Analog zur Ethnogenese spricht
die jüngere Nationsforschung von Natiogenesen, bei denen
jedoch weniger kriegerische Anführer als vielmehr Intellektuelle, Dichter, Märchen- und Sagensammler sowie Über-
setzer und Grammatiker eine ausschlaggebende Rolle gespielt
haben.[112]

Die Anhänger des Entropiegesetzes interessieren sich freilich stets mehr für Verfalls- als für Entstehungsprozesse; sie
sind fasziniert von der Dekadenz, während sie sich mit Gene-
sen oder auch Konstellationen langer Dauer so gut wie nicht
beschäftigen. Indizien für Dekadenz finden sie vorzugsweise

in Großstädten, in der wachsenden Bedeutung des Unter-
haltungsbetriebs für ein notorisch gelangweiltes Publikum
und schließlich in der angeblich gesellschaftszersetzenden
Wirkung eines langen Friedens. Vor Oswald Spengler haben
bereits der Ethnologe Leo Frobenius und der Althistoriker
Eduard Meyer die griechisch-römische Antike als eine Entwicklungskurve zwischen vitaler Frühzeit und dekadenter
Spätphase beschrieben, wobei ihrer Auffassung nach die lange
Ruhe- und Prosperitätsperiode der Pax Romana den Niedergang beschleunigt hat. Oswald Spengler mokierte sich kurz
nach Ende des Ersten Weltkriegs über die altersmatte Kriegs-
müdigkeit der Europäer, die zu überwinden er nur neuen Caesaren zutraute, und Eduard Meyer machte für den Niedergang
Europas den Kapitalismus und die Entstehung von Großstädten als Zentren entsprechenden Wirtschaftens verantwortlich.
Ganz ähnliche Überlegungen finden sich in jüngerer Zeit bei
dem Althistoriker Daniel Engels.[113] Auch Arnold Toynbee hat
die *pax oecumenica*, den Weltfrieden, als Zeichen erschöpf-
ter Energien angesehen.[114] Aus dieser Perspektive bekommt
die Vorstellung vom «Ende der Geschichte» eine dramatische
Wendung: Die *post-histoire* ist nicht ereignis-, aber geschichts-
los, denn es fehlen die weltgeschichtlichen Alternativen, um
die große Kriege geführt werden.[115] Geblieben seien, so Alexander Demandt, der Aufstieg von Fundamentalismen, immer
mehr Hungerkatastrophen und ein deutlich angewachsener
Migrationsdruck.[116] Auch Michel Onfray sieht das Ende der
Geschichte gekommen und identifiziert es mit dem für Europa
endgültigen Sieg von Kapitalismus und Konsumismus über
jegliche Form von Kampf- und Opferbereitschaft.[117]

In den städtischen Metropolen ist alles versammelt, was den
Dekadenzdiagnostikern als Indikator des Niedergangs dienen
kann: ein sich permanent selbst stimulierender Konsumis-

mus, die Verwandlung hierarchisch strukturierter Gruppen in eine amorphe Masse, die durch die Straßen wogt, ohne dass dabei soziale Distanz und Respekt erkennbar wären, dazu die Ansammlung von Banken als Zentren eines bestimmten Typs von Kapitalismus, der gerne mit dem Präfix «spät-» versehen wird, Kriminalität in all ihren Formen und schließlich die Zusammenballung von Fremden, insofern Fremdheit nicht nur der Modus des Nebeneinanderherlebens in der Großstadt ist, sondern hier auch Fremde sehr viel häufiger anzutreffen sind als andernorts. Der aus diesen fünf Motiven gespeiste antiurbane Affekt[118] lässt sich historisch früh beobachten und ist tendenziell gleichursprünglich mit der Entstehung größerer Städte. Ninive und Babylon, Sodom und Gomorrha werden bereits in der Bibel als Orte der Sünde, der Lasterhaftigkeit und Gottesferne markiert, und von hier aus zieht sich die Ablehnung der Metropole wie ein roter Strang durch das politische Denken. Mit dem Aufstieg des Liberalismus als einer großstadtaffinen Denkweise ist der antiurbane Affekt zum festen Bestandteil des Konservatismus und später des rechten wie des religiös-fundamentalistischen Denkens geworden. Ihr gemeinsamer Tenor: Metropolen sind Beschleuniger des Niedergangs.

Als «Gegenort» zur Metropole gilt das Dorf beziehungsweise der Bauernhof, auf den sich zurückzieht, wer nach einem Ort der «Revitalisierung» Ausschau hält. War für die Propheten des Alten Testaments die Wüste der gegen die Stadt opponierende Raum, in dem die Gottesnähe nicht, wie in der Stadt, durch Tempel und Priester, Tausch und Geld verstellt war, so nahm im politischen Denken Europas seit dem 17. und 18. Jahrhundert das Leben auf dem Land diese Stelle ein. Es gilt als Gegenraum der Symptome von Dekadenz, denn auf dem Land herrscht Kinderreichtum, und die sozialen Verhältnisse sind hierarchisch geordnet; von Egalitarismus und Vermassung ist hier nichts zu spüren, ebenso wenig von Müßiggang und Langeweile, aus denen sich der Unterhaltungs- und Zerstreuungsbetrieb der großen Städte speist, und der für die Metropolen typische Zwang zu immer weiterer Beschleunigung spielt, wo das Leben seinen von der Natur vorgegebenen Gang geht, keine Rolle. Und obwohl (oder auch weil) es im Dorf keine Intellektuellen gibt, die im rechtskonservativen Diskurs als typische Ausgeburt der Großstadt angesehen werden, wird das Dorf als Ort der Vergeistigung gefeiert, erst recht die Abgeschiedenheit des Bergbauernhofs oder der Berghütte, wie etwa in der Philosophie Martin Heideggers.

Was im klassischen konservativen Diskurs als Raum des Rückzugs und der Distanznahme angesehen wurde, ist in der neurechten Vorstellungswelt zum Raum einer Gegenbewegung zum Niedergang geworden. Es kommt insofern nicht von ungefähr, wenn in Deutschland während der letzten Jahre neurechte Gruppierungen vermehrt aufs Land gezogen sind, um leerstehende Bauernhöfe zu Zentren des «Widerstands» gegen den Niedergang auszubauen. Auf dem Land tummeln sich seither nicht mehr nur linksalternative Aussteiger, sondern auch rechte Blut-und-Boden-Ideologen und rechtsintellektuelle Stadtflüchter. Botho Strauß ist als einer der ersten Schriftsteller und Intellektuellen diesen Weg aus der Stadt aufs Land gegangen und hat ihn als Akt der Sammlung und Erneuerung gefeiert.

Seit Ende des 19. Jahrhunderts spielt auch der Bevölkerungsdiskurs im Denken der Niedergangsdiagnostiker eine zentrale Rolle.[19] Hatte Thomas Robert Malthus ein Jahrhundert zuvor das Bevölkerungsproblem im Hinblick auf die Quantität der Menschen thematisiert und dem arithmetischen Anstieg der Nahrungsmittelproduktion ein geometrisches Bevölkerungswachstum gegenübergestellt, so ging es nunmehr um die «Qualität» der Bevölkerung. Mit dem Sieg des Neodarwinismus über den Lamarckismus verbreitete sich die Vorstellung, dass die Eingriffe der Menschen in den natürlichen Ausleseprozess zu einer allgemeinen Degeneration führten. Die Fortschritte der Medizin und die überdurchschnittlichen Geburtenraten im «gemischtrassischen» Bereich würden zum Überleben des «biologically unfit» führen, während die Fähigen nur noch wenige oder überhaupt keine Kinder bekämen – eine Debatte, die mit den Einlassungen Thilo Sarrazins vor wenigen Jahren in Deutschland eine Wiederauflage erfahren hat, die oftmals bis in Detailfragen hinein mit dem Bevölkerungsdiskurs des späten 19. und frühen 20. Jahrhunderts übereinstimmt.[120] Zu Beginn des 20. Jahrhunderts durfte bei der Klage über die Kinderlosigkeit der «Fähigen» und die Kinderflut bei den «Unfähigen» sowie den «inferioren Völkern» der Hinweis auf das Ende des Römischen Reichs nicht fehlen. Auf der Suche nach den Ursachen für diese – in der Sicht konservativer bis rechter Kommentatoren verhängnisvolle – demographische Entwicklung wurde neben der vermehrten Erwerbstätigkeit von Frauen aus dem Bürgertum auch die Vermassung und Vergroßstädterung in West- und Mitteleuropa genannt.

Die Kritik an der Vermassung spielt im aktuellen rechtspopulistischen Denken eine eher untergründige Rolle. An ihre Stelle ist eine allgegenwärtige Elitenkritik getreten, während die Masse in Gestalt des «Volkes» eine geradezu messianische Aufladung erfahren hat.[121] Klassifiziert man die Kritik an der Vermassung als konservativ und die Kritik an den Eliten der modernen Gesellschaft als politisch rechts, so steht die Verschiebung des Diskurses von der Masse- zur Elitekritik für einen Einflussgewinn des rechten Denkens. Man sollte sich freilich durch den ersten Eindruck nicht täuschen lassen: Auch im gegenwärtigen rechten Denken spielt die Verachtung der Massen eine erhebliche Rolle – nicht in den offiziellen Verlautbarungen der Organisationen, durchaus aber in Äußerungen von Vor- oder Nachdenkern der Szene. Einer davon ist Rolf Peter Sieferle, der die Deutschen als ein «Hühner-Volk» bezeichnet, das zu Furchtsamkeit neige und mit Panik reagiere, sobald sich etwas nähere, «was auch nur im entferntesten nach einem Fuchs aussieht».[122]

Die Kritik an der Masse kam mit der Auflösung der Ständehierarchie seit der Französischen Revolution auf. Nachdem die Erkenntnisse Darwins die aufklärerische Vorstellung von einer evolutiven Vervollkommnung des Menschengeschlechts relativiert hatten, gewann die Massenkritik auch in liberalen Kreisen an Zustimmung. Die Erfahrung sozialer Aufstiege aus den unteren Schichten brachte Abstiegsängste bis in die Mitte der Gesellschaft; die Theorien von der Minderwertigkeit der Masse sind – auch – eine Reaktion auf diese Konkurrenzerfahrung. Obendrein wurde die Masse als politisch gefährlich begriffen, da sie zu Revolten neige und ein potenziell revolutionärer Faktor sei. Nietzsche charakterisierte sie als disziplinlos und willensschwach und schrieb ihr deswegen die Neigung zu, den Aufstieg von Tyrannen zu begünstigen.[123]

Gustave Le Bon schloss mit seinem Buch *Psychologie der Massen* daran an;[124] bei ihm tauchen auch Vorstellungen vom zyklischen Geschichtsverlauf, von der «Spätzeit des Abendlands» und dessen drohendem Untergang auf. In Le Bons Sicht beginnt die Geschichte, sobald sich aus der bloßen Ansammlung von Menschen strukturierte Gemeinschaften entwickelt haben, die zum Träger der Kulturentwicklung werden. Aber die hierarchisch geordneten Gemeinschaften zerfallen, und das Volk wird zu einer wabernden Masse. Dann ist, so Le Bon, eine Zivilisation in ihre «Spätzeit» eingetreten, die Vorstufe ihres Untergangs, der nur durch die Neuformierung und Redisziplinierung der Massen abgewendet werden kann. Die Wiederherstellung einer hierarchischen Ordnung ist nach Le Bons Auffassung durchaus möglich, denn die Massen lassen sich leicht lenken. Sie sind durch Fiktionen und Bilder zu beeinflussen und geben dabei dem Unwirklichen den Vorrang gegenüber der Wirklichkeit – eine Überlegung, die sich wie eine Gebrauchsanleitung für rechtspopulistisch-autoritäre Politiker liest.

So zuversichtlich wie Le Bon waren die deutschen Niedergangsdiagnostiker der Zwischenkriegszeit nicht. Oswald Spengler etwa stellte ein weiteres Mal Analogien zur Antike her und betrachtete Massengesellschaften im Zusammenhang mit der Entwicklung von Großstädten: Syrakus und Athen, Alexandria und Rom dienten ihm als Beispiele. Paul Rohrbach, Verfasser des Buches *Deutschland! Tod oder Leben?*,[125] setzt die Entstehung entstrukturierter Massengesellschaften mit einer «Amerikanisierung» beziehungsweise «Afrikanisierung» des Abendlandes gleich, wobei die Amerikanisierung auf Nivellierung in einer erdumspannenden Einheitsgesellschaft hinausläuft, während die Afrikanisierung für den Rückfall in frühe Entwicklungsstadien der Geschichte steht. Der Aufstieg der Massen beschleunigt für Rohrbach die Entropie, und diese wird das Abendland aufzehren, wenn nicht in letzter Minute eine Kehrtwende erfolgt. Für alle Massentheoretiker steht im Übrigen außer Frage, dass die Vermassung der Gesellschaft zur Durchmischung von Ethnien beziehungsweise Rassen führt und dass diese Durchmischung den Prozess der Vermassung weiter vorantreibt. Der erste Schritt der geforderten Kehrtwende besteht deshalb darin, die durch die Zuwanderung verursachte Auflösung der gesellschaftlichen Strukturen zu stoppen. Das ist der Punkt, an dem die rechtspopulistischen

Bewegungen der Gegenwart an die Massenkritik des frühen 20. Jahrhunderts anknüpfen.

Die Kritik an den Massen wie an den Großstädten ist einer der Bereiche, in denen ein genuin rechtes Denken bis in die Mitte der Gesellschaft hinein Resonanz findet. Die Kulturwissenschaftlerin Verena Gutsche hat in ihrer Studie über Dekadenzdiskurse zu Beginn des 20. Jahrhunderts die These vertreten, die Großstadtkritik habe der Mittelklasse die Möglichkeit verschafft, ihren Ängsten vor dem sozialen Abstieg eine gesellschaftstheoretische Dignität zu verleihen, indem sie den sozialen Egoismus unter dem Deckmantel einer allgemeinen Besorgnis um die Zukunft der Gesellschaft verborgen habe.[126] Großstädte galten als familien- und kinderfeindlich und wurden als Zentren der sozialen Degeneration angesehen.[127] Der Rückzug des Bürgertums in die an der Peripherie der Metropolen entstehenden Gartenstädte war demnach nicht nur eine Flucht vor den proletarischen Mietskasernen der Innenstädte, sondern galt auch als Beitrag zur Revitalisierung der Gesellschaft. Für die Kritiker waren der soziale Aufstieg aus den unteren Schichten und der Zerfall der Gesellschaft ineinander verwoben. Das war eine Fortschreibung der antiken Großstadtkritik, die in den Metropolen, bei dem römischen Historiker Sallust[128] ebenso wie in der Johannesoffenbarung des Neuen Testaments[129], Orte der Lasterhaftigkeit und Verkommenheit gesehen hat. Es sind inzwischen aber nicht nur sittliche Einwände, die gegen die Großstadt geltend gemacht werden, sondern ökologische Aspekte kommen hinzu: Die Großstadt sei eine Katastrophe für das Ökosystem, und es wäre für dessen Erholung am besten, sie würde verschwinden. An dieser Stelle wird die Großstadtkritik zur Brücke zwischen dem ökologischen und dem politisch rechten Denken,[130] und es gibt einige Ökologen, die über diese Brücke gegangen sind.

Abstiegsgesellschaft, ambivalente Moderne oder «große Transformation»?

Zwischen der Vorstellung eines gesellschaftlichen Niedergangs und der des sozialen Abstiegs von Teilen der Gesellschaft lassen sich eine Reihe von Ähnlichkeiten entdecken, darunter der damit verbundene Appell, politisch aktiv zu werden und etwas gegen die bedrohliche Entwicklung zu tun. Es gibt aber auch Unterschiede; zu ihnen gehört, dass die Vorstellung vom Niedergang zu einer veritablen Erzählung ausgestaltet ist, während die Abstiegsvorstellung sich auf Statistiken bezieht, die entsprechend interpretiert und kommentiert werden – etwa wenn es um die Zunahme befristeter Arbeitsverhältnisse, um die Entstehung des Niedriglohnsektors oder die Schere zwischen niedrigen und hohen Einkommen geht.[131] Narrative aber sind mehr als eine Zusammenstellung von Statistiken, aus denen sich bestimmte gesellschaftliche Veränderungen herauslesen lassen; in ihnen werden Akteure bestimmt und deren Absichten und Pläne beschrieben. Zwar gibt es am Rande der politischen Linken einige Gruppierungen, die versucht haben, ein kohärentes Abstiegsnarrativ auszuarbeiten, aber das hat sich entweder nicht bis in die gesellschaftliche Mitte durchsetzen können, oder die Erzählung vom Abstieg ganzer Klassen ist zu einem untergeordneten Bestandteil der Erzählung vom politischen Kampf für eine grundlegende Veränderung der Wirtschafts- und Gesellschaftsordnung geworden. Dabei wird der Abstieg eher als Drohung denn als Tatsache dargestellt, da sich das Narrativ einer zum Opfer gewordenen Arbeiterklasse für die Erzählung von deren heroischem Widerstand gegen das Finanzkapital kaum eignet.

Das Dilemma der politischen Linken besteht darin, dass sie die von ihr diagnostizierten Entwicklungen nicht zu einer

Erzählung bündeln kann, die Perspektiven für einen erfolg-
versprechenden Kampf gegen den Abstieg bietet. Das hat
nicht zuletzt mit den zwei Erklärungen für den Rückgang des
Normalarbeitsverhältnisses und die wachsende Zahl prekär
Beschäftigter zu tun: der infolge weltwirtschaftlicher Verflechtungen schrumpfenden Gestaltungsmacht der Staaten und
der Verringerung der im industriellen Sektor Beschäftigten
zugunsten von Arbeitsverhältnissen im Dienstleistungssektor.
In beiden Fällen handelt es sich um Entwicklungen, die weder
aufgehalten noch umgewendet werden können und sich, wenn
überhaupt, nur in internationaler Kooperation beeinflussen
lassen oder aber durch wohlfahrtsstaatliche Maßnahmen abge-
fangen werden müssen. Auf Letzteres konzentrieren sich dann
zumeist die einschlägigen politischen Forderungen. Durch
Umverteilung soll der Wohlfahrtsstaat ausgleichen, was eine
politisch nicht in den Griff zu bekommende ökonomische Entwicklung an sozialen Folgen nach sich zieht.

    Das gilt ebenso für ein weiteres Beobachtungsfeld des
sozialen Abstiegs: die laut Statistiken wachsende Anzahl von
Kindern, die in Armut aufwachsen und deshalb nicht dieselben Entwicklungsmöglichkeiten haben wie Kinder aus Mittel-
schichtsfamilien. Das ist ein bis weit in die politische Mitte
hinein wahrgenommenes politisches Ärgernis, weil Kinderarmut gegen das zentrale Kompensationsprinzip einer auf
sozialer Ungleichheit beruhenden Gesellschaft verstößt: den
Grundsatz der Chancengleichheit. Die Legitimationsformel
einer Gesellschaft mit großer Einkommens- und Vermögens-
spreizung lautet nämlich, sie sei das Ergebnis unterschiedlicher
Leistungsfähigkeit und Leistungsbereitschaft der Menschen.
Das ist eine Fiktion, die aber dadurch legitimatorische Relevanz erhält, dass sie dem Wohlfahrtsstaat die Aufgabe zuweist,
für tendenziell gleiche Bildungs- und Aufstiegschancen aller

Kinder zu sorgen. Diese Legitimationsfiktion, die in den goldenen Jahrzehnten der Bundesrepublik eine erhebliche Kraft entfaltete, verblasst unter dem Eindruck einer Kinderarmut, bei der die Betroffenen von Anfang an im Hintertreffen sind.[132]

Für einen Großteil dieser armen Kinder sind indes nicht nur sozioökonomische Entwicklungen verantwortlich, sondern auch persönliche Entscheidungen der Eltern, insofern es sich bei den in Armut Aufwachsenden um Kinder alleinerziehender Mütter (und in wenigen Fällen auch Väter) handelt, deren Väter (und zu einem geringen Teil auch Mütter) sich zu nahezu 50 Prozent ihren Unterhaltsverpflichtungen vollständig entziehen; weitere 25 Prozent steuern nur unregelmäßig und auch dann nicht in voller Höhe ihren Anteil zum Unterhalt der Kinder bei. Zwar zahlt der Staat in solchen Fällen einen Unterhaltsvorschuss, der aber liegt deutlich unter dem Mindestsatz der Unterhaltspflicht, den der Vater zu zahlen hätte. Der erziehende Elternteil, also zumeist die Mütter, die, weil sie sich um ihre Kinder kümmern müssen, keiner Ganztagsarbeit nachgehen können, rutscht damit häufig in die Versorgung durch Hartz IV ab. Um Ganztagsarbeit zu ermöglichen, bedürfte es deutlich mehr und deutlich kostengünstigerer Betreuungsplätze. Das wäre sicherlich die bessere Alternative zur Versorgung von Müttern und Kindern nach den Regelsätzen des Hartz-Systems, bei der zur aktuellen Armut der Kinder noch die zukünftige Altersarmut der Mütter hinzukommt.

Das ist aber nur eine Seite der erhöhten Anforderungen an den Wohlfahrtsstaat. Die andere ist die gestiegene Lebenserwartung, die deutlich längere Rentenzahlungen und eine gesteigerte Pflegebedürftigkeit in den letzten Lebensjahren zur Folge hat. Auch bei Letzterem spielt die Instabilität familiärer Bindungen und die zunehmende Mobilität von Berufstätigen eine Rolle, insofern die Pflege häufig nicht mehr durch die

Familien erbracht werden kann. In beiden Fällen ist der Wohlfahrtsstaat gefordert. Ein Ergebnis dessen ist, dass der Anteil des Sozialetats am Gesamthaushalt des Bundes, der Länder und der Kommunen in den letzten Jahren ständig gestiegen ist, während gleichzeitig über den Abbau des Wohlfahrtsstaats lautstark geklagt wurde. Als Ursache dieser Paradoxie werden von linken Kritikern Fehlallokationen geltend gemacht: Das Geld komme nicht da an, wo es am dringendsten benötigt werde, sondern versickere, weil nach dem Gießkannenprinzip verteilt, zu einem erheblichen Teil in Bereichen, wo es eigentlich nicht gebraucht werde. Das ist in mancher Hinsicht zutreffend, beschreibt aber nur einen Teil des Problems, dessen andere Seite darin besteht, dass Aufgaben, die früher innerhalb der Familie bearbeitet wurden, inzwischen auf den Wohlfahrtsstaat übergegangen sind. Für eine kohärente Abstiegserzählung sind jedenfalls weder die Instabilität der familiären Bindungen noch die gestiegene Lebenserwartung geeignet.

Die Möglichkeit zu einer die Gesellschaft als Ganzes charakterisierenden Abstiegserzählung findet sich nur dort, wo die Entwicklungen der letzten zwei Jahrzehnte zu denen der 1950er bis 1980er Jahre in Kontrast gesetzt werden. Wenn die alte Bundesrepublik häufig als «Aufstiegsgesellschaft» bezeichnet worden ist, so liegt es nahe, das wiedervereinigte Deutschland als «Abstiegsgesellschaft» zu beschreiben, wie dies der Soziologe Oliver Nachtwey kürzlich getan hat.[134] Das narrative Muster folgt dabei den Vorgaben des Diptychons, eines aus zwei Teilen bestehenden Gemäldes, auf denen miteinander korrespondierende Ereignisse oder Personen dargestellt werden. Dementsprechend handelt das erste Kapitel in Nachtweys *Abstiegsgesellschaft* von der «sozialen Moderne», also der guten alten Zeit, als die sozialen Verwerfungen ökonomischer Modernisierungen noch sozialstaatlich aufgefangen wurden, während das vierte Kapitel lakonisch «sozialer Abstieg» überschrieben ist und von den Entwicklungen der jüngeren Vergangenheit und Gegenwart handelt. In den beiden dazwischenliegenden Kapiteln geht es um den Wandel des Kapitalismus, der nur noch geringes Wachstum hervorbringe, und die Veränderungen von Gesellschaft und Sozialstaat, die Nachtwey als «regressiv» bezeichnet.[135] Freilich will er es nicht bei der Konstatierung des Abstiegs bewenden lassen, und so beendet er die Darstellung mit einem Kapitel über «das Aufbegehren».[136] Es geht darin indes bloß um Widerstand gegen den Abstieg, ohne dass damit die Perspektive einer neuen Gesellschaftsordnung verbunden würde. Insofern muss auch der Abstiegstheoretiker Nachtwey seinen Tribut an den Verlust der linken Fortschrittserzählung entrichten. Hinzu kommt, dass sich die Abstiegsdiagnostiker nicht einig sind, was sie unter Abstieg verstehen und wie sie ihn definieren wollen: Während Nachtwey das Problem in Wachstumsschwäche und regressiver Modernisierung ausmacht, hat Richard Sennett die tief in die persönliche Lebensführung eingreifende Dynamik des neuen Kapitalismus im Blick, die nach seiner Auffassung zur Selbstzerstörung führt.[137]

Das Problem des widerständigen Aufbegehrens gegen den Abstieg besteht darin, dass die Aufbegehrenden, etwa die französischen *Gilets jaunes*, kaum eine andere Perspektive aufzubieten haben als die erneute Erweiterung und Ausdehnung sozialstaatlicher Transfers, was auf eine Erhöhung der Staatsschulden oder aber verschärfte Konflikte um die steuerliche Belastung der Gesellschaft hinausläuft. Das wird zur Schlüsselfrage: Wie kann die weitere Steigerung des Sozialetats finanziert werden? Da die Reichen und Superreichen über ein hochgradig bewegliches Kapitalvermögen verfügen und sich durch die Verschiebung von negativen Bilanzen zwischen den

Ländern dem Zugriff des Steuerstaates zu entziehen vermögen, ist es die Mittelschicht, die für die zusätzlichen Umverteilungs-maßnahmen aufzukommen hat. Die Folge ist, dass Abstiegs-angst und die Sorge um Statusverlust, die zunächst die Bezie-her kleiner Einkommen zum politischen Protest angetrieben haben, auch in der Mittelschicht ankommen und dort für Unruhe sorgen.[138] Im Fall der Gelbwesten kommt hinzu, dass ihr Forderungskatalog miteinander Unvereinbares umfasst: Steuersenkung und zugleich mehr Umverteilung, Erhöhung des Mindestlohns und kostenloser Nahverkehr, Absenkung der Steuern auf Kraftstoff und Anhebung der monatlichen Renten und so weiter.[139] Was diese Forderungen zusammenhält, ist Verweigerung gegenüber dem Bestehenden. Ein «Abschied vom Abstieg» ist unter diesen Bedingungen allenfalls für eine sehr kurze Zeit zu haben. Das Abstiegsnarrativ, das dieser Art von Aufbegehren zugrunde liegt, ist im Wesentlichen die Rechtfertigung für das gewaltsame Geltendmachen von Forde-rungen, die sich in einer politischen Programmatik gegenseitig ausschließen. An die Stelle einer revolutionären Gesellschafts-veränderung sind Revolten gegen den Abstieg getreten.[140]

Die politische Ratlosigkeit der Abstiegsdiagnostiker lässt sich auch an den Metaphern zeigen, die sie für die Auf-und-Abbewegungen von Gesellschaften und in Gesellschaften gebrauchen: Hatte der Soziologe Ulrich Beck Mitte der 1980er Jahre die alte Bundesrepublik mit einem Fahrstuhl verglichen, bei dem alle, die sich darinnen befänden, nach oben befördert würden, so hat Christoph Butterwegge fünfzehn Jahre später eingewandt, es handele sich bei der deutschen Gesellschaft bestenfalls um einen Paternoster, bei dem einige nach oben und andere nach unten befördert würden.[141] Becks Sprachbild vom «Fahrstuhleffekt» hatte besagen sollen, dass sich zwar die Ungleichheit in der Gesellschaft nicht prinzipiell ändere, dass aber das allgemeine Wohlstandsniveau angehoben werde. Nimmt man diese Metapher ernst, so gibt es keine Veranlassung, politisch einzugreifen, solange der Lift weiter nach oben geht, was Beck offenkundig auch erwartete. Welche politische Option beim Paternoster besteht, ist dagegen unklar: Man kann ihn stoppen, doch dann verharren alle an dem Ort, den sie gerade einnehmen, oder man kann ihn in umgekehrte Richtung fahren lassen, was auf das gleiche Ergebnis hinausläuft. Die Paternostermetapher steht für die Perspektivlosigkeit linker Gesellschaftskritik. Die Widerstandspraxis des Aufbegehrens ist, folgt man dem Sprachbild, bloß ein Randalieren im Aufzug, sobald es abwärts geht, womit sich jedoch an der grundsätzlichen Bewegungsrichtung nichts ändert – außer dass das System dabei wahrscheinlich demoliert wird.

Der Soziologe Zygmunt Bauman hat für das Ende einer eindeutigen und die Gesellschaft in ihrer Gesamtheit erfassenden Entwicklung die Formel von der «Ambivalenz der Moderne» geprägt:[142] Die Optionen, die dem Einzelnen bei seiner Lebensplanung zur Verfügung stehen, haben sich demnach vervielfacht – mit der Folge, dass Lebenswege weniger vorhersehbar sind; mit der Zunahme von Entscheidungsmöglichkeiten entsteht ein Entscheidungszwang, der immer das Risiko einer falschen Wahl einschließt; die Chancengleichheit wächst, doch damit steigt auch der Konkurrenzdruck; mehr Autonomie und zunehmende Orientierungslosigkeit gehen Hand in Hand; Gewissheiten müssen aufgegeben werden, aber das Bedürfnis nach Gewissheiten bleibt und kann nicht mehr befriedigt werden. Je fortgeschrittener eine Gesellschaft ist, desto mehr Ambiguitätstoleranz ist erforderlich. Ambiguitätstoleranz ist jedoch keine Fähigkeit, die ohne weiteres vorhanden ist; sie setzt die Ausbildung starker und selbstbewusster Persönlichkeiten voraus. Die aber sind in modernen Gesellschaften keineswegs in der Mehrheit, sondern treten nur vereinzelt in Erscheinung.[143] «Ambivalenz der Moderne» heißt also, dass in modernen Gesellschaften die Entgegensetzung von Aufstieg und Abstieg ihre vormalige Bedeutung für die Beschreibung von sozialen Veränderungen verloren hat.

Das ändert indes nichts daran, dass es in der individuellen Erfahrung wie im Konkurrenzkampf der Organisationen Auf- und Abstiege gibt und dass dabei die Furcht vor dem sozialen Abstieg ein Instrument zur Disziplinierung der Arbeitnehmer- schaft geworden ist.[144] Erweist es sich als unmöglich, diese Furcht durch Reformen des Arbeitsrechts und sozialpolitische Maßnahmen in Grenzen zu halten, so verwandelt sie sich in Angst,[145] die sehr bald auf andere Gesellschaftsbereiche und Politikfelder übergreift. «Angst vor dem Abstieg», so der Soziologe Wilhelm Heitmeyer, «führt nicht zur Solidarität mit anderen, sondern schlägt sich in Abgrenzung und ver- schärftem Konkurrenzverhalten nieder, welches wiederum all denen schaden kann, die sich nach unten abgrenzen.»[146] Diese Tendenz zur Entsolidarisierung hat zu einem massiven Niedergang der herkömmlichen Formen von Gewerkschafts- macht geführt, die nicht mehr ins Spiel gebracht werden kann, um prekäre Arbeitsverhältnisse zu begrenzen. Hier bietet sich tatsächlich ein Abstiegsnarrativ an, vor dem gewerkschafts- nahe Sozialwissenschaftler jedoch zurückschrecken.[147]

Als Einflussfaktor im Kräftespiel um die Ausgestaltung der Arbeitsverhältnisse sowie ihrer sozialen und rechtlichen Rah- menbedingungen haben die Gewerkschaften in den letzten Jahrzehnten tatsächlich einen Abstieg erfahren: Sie sind nicht mehr der Machtfaktor, der sie in der alten Bundesrepublik waren und der über einen Zeitraum von vierzig Jahren für die soziale Balance des Landes gesorgt hat. Darüber können auch die Erfolge nicht hinwegtäuschen, die einzelne Berufsgruppen vertretende kleinere Gewerkschaften in den Tarifkämpfen der letzten Jahre erzielt haben. Den Lohnsteigerungen der Piloten und Lokführer steht die Lohnstagnation in vielen Dienstleistungsbereichen gegenüber. Als Beispiel dafür sind die Beschäftigten in den Logistikzentren von Amazon oder die Zusteller diverser Paketdienste zu nennen. Infolgedessen hat bei den abhängig Beschäftigten eine schleichende Entsolidarisierung eingesetzt, die seit jeher die gewerkschaftliche Handlungsmacht bedroht hat. Bisher konnten die klassischen Industriegewerkschaften ihr jedoch weitgehend entgegenwirken, indem sie Flächentarifverträge aushandelten. Auf diese Weise wurden auch jene Beschäftigte, deren Drohpotenzial bei Streiks gering war, in die allgemeine Tarifentwicklung eingebunden.

Die allenthalben beklagte «Spaltung der Gesellschaft»,[148] deren Folgen der Wohlfahrtsstaat begrenzen will, geht nicht zuletzt auf den Abstieg der Gewerkschaften und ihren Einflussverlust im Kräftespiel der Sozialpartner zurück. Dieser Abstieg ist – unter anderem – die Folge eines erheblichen Mitgliederschwundes, der dazu geführt hat, dass inzwischen nur noch ein kleinerer Teil der abhängig Beschäftigten gewerkschaftlich organisiert ist. Auch wenn in jüngster Zeit die Zahl der im Normalarbeitsverhältnis Beschäftigten wieder angestiegen ist,[149] so ist doch die Bedeutung des Normalarbeitsverhältnisses für den Arbeitsmarkt insgesamt zurückgegangen. An diesem Normalarbeitsverhältnis hatten die Gewerkschaften ihre Tarifpolitik orientiert, und aus den darin Beschäftigten rekrutierten sie im Wesentlichen ihre Mitglieder. Seitdem die Unternehmensleitungen jedoch mit Verlagerung der Produktion drohen können, hat die Streikdrohung viel von ihrer früheren Wucht verloren. Das hat zu einer deutlichen Lohnzurückhaltung in der gewerkschaftlichen Tarifpolitik geführt. Man kann das auch als Erfolg des korporatistischen Modells der deutschen Wirtschaft interpretieren, denn die Lohnzurückhaltung hat wesentlich dazu beigetragen, dass Deutschland seine Position als Exportnation trotz der gewachsenen ostasiatischen Konkurrenz behaupten konnte, und das wiederum hat zu einem Rückgang der Arbeitslosenzahlen von einem Höchststand von 5,3 Millionen im Jahr 2005 auf inzwischen weniger als die Hälfte geführt. Andererseits hat die Lohnzurückhaltung der Gewerkschaften auch ermöglicht, dass die Gewinne der Unternehmen und damit die Einkommen der Reichen erheblich gestiegen sind.

Sieht man genauer hin, so ist die Aufspaltung der Einkommensentwicklung jedoch weniger in der Industrie zu konstatieren als vor allem im Dienstleistungsbereich, wo sich der Niedriglohnsektor überproportional entwickelt hat.[150] Der gewerkschaftliche Organisationsgrad ist hier relativ niedrig, da es aufgrund der zerfaserten Struktur des Dienstleistungsbereichs wenig Anreize gibt, einer Gewerkschaft beizutreten. Bislang haben die Gewerkschaften keine Strategie zu entwickeln vermocht, das daraus resultierende strategische Dilemma aufzulösen. Bei einem Teil der Dienstleistungen greift zwar die Drohung einer Standortverlagerung nicht, weil sie, etwa im Bereich von Reinigungskräften und Pflegepersonal, an Ort und Stelle erledigt werden müssen. Dafür wird hier der Druck auf die Löhne über die Zuwanderung von Arbeitskräften aufgebaut, insbesondere aus östlichen EU-Ländern, wobei die Praxis der Scheinselbständigkeit die hier geltenden Mindestlöhne unterläuft. Andererseits trägt der Rückgriff auf relativ billige Arbeitskräfte aus Osteuropa dazu bei, dass die Lebenshaltungskosten in Deutschland im Vergleich zu anderen EU-Ländern eher niedrig sind. Die relevanten Kostentreiber sind Energiekosten und steigende Mieten in Ballungsräumen. Niedrige Lebenshaltungskosten aber kommen den unteren Einkommensgruppen zugute, so dass es für Politik wie Gewerkschaften heikel ist, an diesen Konstellationen etwas zu verändern.

Die Gewerkschaften haben also in der Arbeitsmarkt- und Tarifpolitik dieselben Abstiegserfahrungen machen müssen wie die Parteien im politischen Betrieb.[151] Infolge der Globalisierung sind die Räume, in denen sie agieren, größer geworden, wodurch ihre Gestaltungsmacht relativ geschrumpft ist. Gleichzeitig ist es sehr viel schwieriger geworden, die Beschäftigten geschlossen zu vertreten, weil ihre Interessen sich enorm vervielfältigt haben. Und schließlich ist dieser Diversifizierungsprozess durch Konkurrenzorganisationen vorangetrieben worden. Was im Fall der Parteien die Nichtregierungsorganisationen sind, die sich stärker spezialisieren können als die alten Volksparteien, sind für die Gewerkschaften die Spartenorganisationen, von denen die Berufsgruppen mit der höchsten Organisationsfähigkeit und Verhandlungsmacht aus dem gewerkschaftlichen Gesamtverband herausgelöst worden sind. Auch hier gilt: Der Abstieg der einen ist der Aufstieg der anderen. Von einer Abstiegsgesellschaft könnte man nur sprechen, wenn sozialer Abstieg ein genereller Trend wäre, dem keine gegenläufigen Entwicklungen gegenüberstünden. Das aber ist auch bei organisierten Interessenvertretungen nicht der Fall; vielmehr haben Diversifizierung und Spezialisierung die Verhandlungs- und Gestaltungsmacht von breit inklusiven Organisationen zu spezialisierten und exklusiven Interessenvertretungen verschoben.[152] Ob darin ein Rückgang gewerkschaftlicher Verhandlungsmacht liegt, hängt vom Standort des Betrachters ab: Lokführer, Fluglotsen, Piloten, angestellte Krankenhausärzte und einige andere Berufsgruppen haben eher Grund, das zu verneinen.

Es spricht deshalb viel dafür, auf die generelle Charakterisierung der kapitalistischen Gesellschaften des «alten Westens» als Abstiegsgesellschaften zu verzichten und sie stattdessen im Anschluss an Zygmunt Bauman als ambivalent zu begreifen. Die gesellschaftliche Entwicklung weist seit einigen Jahrzehnten nicht mehr jene Eindeutigkeit auf, die es erlaubt, sie plausibel mit dem Begriff des Fortschritts oder der Regression, des Aufstiegs oder des Abstiegs zu belegen. «Ambivalenz» steht für die Unausgemachtheit der Gegenwart, die sich, wenn man es positiv akzentuieren will, als Offenheit bezeichnen lässt, negativ aber ebenso als Zeichen der Ungewissheit und Unsicherheit. Dabei ist nicht ausgeschlossen, dass daraus nach einiger Zeit eine neue Eindeutigkeit entsteht, die dann als Fortschritt oder Rückschritt, Aufstieg oder Abstieg charakterisiert werden kann. Doch auch das ist offen: Die Zeit der Ambivalenzen kann eine Übergangsperiode sein, sich aber ebenso zum Dauerzustand verfestigen. Wir können darüber keine verlässlichen Aussagen machen; Wissenschaft und Publizistik haben das unbeabsichtigt eingestanden, seitdem sie das Präfix «post-» zur Charakterisierung der Gegenwart inflationär gebrauchen: postmodern, postindustriell, postfordistisch, postkorporatistisch und so weiter. «Post-» steht für das Wissen, dass die herkömmlichen Klassifikationen nicht mehr passen, aber auch dafür, dass wir nicht wissen, wie sich etwas, dessen eindeutiges Merkmal seine Vieldeutigkeit ist, sonst bezeichnen lässt.

Wer die Zuversicht hat, die Ära der Mehrdeutigkeiten werde zu Ende gehen und neue Ordnungen – von der internationalen Politik bis hin zu den familialen Verhältnissen – würden entstehen, spricht von einer Epoche der Transformation, in der sich das Neue aus dem Alten entwickelt, ohne dass bereits erkennbar ist, wie das Neue aussehen wird. Dabei wird häufig auf das Werk von Karl Polanyi zurückgegriffen, der in den 1940er Jahren die Entstehung jener Gesellschafts- und Wirtschaftsordnung beschrieben hat, die später als «die Moderne» bezeichnet worden ist. Polanyi hat diese Ära eines sich stabilisierenden Wandels, die weitgehend mit dem 19. Jahrhundert zusammenfällt, als «große Transformation» bezeichnet. Ein Charakteristikum dieser Zeit sah er darin, dass Absicht und Wirkung, Intention und Effekt sehr viel stärker auseinanderklafften als zuvor. Die später bestimmend gewordenen Entwicklungslinien waren noch nicht erkennbar, und es war unsicher, welche sozialen Gruppen miteinander politisch koalieren konnten. «Die Weisheit der Zeit war noch nicht geboren.»[153]

Polanyi zufolge ist im Verlauf des 19. Jahrhunderts eine Ordnung der Selbstregulation entstanden, die vom Gleichgewicht der europäischen Mächte über die marktwirtschaftlichen Mechanismen zur Regulation ökonomischer Gleichgewichte bis hin zur Demokratie reicht, in der sich Regierung und Opposition gegenüberstehen und ihr Ringen um Macht durch die Verfassung der *Checks and Balances* in Grenzen gehalten wird. Alle diese Systeme gerieten mehrfach in Krisen, doch ihre internen Ausgleichsmechanismen genügten, um sie zu bewältigen. Infolgedessen kam es zu *kleinen* Transformationen, die den Systemimperativ, für Gleichgewichte zu sorgen, jedoch nicht in Frage stellten. Die *große* Transformation war die Herstellung einer am Gleichgewichtsimperativ ausgerichteten umfassenden Ordnung. Sie schuf jene Eindeutigkeiten, die in der Phase der Ambivalenz abhandengekommen sind.

Diese Ambivalenz zu leugnen und die Gesellschaften des alten Westens als «Abstiegsgesellschaften» zu begreifen, wie Wolfgang Streeck, Oliver Nachtwey und andere dies tun, läuft auf eine Vereindeutigung des Mehrdeutigen hinaus. Diese Sichtweise ist voreilig und gründet sich auf unsicheren Annahmen über die Zukunft, nicht zuletzt deswegen, weil gegenläufige Bewegungen unterschätzt werden. Das schließt nicht aus, dass sich im Rückblick die kapitalistischen Gesellschaften des alten Westens tatsächlich als Gesellschaften des Abstiegs erweisen werden. Wer sich jedoch schon jetzt auf diese Klassifikation festlegt, optiert für die Wiederherstellung von Verhältnissen, wie sie in den 1950er bis 1980er Jahren herrschten. Man kann das als einen sich als links verstehenden Strukturkonservatismus bezeichnen. Das damit verbundene Projekt mag im Inneren eines Staates, wenngleich mit ausufernden Kosten und unter starken Verwerfungen, möglich sein: nationale Wirtschaftssteuerung, korporatistisches Zusammenwirken von Unternehmern und Gewerkschaften, Vorrangstellung der Industrieproduktion bei Zurückdrängung des Dienstleistungssektors und anderes mehr. Was sich jedoch nicht wiederherstellen lässt, sind die Rahmenbedingungen der «goldenen Ära» eines wohlfahrtsstaatlich gezähmten Kapitalismus: die Selbstabschottung eines sozialistischen Wirtschaftsblocks, die ökonomische Randständigkeit der «Dritten Welt» und ein sich auf Grundlage der maoistischen Ideen wirtschaftlich selbst blockierendes China. Und weil das nicht möglich ist, wird auch die Wiederherstellung der inneren Konstellationen scheitern.

Hier zeigen sich große Ähnlichkeiten zwischen Abstiegs- und Niedergangsdiskurs. Drei Szenarien sind vorstellbar: Entweder der Versuch, den Niedergang des Landes oder den Abstieg bestimmter Schichten zu blockieren, beschleunigt den *tatsächlichen* Abwärtstrend, oder fortgesetzte Revolten und Rebellionen paralysieren die Entwicklungspotenziale einer Gesellschaft, oder die Kritik verzichtet auf den Anspruch «eingreifenden Denkens», wie Bertolt Brecht es nannte, und begnügt sich mit melancholisch-resignativer Kontemplation. Weder der Niedergangs- noch der Abstiegsdiskurs sind in der Lage, überzeugende Optionen politischen Handelns zu eröffnen. Das muss nicht an einer aussichtslosen Lage, sondern kann auch an einer prinzipiell verfehlten Lagebeschreibung liegen.

3. Die Bildungsrepublik: ein unvollendetes Projekt

Die große Klage

Der allgemeine Bildungsdiskurs ist seit langem negativ grundiert. Allenthalben hört man von dem Rückgang, der Verschlechterung oder gar dem völligen Verlust von Bildung. Die Klagen kommen von allen Seiten: Lehrern, Philosophen, Historikern, Bildungsforschern, Handwerkskammern, Unternehmensverbänden, Universitäten, Feuilletons, Zeitschriften. Bücher und Artikel, die diese Klage führen, sind Legion. Schon die Titel der Bücher, die sich mit dem Thema Bildung beschäftigen, sprechen für sich: Der österreichische Philosoph Konrad Paul Liessmann sieht durch die neue «Praxis der Unbildung» die *Geisterstunde* gekommen und geht davon aus, dass *Bildung als Provokation* wahrgenommen werde, der ehemalige Lehrer Josef Kraus stellt sich rhetorisch die Frage, *Wie man eine Bildungsnation an die Wand fährt*, der frühere Kulturstaatsminister und Philosoph Julian Nida-Rümelin wähnt gemeinsam mit Klaus Zierer Deutschland *Auf dem Weg in eine neue deutsche Bildungskatastrophe*. Zumeist sind solche Bücher von tiefem Kulturpessimismus getränkt. Bildung erscheint darin als einst erfülltes Ideal, das nun bestenfalls als Abklatsch früherer Größe vorkomme oder völlig untergegangen sei.

Andere thematisieren sehr viel basalere Fragen: Der Zentralverband des Deutschen Handwerks hat 2007 konstatiert, dass die Qualifikation der Schulabgänger erschreckend gering sei. In einem Interview äußerte der damalige Präsident des Zentralverbands Otto Kentzler: «Ein Viertel eines jeden Jahrgangs kommt von der Schule und kann nicht ordentlich rechnen, lesen und schreiben. Das ist ein Skandal!»[1] Sechs Jahre später forderte der Zentralverband «von Politik, Gesellschaft und Wirtschaft eine nationale Bildungsanstrengung, um die Qualifikation der Schulabgänger zu verbessern».[2] Getan hatte sich aus seiner Sicht in den Jahren dazwischen offenbar nichts. Insbesondere die Hauptschulen gelten als ein zentrales Problem im deutschen Bildungssystem: Einerseits wird schon ihre bloße Existenz als Ursache der mangelnden Leistungen ihrer Schüler begriffen, weil sie als «Resteschulen» der stets unten Verbliebenen oder nach unten Durchgereichten in einem dreigliedrigen Schulsystem keine Perspektiven vermitteln und deshalb nicht zu Leistung anspornen könnten. Andererseits wird die Kritik an der Hauptschule als verdeckte oder offene Kritik am dreigliedrigen Schulsystem überhaupt und damit als ein Angriff gegen das Gymnasium verstanden.

In seinem Buch *Schlaue Kinder, schlechte Schulen* und einem Aufsatz mit dem Titel «Im Land der Bildungsarmut» hat der Politologe und Journalist Christian Füller die desolate Situation der Hauptschulen beschrieben und darauf zurückgeführt, dass in Deutschland «eine Art pädagogisches Apartheidssystem» herrsche, aufgrund dessen in der Hauptschule Schülerinnen und Schüler mit sozialen Nachteilen ohne Perspektiven auf Bildung aufgegeben würden. Füller hat deshalb ihre Abschaffung gefordert.[3] Keineswegs abgeschafft wünschen sich dagegen Vertreter der Industrie und des Handwerks die Hauptschule; aber auch sie stimmen in die Krisenbeschreibung ein. Aus ihrer Perspektive erscheint die Krise der Hauptschule als Ursache für eine künftige Krise der Wirtschaft. So titelte die *Wirtschaftswoche* 2010: «Bildungskrise. Warum das Hauptschulsterben die Wirtschaft gefährdet».[4]

Die Anhänger des Gymnasiums dagegen sehen die Bildungsprobleme anders begründet: im permanenten Absenken der Anforderungen, im Verlust fundierten Wissens, im Untergang eines anspruchsvollen Unterrichts und in einer «Kuschelpädagogik», die sich nicht einmal mehr traue, Leistungsanforderungen zu stellen, geschweige denn diese durchzusetzen.

In diesen vielstimmigen Klagen lassen sich zwei Erklärungsmuster unterscheiden: einerseits ein Verfallsnarrativ, das den Verlust von Bildung im Sinne eines ehemals vorhandenen Bildungskanons begreift, und andererseits ein Abstiegsnarrativ, das den Verlust an ökonomischer Konkurrenzfähigkeit aufgrund der unzureichenden Vermittlung von Kompetenzen befürchtet. Beide Narrative führen zu der mit großem Pathos vorgetragenen Beschwörung von Bildung als höchstem Gut, das unter allen Umständen wiedererlangt werden müsse.

In seiner Berliner Rede vom 26. April 1997, die als «Ruck-Rede» berühmt geworden ist, hat Bundespräsident Roman Herzog bereits in dem dramatischen Ton, der die gesamte Rede kennzeichnete, gefordert: «Bildung muss das Megathema unserer Gesellschaft werden. Wir brauchen einen neuen Aufbruch in der Bildungspolitik, um in der kommenden Wissensgesellschaft bestehen zu können.»[5] Diese Forderung zumindest erfüllte sich. Bildung ist zum Megathema geworden. Den eigentlichen Bildungsschock, auf den beide Narrative in unterschiedlicher Weise reagierten, lösten die seit dem Jahr 2000 durchgeführten internationalen Vergleichsstudien zu den Leistungen von Schülerinnen und Schülern verschiedener Jahrgangsstufen in den Fächern Deutsch und Mathematik aus, die unter den Namen PISA, IGLU und TIMSS bekannt geworden sind.[6] Insbesondere die in der breiten Öffentlichkeit diskutierten PISA-Studien schreckten die Politik auf und führten beim Mittelstand zu einer regelrechten *Bildungspanik*.[7] In der

Bildungspolitik vermittelten sie den Eindruck, das Schulsystem leiste nicht, wozu es da sei, und bedürfe dringend der Verbesserung. Insbesondere aber hat sich seither die Rede von der Bildung als dem höchsten Gut eingebürgert, über das Deutschland nicht mehr hinreichend verfüge. Seither gibt es nationale Bildungsberichte, die einerseits die *Bildungspanik* dämpfen sollen, ihr andererseits jedoch immer neue Nahrung geben.

Bei der Vorlage des zweiten nationalen Bildungsberichts 2008 forderte Bundeskanzlerin Angela Merkel, die Bundesrepublik müsse zur «Bildungsrepublik Deutschland» werden, und verknüpfte damit das Versprechen, bessere Bildung schaffe Chancengleichheit und ermögliche sozialen Aufstieg. «Wohlstand für alle heißt heute und morgen: Bildung für alle», so die Kanzlerin.[8] Bildung erscheint in solchen pathetischen Beschwörungsformeln als Allheilmittel für sämtliche gesellschaftlichen Probleme: Sie sorge für den Abbau von Arbeitslosigkeit, stärkere gesellschaftliche Teilhabe, angemessenes Verhalten, persönliches Wohlergehen, Zufriedenheit, Lebensfreude und anderes mehr. Nur folgerichtig ist es, dass nach den Voraussetzungen von Bildung gesucht wird wie nach dem Stein der Weisen. Ein erheblicher Reformeifer wurde innerhalb des Bildungssystems freigesetzt, ohne dass der Eindruck entstanden wäre, man sei mit den Reformen der letzten Jahre und Jahrzehnte dem Ziel «Bildung für alle» auch nur einen Schritt nähergekommen. Zwar hat sich der Anteil der Abiturienten an der Gesamtzahl der Schulabschlüsse erheblich gesteigert, von 34 Prozent im Jahr 2006 auf 41 Prozent im Jahr 2016; rechnet man die Fachhochschulreife hinzu, so erwerben mehr als 50 Prozent eines Jahrgangs den Zugang zu einer Fachhochschule oder Universität.[9] Diese Form der Bildungsexpansion wird von den Vertretern eines an humanistischer Bildung orientierten Bildungsbegriffs aber nicht als Verbesserung, sondern als Verschlechterung begriffen: Wenn mehr als die Hälfte der Schüler die Hochschulreife erlange, könne dies nur auf eine Absenkung der Bildungsansprüche zurückgehen. Das Abitur werde entwertet, so der Grundtenor solcher Reden, Artikel und Studien, wenn zu viele es ablegten, denn ein großer Teil der Absolventinnen und Absolventen sei gar nicht in der Lage, die nötigen Leistungen zu erbringen. Woher dieser große Teil der Bildungsunfähigen komme, gilt ebenfalls vielen als ausgemacht: aus den bildungsfernen Schichten, deren Bildungsferne nicht auf soziale Herkunft, sondern auf mangelnde Intelligenz zurückgeführt wird. Die Verknüpfung von sozialer Herkunft und Begabung ist alt; bereits Otto von Bismarck hat sie in seiner Immediateingabe vom 16. März 1890 vertreten: «Unsere höheren Schulen werden von zu vielen jungen Leuten besucht, welche weder durch Begabung noch durch die Vergangenheit ihrer Eltern auf einen gelehrten Beruf hingewiesen werden. Die Folge ist die Überfüllung aller gelehrten Fächer und die Züchtung eines staatsgefährlichen akademischen Proletariats Gebildeter.»[10]

Auch heute sind viele der Überzeugung, die Verbreiterung des Zugangs zum Abitur und damit zur allgemeinen Hochschulreife gehe mit einer Abnahme der Qualität einher, die das Bildungszertifikat entwerte. Julian Nida-Rümelin hat in diesem Zusammenhang von einem «Akademisierungswahn» gesprochen und gefordert, die duale berufliche Bildung aufzuwerten.[11] Ausbildung müsse stärker wertgeschätzt werden, weil die Universitäten die große Zahl der Studierenden gar nicht aufnehmen und noch viel weniger adäquat ausbilden könnten. Die Hauptschuld an der «Fehlsteuerung» gibt er der OECD und der von ihr geforderten Studierendenquote von 40 Prozent der Jugendlichen eines Jahrgangs. Richtig daran ist, dass das deutsche System der dualen Bildung in der Welt eine

Ausnahme bildet: In den meisten anderen Ländern ist die Ausbildung für Berufe, die in Deutschland Lehrberufe sind, in das
Universitätssystem integriert, so dass der direkte Vergleich hier
zu gewissen Verzerrungen führt. Dass die Jugendlichen aufgrund einer OECD-Quote an die Universitäten strömen, ist
allerdings nicht wirklich plausibel. Sie strömen an die Universitäten, weil sie sich auch ohne die Ratschläge der OECD davon
später qualifiziertere Arbeitsplätze mit besserer Bezahlung
erhoffen und weil sie keine Lust verspüren, sich einem System
zu unterwerfen, das für viele mit dem Spruch «Lehrjahre sind
keine Herrenjahre» verbunden ist. In hochgradig individualisierten Gesellschaften ist Unterwerfung unter einen Lehrherrn
nichts, was Jugendliche sich wünschen. Daran ändert auch der
Hinweis nichts, dass viele von ihnen sich an der Universität
nicht wohlfühlen, die Erwartungen nicht erfüllen und wahrscheinlich keinen Studienabschluss erreichen werden.

Mittlerweile werden die Forderungen der OECD von den
tatsächlichen Zahlen übertroffen; damit stehen Fortschritts-
und Niedergangsdiagnosen unmittelbar nebeneinander. Die
Forderung nach einer deutlichen Steigerung der Abiturientenzahlen ist freilich nicht nur von der OECD erhoben worden.
Georg Picht hat sie in seinem Buch *Die Bildungskatastrophe*
bereits 1964 mit großem Alarmismus vorgetragen. Picht ging
von Zahlen aus, die heute kaum noch vorstellbar sind, nämlich
einer Abiturientenquote von 6,8 Prozent, die er für inakzepta-
bel hielt. Für ein Industrieland wie die Bundesrepublik sei sie
überdies hochriskant, weil es so dem Konkurrenzdruck anderer Länder mit besser ausgebildeter Bevölkerung nicht stand-
halten könne.[12] Picht richtete den Blick aber keineswegs nur auf
die Gymnasien und den geringen Anteil an Schülerinnen und
Schülern, die das Abitur ablegten. Die *Bildungskatastrophe*
zeichnete sich nach seiner Auffassung auf allen Ebenen des Bil-

dungssystems ab. Die nur achtjährige Schulpflicht hielt er für ein Desaster, Klassengrößen von bis zu siebzig Schülern in den «Volksschulen» ebenso, das Bildungssystem deshalb für schreiend ungerecht. «In der modernen ‹Leistungsgesellschaft› heißt soziale Gerechtigkeit nichts anderes als gerechte Verteilung von Bildungschancen; denn von den Bildungschancen hängen der soziale Aufstieg und die Verteilung des Einkommens ab. (...) Der gesamte soziale Status, vor allem aber der Spielraum an persönlicher Freiheit ist wesentlich durch die Bildungsqualifikationen definiert, die von dem Schulwesen vermittelt werden sollen.»[13] Die Hauptursachen der Misere sah Picht im Mangel an qualifizierten Lehrkräften, in unzureichenden und miserabel ausgestatteten Lehrräumen sowie dem fehlenden Willen der Politik, darauf zu reagieren und Schulen wie Hochschulen finanziell besser auszustatten. Es müsse ohne Verzug gehandelt werden, um die Bildungskatastrophe abzuwenden oder zumindest abzumildern.[14]

Dass ausgerechnet ein Philosoph und Pädagoge solche Forderungen erhob, führte zu Irritationen und teilweise vehementem Widerspruch. Ralf Dahrendorf, der im gleichen Jahr mit einer Artikelserie in der *Zeit* auf Pichts Kritik reagierte, stimmte Picht dagegen zu, allerdings aus einer anderen Warte: Er proklamierte *Bildung als Bürgerrecht* und forderte deshalb einen Ausbau der Bildungseinrichtungen und einen verbesserten Zugang zu Bildung.[15] Das Gymnasium, so Dahrendorf, verhindere Bildung für alle. Insbesondere monierte er die große Zahl der Schülerinnen und Schüler, die das Gymnasium verließen, ohne das Abitur zu erreichen. Nach seinen Berechnungen erlangte im Durchschnitt nur ein Fünftel der Gymnasiasten die allgemeine Hochschulreife. Dahrendorf warf dem Gymnasium «pädagogischen Defaitismus» vor, weil es sich nicht um eine Senkung der Zahl von Abgängern ohne Abschluss bemühe. «Die Urteile der Schule bürden stets die Last des Beweises dem Schüler auf, der ‹versagt›, ‹das Ziel der Klasse nicht erreicht› und dergleichen. Dass die Schule zu diesem Ergebnis beigetragen hat, vor allem aber dazu beitragen könnte, Versagen in Erfolg zu verwandeln, gilt als Zumutung.»[16] Dahrendorf verlangte von den Gymnasiallehrern, dass sie sich nicht auf das bequeme Argument zurückzogen, die Familie sei schuld: «Die Schule darf den Versuch unternehmen, das, was ein Elternhaus schuldig oder schuldlos versäumt, ihrerseits zu tun. Sie darf mehr aus jungen Menschen machen, als die Familie aus ihnen macht. Sie darf sich um Menschen in der ganzen Weite ihrer Existenz kümmern. Sie darf erziehen.»[17] Vor allem kritisierte Dahrendorf, dass die Beurteilung der Schüler einem «durchweg statischen Begabungsbegriff» folge. Das Talent, so die Auffassung, sei «ein für allemal vorgegeben» und entziehe sich jeder Beeinflussung. Dahrendorfs Schlussfolgerung war für die Gymnasien wenig schmeichelhaft: «Hier benutzt die Schule eine antiquierte Vulgärpsychologie zur eigenen Entlastung.»[18] Anders als die auf ihn folgende 68er-Generation stand Dahrendorf nicht im Verdacht, die Bildungsanforderungen grundsätzlich herunterschrauben zu wollen. Er hielt entschieden an einem qualitativen Bildungsbegriff fest.

Dass der Konflikt um die Bildung mit so großer Heftigkeit geführt wird, hängt damit zusammen, dass ihm zwei völlig unterschiedliche Bildungsbegriffe zugrunde liegen: Dem Konzept von Bildung als zweckfreies kulturelles Wissen steht Bildung als nutzenorientiertes, ökonomisch verwertbares Wissen gegenüber.

Der erste Bildungsbegriff, das Konzept von Bildung als zweckfreies kulturelles Wissen, ist eine genuine Prägung der deutschen Sprache. Das zeigt sich schon daran, wie man das deutsche Wort «Bildung» in andere europäische Sprachen übersetzt: Das englische *education*, das französische *éducation*, das italienische *educazione*, das spanische *educación* wie auch das polnische *edukacja* gehen alle auf das lateinische *educare* zurück und betonen damit den Aspekt der Erziehung. Das niederländische *onderwijs* geht in eine ähnliche Richtung, hebt aber den Aspekt der Anleitung hervor, der einen konkreteren Bezug hat als Erziehung. Erziehung wie Unterweisung sind im Deutschen durchaus geläufig, sie können aber nicht als Synonyme für Bildung verwendet werden. Insofern ist mit Bildung im genuinen Sinne ein völlig anderes Konzept verbunden. Das deutsche Wort «Bildung» geht von einem aktiven Handeln aus, das dem Individuum die Aufgabe überantwortet, sich zu bilden. Erst mit dem Präfix «Aus-», das Bildung zur Ausbildung macht, wird der Aspekt der Unterweisung sprachlich fassbar. Ausbildung wird gegenüber Bildung als ein weniger selbständiges und damit auch weniger wertgeschätztes Tun begriffen. Ausgebildet wird man, Bildung muss man sich hingegen selbst erarbeiten.

Bildung als zweckfreies kulturelles Wissen

Dieser in Deutschland als Konzept erst im 18. Jahrhundert entwickelte Bildungsbegriff ging im Anschluss an Jean-Jacques Rousseaus *Discours sur l'origine et les fondements de l'inegalité parmi les hommes* (1755) vom Ideal der Perfektibilität des Menschen aus. Die Vervollkommnung des Menschen als Mensch wurde als das Ziel von Bildung beschrieben. Rousseau selbst hatte freilich die Perfektibilität des Menschen keineswegs positiv begriffen, sondern sie auf den Verlust des Naturzustands durch die Einführung von Privateigentum zurückgeführt.[19] Durch dieses habe sich die *amour des soi* (Selbstliebe) in die *amour-propre* (Eigenliebe) verwandelt.[20] Das habe zwar zur Hervorbringung von Kultur geführt, aber nicht zum Vorteil, sondern zum Nachteil des Menschen, der dabei zu einem von Neid zerfressenen Wesen geworden sei, der stets der Beste sein wolle. Insofern handelte es sich beim Bezug auf Rousseaus Vorstellung der *perfectibilité* eher um ein grandioses Missverständnis. Unbeschadet dessen hat die Idee der (Selbst-)Vervollkommnung den deutschen Bildungsbegriff erheblich beeinflusst.

Das deutsche Wort «Bildung» ist freilich sehr viel älter als das Konzept. Geprägt hat es wahrscheinlich Notker Labeo in seiner Übersetzung von Boethius' *De consolatione philosophiae.* Notker übersetzte damit das lateinische Wort *imaginatio*: «Dien sensibus folgt imaginatio. Daz ist tiu pildunga.»[21] *Pildunga* bezeichnete somit die Fähigkeit, sich etwas vorzustellen, das man wahrgenommen hat, ohne dass es noch gegenwärtig ist, also wörtlich die Fähigkeit, sich ein Bild zu machen. Konkret ging es Notker um die *imaginatio Dei*, das Bild Gottes, das der Mensch in seiner Vorstellungskraft entfalten und stets gegenwärtig haben sollte. Im Mittelhochdeutschen hatte sich das Wort *bildunga* schon ausdifferenziert und bezeichnete das Abbild oder Ebenbild von etwas, die Einbildungs- oder Vorstellungskraft, das Gleichnis oder Beispiel, aber auch das Trugbild oder die Vortäuschung.[22] Ein Bezug auf Unterricht und Gelehrsamkeit war darin nicht enthalten. Diesen Bezug stellten die lateinischen Verben *educare* und *erudire* beziehungsweise deren Partizipien *educatus* und *eruditus* her, die im Althochdeutschen mit *gilērit* (8. Jh.) und im Mittelhochdeutschen mit *gelēret* übersetzt wurden.[23]

Gelehrsamkeit war jedoch kein Ideal für alle Menschen; die Beschäftigung mit Gott wie auch der Erwerb der dafür erforderlichen Kenntnisse und Fähigkeiten war nur sehr wenigen vorbehalten, die in den mittelalterlichen Kloster- und Domschulen unterrichtet wurden. Mit der sukzessiven Gründung der Universitäten zwischen dem späten 11. und dem 13. Jahrhundert entwickelten sich drei Fächer als deren Kern, nämlich Theologie, Medizin und Jurisprudenz. Ihnen wurde ein allgemeinbildendes Studium vorangestellt, das aus den *septem artes liberales* bestand, die wiederum in das *Trivium* (Grammatik, Rhetorik, Dialektik) und das *Quadrivium* (Arithmetik, Geometrie, Musik, Astronomie) unterteilt waren. In der Folge verloren diese Fächer den Charakter einer Grundlagenbildung. Im Humanismus dann traten die alten Sprachen, insbesondere das Griechische und ein an antiken Normen geschultes Latein, das das «Küchenlatein» der Mönche ablösen sollte, sowie die Rhetorik in den Mittelpunkt der Gelehrsamkeit. Sie verbanden sich mit den Bildungsaspirationen einer Schicht von Gelehrten, die insbesondere in den oberitalienischen Stadtstaaten des 15. Jahrhunderts sowie an den Fürstenhöfen an Einfluss gewannen. Die von diesen Gelehrten gegen die scholastische Universität des Mittelalters entworfenen *studia humanitatis* verabschiedeten die Rechenkünste des *Quadriviums*, aber auch die Medizin, der sie den Rang einer philosophisch fundierten Wissenschaft nicht zuerkennen wollten, und ersetzten die Naturphilosophie durch die Moralphilosophie.[24] Insbesondere transformierten sie das *Trivium* zu einer Kunst der klassischen Beredtheit in perfekter lateinischer Sprache und rückten die der Rhetorik nahestehenden Fächer Geschichte und Poetik an die Stelle der Dialektik, die ihnen als Musterbeispiel sinnloser Spitzfindigkeit und nutzloser Haarspaltereien galt.[25]

Die *studia humanitatis* folgten nicht mehr dem scholastischen Ideal der *via rationis*, dem Weg der Vernunft zur Erkenntnis Gottes, sondern dem Ideal einer Formung des Menschen zum *homo humanus*.[26] Das bedeutet nicht, dass die Renaissance Arithmetik, Geometrie und Naturkunde vollständig verabschiedet hätte. Sie spielten zwar im humanistischen Bildungsgang keine Rolle, dafür aber eine umso größere im Anspruch der Renaissancekünstler. Diese verstanden sich nicht mehr als Kunsthandwerker, sondern als auf unterschiedlichen Gebieten erfahrene Menschen, die über eine breite Palette von Fähigkeiten verfügten. Das Beherrschen der theoretischen und handwerklichen Grundlagen der Malerei, der Skulptur sowie der Architektur erforderte durchaus geometrisches, arithmetisches und auch alchemisches Wissen. Mit der Verwandlung des Kunsthandwerkers in den Künstler entstand das Ideal des *uomo universale*, des umfassend gebildeten und allseitig tätigen Menschen, in dem sich theoretisches Wissen und praktisches Können in einer Person vereinten.[27]

In den humanistischen Schulprogrammen, die sich seit dem 16. Jahrhundert durchzusetzen begannen, hatten die mathematisch-naturwissenschaftlichen Fächer freilich so gut wie keinen Platz. Sie galten als angewandte Wissenschaften für Kriegskunst, Astronomie, Architektur, Malerei und Skulptur, die für die neue humanistische Bildung keine Rolle spielten.[28] Naturwissenschaftlich-technische Forschung gab es in erster Linie an den Höfen und im Bergbau, wo man sie unmittelbar benötigte. Insbesondere die Höfe bildeten das Zentrum der naturwissenschaftlichen Forschung; hier wurden im 16. Jahrhundert Sternwarten, alchemische Labore und technische Werkstätten eingerichtet. In den Schulen standen dagegen die alten Sprachen, Geschichte und Moralphilosophie im Zentrum. Hier wirkte sich das humanistische Bildungsprogramm vorwiegend in der Umgestaltung des Lateinunterrichts mit der Schwerpunktsetzung auf Grammatik und Rhetorik, in der Einführung des Griechischunterrichts und der Beschäftigung mit der Geschichte aus. In der Universität führte das zu einer weitgehenden Beschränkung des humanistischen Unterrichts auf die Artistenfakultät.[29] Im Schulsystem errang der Humanismus mit der Reformation den größten Einfluss auf das Bildungssystem, und zwar dadurch, dass der Protestantismus die Beherrschung der alten Sprachen zur Bedingung für den Pfarrberuf erhob. Die *studia humaniora* traten in den Mittelpunkt des Schulunterrichts, was auch in der Gegenreformation nicht aufgehoben wurde, da diese sich weitgehend an den gleichen Bildungsansprüchen orientierte.[30]

Trotz der Vorschläge einiger als «Philanthropinisten» bezeichneter Reformer der Aufklärung, den Unterricht neu zu gestalten und praktisches Wissen stärker zu integrieren, blieben die im Humanismus durchgesetzten Unterrichtsfächer dominant.[31] Im Philanthropinismusstreit setzte sich vielmehr ein Konzept durch, das mit der Ablehnung alles Nützlichen einherging. Es war eng verbunden mit den Termini *Bildung* und *Kultur*. Damit löste sich die deutsche Vorstellung semantisch von der europäischen Tradition der *educatio*, und das seitdem maßgebliche Konzept bestimmt bis heute die Diskussion. Anders als *educatio* sollte Bildung zweckfrei sein und allein der persönlichen Selbstvervollkommnung dienen.[32] Verbunden war damit die Vorstellung, dass der Mensch selbst nach Bildung strebte, selbst seine Perfektionierung betrieb und damit erst zu einem kultivierten Menschen wurde.[33] Aus der Ablehnung eines äußeren Zwecks resultierte die Ablehnung der unmittelbaren Nützlichkeit von Bildung.

Der Kulturwissenschaftler Georg Bollenbeck hat diese Entwicklung eines genuin deutschen Konzepts von Bildung mit der Verengung des zunächst umfassenden Kulturbegriffs der Aufklärung in Beziehung gesetzt: «Innerhalb weniger Jahre wertet die deutsche Intelligenz mit dem Ideal einer zweckfreien geistigen ‹Bildung› die Ökonomie und Nützlichkeit, die Berufserziehung und die Technik ab.»[34] Damit wurde ein emphatischer Bildungsbegriff maßgeblich, der sich in einer besonderen Wertschätzung des «rein Geistigen» und einer Herabsetzung alles praktischen Wissens zeigt. Dieser Bildungsbegriff erinnert an den Kant'schen Begriff der Schönheit im Sinne eines interesselosen Wohlgefallens. Wie schon im Humanismus, nun aber unter anderen Vorzeichen, wurde die Kenntnis der Antike und das Beherrschen der alten Sprachen zum Signum von Bildung.

Durchaus noch dem Geist der Aufklärung verpflichtet, führte Johann Gottfried Herder in seiner Rede «Vom wahren Begriff der schönen Wissenschaften und der Gymnasialbildung» (1788) aus, ein gebildeter Mensch werde man vor allem durch den Verkehr mit den Alten, «diesen Altvätern der menschlichen Geistesbildung, diesen ewigen Mustern des richtigen, guten und geübten Geschmacks und der schönsten Fertigkeit im Gebrauch der Sprache; an ihnen müssen wir unsere Denk- und Schreibart formen, nach ihnen müssen wir Menschen nützlich zu werden, unsere Vernunft und Sprache bilden. (…) Wer das getan hat, dem ist der Sinn der Humanität, d. i. der echten Menschenvernunft, der reinen menschlichen Empfindung aufgeschlossen, und so lernt er Richtigkeit und Wahrheit, Genauigkeit und innere Güte über alles schätzen und lieben, kurz, er wird ein gebildeter Mensch sein und sich als solcher im Kleinsten und Größten zeigen.»[35]

Der missverstandene Wilhelm von Humboldt

Diese Idee der humanistischen Bildung repräsentiert in der allgemeinen Vorstellung am stärksten Wilhelm von Humboldt. Er teilte die Auffassung, dass Bildung etwas anderes sei als die «Veredelung des gesellschaftlichen Zustands». «Wenn wir

(...) in unserer Sprache Bildung sagen, so meinen wir damit etwas zugleich Höheres und mehr Innerliches, nämlich die Sinnesart, die sich aus der Erkenntnis und dem Gefühle des gesamten geistigen und sittlichen Strebens harmonisch auf die Empfindung und den Charakter ergießt.»[36] Humboldt schrieb diese Sätze freilich erst, als er das Amt des Geheimen Staatsrats und Direktors der Sektion für Kultus und Unterricht, das er 1809/10 für nur sechzehn Monate bekleidete, schon lange nicht mehr innehatte und sich als vermögender Privatier dem Studium der – keineswegs nur alten – Sprachen widmete. Im Amt hatte er einen durchaus weniger innerlichen Bildungsanspruch vertreten, den er in seinem *Rechenschaftsbericht an den König* vom Dezember 1809 klar formulierte: «Es gibt schlechterdings gewisse Kenntnisse, die allgemein sein müssen, und noch mehr eine gewisse Bildung der Gesinnungen und des Charakters, die keinem fehlen darf. Jeder ist offenbar nur dann ein guter Handwerker, Kaufmann, Soldat und Geschäftsmann, wenn er an sich und ohne Hinsicht auf seinen besonderen Beruf ein guter, anständiger, seinem Stande nach aufgeklärter Mensch und Bürger ist. Gibt ihm der Schulunterricht, was hierfür erforderlich ist, so erwirbt er die besondere Fähigkeit seines Berufs nachher so leicht und behält immer die Freiheit, wie im Leben so oft geschieht, von einem zum andern überzugehen.»[37] Versteht man unter Ausbildung die Befähigung zu einem Beruf und unter Bildung eine allgemeine Befähigung, die das Erlernen und Ausüben unterschiedlicher Berufe und Tätigkeiten ermöglicht, so ist Humboldt hier ein Anhänger von Bildung – freilich einer, die zu Ausbildung nicht im Gegensatz steht, sondern als deren Grundlage zu betrachten ist.

Wenn Humboldt hier von «gewissen Kenntnissen» sprach, «die allgemein sein müssen», und dann Berufe vom Handwerker bis zum Kaufmann nannte, die über solche Kenntnisse verfügen sollen, meinte er damit offenbar Bildung für alle, denn nach seinem Verständnis sollten alle «aufgeklärte Menschen und Bürger» werden. Die Vorbereitung auf einen bestimmten Beruf erschien ihm demgegenüber als nachgeordnet, da ein allgemein gebildeter Mensch sich die erforderlichen besonderen Fähigkeiten später aneignen und den Beruf deshalb auch immer wieder wechseln könne. Dem entsprach Humboldts Perspektive auf die Schule. Er formulierte deshalb sehr klar, was er von dem zu seiner Zeit kursierenden Vorschlag hielt, nach der Elementarschule eine Mittelschule für diejenigen Schüler einzurichten, die nicht für die Universität geeignet seien. In schönster Schlichtheit äußerte er: «Ich bin dagegen.»[38] Seiner Vorstellung nach sollte es nur drei Stufen der Bildung geben: den Elementarunterricht, den Schulunterricht und den Universitätsunterricht.[39]

Humboldt forderte also Bildung für alle – wenn auch nicht von gleicher Dauer für alle. Aber er hatte keineswegs das im Sinn, was sich später als humanistisches Gymnasium auf ihn berufen hat. «Bleibt man fest dabei bestehen, Zahl und Beschaffenheit der Unterrichtsgegenstände nach der Möglichkeit der allgemeinen Bildung des Gemüts in jeder Epoche zu bestimmen, und jeden Gegenstand immer so zu behandeln, wie er am meisten und besten auf das Gemüt zurückwirkt, so muss eine ziemliche Gleichheit herauskommen. Auch Griechisch gelernt zu haben, könnte auf diese Weise dem Tischler ebenso wenig unnütz sein, als Tische zu machen dem Gelehrten.»[40] Humboldts Bildungsideal entsprach dem Leibniz'schen *theoria cum praxi*. Dass der Griechischunterricht zum Distinktionsmerkmal einer sich nach unten abschließenden ständischen Erziehung wurde, hätte er nicht befürwortet. Ebenso wenig war mit seiner Idee von Bildung vereinbar, dass der Erwerb handwerklicher Fähigkeiten nur für solche Schüler vorgesehen sein sollte, denen man mindere Intelligenz unterstellte. Humboldt ging in Anlehnung an seinen Lehrer Johann Friedrich Blumenbach von einem Bildungstrieb (*nisus formativus*) aus, der allen Menschen angeboren ist.[41] Befriedigt wurde er durch Anschauung und Erfahrung sowie die Auseinandersetzung mit den fremden Sprachen und Kulturen der Vergangenheit. Die Schule sollte nach der frühkindlichen Erziehung im Elementarunterricht sowie im allgemeinbildenden Unterricht solche Möglichkeiten zur Verfügung stellen. Im Humboldt'schen Sinne bedeutete dies, dass die Lehrer den Schülern dienten.

Humboldts Pläne sind jedoch, bei allem Pathos, mit dem sich die Verteidiger des humanistischen Gymnasiums bis heute auf ihn beziehen, nie verwirklicht worden. Im Jahr 1810 trat Humboldt frustriert von seinem Amt im preußischen Innenministerium zurück.[42] Die preußischen Bildungsreformer wie Johann Wilhelm Süvern, der 1816 mit dem *Entwurf für ein Schulgesetz* Humboldts Bildungsideal einer allgemeinen Schule zu retten versuchte, scheiterten auf ganzer Linie. Stattdessen setzten sich diejenigen durch, die einer entschiedenen Differenzierung das Wort redeten. Weil es nun einmal verschiedene Stände und Berufe in der menschlichen Gesellschaft gebe, die auf einer natürlichen Ungleichheit der Menschen beruhten, so etwa Georg Philipp Ludolph Beckedorff, bedürfe es folglich auch einer «naturgemäßen Ungleichheit der Standeserziehung».[43] Eine allgemeine Gleichheit aller Menschen sei weder sinnvoll noch denkbar. Dass das sehr viel mit den politischen Verhältnissen der Restauration zu tun hatte, wird deutlich, wenn man Beckedorffs Argument gegen eine Bildung betrachtet, die sich nicht an der Standeserziehung orientierte: «Für Republiken mit demokratischer Verfassung mag dergleichen vielleicht passen, allein mit monarchischen Institutionen verträgt es sich gewiss nicht.»[44] Umgekehrt lässt sich daraus schlussfolgern: Republiken mit demokratischer Verfassung bedürfen der Bildung für alle in einer allgemeinen Schule.

In der Ausformung des humanistischen Gymnasiums als Schule einer Bildungselite, die der Monarchie dienen sollte, gingen Humboldts Ideen unter. Letztlich setzte sich ein Bildungsbegriff durch, der ständische und meritokratische Elemente miteinander verknüpfte, in dem ständische Elemente aber dominierten. Für das gehobene preußische Beamtentum war ein solcher Bildungsbegriff eine ideale Aufstiegsbedingung, weil er die Voraussetzung für gelehrte Konversation schuf. 1817 wurde der Besuch eines humanistischen Gymnasiums zur Bedingung für den Eintritt in den höheren Verwaltungsdienst.[45] Nicht zuletzt diente der Bezug von Bildung auf Geschichte, Literatur und Künste im 19. Jahrhundert dazu, das Selbstbild einer Nation zu entwickeln, die als einzige über Kultur und Bildung verfügte und in der die Größe der Antike wiederauferstanden war.[46] Außerdem erlaubte dieser Bildungsbegriff den über Bildung aufgestiegenen Schichten, die sich stolz mit dem Titel «Bildungsbürger» schmückten, sich sowohl vom Adel als auch von den vermögenden Wirtschaftsbürgern, mit denen man um Anerkennung konkurrierte, positiv abzugrenzen. Handwerker, die Arbeiter der entstehenden Industrie und Bauern traten erst gar nicht mehr ins Blickfeld. Bildung wurde so zu einem Distinktionsmechanismus, der nach oben und unten für Abgrenzung sorgte.

Der Parvenü, die Karikatur des Bildungsbürgers

Wie dieser Distinktionsmechanismus funktionierte, zeigt das französische Wort *parvenu*, das als «Parvenü» auch eingedeutscht worden ist und zumeist mit «Emporkömmling» übersetzt wird. Ursprünglich verwendete es der französische Adel abschätzig für die «Neureichen», also jene, die den Luxuskonsum des Adels nachahmten, ohne selbst adliger Abstammung zu sein.[47] Seit dem 19. Jahrhundert wurde *parvenu* vom Bildungsbürgertum als abwertende Bezeichnung für finanzkräftige Geschäftsleute, aber auch zu Geld gekommene Aufsteiger aus dem Handwerk übernommen, denen man einen Mangel an Geschmack, Takt und Kultiviertheit unterstellte. Kultiviertheit war nur durch Bildung zu erlangen, mit der man gerade nicht das erlernte, was für den geschäftlichen Erfolg brauchbar war, sondern das, was einen als «besonders» auszeichnete. Gerade weil man Zeit für etwas aufwendete, das keinen unmittelbaren Ertrag hatte, war der Ertrag an sozialer Anerkennung umso höher. Geltungsanspruch und tatsächliche Bildung fielen freilich häufig auseinander, und vielfach war zur Schau getragene Kultiviertheit nur eine Fassade, die den Mangel und das Desinteresse an Bildung mühsam kaschierte.

Theodor Fontane hat diesen Mangel an Bildung in Gestalt der sozialen Aufsteigerin *Frau Jenny Treibel* karikiert, die sich gerne als *Grande Dame* gibt, aber bestenfalls über Bildungspartikel verfügt und ansonsten auf ein am Adel orientiertes Standesbewusstsein hält, weswegen ihr die Tochter eines Professors als Ehefrau für ihren Sohn nicht gut genug ist. Ihr sozialer Aufstieg beruht auf dem in der Gründerzeit erworbenen Reichtum ihres Mannes, der ebenfalls auf Ehre und Anerkennung setzt, jedoch eher in die Politik als nach Bildung strebt, weil er sich gern mit dem Titel eines Kommerzienrats schmücken möchte.[48] Die Treibels verkehren zwar mit Professoren und laden diese zu ihren Abendgesellschaften ein, bei denen Jenny sich als bildungsbeflissen und von «Herzensbildung» beseelt gibt, aber tatsächlich fangen sie und ihr Mann augenblicklich an, sich zu langweilen, wenn die Rede auf Gegenstände kommt wie Schliemanns Ausgrabungen in Troja, die für den Bildungsbürger Professor Schmidt von höchstem Interesse sind. In einem Brief an seinen Sohn hat Fontane solche Bildungsbeflissenheit mit dem Bonmot zu Ausdruck gebracht: «Sie sagen Schiller und meinen Gerson» – ein Berliner Modehaus gleichen Namens.[49]

Die von Fontane karikierten Allüren Frau Jenny Treibels unterscheiden sich durchaus nicht grundlegend von dem, was Anfang des 20. Jahrhunderts unter Bildung verstanden wurde. Als gebildet gelte, so schrieb Friedrich Paulsen 1903 im *Encyklopädischen Handbuch der Pädagogik* über den allgemeinen Sprachgebrauch seiner Zeit, «wer nicht mit der Hand arbeitet, sich richtig anzuziehen und zu benehmen weiß, und bei allen Dingen, von denen in Gesellschaft die Rede ist, mitreden kann».[50] Das wichtigste Buch der «Gebildeten» war deshalb das Konversationslexikon, das den Bildungskanon des 18. Jahrhunderts in leicht verdauliche Häppchen übertrug.[51]

Mit der Vorstellung im Tornister, die «deutsche Kultur» stehe über der «französischen Zivilisation», zogen zahlreiche Bildungsbürger mit Begeisterung in den Ersten Weltkrieg.[52] Die humanistische Bildung immunisierte sie nicht gegen den Nationalismus, sondern gab ihnen die Vorstellung eigener Größe ein und ließ sie glauben, es werde ein Leichtes sein, gegen die Franzosen zu siegen, zumal man ja durch seine geschichtlichen Kenntnisse genau wusste, wie Schlachten geschlagen werden mussten.

Der Einwand gegen die humanistische Bildung hat sich durch die Erfahrung der Shoah noch einmal verschärft. Für einen Bildungsbürger wie Theodor W. Adorno konnte eine solche Art von Bildung nur «Halbbildung» sein, und zwar auch dann, wenn sie tatsächlich Bildungsinhalte aufgesogen hatte. Einerseits beklagte auch er den Verfall der Bildung, andererseits kritisierte er den auf das «rein Geistige» bezogenen Bildungsbegriff.[53] Wo Bildung sich nicht für gesellschaftliche Verhältnisse interessiere, an ihnen keinen Anteil nehme oder ihnen gegenüber gleichgültig sei, werde sie «zu sozialisierter Halbbildung (...), der Allgegenwart des entfremdeten Geistes».[54] Adorno sah hier den Grund dafür, dass «Menschen, die zuweilen mit Passion und Verständnis an den sogenannten Kulturgütern partizipierten, unangefochten der Mordpraxis des Nationalsozialismus sich verschreiben konnten». Dieses *factum brutum* sei «nicht nur ein Index fortschreitend gespaltenen Bewußtseins, sondern straft objektiv den Gehalt jener Kulturgüter, Humanität und alles, was ihr innewohnt, Lügen, wofern sie nichts sind als Kulturgüter. Ihr eigener Sinn kann nicht getrennt werden von der Einrichtung der menschlichen Dinge. Bildung, welche davon absieht, sich selbst setzt und verabsolutiert, ist schon Halbbildung geworden.»[55] Adorno ging es bei dieser Kritik, die von den 68ern aufgenommen wurde, keineswegs um eine grundsätzliche Kritik an einer anspruchsvollen Bildung, die er stets gegen die Herrschaft der Massenmedien und der Kulturindustrie verteidigte. Aber humanistische Bildung konnte für ihn keine Bildung ohne Humanität sein.

Der Bildungsbegriff des humanistischen Gymnasiums ist seither noch weiter in die Defensive geraten – nicht nur, aber auch durch die ihm entgegengesetzte Vorstellung von Bildung als nutzenorientiertem verwertbaren Wissen, das sich mit dem Begriff der Kompetenz, dem eigentlichen Gegenbegriff zu Bildung, verbindet.

Bildung als nutzenorientiertes und ökonomisch verwertbares Wissen

Anders als die sich auf den Neuhumanismus berufenden Bildungskonzepte betrachten moderne Ökonomen Bildung als Voraussetzung für die Produktion von «Humankapital», das Volkswirtschaften benötigen, um im globalen Wettbewerb erfolgreich zu sein. Bildung wird damit nicht mehr als Ziel und Zweck der Selbstverwirklichung des Menschen angesehen, sondern als ein Mittel, um dessen Nützlichkeit für wirtschaftliche Zwecke zu gewährleisten. An die Stelle der humanistischen Selbstbezüglichkeit von Bildung tritt deren ökonomische Verwertbarkeit.

Allerdings spielt der Bildungsbegriff im Kontext der Humankapitaltheorie eine eher untergeordnete Rolle; vielmehr ist von Kompetenzen und Fähigkeiten die Rede. Ihr Erwerb schafft aus dieser Perspektive sowohl für den Einzelnen als auch für den Staat oder private «Bildungsanbieter», die in unterschiedlicher Weise in Bildung investieren, einen ökonomischen Vorteil, einen *return on investment*. Für den Einzelnen liegt dieser Vorteil in der Chance zu sozialem Aufstieg, erhöhtem Status und besseren Verdienstmöglichkeiten, für den Staat geht es um Konkurrenzfähigkeit im ökonomischen Wettbewerb mit anderen Staaten. Private Bildungsanbieter sorgen dafür, dass dem Arbeitsmarkt gut ausgebildete Fachkräfte zur Verfügung stehen, und sie profitieren davon durch den Gewinn, den sie aus den Beiträgen und Gebühren von Auszubildenden oder Studierenden erzielen. Die Investition besteht für den Einzelnen in den unmittelbaren Bildungskosten, wie Lernmitteln oder den finanziellen Aufwendungen für den Erwerb eines Zertifikats, sowie im Konsumverzicht, der mit einer verlängerten Bildungs- und Ausbildungszeit verbunden ist; für den

Staat und private Anbieter besteht sie in dem Aufbau und der Unterhaltung von Bildungseinrichtungen. Aus der Perspektive der Ökonomie erzeugen diese Investitionen nicht in erster Linie Bildung, sondern Humankapital.[56] Neben Arbeit, Boden und Kapital im engeren Sinn wird es entweder als vierter Faktor bei der Wertschöpfung angesehen oder aber verwendet, um den Produktionsfaktor Arbeit zu qualifizieren.

Wie der Begriff der Bildung hat auch der Begriff des Humankapitals eine längere Geschichte, die für sein Verständnis von Bedeutung ist.[57] Seit der Ausdifferenzierung der Nationalökonomie aus dem Kanon des philosophischen Wissens im 17. und 18. Jahrhundert gingen die ersten Nationalökonomen der Frage nach, wie der Reichtum der Nationen gemessen werden könne. Üblicherweise wurde dabei das vorhandene Sach- und Finanzkapital taxiert. Bereits 1676 benutzte der britische Nationalökonom William Petty den Begriff, um die wirtschaftlichen Einbußen zu beschreiben, die die britische Wirtschaft durch den Verlust an Menschen in den Kriegen mit Spanien erlitten hatte. Der Tod zahlreicher Männer im Krieg war für ihn ein Verlust an Humankapital.[58] Grundsätzlich betrachtete Petty die von Menschen geleistete Arbeit als einen wichtigen Faktor, weshalb er verlangte, ihn in die Schätzung des nationalen Reichtums einzubeziehen. 1681 versuchte er erstmals, den Wert der englischen Bevölkerung zu schätzen.[59] Adam Smith rechnete dann «die erworbenen und nützlichen Fähigkeiten» aller Angehörigen einer Nation zum «Fixkapital», wobei er darauf hinwies, dass sie nicht nur einen Teil des Vermögens des Einzelnen bildeten, sondern auch einen Teil des Vermögens der gesamten Volkswirtschaft.[60] Damit war der Gedanke des Humankapitals im Grundsatz entwickelt, auch wenn Smith diesen Ausdruck noch nicht verwendete.[61] Aufgenommen und weiter ausgearbeitet wurde das Konzept in der ersten Hälfte

des 19. Jahrhunderts von dem französischen Nationalökonomen Jean-Baptiste Say und dem Deutschen Johann Heinrich
von Thünen. Danach spielte es zunächst keine Rolle mehr. In
der Wirtschaftswissenschaft durchgesetzt wurde die Theorie
des Humankapitals dann erst in den 1960er Jahren von den
amerikanischen Wirtschaftswissenschaftlern und späteren
Nobelpreisträgern Theodore W. Schultz und Gary S. Becker,
die sie eng auf *education* bezogen.[62] Damit beeinflussten sie
entscheidend die Bildungsökonomie, die sich seit Mitte der
1950er Jahre als Teilgebiet der Wirtschaftswissenschaften
etabliert hat. Sie fragt in erster Linie nach den Kosten und
dem Nutzen von Bildungsinvestitionen. In der Folge ist in der
Betriebswirtschaftslehre seit den 1970er Jahren nicht mehr nur
vom Betriebskapital die Rede, sondern auch vom Humankapital, das den Wert einer Firma steigere. Die Mitarbeiter sollen
diesem Konzept zufolge nicht mehr vorwiegend als Kostenfak-
tor, sondern als Kapital einer Firma betrachtet werden, dessen
Wert sich positiv berechnen lasse.[63] Diese Perspektive gilt aber
nur dann, wenn langfristige Interessen im Vordergrund stehen.
Aus kurzfristiger Perspektive kann eine «Freisetzung» von Mit-
arbeitern und damit die Schmälerung oder Vernichtung des
Humankapitals einer Firma durchaus von größerem Interesse
sein, wie man an den Reaktionen der Börse auf die Ankündi-
gung von «Personalabbau» regelmäßig sehen kann.

   Mit dem Begriff der Wissensgesellschaft, der den der Indus-
triegesellschaft und der Dienstleistungsgesellschaft inzwi-
schen überlagert hat, sind in der Volkswirtschaftslehre und
der Politik die erworbenen Kompetenzen noch stärker in den
Fokus gerückt. Entscheidend ist für die hier verhandelten
Probleme indessen, dass das Konzept des Humankapitals den
Blick auf den Einzelnen wie auf die Gesellschaft verändert hat.
Nach Michel Foucault ist der Begriff des Humankapitals Aus-

druck einer neuen Subjektivierungsform, die durch eine spezifische Art der *gouvernementalité* hervorgebracht wird. Die Regierbarkeit der Menschen wird demnach nicht durch Machtmittel hergestellt, sondern durch die Disziplinarmacht, die in ihnen selbst liegt.[64]

Weniger theoretisch ambitioniert, in der Kritik am Neoliberalismus aber mit Foucault übereinstimmend, hat sich die Jury um den Frankfurter Sprachwissenschaftler Horst Dieter Schlosser geäußert, die das Wort «Humankapital» 2004 zum «Unwort des Jahres» kürte. Zur Begründung gab sie an: «Der Gebrauch dieses Wortes aus der Wirtschaftsfachsprache breitet sich zunehmend auch in nichtfachlichen Bereichen aus und fördert damit die primär ökonomische Bewertung aller denkbaren Lebensbezüge, wovon auch die aktuelle Politik immer mehr beeinflusst wird. Humankapital degradiert nicht nur Arbeitskräfte in Betrieben, sondern Menschen überhaupt zu nur noch ökonomisch interessanten Größen.»[65] Das hat zu heftigem Widerspruch von Ökonomen geführt, die sich missverstanden fühlten, weil nach ihrer Auffassung der Terminus «Humankapital» keine Abwertung des Menschen, sondern vielmehr seine besondere Wertschätzung zum Ausdruck bringt.[66] Besonders empörten sich die beiden Wirtschaftswissenschaftler Christian Scholz und Volker Stein über ein Gedicht, das Robert Gernhardt nach der Wahl von «Humankapital» zum Unwort des Jahres schrieb, und betitelten einen Artikel mit «Humankapital: Jetzt erst recht!».[67] Der Jury warfen sie Ignoranz vor: «Der Humankapital-Ansatz als mitarbeiterorientierte Personalarbeit wird aus Unwissenheit und Ignoranz diskreditiert. Eine auf diese Weise den Begriff ‹Humankapital› denunzierende und diskreditierende Diskussion ist unverantwortlich und sogar schädlich für den Standort Deutschland.»[68]

In der empirischen Bildungsforschung sind die Fragen nach

der Bildungsrendite des Einzelnen und dem verfügbaren Humankapital einer Volkswirtschaft in die Frage nach der Leistungsfähigkeit von Schulsystemen übersetzt worden. Diese richtet sich weniger auf den unmittelbaren ökonomischen als auf einen sozialen Nutzen, insofern das Schulsystem als ein Generator von Lebenschancen angesehen wird.[69] Daraus wiederum sollte dann durchaus ein mittelbarer volkswirtschaftlicher Nutzen gezogen werden, denn eine besser ausgebildete Bevölkerung sei in der Lage, die Kompetenzerfordernisse des Arbeitsmarkts zu erfüllen, Innovationen hervorzubringen und deren betriebliche Umsetzung zu ermöglichen. Insbesondere in den Erläuterungen der OECD zu den Indikatoren ihrer Bildungserhebungen zeigt sich das sehr deutlich: «Der Bildungsstand wird gemessen als der prozentuale Anteil einer Bevölkerung, der einen bestimmten Bildungsstand erreicht und dort einen formalen Abschluss erworben hat. Er wird häufig als indirekte Kennzahl für das Humankapital und das Kompetenzniveau des Einzelnen verwendet, anders gesagt, als die Kennzahl für das Kompetenzniveau, das mit einem bestimmten Bildungsstand in Verbindung gebracht wird und in der Bevölkerung und somit dem Arbeitsmarkt zur Verfügung steht.»[70]

Die empirische Bildungsforschung ist in den 1970er Jahren in Deutschland als Reaktion auf die Kritik an den als unzulänglich wahrgenommenen Leistungen des Bildungssystems entstanden. Forscherinnen und Forscher aus unterschiedlichen Fächern haben sich daran beteiligt, insbesondere solche aus der Erziehungswissenschaft, die darüber ihr Selbstverständnis deutlich verändert hat, aber auch aus der Soziologie und der Psychologie, deren Schwerpunkt insbesondere auf der sozialen Selektivität des Bildungssystems liegt.[71] Während sich die Erziehungswissenschaft insgesamt mit Bildungsplanung auf

schulischer Ebene, mit Lehr-Lern-Forschung und Schultypen-
forschung befasst, konzentriert sich die erziehungswissenschaftliche Bildungsforschung, die sich sowohl quantitativer
als auch qualitativer Methoden bedient, auf Fragen der sozialen
Selektivität des Bildungssystems, der Schulabschlussquoten,
der weichen Faktoren des Schul- und Bildungserfolgs, der Evaluation wie der Qualitätssicherung und damit der Effektivität
des Bildungssystems.[72] Nach Manfred Prenzel hat sich inzwischen ein breit verankertes Verständnis von Bildungsforschung
durchgesetzt: «Ihr Gegenstand umfasst Voraussetzungen, Prozesse und Ergebnisse von Bildung über die Lebensspanne, und
zwar innerhalb wie außerhalb von (Bildungs-)Institutionen
und im gesellschaftlichen Kontext. Ihr Anliegen ist es, die
Bildungswirklichkeit zu verstehen und zu verbessern; sie zielt
auf grundlegendes und anwendungsbezogenes Wissen, auf
Beschreibungs-, Vorhersage-, Erklärungs- und Veränderungs-
wissen.» Zentrales Ziel der Bildungsforschung und auch der
Grund für die politische Nachfrage nach ihren Ergebnissen sei
eine «evidenzbasierte Bildungspolitik und evidenzbasiertes
pädagogisches Handeln».[73] Die Evidenzbasierung soll rationale
Grundlagen sowohl für die Steuerung des Bildungssystems
als auch für die Entwicklung von Unterrichtsmodellen liefern.
Man hofft nicht zuletzt darauf, dass Steuerung oder Governance besser akzeptiert werde, wenn sie «evidenzbasiert», das
heißt methodisch gesichert, replizierbar und aus den gewon-
nenen Daten rational begründbar sei.[74]

Für die Bildungspolitik ist das von besonderer Bedeutung,
weil kaum ein anderes Gebiet der Politik in gleicher Weise
umstritten ist. Da jeder als Schüler, als Elternteil, als Lehrer
oder Hochschullehrerin Teil des Bildungssystems war oder ist,
wird die Diskussion über den Stand oder die Veränderungen
im Bildungssystem mit extremer Heftigkeit und äußerster

Schärfe geführt. Im föderalen System der Bundesrepublik sind diese Debatten wesentlich auf Länderebene geführt worden, wo das Schul- und Hochschulwesen angesiedelt ist und wo die Schulpolitik mehrfach über den Ausgang von Landtagswahlen entschieden hat. Alle fühlen sich berufen, bei jeder einzelnen Veränderung im Bildungssystem mitzureden. Faktisch tun es aber doch nicht alle: Die sogenannten bildungsfernen Schichten bestätigen auch darin ihre «Bildungsferne», dass sie an der Debatte nicht teilhaben, obwohl es in erster Linie um sie geht. Die Diskussion ist so zu einem Schlachtfeld des gehobenen Mittelstands geworden. Hier schlagen sich, so der Soziologe Heinz Bude, Statuskämpfe im Bildungsverhalten nieder.[75] Die Evidenzbasierung soll nicht zuletzt dazu beitragen, die Debatte zu befrieden und Reformen im Bildungssystem so zu begründen, dass sie mit guten Gründen nicht bestreitbar sind. Vonseiten der Politik ist ihr vermutlich auch die Funktion zugedacht, den alten Satz zu relativieren: «Mit Bildungspolitik kann man Wahlen verlieren, aber keine gewinnen.» Die politischen Interventionen der Wähler, bei denen es sich zumeist um Äußerungen von Missfallen, Unwillen und fundamentaler Ablehnung handelte, sollten durch wissenschaftliche Belege den Erfordernissen einer längerfristigen Bildungsplanung angenähert werden.

Die Entwicklung der Bildungsforschung ist kennzeichnend für eine Umstellung politischer Entscheidungen auf Steuerungsmodelle, deren Rechtfertigung auf wissenschaftlich und empirisch begründeter Evidenz beruht.[76] Ähnliches war zuvor bereits auf anderen Feldern zu beobachten, etwa in der Gesundheits- und der Umweltpolitik. Über Bildungsforschung sollten vor allem Reformdiskurse angestoßen und gesteuert werden, die sonst eher geringe Durchsetzungschancen gehabt hätten. Gerade im Bildungsbereich sind Reformen eigentlich immer chancenlos, weil jede Reform einen kleineren oder größeren Aufstand hervorruft. Um das zu vermeiden, werden festgestellte Probleme und Defizite in den Reformdiskursen der Bildungsforschung in «Optimierungsbedarfe» verwandelt; «aus diesen [werden] schließlich Vorschläge und Zielstellungen; und, sofern dafür zureichende Interessenlagen organisiert werden können oder bereitstehen, Aufgaben der Politik».[77] In diesem Kontext spielen seit den 1990er Jahren vier Aspekte eine zentrale Rolle: Autonomie von Schule, Neue Steuerung, Verbesserung der pädagogischen Leistungsfähigkeit und innere Schulentwicklung.[78] Die dahinterstehende Konzeption ist der Versuch, aus den schwierigen Erfahrungen der Bildungsreformära in den 1970er Jahren zu lernen, als die Widerstände gegen die geplanten Reformen so groß waren, dass diese zu scheitern drohten und in großen Teilen zurückgenommen werden mussten. Insbesondere die «Neue Steuerung» spielt eine zentrale Rolle. Unter diesem Titel ist den Schulen größere Selbständigkeit in der Unterrichtsplanung eingeräumt worden, um den Preis freilich, dass die Schülerleistungen in regelmäßigen Abständen extern getestet werden. Die Erweiterung der Handlungs- und Entscheidungskompetenz soll dazu beitragen, die Standardisierung abzufedern und höhere Akzeptanz zu erzeugen.

Letztlich ist es nicht gelungen, mit Hilfe der von der Bildungsforschung produzierten Daten das Feld zu befrieden und die Diskussionsbeiträge auf eine rationalere Grundlage zu stellen. Vielmehr sind die Expertinnen selbst zu einem Ziel der Kritik und teilweise auch solcher Schmähungen geworden, wie sie vorher Bildungspolitiker, Lehrerinnen und Vertreter von Schulbehörden über sich ergehen lassen mussten. Insbesondere Lehrer wehren sich heftig gegen die als Zumutungen empfundenen «Top-down-Maßnahmen» zur Leistungsverbesserung, auch wenn diese mit den Begriffen «Autonomie» und «Neue Steuerung» verbunden sind. Das hat unter anderem damit zu tun, dass die Dokumentationspflichten, die externen Tests und damit die Kontrolle über das Bildungssystem enorm angewachsen sind. Was zuvor als zu vermittelnder Lernstoff verbindlich festgelegt war, wird den Schulen nun zu einem erheblichen Teil freigestellt, aber dafür äußeren Kontrollen unterzogen.[79]

Welche Rolle spielen die vergleichenden Bildungsstudien?

Bildungsforschung und Bildungsökonomie sollten freilich nicht miteinander verwechselt werden. Die großen Studien über die Fähigkeiten von Schülerinnen und Schülern im internationalen Vergleich, etwa TIMSS (Trends in International Mathematics and Science Study), PISA (Programme for International Student Assessment) und IGLU (Internationale Grundschul-Lese-Untersuchung), haben trotz ihrer Konzentration auf das durch Bildung aufgebaute Humankapital wichtige Ergebnisse erbracht. Insbesondere die mit den Studien verbundene Umstellung des Untersuchungsgegenstands von den Bildungsanforderungen auf die Bildungsergebnisse war überaus aufschlussreich. Zuvor hatte man in der Regel nach den Lerninhalten gefragt und daran die Ansprüche und Leistungen des Schulsystems gemessen. Ob die Schüler hinterher das konnten, was sie hätten lernen sollen, wurde kaum von außen in den Blick genommen. Die Lernergebnisse wurden in Form von Klassenarbeiten festgestellt, die allein den Lehrerinnen zugänglich waren, und den Schülerinnen wurde die Verantwortung dafür zuwiesen, ob ihre Ergebnisse gut oder schlecht waren, ob sie als gute oder schlechte Schüler galten, ob sie als intelligent oder dumm, als begabt oder unbegabt angesehen wurden. Wer, gemessen an den Ergebnissen der Klassenarbeiten, nichts gelernt hatte, war eben dumm oder faul. Dass unter Umständen Lehrer schlechten Unterricht hielten, die Unterrichtsvorgaben von falschen Voraussetzungen ausgingen oder die Lehr- und Lernmethoden ungeeignet waren, trat dabei kaum in den Blick. Zweifellos gab es immer auch die Rede von unfähigen und ungerechten Lehrerinnen, bei denen man nichts lernen konnte, bei denen ganze Klassen schlecht abschnitten und einzelne Schüler immer wieder herabgesetzt und ausgegrenzt wurden, und man wusste auch, dass dies nicht nur Schutzbehauptungen schlecht benoteter Schülerinnen waren.[80] Aber es wurde nicht untersucht, ob der Unterreicht den Schülerinnen und Schülern die notwendigen Fähigkeiten überhaupt vermittelte.

Dagegen konzentrierten sich die international und national vergleichenden Bildungsstudien ganz auf die Kompetenzen der Schüler. Sichtbar wurde dabei, dass es erhebliche Unterschiede gab, deren Ursachen nicht völlig kontingent sein konnten. Mit ihren groß angelegten Studien haben IEA (International Association for the Evaluation of Educational Achievement) und OECD erstmals im Ländervergleich diesen Aspekt in den Mittelpunkt der Aufmerksamkeit gerückt: Über welche Kompetenzen im Leseverständnis, in der Mathematik und den Naturwissenschaften verfügen die Angehörigen einer bestimmten Alterskohorte im Vergleich zu anderen Ländern? Der Blick hat sich vom Bildungsanspruch auf die Bildungsergebnisse verschoben, und so konnten die Bildungssysteme miteinander verglichen werden. Zumindest war das eine Perspektive, die Aussagen über den Vorzug oder Nachteil von bestimmten Bildungssystemen zuließ.

Nun mögen die statistischen Verzerrungen dieser Studien gewichtig, die methodischen Unzulänglichkeiten erheblich und die aus den Ergebnissen gezogenen Schlussfolgerungen teilweise fragwürdig sein. Bei Tests, die sich auf bestimmte Alterskohorten bezogen, wurde anfänglich beispielsweise nicht berücksichtigt, dass die getesteten Schüler aufgrund des unterschiedlichen Alters bei der Einschulung in den einzelnen Ländern nicht alle auf dem gleichen Niveau sein konnten.[81] Die in Deutschland im Vergleich zu anderen Ländern relativ späte Einschulung, die erst in den letzten Jahren – und auch nur teilweise – korrigiert worden ist, führte etwa bei den Tests in Mathematik dazu, dass die deutschen Schüler schlechter abschnitten. Die Ergebnisse waren insofern nur eingeschränkt vergleichbar. Das betrifft aber nur die relativen Ergebnisse, nicht die Tatsache an sich, dass deutsche Schüler zum Teil erhebliche Schwierigkeiten mit Textaufgaben hatten, die für die Anwendbarkeit von mathematischen Kompetenzen jedoch zentral sind, weil beispielsweise Verteilungs- oder Wahrscheinlichkeitsprobleme, die mathematisch gelöst werden können, nicht jenseits der Welt auftreten, sondern aus ihr abgeleitet werden müssen. Diese Fähigkeit, so eine der Schlussfolgerungen aus der PISA-Studie von 2001, wurde im deutschen Mathematikunterricht offenbar nicht hinreichend geschult. Die leichten Verbesserungen in den nachfolgenden Studien könnten auch darauf zurückzuführen sein, dass die Schulen auf die mäßigen Testergebnisse reagierten und damit begannen, die Schüler auf die voraussichtlich getesteten Aufgabentypen gezielt vorzubereiten. Das mindert die Aussagekraft der Ergebnisse nicht, da dies bei allen an der Studie teilnehmenden Ländern unterstellt werden kann.

Während es einerseits ein Arrangement der Schulen mit den großen Bildungsstudien und dem damit verbundenen Aufwand gab, formierte sich andererseits heftige Kritik an den

Schlussfolgerungen des PISA-Konsortiums und der OECD. Zu den umstrittensten Schlussfolgerungen gehört etwa die Kritik am dreigliedrigen deutschen Schulsystem, das aufgrund seiner hohen und bereits nach der 4. Klasse erfolgenden Selektion (mit Ausnahme von Berlin und Brandenburg, wo die Grundschule bis zur sechsten Klasse geht) zur Ausgrenzung ganzer Schichten von Bildung führe. Von den Verteidigern des Gymnasiums, insbesondere des humanistischen Gymnasiums, wurde diese Kritik erbittert bekämpft. Sie wurde und wird als unmittelbarer Angriff gegen das humanistische Bildungsideal angesehen, von dem man meint, es könne nur auf der Basis eines dreigliedrigen Schulsystems erhalten werden. Insbesondere die Ersetzung von «Wissen» durch «Kompetenzen» verursacht heftige Empörung. Moniert wird außerdem, die Verbreiterung des Zugangs zur allgemeinen Hochschulreife habe dazu geführt, dass die herkömmliche Trennung zwischen Bildung und Ausbildung teilweise aufgehoben worden sei. Die gymnasiale Oberstufe und die Universitäten hätten sich durch den «Akademisierungswahn» in Ausbildungsstätten verwandelt, während die duale Ausbildung, die für diejenigen, die hohen Bildungsansprüchen nicht gerecht werden könnten, eine sinnvolle Alternative und für den Standort Deutschland unverzichtbar sei, eine Abwertung erfahren habe.[82]

Dabei handelt es sich freilich nicht um eine grundsätzliche Transformation. In den letzten Jahren ließ sich zwar beobachten, dass Ausbildung vielfach an die Stelle von Bildung getreten ist, etwa wenn von universitärer Ausbildung gesprochen wird, aber im Grundsatz ist die wertende Differenzierung von Bildung und Ausbildung erhalten geblieben. Teilweise hat der «Akademisierungswahn» jedoch auch Gründe, die mit einer ideologischen Orientierung an den Vorgaben wenig zu tun haben. Richtig ist, dass für eine Reihe von Berufen, die bislang

Ausbildungsberufe waren, eine Akademisierung angestrebt wird oder bereits durchgesetzt worden ist. Das gilt nicht zuletzt für soziale Berufe, etwa Hebammen, Krankenpfleger, Altenpflegerinnen sowie Erzieher, die zumeist in eine Tätigkeit im öffentlichen Dienst münden. Schon seit einigen Jahren werden in Deutschland zunehmend Studiengänge für diese Berufe eingerichtet, und sogar in Österreich, das hier in der Entwicklung zurücklag, ist es seit Oktober 2018 möglich, an pädagogischen Hochschulen Elementarpädagogik zu studieren.[83] Der Grund dafür liegt, zumindest in Deutschland, vor allem im Tarifsystem des öffentlichen Dienstes: Um Erzieher, Kranken- und Altenpflegerinnen etc. besser bezahlen zu können, deren Berufe wegen ihrer anspruchsvollen Tätigkeit bei schlechter Bezahlung nicht hinreichend nachgefragt sind, sollen sie im Tarifsystem des öffentlichen Dienstes höher eingruppiert werden. Das funktioniert aber nur, wenn ein Bachelor- oder Masterabschluss vorliegt, weil dies die Voraussetzung für die Eingruppierung in den gehobenen oder höheren Dienst ist. Es gibt also gänzlich sachfremde Gründe für die Einrichtung solcher Studiengänge. Mit diesen Gründen wird auf den Internetseiten von Fachhochschulen und Universitäten auch geworben.[84]

Das bedeutet keineswegs automatisch, dass es nicht auch sachliche Gründe geben könnte, eine akademische Bildung für solche Berufe vorzusehen. Sie mögen etwa darin bestehen, dass Erzieherinnen, die früher einmal Kindergärtnerinnen hießen, vielleicht wissen sollten, welche kognitiven Fähigkeiten in welchem Alter vorausgesetzt werden können oder welche psychosozialen Entwicklungsphasen Kinder durchlaufen. Ähnliches gilt für die Kranken- oder Altenpflege. Auch hier ist die Vermittlung medizinischer beziehungsweise geriatrischer Kompetenzen sinnvoll. Ob diese nur an einer Fachhochschule oder auch an einer Fachschule erworben werden, mag dahingestellt bleiben; unwahrscheinlich ist jedoch, dass eine entsprechende Breite und Tiefe von Kenntnissen im dualen Ausbildungssystem mit zwei Schultagen in der Woche, die auch noch allgemeinbildende Anteile haben, erreicht werden kann.

Der Kampf um die Bildung

In der allgemeinen Klage über den Verlust an Bildung konkurrieren die beiden Bildungsbegriffe miteinander um die Vorherrschaft im System. Ihre Vertreter beschuldigen sich wechselseitig, einem Konzept anzuhängen, das entweder völlig nutzlos und überholt oder aber von kurzfristig orientierten Nützlichkeitserwartungen abhängig sei. Dem Bildungsbegriff des alten Gymnasiums wird vonseiten der Bildungsforschung und der Bildungssoziologie vorgeworfen, er pflege die Vorstellungen einer sich selbst reproduzierenden Elite. Bildung ist demnach vor allem ein Privileg, der Besitz eines Standes. Sie steht für soziales, kulturelles und symbolisches Kapital, das sich in ökonomisches Kapital transformieren lässt und von denjenigen, die qua familiärer Herkunft nicht darüber verfügen, niemals erlangt werden kann. Bildung erscheint in dieser Perspektive auch als Provokation, als ein gerne zur Schau gestellter Luxus, den sich diejenigen leisten, die sich in Sprache und kulturellem Wissen, in Geschmack und Sensibilität, kurzum in ihrem ganzen Habitus, von den sogenannten Ungebildeten abgrenzen.[85] Der Gebildete definiert sich nach solchen Vorstellungen geradezu aus der Abgrenzung vom Ungebildeten, der ihm nicht das Wasser reichen kann, mit dem zu sprechen sich folglich nicht lohnt und von dem man insbesondere seine Kinder fernhalten muss.

Die damit verbundenen Einstellungen konterkarieren häufig

den Bildungswillen derjenigen, die aus sogenannten bildungs-fernen Haushalten kommen. Wem permanent von Lehrern signalisiert wird, ihm fehlten ohnehin die Voraussetzungen für Bildung, wird mit geringerer Wahrscheinlichkeit ein Interesse daran entwickeln. Nicht selten werden die Bildungsaspiratio-nen von Kindern aus «bildungsfernen» Schichten aber auch von deren Eltern und Verwandten mit der Bemerkung blockiert, sie wollten wohl etwas «Besseres» werden. Etwas «Besseres» sein zu wollen bezieht sich nicht auf das Vorhaben, über Bildung an eine besser bezahlte Arbeit zu kommen – mehr Geld haben zu wollen wird nicht grundsätzlich als kritikwürdig betrachtet –, sondern darauf, dass man sich über den Erwerb von Wissen Anerkennung in höheren gesellschaftlichen Schichten ver-schaffen und so von seiner Herkunft distanzieren wolle. Letz-teres wird von den «Zurückgebliebenen» nicht selten als Her-absetzung wahrgenommen.[86] Bildung wirkt aus dieser Sicht wie ein (Geistes-)Klassenkampf, in dem die Gebildeten die Ungebildeten verachten und deshalb umgekehrt als die Ein-gebildeten attackiert werden.

Der französische Soziologe Pierre Bourdieu hat diese Per-spektive in seinem Buch *Die feinen Unterschiede* ausführlich dargelegt. Nach Bourdieu dient die Anhäufung von kulturellem Kapital über Bildung in erster Linie dazu, soziale Ungleichheit als natürliche Ungleichheit erscheinen zu lassen.[87] Während ökonomisches und soziales Kapital als illegitim verteilt gebrand-markt werden können, lässt sich kulturelles Kapital als indivi-duell erworben und auf Begabung beruhend darstellen, womit seine faktischen Grundlagen unsichtbar gemacht werden. Der Gebildete erwirbt demnach nicht einen Besitz, den der Unge-bildete nicht hat, sondern verfügt bereits über ihn, weshalb ihn der Ungebildete nicht erlangen kann: ökonomisches und sozia-les Kapital nämlich, das sich in kulturelles Kapital transformieren lässt. Bildung dient aus dieser Perspektive in erster Linie dazu, sozialen Aufstieg zu blockieren oder soziale Aufsteiger auch dann noch deklassieren zu können, wenn sie über hinreichend ökonomisches Kapital verfügen. Nun sind Bourdieus am französischen Bildungssystem und dessen Auswirkungen auf die französische Gesellschaft entwickelte Überlegungen nur eingeschränkt auf die deutschen Verhältnisse übertragbar. Eliteschulen mit privilegiertem Zugang zu den führenden Positionen im Staatsdienst gibt es in Deutschland in vergleichbarer Form nicht, weswegen hier auch nicht von einem «Staatsadel» gesprochen werden kann, dessen Zugehörigkeit durch die Aufnahme in diese Eliteeinrichtungen reguliert wird.[88] Ebenso wenig kennt man in Deutschland Eliteuniversitäten, wie Großbritannien sie mit Cambridge und Oxford hat oder die USA mit Harvard, Princeton und Stanford, zu denen, von wenigen Ausnahmen durch Stipendien abgesehen, nur Zugang hat, wer sich die Zahlung opulenter Studiengebühren leisten kann. Hier handelt es sich tatsächlich um Agenturen einer Transformation von ökonomischem Kapital in kulturelles Kapital, über die sich eine gesellschaftliche Oberschicht reproduziert. Wer sich mit dem Abschlusszeugnis einer solchen Eliteeinrichtung um eine höhere berufliche Position bemüht, hat sehr viel größere Chancen als alle anderen. Gemessen daran ist das deutsche Bildungssystem, wenn man es bis auf die Universität geschafft hat, relativ egalitär, da auch beim Zugang zu höheren Positionen nicht wesentlich nach den besuchten Universitäten differenziert wird. Daran hat auch die Gründung von Privatuniversitäten und die Auszeichnung einiger Hochschulen als Exzellenzuniversitäten vorerst nichts geändert. Die Selektion im deutschen Bildungssystem erfolgt sehr viel früher, sie ist eine Selektion nach unten, und sie ist im Wesentlichen mit dem dreigliedrigen Schulsystem verbunden.

Chancengleichheit und Bildungsgerechtigkeit

Die hier verhandelten Probleme werfen eine zentrale gesell-
schaftspolitische Frage auf, die nämlich, ob das Bildungs-
system Chancengleichheit oder zumindest Chancengerech-
tigkeit herstellen kann oder ob dies nicht besser durch eine
angemessene Sozialpolitik erreicht werden soll. Der Soziologe
Christoph Butterwegge etwa vertritt die Auffassung, dass der
Versuch, durch die Herstellung von Chancengleichheit oder
Chancengerechtigkeit einen fairen Ausgleich gesellschaftlicher
Benachteiligungen zu schaffen, nicht zu den gewünschten
Ergebnissen führen werde, weil die soziale Erfahrung von
Armut so prägend sei, dass sie Bildungserfolg verhindere. Nach
Butterwegges Überzeugung muss der Hebel bei der Sozialpoli-
tik ansetzen. Nicht das Bildungssystem, sondern die Sozial-
politik ist demnach der Ausgangspunkt einer auf Gerechtigkeit
bedachten Gesellschaftspolitik.[89]

Das entspricht der Position linker Parteien, für die Gerechtigkeit in der Regel Verteilungsgerechtigkeit bedeutet. Verteilungsgerechtigkeit aber ist ein Konzept für relativ statische
Gesellschaften. Wo es kaum Chancen auf sozialen Aufstieg gibt,
erscheint Verteilungsgerechtigkeit als die einzige Möglichkeit,
Gerechtigkeit herzustellen. Diese Konzeption von Gerechtigkeit hat freilich den Preis, hohe Sozialkosten zu produzieren
und insgesamt entschleunigend und innovationshemmend
zu wirken. Für moderne Gesellschaften, deren Prosperität auf
ökonomischer und sozialer Dynamik beruht, ist sie nicht wirklich brauchbar. Brauchbar ist nur das, was beiden Formen der
Dynamik förderlich ist und Individuen die Möglichkeit des
sozialen Aufstiegs durch Bildung bietet. Und das, was diese
am meisten begünstigt, ist ein klug strukturiertes Bildungssystem.

Wo Bildungsgerechtigkeit bei linken Parteien überhaupt eine Rolle spielt, wird sie in aller Regel unter dem Obertitel der Chancengleichheit abgehandelt. Alle sollen gleiche Chancen haben, wenn es um den Zugang zu besser bezahlten, weil mit höheren Qualifikationsansprüchen ausgestatteten Stellen geht. In der Realität wird Chancengleichheit häufig so gehandhabt, dass die Ansprüche für den Erwerb bestimmter Bildungszertifikate zurückgeschraubt werden und ein sehr viel größerer Anteil der Bevölkerung Zugang zu diesen Zertifikaten erhält. Das aber erzeugt nur vordergründig bessere Chancen, weil letzten Endes diejenigen bevorzugt werden, die mit den gleichen Zertifikaten tatsächlich über Bildung verfügen, wobei diese dann nicht mehr über die Schule, sondern über die Familie und das soziale Umfeld erzeugt wird. Diejenigen dagegen, die zwar über Zertifikate, nicht aber über die erforderliche Bildung verfügen, können nur einen «Schein» vorweisen, der nicht hält, was er verspricht. Die Zertifikate selbst werden dadurch entwertet, und an ihre Stelle treten andere, verborgene Qualifikationen: soziales und kulturelles Kapital, die sehr viel schwerer zu erwerben sind und deshalb als subtile soziale Ausschlussmechanismen wirken. Das erzeugt Frustration bei jenen, denen versprochen worden ist, sie würden mit den Bildungszertifikaten einen sozialen Aufstieg erreichen, und lässt jene, bei denen es für diese Zertifikate nicht reicht oder die sie aus unterschiedlichen Gründen nicht anstreben, völlig demoralisiert zurück, weil sie sich endgültig als abgehängt erleben müssen.

Bildungsgerechtigkeit ist freilich voraussetzungsreich. Die Schule soll Kindern aus sogenannten bildungsfernen Schichten Chancen eröffnen, Bildungsaufstieg in sozialen Aufstieg zu transformieren, indem sie ihnen jene Bildung vermittelt, die dafür erforderlich ist. Das hat zur Voraussetzung, dass Bildung nicht einfach mit dem Erwerb höherer Bildungszertifikate

(Abitur, Studienabschluss) gleichgesetzt wird, sondern im qualitativen Sinn als Erwerb eines breiteren Sets von Fähigkeiten verstanden wird, die wiederum auf einer selbstverständlichen, habitualisierten Verfügung über basale Fähigkeiten (Lesen, Schreiben, Rechnen), elaboriertere Kompetenzen und kulturelles Wissen beruhen. Was trivial klingt, sind Voraussetzungen, die das derzeitige Bildungssystem offenbar nicht herzustellen vermag.

Wenn Bildung die Voraussetzung für größere Chancen auf dem Arbeitsmarkt, auf bessere Stellen, bessere Bezahlung und höhere Lebenszufriedenheit ist, sollte sie niemandem vorenthalten werden. Nun haben aber, wie alle Statistiken zeigen, Kinder, deren Eltern nicht schon über hinreichend Einkommen und Bildung verfügen, geringere Chancen auf den Zugang zu «höherer Bildung».[90] Chancengleichheit mit Kindern aus wirtschaftlich und sozial bessergestellten Familien herzustellen gilt mittlerweile als ebenso dringlich wie schwer erreichbar. Deshalb ist der Begriff der Chancengleichheit durch den der Chancengerechtigkeit ersetzt und teilweise zu Bildungsgerechtigkeit umgeprägt worden. Bildungsgerechtigkeit heißt, dass dem Staat beziehungsweise dem Schulsystem eine sehr viel aktivere Rolle zukommt, als sie formale Chancengleichheit verlangt. Wie schwierig es ist, Bildungsgerechtigkeit herzustellen, zeigt ein vergleichender Blick gerade auf basale Fähigkeiten. Der von der Universität Hamburg im Auftrag des Bundesbildungsministeriums durchgeführten *Level-One-Studie* von 2011 zufolge müssen 14,5 Prozent der erwerbsfähigen Bevölkerung, das heißt 7,5 Millionen Menschen, als funktionale Analphabeten eingeschätzt werden. Zu ihnen gehören nicht nur Hauptschulabbrecher und «Sonderschüler», sondern selbst Personen mit Abitur, woraus sich schließen lässt, dass sogar der Besitz eines Bildungszertifikats nicht immer etwas darüber aussagt, ob basale Fähigkeiten vorhanden sind.[91] Darüber hinaus können 13 Millionen Menschen, das heißt 25,9 Prozent der erwerbsfähigen Bevölkerung, auch gebräuchliche Wörter nur fehlerhaft schreiben.[92] Wenngleich sich die Ergebnisse mit der jüngst veröffentlichten Folgestudie etwas verbessert haben, lässt sich angesichts solcher Zahlen nicht bestreiten, dass das Schulsystem massiv versagt hat.

Nun ist dafür zweifellos nicht allein die Schule verantwortlich. Eltern, die sich nicht um ihre Kinder kümmern und die Erziehung anderen überlassen, sei es aufgrund sozialer Depravierung oder aus schlichtem Desinteresse, eine Umgebung, in der Schulerfolg keine Anerkennung bringt, Verwahrlosung, Privatfernsehen, Computerspiele, dazu die von den sozialen Medien wie Facebook, Instagram und WhatsApp forcierte Hyperkommunikation, die keine Zeit fürs Denken lässt und schon Kinder auf die Produktion von immer mehr Daten abrichtet – die Gründe für Schulversagen, an denen die Schule selbst keinen Anteil hat, sind vielfältig. Im Unterschied zu Chancengleichheit bezieht das Konzept der Bildungsgerechtigkeit diese außerschulischen Faktoren in die Agenda ein und sucht nach Wegen, ihren Einfluss auf den Bildungserfolg zu relativieren.

Auf der anderen Seite klagen Eltern, die Schule vermittle ihren Kindern selbst basale Fähigkeiten nicht, weshalb sie zu Hause mit ihnen nacharbeiten müssten. So betitelte die Zeitschrift *Focus* einen Artikel über die Bildungskrise mit «Mama muss es richten».[93] Das funktioniert freilich nur dann, wenn «Mama» nicht voll berufstätig ist und sich nachmittags die Zeit nimmt, nicht nur die Hausaufgaben ihrer Kinder zu betreuen, sondern auch die selbst geführten Lernwochenpläne und -ordner der Kinder durchzusehen, nachzubessern oder überhaupt erst anzulegen. Voraussetzung dafür ist wiederum, dass sie selbst hinreichend gebildet ist, um beurteilen zu können, was nachgeholt werden muss. Wo die eigenen Kenntnisse und Fähigkeiten nicht ausreichen, wird Kompetenz in Gestalt von Nachhilfelehrerinnen hinzugekauft. Damit wird Bildung von der Ausbildung der Eltern und deren Einkommen abhängig; wer über beides nicht in ausreichendem Maße verfügt, ist doppelt benachteiligt.

Die so entstehenden Bildungsnachteile sind die hässliche und inakzeptable Kehrseite einer reformierten Pädagogik, die auf selbständiges Lernen und selbst entworfene Lernpläne von Schülern setzt, ohne deren soziale Voraussetzungen genügend zu berücksichtigen. Man kann hier in Anlehnung an Erving Goffman von der Vorder- und der Hinterbühne des Schulsystems sprechen: Auf der Vorderbühne werden die Schüler zu selbstorganisierten Lernenden gemacht, die im besten Fall – etwa beim jahrgangsübergreifenden Lernen in der Grundschule – auch noch zu Lehrenden für ihre jüngeren oder «schwächeren» Mitschüler werden; auf der Hinterbühne wird ein Teil der Schüler von der Möglichkeit, in der Schule solides Wissen und die ihm zugrunde liegenden basalen Fähigkeiten zu erwerben, faktisch ausgeschlossen.[94] Die einen genießen die Freiheit, die anderen bezahlen den Preis dafür; die einen lernen, selbständig zurechtzukommen, die anderen lernen im schlimmsten Falle gar nichts oder zumindest doch so wenig, dass sie eigentlich auch gleich zu Hause bleiben könnten.

Das wechselseitige Zuschieben der Verantwortung hilft hier nicht weiter. Die Verantwortung der Schule für den Lernerfolg der Kinder kann weder an die Eltern zurückdelegiert noch den Lehrern als persönliches Versagen angelastet werden. Fälle von Versagen auf beiden Seiten gibt es zweifellos und in massiver Form, aber ein leistungsfähiges Schulsystem muss sich darauf einrichten und in der Lage sein, solche Probleme so weit wie möglich zu kompensieren; so weit zumindest, dass niemand die Schule verlässt, ohne über die Grundfertigkeiten des Lesens, Schreibens und Rechnens selbstverständlich und sicher zu verfügen.

Anzunehmen, das gesellschaftliche oder familiäre Umfeld lasse sich so einrichten, dass die Schule mit einer an der Mittelschicht ausgerichteten Didaktik für alle gleichermaßen gut funktionieren könne, ist naiv. Anzunehmen, alle Lehrerinnen und Lehrer könnten sich zu perfekten Pädagoginnen und Pädagogen entwickeln, ist ebenso wenig plausibel. Zwar kann durch eine Verbesserung der Lehramtsausbildung manches erreicht werden, aber solche Verbesserungen brauchen Zeit; Zeit, die nicht vorhanden ist. In einigen Fällen hilft auch die beste Ausbildung nichts, weil die angehenden Lehrer nicht die für das Unterrichten erforderliche Persönlichkeit mitbringen. Und schließlich kommt hinzu, dass der Lehrerberuf, was Besoldung und soziales Ansehen betrifft, nicht mehr so attraktiv ist, dass er die besten und leistungsfähigsten Studierenden anzieht.

Im Prinzip kann nur ein Modell zumindest teilweise Abhilfe schaffen: eine massive Verkleinerung der Klassen. Die derzeitigen Klassengrößen von bis zu dreißig Schülern machen es zu einer unmöglichen Aufgabe, das Unterrichtsangebot zu differenzieren und die Fortschritte der einzelnen Schülerinnen zu beobachten, um das Angebot auf ihre Bedürfnisse ausrichten zu können. Lehrerinnen bleibt häufig nichts anderes übrig, als zu versuchen, die Klassen einigermaßen zu beschäftigen, sich auf diejenigen zu konzentrieren, die von selbst mitarbeiten, und diejenigen, die stören, halbwegs unter Kontrolle zu halten. Das ist natürlich umso schwieriger, je mehr Schüler in einer Klasse unterrichtet werden. Dadurch macht sich bei den Unterrichtenden ein Gefühl der Überforderung breit, das sich in Brandbriefen von Schulen, insbesondere sogenannten Brennpunktschulen, Bahn bricht, das in Radio- und Fernsehsendungen sowie in zahlreichen Publikationen thematisiert wird.[95] Es entsteht der Eindruck, das Bildungssystem sei kurz vor dem Zusammenbruch. Die einzigen Schulen, die wirklich kleine Klassen mit sorgsamer Begleitung und Beobachtung der einzelnen Kinder haben, sind Privatschulen.

In einer Situation, in der an den Universitäten ohnehin nicht genügend Lehrerinnen ausgebildet werden und zahlreiche Quereinsteiger an den Schulen unterrichten, um das Lehrangebot einigermaßen aufrechtzuerhalten, lässt sich umgehend einwenden, eine Verkleinerung der Klassen sei schon aufgrund von Personalmangel völlig ausgeschlossen. Überdies sei nicht erwiesen, dass kleinere Klassen besseren Lernerfolg garantierten. Das ist eine der Konsequenzen, die einige Bildungsökonomen aus den Ergebnissen der großen internationalen Schülerleistungsvergleichsstudien gezogen haben: Da Länder wie Korea und Japan, die dabei am besten abgeschnitten haben, eher noch größere Klassen mit dreißig bis vierzig Schülerinnen haben, sind Klassengrößen nach ihrer Überzeugung für den Schulerfolg irrelevant.[96] Diese Einschätzung ignoriert jedoch den Unterschied zwischen Vorder- und Hinterbühne. Zum einen sind in Korea völlig andere Disziplinierungsregime in Kraft, bei denen Wissen zu einem erheblichen Teil durch Auswendiglernen produziert wird, zum anderen besuchen die Schüler in Korea wie Japan zusätzlich noch private Schulen, in denen der in den öffentlichen Schulen gelehrte Stoff vertieft und nachgearbeitet wird.[97] In Korea etwa besuchen 75 Prozent der Kinder und Jugendlichen ergänzend eine Privatschule (Hagwon); die Eltern wenden dafür sehr hohe Beträge auf. Der Schulerfolg gilt hier wie in Japan als Gradmesser für den Wert der ganzen Familie, was die Kinder enorm unter Druck setzt. Das Ranking der Universitäten tut ein Übriges, denn die besten Universitäten nehmen nur die Studenten mit den besten Noten auf, die außerdem noch die besten Privatschulen besucht haben. Die Privatschulen arbeiten mit sehr viel kleineren Gruppen, häufig nicht mehr als zehn Lernenden, teilweise auch weniger bis hin zum Einzelunterricht. Aus den Klassengrößen in Korea und Japan lassen sich also ohne weitere kulturelle Kenntnisse keine sinnvollen und übertragbaren Schlussfolgerungen ziehen. Das gilt ebenso für das eingliedrige Schulsystem in beiden Ländern und für die Tatsache, dass weder in Japan noch Korea Schüler sitzen bleiben können: Der zusätzliche private Schulunterricht gleicht hier aus, was das öffentliche Schulsystem nicht leistet. Freilich ändert das nichts daran, dass die japanischen und insbesondere die koreanischen Schüler bei den PISA-Tests deutlich höhere Kompetenzwerte erreicht haben als ihre deutschen Altersgenossen. Dass die zusätzliche Förderung der Schüler in einem Privatschulsystem erfolgt, das offenbar der deutschen privaten Nachhilfe deutlich überlegen ist, spielt dabei sicher eine erhebliche Rolle.[98]

Der private Nachhilfeunterricht könnte allerdings auch in Deutschland die «Vererbbarkeit» von Bildung erklären. Eltern aus dem akademischen Mittelstand können es sich leisten, mangelnde Leistungen ihrer Kinder durch Nachhilfestunden auszugleichen, und sie sind auch bereit dazu. Im Unterschied zu Eltern in «bildungsfernen» Familien können sie beurteilen, welcher Nachhilfeunterricht gut ist, denn sie finden sich in einem völlig zerklüfteten Feld zurecht, wo von nur wenig älteren Schülerinnen über Studenten, Lehrer und andere, die meinen, den entsprechenden Unterrichtsstoff zu beherrschen, bis hin zu professionellen Anbietern alle möglichen Angebote zu finden sind. Internet-Tutorials und Youtube-Videos bieten für diejenigen, die sich das nicht leisten können, zwar mittlerweile eine Alternative, aber auch der Zugang dazu unterliegt sozialen Beschränkungen, weil er eine entsprechende technische Ausstattung, vor allem aber die Kenntnis voraussetzt, wo man sich Wissen verschaffen kann. Und vor allem setzt dies voraus, dass die Betreffenden zu regelmäßiger «Nacharbeit» angehalten werden und sich um die Verbesserung ihrer Kenntnisse und Fähigkeiten auch dann bemühen, wenn sie dazu keine Lust und eigentlich anderes im Sinn haben. Bildungsgerechtigkeit heißt, dass diese Rahmenbedingungen schulischen Erfolgs bedacht und in die Arbeit mit den Schülerinnen einbezogen werden. Entscheidend ist jedoch auch, dass die Lehrer ein Selbstver- ständnis entwickeln, das sich nicht darin erschöpft, Leistungen zu bewerten und die Schüler nach ihrer jeweils erkennbaren Leistungsfähigkeit auf- oder abzuwerten, sondern vor allem darin besteht, ihre Leistungsfähigkeit zu entwickeln.

Die Auseinandersetzung um die Schule

Die Auseinandersetzung um die Schule wird weitgehend von der Antwort auf die Frage bestimmt, was Bildung sei. In ihrem Mittelpunkt steht der Konflikt um die Frage, ob das ein- oder das dreigliedrige Schulsystem besser ist. Diejenigen, die dem dreigliedrigen Schulsystem das Wort reden, verweisen auf die Benachteiligung begabter Kinder in einem eingliedrigen Schulsystem, das ihnen aufgrund des niedrigeren Niveaus ihre Bildungschancen nehme und damit zugleich dem Anspruch schade, eine «Bildungsnation» zu sein. Nur ein dreigliedriges Schulsystem schaffe Schülergruppen, die hinreichend homo- gen sind, um sie auf einem gleichen, anspruchsvollen Niveau unterrichten zu können. Ein niedrigeres Niveau sei in einem eingliedrigen Schulsystem zwangsläufig, weil ein großer Teil der Schüler die gestellten Anforderungen überhaupt nicht erfüllen könne. Das aber führe zum Verfall von Bildung. An diesen Debatten zeigt sich, dass das Gymnasium nach wie vor als die «Leitinstitution» des deutschen Bildungssystems betrachtet wird, von der aus die übrigen Schulformen bewertet werden.[99] Haupt- und Realschule sollen vor allem diejenigen vom Gymnasium fernhalten, die dessen Niveau absenken könnten.

Die Kritiker des dreigliedrigen Schulsystems aus Haupt-, Realschule und Gymnasium betrachten dieses dagegen als ein Selektionsinstrument, das vor allem Kinder aus «bildungsfernen» Schichten massiv benachteilige, weil es ihnen durch die Selektion in einem relativ frühen Entwicklungsstadium den Zugang zu höherer Bildung verwehre. Für diesen Selektivitätsdruck gibt es relativ viele und valide Belege. So erhalten Kinder aus «bildungsfernen» Schichten oder «mit Migrationshintergrund» bei gleichen Noten deutlich seltener eine Gymnasialempfehlung als Kinder aus Akademikerhaushalten. Anders als durch eine solide Vorurteilsstruktur des Lehrpersonals lässt sich das schwerlich begründen.[100]

Dass seit einigen Jahren in mehreren Bundesländern der Elternwille eine fehlende Gymnasialempfehlung der Grundschule ausgleichen kann, hat hieran wenig geändert, denn es sind in erster Linie Eltern aus der unteren bis gehobenen Mittelschicht, die ihren Willen durchsetzen. Wenn inzwischen im Durchschnitt mehr als die Hälfte der Schülerinnen das Gymnasium besucht, ist es für Eltern mit Aufstiegsorientierung unerträglich, wenn ihre Kinder nicht dazugehören. «Bildungsferne» Familien und Eltern «mit Migrationshintergrund» nehmen die Schulempfehlung dagegen als verbindliche Entscheidung hin. Sie sind oft selbst nicht von der Leistungsfähigkeit ihrer Kinder überzeugt oder nicht in der Lage, entschiedenen Widerspruch anzumelden. Mit Pierre Bourdieu gesprochen: Sie haben einen Armutshabitus, der es ihnen unmöglich macht, Ansprüche zu stellen, von Beginn an Förderung zu erwarten und den Zugang zu höherer Bildung zu verlangen. Die Entscheidung über die zukünftigen Bildungswege fällt aber schon am Ende der Grundschulzeit. Hier werden bereits Lebenschancen zugeteilt, weil der Besuch einer Hauptschule quasi mit dem Ausschluss vom Zugang zu Bildung identisch ist.

Bildungsentscheidungen

Die Entscheidung über den weiteren Bildungsweg, die heute am Ende der Grundschulzeit getroffen wird, fiel bis in die Weimarer Republik noch früher. Insofern ist es lehrreich, sich die damalige Situation und die vorgebrachten Begründungen zu vergegenwärtigen. Eine einheitliche Grundschule wurde in Deutschland erst mit dem Grundschulgesetz von 1920 geschaffen, das eine Mehrheit aus Sozialdemokraten, liberalen Demokraten und Zentrum durch das Parlament brachte. Zuvor gab es «Volksschulen», die seit Einführung der Schulpflicht (in Preußen 1763) für die Kinder der Bauern, Arbeiter, kleinen Handwerker und Gewerbetreibenden eingerichtet worden waren. Dort wurden die Kinder von einem «Volksschullehrer» zumeist bis zur achten Klasse unterrichtet, während die Kinder der «gebildeten Stände» private und schulgeldpflichtige Vorschulen für das Gymnasium besuchten. Das Grundschulgesetz sollte den Artikel 146 der Weimarer Verfassung durchsetzen, in dem es hieß: «Das öffentliche Schulwesen ist organisch auszugestalten. Auf einer für alle gemeinsamen Grundschule baut sich das mittlere und höhere Schulwesen auf. Für diesen Aufbau ist die Mannigfaltigkeit der Lebensberufe, für die Aufnahme eines Kindes in eine bestimmte Schule sind seine Anlage und Neigung, nicht die wirtschaftliche und gesellschaftliche Stellung oder das Religionsbekenntnis seiner Eltern maßgebend.» Vonseiten des Bildungsbürgertums und der Konservativen gab es massiven Widerstand gegen das Gesetz, weil man seine Kinder nicht gemeinsam mit dem «Pöbel» zur Schule schicken wollte. Ernst Oberfohren, Abgeordneter der Deutschnationalen Volkspartei (DNVP), der als Sohn eines Landwirts sein Abitur an einer Oberrealschule gemacht hatte und somit selbst ein Bildungsaufsteiger war, bezeichnete die gemeinsame Grundschule als «Kinderzwangszuchthaus» und «Machwerk der Novemberverbrecher».[101] Schon damals also beklagte das Bildungsbürgertum – in Gestalt eines ihm nicht wirklich zugehörigen Abgeordneten, denn dafür fehlte Oberfohren der Besuch eines humanistischen Gymnasiums –, die «begabten» Kinder würden nicht mehr genügend lernen, wenn man sie zum Besuch einer «sozialistischen Einheitsschule» nötigte. Erst 1931 besuchten etwa 95 Prozent der Kinder gemeinsam die vierjährige Grundschule.

Diese Auseinandersetzung verdeutlicht, wie groß der Widerstand gegen jede Form gemeinsamer Beschulung in Deutschland seit mehr als einhundert Jahren ist. Als 2010 eine Koalition aus CDU und Grünen versuchte, mit einer Schulreform in Hamburg eine gemeinsame Primarschule bis zum Ende der sechsten Klasse einzuführen, gingen zahlreiche Eltern auf die Barrikaden und setzten einen Volksentscheid durch, in dem 54,4 Prozent gegen die Schulreform stimmten. Die Verlängerung der gemeinsamen Grundschulzeit auf sechs Jahre war damit gescheitert. Derzeit gibt es die verlängerte Grundschulzeit nur in Berlin und Brandenburg. Die Argumente haben sich seit Wilhelm von Humboldts Plänen für eine allgemeine Schule nicht geändert: Nach wie vor sind viele davon überzeugt, dass die «Begabten» und die «Minderbegabten» nicht zusammen unterrichtet werden sollten. Wer die Minderbegabten sind, ist in der Regel schnell ausgemacht: Knaben «mit Migrationshintergrund»; sie haben die seit Ralf Dahrendorf sprichwörtlich gewordene «katholische Arbeitertochter vom Lande» als besonders Benachteiligte im deutschen Bildungssystem abgelöst. Seit vielen Jahren stellen sie die eigentliche «Risikogruppe» dar.[102]

In einem Bildungssystem, in dem tendenziell alles umstritten ist, ist auch umstritten, woran es liegt, dass Jungen «mit Migrationshintergrund» zu einem bildungspolitischen Schreckgespenst geworden sind. Die einen machen die mangelnde Begabung insbesondere muslimischer Kinder dafür verantwortlich und verweisen darauf, dass andere Migrantengruppen, etwa Vietnamesen und Koreaner, deutlich besser abschneiden; die andern sehen die Ursache dafür in der leistungsunabhängigen sozialen Selektion in Kombination mit der schichttypisch mangelnden Bildungsorientierung der Eltern.[103] Dabei wird erstaunlicherweise selten berücksichtigt, dass man Generationen von Migrantenkindern, präziser gesprochen Nichtmuttersprachlern, die kein oder bestenfalls rudimentäres Deutsch konnten, einfach eingeschult hat, ohne sie in eigens dafür eingerichteten Vorschulen auf den Unterricht in deutscher Sprache vorzubereiten. Wenn sie das Glück hatten, mit Muttersprachlern und deren Familien in engeren Kontakt zu kommen, konnten ihre Defizite unter Umständen ausgeglichen werden; wenn nicht, mussten sie den Unterricht in der fremden Sprache über sich ergehen lassen, ohne eine echte Chance zu haben, etwas zu lernen. Sprachstandserhebungen vor Schuleintritt wurden jahrzehntelang überhaupt nicht durchgeführt, und sie sind nach wie vor nicht in allen Bundesländern etabliert. Sehr unterschiedlich sind obendrein die angewandten Methoden wie auch die Konsequenzen, die aus einer fehlenden Sprachbefähigung in der deutschen Sprache gezogen werden. Das gilt noch mehr für sogenannte Seiteneinsteiger, etwa bereits schulpflichtige Kinder und Jugendliche, die als Geflüchtete nach Deutschland gekommen sind. Noch immer gibt es keine verbindlich für alle Geflüchteten vorgesehenen «Vorbereitungs-» oder «Willkommensklassen», die auf den Unterricht in deutscher Sprache vorbereiten. Die jungen Geflüchteten kommen dann einfach in die ihrer Altersstufe entsprechende Klasse – zumeist in einer Haupt- oder Gesamtschule –, ohne dem Unterricht folgen zu können. Häufig werden sie in Stadtteilen mit hohem Migrantenanteil eingeschult, so dass sie kaum mit muttersprachlich deutschen Kindern und deren Eltern in Kontakt kommen – oder zumindest nur mit denen, die in der deutschsprachigen Bevölkerung ihrerseits zu den Bildungsverlierern gerechnet werden müssen. Akademisch gebildete Mittelstandseltern, auch im Sinne von Inglehart «postmaterialistisch» eingestellte, die in den pulsierenden Metropolen gerne in Stadtteilen mit hohem Migrantenanteil leben, vermeiden es tunlichst, ihre Kinder auf die dort befindlichen öffentlichen Schulen zu schicken. Sie ziehen Privatschulen mit besonders anspruchsvollen pädagogischen Konzepten und hohem persönlichen Engagement vor.[104]

In der jüngeren Debatte hat man sich vor allem darüber empört, dass Bildungsverlierer, die ohne Perspektive immer weiter nach unten durchgereicht wurden, durch unangenehmes bis gewalttätiges Verhalten aufgefallen sind, was man ihnen allein angelastet hat.[105] Man hat selten darüber nachgedacht, ob dafür nicht zumindest auch die mangelnde Möglichkeit, innerhalb des Schulsystems Anerkennung zu erlangen, verantwortlich sein könnte. Das ist der eigentliche Skandal des deutschen Bildungssystems: dass es ganze Generationen von Migranten zu Bildungsverlierern gemacht und über lange Zeit nichts dafür getan hat, das zu ändern. Wer einen Abschied vom Abstieg will, muss unter anderem hier ansetzen.

Probleme, Reformversuche und halbherzige Bemühungen

Die Schule hat sich in den letzten Jahren stark verändert und ist sich doch in vielem gleich geblieben: Einerseits haben PISA, TIMSS, IGLU und andere Bildungsstudien umfangreiche Reformen ausgelöst, andererseits ist es mit diesen Reformen nicht gelungen, die Akzeptanz des derzeitigen Bildungssystems bei seinen Kritikern zu erhöhen. Im Gegenteil, jede weitere Reform wird mit großem Misstrauen beäugt und von Lehrern, Eltern sowie bildungsinteressierten Angehörigen des gehobenen Mittelstands scharf kritisiert; Schulleitungen setzen die neuen Vorgaben häufig ohne innere Überzeugung um. Eine Reihe von Reformen wird den Ergebnissen der als ideologisch betrachteten Bildungsforschung zugeschrieben, obwohl diese in vielen Fällen keinen Einfluss darauf hatte oder Veränderungen vorgeschlagen hat, die dann nur halbherzig und ohne Berücksichtigung der genannten Voraussetzungen eingeführt wurden. Bildungsforscher klagen darüber, dass die größten Reformvorhaben im Bildungsbereich nicht auf Forschungsimpulse zurückgingen und zumeist ohne empirische Evidenz erfolgt seien. Als Beispiele werden etwa die Einführung der achtjährigen Gymnasialzeit, die Ausstattung mit Tablets und die inklusive Schule genannt. In der Regel seien diese Reformen auch nicht von Implementationsstudien begleitet worden, so dass man über die Umsetzung der Vorhaben und deren Effekte keine wissenschaftlich gesicherten Kenntnisse habe.[106] Ungeachtet dessen wird jede als gescheitert wahrgenommene Reform der Bildungsforschung angelastet.

Ein Teil derjenigen, die sich an der Debatte um das Schulsystem beteiligen, erachtet sämtliche Reformen als schädlich, weil jede Veränderung die Schule nur noch weiter vom einst erfüllten Bildungsideal entferne. Ein anderer Teil betrachtet die Reformen als sinnlos, weil sie nicht dazu beitragen konnten, die Spaltung des Bildungssystems zu überwinden. Die einen machen die 68er und die von ihnen eingeführte «Kuschelpädagogik» oder aber die Vorstellung, dass der Lehrer nicht mehr Lehrer, sondern «Coach» sein solle, für den allgemeinen Missstand verantwortlich, die anderen gehen davon aus, dass die durchgeführten Reformen gar nicht wirklich dazu gedacht waren, die soziale Selektivität des Bildungssystems zu überwinden.[107] Tatsächlich sind im Bildungssystem zahlreiche performative Selbstwidersprüche zu beobachten. Sie geben einen Hinweis darauf, dass sowohl durchgeführte als auch ausbleibende Reformen und halbherzige Umsetzungen dazu geführt haben, dass immer wieder neue Probleme entstanden sind, ohne dass die alten gelöst worden wären.

Betrachtet man Lehrpläne der verschiedenen Bundesländer, so zeigt sich überdeutlich, dass das deutsche Bildungssystem nach wie vor auf umfängliche Wissensvermittlung setzt. Die Lehrpläne sind überfrachtet mit Wissensinhalten, die in den vorgesehenen Unterrichtsstunden niemals gelehrt und gelernt werden können. Das zeigen besonders die Fächer, in denen zwar nicht mehr Faktenwissen im Sinne abfragbarer Daten, wohl aber Überblickswissen im Vordergrund steht, etwa das Fach Geschichte.[108] Der hessische Lehrplan sieht für die sechste bis zehnte Klasse des Gymnasiums die Jungsteinzeit, das alte Ägypten, das antike Griechenland, das Römische Reich, das Mittelalter, die Frühe Neuzeit mit dem Dreißigjährigen Krieg, das Kaiserreich und den Ersten Weltkrieg, die Weimarer Republik und das «Dritte Reich» sowie «die geteilte Welt» von 1945 bis 1990 vor, die in jeweils wenigen Unterrichtsstunden «durchgenommen» beziehungsweise «erarbeitet» werden sollen.

Bei einem so vollgepfropften Lehrplan, wie er auch für andere Fächer gilt, dürfte keine einzige Unterrichtsstunde ausfallen. Unterrichtsausfall ist in allen Schulformen und Klassenstufen aber ein massives Problem. Nach einer von der *Zeit* in Auftrag gegebenen Studie fallen 5,2 Prozent des Unterrichts aus. Nur 3,5 Prozent des regulären Unterrichts werden dabei nach Einschätzung der befragten Schüler durch eine Vertretung fortgesetzt, in 46,8 Prozent der Fälle erhalten die Schüler allgemeine Arbeitsaufträge. In vielen Fällen ist das auch gar nicht anders möglich, weil nach Angaben der befragten Lehrer außer im Fach Deutsch, das mit 39,8 Prozent den niedrigsten Wert hat, zwischen 55 und 87 Prozent des Unterrichts von fachfremden Lehrern vertreten wird, die den Unterricht nicht fortsetzen könnten, selbst wenn sie es wollten.[109] Auch bei der Vertretung durch Lehrer des entsprechenden Fachs müsste freilich sichergestellt sein, dass diese wissen, welche Gegenstände gerade behandelt werden, wie die Klasse damit zurechtkommt und welche Schwerpunkte im Unterricht sinnvoll wären. Dazu bedürfte es jedoch eines systematischen innerschulischen Informationsaustausches, der durchaus digital erfolgen kann, und einer angemessen großen Vertretungsreserve für die jeweiligen Fächer. Digitale Nachrichtensysteme werden für Vertretungspläne zwar genutzt, aber in den seltensten Fällen wird darin mitgeteilt, woran weitergearbeitet werden müsste. Hier ließe sich durch eine Verbesserung der innerschulischen Kommunikation immerhin ein kostengünstiger Beitrag zur Verbesserung des Unterrichts leisten.

Doch selbst wenn der Unterrichtsausfall auf ein Minimum begrenzt werden könnte, würde das nichts daran ändern, dass derart überfüllte Lehrpläne bestenfalls ein oberflächliches Wissen produzieren können, das in kürzester Zeit wieder vergessen ist. Auch in der gymnasialen Oberstufe ist das Fächerangebot

extrem breit angelegt und vollgepfropft mit den unterschied-
lichsten Bildungsinhalten. Das erzeugt an den nachfolgenden
Universitäten die Erwartung, dass die Kenntnis dieser Inhalte
vorausgesetzt werden könne und überdies die spezifischen
Kompetenzen vorhanden seien, die für ein Studium benötigt
werden: die Fähigkeiten etwa, sich Gegenstände selbständig zu
erarbeiten, methodisch vorzugehen oder ein großes Lesepen-
sum zu bewältigen. Die Erfahrungen verweisen aber auf das
Gegenteil. Hochschullehrer und Hochschullehrerinnen beklagen sich jedenfalls häufig, dass ein großer Teil der inzwischen
an die Universitäten gekommenen Abiturientinnen und Abiturienten nicht mehr die notwendigen Grundkompetenzen
für ein Studium mitbringe. Diese Klage ist unisono aus allen
Fächern zu hören. Dabei spielt keine Rolle, ob der Zugang zu
den jeweiligen Fächern durch einen Numerus clausus bewehrt
ist oder nicht, denn auch Abiturienten mit Bestnoten werden
häufig als nicht studierfähig eingeschätzt.

Möglicherweise liegt das Problem nicht in einem Zuwenig,
sondern in einem Zuviel. In England, das in Bildungsfragen
vielen als Vorbild gilt, belegen die Schülerinnen und Schüler
in den letzten beiden Schuljahren, die auf das General Certi-
ficate of Education (GCE) und damit die A-Levels vorbereiten,
drei bis vier Unterrichtsfächer. Mit den A-Levels erwirbt man
deshalb auch keine allgemeine Hochschulreife, sondern die
Befähigung zum Studium bestimmter Fächergruppen.[110] In
Deutschland müssen die Schüler in der gymnasialen Oberstufe
dagegen zwischen zehn und zwölf Fächer belegen, von denen
die meisten als Grundkurse und zwei als Leistungskurse unterrichtet werden. Das Abitur wird auch in Deutschland in vier
bis fünf Fächern abgelegt, aber den größten Teil der anderen
Fächer muss man bis zum Abitur mitführen. Der Grund dafür
liegt darin, dass mit dem Abitur die allgemeine Hochschulreife

erworben werden soll. Das hat zwangsläufig zur Folge, dass das in den einzelnen Fächern erworbene Wissen geringer ist als bei einer Konzentration auf wenige Fächer. Zudem werden die Schülerinnen mit einer extrem hohen Stundenzahl belastet. Die Mindestgröße liegt bei dreißig Unterrichtsstunden, in einigen Bundesländern beträgt sie vierunddreißig Unterrichtsstunden. Beim achtjährigen Gymnasium sind dreiunddreißig bis vierunddreißig Wochenstunden vorgeschrieben.[111] Bei fünf Unterrichtstagen sind das etwa sieben Unterrichtsstunden pro Tag, schulische Arbeitsgemeinschaften nicht mitgerechnet. Danach soll das in zehn bis zwölf Fächern Erlernte in Form von Hausarbeiten vor- und nachbereitet werden. Die Jugendlichen kommen dabei, wenn sie die Anforderungen erfüllen wollen, auf Schultage, die den Arbeitstagen eines berufstätigen Erwachsenen in nichts nachstehen, sie häufig sogar noch übertreffen. Dabei kommt nahezu zwangsläufig das heraus, was Schüler «Bulimielernen» nennen, übersetzt: in kürzester Zeit so viel wie möglich lernen, das Erlernte in der nächsten Klausur einmal ausspucken und sofort wieder vergessen. Das befördert jenen Effekt, den Anhänger einer inhaltszentrierten Gymnasialbildung gerade vermeiden wollen: dass die Schüler am Ende ihrer Schulzeit über kein umfangreiches Wissen verfügen, sondern sich im Zweifel nicht einmal mehr an das erinnern können, was als unverzichtbar gilt.

Das Bildungssystem der DDR: Schreckbild oder mögliches Vorbild?

Die Schuld daran wird insbesondere den Schulreformen gegeben, die nach dem PISA-Schock und all den anderen negativen Ergebnissen der vergleichenden Bildungsstudien durchgeführt wurden. Diese Studien haben deutlich gemacht, dass der deutsche Anspruch, eine Bildungsnation zu sein, kaum der Realität entspricht. Insbesondere der Abstand zwischen den leistungsstärksten und den leistungsschwächsten Schülern ist in Deutschland extrem hoch, und dennoch sind selbst die besten Schüler im internationalen Vergleich nur Mittelmaß.[112] Das löste, als diese Studien erstmals öffentlich wurden, eine neue und intensive Reformphase aus.

Die erste durchgreifende Reform im deutschen Bildungssystem wurde allerdings noch vor der ersten PISA-Studie durchgeführt und hatte ein anderes Ziel: die Abwicklung des Bildungssystems der DDR nach dem Beitritt der fünf neuen Bundesländer zum Geltungsbereich des Grundgesetzes. Damit wurde das eingliedrige Schulsystem der DDR aufgehoben – das einzige eingliedrige Bildungssystem, das es auf deutschem Boden je gegeben hatte. Die Trennung der Schulsysteme hatte schon vor Gründung der beiden deutschen Staaten begonnen. Während in den drei Westzonen das Schulsystem nach dem Zweiten Weltkrieg vorerst unangetastet blieb, wurde es in den ostdeutschen Ländern fundamental verändert. Mit dem 1946 beschlossenen *Gesetz zur Demokratisierung der deutschen Schule* wurde die Schule in der sowjetisch besetzten Zone auf ein eingliedriges System umgestellt. Für alle Kinder wurde eine achtjährige «demokratische Einheitsschule» geschaffen; an diese Grundschule schloss sich die Oberschule an, die in vier Jahren zum Abitur führte. Das neue, einheitliche Schulsystem sollte das Bildungsprivileg der ehemals herrschenden Klassen «brechen» und den bisher benachteiligten Kindern von Arbeitern und Bauern einen besseren Zugang zu Bildung ermöglichen. So hieß es im *Gesetz zur Demokratisierung der deutschen Schule*: «Die neue Schule muß (...) so aufgebaut sein, dass sie allen Jugendlichen, Mädchen und Jungen, Stadt- und

Landkindern, ohne Unterschied des Vermögens ihrer Eltern das gleiche Recht auf Bildung und seine Verwirklichung entsprechend ihren Fähigkeiten und Anlagen garantiert.»[113]

Mit dem *Gesetz über die sozialistische Entwicklung des Schulwesens* wurde 1959 die Polytechnische Oberschule (POS) eingeführt, die die Grundschule ablöste. Der Unterricht wurde um zwei Jahre verlängert, womit man den Mittleren Schulabschluss für alle anstrebte, wenngleich Schüler die Polytechnische Oberschule auch schon zwei Jahre früher verlassen konnten. Da die POS eine Einheitsschule war, sollte sie theoretische und praktische Bildungselemente miteinander verknüpfen, was mit dem Adjektiv «polytechnisch» zum Ausdruck gebracht wurde. Dazu gehörte ein praktisch-technischer Unterricht, der schon in der Unterstufe mit Werken und der Arbeit im Schulgarten begann und später dann mit der theoretischen «Einführung in die sozialistische Produktion», Technischem Zeichnen und vierzehntägigen Praktika in der Produktion in den Klassenstufen sieben bis zehn fortgesetzt wurde.[114]

Auf die zehnklassige Polytechnische Oberschule folgte die Erweiterte Oberschule (EOS), die zum Abitur führte und in drei Zweige aufgeteilt war: einen neusprachlichen mit zwei bis drei modernen Fremdsprachen, von denen die erste verbindlich Russisch und die zweite in der Regel Englisch war, einen mathematisch-naturwissenschaftlichen und einen altsprachlichen Zweig, der freilich nur sehr schmal war, weil Latein und Griechisch als Relikte des Bildungsbürgertums galten. Die EOS war allerdings nur für einen kleinen Teil der Schüler vorgesehen. Die Übergangsquote war auf etwa 10 Prozent begrenzt, was aber umstritten war, weil die Konkurrenzfähigkeit der Wirtschaft im Wettbewerb mit der Bundesrepublik erhalten beziehungsweise gesteigert werden sollte.[115] Sie wurde zum einen durch den geforderten Notendurchschnitt (1,7) reglementiert, zum anderen von der Erwartung der Staatstreue. Die *Anordnung über die Aufnahme in die erweiterte allgemeinbildende polytechnische Oberschule* vom 5. Dezember 1981 legte dazu in Paragraph 2, Absatz 2 fest: «Für die erweiterte Oberschule und für die Berufsausbildung mit Abitur sind Schüler auszuwählen, die sich durch gute Leistungen im Unterricht, hohe Leistungsfähigkeit und -bereitschaft sowie politisch moralische und charakterliche Reife auszeichnen und ihre Verbundenheit mit der Deutschen Demokratischen Politik durch ihre Haltung und gesellschaftliche Aktivität bewiesen haben.»[116] Paragraph 3 präzisierte diese Ausführungen dahingehend, dass Interessenten für technisch-naturwissenschaftliche Ausbildungsgänge sowie für den Lehrerberuf bevorzugt werden sollten, ebenso wie diejenigen, deren Eltern «hervorragende Leistungen (...) beim Aufbau des Sozialismus» erbracht hätten. Hervorgehoben wurde auch, dass ein entsprechender Anteil von «Kindern der Arbeiterklasse (...) und Genossenschaftsbauern» zu berücksichtigen sei.[117] Weil der Bedarf an Offizieren in der DDR aufgrund der überdimensionierten Streitkräfte groß war und nicht leicht gedeckt werden konnte, war die Verpflichtung, eine dreijährige Ausbildung zum Offizier in der Nationalen Volksarmee zu absolvieren, eine weitere Möglichkeit, die Zulassung zur Erweiterten Oberschule zu erreichen.

Nach diesen Bestimmungen überschnitten sich drei unterschiedliche Zielsetzungen, die teilweise im Widerspruch zueinander standen: eine meritokratische Auslese mit dem Ziel, die Besten für den Zugang zu Abitur und Hochschulstudium auszuwählen; eine im weitesten Sinne bildungsökonomische Zielsetzung, wobei es darum ging, die Zahl der Abiturienten zu steigern, um die Wirtschaft der DDR konkurrenzfähig zu halten; schließlich die politische Absicht, eine staatstreue

Intelligenz zu erzeugen.[118] Damit wurde jedoch das erklärte Ziel
des Schulsystems, bildungsferne Schichten zu einer höheren
Schulbildung zu führen, weitgehend ausgehöhlt. Bereits seit
den 1960er Jahren zeigte sich, dass auch im Bildungssystem
der DDR die bestehende Sozialstruktur reproduziert wurde.[119]
Dazu trugen nicht zuletzt die Auswahlkriterien Systemloyali-
tät und Bestleistung bei, da sich Letzteres mit dem Merkmal der
Herkunft aus der Schicht der Gebildeten überschnitt.[120]

Diese Einschränkungen galten freilich in erster Linie für den
Zugang zum Abitur. Eine grundsätzliche Verbesserung der
Ausbildung auch bildungsferner Schichten vor allem mit dem
Schwerpunkt der mathematisch-naturwissenschaftlichen und
technischen Bildung wurde in der Polytechnischen Oberschule,
insbesondere in den ersten Jahrzehnten der DDR, durchaus
erreicht und eine frühe Selektion im Bildungssystem, wie sie
in der Bundesrepublik üblich war, wirksam verhindert.[121]

Mit dem Beitritt der fünf neuen Bundesländer zum Geltungsbereich des Grundgesetzes wurde das DDR-Bildungs-
system in kurzer Zeit grundlegend verändert und weitgehend,
wenn auch nicht in allen neuen Bundesländern einheitlich,
an die Bedingungen der Bundesrepublik angepasst. Dabei
trat das Gymnasium an die Stelle der Polytechnischen und
der Erweiterten Oberschule, womit die gemeinsame Beschulung aller Schülerinnen und Schüler aufgehoben wurde. Das
Hauptargument dafür war die Rolle, die das Bildungssystem
bei der Erziehung einer staatstreuen sozialistischen Jugend
mit entsprechender Indoktrination geleistet hatte. Sie war das
Schreckgespenst im Bildungssystem der DDR, und es verdeckte die möglichen Vorzüge einer gemeinsamen Beschulung
aller Kinder bis zur zehnten Klasse. Freilich war diese in einer
stark homogenisierten Bevölkerung wie jener der DDR, die so
gut wie keine Migration und keine wirklich großen Einkom-

mensunterschiede kannte, auch sehr viel leichter zu erreichen als in der Bundesrepublik.

Es wäre indes zu bedenken gewesen, ob nicht gerade in einer sozial sehr viel heterogeneren Gesellschaft, wie jener der Bundesrepublik, das Schulsystem der DDR ein hilfreiches Gegengewicht dargestellt hätte, so dass es sinnvoll gewesen wäre, eher Elemente von diesem in den «alten Bundesländern» einzuführen als in umgekehrter Richtung zu reformieren.

Bei einem nicht geringen Teil der Lehrerinnen und Lehrer in den neuen Bundesländern sorgte die Umstellung des Schulsystems für erhebliche Verbitterung. Ihre bisherige Unterrichtspraxis wurde abgewertet, und an deren Stelle traten neue Anforderungen zur Unterrichtsgestaltung, die mit einem stark normierten und von vorne gesteuerten Unterricht nicht vereinbar waren. Dass es in der DDR daneben auch Gruppenarbeit zur eigenständigen Erarbeitung von Lerninhalten gab, ging ebenfalls unter. Die Schulbücher wurden ersetzt, und viele Lehrer hatten, insbesondere auf dem Gebiet der mathematisch-naturwissenschaftlichen Ausbildung, den Eindruck, dass das Unterrichtsniveau deutlich abgesenkt wurde. Im Fach Deutsch wurden die in der DDR unter dem Obertitel «Kulturerbe» noch stark an einem Kanon orientierten Lerninhalte so transformiert, dass nun nicht mehr so wichtig war, was im Unterricht gelesen und behandelt wurde.

Neue pädagogische Instrumente

Mit dem Ende des DDR-Schulsystems und insbesondere seit den ersten Ergebnissen der vergleichen Bildungsstudien kam es zu einer neuen Reformphase. Seither setzt die Didaktik bereits in der Grundschule auf das Prinzip des individuellen,

selbständigen Lernens. Die Kinder sollen nicht mehr durch
einen Lehrer unterrichtet werden, der vor der Klasse steht und
ihr Lesen, Schreiben und Rechnen erklärt, sondern lernen,
eigenständig zu arbeiten und sich selbst zu organisieren. Damit
sollten Motivation und Kreativität der Schüler gefördert und
ihre Heterogenität berücksichtigt werden. Dieses Ziel verfolgt
auch die von dem Schweizer Pädagogen Jürgen Reichen entwickelte Methode «Lesen durch Schreiben», die als «Schreiben
nach Gehör» bekannt geworden ist. Bei dieser Methode ordnen
die Kinder mit Hilfe einer Lauttabelle gehörten Wörtern einzelne Laute zu und setzen diese dann zu einem zu schreiben-
den Wort zusammen. Damit sollten die Kinder einerseits lesen
lernen, andererseits soll verhindert werden, dass sie Angst vor
dem Schreiben entwickeln. Ziel ist es, sie zu einem ebenso
natürlichen Umgang mit dem Schreiben wie mit dem Sprechen
zu bewegen. Um sie nicht zu verunsichern oder zu demoti-
vieren, soll ihre Rechtschreibung weder von den Lehrern noch
von den Eltern korrigiert werden. Das hat dazu geführt, dass
viele Kinder in den ersten beiden Schuljahren falsch schreiben, weil es nicht einfach ist, den Lauten die richtigen Buchstaben zuzuordnen. Ein nicht unerheblicher Teil kann auch am
Ende der vierten Klasse nicht fehlerfrei schreiben und flüssig
lesen. Das hat insbesondere bei Eltern aus den konservativen
Kreisen der Mittelschicht für erhebliche Irritationen gesorgt;
vor allem die Aufforderung, nicht korrigierend einzugreifen,
wird als Provokation wahrgenommen.[122] Ähnliches gilt für
Umstellungen in der Methodik beim Erlernen des Rechnens.
Auch hier haben sich zahlreiche Mittelschichteltern nicht an
die Vorgaben gehalten und korrigierend eingegriffen.[123] Bei
Schülern, deren Muttersprache nicht Deutsch ist, haben sich
diese Neuerungen fatal ausgewirkt, weil solche korrigierenden
Eingriffe bei ihnen in aller Regel nicht erfolgen konnten. Sie

haben von Beginn an nicht richtig schreiben gelernt und sind so auf einem Stand geblieben, der ihnen auch das Lesen enorm erschwert.[124]

Gleichzeitig hat die in der Grundschule aus der Reformpädagogik übernommene Methode, jahrgangsübergreifend zu arbeiten, den Klassenverband teilweise aufzulösen und die Kinder kreativ und selbständig lernen zu lassen, bei den Angehörigen der akademischen Mittelklasse durchaus Zuspruch gefunden.[125] Sie deckt sich mit deren Vorstellung von Singularisierung durch Selbstentfaltung und Kreativität. Freilich führt diese Vorstellung auch dazu, dass gerade diese Schicht ihre Kinder dem öffentlichen Schulsystem zu erheblichen Teilen entzieht und ambitionierte Privatschulen mit reformpädagogischem Anspruch für sie auswählt.[126] Dem entspricht der Rückzug eines erheblichen Teils der konservativen Mittelschicht bis hin zur unteren Mittelschicht mit Aufstiegsorientierung aus dem öffentlichen Schulsystem. 2015 besuchte von den rund 10,8 Millionen Schülern in Deutschland jeder Elfte eine Privatschule. Den höchsten Anteil daran bildeten mit 23,8 Prozent die Grundschulen.[127] Wie das Statistische Bundesamt in einer Presseerklärung vom 8. Januar 2019 angab, ist der Anteil der Privatschulen damit seit 1992 um 81 Prozent gestiegen.[128] Das hat erheblich zur weiteren Segregation im deutschen Schulsystem beigetragen. Diese Segregation zumindest zu relativieren, ist eine der zentralen Herausforderungen für den Abschied vom Abstieg. In jedem Fall aber muss die Orientierung am individuellen Aufstieg, die in der elterlichen Entscheidung für die private Schule ihren Ausdruck findet, mit der Sorge für eine gute Bildung und Ausbildung aller verknüpft werden – aus Gründen des sozialen Zusammenhalts, aber auch als Voraussetzung dafür, dass das gegenwärtige Wohlstandsniveau gehalten werden kann.

Bildung für alle: Grundlinien einer Agenda

Angesichts der verfahrenen Lage scheint der Anspruch, Bildung für alle zu ermöglichen, überzogen zu sein. Die schlechten Nachrichten aus dem Schulsystem reißen nicht ab; gute Nachrichten gibt es zwar auch, aber sie greifen in der auf negative Emotionalisierung setzenden Aufmerksamkeitsökonomie nicht. Fast scheint es, als wolle man sich aufregen, damit man nichts zu ändern braucht. Bildung für alle ist aber nicht zu haben, wenn die vertrauten Konstellationen bedingungslos verteidigt werden. Niedergangsnarrative tendieren dazu, Self-fulfilling Prophecies zu werden. Bildung für alle ist aber nicht nur vonnöten, sondern auch machbar, denn ein gutes Projekt wird immer Beteiligung finden – mögen die Aussichten auch bescheiden, manche der eingeschlagenen Wege falsch und die Hoffnungen gering sein.

Um einem funktionierenden Bildungssystem näher zu kommen, das Bildung für alle zu verwirklichen vermag, muss eine Reihe von Voraussetzungen erfüllt werden. Das dreigliedrige Schulsystem, dessen Kern frühe Bildungssegregation ist, die unvermeidlich zu sozialer Segregation führt, sollte durchgängig zu einem höchstens zweigliedrigen Bildungssystem – das erst in Teilen existiert – weiterentwickelt werden. Differenzierungen blieben damit weiterhin möglich, würden aber nicht als vollständige Segregation wirken. Die Schulklassen müssen unter allen Umständen und mit größten Anstrengungen erheblich, das heißt etwa um die Hälfte, verkleinert werden, um Bildungserfolge auf allen Ebenen zu gewährleisten. Dazu bedarf es tatsächlich einer nationalen Bildungsanstrengung, bei der die Mittel aber sehr viel besser eingesetzt wären als beim herkömmlichen Vorgehen, das darin besteht, Bildungsverlierer zu produzieren, um sie dann dem Sozialstaat zu überantworten und zugleich allen möglichen Formen der Herabwürdigung auszusetzen. Hier müsste der Bund die Länder mit umfangreichen Mitteln unterstützen. Ohnehin würde all das nicht von heute auf morgen funktionieren, weil die Zahl der Lehramtsstudierenden erheblich gesteigert und Quereinstiege eher ausgeweitet als zurückgefahren werden müssten. Die deutliche Verkleinerung der Klassen würde mit großer Wahrscheinlichkeit auch dazu beitragen, den Auszug des Mittelstands aus den öffentlichen Schulen zu verhindern, was von erheblicher Bedeutung ist, wenn die weitere Segregation des Bildungssystems mit seinen negativen Folgen für die Gesellschaft zumindest begrenzt werden soll. Dazu ist es ebenso erforderlich, Nichtmuttersprachler angemessen auf den Besuch der Schule vorzubereiten. Daneben sollte die Ausbildung praktischer Fähigkeiten auf allen Ebenen des Schulsystems ein Teil des Unterrichts sein, nicht zuletzt deshalb, weil in Zeiten allgegenwärtigen Medienkonsums praktische Fähigkeiten immer weniger in den Familien erlernt werden.

Wenn schon Wilhelm von Humboldt sich vorstellen konnte, dass Bauern- und Handwerkerkinder, die ohne Schuhe zur Schule kamen und nichts von dem hatten, was man heute unter einem anregenden Elternhaus versteht, Griechisch lernen könnten, und wenn er meinte, dass es auch für hochnäsige Bildungsbürgerkinder, die sich ihre Kleider nicht schmutzig machen durften, gut wäre zu lernen, wie man einen Tisch baut, dann sollte man in einer so reichen Gesellschaft wie der unseren vor einem solchen Vorhaben nicht zurückschrecken. Wenn Ralf Dahrendorf Bildung als Bürgerrecht bezeichnete und sich den Hinweis gestattete, dass sie in einer Demokratie zu den unverzichtbaren Voraussetzungen des Bürgerseins gehört, dann wird man dem nicht widersprechen wollen, sondern leicht nachvollziehen können, dass gebildete Bürger unabdingbar für jede liberale Demokratie sind. Gebildete Bürger – nicht Bildungsbürger. Der Bildungsbürger ist eine großartige Erfindung des frühen 19. Jahrhunderts, aber wer heute noch Grund hat, sich als solcher zu verstehen, sollte keinen Schaum vor dem Mund haben. Wirklich gebildet zu sein, ein Wissen und eine Disziplin des Denkens zu atmen, die innerlich frei macht, ist etwas Großes, wenn es nicht genutzt wird, um diejenigen herabzusetzen, die darüber nicht verfügen. Der wirkliche Bildungsbürger war stets eine überaus rare Spezies. Deshalb ist es nicht erforderlich, über den Niedergang, gar Untergang des humanistischen Gymnasiums zu schwadronieren, denn auch in Zukunft wird es einige wenige von ihnen geben, solange es Eltern gibt, die Latein und Griechisch für die Ausbildung von Sprachgefühl und strukturiertem Denken für wichtig halten. Es wird auch einige geben, die einsehen werden müssen, dass ihre Kinder diese Auffassung nicht teilen. Man wird Segregation nicht vollständig verhindern können, aber man kann sehr wohl verhindern, dass sie vollständig ist. Und man wird sich auch hier eine partielle Segregation umso eher leisten können, je mehr ansonsten Integration sichergestellt ist.

Frühe Selektion im Schulsystem sollte vermieden werden, weil sie auf Kosten derjenigen geht, die dem Selektionsdruck wenig bis gar nichts entgegenzusetzen haben. Welche Ansprüche also müsste das deutsche Bildungssystem erfüllen, um größeren Bildungserfolg für alle zu garantieren, ohne dies um den Preis einer Umstellung auf bloße Zertifikatsvergabe zu erreichen? Dazu muss zunächst die Frage beantwortet werden, was *alle* in der Schule lernen sollten.

Dass niemand die Schule verlassen sollte, ohne über die Grundfertigkeiten des Lesens, Schreibens und Rechnens zu verfügen, ist keineswegs trivial. Es impliziert beispielsweise, dass man in der Grundschule nicht einfach auf eine Mittelstandsdidaktik setzen kann, ohne sich zu vergewissern, dass dabei alle etwas lernen – und zwar nicht nur, so zu tun, als hätten sie etwas gelernt, indem sie bei Wikipedia nachschlagen und danach eine schicke Powerpoint-Präsentation für ein Referat zusammenbasteln. Lernen, wenn es sinnvoll sein soll, kann von Begreifen nicht getrennt werden, Begreifen nicht von Verstehen und Verstehen nicht von Verstand und der Ausbildung von Urteilskraft. Wenn in der Schule also auf Möglichkeiten des freien und selbstbestimmten Lernens zurückgegriffen wird, dann muss das stets im Hinblick darauf erfolgen und reflektiert werden, ob *alle* Kinder erlernen, was nötig ist. Wird dagegen auf lehrerzentrierten Unterricht zurückgegriffen – den beileibe nicht alle Lehrerinnen und Lehrer beherrschen –, ist stets zu überprüfen, ob alle verstanden haben, wovon da gesprochen wurde. Ein solch lehrerzentrierter Unterricht sollte nur für kurze Einheiten eingesetzt werden, weil kein Mensch, erst recht nicht Kinder und Jugendliche, den ganzen Tag zuhören können. Aber es ist manchmal notwendig, ihnen zu erklären, was sie nicht von sich aus einfach verstehen können. Deshalb ist erklärendes und fremdbestimmtes Lernen ebenso wichtig wie aktivierendes und selbstbestimmtes. Nicht minder wichtig ist bei allen Lernformen Respondenz oder, mit Hartmut Rosa gesprochen, Resonanz. Schüler, die keine Respondenz erhalten, weil ihre Lehrer sie schon aufgegeben haben, werden nichts lernen. Schüler, die keine Respondenz erhalten, weil ihre Lehrer meinen, das laufe schon von selbst, werden sich nicht mehr anstrengen, jedenfalls nicht mehr, als sie unbedingt müssen. Anerkennung ist für alle wichtig, aber sie muss der Person und ihren Lernbemühungen gleichermaßen gelten.

Dazu bedarf es gewisser materieller Voraussetzungen, etwa hinsichtlich der Klassengrößen sowie der Ausstattung mit Personal und Räumen. Diese Voraussetzungen können sicherlich nicht kurzfristig geschaffen werden. Aber wenn man sich darauf verständigen könnte, dass eine jährliche Steigerung der Aufwendungen nicht nur für die Spitzenforschung, sondern auch für das Schulsystem von zentraler Bedeutung ist, wäre das ein Anfang. Dabei wird man sich auch fragen müssen, ob es wirklich so wichtig ist, jedes Kind mit einem Tablet und einem funktionierenden Internetanschluss auszustatten. Tablets sind sehr attraktive und nützliche Geräte, aber für den Unterricht eignen sie sich nur sehr begrenzt. Bestenfalls lernt man damit, wo Informationen zu beschaffen sind, und es lassen sich Übungsaufgaben damit lösen – freilich nur, wenn man weiß, wie die Informationen zu bewerten sind, welche Aufgaben mit ihrer Hilfe bewältigt werden können und welche nicht. Programmieren zu lernen könnte dagegen sinnvoll sein, aber dazu benötigt man kein Tablet für jedes Kind.

Bildung hängt nicht von der Quantität der Lernstoffe ab, sondern von deren qualitativer Durchdringung. Deshalb sollten Lehrpläne, insbesondere die der Gymnasien, von ihrer Überfrachtung befreit werden. Es muss Raum zum Denken bleiben, und man kann vieles an wenigem lernen. Aus diesem Grund sollte man sich auch vom Konzept der allgemeinen Hochschulreife verabschieden. Was spräche dagegen, wenn jeder Schüler dafür das besser könnte, was ihn interessiert, und jede Schülerin in dem Fach, das sie studieren will, besser vorbereitet wäre? Das würde sicherlich auch die Entscheidung für ein Studienfach erleichtern, die heute so viele Abiturienten zur Verzweiflung oder auf eine Weltreise treibt, um endlich mit dem Lernen aufhören und unvermittelbare Erfahrungen sammeln zu können.

Schule muss, wenn sie wirklich gut sein soll, Schülerinnen und Schülern sowohl Wissensgegenstände als auch Erfahrungen vermitteln, mit denen sie sonst nicht konfrontiert werden.

Hier könnte man nicht nur von Humboldt, sondern auch, wo sie ihre Stärken hatte, von der Polytechnischen Oberschule der DDR lernen. Für jeden einzelnen Schüler muss die Schule die Frage beantworten können, wozu er sich bilden soll. Die klassische Antwort wäre, weil man hinterher etwas gelernt hat, und je mehr man gelernt hat, desto gebildeter ist man, und je gebildeter man ist, desto bessere Aufstiegsmöglichkeiten hat man. Aber das ist weder eine notwendige noch eine hinreichende Bedingung von Bildung. Bildung ist unverzichtbar und attraktiv zugleich, weil sie hilft, das zu verstehen, was jenseits der eigenen, unmittelbaren Erfahrung liegt und mit dem bereits Erlernten in produktive Aushandlung oder irritierende Kollision geraten kann. Man begreift, dass etwas auch anders sein, anders gedacht, anders gemacht oder anders erfahren werden kann. Man lernt, dass es sich lohnt, sich an etwas abzuarbeiten, das einem nicht schon entgegenkommt wie ein Konsumartikel im Sonderangebot.

Bildung kann insofern keine bloße Anhäufung von Wissen, aber auch kein Verzicht auf theoretisches wie praktisches Wissen sein. Sie ist eng verbunden mit der Ausbildung (im doppelten Sinne) von Fähigkeiten, Verstand und Urteilskraft. Ein solcher Bildungsbegriff zielt auf das Individuum, legt aber auch Wert auf dessen Teilhabe an der Gesellschaft und der Orientierung am Gemeinwohl. Dem Humboldt'schen Bildungsbegriff, der in aller Munde, aber nirgendwo verwirklicht ist, steht er durchaus nahe. Der Abschied vom Abstieg des Bildungssystems wird gelingen, wenn man Schule weder als Repressions- noch als Freizeitort begreift, wenn man Schülerinnen und Schülern, aber auch Lehrerinnen und Lehrern das Lernumfeld so angenehm macht, dass sie dort sein wollen, um zu lernen und zu lehren.

4. Die Erneuerung der liberalen Demokratie

Drei Krisensymptome

Die Zukunftsaussichten haben sich radikal verändert: Die nach 1989/90 dominierende Vorstellung, die Zukunft gehöre der liberalen Demokratie, ist verschwunden; an ihre Stelle ist die besorgte Frage getreten, ob die Demokratie überhaupt noch eine Zukunft hat. Die Vermehrung illiberaler Demokratien und der Aufstieg autokratisch regierender Präsidenten haben in den liberaldemokratischen Ordnungen zu einer rhizomartigen Ausbreitung von Selbstzweifeln geführt. Die Krisensymptome sind breit gefächert und widersprüchlich, lassen sich aber auf drei Aspekte zurückführen: die Gleichgültigkeit vieler Bürger gegenüber der liberalen Demokratie bei gleichzeitiger Erwartungsüberfrachtung des politischen Systems; der Widerspruch zwischen der Expertokratie und der Herrschaft der Narrative; und schließlich die Erosion der politischen Mitte.

Inzwischen hält eine recht große Zahl der Bürger die liberale Demokratie für nicht hinreichend leistungsfähig und betrachtet sie mit gleichgültiger Distanz. Waren Demokratien früher in erster Linie durch unzufriedene Teileliten bedroht, die mit dem Mittel des Staatsstreichs versuchten, die Macht an sich zu reißen, so sind inzwischen das Desinteresse der Bürger an einer liberalen Demokratie und die Bereitschaft, Beschneidungen demokratischer Freiheiten hinzunehmen, an diesen Platz gerückt.[1] Der wachsenden Vergleichgültigung gegenüber demokratischen Rechten liegt ein alle politischen Ordnungen

betreffendes Problem zugrunde, das bei demokratischen Ordnungen aber besonders stark ausgeprägt ist: die ständig steigende Erwartung der Bürger an die Politik, die ihrerseits mit
schrumpfenden Gestaltungsspielräumen und schwindender
Handlungsmacht zu kämpfen hat. So öffnet sich eine Lücke
zwischen den Erwartungen an die Politik und dem, was sie
tatsächlich leisten kann.

Dass die Gestaltungsspielräume und die Handlungsmacht
des Staates abnehmen, ist nicht nur eine Folge ausufernder
Staatsverschuldung, bei der Steuerflucht und Steuerschlupf-
löcher für internationale Unternehmen eine Rolle spielen, sondern auch der Eigenlogik von Subsystemen, die ein Ergebnis
der funktionalen Differenzierung moderner Gesellschaften ist.
Diese Differenzierung ist die Voraussetzung für individuelle
Selbstbestimmung und gesellschaftliche Freiheit; der Preis
dafür ist indes eine weitgehende Autonomie der Subsysteme,
die eben noch mit vollmundigen Versprechungen aufgetre-
tene Politiker ohnmächtig und hilflos aussehen lässt. Es sind
nicht zuletzt die Einspruchsrechte der Bürger, die dazu führen,
dass die von Politikern geweckten Erwartungen oftmals im
Gestrüpp von Einwänden und rechtlichen Bindungen hängen
bleiben. So entsteht der Eindruck, der demokratische Rechtsstaat sei weniger ein institutionelles Arrangement zur Umsetzung von Vorhaben als zu deren Verhinderung. Für einen Teil
der Bürger ist das Grund genug, sich von ihm zu distanzieren.

Der italienische Politiktheoretiker Danilo Zolo hat mit
Blick auf die Vermehrung der Vetospieler in Gesellschaften
mit hoher funktionaler Interdependenz von einer Inflationierung der Macht gesprochen, die ein Defizit an Macht zur Folge
habe.[2] «Die Macht verhält sich wie ein Währungssystem, das
das Drucken von Geldscheinen in gleichem Maße steigert, wie
das Geld an Kaufkraft verliert.»[3] Zolo greift den von Niklas

Luhmann geprägten Begriff des «Entscheidungsopportunismus» auf, um zu beschreiben, wie sich angekündigte Vorhaben immer weiter verkleinern und differenzieren, bis vom ursprünglichen Projekt kaum noch etwas erkennbar ist. Nichtentscheidung und Entscheidungsopportunismus führen dazu, dass liberaldemokratische Ordnungen als schwache politische Systeme erscheinen, die unter Effizienzgesichtspunkten allen anderen politischen Systemen unterlegen sind.

Wir begegnen hier einem jener paradoxen Effekte, bei denen die leitenden Intentionen auf der Ebene der Umsetzung ins Gegenteil verkehrt werden.[4] Die Autonomisierung der Subsysteme, die Stärkung von Einspruchsrechten der Bürger und der Ausbau des Rechtsstaats waren ursprünglich als Maßnahmen zum Schutz bürgerlicher Freiheitsrechte und zur Erhöhung bürgerschaftlicher Teilhabechancen gedacht; sie wirken inzwischen aber als Politikversagen, weil Projekte auf zunehmend größere Schwierigkeiten stoßen und ihre Realisierung deshalb häufig in immer weitere Ferne rückt. Zolo hat das dahingehend zusammengefasst, dass Machtdefizite der Politik den Freiheitsrechten genauso gefährlich werden können wie Machtmissbrauch. Er hat eine Neubewertung von demokratischer Beteiligung und rechtlichen Einspruchsmöglichkeiten vorgeschlagen und diesen Vorschlag zur Auflösung der Paradoxie demokratischer Beteiligung seinerseits als Paradoxie formuliert: «Die Entlastung des politischen Systems von einem Übermaß an Demokratie kann (...) als die strukturelle Bedingung für das Überleben der Demokratie selbst dargestellt werden.»[5] Zolo rät deshalb davon ab, die Demokratie durch weitere Demokratisierung revitalisieren zu wollen. Zurückhaltender formuliert: Liberaldemokratische Systeme sollten ihre Handlungsmacht nicht so weit einschränken, dass jede Fledermaus wichtige Infrastrukturprojekte über Jahre und Jahrzehnte auf-

halten kann.[6] Illiberale Demokratie und autokratische Herrschaft gewinnen sonst bei Teilen der ungeduldiger werdenden
Bürger eine verhängnisvolle Attraktivität, weil der Eindruck
entstanden ist, hier werde alles, was sinnvoll geplant sei, auch
ohne Verzug durchgeführt. Wer den weiteren Aufstieg von
Autokraten und Oligarchen blockieren will, muss deshalb
dafür sorgen, dass liberaldemokratische Ordnungen wieder
gestaltungsfähig und handlungsmächtig werden.

Das zweite Krisensymptom der liberalen Demokratie
besteht darin, dass Faktizität und Narration aus der Balance
geraten sind. Um diese Balance etwas vereinfacht zu beschreiben: Faktizität ist die zentrale Kontrollinstanz der Narrative,
die Erdung der politischen Erzählungen in der Welt der Tatsachen; Narrative wiederum verbinden die bloßen Fakten zu
einem sinnhaften Geschehen, zu dem sich der Bürger zustim-
mend, zurückhaltend oder ablehnend verhalten kann.[7] In den
letzten Jahrzehnten hat sich einerseits eine Expertokratie
gebildet, die allein über Daten und Kennziffern zu definieren
versucht, was unabdingbar und deshalb «alternativlos» sei,
und andererseits haben sich Narrative verbreitet, die Expertenwissen prinzipiell herabsetzen und von «alternativen Fakten»
ausgehen. Die Dominanz der Expertokratie begann 1989/90
mit dem Zusammenbruch der sozialistischen Regime, als dessen Ursache die Vernachlässigung des Faktischen infolge einer
Alleinherrschaft der Ideologen angesehen wurde. Die Epoche
der großen Erzählungen war damit, wie der französische Philosoph Jean-François Lyotard bereits zuvor erklärt hatte,[8] zu
Ende gegangen, und im Schatten der Postmoderne gewann
eine Form von Wissen an Bedeutung, das wesentlich aus Statistiken und Kennziffern bestand und mit dem Versprechen
verbunden war, für eine rationale Administration der Gesellschaft zu sorgen. Politische Entscheidungen sollten den Emp-

fehlungen und Vorgaben der wissenschaftlichen und insbesondere der ökonomischen Experten folgen, die viel besser als der durchschnittliche Bürger wüssten, was für die Gesellschaft gut und was für sie abträglich sei. Allenthalben wurden neue und zusätzliche Beratungsgremien und Expertenkommissionen eingerichtet, die zur Optimierung der gesellschaftlichen und politischen Steuerung beitragen sollten. Die auf Erzählungen gestützte Präsentation politischer Alternativen geriet darüber in den Hintergrund.

Der Umschlag erfolgte, als die Hüter der Faktenwelt auf strategisch inszenierte Weise verächtlich gemacht wurden: die Wissenschaft und der Qualitätsjournalismus. Wo diese zur Begrenzung des Klimawandels oder zur Sicherung der Artenvielfalt Szenarien beschrieben, die Maßnahmen mit spürbaren Einschnitten in die Lebensführung der Bürger nahelegten, wurde die Richtigkeit ihrer Aussagen in Zweifel gezogen. Die jüngste Form des Populismus ist unter anderem ein Aufstand gegen die Dominanz der Experten und ein Beharren auf dem eigenen Wollen, dem Voluntativen, weswegen populistische Bewegungen sich auch als Verteidiger der Demokratie gegen eine neue Form der Elitenherrschaft begreifen. Dabei fehlen jedoch häufig die Argumente, da es am erforderlichen Gegenwissen zur Expertise der Sachverständigen mangelt. Also werden die Fakten geleugnet, indem man den Klimawandel grundsätzlich bestreitet oder darauf besteht, dass er nicht «menschengemacht» sei und es folglich auch keinen Grund gebe, die «Freiheit der Bürger» in irgendeiner Weise einzuschränken. Von hier aus haben sich dann Formeln wie «Fake News», «alternative Fakten», «alternative Wirklichkeit» und Ähnliches verbreitet, mit denen sich Populisten der Argumentation gegen das Expertenwissen entziehen. Indem man die Dignität der Zahlen und Statistiken in Frage stellt und die Relevanz des Faktischen bestreitet, kann man wieder wollen, was man will, und nach Herzenslust Entscheidungen treffen. In diesem Punkt verbinden sich Populismus und Autokratentum.

Der mit «alternativen Fakten» geführte Kampf gegen die Macht der Experten hat freilich keine neue Balance zwischen Fakten und Narrativen hergestellt, sondern nur den Weg dafür geebnet, den eigenen Willen ungezügelt geltend zu machen. Populistische Willensäußerungen fügen sich weder der Rationalität wissenschaftlicher Expertise noch den Vorgaben narrativer Rationalität, nämlich Kohärenz und Stringenz. Populismus ist vielmehr ein Abtauchen in die Beliebigkeit von Forderungen: Sie sind heterogen und widersprechen sich häufig. Obendrein setzt der Populismus sich nur widerwillig dem Test auf die Realisierbarkeit seiner Forderungen aus, und vor allem weigert er sich, die Folgen seines Wollens zu bedenken. Damit wird eine elementare Voraussetzung für das Funktionieren liberaler Demokratien sichtbar: die komplementären Rationalitätsanforderungen von Faktizität und Narrativität. Ersterer bedarf es, um die Machbarkeit der Vorhaben zu beurteilen, deren Kosten wie Folgen einzuschätzen und eine Vorstellung davon zu bekommen, was erforderlich ist, um unerwünschte Effekte zu vermeiden. Ohne Letztere wiederum ist es kaum möglich, Möglichkeitsräume zu erkunden, Alternativen zum Bestehenden zu entwerfen und dafür in einem offenen Diskussionsprozess die Bürger des Gemeinwesens zu mobilisieren. Komplementarität beider Rationalitäten heißt: Expertenwissen und Narrative konkurrieren so miteinander, dass sie sich wechselseitig ergänzen und ausbalancieren; indem sie das tun, verhindern sie die uneingeschränkte Herrschaft der Experten wie der Ideologen. Die Krise der liberalen Demokratie wird dann überwunden sein, wenn eine neue Balance zwischen Fakten und Narrativen gefunden worden ist.

In unmittelbarem Zusammenhang damit steht als drittes Krisensymptom der liberalen Demokratie die Erosion einer selbstbewussten, sich als Garant des gesellschaftlichen Zusammenhalts begreifenden politischen Mitte.[9] Der Nachkriegskonsens in fast allen dem «Westen» zugehörigen Ländern Europas lief darauf hinaus, die politische Mitte in eine rechte und eine linke Mitte zu unterteilen. Das hat ihre Zentripetalkräfte gestärkt, denn so war es möglich, politisch nach rechts oder links neigende Wähler in den Mitte-Konsens einzubinden. Die politischen Extreme spielten im Nachkriegseuropa keine größere Rolle. Die Voraussetzung dafür war, dass die führenden Parteien der rechten und der linken Mitte sich deutlich voneinander unterschieden und eigene politische Positionen vertraten. Dennoch fand die Regierungsbildung letztlich in der Mitte statt, zumal wenn es eine dritte Partei gab, die der regierenden Partei zur notwendigen Mehrheit verhalf. In Deutschland gelang es deutlich besser, stabile Regierungen zu bilden, als in Frankreich oder Italien, da es hier keine Kommunistische Partei gab und rechte Parteien als Steigbügelhalter des Nationalsozialismus nachhaltig desavouiert waren.[10]

Bei diesem deutschen «Sonderweg» spielte die Erinnerung an die Weimarer Republik und deren Ende eine wesentliche Rolle. Zwar hatte man eine Reihe verfassungspolitischer Vorkehrungen getroffen, um die Bonner Republik widerstandsfähiger zu machen als die von Weimar, aber für die beruhigende Feststellung, Bonn sei nicht Weimar,[11] war ausschlaggebend, dass die politische Mitte sehr viel stabiler war als in der Weimarer Republik. In ihr bildeten zumeist die Parteien der «Weimarer Koalition» (SPD, Zentrum und DDP) die Regierung, nur waren diese Regierungen selten von langer Dauer, und die politische Mitte wurde von Wahl zu Wahl schwächer, bis sie schließlich keine Mehrheit mehr besaß. Der Erosion der Mitte korrespondierte ein ständiges Wachstum der Extreme, auf der Rechten stärker als auf der Linken, und das führte zum Zusammenbruch der ersten deutschen Demokratie. Die geschichtspolitische Aufarbeitung dieses Scheiterns[12] hat maßgeblich zur starken Mittezentrierung der alten Bundesrepublik beigetragen. Die Erinnerung an das Ende der Weimarer Republik ist inzwischen jedoch verblasst. In der Folge haben sich die Analogien mit Weimar wieder verstärkt.[13]

Stärker noch als das Verblassen der Erinnerungen spielen bei der Erosion der politischen Mitte in Deutschland ästhetische Faktoren eine Rolle. Die Mitte ist zu einem Ort des politischen Allerlei geworden, und das heißt, sie langweilt. Im Parlament bestimmt das Klein-Klein der alltäglichen Sacharbeit die Tagesordnung.[14] Die Unterschiede zwischen rechter und linker Mitte treten – und zwar unabhängig von der Koalitionsbildung – im Parlament nicht mehr deutlich zutage, und infolgedessen hat sich ein erheblicher Teil des politischen Interesses vom Parlament auf die allabendlichen Fernsehtalkshows verlagert, in denen aus Gründen der Aufmerksamkeitsökonomie (das heißt der Zuschauerquote) Extrempositionen sehr viel stärker vertreten sind als im Parlament. Vom politischen Imperativ der Kompromissbildung entlastet, wird dort eine Rhetorik der Kontroverse gepflegt, die den politischen Rändern zugutegekommen ist. Das soll nicht heißen, dass Talkshows die alleinige Ursache für die Schwächung der politischen Mitte in Deutschland sind, aber sie haben ihren Teil dazu beigetragen.

Das Ausfransen der Mitte begann damit, dass die SPD nicht mehr in der Lage war, das der linken Mitte zuzurechnende Wählerpotenzial zu integrieren, woraufhin es zur Bildung von zwei weiteren in diesem Segment angesiedelten Parteien kam: zunächst der Grünen und sodann der Linken. Die Spannbreite der linken Mitte war zu groß geworden, als dass sie noch in der

Programmatik und dem Personal einer einzigen Partei abge-
bildet werden konnte. Mit dem Aufstieg der AfD hat sich der
Prozess der Erosion inzwischen auf der rechten Seite des Par-
teienspektrums wiederholt. Das wiederum hat zur Folge, dass
die Regierungsbildung komplizierter und langwieriger geworden ist und es einen strukturellen Zwang zur Bildung «großer
Koalitionen» gibt, da Koalitionen der rechten oder linken Mitte
unter Einbezug von Parteien des rechten oder linken Flügels
auf Bundesebene vorerst ausgeschlossen sind. Gleichzeitig
sind große Koalitionen wesentlich damit beschäftigt, Kompromisse zu schmieden, die für ihre Wähler rechts wie links der
Mitte gleichermaßen akzeptabel sind. Das setzt die beteiligten
Parteien dem Vorwurf aus, faule Kompromisse zu schließen
und nicht hart genug für die eigene Position zu kämpfen.[15]

Es gibt einen unmittelbaren Zusammenhang zwischen der
Erosion der Mitte und dem Niedergang der Volksparteien.[16]
Von Letzterem war und ist in Deutschland die linke Mitte sehr
viel stärker betroffen als die rechte – vermutlich deswegen, weil
es in der Nach-Schröder-SPD immer wieder zu Debatten darüber kam, ob man die linke Mitte besetzt halten oder stärker
auf den linken Flügel ausweichen solle, während die Merkel-
CDU konsequent an ihrem Mitte-Kurs festhielt und dabei eine
abbröckelnde Wählerschaft am rechten Rand in Kauf nahm.
Alles in allem hatte es die CDU bei strategischen Weichenstel-
lungen leichter, da der Aufstieg einer Partei rechts von ihr sehr
viel später erfolgte als der von Parteien links der SPD. Zudem
war die FDP, sieht man von dem Sonderfall der Bundestagswahl 2009 ab, nicht in der Lage, der CDU die Mitte des politischen Spektrums streitig zu machen. Auch das war bei den
Sozialdemokraten anders: Die Grünen, ursprünglich eher links
der SPD positioniert, haben zunehmend Wähler mit linksliberalen Einstellungen an sich gezogen und sind inzwischen

eine Partei der Mitte. Es ist nicht auszuschließen, dass sich auf der rechten Mitte über kurz oder lang der parteipolitische Zersplitterungsprozess wiederholen wird, der auf der linken Mitte bereits stattgefunden hat. Aber es ist auch möglich, dass die CDU zukünftig die einzig verbliebene Volkspartei in Deutschland sein wird.[17]

Die Krise der liberalen Demokratie ist mit einer Krise des Parteiensystems verbunden, das in allen europäischen Ländern immer stärker zerfasert und immer geringere Kontinuitäten aufweist. Die Ordnungsstruktur der in rechts und links gegliederten Mitte, die nach dem Zweiten Weltkrieg in Westeuropa das «Zeitalter der Extreme» (Eric Hobsbawm)[18] beendet hat, ist zerfallen. Der Abstieg der Volksparteien wird vom Aufstieg kleinerer Parteien begleitet, die aber oft schnell wieder an Bedeutung verlieren.[19] Insgesamt sind die Wählerpräferenzen nicht mehr wie früher durch langfristige Interessen, sondern stärker durch kurzfristige Stimmungen und Aufmerksamkeiten geprägt. Das Schwinden dauerhafter Lebensperspektiven, bedingt durch Globalisierung und Veränderungen in der Struktur des Kapitalismus,[20] hat dazu beigetragen, dass die Parteiendemokratie von Elementen der Stimmungsdemokratie überzogen worden ist.

Die hier beschriebenen Krisensymptome hängen eng miteinander zusammen, und ihre Effekte verstärken sich wechselseitig. Das hat zur Folge, dass wir es inzwischen tatsächlich mit einer schweren Krise der Demokratie zu tun haben, die durch Drehen an den «Stellschrauben» des Systems allein nicht zu bewältigen ist.

Die medialen Voraussetzungen bürgerschaftlicher Partizipation

Eine Verbindung zwischen der Glanzzeit repräsentativer Demokratien und dem, was Marshall McLuhan die «Gutenberg-Galaxis» genannt hat, also der Welt der Bücher und Zeitungen,[21] ist selten thematisiert worden, solange beide sich wechselseitig getragen haben. Lange Zeit hatte man keine Vorstellung davon, wie sehr die liberale Demokratie vom Buch- und Zeitungsmarkt abhing und in welchem Ausmaß Bücher und Zeitungen die liberale Demokratie absicherten. Inzwischen ist das Gutenberg-Zeitalter jedoch an sein Ende gekommen. Mit Internet und sozialen Medien haben sich die Bedingungen politischer Kommunikation entscheidend verändert. Das hat erhebliche Folgen für den Zustand der Demokratie.

Von einigen wird die Krise der Demokratie in erster Linie als eine Krise der *repräsentativen Demokratie* angesehen. Das ist vor allem dort der Fall, wo der Zerfall des Parteiensystems schon früh begann und dazu führte, dass nach alternativen Modellen bürgerschaftlicher Politikpartizipation gesucht wurde.[22] Die Krise des Parteiensystems wird dabei als ein Symptom für die Krise des Repräsentationsgedankens betrachtet, auf dem die neuzeitliche Demokratie errichtet wurde – im Unterschied zu der auf physischer Präsenz der Bürger beruhenden direkten Demokratie der Antike. Mit der Überlagerung der Printmedien durch das Internet scheint eine Rückkehr zum Präsenzmodell möglich geworden zu sein, ohne dass die Demokratie auf die Größe einer Kleinstadt beschränkt sein muss, und in den Vorschlägen zur Revitalisierung bürgerschaftlicher Politikpartizipation spielen direktdemokratische Modelle in Verbindung mit Ideen einer onlinebasierten *e-democracy* oder *liquid democracy* eine erhebliche Rolle.

Ausgangspunkt des Vorschlags, zur Präsenzdemokratie der Antike zurückkehren,[23] ist die Vorstellung, die Entstehung des mandativen Repräsentationssystems mit gewählten Abgeordneten sei im Wesentlichen eine Konzession an den Umstand gewesen, dass außer in Stadtstaaten bürgerschaftliche Politikpartizipation in Form einer Volksversammlung nicht möglich war. Die Repräsentanten des Volkswillens stattete man mit einem freien Mandat aus, was ein erheblicher Vertrauensvorschuss war, den es infolge des um sich greifenden Misstrauens gegenüber den Eliten inzwischen nicht mehr gibt.[24] Das Misstrauen begünstigt Vorstellungen einer direktdemokratischen Präsenzordnung, die an die Stelle von Mandat und Repräsentation treten soll – vom Volksentscheid in politischen Grundsatzfragen über eine direkte Bürgerbeteiligung bei der Aufstellung von Budgets bis zu permanenten Abstimmungen einer Online-Bürgerschaft.

Aber ist die Behauptung, Mandat und Repräsentation seien nur ein Notbehelf unter den Bedingungen der langsamen Kommunikation in Flächenstaaten, wirklich tragfähig? Oder stehen sie für Reflexionsgewinne, die aus der Entschleunigung von Beratungs- und Entscheidungsprozessen resultieren? Diese Frage ist in der zweiten Hälfte des 18. Jahrhunderts schon einmal diskutiert worden. Jean-Jacques Rousseau, der intellektuelle Vertreter der direkten Demokratie, misstraute den Vermittlungsagenturen der Repräsentation zutiefst und ließ deshalb nur eine auf Präsenz und direkter Entscheidung beruhende Ordnung als Demokratie gelten. Sein politisches Ideal war der Stadtstaat, wie er ihn aus Genf kannte; allenfalls eine Insel von der Größe Korsikas ließ sich nach seinen Vorstellungen gemäß dem Modell der direkten Demokratie organisieren.[25] Außerdem verband Rousseau sein Demokratiemodell mit weitgehenden Vorstellungen sozialer Egalität sowie der Ablehnung von Luxus und Müßiggang. Wenn aber die Beschränkung der Demokratie auf Stadtstaaten und kleinere Inseln den medialen Konstellationen des 18. Jahrhunderts geschuldet war, erscheint für heutige Rousseauisten die direkte Demokratie infolge des Internets auch in Flächenstaaten realisierbar, jedenfalls dann, wenn man den Präsenzimperativ nur auf die virtuelle Dimension bezieht.

Alexander Hamilton, James Madison und John Jay, die Verfasser der *Federalist Papers*, mit denen sie für die Bildung einer Föderation der dreizehn unabhängig gewordenen amerikanischen Kolonien warben, haben die antike Präsenzdemokratie sehr viel negativer beurteilt als Rousseau. Man könne, schreibt Hamilton im 9. Artikel, «die Geschichte der kleinen Republiken Griechenlands und Italiens nicht lesen, ohne Entsetzen und Abscheu über die Wirren zu empfinden, von denen sie ständig geschüttelt wurden, und über die schnelle Abfolge von Revolutionen, durch die sie sich in einem permanenten Pendelzustand zwischen dem Extremen der Tyrannei und der Anarchie befanden».[26] Die drei Autoren hegten eine tiefe Skepsis gegenüber den unmittelbaren Entscheidungen des Volkes, in die stets die Stimmungen und Launen des Augenblicks einflossen, aber auch gegenüber der Versammlung des Volkes, bei der die Gruppen und Parteien unmittelbar aufeinanderprallten und Demagogen großen Einfluss auf die Entscheidungen hatten. All das werde vermieden, wenn die Entscheidungsprozesse mediatisiert und entschleunigt würden.

In diesem Demokratiemodell sind Mandat und Repräsentation keineswegs nur den Kommunikationsverhältnissen geschuldet, sondern sie dienen der Steigerung von Reflexivität im Prozess der Beratung und einer besseren Urteilskraft bei der Entscheidung. Aus der Stimmungsdemokratie, wie die athenische Demokratie von ihren Kritikern genannt worden

ist, wird so die ihre Beratungen und Entscheidungen reflektie-
rende Demokratie,[27] die sich Zeit nimmt, um Argumente und
Optionen gründlich zu prüfen, und die per Wahl eine größere
Gruppe von Bürgern beauftragt, dem Volk dabei als verantwortliche Sachwalter zu dienen. Das alles würde bei einer
Umstellung auf direktdemokratische Verfahren gefährdet –
wenngleich hier nicht in Abrede gestellt werden soll, dass sich
auch in die direkte Demokratie Reflexionsschleifen einbauen
lassen, die unter dem Einfluss von Launen und Stimmungen
getroffene Entscheidungen herausfiltern.[28]

Damit aus Entschleunigung Reflexivität gewonnen werden
kann, bedarf es eines Mediums, in dem frühere Erfahrungen
mitsamt ihrer intellektuellen Verarbeitung gespeichert werden
können und das zugleich eine Plattform bietet für die Diskussion früherer Entscheidungen im Hinblick auf gegenwärtige
Herausforderungen. Buchmarkt und Zeitungswesen spielten
dabei eine wesentliche Rolle.[29] In der Kombination des Buchs
als Speichermedium und der Zeitung als Ort aktualisierender
Diskussion gespeicherten Wissens stand ein Medium zur Verfügung, das den Prozess des Beratens, Abwägens und Zuspit-
zens aus den engen Zirkeln der Politiker und ihrer Berater in
eine breite Öffentlichkeit hineintrug und damit den Bürgern
die Möglichkeit verschaffte, sich am Prozess des Beratschla-
gens zu beteiligen. Die neuzeitliche Demokratie unterscheidet
sich von der antiken darin, dass sie sich für die Beratung sehr
viel mehr Zeit nimmt, weil sie darauf setzt, dass intensives
Bedenken und Abwägen zu besseren Entscheidungen führt.
Der Einbezug der Bürgerschaft kann außerdem dafür sorgen,
dass die getroffene Entscheidung als eine der gesamten Bürgerschaft angesehen wird – und nicht nur als die jenes Teils, der
sich in der Volksversammlung mehrheitlich durchgesetzt hat.

Die inzwischen durch das Internet und die sozialen Medien

beschleunigte Kommunikation hat die Zeit des Beratens erheblich verkürzt. Erwägen und Abwägen, das Sammeln von Informationen und Durchdenken von Alternativen erscheinen als Akte der Unentschlossenheit, des Zauderns und Zögerns, kurzum der politischen Schwäche. An die Stelle der systemischen Entschleunigung ist ein Zwang zur Beschleunigung getreten;[30] es herrscht die Erwartung, dass auf jede Herausforderung sofort kommunikativ reagiert wird. Infolgedessen haben sich Ungeschicklichkeiten und Unbedachtheiten, vorschnelle Antworten und politische Fehlentscheidungen vervielfacht, und daraus ist eine in sich selbst kreisende Kultur der Empörung über diese und jene unbedachte Äußerung entstanden, die weniger mit dem Politikbetrieb und dessen Aufgaben zu tun hat, als dass sie ein Bestandteil der Unterhaltungsbranche ist. Um es zu pointieren: Die politische Öffentlichkeit, der Zentralraum der liberalen Demokratie, ist durch einen expansiven Unterhaltungsbetrieb kolonisiert worden, der die Politik in eines seiner Betätigungsfelder verwandelt hat.[31] Einzelne Politiker haben an der medialen Kolonisierung des Politischen tatkräftig mitgewirkt, um daraus Vorteile für ihre Karriere zu schlagen.[32]

Die große Schwester der unbedachten Äußerung ist der gezielte Tabubruch. Ist die ungeschickte Äußerung etwas, das einem unwillentlich unterläuft, so ist der Tabubruch eine Taktik, Aufmerksamkeit zu erzielen, ohne dass man selbst etwas Substanzielles zu sagen hätte. Im Tabubruch instrumentalisieren Politiker den medialen Unterhaltungsbetrieb für sich, um die eigene Sichtbarkeit zu erhöhen.[33] Zunehmend dienen Tabubrüche aber dazu, die Parameter des Sagbaren und Denkbaren in der Politik unterhalb der Schwelle einer mit Argumenten geführten Auseinandersetzung zu verschieben. Was anfänglich eine Taktik im Kampf um Aufmerksamkeit war, ist mit dem Aufstieg der Populisten zu einer Strategie bei der Veränderung der politischen Kultur geworden.

Die Ablösung der Gutenberg-Galaxis durch das Internet mit Facebook, Twitter und anderen sozialen Medien hat zu einem Wandel der politischen Sprache geführt, die sich als Verschiebung vom Argumentativen zum Invektiven charakterisieren lässt. Nun hat es in den Arenen des politischen Kampfes seit jeher Invektiven gegeben, Polemiken, Bezichtigungen, Denunziationen, kurzum alles, was geeignet ist, dem politischen Konkurrenten die Integrität abzusprechen. In der Präsenzdemokratie der Antike wie auch in der Repräsentationsdemokratie der Neuzeit waren Invektiven aber insofern reglementiert, als sie auf bestimmte Genres der Rede oder des Textes beschränkt waren, die wiederum nur in bestimmten Arenen und Konstellationen gepflegt wurden. Mit dem Medienumbruch von der Handschrift zum Buch und insbesondere zur schnell gedruckten und verbreiteten Flugschrift im 16. Jahrhundert erlangte die invektive Kommunikation erstmals Dominanz. Ob der Medienwandel dafür ursächlich war oder ob nicht vielmehr die reformatorischen Auseinandersetzungen das 16. Jahrhundert zu einem Zeitalter des Invektiven machten, lässt sich nicht eindeutig sagen, aber die bereitgestellten Medien ermöglichten nicht nur den Erfolg der Reformation, sondern auch die Herstellung einer «reformatorischen Öffentlichkeit», die in erster Linie in invektiver Kommunikation bestand. Diese erlebte danach immer wieder Hochzeiten, es gab jedoch ebenso Phasen, in denen herabsetzende Kommunikation erfolgreich zurückgedrängt wurde.

Mit den neuen sozialen Medien, aber auch den allseits zugänglichen Kommentarfunktionen von Onlinezeitungen und -nachrichten hat sich die Situation grundlegend verändert: Es ist zu einer kommunikativen Entfesselung gekommen, die in umkehrendem Anschluss an Norbert Elias als «Prozess der Entzivilisierung» bezeichnet werden kann.[34] Die Sprache allgemein, vor allem aber die Sprache der Politik, ist ein Zivilitätsindikator, wobei «zivil» im Sinne von «gesittet» und nicht als Gegenbegriff zu «militärisch» zu verstehen ist. Die Entzivilisierung der Sprache geht mit der politischen Spaltung einer Gesellschaft einher; dabei ist sie ein Anzeichen für den Stand der allgemeinen Entzivilisierung und zugleich ein Faktor, der diese weiter befördert. Deutlich wird hier, welche Folgen das Zeitalter des Postfaktischen hat: Wenn von alternativen Fakten oder Fake News die Rede ist, geht es nicht bloß um Veränderungen des Blickwinkels oder eine andere Bewertung von Tatsachen, sondern um eine gesellschaftliche Polarisierung mit dem Ziel, dass sich zwei Parteien schließlich unversöhnlich gegenüberstehen, weil sie sich über nichts mehr verständigen können – nicht einmal über das, was eine Tatsache ist und was nicht. Damit ist Demokratie als politische Ordnung extrem gefährdet, und zwar in sämtlichen ihrer Varianten. Die demokratische Austragung von Konflikten ist auf Regelakzeptanz und eine basale gemeinsame Semantik der konfligierenden Parteien angewiesen. Deswegen führen die Auflösung der Regeln und die Verwirrung der Semantik, die zurzeit zu beobachten sind, nicht zu einer Neubelebung der agonalen Demokratie, sondern in eine dauerhaft gespaltene Gesellschaft.[35]

Der Medienwissenschaftler Bernhard Pörksen hat diesen Zustand als den einer «Dauergereiztheit» beschrieben und dafür unter anderem die Zerstörung «zivilisierender Diskursfilter» verantwortlich gemacht.[36] In der Gutenberg-Galaxis und noch im Zeitalter von Radio und Fernsehen oblag die Zivilisierung der Sprache und Kommunikation den Verlegern, Herausgebern und vor allem den Redakteuren der Zeitungen. Sie waren die Gatekeeper der politischen Kommunikation, was ihnen erhebliche Macht verlieh. Als vierte Gewalt im Staat bezeichnete man die freie Presse also keineswegs nur deshalb, weil sie Regierung, Parlament und Gerichte öffentlicher Kontrolle unterwarf, sondern auch, weil sie dafür sorgte, dass die Debatte über deren Entscheidungen in einer demokratiekompatiblen Sprache geführt wurde. Aber wer kontrolliert eigentlich diese vierte Gewalt? Zunächst einmal ist sie Bestandteil des für den liberalen Rechtsstaat konstitutiven Systems der *Checks and Balances*, in dem sich die Gewalten gegenseitig kontrollieren. Doch die Presse kontrolliert sich auch selbst, insofern verschiedene journalistische Formate und politische Ausrichtungen miteinander um das begrenzte Gut Aufmerksamkeit konkurrieren. Die Voraussetzung dafür ist, dass keine Pressemonopole entstehen, was zu verhindern den anderen drei Gewalten obliegt.

Im Unterschied dazu sind Internet und soziale Medien weitgehend «gatekeeperfreie Zonen»,[37] in denen der Nachrichtenfluss nicht mehr kuratiert wird. Das ist in den Anfangsjahren des Internets als ein großer Schritt bei der weiteren Demokratisierung der Demokratie bezeichnet worden, insofern nun der Paternalismus der Redakteure unterlaufen werden konnte. Inzwischen hat sich jedoch herausgestellt, dass durch das Internet vor allem die Marktförmigkeit der Informationen befördert wird, denn Werbeeinnahmen sind am ehesten zu erzielen, wenn man sich an den Meinungen und Präferenzen der jeweiligen Zielgruppen orientiert und sie nicht zu erweitern oder verändern sucht. Obendrein ist ein kritischer und investigativer Journalismus teuer – Kosten, die man gerne einspart.[38] In der Folge ist beim Surfen im Netz die Bestätigungsdimension an die Stelle der Informations- und Aufklärungsfunktion getreten. Man könnte bei Nutzung des Internets mehr wissen, als man früher wusste, aber tatsächlich wissen die meisten sehr viel weniger, als sie früher wussten, weil sie sich nur noch in Filterblasen oder Echokammern bewegen.[39]

Der gegen die Dominanz des herkömmlichen Qualitätsjournalismus gerichtete Vorwurf, er verbreite Fake News, ist damit zum Funktionsäquivalent der Zensur geworden.[40] Während unter Zensurbedingungen über bestimmte Vorgänge nicht berichtet werden durfte, wird das Berichtete nun als Erfindung manipulativer Journalisten dargestellt. In beiden Fällen wird die Kontrollfunktion der Presse ausgehebelt, an deren Verlässlichkeit die Chance bürgerschaftlicher Aufsicht über die Regierung hängt.

Wie sehr das als Demokratisierung Gefeierte zum Wegbereiter von Autokraten geworden ist, lässt sich am Kurznachrichtendienst Twitter beobachten. Twitter hat, wie US-Präsident Trump es demonstriert, eine Direktkommunikation zwischen Machthaber und Bevölkerung möglich gemacht. Die Argumente für oder gegen eine bestimmte Politik werden nicht mehr geprüft und die möglichen Folgen eines Vorhabens nicht länger bedacht; stattdessen geht es nun um emotionsgesteuerte Unterstützung, um Beifall in Gestalt von Followers und Likes. Das ist die dritte Paradoxie: Durch die Direktkommunikation ist aus Reflexion Akklamation geworden.

Die mediale Ordnung der Gutenberg-Galaxis erforderte viel Zeit. Der Zeitaufwand war indes nicht nur die Voraussetzung dafür, dass Entscheidungen bedacht und vorbereitet werden konnten, sondern auch dafür, dass die Bürger in den Prozess des Nachdenkens und Prüfens einbezogen wurden, wobei eine kritische Presse als intermediäre Instanz zwischen Regierung und Zivilgesellschaft eine zentrale Rolle spielte. Steven Levitsky und Daniel Ziblatt haben darauf hingewiesen, dass das Alltagsgeschäft der Politik in einer Demokratie grundsätzlich Zeit kostet, während Autokraten für die Mühen des politischen

Alltags weder Geduld noch Zeit aufzubringen bereit sind. Beschleunigung ist ein Wesensmerkmal von Autokratien, weil sie ein System, in dem es nur Akklamation geben darf, herrschaftstechnisch absichert. Dementsprechend sind Autokraten auf Krisen und Notstandssituationen angewiesen, die notfalls inszeniert werden: Sie verschaffen ihnen die Rechtfertigung, schnell zu entscheiden und sich nicht auf die langwierigen Verfahren des demokratischen Rechtsstaats einlassen zu müssen. Autokraten, auch das ist am Beispiel Trumps zu beobachten, produzieren Zeitdruck, um so die Agenturen der politischen Reflexivität – unabhängige Gerichte, kritische Presse, engagierte Zivilgesellschaft – ausschalten und ihren Willen zu dem des Volkes erklären zu können.

Volk, Parteien und Bürger: Woher kommt politische Urteilskraft?

Dem Namen nach ist Demokratie die Herrschaft des Volkes – aber das kann recht Unterschiedliches bedeuten. Seit Anfang des 20. Jahrhunderts sind mit «Volk» alle Bürger eines Staates ab einem bestimmten Alter und unabhängig von ihrem Geschlecht gemeint. Volk ist hier also ein wesentlich inklusiver Begriff. Das war nicht immer so: Für den spätmittelalterlichen Politiktheoretiker Marsilius von Padua bezeichnete *populus* den *maior et valencior pars* der Bevölkerung einer Stadt: die wohlhabenden und gebildeten Schichten.[41] Das war ein exklusiver Begriff des Volkes, insofern die städtischen Unterschichten, aber auch die außerhalb der Stadt lebende Feudalaristokratie und die Geistlichen ausgeschlossen waren. Volk war für Marsilius ein stadtbürgerlicher Kampfbegriff, mit dem die mittleren und oberen Schichten – die Mehrheit der Bürgerschaft, wie er betont – ihren Anspruch auf Selbstregierung geltend machten, vor allem gegen die Aristokraten, die ständig neue Faktionskämpfe anzettelten.[42] Im Unterschied dazu wurde der *demos* in der attischen Demokratie als Parteibezeichnung der mittleren und unteren Schichten verstanden, womit diejenigen, die sich selbst die «Guten und Schönen» (*hoi kaloi kai agathoi*) nannten, aus dem Volk ausgeschlossen waren.[43] Auch hier haben wir es mit einem exklusiven Volksbegriff zu tun. Das Ausmaß, in dem die Demokratie die Bevölkerung einer Stadt oder eines Landes in die aktive Bürgerschaft einbezog, hat sich seit ihrer Entstehung folglich immer wieder verändert.

Wie inklusiv oder exklusiv der Volksbegriff war, hing zunächst vom Kampf der Klassen und Schichten ab, die miteinander um Einfluss auf die Regierungsgeschäfte rangen; dabei spielte auch eine Rolle, welche kognitiven und affektiven, prozeduralen und habituellen Fähigkeiten von den aktiven Bürgern erwartet wurden[44] und wie man diese Fähigkeiten in einem nachvollziehbaren Verfahren als Einschluss- beziehungsweise Ausschlussregel handhaben konnte. Immer wieder wurden die Größe des Vermögens und die Höhe der Steuerzahlungen in Anschlag gebracht, womit die Klassenzugehörigkeit zur Grundlage der Kompetenzerwartung gemacht wurde. Sobald hingegen zertifizierte Schulabschlüsse ins Spiel kamen, was seit dem 19. Jahrhundert möglich war, konnte sich das Verhältnis zwischen Fähigkeit und Vermögen umkehren. Dieser Konflikt war erst beendet, als nur noch das Alter als Exklusionsschranke fortbestand. Diese letzte Schranke wiederum wird ausschließlich mit politischer Urteilsfähigkeit begründet, unterliegt aber keiner individuellen Überprüfung.

Es besteht freilich weiterhin das Problem, dass demokratische Partizipation an Voraussetzungen und Fähigkeiten gebunden ist, über die einige mehr und andere weniger verfügen.

Das gilt am wenigsten für den Akt der Wahl selbst, der nur die Fähigkeit des Lesens voraussetzt, und selbst das ist substituierbar. Beim Engagement in Bürgerinitiativen, Nichtregierungsorganisationen und Parteien ist das schon anders; die Kompetenzvoraussetzungen politischer Partizipation wachsen an, sobald es um Ämter und Aufgaben geht. Doch auch hier werden die erforderlichen Fähigkeiten nicht in Form von Bildungszertifikaten geprüft, sondern im politischen Kampf um Posten und Positionen unter Beweis gestellt. Die Bewährung im Machtkampf ist so etwas wie ein Eignungstest, den die Demokratie vornimmt, woraus zweierlei folgt: erstens, dass der Machtkampf im Unterschied zu anderen Verfassungsformen, wo er eine Störung des normalen Betriebs darstellt, ein Lebenselixier der Demokratie ist, und zweitens, dass eine Demokratie hochgradig bedroht ist, wenn dieser Machtkampf nicht mehr stattfindet, weil es keine konkurrierenden politischen Parteien mehr gibt oder weil sich nicht mehr genügend Bürger finden, die sich für das Verfahren einer kompetitiven Personalauswahl zur Verfügung stellen. Die Austragung des Machtkampfes lässt sich durch Regeln in den Griff bekommen, das Versiegen des Machtkampfes aus Mangel an daran Interessierten wird zu einer für die Demokratie tödlichen Gefahr.[45]

Das angesprochene Problem hat eine quantitative und eine qualitative Seite. Quantitativ, weil Demokratien auf eine große Anzahl engagierter Bürger angewiesen sind. Ihre Zahl muss mindestens doppelt so hoch sein wie die Gesamtzahl der auf Gesamtstaats-, Regional- und Kommunalebene zu besetzenden politischen Positionen. Dabei ist das Doppelte knapp gerechnet; um bei Wahlen wirklich eine Wahl zu haben, wäre die dreifache Anzahl von Kandidatinnen vonnöten. Vor allem dort, wo Parlamentsmandate Politik nicht zum Beruf machen, sondern ehrenamtlich sind, fehlt es inzwischen überall an Kandidaten. Das Problem verschärft sich, sobald man in die Parteien selbst hineinschaut, wo einzelne Personen oft mehrere Aufgaben übernehmen müssen. Die vielgescholtene Gestalt des Multifunktionärs ist mittlerweile weniger das Ergebnis einer gezielten Ansammlung von Posten als eine Folge fehlender Bewerber.

Bei einem derart gravierenden Personalmangel auf den intermediären Ebenen der politischen Ordnung wäre es naheliegend, die an fehlendem Engagement leidenden Intermediärinstanzen einzusparen und zu einer onlinebasierten direkten Demokratie überzugehen. Aber der Wechsel von der repräsentativen Demokratie, die als ein System der gestuften Kompetenzanforderungen an die politisch partizipierenden Bürger beschrieben werden kann, zur direkten Demokratie mit ihren egalitären Partizipationsanforderungen wirft die Frage auf, wie diese Ordnung eine Mehrheit der Bürger dazu bringen kann, den Zeitaufwand politischer Teilhabe auf sich zu nehmen und an der Ausbildung politischer Urteilskraft zu arbeiten. Damit kommt die qualitative Dimension ins Spiel.

Es gehört zu den Grundirrtümern der Anhänger einer direkten Demokratie, davon auszugehen, dass «das Volk» von sich aus entscheidungsfreudig und urteilsfähig sei. Das ist es keineswegs. Wirklich entscheidungsfreudig ist das Volk nur – gleichgültig, ob auf einem großen Platz versammelt oder virtuell am Bildschirm des Computers –, wenn es emotionalisiert und aufgebracht ist. Wird es hingegen mit Problemen konfrontiert, bei denen mittel- und langfristige Folgen in Betracht zu ziehen sind, bleibt es unentschlossen und zögerlich, und man muss damit rechnen, dass die Zahl der Enthaltungen die Summe der Pro- und Kontrastimmen übertrifft.[46] Die direkte Demokratie steht deswegen viel stärker als die repräsentative in der Gefahr, entweder in eine De-facto-Herrschaft der Experten oder in eine Stimmungsdemokratie umzuschlagen: Expertokratie, weil «dem Volk» sachliche Kompetenz und politische Urteilskraft fehlen und es sich deshalb «blind» auf die Experten verlässt; Stimmungsdemokratie, weil durch emotionale Erregung für kurze Zeit Entschlusskraft erzeugt werden kann.

Die immer wieder neu zu beantwortende Grundfrage der Demokratie lautet also, wie aus einer an politischer Partizipation interessierten Bevölkerung zunächst ein Volk im Sinne des Trägers der Souveränität[47] werden und anschließend eine hinreichend große Anzahl kompetenter Bürger daraus hervorgehen kann. Es geht folglich um den Erwerb von politischer Urteilskraft und Urteilsfähigkeit.

Soziale Herkunft und Bildungsweg sorgen dafür, dass die Bürger recht unterschiedliche Voraussetzungen mitbringen. Sobald über politische Urteilskraft und partizipatorische Kompetenzen nachgedacht wird, hilft der Rekurs auf «das Volk» nicht weiter; an dessen Stelle rückt «der Bürger» in seiner Vielfalt. Die gemäßigte Demokratie begründet deshalb auf der Unterschiedlichkeit der vorhandenen Führungs- und Partizipationsfähigkeiten die Zuversicht, sie könne bei der Verteilung von Ämtern und Aufgaben in hinreichendem Maße auf kompetente Bürger zurückgreifen. De facto läuft das auf die Privilegierung von Mittelschichtangehörigen hinaus, die mit den egalitären Grundsätzen der Demokratie nur dadurch in Einklang zu bringen ist, dass die Aufstiegskanäle in die Mittelschicht offengehalten und Programme für nachholenden Kompetenzerwerb bereitgestellt werden. Gleichwohl gilt, dass in die auf dem Egalitätsprinzip beruhende demokratische Ordnung meritokratische Elemente eingebaut sind: Legitimatorisch gilt das Egalitätsprinzip, tatsächlich aber wird eine Anzahl von leistungs- und durchsetzungsfähig erscheinenden Personen ausgewählt, die mit den wichtigen Aufgaben betraut werden. Ausschlaggebend ist dabei der Akt der Wahl, den Aristoteles in seiner *Politik* als Rekrutierungsmodus einer Aristokratie bezeichnet hat. Das der Demokratie eigene Auswahlverfahren ist für ihn hingegen das Los, bei dem Egalität und Kontingenz als Auswahlmodi zusammengeführt werden.[48]

Die Debatten über eine Erneuerung der Demokratie, deren periodisches Auftreten offenbar zur demokratischen Ordnung gehört, haben dementsprechend an zwei Punkten angesetzt: zum einen, wenn es um eine möglichst konsequente Umsetzung des Egalitätsgedankens geht, an den Möglichkeiten, *tendenziell alle Bürger* zu politischer Teilhabe zu motivieren und sie zu befähigen, diese wahrzunehmen; zum andern, wenn es um die Stärkung meritokratischer Elemente gegen die Tendenz zur Oligarchisierung geht, an der Verbesserung der Kontroll- und Auswahlmechanismen, um zu verhindern, dass die auf Zeit bestellten Eliten dauerhaft in ihren Ämtern verbleiben. Gemäßigte und radikale Demokratie unterscheiden sich in der Inanspruchnahme der Bürger, aber die Aufgabe, vor der sie sich gestellt sehen, ist dieselbe: möglichst viele aus der Gesamtheit aller Bürger zu engagierten und kompetenten Bürgern zu machen.[49]

In der radikalen Demokratie, wo der Bürger als derjenige definiert wird, der Herrschen und Beherrschtwerden in seiner Person vereinigt,[50] kommen Teilhaberechte und Kompetenzzumutungen tendenziell zur Deckung; dieses Ziel kann die radikale Demokratie jedoch nur erreichen, indem sie alle, die den Kompetenzzumutungen politischer Teilhabe und Führung voraussichtlich nicht gewachsen sein werden, vom Bürgerrecht ausschließt und zugleich erheblich in die Kompetenz der verbliebenen Bürger investiert. Beide Strategien, Begrenzung der Bürgerschaft und permanente Kompetenzpflege, werden in unterschiedlicher Mischung miteinander verbunden. So hat die athenische Demokratie, in der die Vorstellungen der radi-

kalen Demokraten weitgehend verwirklicht wurden,[51] sowohl
Frauen als auch Zugezogene ohne athenische Abstammungs-
linie (Metöken) von der politischen Teilhabe ausgeschlossen,
dafür aber alle anderen ohne Abstufungen in die Bürgerschaft
integriert.[52] Dazu hat sie den Bürgern mit den Rechten zusammen erhebliche Pflichten übertragen, zu denen nicht nur die –
jedenfalls erwartete – Teilnahme an den Volksversammlungen
gehörte, sondern auch die per Losentscheid zugewiesene Mitwirkung in vielköpfigen Beratungs- und Rechtsprechungs-
institutionen.[53] Damit war ein beträchtlicher Zeitaufwand
verbunden, für den die Teilnehmenden zwar entschädigt wurden, aber diese Entschädigung entsprach nur bei den unteren
Schichten dem, was den Bürgern entging, weil sie in dieser
Zeit keiner beruflichen Tätigkeit nachgehen konnten.[54]

Die athenische Demokratie setzte voraus, dass die Bürger
in erheblichem Maß vom Arbeitsprozess freigestellt wurden,
und die dadurch verfügbare Zeit wurde nicht nur für den politischen Betrieb selbst genutzt, sondern auch für die Ausbildung von Kompetenzen, die für die Teilhabe an diesem Betrieb
erforderlich waren. Die größte Aufgabe stellte die Ausbildung
politischer Urteilskraft dar. Dazu gehörte nicht nur die Fähigkeit, Herausforderungen sehr unterschiedlicher Art zu beurteilen, sondern auch die Kontrolle spontaner und emotionaler
Reaktionen, wie sie von den Rednern in der Volksversammlung regelmäßig hervorgerufen wurden. Es ging also um die
kognitiven wie affektiven Dimensionen politischen Handelns.
Ein Teil dieser Kompetenzpflege erfolgte durch die Teilnahme
an Beratungen und Abstimmungen. Das genügte jedoch nur
für den Routinebetrieb. Daneben gab es die großen Entscheidungen, in denen es um Krieg oder Frieden ging oder grundlegende Werte gegeneinander abgewogen werden mussten. Es
gehörte zum Kern der athenischen Demokratie, dass sie diese

Probleme nicht einer *Elite für Ausnahmefälle* übertrug, wie das die römische Republik mit dem Verfassungsinstitut der Diktatur tat, sondern auch hier dem Volk das letzte Wort vorbehielt. Dazu brauchte man eine große Zahl von Bürgern mit politischer Urteilskraft.[55]

Selbstverständlich waren die Bürger in der Volksversammlung nicht gänzlich auf sich allein gestellt. Es traten Redner auf, die ihre Beurteilungen vortrugen, Entscheidungsmöglichkeiten beschrieben und Vorschläge machten, wie zu verfahren sei. Zumeist handelte es sich um recht unterschiedliche Vorschläge, und die Bürger mussten entscheiden, ohne jemals zuvor mit den fraglichen Problemen konfrontiert gewesen zu sein. Woher also nahmen sie die Zuversicht, eine kluge und richtige Entscheidung treffen zu können? Man kann die alljährlichen Theateraufführungen in Athen als Schulung der politischen Urteilskraft ansehen, ging es doch in den Tragödien weniger um unterhaltsame Abwechslung als um politische Entscheidungen und deren Folgen. Es waren grundsätzliche Fragen, die auf der Bühne verhandelt wurden, und die Alternativen wurden nicht von vornherein als gut oder schlecht, vernünftig oder unvernünftig präsentiert, sondern in ihrer immanenten Logik, so dass gute Gründe für das eine wie das andere sprachen. Diese guten Gründe wurden von den jeweiligen Protagonisten vorgetragen. Im Anschluss wurde gezeigt, welche politischen Folgen das Handeln der Protagonisten hatte – für Ödipus, Kreon und Antigone, für Theseus oder Xerxes. Aischylos, Sophokles und Euripides, die drei großen Tragiker Athens, spielten auf der Bühne politische Prozesse durch, und das Volk, das hinterher darüber entschied, welches der aufgeführten Stücke das beste war, setzte sich mit Fragen auseinander, an denen es seine politische Urteilskraft schärfte.[56] Allenfalls Shakespeare hat das später in vergleichbarer Weise getan.[57]

Aus dem auf politische Befähigung ausgelegten Theater der attischen Demokratie, zu dem sich die gesamte Bürgergemeinde versammelte, ist seit dem späten 18. Jahrhundert eine Veranstaltung der gebildeten Stände geworden, an der die breite Masse nicht mehr teilnahm. Sie wurde und wird im Wesentlichen von denen besucht, die von sich selbst glauben, bereits über politische Urteilskraft zu verfügen. Die Zuschauer kommen nicht als Suchende und Fragende, sondern sind auf eine prägnante Bestätigung dessen aus, wovon sie überzeugt sind. Das reicht, um eine deutsche Linie zu ziehen, von Schiller über Brecht zu Hochhuth. Zugespitzt: Das Theater ist seit seiner Übernahme durch ein politisiertes Bürgertum weniger eine Schulungsinstanz politischer Urteilskraft als eine im Kulturbetrieb angesiedelte Unterstützungsagentur für die Durchsetzung des Guten und Richtigen.[58] Zunächst war das eine Folge von Aufklärung und Fortschrittsdenken; dem folgte später die generelle Parteinahme für die Unterdrückten und Ausgebeuteten, bis daraus ein Suchscheinwerfer zur Ausleuchtung der dunklen Ecken in der sozialen und politischen Welt wurde. Dagegen ist nichts einzuwenden, nur dass es damit nicht mehr um politische Urteilskraft geht, sondern um die Bekräftigung eines Urteils, das bereits feststeht.

Das Erfordernis der Einübung in politische Urteilskraft ist damit jedoch nicht verschwunden, so dass zu fragen ist, welche Befähigungsinstanzen das politische Theater ersetzen können. Dabei kommt relativierend ins Spiel, dass die Veränderung des Theaterpublikums ziemlich genau den Veränderungen der demokratischen Ordnung von ihren antiken über die neuzeitlichen bis zu den gegenwärtigen Ausprägungen entspricht: An die Stelle des Volkes in seiner Gesamtheit sind die mittleren Schichten der Gesellschaft als maßgebliche Politikteilnehmer getreten, und die politischen Fragen sind von ihnen im Sinne einer Begleitung des moralischen Fortschritts beantwortet worden. Diese Charakterisierung der modernen Demokratie weist indes einige Ähnlichkeiten mit der populistischen Kritik an den bestehenden Verhältnissen auf: ein Establishment, das unter sich bleiben will und vom moralischen Fortschritt so fest überzeugt ist, dass es die realen Probleme der Menschen nicht mehr sieht. Die wirkliche Geschichte der Demokratie ist jedoch komplexer und in sich widersprüchlicher als diese Verkürzung nahelegt.

Es war im 18. und 19. Jahrhundert zunächst die Kultur bürgerschaftlichen Räsonierens und Debattierens, in der politische Urteilskraft geschult wurde. Dabei handelte es sich um einen geschützten Raum, denn die Urteilskraft blieb darauf beschränkt, kritisch zu kommentieren, was die aristokratische Führungselite durchsetzte. Immerhin, an die Stelle von Hören und Sehen traten Lesen und Sprechen, was auf eine deutlich aktivere Aneignung des politisch zu Bedenkenden hinauslief.[59] Dieser Modus der Befähigung galt freilich vorerst nur für jene, die auch ins Theater gingen, also für ein politisch und kulturell ambitioniertes Bürgertum. Erst im Verlauf des 19. Jahrhunderts kamen Arbeiterbildungsvereine hinzu, in denen die Vermittlung politischer Teilhabekompetenzen auf Industriearbeiterschaft und Handwerksgesellen ausgeweitet wurde.[60] Die Bereitschaft, sich den damit verbundenen Anstrengungen zu unterziehen, wuchs in dem Maße, wie die politischen Teilhaberechte nicht länger an Grundbesitz oder einen höheren Steuerbeitrag gebunden waren, sondern jedem zukamen. Seit der Reichseinigung fiel Deutschland dabei eine Führungsrolle zu, was die zentrale Position erklärt, die die deutsche Sozialdemokratie im Kreis der europäischen Arbeiterparteien einnahm.[61]

Damit wird neben den Debattierzirkeln eine weitere Instanz sichtbar, die zur Partizipation befähigte: die Parteien, die ihre

Mitglieder für die politische Auseinandersetzung schulten und sie auf die Übernahme politischer Ämter vorbereiteten. Die Parteien der Arbeiterbewegung und des politischen Katholizismus, Sozialdemokratie und Zentrum, fungierten nicht nur als Interessenvertretungen politisch marginalisierter Klassen und Konfessionen, sondern auch als Agenturen, in denen jene Kompetenzen erworben wurden, ohne die man in der politischen Arena nicht bestehen konnte. Hinzu kamen die Gewerkschaften, die ebenfalls entscheidende Fähigkeiten vermittelten. Nicht als kompakte Masse, wie gern behauptet, sondern als kompetente Bürger betraten die bislang Ausgeschlossenen die politische Bühne, auf der sie schon bald eine tragende Rolle spielen sollten.

Solchen Befähigungsagenturen, seien es nun Parteien, Gewerkschaften, Vereine oder Verbände, kommt in einer repräsentativ-mandativen Demokratie eine herausragende Bedeutung zu – nicht nur, weil sie Humanressourcen verfügbar machen, auf die Demokratien angewiesen sind, sondern auch, weil sie die Differenz zur Oligarchie markieren. Oligarchien kommen ebenfalls nicht ohne Befähigungsagenturen aus, nur sind diese dort auf den kleinen Kreis derer beschränkt, die einen privilegierten Zugang zur Macht und zum Machthaber haben. Demokratische Befähigungsagenturen stehen dagegen allen Bürgern offen und sorgen dafür, dass auch Personen aus benachteiligten Kreisen der Gesellschaft zu Aufgaben der politischen Führung befähigt werden. Das macht die meritokratische Komponente der Demokratie aus: die Auswahl des Personals nach Leistungsfähigkeit und nicht nach Herkunft und Vermögen. Diese Befähigungsagenturen sind das Bollwerk der Demokratie, das sie vor einem Abgleiten in die Plutokratie, die Herrschaft des Geldes, schützt.

Zudem sorgen Befähigungsagenturen in einer repräsentativen Demokratie für die personelle Erneuerung der politischen Klasse.[62] Mitgliederparteien unterscheiden sich dabei von Honoratiorenparteien dadurch, dass sie diesen Prozess dynamisch und in offener Konkurrenz betreiben. Wenn die Parteien infolge von Mitgliederschwund diese Aufgabe nicht mehr wahrnehmen können oder ihnen nicht mehr zugetraut wird, quer durch die Bevölkerung Bürger mit Kompetenz auszustatten und in Führungspositionen zu bringen, hat das für sie erhebliche Folgen: Ihre Vertrauenswerte sacken ab, und die Parteipolitiker werden mit Argwohn und Misstrauen empfangen. Das ist seit den 1980er Jahren bei den großen Volksparteien der Fall,[63] und aus der Krise der Volksparteien ist seitdem eine Krise der Parteiendemokratie geworden.

Die Krise der Mitgliederparteien resultiert vor allem daraus, dass sie immer weniger Bürger zum Eintritt in die Partei bewegen können.[64] Waren zu Beginn der 1980er Jahre noch 4,4 Prozent der deutschen Wahlberechtigten Mitglied einer Partei, so ist diese Zahl im Jahr 2005 auf 2,6 Prozent gesunken;[65] 2009 lag sie bei knapp 2,0 Prozent, und inzwischen liegt sie noch niedriger. Wenn man davon ausgeht, dass nur ungefähr 10 Prozent der Parteimitglieder aktiv sind, während die übrigen 90 Prozent lediglich den Mitgliedsbeitrag zahlen,[66] kann kaum noch davon die Rede sein, dass die politischen Parteien Befähigungsagenturen im hier beschriebenen Sinn darstellen.

Nach dem von Gerhard Leibholz entwickelten Modell der Parteiendemokratie, auf dem die Alimentierung der Parteien und der ihnen nahestehenden Stiftungen aus öffentlichen Mitteln beruht,[67] sind die Parteien *einerseits* Träger des Volkswillens, und *andererseits* fällt ihnen die Aufgabe zu, die Bevölkerung mit Alternativen vertraut zu machen. Sie wirken so an der politischen Willensbildung und sind damit auch politische Aufklärer und Erzieher des Volkes. Diese Aufgabe geht weit über das hinaus, was ihnen die sogenannte realistische Demokratietheorie zugedacht hat: Dort machen die Parteien nur Angebote, über die das Volk in der Rolle eines Konsumenten entscheidet.[68] Davon, dass das Volk, um verantwortungsvoll entscheiden zu können, zunächst Urteilsfähigkeit erworben haben muss, ist dort nicht die Rede.

Die Krise der Mitgliederparteien[69] ist somit eng mit der Vorstellung vom Bürger und von seiner Rolle in der Demokratie verbunden: Ist er als ein Konsument anzusehen, der gemäß Kosten-Nutzen-Kalkül Präferenzentscheidungen trifft, oder zeichnet er sich dadurch aus, dass er Zeit, Kraft und Geld in die Befähigung zu politischer Partizipation investiert? Politische Teilhabe, wie sie im Mittelpunkt der republikanischen Demokratievorstellung steht, hat jedoch gesellschaftliche Voraussetzungen, die nicht immer geeignet sind, das Engagement zu befördern. Häufig sind die Anreize nicht groß genug, um sich darauf einzulassen, zumal dann, wenn dies mit einer erheblichen Veränderung der Lebensplanung verbunden ist. Der «ruhige Bürger», der seine Partizipation auf die Teilnahme an Wahlen beschränkt, wird hier dennoch nicht als Konsument, sondern als *Citoyen im Wartestand* begriffen; er kann sich, wenn er nur will, jederzeit aus diesem Wartestand herausbegeben, um sich in einen engagierten Bürger zu verwandeln, der durch sein Engagement zum kompetenten Bürger wird. Der Verzicht darauf wurde lange als Ausdruck von Zufriedenheit mit den bestehenden Verhältnissen gewertet. In jüngster Zeit hat sich jedoch gezeigt, dass der ruhige Bürger auch zum «Wutbürger» (Dirk Kurbjuweit) werden kann, der unversehens in die politische Arena einbricht.

Der Wutbürger, dessen gehäuftes Auftreten als Hauptindikator für die Krise der Demokratie gilt, zeichnet sich dadurch aus, dass er in den Politikprozess eingreifen will, ohne den mühsamen Weg des politischen Kompetenzerwerbs zu gehen. Insofern ist er das Gegenteil des kompetenten Bürgers: Hat Letzterer seine politische Aktivität an die Voraussetzung geknüpft, über politische Urteilskraft zu verfügen, so bringt der Wutbürger vor allem seine Empörung zum Ausdruck, wozu die neuen Medien hinreichend Gelegenheit bieten. Die Entwicklung zum kompetenten Bürger ist ein langwieriges Projekt, während der Auftritt als Wutbürger unmittelbar möglich ist. Attraktiv ist dieser auch deshalb, weil das mediale System – nicht nur die sozialen Medien, sondern auch die von diesen inzwischen vielfach sekundär abhängigen Bild- und Printmedien – Prämien für die Billigvariante des Engagements zahlt und die sehr viel aufwendigere Variante eines nachhaltigen Engagements nur am Rande zur Kenntnis nimmt.[70] Diejenigen, die sich über eine angebliche «Lügenpresse» empören, sind in Wirklichkeit die Hauptprofiteure der durch Aufmerksamkeitsökonomien gesteuerten Medien.

So betrachtet, ist die Krise der westlichen Demokratie zunächst eine Krise des Bürgers, der zunehmend den mühsamen und zeitaufwendigen Weg des Kompetenzerwerbs scheut und sich stattdessen für ein politisches Eingreifen im Modus der Empörung entscheidet. Auf die realistische Demokratietheorie im Anschluss an Joseph Schumpeter bezogen, könnte man sagen, Wutbürger seien solche Bürger, die sich schon immer als Politikkonsumenten verstanden haben und nun verärgert sind, weil sie im Angebot nicht finden, was zu bekommen sie erwartet haben. Aus Sicht der republikanischen Demokratietheorie ist das jedoch die Folge davon, dass solche Politikkonsumenten sich nie um das politische Angebot gekümmert und in seine Reichhaltigkeit investiert haben, sondern davon ausgegangen sind, es werde schon in zufriedenstellender Breite vorhanden sein. Hier wird das Missverständnis, wonach es sich bei der Demokratie um eine für die Bürger bequeme und zugleich zuträgliche Ordnung handele, unvermittelt folgenreich. Wutbürger sind frustrierte Politikkonsumenten, die zu randalieren begonnen haben.

Im Hinblick auf die Parteiendemokratie und die den Mitgliederparteien zugedachte Rolle kann das zweierlei heißen. *Erstens*: Begreift man Parteien als politische Erzieher, so funktioniert eine Parteiendemokratie vor allem dann, wenn es in ihr keine populistischen Parteien gibt oder deren Vorhandensein keinen nennenswerten Einfluss auf die Politik hat. Populistische Parteien, Sammlungsbewegungen der Wutbürger, vernachlässigen die Erziehungsfunktion, indem sie den unzufriedenen Gruppen, die sie «das Volk» nennen, nach dem Mund reden. Sie greifen deren Stimmungen auf und verstehen sich als ihr Sprachrohr, und weil sie so tun, als sprächen sie für «das Volk», verschaffen sie sich nicht nur eine imaginäre Mehrheit, sondern auch einen vorgeblich einheitlichen Willen. Diese Fiktion eines einheitlichen Willens verwandelt jeden, der eine andere politische Meinung vertritt, in einen «Volksverräter». Zudem präsentiert der Populismus seiner unzufriedenen Klientel bestimmte Gruppen als Schuldige: «die Eliten», «die Lügenpresse», «die versifften 68er», «die Gutmenschen» und insbesondere «die Flüchtlinge» und «die Muslime». So bestärkt er politische Ressentiments, die er dann als politischen Willen ausgibt. Infolgedessen geraten die anderen Parteien unter Druck, ihrerseits den Stimmungen ihrer Klientel größeres Gewicht beizumessen. Das gilt vor allem für die Volksparteien. Die Position des politischen Erziehers, der Kompetenz und Urteilskraft vermittelt, verwaist dann, und was sich in der politischen Arena abspielt, ist ein Wettbewerb darum, wer die meisten Ressentiments bedient oder seinen Wählern die größten Wohltaten verspricht.

Zweitens: Nach der entgegengesetzten Auffassung, also aus Sicht der realistischen Demokratietheorie, sind die Parteien aufgrund ihrer eigenen Entwicklung nicht mehr in der Lage, die Erwartungen und Wünsche der Bürger aufzunehmen und in eine Politik umzusetzen, mit der diese zufrieden sind. Das vermehrte Auftreten des Wutbürgers ist demnach Ausdruck einer Selbstabschottung der Parteien, eines schleichenden Prozesses der Oligarchisierung, und der Aufstieg populistischer Parteien ist symptomatisch für den Todeskampf des bestehenden Parteiensystems: ein Rettungsversuch, der den Zerfall beschleunigt. Zugespitzt findet sich diese Sichtweise in Wolfgang Koschnicks Buch mit dem marktschreierischen Titel *Eine Demokratie haben wir schon lange nicht mehr*.[71] Koschnick folgt darin der von dem britischen Politikwissenschaftler Colin Crouch vorgetragenen These, die westliche Gesellschaft sei in eine Ära der Postdemokratie eingetreten. In ihr bestehe die Demokratie nur noch als formale Ordnung, während globale Unternehmen und Wirtschaftsverbände alle wichtigen Entscheidungen träfen.[72] Hat Crouch diese Entwicklung vor allem als Folge von Globalisierung und strukturellen Veränderungen des Kapitalismus angesehen, ist für Koschnick der Weg in die Postdemokratie eine Folge der Oligarchisierung von Parteien und der Kaperung des politischen Systems durch ebendiese Parteien. Die Bürger seien zu Zuschauern eines Schauspiels geworden, dessen wesentlicher Zweck darin bestehe, sie in die Irre zu führen. Die Abgeordneten, längst nicht mehr Vertreter des Volkes, sondern eine kleine Clique von Parteifunktionären, lebten «wie die Maden im Speck» und seien nur an der Verlängerung ihrer Mandate interessiert;[73] sie befänden sich obendrein «im Würgegriff des Fraktionszwangs», weswegen Parlamente «reine Abnickvereine» geworden seien.[74] Die Folge sei eine «totale Reform-Resistenz»,[75] die wiederum dazu geführt habe, dass die westlichen Demokratien bei der gerechten Verteilung des Wohlstands im internationalen Vergleich immer weiter zurückgefallen seien. Wenn die Demokratie, so Koschnicks Resümee, überhaupt noch zu retten sei, dann nur ohne und eigentlich gegen die Parteien. Nicht der Bürger in seiner Bequemlichkeit ist demnach Ausgangspunkt der Probleme, in denen die Demokratie seit längerem steckt, sondern es sind die Parteien, die den durchaus engagementwilligen und partizipationsfähigen Bürger daran hindern, im politischen Betrieb eine nennenswerte Rolle zu spielen. Koschnick folgt darin einer Diagnose des Parteiensystems, wie sie Robert Michels vor mehr als einem Jahrhundert in dem von ihm so bezeichneten «ehernen Gesetz der Oligarchie» zusammengefasst hat:[76] Da Organisationen prinzipiell zur Oligarchisierung neigten, sei es – hier ist Michels konsequenter als Koschnick – am sinnvollsten, politische Ordnungen nicht unter dem Aspekt bürgerschaftlicher Partizipation, sondern dem möglichst großer Eliteneffizienz zu organisieren.

Das Nachdenken über die Zukunft der Demokratie beginnt mit einer grundsätzlichen Entscheidung. Man kann sich mit einer schwachen Variante der Demokratie zufriedengeben, die als ein Regulationsmechanismus der Elitenherrschaft begriffen wird, wobei die Rolle des Volkes darauf beschränkt ist, letztinstanzlich über die Auswahl der Eliten zu entscheiden und diesen danach für längere Zeit alle relevanten Entscheidungen zu überlassen.[77] Oder man entscheidet sich für die starke Variante der Demokratie, die darüber nachdenkt, wie aus ruhigen Bürgern kompetente Bürger werden, damit – um Abraham Lincolns berühmte Formulierung von der Demokratie als *government of the people, by the people, and for the people* aufzugreifen – sichergestellt ist, dass die Herrschaft des Volkes nicht nur eine *für* das Volk, sondern auch eine *durch* das Volk ist.[78]

Vorschläge zur Stärkung der liberalen Demokratie

Die Annahme, bei der Demokratie handele es sich eine politische Ordnung im Interesse der großen Mehrheit, ohne dass diese sich selbst darum kümmern müsse, ist ein folgenreiches Missverständnis. Tatsächlich beruht Demokratie auf der Voraussetzung, dass befähigte Personen aus der gesamten Bürgerschaft den auf viele Schultern verteilten Politikbetrieb am Laufen halten. Wo diese Bürger zu wenige sind oder gar fehlen, kommt es zur schleichenden Transformation der Demokratie in eine Oligarchie. Wie alle anderen Verfassungsformen, nur in erheblich stärkerem Maß als diese, unterliegt die Demokratie einem ständigen Erneuerungs- und Revitalisierungszwang, der, im Unterschied zur Oligarchie, nicht nur eine kleine Gruppe, sondern die gesamte Bürgerschaft betrifft. Die Stärke der Demokratie – die vor der Bürgerschaft ausgetragene Konkurrenz um politische Ämter – ist zugleich ihre Schwäche: dann nämlich, wenn fast alle den damit verbundenen Anforderungen und Belastungen aus dem Weg gehen.

Das Desinteresse der Bürger an politischen Aufgaben ist für die Demokratie ebenso gefährlich wie die Intrigen und Machenschaften derer, die sie zerstören wollen. Nur graduell weniger gefährlich ist es, wenn die nach politischen Ämtern Strebenden nicht zu den Tüchtigsten einer Gesellschaft gehören, sondern beruflich nicht vorangekommen sind und es nur deshalb in der Politik versuchen – ein Verdacht, der sich immer wieder einmal aufdrängt. Sind nur noch solche Kandidaten bereit, politische Aufgaben zu übernehmen, läuft die Demokratie Gefahr, im Leistungsvergleich mit konkurrierenden politischen Ordnungen zurückzufallen. In der Folge verliert sie an Legitimität, und die Bürger beginnen, über andere Ordnungen nachzudenken.

Es wurde immer wieder vorgeschlagen, die Demokratie zu erneuern, indem die Partizipationserfordernisse deutlich begrenzt und die Auswahlkriterien für das politische Personal verschärft werden, damit bei der Elitenbildung die Leistungsfähigkeit wieder ins Zentrum tritt. Die allgemeine Direktive dieses Vorschlags ist eine Meritokratisierung der Parteien durch Zurückdrängung der populistischen Elemente, die sich während der letzten Jahrzehnte in den Politikbetrieb eingemischt haben. Gemäß der klassischen Verfassungslehre[79] heißt das, dass die Demokratie sich gegen ihren Verfall verteidigt, indem sie zwei ihr innewohnende Tendenzen blockiert: die der Oligarchisierung (infolge des wachsenden Einflusses von Banken und globalen Unternehmen auf die Politik sowie der Umwandlung politischer Parteien in Funktionärskasten) und die der Ochlokratisierung[80] (durch die Umstellung von langfristig angelegten Überlegungen auf kurzfristige Stimmungslagen, etwa unter dem Einfluss von Protestbewegungen,[81] bei Zunahme eines aggressiven Tonfalls und wachsender Gewaltbereitschaft). Leitidee einer in diese Richtung gehenden Reform der Demokratie könnte die Stärkung langfristig rationaler Planung sein, von der Wirtschafts- bis zur Klimapolitik, wodurch der Einfluss einer Stimmungsschwankungen unterliegenden Bevölkerung auf die Bewertung des Eliten- und Expertenhandelns beschränkt wird. Aus der Input-Legitimation wird dann politische Steuerung durch Output-Evaluation.[82] Insgesamt wird dabei die expertenzentrierte Governance- gegenüber der bürgerschaftlichen Partizipationskomponente gestärkt.[83]

Die wichtigste Frage dabei lautet, wie ein hinreichend großer Einfluss der Bürger auf die Politik zu gewährleisten ist, damit trotz der Stärkung expertokratischer Elemente noch von einer Demokratie gesprochen werden kann. Grundsätzlich lässt sich gegen eine solche Reform der Demokratie nämlich einwenden, sie sei einer Abschaffung der Demokratie näher als deren Erneuerung und Revitalisierung. Die Voraussetzungen des demokratischen Betriebs, so die Replik darauf, seien inzwischen so komplex und anspruchsvoll, dass die Demokratie nur noch in Gestalt einer demokratisch legitimierten liberalen Oligarchie überleben könne. Wer hingegen versuche, sie an den Vorgaben der antiken Demokratie oder des Parlamentsbetriebs im 19. und teilweise noch im 20. Jahrhundert auszurichten, werde sie zerstören, indem er sie einem Wechselspiel von Apathie und Empörung ausliefere.

Hat sich die demokratische Idee einem elitistisch-expertokratischen Typus politischer Ordnung anzuverwandeln, wenn sie überleben will? Oder gibt es eine Chance, diese Form politischer Herrschaft unter der Kontrolle des Volkes zu halten? Der amerikanische Politikwissenschaftler Jeffrey Edward Green hat unter Rückgriff auf eine Bemerkung des römischen Satirikers Juvenal, wonach sich das gewöhnliche Volk in Rom nicht für Politik, sondern nur für Brot und Spiele interessiere,[84] eine von ihm so bezeichnete «plebeische Demokratietheorie» entworfen. Er hat dafür den Begriff der «okularen Demokratie», der Herrschaft der Zuschauer, geprägt, also einer Art demokratischer Kontrolle, die an der Schaulust der Menschen ansetzt und sie für den Politikbetrieb zu nutzen sucht.

Reformen, wie sie Green vorgeschlagen hat, heben auf eine schwache Form von Demokratie ab. Dabei erfolgt die «okulare» Elitenkontrolle auf einer egalitären Grundlage; sie weist nicht die ausgeprägte Partizipationshierarchie auf, die für starke Demokratiekonzeptionen typisch ist, gleichgültig, ob die Partizipation über Parteien, Bürgerbewegungen oder Nichtregierungsorganisationen erfolgt. Durchweg ist hier die bürgerliche Mittelschicht dominant, vor allem Personen mit überdurchschnittlich hohen Bildungszertifikaten, zumeist männlich und eher protestantisch als katholisch oder konfessionslos.[85] Die Betreffenden spielen ihre Partizipationskompetenz aus, und man kann davon ausgehen, dass ihre Anliegen im Politikbetrieb deutlich stärker berücksichtigt werden als die anderer Gruppen. Im Vergleich dazu ist der Versuch, «das Volk als Zuschauer» mit politischen Kontrollaufgaben zu versehen, um «die Zuschauer als Volk» zum politischen Faktor zu machen,[86] ein egalitäres Gegengewicht zur Partizipationsdemokratie mit ihren stark diversifizierten Einflusschancen.

Die Einwände gegen ein solches Demokratiemodell liegen jedoch auf der Hand: Es ist eine überaus dünne Kontrolle, um die es hier geht, und selbst bei ihr dürften die unterschiedlichen Fähigkeiten zur Beobachtung von Politikern in Stresssituationen eine Rolle spielen. Wenn die Zuschauerdemokratie tatsächlich eine Kontrollfunktion gegenüber der professionellen Politik wahrnehmen soll, bedarf es dazu einer vorangegangenen Schulung kritischen Beobachtens mit regelmäßigen Nachbesserungen, um die Zuschauer für die eingeübten Verhaltens- und Reaktionsmuster der Politiker zu sensibilisieren. Ohne Kompetenzerwerb kommen auch die schwachen Varianten der Demokratie nicht aus, selbst wenn die erforderte Fähigkeit auf ein Mindestmaß reduziert ist. Außerdem dürfte eine Forcierung der okularen Kontrolle die Tendenz zur Personalisierung der Politik weiter verstärken: Die politische Programmatik der Parteien verliert an Bedeutung, und stattdessen erlangt die «Glaubwürdigkeit» von Politikern ein noch größeres Gewicht. Im Gefolge dessen dürfte – die positive Nachricht – die Funktionärsoligarchie der Parteien an Einfluss verlieren und – die negative Nachricht – der Einfluss von Imageberatern und Trainern für Gestik und Mimik zunehmen.

Wie auch immer sich die Einflussverhältnisse verändern mögen – die Parteien, von denen Koschnick angenommen hat,

sie hätten sich den Staat so weit angeeignet, dass die Parteiendemokratie längst zum Parteienstaat geworden ist,[87] werden
bei dieser Entwicklung an Macht und Einfluss verlieren. Um
die Wahlchancen ihrer Spitzenkandidaten nicht zu beeinträchtigen, werden sie ihre programmatischen Profile mit dem
Weichzeichner überarbeiten und alle jene kaltstellen, die eine
Schärfung des Parteiprofils fordern. Die politischen Parteien
werden sich in Unterstützungsorganisationen für Politiker
verwandeln, die kaum noch Mitglieder haben, weil man sich
ihnen nur anschließt, wenn man beruflich von ihnen abhängig
ist oder sich von der Nähe zu ihnen geschäftliche Vorteile verspricht. Die Ära der programmatisch ausgerichteten Mitgliederparteien ist dann definitiv zu Ende. Was sich wie ein Nie-
dergangsszenario ausnimmt, lässt sich eventuell auch positiv
akzentuieren – wenn man davon ausgeht, dass mit dem Ende
der Gutenberg-Galaxis[88] die Ära der politischen Programmatik
ohnehin beendet ist und wir in eine Epoche der freundlich-
gewinnenden oder aber beschämenden und abstoßenden
Bilder eingetreten sind. Die Umstellung der Demokratie aufs
Okulare könnte unter diesen eingeschränkten Voraussetzungen einen Kontrollgewinn der Bürger zur Folge haben.

Die zyklische Erneuerung des Parteiensystems und die Parteien als Vermittler politischer Kompetenz

Der alternative Weg zur Erneuerung der Demokratie, der auf
ein Mehr an bürgerschaftlicher Partizipation setzt und neben
der Evaluation von Ergebnissen einer Politik der Eliten (Out-
put-Kontrolle) den initiativen Einfluss der Bürger stärken will
(Input-Partizipation), ist erheblich voraussetzungsvoller und
deswegen auch anfälliger für Rückschläge und Enttäuschun-

gen. Immerhin lässt sich dabei auf Freiwilligensurveys verweisen, die zeigen, dass das bürgerschaftliche Engagement in Deutschland keineswegs geschrumpft ist, sondern sich «nur» von den Parteien zu Bürgerinitiativen, Protestbewegungen und Nichtregierungsorganisationen verschoben hat. An die Stelle langfristiger, politische Identität stiftender Bindungen ist ein Trend zu kurzfristigem und zeitlich begrenztem Engagement getreten.[89] Es gibt also nach wie vor eine erhebliche Bereitschaft, sich für das Gemeinwesen einzusetzen, nur hat der parteipolitische Bereich in den Präferenzen der Bürger deutlich an Relevanz verloren. Die Herausforderung, vor der die starke Variante der Demokratie steht, läuft also darauf hinaus, entweder die politischen Parteien so attraktiv zu machen, dass sich die Bürger wieder stärker für sie interessieren, oder aber die Inputkanäle des Systems in einer Weise zu öffnen, dass die bürgerschaftliche Partizipation auf andere Weise in den politischen Betrieb Eingang findet.

Begreift man die Demokratie als eine über die formal geregelte und gewaltfreie Austragung von Konflikten organisierte Form zur Ermittlung des Willens einer Mehrheit der Bevölkerung, so ist schwer vorstellbar, wie eine Demokratie ohne Parteien auskommen soll. Würden die nach demokratischen Grundsätzen organisierten Parteien verschwinden, so würden sich umgehend andere Gruppierungen bilden, deren Einflussnahme wesentlich informell erfolgt, was zu einem oligarchischen System der Cliquen und Einflusskartelle führen dürfte. Die Entstehung informeller Parteien ließe sich nur in einer Gesellschaft völliger sozialer Egalität und Wertehomogenität verhindern. Die Verhinderung von Parteien würde auf ein totalitäres Projekt hinauslaufen, dessen Merkmal neben dramatischen Wohlstandseinbußen die Selbstlegitimation einer kleinen Machtclique als Verkörperung des Volkswillens wäre.

Diese informellen Parteien dürften obendrein eher vertikal als horizontal strukturiert sein: Nicht tendenziell gleiche soziale Lagen, politisch ähnliche Vorstellungen und moralisch zusammengehörige Wertbilder halten sie zusammen, sondern herausgehobene Einzelne mitsamt einer ihnen eng verbundenen Entourage, die quer durch die gesellschaftlichen Schichten Anhänger und Unterstützer haben. Solche Parteien wären den antiken und spätmittelalterlichen Faktionen ähnlicher als den Parteien der westlichen Demokratie. Insofern ist damit zu rechnen, dass es bei den zwischen ihnen ausgetragenen Kämpfen um Macht und Einfluss zur Anwendung von Gewalt kommen würde. Politische Systeme mit informellen Parteiungen sind Übergangsverhältnisse, aus denen entweder Despotien oder wieder regulierte Parteienordnungen entstehen.

Statt auf den Untergang des Parteiensystems zu setzen, sind die Beobachtungen zum allmählichen Verschwinden altehrwürdiger Parteien und zum Aufstieg neuer Parteien zu systematisieren, um zu einer Theorie der zyklischen Erneuerung des Parteiensystems zu gelangen. Ausgangspunkt ist dabei die Feststellung, dass Parteien zwangsläufig Phasen des Aufstiegs und solche des Niedergangs erleben. Das wesentliche Antriebsmoment ist der Wandel der gesellschaftlichen Verhältnisse, mit dem die Probleme verblassen, aus deren Bearbeitung eine Partei ihre Kraft bezogen hat. Gleichzeitig tauchen neue Herausforderungen auf, und die Gruppierung, die sie als erste in den Fokus der Aufmerksamkeit rückt, hat gute Chancen, als neue Kraft in das Parteiensystem Einzug zu halten.[90] Man kann dies als *organische* Erneuerung des Parteiensystems bezeichnen; sie findet kontinuierlich statt, kennt keine abrupten Brüche und folgt im Wesentlichen inneren Impulsen des Parteiensystems. Davon ist die *mechanische* Erneuerung zu unterscheiden; hier werden nicht nur alte Parteien allmählich durch neue ersetzt, sondern das gesamte Parteiensystem bricht zusammen, wie das in Italien nach 1992 mit der von der Mailänder Staatsanwaltschaft vorangetriebenen Operation *mani pulite* der Fall war, oder die Neustrukturierung wird durch eine Veränderung des politischen Systems erzwungen, wie in Frankreich beim Übergang von der Vierten zur Fünften Republik.

Die häufigste Begründung für den Verzicht auf Engagement in Parteien sind Zeitmangel und beruflich bedingte Ortswechsel, die keine tragfähigen Beziehungen zu den lokalen Parteiorganisationen zulassen. Im Unterschied zur Blütezeit der Volksparteien sind seit den 1990er Jahren die Erfordernisse einer beruflichen Karriere und die Voraussetzungen für eine aktive Parteimitgliedschaft in einen immer stärkeren Gegensatz zueinander geraten.[91] Außerdem hat die Berufstätigkeit von Frauen in den familiären Beziehungen zu einer verschärften Konkurrenz um die knappe Ressource Zeit geführt. Als Erstes scheidet damit eine zeitaufwendige aktive Parteimitgliedschaft aus, während ein eher sporadisches Engagement in Bürgerinitiativen und Nichtregierungsorganisationen (Letzteres zumeist nicht ortsgebunden) sehr viel leichter in der Lebensführung der oberen Mittelschicht unterzubringen ist. Zeitarme Personengruppen, die über ein gutes Einkommen verfügen, haben zudem die Neigung, sich von Verpflichtungen «freizukaufen», indem sie Organisationen, deren Zielen sie sich verbunden fühlen, mit Geldspenden unterstützen. Sie setzen ein, wovon sie genug haben, weil das, was sie sonst einsetzen müssten, nicht hinreichend zur Verfügung steht.

Das kommt vor allem Organisationen zugute, deren öffentliche Präsenz auf spektakulären Aktionen beruht, wofür Geldspenden, aber nicht aktive Mitglieder vonnöten sind. So setzt Greenpeace seit Jahrzehnten auf professionelle Industriekletterer oder erfahrene Schlauchbootfahrer, um Aktionen mit eindrucksvollen Bildern durchzuführen, die dann in den Fernsehnachrichten auftauchen. Das wiederum stimuliert das Spendenaufkommen. Es ist nicht grundsätzlich ausgeschlossen, dass die politischen Parteien einen ähnlichen Weg beschreiten, um den Mitgliederschwund zu kompensieren. Damit würde freilich das plutokratische gegenüber dem meritokratischen Element weiter an Gewicht gewinnen. Am ehesten dürften kleinere Parteien, deren Klientele in der oberen Mittelschicht anzutreffen sind, also FDP und Grüne, von einer solchen Entwicklung profitieren. Dagegen würden sich die klassischen Volksparteien SPD und CDU damit schwertun: Für sie wäre es der Abschied von einer identitätskonstitutiven Parteitradition. Dennoch wäre eine Angleichung der politischen Parteien an die Strukturen von Nichtregierungsorganisationen die einfachste Lösung für den Fortbestand des Parteiensystems. Es wäre dies jedoch ein Parteiensystem, das eher dem der USA ähnlich ist als der europäischen Tradition. Tatsächlich ist die Ablösung persönlichen Engagements durch Geldspenden und die Ersetzung politischer Überzeugungsarbeit durch aufmerksamkeitsträchtige Aktionen bereits so weit fortgeschritten, dass es fraglich ist, ob diese Entwicklung noch zurückgedreht werden kann. Sie passt zu dem beschriebenen Bedeutungsverlust politischer Programmatik und dem Bedeutungsgewinn gehypter Personen, zur Vorherrschaft der Bilder gegenüber Texten, des Suggestiven gegenüber dem Argumentativen und zur Verdrängung langfristiger Perspektiven durch kurzfristige Effekte. Geht all dies so weiter, werden die Parteien aus politischen Kompetenzvermittlern zu Aufmerksamkeitsbewirtschaftern mit Unterhaltungsanspruch.

Eine solche Entwicklung dürfte populistischen Bewegungen in die Hände spielen, die ja wesentlich von der Erregung des Augenblicks profitieren und auf den kurzfristigen Nutzen setzen. Das wäre eine weitere Bewegung hin zur Stimmungs-demokratie, vor allem aber würde sich die Lücke zwischen dem, was das politische System tatsächlich leistet, und dem, was es leisten muss, immer weiter vergrößern.[92] Die großen Heraus-forderungen der Gegenwart drehen sich um die Bewahrung eines dem Menschen zuträglichen Lebensraums, die Sicherung einer technologisch-wissenschaftlichen Spitzenposition in der globalen Konkurrenz (was insbesondere Deutschland betrifft), eine faire Verteilung des Wohlstands innerhalb der eigenen Gesellschaft wie im globalen Maßstab (Letzteres auch mit Blick auf die Steuerung von Migrationsbewegungen), und nicht zuletzt geht es um die Sicherung des Weltfriedens. Alle diese Probleme lassen sich nur mit langfristigen Strategien bearbei-ten, was durch eine mit dem Wandel der Parteien zunehmende Kurzfristigkeit des Politikbetriebs erschwert, wenn nicht unmöglich gemacht wird.

Das Schlüsselproblem bei der Revitalisierung der Demo-kratie ist und bleibt also die Rückgewinnung von Bürgern, die zu längerfristigem Engagement bereit sind. Ein Mittel dazu ist die Erneuerung der politischen Parteien als Agenturen der Bürgermobilisierung und Kompetenzvermittlung; in diesem Zusammenhang hat die in New York lehrende Politikwissen-schaftlerin Nadia Urbinati neben einer Verbesserung der Beziehung zwischen den Parteien und der «Menge» auch eine neue Beziehung zwischen den Parteien und charismatischen Führungspersönlichkeiten ins Gespräch gebracht.[93] Charisma-tische Führer mit grenzenlosem Machtstreben, die häufig im Sog populistischer Bewegungen nach oben kommen, verselb-ständigen sich und mutieren zu Autokraten, wenn sie nicht, so Urbinatis Überlegung, durch Parteien gezähmt und ein-gehegt werden.[94] Dies können Parteien deshalb leisten, weil sie vermittels Bürokratie und parteiinterner Oligarchie über ein Gegengewicht zu dem im engen Kontakt mit der Menge agierenden Charismatiker verfügen.[95] Während also der Populismus ein Symptom für den Niedergang der Parteiendemokratie ist, sind die klassischen Parteien ein Garant dafür, dass die von populistischen Bewegungen hochgeschwemmten Charismatiker in das System der parlamentarisch-gewaltenteiligen Demokratie eingebunden bleiben. Pointiert: Demokratien können sich den Aufstieg von Charismatikern umso eher leisten, je stabiler die Parteien sind. Deswegen sollen Parteien nach Urbinatis Auffassung auf Charismatiker setzen und sie nicht den populistischen Bewegungen überlassen.[96]

Nun gibt es jedoch gute Gründe für die Annahme, dass der Aufstieg von Charismatikern und der Niedergang der Parteien in einem engen Zusammenhang stehen. Das könnte bei der Rettung der Demokratie durch parteiengebundene Charismatiker zum Dilemma werden. Urbinati will den Populismus jedoch als Erneuerungsmoment der Parteien nutzen: Wenn der autokratische Charismatiker, der von einer populistischen Bewegung nach oben gebracht worden ist, für das politische System gefährlich zu werden beginnt, sind die für einige Zeit ins Hintertreffen geratenen Parteien durch Rückgriff auf ihnen verbundene Charismatiker wieder so weit erneuert, dass sie dem Einhalt gebieten können. Man kann dies als apokalyptische Problembewältigungsstrategie bezeichnen.[97] Mit einer solchen haben die Deutschen jedoch verheerende Erfahrungen gemacht.

Was kann die direkte Demokratie leisten?

Kann ein Wechsel von der repräsentativen und mandativen zur direkten oder zur plebiszitären Demokratie eine Erneuerung der demokratischen Ordnung bewirken? Sieht man einmal von den Bedenken und Einwänden ab, die oben bereits geltend gemacht wurden,[98] so lässt sich die Frage dahingehend zuspitzen: Kann eine unmittelbare Beziehung zwischen Bürgern und Regierenden dazu führen, dass sich die Bürger intensiver mit den politischen Problemen und Herausforderungen beschäftigen und darüber die erforderliche Sachkompetenz entwickeln, um verantwortungsbewusste Entscheidungen auf unterschiedlichen Politikfeldern zu treffen? Und werden sich an Volksabstimmungen hinreichend viele Bürger beteiligen, um den Entscheid für die Entscheidung des gesamten Volkes gelten zu lassen? Wird diese Frage bejaht, lautet das Hauptargument, dass in einer direkten Demokratie der Bürgerwille nicht länger durch die Parteien mediatisiert und im Rahmen von Koalitionsvereinbarungen verändert werde, sondern als unmittelbare Aufforderung an die Regierenden gerichtet sei. Tatsächlich kommt der Wille des Volkes umso klarer zum Ausdruck, je präziser die zur Entscheidung anstehenden Alternativen formuliert sind. Das jedoch ist das Problem dieses Typs von Demokratie: Wer formuliert die Alternativen, die dem Volk zur Entscheidung vorgelegt werden? Und wie lässt sich entscheiden, was anschließend erst in einem komplexen Aushandlungsprozess konkretisiert werden kann?

Auf den Umstand, dass die politische Welt in den letzten Jahrzehnten immer komplexer geworden ist, reagiert die direkte Demokratie mit einer entschlossenen Komplexitätsreduktion, indem sie Fragen stellt, die mit Ja oder Nein zu beantworten sind. Selbst wenn solche Fragen in einigen Fällen sinnvoll sein sollten, bleibt doch, dass die Macht bei denen liegt, die sie formulieren, und nicht bei jenen, die sie anschließend beantworten. Dennoch kann die Einbindung plebiszitärer Elemente in die parlamentarische Demokratie hilfreich sein, wenn dies dazu beiträgt, die Bürger für die Fragen der Zukunft zu sensibilisieren. Das hat jedoch zur Voraussetzung, dass sie zugleich mit den absehbaren Folgen ihrer Entscheidung konfrontiert werden; die Bürger müssen wissen, worauf sie sich einlassen, wenn sie sich für die eine oder andere Alternative entscheiden. Das war, wie wir inzwischen wissen, beim Brexit-Referendum von 2016 nicht der Fall. Nimmt man dieses zum Maßstab, so ist zu befürchten, dass die Debatten im Vorfeld eines Plebiszits zum Tummelplatz von Schwarzmalern und Schönfärbern werden. Plebiszite können darüber hinaus zu politischen Blockaden und Spaltungen der Gesellschaft führen. Außerdem ist in Rechnung zu stellen, dass die direkte Demokratie, wenn sie verantwortlich gehandhabt wird, einen höheren Zeitaufwand der Bürger erfordert als die parlamentarische Demokratie. Wenn deren Krise aber zu einem erheblichen Teil aus der Zeitknappheit der Bürger resultiert, dann kann die Vergrößerung des Problems schwerlich dessen Lösung sein.

Die republikanische Idee des tugendhaften Bürgers

Die über die Zukunft der Demokratie entscheidende Frage lautet also: Wie kann es gelingen, die Bürger eines Staates aus der Haltung missmutiger und misstrauischer Politikkonsumenten herauszuholen und sie in politisch aktive Bürger zu verwandeln? Für dieses Projekt einer von der Bürgerschaft ausgehenden Erneuerung der Demokratie muss auf die republikanische Tradition politischen Denkens zurückgegriffen werden. Dabei ist zu bedenken, dass das republikanische Denken im 18. und 19. Jahrhundert bei der praktischen Ausgestaltung der Demokratie zum liberalen Politikmodell in Konkurrenz stand.[99] Während das liberale Denken an den materiellen Interessen der Menschen ansetzte und davon ausging, dass sie bei allen Unter-

schieden durch einen ausgeklügelten Mechanismus (Markt
oder Verfassung) so geordnet werden konnten, dass «das allgemeine Beste» herauskam, hat der Republikanismus großen
Wert auf die Tugend der Bürger gelegt und ihre Bereitschaft,
die eigenen Interessen, falls erforderlich, hinter das Wohl des
Gemeinwesens zurückzustellen, als wichtigste Voraussetzung
für die Selbstbehauptung einer Republik begriffen.[100] Der
Liberalismus suchte die Gründe für den gesellschaftlichen
Zusammenhalt in sozioökonomischen Faktoren, wohingegen
der Republikanismus den Akzent auf die sozialmoralischen
Elemente in Politik und Gesellschaft legte und dem Liberalismus vorhielt, Freiheit als die Verfassung eines entfesselten
Egoismus misszuverstehen. Der Liberalismus hat darauf mit
dem Vorwurf geantwortet, der Republikanismus unterwerfe
die Gesellschaft der Tyrannei eines Tugenddiktats.[101]

Diese Debatten des 18. und 19. Jahrhunderts sind heute
nicht mehr unmittelbar anschlussfähig, zumal die aus dem
republikanischen und dem liberalen Ideen-Pool erwachsenen
Strömungen sich inzwischen diversifiziert oder mit anderen Ideen vermischt haben.[102] Der einfache Rückgriff auf die
politische Ideengeschichte fördert keine Patentrezepte zutage,
doch lassen sich aus ihr Anregungen für die Analyse der
aktuellen Lage und Fingerzeige für die Bearbeitung gegenwärtiger Probleme gewinnen. Der erste und vielleicht wichtigste
Hinweis läuft darauf hinaus, dass moderne Gesellschaften
in ihrer Selbstbeobachtung die sozialmoralische Dimension
vernachlässigt haben. Sie haben sich auf die Imperative des
Marktes und die Bindekräfte des Rechts verlassen und sind
davon ausgegangen, beides genüge, um den Zusammenhalt
der Gesellschaft und die Vitalität der demokratischen Ordnung zu gewährleisten. Infolgedessen haben sie das Bedürfnis
vieler Bürger nach aktiver Teilhabe am Gemeinwesen unter-

schätzt und deren Partizipationsbereitschaft notorisch unter-
fordert.[103]

Aber warum hat sich das erst in den letzten Jahren so sehr
bemerkbar gemacht? Offenbar hat das Nationalbewusstsein
in den westlichen EU-Staaten bis in die 1990er Jahre wie ein
Container für den republikanischen Impuls und die in ihm
enthaltene Orientierung am Gemeinwohl gedient, und im
Gegenzug dazu hat dieses Nationalbewusstsein ein Gefühl von
Zugehörigkeit und Geborgenheit vermittelt. Durch seine Einbindung in das Europaprojekt hatte es seine destruktiv-gefähr-
liche Komponente, die Steigerung zum aggressiven Nationalismus, verloren, und die auf heroische Todesbereitschaft
abzielenden Opferzumutungen des Nationalismus haben sich
in die postheroischen Solidaritätserwartungen der nationalen
Gemeinschaft verwandelt. Der Wunsch, ein respektiertes Mitglied der Gemeinschaft zu sein, ging mit der Gewissheit einher,
dass sich die Kosten dieser Zugehörigkeit – im Unterschied zur
Ära der Weltkriege – in Grenzen halten würden. Die liberale
Demokratie funktionierte, weil sie auf einem Bodensatz repu-
blikanischer Dispositionen beruhte, die sich im Nationalgefühl
eingehaust hatten, und die darüber politisch Mobilisierten fanden in der liberaldemokratischen Ordnung eine Fülle von Betä-
tigungsmöglichkeiten. Das waren die «goldenen Jahre» eines
Zusammenwirkens von republikanischem Impuls und liberaler
Ordnung. Diese Zeiten gingen zu Ende, als die Globalisierung
immer mehr Lebensbereiche erfasste und das Nationalbewusstsein als prägendes Element der politischen Erfahrung an Bedeutung verlor, während der Liberalismus mit der Globalisierung
ein Bündnis einging, in dem er sich zum Neoliberalismus ver-
dünnte. Der in seinem Partizipationsbedürfnis frustrierte und
in seiner Engagementbereitschaft unterforderte Bürger wurde
währenddessen zum Politikkonsumenten. Damit wurde die

selbstzerstörerische Dynamik einer sich ausschließlich über Output legitimierenden und an Inputleistungen kaum noch interessierten politischen Ordnung freigesetzt.

Dass die partizipationsinteressierten und engagementbereiten Bürger so schnell aus dem Zentrum des politischen Geschehens verschwanden, hat einen zusätzlichen Grund darin, dass die Kommunalpolitik seit den 1970er Jahren ihren Charakter verändert hat: Aus einem Pflanzgarten bürgerschaftlichen Engagements wurde durch Gebietsreformen und Juridifizierung der kommunalen Tätigkeit eine Art Außenstelle der Landesverwaltung, bei der die Bürger zwar mitreden konnten, aber nichts zu sagen hatten. Das begann mit der Austrocknung der kommunalen Finanzen, in deren Folge Städte und Landkreise immer stärker auf die Zuweisung von Landes- und Bundesmitteln angewiesen waren, und endete bei Bürgermeistern und Landräten, die nicht mehr aus der Bürgerschaft hervorgingen, sondern «von außen» geholte, juristisch ausgebildete Verwaltungsexperten waren. Über größere Projekte wurde nicht mehr in der Auseinandersetzung der Bürgerschaft, sondern durch Antichambrieren bei den Landesbehörden entschieden. Gute Kontakte «nach oben» wurden wichtiger als Überzeugungskraft im bürgerschaftlichen Diskurs. Die Demokratie trocknete von ihren Wurzeln her aus.

Es mag gute Gründe für die «administrative Effektivierung und Verschlankung» der kommunalen Gebietskörperschaften gegeben haben; hätte man dieses Unternehmen indes gründlich durchdacht, wäre man zu dem Ergebnis gekommen, dass es letztlich die Verwandlung der Demokratie in eine Expertokratie beförderte. Von Aufwand und Effektivität her betrachtet, ist die Demokratie – und das war nie anders – eine gigantische Verschwendung von Kraft und Zeit. Das zeigt sich auch in dem seit einiger Zeit immer wieder angestellten Leistungsvergleich

der westlichen Demokratien mit China, der in fast allen Bereichen zugunsten Chinas ausfällt – so, wie er in den 1970er Jahren
zugunsten einer gestrafften Kommunalverwaltung ausgefal-
len ist. Es war dies, ohne dass sich die Beteiligten darüber im
Klaren waren, eine Entscheidung für administrative Effizienz
und gegen bürgerschaftliche Partizipation.[104]

Demokratie sorgt für die Beteiligung möglichst vieler an den
Entscheidungen, um diese, zumal wenn sie riskant und strittig
sind, auf eine breite Basis zu stellen und diejenigen, die anschließend die Folgen zu tragen haben, mit in die Verantwortung zu
nehmen. Das führt zu einer erheblichen Verlangsamung der
Arbeitsvorgänge.[105] Hingegen begrenzt Demokratie Opportunismus und verhindert die Konsumentenmentalität bei den
Bürgern, worin sie sich allen anderen politischen Ordnungen
als überlegen erwiesen hat. Zugleich ist sie ein Verfahren zum
unter öffentlicher Kontrolle stattfindenden Erwerb politischer
Kompetenzen sowie zur Vergabe politischer Ämter an kompetente (oder auch nur so erscheinende) Bürger durch die
Gesamtheit aller Bürger. Technisch betrachtet, ist sie also ein
Verfahren zur Inpflichtnahme tendenziell aller Bürger durch
die Entscheidungen einer Mehrheit.[106] Die Akzeptanz dafür ist
dort am größten, wo es keine strukturellen, sondern nur kontingente Minderheiten gibt, was heißt, dass diejenigen, die
eben noch zur Minderheit gehörten, sich bei nächster Gelegenheit in den Reihen der Mehrheit wiederfinden können.

Vorschläge zur demokratischen Erneuerung

Infolge des zunehmenden Zwangs, Entscheidungsverfahren
zu beschleunigen und die Zahl derjenigen zu erhöhen, denen
Entscheidungen als die ihren zugerechnet werden können, ist

die Demokratie in die doppelte Falle wachsender Legitimationsdefizite und fehlender Unterstützung geraten: Seit einigen Jahrzehnten ist die Gruppe der Indifferenten angewachsen, und schließlich ist die Indifferenz in missmutige Distanz umgeschlagen. Daraus ist inzwischen Widerstand gegen die liberale Demokratie geworden, der für sich in Anspruch nimmt, die Verkörperung des Volkswillens im Kampf gegen abgehobene Eliten zu sein.[107] Es sind die Bürger, die für die Demokratie zurückgewonnen werden müssen.[108] Dazu sollen nachfolgend zwei Vorschläge gemacht werden.

Nur gemeinsam werden sich die Europäer in den politischen und wirtschaftlichen Konstellationen des 21. Jahrhunderts behaupten können – oder sie werden zu Anhängseln anderer Mächte.[109] Dennoch ist die Identifikation der Bürger mit Europa nur schwach ausgeprägt, und der Hauptadressat politischer Erwartungen ist der Nationalstaat geblieben. Das wird auf unabsehbare Zeit so bleiben. Die Revitalisierung der Demokratie muss darum auf nationalstaatlicher Ebene beginnen, Erfolg oder Scheitern wird sich hier entscheiden. Die Herausforderungen der EU hingegen sind der Zusammenhalt der Gemeinschaft, die Effektivierung ihrer politischen und wirtschaftlichen Instrumente und die Aufrechterhaltung eines gemeinsamen Wertekanons. Die weitere Demokratisierung ist, auf die EU bezogen, eine *cura posterior*, ein nachgeordnetes Problem. Wer die Demokratie auf EU-Ebene retten will, wird auf beiden Ebenen scheitern: Er wird die Europäische Union zugrunde richten und die Demokratie in Misskredit bringen.

Erstens: Als einer der Hauptgründe für die wachsende Unzufriedenheit der Bürger mit dem demokratischen Betrieb in der Berliner Republik werden Große Koalitionen genannt, in deren Folge die öffentlich ausgetragene Kontroverse um die richtige Politik durch den hinter verschlossenen Türen ausgehandelten Kompromiss ersetzt worden sei. Daran ist richtig, dass die Politik sich abgewöhnt hat, ihre Beschlüsse und Entscheidungen zu erklären und zu begründen, um diese nur noch zu verkünden – und die Debatte darüber den Medien zu überlassen.[110] Die Formel von der Alternativlosigkeit ist die Chiffre dieses Politikstils.

Hier ist anzusetzen: Die TINA-Formel (kurz für *there is no alternative*) besagt ja nicht, dass es keinerlei Alternativen gegeben hätte, sondern bloß, dass man nach Prüfung aller Optionen zu dem Ergebnis gelangt sei, es gebe nur *einen* vertretbaren Entschluss. Indem die geprüften und verworfenen Optionen jedoch nicht erwähnt und die Diskussionen darüber nicht nachgezeichnet werden, entsteht der Eindruck einer Alternativlosigkeit, die es so tatsächlich nie gegeben hat. Die Demokratieverdrossenheit vieler Bürger ist auch das Ergebnis einer Kommunikationsstrategie, die mehr der fürsorglichen Administration als der demokratischen Kontroverse verpflichtet ist. Es würde zu kurz greifen, das ausschließlich auf die Kommunikationspräferenzen der Kanzlerin oder die Erfordernisse einer Großen Koalition zurückzuführen, denn damit ist nicht zu erklären, warum sich Ähnliches auch andernorts finden lässt. Die Demokratieverdrossenheit der Bürger, die Erosion der Volksparteien und der Zerfall des herkömmlichen Parteiensystems sind gesamteuropäische Entwicklungen.

Tatsächlich gibt es gute Gründe für den regierungsamtlichen Verlautbarungsstil. Trump und Erdoğan sind Beispiele dafür, wie durch aggressive Formulierungen Gesellschaften gespalten und vorhandene Spaltungslinien vertieft werden. Auf eine konfrontative politische Kommunikation zu verzichten muss freilich nicht heißen, dass getroffene Entscheidungen nicht begründet, mögliche Alternativen nicht dargestellt und die Gründe ihrer Verwerfung nicht genannt werden. Wenn die

Bürger schon nicht unmittelbar an den Entscheidungen beteiligt werden können und wenn es auch nicht immer sinnvoll
ist, die vorhandenen Optionen zu einem Entweder-oder zuzu-
spitzen und darüber öffentliche Grundsatzdebatten zu führen –
was übrigens in der Geschichte der Bundesrepublik einige
Male der Fall war[111] –, dann müssen wenigstens im Nachhinein
die Gründe offengelegt werden, die bei einer Entscheidung
ausschlaggebend waren.[112] Auch das kann ein Beitrag zur Schulung der politischen Urteilskraft sein: Die Bürger müssen den
von der Regierung vorgebrachten Argumenten nicht folgen,
aber sie müssen die Chance haben, sich mit ihnen auseinander-
zusetzen.

Nun ist es keineswegs so, dass die Grundstimmung in der
Bevölkerung und die messbaren Präferenzen für die eine oder
andere Sicht bei den Entscheidungen (oder Nichtentscheidun-
gen) der Regierung keine Rolle spielen würden. Im Gegenteil: Im Verlauf der letzten Jahrzehnte hat der Einfluss der
Demoskopie, der wissenschaftlich angeleiteten Beobachtung
der öffentlichen Meinung, ständig zugenommen, und viele
Entscheidungen sind unter dem Einfluss von Demoskopen
getroffen worden. Vermutlich waren die Regierungen in der
Geschichte der Demokratie noch nie so genau über die Stimmungslagen der Bevölkerung informiert wie heute, und vermutlich haben sie sich auch noch nie so sehr darum bemüht,
diesen Stimmungen zu entsprechen – bis hin zu der Auffassung, man müsse keine langen Debatten führen, denn man
wisse ja ohnehin, was die Bevölkerung wolle und wünsche.

Was hier miteinander verwechselt wird, ist das demo-
skopisch erhobene Meinungsbild und die Schärfung eines
politischen Willens, der in Mehrheitsentscheidungen mündet.
Ersteres steht für die unreflektierte und letzten Endes auch
unverantwortliche Stimmung der Bevölkerung. Das Wesen

demokratischer Politik besteht aber nicht darin, diesem Meinungsbild zu folgen – denn das können auch autokratische Regime bis hin zu Diktaturen, die das mitunter tun und sich so Legitimität verschaffen.[113] Die demokratische Ordnung beruht vielmehr darauf, dass sie das vorhandene Meinungsbild in eine verantwortliche Willensäußerung des Volkes verwandelt, was durch eine die Alternativen abwägende Debatte, die Prüfung möglicher Folgen und Nebenfolgen der Entscheidung und schließlich die mit ihr einhergehende Bekundung erfolgt, die Verantwortung für sie und ihre Folgen zu übernehmen. Diese Transformation ist gleichbedeutend mit der Verwandlung einer Bevölkerung in das politische Volk, den Demos. Will man das nicht als ein unbegreifliches Wunder ansehen,[114] mit dem aus Unvernunft Vernunft wird, so kommt man nicht umhin, sich mit der Reflexionsleistung des Bürgers zu beschäftigen und diese an die Stelle des Wunders zu setzen. In diesem Sinne ist die moderne Demokratie der Aufklärung verpflichtet – als historischer Epoche ebenso wie als permanenter Aufforderung.

Auf diese Transformation ist die Demokratie angewiesen – vielleicht nicht täglich, auch nicht wöchentlich, aber doch in regelmäßigen Abständen, jedenfalls sehr viel häufiger, als es zu Wahlen kommt. Sie muss nicht in Form von Volksabstimmungen, sondern kann auch im Parlament erfolgen,[115] aber in jedem Fall muss sie mit einer gründlichen Debatte verbunden sein, bei der der größte Teil der Parlamentarier auch wirklich anwesend ist. Eine solche Debatte hat eine kognitive und eine performative Dimension: In der kognitiven werden Für und Wider einer Entscheidung abgewogen, Alternativen erörtert und Folgen bedacht; in der performativen wird die Verantwortung für die Entscheidung übernommen, und an die Stelle der Regierung tritt die Nation als Verantwortliche für eine bestimmte Politik. All das hat auch zur Voraussetzung, dass Politiker und Politikerinnen wieder lernen, Argumente vorzutragen und auf billige Polemik zu verzichten. Eine parlamentarische Demokratie benötigt eine Schule des Argumentierens, die sich an Sachfragen ausrichtet und politische Überzeugungen nachvollziehbar vorträgt, um sich damit zugleich von einem populistischen Politikstil abzugrenzen.

Auch das nachträgliche Erläutern der Gründe für eine bestimmte Entscheidung ist eine Variante der Einbeziehung des Bürgers in die Politik, wenngleich in deren schwächster Form. Die Wahl der schwächsten Form ist selbst begründungsbedürftig; Zeitdruck kann dabei eine Rolle spielen, aber auch internationale Verpflichtungen. Nachträglichkeit sollte jedoch die Ausnahme bleiben. Im Grundsatz ist das Für und Wider von Entscheidungen zu erläutern, bevor diese getroffen werden, weil dadurch die Entstehung größerer Gruppen nörgelnder «Eckensteher» und «Wutbürger» verhindert wird, die sich an Verschwörungstheorien halten und das Rekrutierungspotenzial der populistischen Vereinfacher bilden. Politik muss in ihrem dilemmatischen Charakter wieder sichtbar werden und die eigenen Entschlüsse nachvollziehbar machen, um das Vertrauen der Bürger in die Demokratie zurückzugewinnen.

Zweitens: Politisches Begreifen ist das eine, politisches Handeln, zumal Zusammenhandeln, das andere,[116] was es zur Erneuerung und Revitalisierung der demokratischen Ordnung braucht. Das Erklären von Politik durch die Regierenden und die Unterstützung dieser Politik durch alle, die sie als richtig akzeptieren, sind notwendige, aber nicht hinreichende Bedingungen der Demokratie, denn beides ist auch in einer aufgeklärten Alleinherrschaft denkbar. Tatsächlich ist es erst die Einheit von Herrschen und Beherrschtwerden, die als eine jedem Bürger offenstehende Möglichkeit die Demokratie gegenüber anderen Arten politischer Ordnung unverwechselbar macht.

Diese Einheit war freilich in den Stadtstaaten der Antike und des 15./16. Jahrhunderts sehr viel leichter zu realisieren als in den bevölkerungsreichen Territorialstaaten der Gegenwart, wo aktive Politik zwangsläufig zu einer Angelegenheit von Berufspolitikern geworden ist. Letzteres lässt sich nicht rückgängig machen.

Die aus Berufspolitikern bestehende politische Klasse steht seit einigen Jahren im Zentrum der populistischen Empörung. Es ist jedoch kein Modell in Sicht, in dem die demokratische Organisation von Großstaaten ohne eine politische Klasse vorstellbar wäre. Die direkte Partizipation der Bürger, die in der okzidentalen Stadt als politisch selbständiger Einheit möglich war, hat sich auf die Territorialstaaten der Neuzeit und die Massendemokratien des 20. Jahrhunderts nicht übertragen lassen. Neben der politischen Klasse ist ein professionalisierter Verwaltungsapparat als zweite Mediatisierungsebene entstanden. Der einzig nennenswerte Versuch, diese Verhältnisse zu ändern, das politische Modell der Räte beziehungsweise Sowjets,[117] ist nicht bloß gescheitert, sondern hat auch die in ihrem Inneren homogenste und nach außen am stärksten abgeschlossene politische Klasse hervorgebracht. Im Unterschied dazu hat die liberale Demokratie von Anfang an auf Elitenkontrolle und Elitenaustausch statt auf Elitenvermeidung gesetzt.[118]

Von der Ordnung des Gesamtstaats ist die der Kommunen und Landkreise zu unterscheiden, wo nach wie vor politische Partizipation stattfindet, ohne dass die Betreffenden «von der Politik leben», wie Max Weber das genannt hat.[119] Bis in die 1960er Jahre hinein gab es in Dörfern und Kleinstädten eine Honoratiorenverwaltung, bei der die kommunalen Aufgaben von Bürgern wahrgenommen wurden, die es sich leisten konnten, «für die Politik zu leben» (Weber). Das lief freilich auf eine Privilegierung der Wohlhabenden hinaus, weswegen der Übergang zu einer professionellen Verwaltung sich zunächst als ein Demokratisierungsschub darstellte. Dann aber hat sich die Verwaltung verselbständigt, indem sie Fachwissen und Fachkompetenzen ausbildete, über die die Honoratioren nicht verfügten.[120] Auch das wird nicht rückgängig zu machen sein. Was jedoch sehr wohl möglich ist, ist die Ausgliederung von Bereichen, die jenseits aller Professionalitätserfordernisse wieder in die Hand der Bürger gelegt werden – alternativ zur Übertragung von Aufgaben an Marktakteure, also zu Privatisierung und Kommerzialisierung von Aufgabenfeldern. Bürgerschaftliche Partizipation muss auf der kommunalen Ebene, wo die Verhältnisse überschaubar und die Entscheidenden zugleich die von den Entscheidungen Betroffenen sind, als dritte Möglichkeit neben Fachverwaltung und Privatwirtschaft wieder sehr viel stärker in Betracht gezogen werden.

Dass seit längerem, wenn von Bürokratieabbau die Rede ist, nur Privatisierung und Kommerzialisierung zur Auswahl stehen, ist selbst ein Krisensymptom der Demokratie. Immerhin fallen viele Aufgaben, die von der Verwaltung (noch) nicht übernommen oder an private Anbieter übertragen wurden, in den «Zuständigkeitsbereich» der Zivilgesellschaft; bürgerschaftliche Initiativen nehmen sich ihrer an, wie etwa auf dem Höhepunkt der Flüchtlingsbewegung. In der Regel kommt der Zivilgesellschaft jedoch nur die vorläufige Rolle eines «Helfers in der Not» zu. Ist der Notfall vorüber, tritt die Zivilgesellschaft wieder in den Hintergrund; dauert er über längere Zeit an, zieht die Verwaltung die Regelung an sich oder überträgt seine Bearbeitung der Privatwirtschaft. Die Zivilgesellschaft dient dabei auch als Initiativreserve bei der Identifizierung von Problemen, die mit dem gesellschaftlichen Wandel zusammenhängen. Sie spielt eine größere Rolle beim gesellschaftlichen Zusammenhalt, aber nur eine randständige bei der demokratischen Partizipation.

Der sich hieraus ergebende Vorschlag zur Revitalisierung der Demokratie besteht darin, kommunale Aufgaben und zivilgesellschaftliche Aktivitäten zusammenzuführen. Während auf gesamtstaatlicher Ebene der Einbezug zivilgesellschaftlicher Initiativen in die Politik auf die Einladung von Verbandsvertretern in Beiräte und politikberatende Gremien hinausläuft, sollte es auf kommunaler Ebene möglich sein, Bürger auch ohne Zugehörigkeit zu Verbänden in politische Aufgaben einzubinden und ihnen so die demokratische Grunderfahrung einer Gleichzeitigkeit von Herrschen und Beherrschtwerden zu vermitteln. Voraussetzung dafür ist jedoch, dass ihnen auch relevante Entscheidungen übertragen werden, die sie in Verantwortung für die gesamte Bürgerschaft der Kommune treffen. Die Aufgaben, die solchen Bürgerkomitees für begrenzte Zeit übertragen werden, können sich auf sämtliche Tätigkeitsfelder der Kommunalpolitik erstrecken – von der Versorgung eines Stadtteils mit Krippen- und Kindergartenplätzen bis zu der Gewerbeansiedlung oder der Reduzierung von Luftverschmutzung. Bei der Auswahl der Bürger in solchen Gremien bietet sich eine Kombination von freiwilliger Meldung, Vorschlägen der Vereine sowie dem Losverfahren an, um mit dem demokratischen Grundsatz Ernst zu machen, dass *jeder* Bürger, *jede* Bürgerin Verantwortung für das Gemeinwesen tragen soll. Von einer Aufwandsentschädigung abgesehen, ist für diese Form politischer Partizipation keine Besoldung vorzusehen.[121]

Worin könnte der Ertrag dessen für die Revitalisierung der Demokratie bestehen? Und was sind die Voraussetzungen für das Funktionieren solcher Bürgergremien? Hier wird die republikanische Vorstellung von den sozialmoralischen Elementen als Lebenselixier der Demokratie aufgegriffen.[122] Die

Kraftquelle des tugendhaften Bürgers wird zwar nur vorsichtig angezapft, doch könnte die Verknüpfung kommunaler Aufgabenerfüllung und zivilgesellschaftlichen Engagements dazu beitragen, das sich ausbreitende Misstrauen zurückzudrängen[123] und durch eine Kultur des Vertrauens zu ersetzen. Wie sehr bürgerschaftliche Partizipation und Vertrauen zueinander gehören, haben Robert Putnam und andere in einer Reihe von Untersuchungen gezeigt.[124] Da Vertrauen eine Folge von Erfahrungen ist, können Bürgergremien als Generatoren des Vertrauens dienen. Gleichzeitig wird der dem liberalen Demokratiemodell zugrunde liegende Individualismus durch einen republikanisch inspirierten Kommunitarismus ergänzt:[125] Individuelle Selbstsorge und Selbstverantwortlichkeit werden mit einer institutionell verankerten Form der Fürsorge für das Gemeinwesen verbunden, und zwar in der Erwartung, dass dies *beidem* zugutekommt.

Ein weiterer Effekt könnte sein, dass dadurch andere Lösungsvorschläge als die von Fachverwaltungen oder kommerziellen Dienstleistern ins Spiel kommen; dem «Blick von oben» wird der «Blick von unten», wie ihn nur die betroffenen Bürger haben, zur Seite gestellt. Die Bürger und Bürgerinnen müssen die Probleme deswegen nicht besser und genauer sehen, aber allein dass sie diese anders sehen, könnte viel zur Bearbeitung der Probleme beitragen. Eine Voraussetzung für die Schärfung des «Blicks von unten» besteht darin, dass die Entscheider zugleich die Betroffenen sind. Verknappt formuliert, sollen Bürgergremien die Vorteile der direkten Demokratie einbringen, ohne dass damit deren Nachteile in Kauf genommen werden müssen. Das ist möglich, weil die Entscheidung nicht als voluntativer Akt des Augenblicks erfolgt, sondern auf einem Prozess sukzessiven Lernens beruht. Dass die Lerntrias von Beobachten, Ausprobieren und Revidieren tatsächlich wirksam wird, muss verfahrenstechnisch gewährleistet sein. Vor allem aber ist darauf zu achten, dass die Bürgergremien nicht von den politischen Parteien dominiert werden, und das Los anstelle des Wahlzettels soll sicherstellen, dass in ihnen alle sozialen Schichten vertreten sind.

Wenn diese Bürgergremien politische Sichtbarkeit erlangt haben, dürfte auch die Zeit der «Wutbürger» zu Ende gehen: Ihre Behauptung, es hätten ohnehin nur die etablierten Gruppen politisch das Sagen, und hinter diesen stünden dubiose Interessengruppen, würde an Plausibilität verlieren. Obendrein haben die Anführer der Empörten der Aufforderung, sich für die Auslosung zu den Bürgergremien zu melden und dort ihre Vorstellungen einzubringen, nichts entgegenzusetzen. Vieles spricht dafür, dass die populistischen Bewegungen dann schnell ihren Zulauf verlieren und auf den harten Kern der ewig Unzufriedenen oder ideologisch Verbohrten zusammenschrumpfen. Die anderen können in die demokratische Ordnung (re)integriert werden.

Was aber unterscheidet die auf kommunaler Ebene angesiedelten Bürgergremien von der herkömmlichen Kommunalpolitik? Und warum kann diese nicht die Aufgaben übernehmen, die hier den Bürgergremien zugedacht werden? Letztere konzentrieren sich auf ein Thema, während die Arbeit eines Kommunalparlaments unterschiedliche Bereiche umfasst. Das Engagement im Bürgergremium ist daher sehr viel näher an den Problemen und Interessen der Bürger. Das Losverfahren wiederum dürfte den Entschluss, sich auf ein solches Projekt einzulassen, erheblich erleichtern, denn man muss keinen Wahlkampf führen, der für viele abschreckend ist, und es handelt sich nicht um eine Niederlage, wenn man am Schluss nicht zu den Mitgliedern des Bürgergremiums gehört; es haben ja Lose und nicht Wahlen darüber entschieden.

Vier Dimensionen gesellschaftlicher Spaltung

Der Zusammenhalt der Gesellschaft gehe verloren, lautet eine immer wieder zu hörende Klage.[126] Mit Zusammenhalt beziehungsweise Spaltung kann freilich sehr Unterschiedliches gemeint sein. Geht es um die *sozialräumliche* Spaltung der Gesellschaft, rücken metropolenferne ländliche Räume in den Blick, in denen fast alles fehlt, was benötigt wird, vom Internetanschluss bis zum fußläufig erreichbaren Lebensmittelladen, von der Arztpraxis bis zum öffentlichen Nahverkehr. Im Überfluss vorhanden sind dafür Überalterung, Resignation und Einsamkeit. In den boomenden Metropolen hingegen taucht aufgrund des Bevölkerungszuwachses, nicht zuletzt des Zuzugs aus den sich entvölkernden ländlichen Regionen, ein anderes Spaltungsproblem auf: die unter dem Begriff der Gentrifizierung verhandelte soziale Entmischung der Stadtviertel infolge der in die Höhe schnellenden Mieten. Hier geht es um die sozialräumliche Trennung von unterer und oberer Mittelschicht, die für den gesellschaftlichen Zusammenhalt sehr viel gefährlicher ist als die seit jeher zu beobachtende Separation von Unter- und Mittelschicht und der Rückzug der Reichen in Viertel, in denen zu leben nur sie sich leisten können.

Wenn von gesellschaftlicher Spaltung die Rede ist, geht es zumeist um die zentrifugalen Kräfte, denen die soziale Mitte ausgesetzt ist.[127] Das ist nicht überraschend, bedenkt man, welche Bedeutung dieses Zentrum der Gesellschaft seit den 1950er Jahren für das Selbstverständnis der Deutschen hatte.[128] Wenn die gesellschaftliche Mitte auseinanderbricht, so das Urteil der Soziologen, zerbricht die Gesellschaft als Ganzes. Neben die sozialräumliche tritt hier die *sozialstrukturelle* Spaltung der Gesellschaft. Verbindet sich mit Ersterer ein Appell an die Fürsorglichkeit des Staates und seiner Eliten, mehr in die Überlebensfähigkeit der ländlichen Räume zu investieren, so bezieht sich Letztere auf elementare Vorstellungen von Gerechtigkeit, die durch aktuelle Entwicklungen bedroht sind: Einigen dieser Entwicklungen, wie Wohnungsnot und Mietenexplosion, ist durch politisches Handeln (*policies*) entgegenzuwirken, andere hingegen, wie die Entstehung eines Finanzkapitalismus, der sich staatlicher Kontrolle entzogen hat, aber auf staatliche Hilfe zurückgreift, wenn er in die Krise geraten ist, lassen sich nur durch Regulierung auf globaler Ebene (*politics*) in den Griff bekommen. Dass Letzteres gelingt, ist angesichts divergierender Interessen der Staaten zurzeit unwahrscheinlich. Hier wechseln Phasen empörten Protests und Phasen resignativer Ohnmacht einander ab. Das ist dann der dritte Problemaufriss, der unter der Überschrift des bedrohten Zusammenhalts der Gesellschaft verhandelt wird: die *kapitalismuskritische* Dimension. Dabei geht es um die zerstörerische Dynamik eines entfesselten Kapitalismus, der einerseits das Gefälle zwischen dem reichen Norden und dem armen Süden reproduziert und andererseits Auswirkungen bis in die Sozialstruktur metropolitaner Stadtviertel und auf das Arbeitsleben der Mittelschicht hat.[129]

Unter dem Rubrum gesellschaftlicher Zusammenhalt werden aber auch – viertens – die Folgen einer länder- und kulturenübergreifenden Migration und die Probleme bei der Integration von Migranten verhandelt. Das ist die *integrationspolitische* Dimension des Themas. Das Vertrauen in die physische und soziale Sicherheit sowie in die uneingeschränkte Geltung zentraler Werte, beides elementare Voraussetzungen gesellschaftlichen Zusammenhalts, werde, so die diesbezügliche Spaltungsdiagnose, durch den Zustrom von Migranten aufgelöst. Die massenhafte Präsenz von Fremden und Außenseitern, die sich über Jahrzehnte hinweg als nicht integrierbar

erwiesen und ihrerseits abgeschottete Parallelgesellschaften
gebildet hätten, führe zur Verbreitung von Misstrauen und
Angst.[130] Obendrein habe die Zuwanderung zur Folge, dass Mittelschichteltern ihre Kinder nicht mehr auf Schulen mit hohem
Ausländeranteil schickten, was die Spaltung der Gesellschaft
bis ins Aufwachsen der Kinder vorverlagere.[131] Ist die kapitalismuskritische Thematisierung der gesellschaftlichen Spaltung
vorwiegend im linksliberalen bis linken Milieu anzutreffen, so
findet sich die migrationspolitische und integrationsskeptische
bis -ablehnende Sicht vor allem in konservativen bis rechten
und neurechten Kreisen.[132]

Gemeinwohlpflege und Innovationsfähigkeit

Dem dissonanten Stimmengewirr bei der Beantwortung der
Frage, was den gesellschaftlichen Zusammenhalt am stärksten
bedrohe und was die gefährlichste Spaltungslinie der Gesellschaft sei, steht die Beobachtung gegenüber, dass die große
Mehrheit der Deutschen den sozialen Zusammenhalt für einen
der wichtigsten Werte hält und dass sie sich diesen Zusammenhalt auch für die Zukunft wünscht, aber bezweifelt, dass
er erhalten bleiben wird.[133] Das schlägt sich in einer ausgepräg-
ten Vorstellung von Solidarität und dem Wunsch nach Erhaltung des Wohlfahrtsstaates nieder – bis hin zu der Forderung,
«dass die Lohnspreizung nach oben wie nach unten begrenzt
wird».[134] Im Einzelnen bedeutet das, dass eine große Mehrheit der Deutschen nicht nur für einen Mindestlohn und eine
Mindestrente im Alter eintritt, sondern auch Sympathien für
die höhere Besteuerung sehr hoher Einkommen hat. Es wird
jedoch bezweifelt, dass dies durchsetzbar ist, und so ist der
Wohlfahrtsstaat nach Auffassung vieler von Erosion bedroht.

Hier erwachsen die Abstiegsängste der Menschen ganz konkret aus gegenwärtig zu beobachtende Entwicklungen.[135]

Das Abgehängtsein des ländlichen Raums, die Abstiegsängste der Menschen und die Integration der Zugewanderten stellen drei Herausforderungen dar, bei denen die Politik über Ansatzpunkte und Hebel verfügt. Das ist bei der Globalisierung nicht oder nur indirekt der Fall, weshalb es naheliegt, sich auf diese drei Felder zu konzentrieren. Aber die Fähigkeit zu deren Bearbeitung hängt davon ab, dass Deutschland seine technologische Innovationskraft und wirtschaftliche Konkurrenzfähigkeit behält. Gelingt dies nicht, wird der für den zum Zusammenhalt der Gesellschaft sorgende Wohlfahrtsstaat auf Dauer nicht zu finanzieren sein. Deswegen sollen nicht die Veränderungen des Kapitalismus, sondern die Sicherung von Innovationskraft und Konkurrenzfähigkeit den vierten Punkt einer Agenda des gesellschaftlichen Zusammenhalts darstellen.

Dass die Deutschen dem Zusammenhalt der Gesellschaft einen so großen Wert zuerkennen, hängt damit zusammen, dass sich in ihre Vorstellung von Gesellschaft Elemente von Gemeinschaft und in ihr Bild von Marktwirtschaft Bestandteile von Moralökonomie mischen. Man kann darin einen mentalen Konservatismus sehen, jedoch auch ein Geltendmachen von Sollensvorstellungen gegenüber dem gesellschaftlichen Ist-Zustand. Darin wird die Intentionalität bürgerschaftlichen Handelns gegen die verselbständigten Mechanismen moderner Gesellschaften zur Geltung gebracht – oder aber diese Sollensvorstellungen scheitern an dem, was Max Weber das «stahlharte Gehäuse der Hörigkeit» genannt hat.[136] Insofern entscheidet sich an dieser Erfahrung auch, welche Bedeutung die Menschen politischem Engagement und bürgerschaftlicher Partizipation für ihr eigenes Leben beimessen.

Die nachfolgenden Vorschläge beruhen auf einer Reihe von Prämissen, die man teilen kann, aber nicht teilen muss. Sie gehen zunächst davon aus, dass moderne Gesellschaften von umfassenden Gemeinschaftsvorstellungen durchzogen sind, die Vertrauen und Vertrautheit vermitteln, auf welche Gesellschaften angewiesen sind, ohne selbst dafür sorgen zu können. Bei den betreffenden Gemeinschaften handelt es sich um Orte der sozialen Nähe, wie etwa Familie, religiöse Gruppen oder Vereine, aber auch um Imaginationen von Vertrautheit, wie sie der Begriff der Heimat oder die Vorstellung der Nation enthalten. In ihnen werden Gewohnheiten stabilisiert, und der Wunsch nach Sicherheit und Geborgenheit wird bearbeitet. Sie dämpfen die in modernen Gesellschaften allgegenwärtige existenzielle Angst, indem sie Räume des Vertrauten schaffen. Wo diese Gemeinschaften erodieren, reale wie imaginierte, wird dies als Entsicherung des Lebens und Einbruch einer bedrohlichen Unsicherheit wahrgenommen.[137] Solche Gemeinschaften sollen im Folgenden nicht als Gegensatz zur Gesellschaft, sondern als deren komplementäre Erweiterung begriffen werden. Eine am gesellschaftlichen Zusammenhalt orientierte Politik muss in ihren Fortbestand investieren. Aber sie muss gleichzeitig darauf achten, dass diese Gemeinschaften mit der Gesellschaft kompatibel sind und nicht in einen Konflikt mit deren Funktionsmechanismen geraten.

Das lässt sich an der jüngsten Karriere der Begriffe «Heimat» und «Nation» erläutern. Heimat kann einerseits ein semantischer Stimmungsaufheller für diejenigen sein, die sich angesichts wachsender Ungewissheiten ängstigen und vom gesellschaftlichen Wandel bedroht fühlen. Gerade jene, die ein starkes Bedürfnis nach Überschaubarkeit, Kontrolle und Sicherheit haben, stehen in der Gefahr, bei notorischer Enttäuschung in Radikalismus und Fanatismus zu verfallen.[138]

Heimat verwandelt sich dann in einen Ausgrenzungsbegriff, indem aus einer subjektiven Erinnerung an Kindheit, Familie, Wohnstätte und Landschaft eine politische Kategorie wird, die nicht der erinnernden Selbstvergewisserung dient, sondern eine aggressive Bemächtigung des Raumes ist. Weil die Legitimität erinnernder Selbstvergewisserung jedoch nicht bestritten werden kann, kommt es darauf an, den Heimatbegriff von politischen Ideologien freizuhalten und ihn jenen zu entwinden, die an seiner politischen Ideologisierung ein fundamentales Interesse haben.

Das gilt in ähnlicher Weise für Nation und Nationalstaat. Die entscheidende Differenz besteht jedoch darin, dass mit dem Nationalstaat konkrete Erwartungen verbunden sind: Gewährung von Sicherheit, Aufrechterhaltung von Kontrolle und Schutz vor den Folgen der Globalisierung.[139] Das ist in den letzten Jahren zeitweilig aus dem Blick geraten, weil Nation und Nationalstaat als ein überholtes Ordnungsmodell galten, das im 21. Jahrhundert keine Rolle mehr spielen werde. Die Ordnung der Zukunft wurde als ein Netzwerk aus Metropolregionen beschrieben, zwischen denen ein reger Austausch von Informationen, Gütern und Menschen stattfindet, ohne dass dabei die Identität des Nationalen und die Grenzen des Nationalstaats weiter von Bedeutung sind.[140] Diese Ordnungsvorstellung kam wie eine kurz vor der Realisierung stehende Menschheitsutopie daher, doch je weiter die Globalisierung vorankam, desto deutlicher wurde, dass damit nur die generalisierte Lebensweise einer internationalen Wirtschafts-, Wissenschafts- und Künstlerelite beschrieben wurde: Personen mit hohem Einkommen und ausgeprägtem Selbstbewusstsein, die auf die Zugehörigkeitsempfindungen der Nation und die sozialen Sicherungen des Nationalstaates verzichten konnten. Diese bilden aber nur einen kleinen Teil der Bürgerschaft, während die Mehrheit an der Nation hängt und sich auf den Nationalstaat angewiesen fühlt. Die nachfolgenden Vorschläge zum gesellschaftlichen Zusammenhalt beziehen sich deshalb auf die von Wolfgang Merkel so bezeichneten Kommunitarier, die sich emotional den Gemeinschaften und ihrer Kultur verbunden fühlen und auch in Zukunft auf sie setzen.[141]

Schließlich ist eine letzte nicht weiter problematisierte Voraussetzung zu nennen: Die Gesellschaft, um deren Zusammenhalt es geht, ist nicht wesentlich durch Probleme der Güterknappheit gekennzeichnet. Die Verwirklichung von sozialer Gerechtigkeit ist daher weiterhin ein Verteilungs- und kein Verfügbarkeitsproblem.[142] Panajotis Kondylis hat die mit der Industrialisierung erfolgte Überwindung der Güterknappheit als wichtigste Voraussetzung für die Entstehung der «Massendemokratie» bezeichnet.[143] Während Güterknappheit für alle früheren Gesellschaften ein bestimmendes Merkmal der sozialen und politischen Ordnung gewesen sei, weswegen Ethiken der Askese und Entsagung für deren moralischen Zusammenhalt gesorgt hätten, sei die Massengesellschaft der Moderne durch eine grundsätzlich hedonistische Einstellung geprägt: Selbstverwirklichung sei an die Stelle von Selbstüberwindung getreten, soziale Mobilität (Aufstiegserwartungen wie Abstiegsängste) an die Stelle substanzieller Bindungen, und das individualistische Leistungsprinzip habe die vormalige Bedeutung der familiären Herkunft abgelöst. Seitdem sind die Familie im Sinne eines verzweigten Verwandtschaftssystems sowie die auf sie bezogenen Elemente der Moralökonomie kein Garant sozialer Sicherheit mehr. Die Emanzipation des Individuums aus den Hierarchien des Familiären und eine selbstbestimmte und selbstverantwortliche Lebensführung der Menschen sind durchgängige Prämissen der hier vorgeschlagenen Agenda.

Vorschläge zur Sicherung des gesellschaftlichen Zusammenhalts

Erstens: Die drängendste Herausforderung ist das Auseinanderdriften ländlicher Räume und städtischer Ballungsgebiete. Langfristige Trends und kurzfristige Faktoren haben hier zusammengewirkt und zu einer Entwicklung geführt, von der die Politik überrascht wurde und auf die sie zu spät und zu unentschlossen reagierte. Weder hat sie systematische Anstrengungen unternommen, um die Attraktivität ländlicher Räume nachhaltig zu steigern, noch hat sie durch energischen Wohnungsbau der sich abzeichnenden Mietentwicklung entgegengewirkt, und obendrein hat sie nicht dafür gesorgt, dass schnelle Verkehrsverbindungen zwischen Ballungszentren und ländlichen Räumen geschaffen werden. Eine langfristig angelegte Strategie wurde nicht entwickelt; stattdessen herrschte hektische Betriebsamkeit vor.

Es würde zu kurz greifen, sich bei der Erklärung dieses Versagens einmal mehr am föderativen System Deutschlands festzubeißen, auch wenn damit erhebliche Effizienzverluste verbunden sind: So werden Bundesmittel nicht abgerufen, weil keine Ergänzungsmittel im Landeshaushalt verfügbar sind oder die auf Landesebene erforderlichen Planungen nicht vorankommen. Wenn die eine Ebene beschleunigen will, agiert die andere mit angezogener Handbremse. Aber der Föderalismus ist nicht das Hauptproblem. Als sehr viel folgenreicher hat sich die Privatisierung öffentlicher Unternehmen erwiesen, von der Bahn bis zu den Wohnungsbaugesellschaften, in deren Folge «dem Staat» die Hebel abhandengekommen sind, mit denen er auf die Entwicklung hätte einwirken können. Tony Judt hat einer vom neoliberalen Zeitgeist getragenen Politik zum Vorwurf gemacht, die dem Gemeinwohl verpflichteten

Institutionen systematisch abgebaut zu haben.[144] Noch um einiges folgenreicher ist jedoch, dass der neoliberale Zeitgeist der Politik nachhaltige wie durchschlagskräftige Reaktionsmöglichkeiten genommen hat. In der Erwartung, der Markt werde das Erforderliche bereitstellen und Fehlentwicklungen schon beheben, hat sich die Politik selbst die Arme amputiert, mit denen sie ansonsten längst hätte eingreifen können.

Die Folge ist, dass man mit Prothesen arbeiten muss, doch die sind vorerst noch nicht verfügbar. Beginnen wir dort, wo am zügigsten und einfachsten korrigierend eingegriffen werden kann, also bei der Verbesserung von Infrastruktur und Lebensqualität in ländlichen Räumen. Als Erstes sind schnelle und zuverlässige Internetverbindungen herzustellen, damit dort Arbeitsplätze, auch in Form von Home-Office, entstehen können. Sodann ist für eine öffentliche Verkehrsinfrastruktur zu sorgen, die sicherstellt, dass Kinder ohne Umstände die Schule erreichen können. Wenn sich wieder Familien mit Kindern in ländlichen Räumen ansiedeln, wirkt das der Verödung nachhaltig entgegen. Immerhin, Wohnraum ist in den durch jahrzehntelangen Wegzug geprägten Gegenden günstig zu bekommen, und Investitionen in dessen Renovierung können dazu beitragen, dass regionale Handwerksbetriebe überleben oder neu entstehen. Weiterhin ist dafür zu sorgen, dass Lebensmittelläden und gastronomische Angebote zur Verfügung stehen. Wo der Markt nicht in der Lage ist, eine angemessene Versorgung sicherzustellen, müssen öffentliche Mittel beigesteuert werden. Auf Dauer kommt das den Staat günstiger als die Verödung ganzer Regionen. Ein solches Maßnahmenpaket kann freilich nur dann Wirkung entfalten, wenn die ländlichen Räume durch schnelle und zuverlässige Verkehrssysteme an die städtischen Ballungsgebiete angeschlossen sind, so dass Berufspendler dort tagsüber arbeiten können. Hier ist viel versäumt worden; statt in die Modernisierung vorhandener Schienensysteme zu investieren, wurden Strecken stillgelegt. Betriebswirtschaftlich angeleitete Kurzsichtigkeit hat über eine langfristig angelegte Infrastrukturpolitik gesiegt; die hätte spätestens dann einsetzen müssen, als sich vor mehr als zwei Jahrzehnten die Anzeichen für eine Entvölkerung bestimmter Räume mehrten. Eine nachlässige Politik hat diesen Trend durch die Verminderung, Verschlechterung und Streichung von Angeboten verstärkt, anstatt ihm durch Attraktivitätssteigerung entgegenzuwirken.

Die zunehmende Lebensqualität ländlicher Räume wird den Zuzug in die städtischen Ballungszentren abbremsen; stoppen wird sie ihn sicherlich nicht. Ohnehin dürfte es einige Jahre dauern, bis sich der Trend umkehrt und aus dem Wegzug wieder Zuzug wird. Der Zuzug in die boomenden Großstädte hat in den innerstädtischen Räumen zu exorbitanten Mietsteigerungen geführt, die deren soziale Zusammensetzung aufzulösen drohen oder bereits aufgelöst haben. Nun hat sich seit jeher die Sozialstruktur einer Gesellschaft in der sozialräumlichen Gestalt der Stadtviertel niedergeschlagen: Es gab die Viertel der Reichen, es gab Arbeiterviertel, und es gab «soziale Brennpunkte». Aber es gab immer auch die Viertel, in denen untere und obere Mitte zusammenlebten. Sie sind jetzt in Auflösung begriffen, und die sich damit vollziehende Entmischung konnte durch administrative Interventionen der Politik, wie etwa die Mietpreisbremse, nicht gestoppt werden. Dass dies durch die aktuell diskutierte Enteignung großer Wohnungskonzerne möglich sein wird, ist zu bezweifeln: Die Konzerne werden ohne weiteres in der Lage sein, sich so umzustrukturieren, dass sie von dem Enteignungsgesetz entweder nicht betroffen sind oder aber aus der Enteignung hohe Gewinne ziehen.[145]

Die Explosion der Mietpreise ist jedoch nicht nur eine Folge des Zuzugs in städtische Ballungsräume, sondern wurde auch durch die lange Niedrigzinspolitik der EZB verursacht, in deren Zuge renditesuchendes Kapital massiv in den Immobilienmarkt strömte. Mit der Entstehung eines «Verkäufermarktes» sind die Immobilienpreise und anschließend die Mieten immer weiter gestiegen. Dem hat die Politik jahrelang tatenlos zugesehen, und nicht nur das: Durch die gesetzlich vorgeschriebenen energetischen Sanierungen hat sie sich selbst bei den Preistreibern eingereiht und den Konzernen eine Handhabe für Mieterhöhungen verschafft. Die Folgen dessen sind kurzfristig nicht reversibel; wenn überhaupt, werden sich die Verhältnisse erst im Zuge einer großen Krise des Wohnungsmarkts ändern, bei der aufgrund eines Überangebots von Wohnraum die Mieten wieder fallen. Damit ist vorläufig jedoch nicht zu rechnen.

Grundsätzlich stellt sich hier die Frage, was man dem Markt überlassen sollte, um eine strukturelle Überforderung der Politik zu vermeiden, und wo Korsettstangen in das System eingezogen und Hebel bereitgestellt werden müssen, um in den Markt zu intervenieren oder an ihm vorbei Wohnraum anbieten zu können. Bevor versucht wird, durch großzügige Förderprogramme zum Bau von Wohnungen anzuregen, deren Fertigstellung dann die Marktverhältnisse umkehrt, müssen neben der gezielten Unterstützung von Wohnungsbaugenossenschaften mit Bauland und Kapital kommunale beziehungsweise landeseigene Wohnungen gebaut werden, um bestimmte Berufsgruppen arbeitsplatznah zu versorgen. Dabei ist an Pflegepersonal, Polizeibedienstete und Weitere zu denken, deren Tätigkeit wesentlich im Gemeinwohlbereich liegt. Anstatt den Wohnungsmarkt mit der finanziellen Gießkanne zu stimulieren, sollte die Politik sich auf zentrale Projekte konzentrieren. Es wird jedoch einige Zeit in Anspruch nehmen, bis die in neoliberalem Leichtsinn gemachten Fehler korrigiert sein werden.

Zweitens: Der Wohlfahrtsstaat, der als Antwort auf die sozialen Verwerfungen im Zuge der Industrialisierung und als Ausgleichsinstanz für die Effekte des Kapitalismus geschaffen worden ist,[146] bedarf ständiger Reformen und Anpassungen, um den sozialen Zusammenhalt sicherzustellen und nicht zu einem Ensemble sozialer Besitzstände beziehungsweise zum «Pflegefall» zu verkommen. Letzteres ist der Fall, wenn die Grundstruktur des Wohlfahrtsstaates nicht im Abstand von zwei bis drei Jahrzehnten immer wieder aufs Neue den veränderten Herausforderungen angepasst wird. Die Politik schreckt jedoch vor solchen strukturellen Reformen zurück, weil sie zwangsläufig zu Leistungseinschränkungen führen und Wählerstimmen kosten. Die letzte Reform dieser Art war die Agenda 2010 der rot-grünen Koalition, und die SPD hat danach bei Wahlen so starke Verluste hinnehmen müssen, dass sie zu einer ähnlichen Reformanstrengung auf lange Zeit nicht in der Lage ist. Wenn strukturelle Reformen des Wohlfahrtsstaates jedoch unterbleiben, während ihm gleichzeitig neue Aufgaben und zusätzliche Tätigkeitsfelder zugewiesen werden, bläht sich der Wohlfahrtsstaat immer weiter auf; Überschuldung des Staates und offenkundige Mängel in den vielen wohlfahrtsstaatlichen Einrichtungen sind die Folge. Ersteres endet im Staatsbankrott, Letzteres führt zu notorischer Unzufriedenheit; beides hat politisch verheerende Konsequenzen.

Konservative wie Panajotis Kondylis haben die Koppelung von Wohlfahrtsstaat und Demokratie grundsätzlich kritisiert. Die erwiesenen Wohltaten seien keine patriarchalen Zuwendungen mehr, vielmehr bediene sich ein am guten Leben orientiertes Volk mit Hilfe demokratischer Rückkoppelungsschleifen permanent selbst:[147] Die Bürger nutzen ihre Macht als Wähler, um es sich als Konsumenten gut gehen zu lassen. Die Hedonismuskritik läuft jedoch häufig nur darauf hinaus, dass die breite Masse Verzicht üben soll, während die Eliten es sich gut gehen lassen. Und die Demokratie wird nur dort zum Selbstbedienungsladen, wo der *demos* aus Bürgern ohne ökonomische Weitsicht und politische Urteilskraft besteht. Politische Parteien, die bei strukturellen Reformen des Wohlfahrtsstaates vor ihrer Klientel zurückschrecken, gleichen jenen Zuckerbäckern, als die Platon die demokratischen Politiker Athens bezeichnet hat, weil sie dem Volk Leckereien verabreichten, anstatt ihm Diät zu verordnen.[148] Sie verfehlen das republikanische Ideal des tugendhaften und kompetenten Bürgers. Freilich dürfen nicht nur diejenigen als kompetente Bürger angesehen werden, die es sich von ihrem Einkommen oder Vermögen her leisten können, für sozialstaatliche Leistungseinschränkungen einzutreten – um davon dann selbst in Gestalt von Steuersenkungen zu profitieren.

Die im Abstand eines Vierteljahrhunderts erforderlichen strukturellen Reformen des Wohlfahrtsstaates haben zwei Leitvorstellungen zu folgen: der des selbstverantwortlichen Bürgers und, komplementär dazu, der einer strikten Gemeinwohlorientierung. Bei der Direktive der Selbstverantwortlichkeit handelt es sich um die normative Grundvoraussetzung einer jeden Demokratie; mit ihr zu brechen würde in einen sozialen wie politischen Paternalismus führen. Wer die politische Ordnung auf dem Grundsatz der Selbstverantwortlichkeit errichtet, kann bei der sozialen Ordnung nur dann davon abweichen, wenn es strukturelle Schieflagen auszugleichen gilt. Alle Interventionen müssen darauf abzielen, die Selbstverantwortungsfähigkeit des Bürgers wiederherzustellen. Das ist die normative Vorgabe. Die Realität kapitalistisch organisierter Gesellschaften mitsamt einer freien Gestaltung von Lebensentwürfen der Menschen ist jedoch durch Konstellationen gekennzeichnet, in denen der Wohlfahrtsstaat permanent tätig wird. Das setzt die normative Vorgabe nicht außer Kraft, sondern hat zur Folge, dass jedes Abweichen von ihr begründungsbedürftig ist. Diese Begründungsbedürftigkeit ist deutlich herauszustellen, um zu verhindern, dass aus konditionierten Hilfen soziale Besitzstände werden. Sie steht für das permanente Reformerfordernis des Wohlfahrtsstaates.

Drittens: Entgegen einer verbreiteten Praxis sollte der Wohlfahrtsstaat nicht in erster Linie am Grundsatz der Gerechtigkeit ausgerichtet werden. Zwar haben John Rawls und Michael Walzer in der Vergangenheit große theoretische Entwürfe vorgelegt, um den Gerechtigkeitsbegriff zu präzisieren und für die praktische Politik zu operationalisieren,[149] doch hat sich im politischen Betrieb «Gerechtigkeit» zu einem beliebig verfügbaren Anspruchsbegriff entwickelt. Gerechtigkeit ist hier nicht viel mehr als ein semantisches Strategem im Kampf um den Zugriff auf öffentliche Mittel. Sie gleicht einem Omnibus, in dem unterschiedliche Personen mitfahren, die an verschiedenen Haltestellen ein- und aussteigen. Jedenfalls ist sie keine Kategorie, anhand deren die Wächter des Wohlfahrtsstaats, die zugleich Hüter des gesellschaftlichen Zusammenhalts sind, die Legitimität oder Illegitimität von Erwartungen und Ansprüchen beurteilen können.

Dennoch sind Leitbegriffe vonnöten, um die periodischen Reformen des Wohlfahrtsstaates begründen, einleiten und durchführen zu können. Wir schlagen daher vor, auf den alten republikanischen Leitbegriff des Gemeinwohls (*bonum commune*) zurückzugreifen.[150] Gemeinwohlvorstellungen sind politisch operationalisierbar; sie können darauf ausgerichtet werden, die Spaltung des gesellschaftlichen Zentrums in eine obere und eine untere Mitte zu verhindern, und dafür sorgen, dass sich weder die oberen zehn noch die unteren zwanzig Prozent aus der Gesellschaft verabschieden. Anders als Gerechtigkeitsvorstellungen, die sich häufig gegen bestimmte, als ungerechtfertigt privilegiert beschriebene Gruppen richten, haben Gemeinwohlorientierungen den Vorzug, dass sie alle Angehörigen einer Gesellschaft im Blick haben, von allen aber auch gleichermaßen verlangen, dass diese ihre eigenen Interessen nicht absolut setzen. Die operative Politik muss zu einer Priorisierung in der Lage sein, bei der beide Dimensionen gesellschaftlichen Zusammenhalts, Gemeinwohlorientierungen wie Gerechtigkeitsvorstellungen, in eine zeitliche oder kausale Abfolge gebracht werden. Diese Priorisierung folgt der Antwort auf die Frage, wo es am vordringlichsten ist, die Spaltung der Gesellschaft zu verhindern oder zumindest deren Effekte zu begrenzen. Aus unserer Sicht spricht vieles dafür, am Zusammenhalt der gesellschaftlichen Mitte anzusetzen und sie als Angelpunkt für den Zusammenhalt der gesamten Gesellschaft zu nutzen. Das bedeutet nicht, dass die äußeren Ränder der Gesellschaft vernachlässigt werden sollten; strategisch aber liegt es nahe, sich auf die Mitte zu konzentrieren, weil hier am ehesten die gesellschaftlichen Kräfte zu mobilisieren sind, die in Richtung des sozialen Zusammenhalts zielen. Das heißt: Eine kluge und weitsichtige Politik muss sich von den emotionalen Erregungswellen des Augenblicks fernhalten und in der Lage sein, moralische Paradoxien auszuhalten, etwa wenn sie den Gerechtigkeitsbegriff hintanstellt und mit Gemeinwohlvorstellungen arbeitet, die eher den Eliten als den gewöhnlichen Bürgern naheliegen.

5. Deutschland, Europa und die neue Weltordnung

Zentrifugalkräfte im Innern, wachsende Herausforderungen von außen

Um die Europäische Union steht es schlecht. Seit einem Jahrzehnt etwa ist sie mit Aufgaben konfrontiert, auf die sie nur mit dem «Kauf von Zeit» reagiert. Zeit kaufen heißt, die Probleme, mit deren Lösung man überfordert ist, in die Zukunft zu schieben – in der Hoffnung, dass sie sich mit der Zeit von selbst lösen, ihre Dringlichkeit verlieren oder durch später erworbene Instrumente und Fähigkeiten bearbeitet werden können. Eine solche Reaktion ist in Konstellationen der Überforderung verbreitet. Im günstigen Fall dient der Kauf von Zeit dazu, in großer Zahl anfallende *gleichzeitige* Herausforderungen in eine *Reihenfolge* zu bringen, um sie sukzessiv anzugehen. Regierungen, Verwaltungsapparate und Organisationen verschaffen sich dadurch die Chance, ihre Kapazitäten und Ressourcen zu bündeln. Im ungünstigsten Fall werden Probleme aufgeschoben, um sie nicht bearbeiten zu müssen; sei es, weil alle Anläufe dazu stecken geblieben sind, sei es, weil man sie infolge von Kraftlosigkeit oder Zerstrittenheit gar nicht erst zu lösen versucht hat. Auf diese Weise entsteht eine Kette ungelöster Probleme, die sich in der Summe als desaströs erweisen können.

Seit einiger Zeit sieht es so aus, als befinde sich die Europäische Union in einem solchen Zustand. Der Berg aus ungelösten Problemen und unbearbeiteten Herausforderungen wächst immer weiter an: die Überschuldung der südlichen

EU-Staaten, die tiefe Zerstrittenheit im Umgang mit Migranten, die Erosion der Wertbindungen, auf denen das Europaprojekt ruht – insbesondere, aber nicht nur in den Mitgliedsländern Mittelost- und Südosteuropas –, und schließlich das kontinuierliche Wachstum der gegenüber dem Europaprojekt feindselig eingestellten Parteien im Innern und der an einer Aufspaltung der EU interessierten Akteure von außen.

So kann es nicht überraschen, wenn immer mehr Beobachter und Kommentatoren die EU vor dem Niedergang, wenn nicht vor dem Zerfall sehen. Die aktuellen Zerfallsprognosen erlangen eine zusätzliche Dramatik, wenn sie sich mit älteren Niedergangsdiagnosen verbinden: Dass Europa im Verlauf des 20. Jahrhunderts die Position verloren hat, die es während des 19. Jahrhunderts in globalem Maßstab eingenommen hatte, ist eine in Geschichts- wie Sozialwissenschaft unstrittige Beobachtung.[1] Relativieren lässt sie sich jedoch durch den Hinweis, Europa liege seitdem nicht mehr mit sich selbst im Streit und ruiniere sich auch nicht mehr in innereuropäischen Kriegen,[2] sondern trete als Akteur «mit einer Stimme» auf. Die Einigkeit Europas, so die gängige Annahme, könne den Verlust an globalem Gewicht ausgleichen. Dementsprechend ist das Europaprojekt als Antwort auf die europäischen Kriege des 20. Jahrhunderts präsentiert worden. Nur ist es um die europäische Einstimmigkeit nicht gut bestellt. Das aber heißt: Sollte die EU zerfallen, so wäre das nicht nur das Ende des politisch-wirtschaftlichen Einflusses der Europäer auf die globale Ordnung; zu rechnen wäre auch mit der Wiederkehr innereuropäischer Konflikte und einem fortschreitenden Bedeutungsschwund der europäischen Ökonomien im Vergleich zu denen Ostasiens. Der europäische Niedergang wäre besiegelt.

Der Stimmungs- und Perspektivwechsel, der innerhalb eines Jahrzehnts stattgefunden hat, lässt sich an den Titeln und

Untertiteln der Bücher über die EU und das Europaprojekt ablesen. Lauteten sie zuvor «Ein Kontinent wächst zusammen» (Dirk Schümer) oder «Hoffnung Europa» (Paul Michael Lützeler), oder machte man sich gar «Gedanken zum Programm einer Weltmacht am Ende des Zeitalters ihrer politischen Absence» (Peter Sloterdijk),[3] so ist nunmehr von «Europa am Abgrund» (Brendan Simms und Benjamin Zeeb), «Europa im freien Fall» (Yana Milev) oder «Europadämmerung» (Ivan Krastev) die Rede.[4] Besorgte Historiker stellen sich die Frage «Was wird aus der Europäischen Union?» (Wolfgang Schmale), engagierte Europaanhänger sprechen von einem «neuen Bürgerkrieg» (Ulrike Guérot), und nur qua Amt zum Optimismus verpflichtete Politiker beharren auf der Formel «Europa ist die Lösung» (Frank-Walter Steinmeier).[5] Schließlich gibt es auch noch die Gruppe derer, die das Europaprojekt am Scheideweg sehen und die gegenwärtige Krise als Chance eines Neuanfangs begreifen: «Eine Weltmacht muss sich neu erfinden» (Thomas Schmid), «Europa ja – aber welches?» (Dieter Grimm), «Für ein anderes Europa» (Stephanie Hennette, Thomas Piketty und andere), «Europa jetzt!» (Ulrike Guérot, Oskar Negt und andere) sowie, in kecker Aneignung der Parole Trumps, «Europa zuerst!» (Claus Leggewie).[6] Im Gewirr der Stimmen von Wissenschaftlern und politischen Kommentatoren lassen sich, stark vereinfacht, zwei Auffassungen heraushören: Die einen plädieren für eine Vertiefung der EU auf der Grundlage einer gemeinsamen Verfassung und einer weitreichenden Demokratisierung;[7] die anderen sprechen sich für größere Flexibilität durch partiellen Rückbau der Integration aus. Letzteres kann den Rückbau der Brüsseler Bürokratie und ihren «Regulierungseifer» zum Ziel haben, ebenso aber die Gemeinschaftswährung Euro, seit deren Einführung es den zugehörigen Ländern nicht mehr möglich ist, zur Sicherung ihrer wirtschaftlichen Konkurrenz-

337

fähigkeit und zwecks Reduzierung der Staatsschulden auf eine Politik der Inflation zurückzugreifen.[8]

Das sind die internen Probleme, die der EU seit einiger Zeit zu schaffen machen. Sie bergen die Gefahr der Spaltung in einen überschuldeten Süden mit notorisch niedriger Wirtschaftskraft und einen ökonomisch potenten, an einer stabilen Währung und strikter Staatsschuldenbegrenzung orientierten Norden sowie einer weiteren Spaltung in einen auf Rechtsstaatlichkeit und Gewaltenteilung verpflichteten Westen und die am Modell einer «gelenkten» illiberalen Demokratie orientierten mittelost- und südosteuropäischen EU-Mitglieder.[9] Seit etwa einem Jahrzehnt überwiegen in der EU die zentrifugalen Kräfte, während die Kräfte des Zusammenhalts schwinden beziehungsweise das europäische Entwicklungspotenzial absorbieren, indem sie alle Aufmerksamkeit auf die Erhaltung des Status quo konzentrieren. Der britische Historiker Peter Frankopan hat die Beschäftigung Europas mit sich selbst zur Dynamik Ostasiens in Beziehung gesetzt: «Im Vergleich zu den Seidenstraßen und Asien bewegt sich Europa nicht so sehr in unterschiedlichem Tempo, sondern in eine andere Richtung. Während die asiatische Erzählung von zunehmender Vernetzung, verbesserter Zusammenarbeit und vertiefter Kooperation handelt, wird die europäische von Trennung, der Wiedererrichtung von Grenzbarrieren und der ‹Wiedergewinnung der Kontrolle über das Land› bestimmt.»[10] Der Blick auf die äußeren Herausforderungen legt nahe, sich bei einer Agenda für Europa nicht nur um die Konstitutionalisierung und Demokratisierung der Union zu bemühen, sondern auch um ihre strategische Handlungsfähigkeit beim Geltendmachen von Interessen in der europäischen Peripherie und bei der Ausgestaltung einer neuen Weltordnung.

In jüngster Zeit sind zu den unmittelbaren Problemen des

europäischen Randes Herausforderungen von außen hinzuge-kommen, mit denen die EU-Politiker nicht gerechnet haben und auf die sie nicht eingestellt waren: vor allem die von rus-sischer wie amerikanischer Seite unternommenen Versuche, die Union zu spalten und einzelne Mitgliedsstaaten aus der Phalanx der Europäer herauszubrechen, dazu die schrittweise Entfernung der Türkei von Europa und das bis nach Europa rei-chende chinesische Seidenstraßenprojekt. Während des Kalten Krieges, als EWG und EG auf Westeuropa begrenzt waren, hat die Sowjetführung niemals versucht, Zwietracht zu säen, und die US-amerikanische Politik hatte ohnehin ein starkes Inter-esse an einem politisch stabilen und wirtschaftlich prospe-rierenden Europa. Der europäische Integrationsprozess konnte sich in aller Ruhe entwickeln. Das hat sich inzwischen geändert; die Präsidenten Putin und Trump sehen in der EU einen Akteur, dessen Schwächung ihre eigenen Spielräume vergrößert. Das belegt einerseits den großen Erfolg des Europaprojekts und macht andererseits dessen Weiterführung schwieriger. Und mit dem Fortgang des chinesischen Seidenstraßenprojekts («Belt and Road»-Initiative) ist ein weiterer bestimmender Akteur aufgetaucht, der zeigt, wie wenig die europäischen Staaten in der Lage sind, eine gemeinsame Politik zu verfolgen.[11]

Was Russland anbetrifft, so änderte sich dessen Wahr-nehmung der EU mit der schrittweisen Osterweiterung der Union – spätestens von dem Zeitpunkt an, als die Ukraine sowie die Kaukasusrepubliken Georgien und Armenien ihr Interesse an einer EU-Mitgliedschaft bekundet und die Euro-päer dies nicht umgehend zurückgewiesen hatten. Im Unter-schied zu den zunächst im Rahmen der EU-Osterweiterung aufgenommenen Staaten Mittelost- und Südosteuropas han-delte es sich bei der Ukraine, Georgien und Armenien um ehe-malige Sowjetrepubliken, und so verwundert es wenig, dass eine russische Politik, die den Zerfall der Sowjetunion in einer Putin zugeschriebenen Äußerung als die «größte geopolitische Katastrophe des 20. Jahrhunderts» ansah, engere Verbindungen der EU zu diesem Raum als Eindringen in die eigene Einflusssphäre wahrnahm. Was von russischer Seite als Reaktion darauf naheliegend war, hat die Brüsseler Politiker völlig überrascht: die Annexion der zur Ukraine gehörenden Krim, die den russischen Einfluss auf das Schwarze Meer und seine östlichen wie nördlichen Anrainer sicherstellen sollte, mitsamt der bereits zuvor erfolgten Unterstützung von Separatistenbewegungen in der Ostukraine, die vermutlich von Russland inszeniert worden sind. Die Entwicklungen seit dem Jahr 2014 hinterlassen einen zwiespältigen Eindruck: Stand die Annäherung der Ukraine, Georgiens und Armeniens an die EU für die große politische und wirtschaftliche Attraktivität des Europaprojekts, so wurde die Brüsseler Reaktion auf die russische Krimannexion zu einem unübersehbaren Indiz für die außenpolitische Schwäche der EU.[12] Die Europäische Union konnte die Aufnahmeinteressenten nicht schützen, was heißt: Sie war doch eher ein gemeinsamer Markt als ein politischer Player – und das war ein Signal an alle, die in Richtung Westen strebten. Das im Kernschatten der Nato (und damit der USA) begonnene Europaprojekt hatte sich in seinen ersten Jahrzehnten wesentlich auf die Integration von Märkten konzentriert und keine außenbeziehungsweise sicherheitspolitischen Kompetenzen und Fähigkeiten ausgebildet.[13] Diese Schwäche hat die russische Politik im Jahr 2014 schonungslos offengelegt.

Dass die Europäische Union seit der Besetzung der Krim und dem Separationskrieg im Donbass außen- und sicherheitspolitisch so hilflos dasteht, hat auch mit der Erosion des «Westens» zu tun, der sich seit der Jahrhundertwende aus einem realpolitischen Faktor mehr und mehr in ein idealpolitisches Konstrukt mit ausgeprägt nostalgischer Komponente zurückverwandelt hat.[14] Ein Grund für diese Erosion war und ist die dauerhafte Überlastung oder Überdehnung der USA, denen nach dem Zerfall des Ostblocks und dem Untergang der UdSSR die Rolle eines «Hüters» der globalen Ordnung zugefallen war. Der Begriff des Hüters bezeichnet dabei das Ensemble der Aufgaben, die derjenige wahrzunehmen hat, der für die Beachtung der Prinzipien und Regeln dieser Ordnung verantwortlich ist. Dabei wird davon ausgegangen, dass es immer einige dieser Ordnung angehörende oder an ihrem Rand befindliche Akteure gibt, die sich durch Regelverletzungen Vorteile gegenüber den regelkonformen Akteuren zu verschaffen versuchen. Die Aufgabe des Hüters ist es dann, dafür zu sorgen, dass deren Beispiel keine Schule macht und den Regelverletzern Nachteile aufgebürdet werden, die die Vorteile, die sie sich durch Regelverstöße und Normbrüche verschafft haben, wieder wettmachen. Die mit dieser Rolle verbundenen immensen Kosten und Lasten zeigten sich im Verlauf des Dritten Golfkrieges, in dem die USA – in der Rolle eines «Weltpolizisten» – den Diktator Saddam Hussein stürzten, um den Irak in ein Prosperitätsregime zu verwandeln, das durch seine Vorbildhaftigkeit die Selbstblockade der arabisch-islamischen Welt auflösen sollte.[15] Als dieses Projekt scheiterte und die amerikanische Politik wegen ihrer politischen Lügen (den angeblichen Massenvernichtungswaffen des Irak) und Grausamkeiten (der Folterpraxis in Abu Ghraib) obendrein vor der Weltöffentlichkeit blamiert dastand, schwand die amerikanische Bereitschaft, weiterhin in eine globale Ordnung zu «investieren», während gleichzeitig die Infrastruktur im eigenen Land verfiel und die Einkommensentwicklung der Mittelschicht stagnierte. In den USA verbreitete sich eine Stimmung, die den Rückzug aus den globalen Verpflichtungen und eine

Konzentration auf die eigenen Interessen verlangte. Das lief auf den Abbruch des von den Neocons in der Bush-Administration forcierten politischen Revitalisierungsprojekts durch globales Engagement und militärische Präsenz hinaus.

Unter US-Präsident Obama bereits kamen die sicherheitspolitischen Experten zu dem Ergebnis, die USA seien zu einer gleichzeitigen und gleich starken Machtprojektion in den pazifischen und den atlantischen Raum nicht mehr in der Lage. Mit Blick auf die wirtschaftliche Dynamik präferierte Obama für die USA den pazifischen Raum und verband das mit der Erwartung, die Europäer würden ihrerseits einen größeren Teil der sicherheitspolitischen Lasten im atlantischen Raum übernehmen. Das aber taten sie nicht – zum Teil, weil sie nicht die Fähigkeiten dazu besaßen, zum Teil, weil sie die damit verbundenen Kosten und Risiken scheuten, und schließlich auch, weil die im Gefolge des «Arabischen Frühlings» ausgebrochenen Kriege nicht nur die Europäer, sondern auch die USA in politikstrategische Ratlosigkeit stürzten. Sowohl auf die provokativen Überschreitungen «roter Linien» durch das Assad-Regime im syrischen Bürgerkrieg als auch auf die russischen Militäraktionen auf der Krim, im Donbass und in Syrien reagierten die USA zaghaft oder überhaupt nicht, und die EU wiederum war überfordert, anstelle der USA für die Einhaltung der völkerrechtlichen Regularien im Nahen Osten, am Schwarzen Meer und in der Ostukraine zu sorgen. Gegenüber Russland beschränkten die Europäer sich auf die Rolle des Moderators und Konfliktschlichters, eine Aufgabe, die Deutschland und Frankreich übernahmen und die zu den Vereinbarungen von Minsk führte. Im transnationalen Syrienkrieg[16] konzentrierte man sich auf die Zerschlagung der territorialen IS-Strukturen durch Luftangriffe, ein Projekt, das maßgeblich vom US-Militär vorangetrieben wurde, an dessen Operationen aber auch europäische Streitkräfte beteiligt waren. In beiden Fällen, der Ukraine wie Syrien, waren die Ergebnisse nicht zufriedenstellend – in der Ukraine nicht, weil man den schwelenden Krieg nicht in einen *frozen conflict*, einen eingefrorenen Konflikt, verwandeln konnte, und in Syrien nicht, weil man durch die Unterstützung bei der vor allem von den USA betriebenen Zerschlagung des IS-Kalifatsstaats letzten Endes dem Assad-Regime, den geopolitischen Interessen Russlands und der Hegemonialpolitik des Iran in die Hände spielte.

Was unter Präsident Barack Obama eher vorsichtig und tastend begonnen hatte, ist unter seinem Nachfolger Donald Trump ruckartig und unkoordiniert beschleunigt worden. Von einer schrittweisen Übergabe der Verantwortung in bestimmten Räumen an die Europäer oder einer Lastenteilung zwischen US-Amerikanern und EU-Europäern beziehungsweise den europäischen Nato-Mitgliedern kann nun nicht mehr die Rede sein. Der amerikanische Präsident ist damit beschäftigt, in Erklärungen und Tweets die Bündnisgarantien der Nato in Frage zu stellen, Bündnispartner zu düpieren, sie auf sich allein gestellt zurückzulassen, dann aber auch immer wieder Konflikte zu eskalieren – kurzum: seine Politik des *America first,* von emotionalen Impulsen angetrieben, durchzusetzen. Was die im Rahmen der Nato fixierten US-amerikanischen Sicherheitsgarantien inzwischen noch wert sind, ist unklar, und diese Unklarheit lädt mögliche Gegenspieler immer wieder dazu ein, durch provokative Akte auszutesten, wie weit sie gehen können. Es ist deutlich geworden, dass es «den Westen» in außen- und sicherheitspolitischer Hinsicht nicht mehr gibt, und es ist kaum davon auszugehen, dass er nach dem Ende der Präsidentschaft Donald Trumps zurückkehren wird.[17]

Die EU ist infolgedessen dazu gezwungen, autonome Fähigkeiten zu entwickeln, um Cyberangriffe abwehren sowie herkömmliche militärische Aufgaben übernehmen zu können, bei denen sie sich in der Vergangenheit auf die USA verlassen hat. Das betrifft nicht nur den Ankauf von Waffensystemen und den Aufbau von Einheiten zu ihrer Bedienung, sondern auch die Entwicklung technologischer Fähigkeiten, um in zentralen strategischen Bereichen, etwa der Kommunikations- und Informationstechnologie, nicht länger von nichteuropäischen Unternehmen abhängig zu sein – nicht von amerikanischen, aber ebenso wenig von chinesischen. Die Zeit des «Einkassierens der Friedensdividende» ist vorbei, und die Staaten Europas haben damit begonnen, ihre Verteidigungsausgaben wieder zu erhöhen. Wer die drastische Reduzierung der europäischen Militärausgaben seit den 1990er Jahren als Indikator des europäischen Niedergangs angesehen hat, ist nunmehr Zeuge eines «Abschieds vom Abstieg». Mit mehr Geld im Verteidigungsetat allein dürfte es indes nicht getan sein. Die Herausforderung, Europa von den USA unabhängig zu machen, ist erheblich, impliziert sie doch, die ökonomisch angeleitete globale Arbeitsteiligkeit in einer Reihe von wissenschaftlich-technologischen Feldern durch strategische Imperative zu ersetzen, in deren Zentrum eine europäische Autonomie steht. Diese herzustellen wird nicht nur teuer werden, sondern setzt auch eine strategische Koordination der gesamten Technologiepolitik voraus. Außerdem wird der Aufbau autonomer sicherheitspolitischer Fähigkeiten erhebliche Umschichtungen in den Haushalten der EU und ihrer Mitgliedsstaaten zur Folge haben, die vor allem die Transfers an ärmere Mitgliedsstaaten und die internen Sozialausgaben betreffen, was zwangsläufig negative Folgen für die Bindekraft der Union und den gesellschaftlichen Zusammenhalt in den einzelnen Staaten haben dürfte. Dabei wird es zu einem Konflikt unterschiedlicher politischer Imperative mit Entscheidungsnotwendigkeiten kommen, die in der europäischen Praxis nicht eingeübt und schwer durchsetzbar sind.

Zu der Herausforderung, sich in einer Welt, die künftig ohne einen Hüter der globalen Ordnung auskommen muss, sicherheitspolitisch zu behaupten, kommt inzwischen eine weitere hinzu: das Vordringen Chinas in die europäische Südostflanke, die ohnehin der gefährdetste Teil der EU-Ordnung ist. Die Verankerung eines der Endpunkte der chinesischen Seidenstraßen im griechischen Hafen Piräus ist das eine, das andere ist das von China entwickelte 16+1-Format, bei dem die Chinesen systematisch in kleinere EU-Staaten sowie die (noch) nicht zur EU gehörenden Balkanländer investieren und damit wirtschaftliche Abhängigkeiten aufbauen, um sie später politisch nutzen zu können.[18] Das ist ein weiterer Schritt, der den europäischen Südosten zur politischen Achillesferse der EU werden lässt – neben der inzwischen unaufhaltsamen Entfernung der Türkei vom Westen und von Europa, der ökonomisch-fiskalischen Dauerkrise Griechenlands und absehbar Italiens, der politischen Instabilität der meisten Balkanstaaten sowie einem spürbar angewachsenen Interesse Russlands, Einfluss auf diesen Raum zu nehmen. Für politische Stabilität und wirtschaftliche Prosperität zwischen westlichem Balkan und Ägäischem Meer zu sorgen wird eine der größten Herausforderungen der EU bleiben, und die Frage nach ihrer Handlungsmacht wird vor allem hier beantwortet werden.

Die Europäische Union ist unübersehbar seit längerem überdehnt. Der Begriff der imperialen Überdehnung – *imperial overstretch* – geht auf den britischen Historiker Paul Kennedy zurück; er bezeichnet die Diskrepanz zwischen äußeren Herausforderungen und den zu deren Bewältigung verfügbaren Fähigkeiten und Ressourcen mitsamt der Bereitschaft, sie in den Aufbau beziehungsweise Fortbestand einer größeren

Ordnung zu investieren.[19] Auch die EU hat mehr Aufgaben anzugehen und Probleme zu lösen, als sie an Fähigkeiten und Ressourcen besitzt. Für diese immer größere Lücke sind vor allem drei Faktoren verantwortlich: erstens die eingeschränkte Handlungsmacht der EU, infolge der Weigerung vieler Mitgliedsstaaten, Zuständigkeiten und Steuermittel an «Brüssel» abzutreten und dabei auf einen weiteren Teil ihrer Souveränität zu verzichten; zweitens ein zunehmender Widerstand relevanter Wählergruppen in einigen Mitgliedsstaaten gegen die EU, in dessen Folge die Europaskeptiker entweder die Regierung stellen oder so großen Einfluss auf das Regierungshandeln erlangt haben, dass gesamteuropäische Vorhaben kaum noch voranzubringen sind; drittens ein wachsendes Maß äußerer Herausforderungen, durch das die EU in Bereichen gefordert ist, für die sie keine oder nur geringe Fähigkeiten hat oder diese erst ausbilden muss. Die Zentrifugalkräfte im Innern, die Diversionskräfte von außen und die permanent angestiegenen Erwartungen an die EU haben sie in eine Lage gebracht, in der nicht sicher ist, ob sie die nächsten Jahre überstehen wird.

Das ist eine etwas andere Erklärung für die Krise der Europäischen Union, als sie üblicherweise gegeben wird. In den meisten einschlägigen Veröffentlichungen wird das Demokratiedefizit der Union als wichtigste Ursache für ihre Schwäche angesehen. Dieses Defizit, das es zweifellos gibt, wird als Krisenursache jedoch notorisch überschätzt: Es erklärt gewisse Legitimationsdefizite der Europäischen Union, aber es erklärt nicht ihre mangelnde Handlungsmacht, wenn sie genötigt ist, auf äußere Herausforderungen zu reagieren. Diese Schwäche hat sehr viel mehr mit den teilweise inkompatiblen Einzelinteressen der Staaten, ihren konträren Schwerpunktsetzungen, unterschiedlichen sozioökonomischen Ausgangslagen und inkohärenten politischen Kollektivgedächtnissen zu tun als mit mangelndem Glauben an die Legitimität der in Brüssel gefundenen Kompromisse. «Brüssel» wird fast immer erst dann zum Problem, wenn es von Teilen der nationalen politischen Klasse zu einem solchen erklärt und europäische Kompromisse als Eingriffe in die nationale Souveränität skandalisiert werden. Das Demokratiedefizit der EU ist oft genug ein taktisches Mittel in den Händen populistischer Bewegungen oder populistisch agierender Politiker, das immer dann ins Spiel gebracht wird, wenn die vertraglichen Bindungen der Union oder Entscheidungen von EU-Gremien eigenen Interessen entgegenstehen; die EU wird dann als Diktatur denunziert oder – bevorzugt in Mitteleuropa – mit dem untergegangenen Sowjetimperium gleichgesetzt. Diese Klagen würde man ebenso hören, wenn die Entscheide vom Europaparlament getroffen und von einer aus diesem Parlament hervorgegangenen Regierung umgesetzt würden. Im Übrigen beklagen das Demokratiedefizit dieselben Akteure, die sich bei Anstrengungen zu seiner Behebung querstellen. Eine wirkliche Demokratisierung der EU hätte die Verwandlung des gegenwärtigen Staatenbundes in einen Bundesstaat zur Voraussetzung. Dafür aber gibt es auf unabsehbare Zeit keine Mehrheit, und ein Versuch der Realisierung würde die Zentrifugalkräfte innerhalb der Union noch einmal vergrößern.[20]

Was bedeutet das für die Zukunft der Europäischen Union? Sie ist keineswegs auf dem Weg zur Weltmacht, wie ihr verschiedentlich angesonnen oder nachgesagt worden ist.[21] Vielmehr ist sie nach wie vor Bestandteil eines «Westens», von dem durchweg angenommen wird, er befinde sich im relativen Niedergang.[22] In einer solchen Lage ist eigentlich zu erwarten, dass sich der bedrohte Westen fester zusammenschließt, um seine Position einigermaßen zu halten.[23] Dass das nicht der Fall ist, sondern die USA und die EU seit einiger Zeit eher getrennte

Wege gehen (wobei die Initiative von den USA ausging und die Europäer inzwischen mehr zögerlich als zielstrebig auch ihrerseits einen eigenen Weg eingeschlagen haben), ist also erklärungsbedürftig. Negative Kooperationserfahrungen in der Vergangenheit haben offenbar eine wichtige Rolle gespielt: In den USA ärgerte man sich über den aus ihrer Sicht notorisch zu geringen Beitrag der Europäer zur Sicherheit des Westens und registrierte, dass die relativ niedrigen Verteidigungslasten den europäischen Staaten – namentlich ging es dabei immer wieder um das ökonomisch potente Deutschland – Vorteile bei der Konkurrenz um Exportmärkte verschafften.[24] Von europäischer Seite wiederum wurde geltend gemacht, die USA gäben zwar bei weitem das meiste Geld für die Verteidigung aus, würden aber durchweg auch im Alleingang entscheiden, wofür und wogegen das Militär eingesetzt werde, und die für die europäische Sicherheit eingesetzten amerikanischen Mittel seien ohnehin nur ein Bruchteil der US-Militärausgaben.[25]

Dieser Dissens hat sich nach dem Ende des Ost-West-Konflikts noch verstärkt. Zurückblickend lässt sich festhalten, dass der Ost-West-Konflikt die große Klammer des «Westens» war und die gemeinsamen Werte nie die integrierende Rolle spielten, die ihnen von manchen Beobachtern zugedacht worden ist. Die Bundesrepublik als Hauptadressat der Forderung nach einem höheren Verteidigungsetat konnte darauf verweisen, die europäische Nachkriegsordnung sei auf dem Grundsatz errichtet, dass der politische Einfluss der Deutschen auf wirtschaftlicher und nicht auf militärischer Macht beruhe. Hier galt das dem ersten Nato-Generalsekretär Lord Ismay zugeschriebene Diktum, es sei die Aufgabe der Nato, «to keep the Russians out, the Americans in, and the Germans down». Würden nämlich die europäischen Länder prozentual den gleichen Anteil ihres Bruttoinlandsprodukts für Militärausgaben aufwenden, so würde Deutschland zwangsläufig die stärkste Militärmacht West- und Mitteleuropas sein, was mit erheblichen politischen Spannungen verbunden wäre. Bei Erfüllung des Zwei-Prozent-Ziels würde der deutsche Verteidigungsetat von 41,7 im Jahr 2017 auf etwa 75,8 Milliarden US-Dollar im Jahr 2024 steigen, wenn man ein Wirtschaftswachstum von etwa zwei Prozent pro Jahr unterstellt, und damit läge der Etat deutlich über den Verteidigungsausgaben Frankreichs und Großbritanniens.[26]

Hinzu kommt ein prinzipiell unterschiedliches Verständnis der internationalen Ordnung: Für die Europäer, vielleicht mit Ausnahme der Briten, gründet sich diese auf multilaterale Verträge, während die USA infolge ihrer im 19. Jahrhundert erworbenen Sonderstellung auf dem amerikanischen Kontinent einen starken Hang zur Bilateralität haben, der durch die Konstellationen des Kalten Krieges, als sie für den Westen *allein* die Verhandlungen mit der Sowjetunion führten, noch verstärkt worden ist. Bei bilateralen Verträgen sind die USA als der Mächtigere immer im Vorteil, wohingegen ihr Gewicht in multilateralen Konstellationen weniger zum Tragen kommt. Vertraglich in ein internationales Regime eingebunden zu sein bringt zudem sehr viel größere Verpflichtungen mit sich als bilaterale Verträge, die man einseitig nachverhandeln oder kündigen kann. Die Auseinandersetzungen zwischen der Europäischen Union und den USA unter Donald Trump drehen sich ein ums andere Mal um damit verbundene Fragen. Beispiele dafür sind die Konflikte um die Begrenzung des Klimawandels und um eine politische Regelung der ökonomischen Globalisierung, die nach Überzeugung der EU grundsätzlich nur multilateral zu lösen sind, wohingegen der Bilateralist Trump den Klimawandel konsequent leugnet und die globale Wirtschaft allein an US-Interessen orientieren will. Bei derart unterschiedlichen Sichtweisen ist kaum damit zu rechnen, dass die beiden großen Akteure des Westens, die Europäer und die US-Amerikaner, demnächst wieder zusammenfinden. Die Europäer werden versuchen, ihre Vorstellung von Ordnung global zur Geltung zu bringen, und das auch gegen die amerikanische Politik. Dabei werden sie freilich nur dann Erfolgschancen haben, wenn sie geschlossen auftreten. Die USA werden es immer wieder darauf anlegen, in solchen und ähnlichen Fragen die Europäer zu spalten, um ihre eigene Sichtweise besser durchsetzen zu können.

Europäische Krisenszenarien

Dass die Europäer mit einer Stimme sprechen werden, ist in Anbetracht der zentrifugalen Kräfte in der EU alles andere als sicher. Am ehesten wird die EU noch von den großen globalen Herausforderungen zusammengehalten, bei deren Bearbeitung die Europäer nur dann eine Rolle spielen, wenn sie gemeinsam auftreten. Sollte das zutreffen, spräche das gegen die angesichts der jüngsten Krisen von einigen ins Spiel gebrachte Idee einer Neugründung der EU, bei der diesmal die Bürger Europas und nicht die Regierungen der europäischen Staaten die ausschlaggebenden Akteure und die «Herren der Verträge» sein sollen.[27] Es würde mindestens ein Jahrzehnt dauern, bis eine neue Europäische Union, wenn sie denn auf der vorgeschlagenen Grundlage überhaupt zustande käme, handlungsfähig wäre. Diese Zeit steht nicht zur Verfügung. Bei der Begrenzung des globalen Temperaturanstiegs gäbe es überhaupt keine Fortschritte mehr, wenn Europa als Initiativkraft ausfällt, und die Globalisierung würde ohne europäische Mitwirkung gestaltet. Beides wäre das Ende des Europaprojekts, da eine Europäische Union dann so oder so überflüssig wäre.

Eine institutionelle Neugründung ist also ausgeschlossen. Stattdessen muss die EU einen Weg aus der Sackgasse finden, in der sie infolge von Überforderung zurzeit steckt. Wenn die Überdehnung darin besteht, dass die verfügbaren Ressourcen nicht genügen, um die sich aufdrängenden Herausforderungen zu bearbeiten, müssen entweder die Ressourcen erhöht oder die Herausforderungen überschaubar strukturiert werden – oder auch beides zugleich. Das ist nicht unriskant, da eine Erhöhung der Ressourcen zu Konflikten zwischen den Mitgliedsstaaten über die angemessene Verteilung der neuen Belastungen führen kann, und wenn man bestimmte Herausforderungen unbearbeitet lässt, droht ein kataklysmischer Einbruch ungelöster Probleme. Ein Beispiel dafür ist die sogenannte Flüchtlingskrise von 2015, als die Politik lange so tat, als würde das Dublin-Abkommen ausreichen, um den ständig wachsenden Migrationsdruck auf die Außengrenzen der Union aufzufangen. Tatsächlich hatte schon lange zuvor eine Binnenmigration von Flüchtlingen innerhalb der EU eingesetzt, die es bei Einhaltung der Dublin-Regeln nicht hätte geben dürfen. Das heißt: Strukturelle Veränderungen der EU, die ihrer Überdehnung entgegenwirken sollen, können den ungewollten Nebeneffekt haben, dass neue Herausforderungen und Probleme auftauchen, die zu den bestehenden hinzukommen, ohne dass diese zwischenzeitlich angegangen wurden. Die Furcht, in eine solche Falle zu geraten, führt häufig dazu, dass man weitermacht wie bisher, nichts verändert und darauf hofft, die Probleme würden sich von selbst lösen und die Herausforderungen mit der Zeit verschwinden. Im hier verhandelten Fall liegt die Hoffnung darin, dass der Schwund der Gestaltungsmacht sich von selbst abbremsen und schließlich zum Stillstand kommen wird. Das ist nicht auszuschließen, aber doch äußerst unwahrscheinlich. Auf einen «Abschied vom Abstieg» durch Zuwarten sollte die EU nicht setzen.

Etwas schematisiert ergeben sich aus dem Gesagten drei Krisenszenarien: das einer sich über längere Zeit hinstreckenden Agonie, das des Zerfalls in eine Nord- und eine Süd-EU oder eine West- und eine Osthälfte sowie schließlich das einer Spaltung in die einzelnen Mitgliedsstaaten, aus denen das Europaprojekt in den vergangenen Jahrzehnten «zusammengesetzt» worden ist. Beginnen wir mit der *Agonie* im Sinne eines langandauernden «Todeskampfes» – ein Szenario, das im Falle eines «Weitermachens wie bisher» wahrscheinlicher ist als bei nachhaltigen Reformen zur Erhöhung der Handlungsmacht.[28] Die EU spielt in diesem Fall bei der Gestaltung der globalen Ordnung keine Rolle; die Entscheidungen werden von anderen getroffen, und die Europäer müssen sich damit abfinden. Außerdem werden die wesentlich mit sich selbst beschäftigten Europäer in diesem Szenario nicht in der Lage sein, stabilisierend auf ihre südliche und südöstliche Peripherie einzuwirken, mit der Folge, dass der Migrationsdruck auf die EU-Außengrenzen weiter anwächst, was wiederum den internen Streit, wie damit umzugehen sei, weiter verschärft. Innere Schwäche und Problemdruck von außen schaukeln sich wechselseitig hoch, verstärken dadurch den Eindruck des Abstiegs und Niedergangs und entmutigen all jene, die bereit sind, eine Reform der EU voranzutreiben. Agonie steht für ein Ende, bei dem die EU unkoordinierten Widerstand gegen die äußeren Herausforderungen leistet, aber zu einer effektiven Reaktion darauf und zu einer Veränderung der Lage gemäß ihren eigenen Vorstellungen nicht mehr fähig ist – auch deswegen, weil die Mitgliedsstaaten infolge des Einflusses populistischer Bewegungen auf ihre Politik nicht mehr willens sind, ihre Einzelinteressen hinter das Gemeinwohl der Union zurückzustellen.

Zerfall steht dagegen für ein Szenario, in dem die Mitgliedsstaaten der Reihe nach die EU verlassen, weil sie davon überzeugt sind, dass sie ihre Interessen außerhalb der Union besser verfolgen können als innerhalb. Je mehr Staaten sich von der Union lossagen, desto mehr verliert sie an politischer Gestaltungsmacht und wirtschaftlicher Potenz. Im Unterschied zum Agonie-Szenario ist dabei nicht auszuschließen, dass infolge der Austritte ein «Kerneuropa» entstünde, das die Herausforderung und Probleme, mit denen es dann konfrontiert wird, faktisch besser bearbeiten könnte. Aber das hinge sehr stark davon ab, wer zu welchem Zeitpunkt und zu welchen Konditionen austreten würde. Nur beim Zusammentreffen optimaler Bedingungen könnte sich der zeitweilige Zerfall der Union als ein ungeplanter Reformprozess herausstellen, der möglicherweise für ein neues Gleichgewicht zwischen verfügbaren Ressourcen, vorhandenen Fähigkeiten und zu bearbeitenden Problemen sorgen würde. Die Periode des Niedergangs und Zerfalls ginge dann zu Ende, und die Union würde sich in verkleinerter Form konsolidieren. Eine weitere Voraussetzung eines solchen «Abschieds vom Abstieg» wäre allerdings, dass im Zuge des Ausscheidens einiger Mitgliedstaaten nicht neue, zusätzliche Probleme auf die verbliebene Gemeinschaft zukämen – was unwahrscheinlich ist. Vermutlich würde bei einer solchen Entwicklung viel vom Geschick der Politiker abhängen. Dessen Vorhandensein ist aber nun einmal kontingent, und Kontingenz schränkt die Möglichkeit zuverlässiger Prognosen stark ein.

Das Szenario einer *Spaltung* bestünde darin, dass die EU entlang ökonomisch-fiskalischer Trennlinien in eine Nord- und eine Südhälfte oder entlang verfassungspolitischer und politikkultureller Spaltungslinien in eine West- und eine Ostunion zerbricht. Die osteuropäischen Länder hätten bei einer

Spaltung in West- und Ost-EU infolge der dann ausbleibenden finanziellen Transfers die größeren Nachteile, und so würde die Initiative dazu eher von den westlichen Mitgliedsländern ausgehen, weil sie die inneren Verhältnisse der mittelost- und südosteuropäischen Länder, von der Auflösung der Gewaltenteilung (insbesondere in Polen und Ungarn)[29] bis zu notorischer Korruption und Bereicherung oligarchischer Staatseliten (etwa in Bulgarien und Rumänien), mit ihrem Verständnis der EU als Wertegemeinschaft nicht länger vereinbaren können. Aber auch die östlichen Länder könnten die Initiative ergreifen, wenn es im Zuge von Vertragsverletzungsverfahren zu einer drastischen Absenkung der finanziellen Transfers käme und in den Hauptstädten der betreffenden Länder das Gefühl einer Gängelung durch «Brüssel» überwiegen würde. Voraussetzung für eine solche Aufspaltung der EU wäre freilich, dass die gemeinsamen Interessen der sich im Verbund abspaltenden Länder groß genug wären und über die bloße Ablehnung der Vorgaben aus Brüssel hinausgingen. Das ist zurzeit nicht erkennbar. Ähnliches gilt für das Szenario der Aufspaltung in eine Süd- und eine Nord-EU: Auch hier dürfte die Initiative eher von den reichen Staaten des Nordens als von den überschuldeten Staaten des Südens ausgehen, und wenn es im Süden entsprechende Bestrebungen geben sollte, dürften sie eher auf den Austritt einzelner Länder hinauslaufen als auf die Abspaltung des gesamten Raumes, da die Ausgangslagen und Interessen der in Frage kommenden Länder sich deutlich voneinander unterscheiden.

Wie im Zerfallsszenario gilt auch hier: Die Abspaltung eines Teils der Mitgliedsstaaten könnte unter bestimmten Bedingungen zu einer Erneuerung und Kräftigung der Rest-EU führen, weil diese dann in der Lage wäre, den Weg zur institutionellen Vertiefung der Union wiederaufzunehmen. Über die Wahrscheinlichkeit oder Unwahrscheinlichkeit einer Erneuerung durch Verkleinerung entscheiden in beiden Szenarien freilich die jeweiligen Umstände des Zerfalls oder der Abspaltung. In jedem Fall aber würden auch bei einer solchen Erneuerung das politische Gewicht der Rest-EU im globalen Rahmen und ihre wirtschaftliche Potenz abnehmen. Das ist der Preis, der für eine Verminderung der Überdehnung durch Reduzierung der Mitgliedsstaaten zu zahlen wäre. Insgesamt wird man sagen können, dass Agonie und Zerfall wahrscheinlicher sind als Spaltung und dass Zerfall sowie Spaltung wiederum die Chance bergen, den Niedergang aufzuhalten, die Agonie aber nicht. Oder in den Worten des Historikers Wolfgang Schmale: «Zielloses Weiterwursteln würde die Union am Ende des Trudelns zum Absturz bringen.»[30]

Neben den drei idealtypisch konstruierten Szenarien von Agonie, Zerfall und Spaltung gibt es freilich noch ein Hybridszenario, das die wohl größte Wahrscheinlichkeit aufweist. In dieser Verbindung von Agonie und Spaltung entstehen starke Regionalgemeinschaften *innerhalb der Union*, die ihre Sonderinteressen verfolgen; sie treten nicht aus oder spalten sich gemeinsam mit anderen ab, sondern instrumentalisieren die EU für ihre speziellen Anliegen und Vorhaben, indem sie bei deren Nichtberücksichtigung mit einer Blockade aller anderen Vorhaben drohen.[31] Sie vertauschen die Exit-Option mit einer Veto-Position und zwingen so die Gemeinschaft, ihre besonderen Interessen wahrzunehmen. Ansätze in Richtung solcher Regionalgemeinschaften in der EU sind etwa das Intermarium-Bündnis, das von den baltischen Staaten an der Ostsee bis zur Adria (Slowenien und Kroatien) und zum Schwarzen Meer (Bulgarien und Rumänien) reichen soll, oder die von französischer Seite mehrfach ins Spiel gebrachte Mittelmeerunion, die auf einen Verbund der «romanischen» EU-Mitglieder Frankreich, Italien und Spanien hinauslaufen würde. Da die Interessen der drei letztgenannten Länder jedoch auseinandergehen und es starke Ressentiments etwa zwischen Italien und Frankreich gibt, wie sich in jüngster Zeit wieder deutlich gezeigt hat, ist eine institutionelle Ausgestaltung der Mittelmeerunion unwahrscheinlich. Frankreich hat im Entscheidungsfall stets die Achse mit Deutschland der mit den Mittelmeerländern vorgezogen.[32] Das Intermarium-Bündnis, das vor allem von Polen befürwortet wird, hätte als einigendes Band die Weigerung der betreffenden Länder, Migranten beziehungsweise Geflüchtete aufzunehmen, und das Interesse an dauerhaften Finanztransfers aus den Töpfen der E U. Das ist für eine gemeinsame Politik vermutlich zu wenig. Solche Bündnisse innerhalb der Union müssten bei einer Abspaltung mehr Nachteile in Kauf nehmen, als sie Vorteile davon hätten, weshalb sie auf Schritte in diese Richtung verzichten. Sie können jedoch die Handlungsmacht und Gestaltungsfähigkeit der Union erheblich einschränken, indem sie bei jeder Gelegenheit ihre Partikularinteressen in den Vordergrund schieben und das Gemeinsame hintanstellen. In jedem Fall sind sie eine starke zentrifugale Kraft.

Der Weg in die Überdehnung: Süd- und Osterweiterung der EU

Es ist ein weiteres Krisensymptom, wenn sich inzwischen nur noch potenzielle Nettoempfängerländer um den Eintritt in die Europäische Union bemühen, während potenzielle Nettozahlerländer, wie die Schweiz oder Norwegen, keine Mitgliedschaft anstreben. Letztere «erkaufen» sich mit Geld und der Übernahme von EU-Regelungen nur den Zugang zum EU-Markt; sie begnügen sich mit weniger Rechten als Vollmitglieder der Union, haben ihr gegenüber aber auch weniger Pflichten. Dem liegt die Überlegung zugrunde, dass sie, wenn die EU ein Raum des Friedens und des Wohlstands ist, vom Genuss des Friedens auch ohne Beitritt zur Union nicht ausgeschlossen sind und bei unbeschränktem Marktzugang an der Prosperität des europäischen Wirtschaftsraums voll teilhaben. Unter diesen Umständen werden der EU auch in Zukunft – zumal dann, wenn die Beiträge der Nettozahler weiter steigen – nur noch Nettoempfängerstaaten beitreten. Das dürfte sich auf Dauer zu einem Problem für die relativ weniger werdenden Nettozahlerländer auswachsen. Die eher harte Verhandlungslinie der EU gegenüber Großbritannien, immerhin der zweitgrößte Nettozahler der Union, erklärt sich auch damit, dass die Vorteile beim Verlassen der EU so gering und die Nachteile so hoch wie möglich gehalten werden sollten.

Seit den 1970er Jahren und insbesondere nach der Auflösung des Ostblocks hat sich die Europäische Gemeinschaft mit den Erweiterungsrunden im Süden, Norden und Osten räumlich ausgedehnt, und auch das Volumen der Finanztransfers wurde deutlich erhöht. Letzteres ist von Deutschland, dem größten Nettozahler, mitgetragen und gelegentlich gar forciert worden, während die Briten, denen der «gemeinsame Markt» beziehungsweise der Zugang dazu genügte, einer Vertiefung der Union seit jeher skeptisch bis ablehnend gegenüberstanden. Darin lag einer der Gründe für die Brexit-Entscheidung. Deutschland hat als Land im geographischen Zentrum der EU nicht bloß von der Erweiterung, sondern auch von der Vertiefung der Union profitiert, wohingegen die Briten infolge ihrer geographischen Randlage aus Letzterem keinen unmittelbaren Mehrwert bezogen haben: Die neu dazugekommenen Märkte spielten für sie keine große Rolle, und auch ihre geopolitische Lage veränderte sich nicht gravierend. Beides war für Deutschland der Fall. Lässt man die Geschichte von der EWG bis zur heutigen EU Revue passieren, so stellt man freilich fest, dass sich die wirtschaftlichen und geopolitischen Problemfälle vermehrt haben, während jene, die in den Fortbestand der Union investieren, Schritt für Schritt weniger geworden sind. Das hat bei vielen Unionsbürgern zu einem Gefühl der Überforderung geführt; sie ist das psychologische Pendant zur Überdehnung im Verhältnis von Fähigkeiten und Aufgaben.

Mitte der 1990er Jahre hat der Historiker Tony Judt die günstigen Konstellationen herausgestellt, unter denen das Europaprojekt am Ende der 1950er Jahre initiiert wurde und sich entwickeln konnte: Die internen Transfers waren begrenzt, und die geopolitischen Risiken deckten sich mit denen des gesamten Westens. Mehr als Kohle und Stahl hätten glückliche Umstände das Europaprojekt begünstigt: «das Glück, unter den sechs Gründungsmitgliedern fünf der tatsächlich oder potenziell reichsten Nationen zu haben; ferner die Möglichkeit, die Erweiterung der Gemeinschaft um drei Mitglieder bis 1973, die Aufnahme der ärmeren Mittelmeerländer gar bis in die achtziger Jahre hinausschieben zu können; und schließlich der eigenartige, aber entscheidende Vorteil, dass zwischen 1951 und 1989 die Notwendigkeit zur Aufnahme noch ärmerer Länder im Osten schlichtweg nicht bestand».[33] Daneben hat Judt die exzeptionellen wirtschaftlichen Bedingungen betont, denn Westeuropa hatte eine Zeitspanne von mehreren Jahrzehnten wirtschaftlicher Stagnation und Zerstörung wettzumachen. Nur so, nicht aufgrund seiner wirtschaftlichen Integrationsfähigkeit, ließen sich die beeindruckenden Wachstumszahlen in den ersten Jahrzehnten erklären.[34] Derart günstige Konstellationen werde es kein zweites Mal geben, warnte Judt vor dem Beginn der EU-Osterweiterung und prophezeite, dass die Integration der mittelost- und südosteuropäischen Länder in die Gemeinschaft sehr viel schwerer fallen werde, als dies bei den vorangegangenen Erweiterungs- und Integrationsrunden der Fall gewesen sei. Er hat damit recht behalten, wenn auch erst zu einem späteren Zeitpunkt als von ihm angenommen und aus etwas anderen Gründen als den von ihm herausgestellten. Was aber hat das «Europa der Sechs» eigentlich veranlasst, sich auf einen Expansionskurs zu begeben, der mit dem Risiko der Überdehnung verbunden war?

Man achtete bei der Aufnahme neuer Mitglieder nicht oder nur am Rande darauf, ob sie von den sozioökonomischen Voraussetzungen oder politisch-kulturellen Traditionen her zur bestehenden Gemeinschaft passten,[35] wofür zwei strukturelle Faktoren ausschlaggebend waren: einerseits die Furcht vor einer politisch instabilen Peripherie – man kann sie mit Karl-Markus Gauß als die Herausforderung «hereinbrechender Ränder»[36] bezeichnen – und andererseits die unklaren Grenzen beziehungsweise konkurrierenden Herkunftserzählungen Europas,[37] die jede Entscheidung für die Exklusion Beitrittswilliger willkürlich erscheinen ließen. Unter diesen Umständen war es naheliegend, sich auf eine «großeuropäische» Lösung als Endpunkt des Integrationsprojekts einzulassen und die alternative «kleineuropäische» Lösung (die Beschränkung auf das «Europa der Sechs», vielleicht noch unter Einbezug von Dänemark, Österreich und der Schweiz) nicht weiterzuverfolgen. So kam es zu vier Beitrittsrunden, die als Norderweiterung (Großbritannien, Irland und Dänemark 1973), Süderweiterung (Griechenland 1981 sowie Spanien und Portugal 1986), als Beitritt der Neutralen (Österreich, Schweden und Finnland 1995) sowie als die in zwei Etappen vollzogene Osterweiterung (Estland, Lettland, Litauen, Polen, Tschechien, Slowakei, Ungarn, Slowenien, Zypern und Malta 2004; Rumänien und Bulgarien 2007) die Europäische Union zu einer tendenziell den gesamten Kontinent umfassenden Gemeinschaft gemacht haben.[38] Es war aber auch klar, dass damit das Ende der Erweiterung noch nicht erreicht war, denn man hatte den instabilen Balkan- staaten Beitrittsversprechen gegeben (das gegenüber Kroatien ist 2013 eingelöst worden), und mit der Ukraine und einigen Kaukasusrepubliken bemühten sich weitere Staaten um Asso- ziierungsabkommen. Diese sind in der Regel der erste Schritt zur Vollmitgliedschaft.

Dieses große Europa brauchte eine andere institutionelle Verfassung als die kleine EWG der Anfänge. Die dazu unter- nommenen Anstrengungen blieben jedoch stecken, weil in einigen Mitgliedsstaaten Referenden durchgeführt wurden, bei denen eine Mehrheit der Bürger die Zustimmung verwei- gerte. So lehnten Franzosen und Niederländer im Jahr 2005 mehrheitlich den Vertrag über die «Verfassung für Europa» ab, womit das Projekt einer Konstitutionalisierung der EU gescheitert war.[39] Der Ende 2009 in Kraft getretene Lissabon- Vertrag ist nur ein notdürftiger Ersatz. Parallel zur Erweiterung der EU sind außerdem weitere Räume europäischer Integra- tion entstanden, die sich mit dem EU-Raum überschneiden, aber nicht vollkommen decken. Die beiden wichtigsten sind der Schengen- und der Euro-Raum, Ersterer den EU-Raum übergreifend, Letzterer nur einen Teil dessen umfassend. Dadurch ist ein System aus Kreisen und Ellipsen entstanden, das nur durch Verhandlung und Kompromissbildung admi- nistriert, aber nicht durch politische Entscheidungen regiert werden kann.[40] Auch das ist ein Bestandteil dessen, was hier als Überdehnung der EU bezeichnet wird.

Haben die Politiker aus Unbedachtheit oder aus Übermut das Europaprojekt auf die Bahn des Abstiegs gebracht? Da war (und ist) zunächst die bereits angesprochene Herausforderung der «hereinbrechenden Ränder», also die geopolitische Rahmung des anfänglichen Europaprojekts, die gegen eine Politik der strikten Exklusivität sprach. Das gilt vor allem für die Süd- und die Osterweiterung. Griechenland, Spanien und Portugal waren Staaten, die sich erst im Verlauf der 1970er Jahre aus Militärdiktaturen oder autoritären Regimen herausgearbei- tet hatten und in denen Rechtsstaatlichkeit und Demokratie danach auf unsicheren Beinen standen. Wer ein demokrati- sches Europa wollte, musste diesen Ländern helfen. Nach der damals vorherrschenden Auffassung war wirtschaftliche Pro- sperität das bestgeeignete Mittel zur Stabilisierung des demo- kratischen Rechtsstaats – und das konnte nur heißen, dass man diese Länder so schnell wie möglich an die Gemeinschaft her- anführen musste, um sie nach einer kurzen Übergangsperiode als Vollmitglieder aufzunehmen. Die Europäische Gemein- schaft wurde damit definitiv zu einer mittelmeerischen Macht, was sie zuvor, als sich ihre räumliche Ausdehnung weitgehend mit dem Reich Karls des Großen deckte, ihrem eigenen Selbst- verständnis nach nicht war. Trotz der französischen und der weit ins Mittelmeer hineinragenden italienischen Mittelmeer- küste waren Frankreich und Italien ökonomisch nicht mehr auf das Mittelmeer ausgerichtet, und politisch betrachtete man selbst in Rom alles, was südlich davon lag, als teuren, aber unwesentlichen Appendix. Das änderte sich mit dem Beitritt Griechenlands und Spaniens: Die Probleme des Mittelmeer- raums waren von nun an auch Probleme der Europäischen Gemeinschaft.

Dass sich in den Ländern ohne Mittelmeerküste kein ent- schiedener Widerspruch gegen die Dezentrierung der zunächst im europäischen Nordwesten gelegenen Gemeinschaft mit Brüssel, Straßburg und Luxemburg als ihren Zentren breit- machte, lag nicht zuletzt an der humanistischen Herkunfts- erzählung der europäischen Identität. Diese nämlich stellte neben der mittelalterlichen Abendlandvorstellung[41] das antik-mediterrane Erbe der griechischen Philosophie und des römischen Rechts, die Anfänge der Demokratie und die zivilisatorische Leistung des Imperium Romanum heraus.[42] Nachdem man seine zivilisatorische Herkunft auf das antike Griechenland und das Römische Reich zurückgeführt hatte, gab es keine Möglichkeit, Argumente der kulturellen Identität gegen eine nachhaltige Erweiterung der EU in den mediterranen Raum geltend zu machen.[43] Sozioökonomische Argumente gegen diese Erweiterung gab es durchaus; doch wollte man das Europaprojekt nicht von seinen kulturellen Wurzeln abschneiden.

In etwas anderer Form hat sich diese Argumentation in der Debatte über Für und Wider einer Osterweiterung der EU wiederholt. Bestimmend war hier die Erinnerung an die Zwischenkriegszeit, als die aus den im Ersten Weltkrieg zerfallenen Reichen des russischen Zaren und der Habsburger hervorgegangenen Nationalstaaten allesamt Territorien für sich beanspruchten, die in den Pariser Friedensverträgen ihren Nachbarn zugeschlagen worden waren, und eine Reihe von Kriegen gegeneinander führten, die in ethnischen Vertreibungen endeten und den Aufstieg von Militärs an die Spitze des Staates begünstigten. Von den demokratischen Ordnungen, die 1919 in Mittelost- und Südosteuropa eingeführt worden waren, blieb 1938 nur die Tschechoslowakei übrig, alle anderen hatten sich in Militärdiktaturen oder autoritäre Regime verwandelt.[44] Der Zweite Weltkrieg und die Vertreibungen brachten das Problem der nationalen Minderheiten nur teilweise zum Verschwinden; insofern musste man nach 1989/90 damit rechnen, dass neue Kriege ausbrechen würden, und die jugoslawischen Zerfallskriege von 1992 bis 2000 bestätigten diese Befürchtung. Um zu verhindern, dass solche Kriege um sich griffen, und um zwischenstaatlichen Konflikten vorzubeugen, eröffnete die EU den Ländern vom Baltikum bis zum Schwarzen Meer die Perspektive auf eine schrittweise Annäherung an die Union. Konflikte wie in der Zwischenkriegszeit wiederholten sich nicht, und auch auf dem Balkan gelang es der EU, den dortigen Akteuren die Gewaltoption «abzukaufen», indem sie überdimensionierte Verwaltungsapparate finanzierte und bei zuverlässigem Gewaltverzicht eine Aufnahme in die Union in Aussicht stellte. Friedenspolitisch betrachtet, war das eine beachtliche Leistung, freilich um den Preis einer weiteren Dezentrierung des ursprünglichen Europaprojekts und des Wandels der EU in eine auf Dauer angelegte Transfergemeinschaft. Im Rahmen der Griechenlandkrise wurde das Problem der Transfers dann politisch brisant.

Nach den «friedlichen Revolutionen», in denen sich die Bevölkerungen der mitteleuropäischen Länder der posttotalitären Regime des Sowjetkommunismus entledigt hatten, wäre es freilich auch kaum möglich gewesen, die sozioökonomische Rückständigkeit des Raumes und die politisch-kulturellen Unterschiede gegenüber Westeuropa zu einem Argument gegen den EU-Beitritt zu bündeln. Die Bürgerbewegungen, die seit den 1980er Jahren zu einer relevanten Opposition gegen die kommunistischen Staatseliten herangewachsen waren, der weitgehend gewaltfreie Sturz der Regime durch Massendemonstrationen sowie die Rolle polnischer, tschechischer und ungarischer Intellektueller in der Debatte über Mitteleuropa haben eine Position der Distanz, die auf eine Assoziation an die EU, aber keine Vollmitgliedschaft hinausgelaufen wäre, unmöglich gemacht. Außerdem konnte man in den 1990er Jahren den Eindruck haben, die Bürger der mitteleuropäischen Staaten seien die besseren Europäer: Sie debattierten über die Identität Europas und über Fragen demokratischer Partizipation, statt sich nur mit den materiellen Vorteilen der europäischen Integration zu beschäftigen.[45] Obendrein war mit dem Beitritt der DDR zum Geltungsbereich des Grundgesetzes bereits ein erstes der zuvor zum äußeren Ring des Sowjetimperiums gehörenden Länder der EU beigetreten.[46] Kurzum: Es gab gute Gründe, die für die Aufnahme der mittelost- und südosteuropäischen Länder in die EU sprachen, und kaum überzeugende Argumente dagegen.

Im heutigen Rückblick ist festzuhalten, dass die in jeweils zwei Runden vollzogenen Süd- und Osterweiterungen im Unterschied zur Nordwesterweiterung und zum Beitritt der neutralen Staaten den Charakter des Europaprojekts grundlegend verändert haben – stärker und nachhaltiger noch als die in diversen Verträgen fixierten Schritte zur Vertiefung und Politisierung der Gemeinschaft.[47] Während nämlich die Nordwesterweiterung und der Beitritt der Neutralen den Charakter eines Clubs der Wohlhabenden, der durch eine Integration der Märkte seinen Wohlstand steigern und absichern wollte, gefestigt haben, ließen die Süd- und die Osterweiterung die EU zu einem Projekt dauerhafter Solidarität im europäischen Raum werden. Das «reiche Europa» im Nordwesten des Kontinents hat sich in die Pflicht nehmen lassen, für das «arme Europa» des Ostens und Südens (insbesondere des Südostens) zu sorgen und ihm kontinuierlich finanziell unter die Arme zu greifen. Damit ist zwangsläufig eine Asymmetrie entstanden, die zu wachsenden Zentrifugalkräften in der EU geführt hat. Gleichzeitig ist aber auch der auf der EU liegende Zwang gewachsen, als Akteur bei der Neuordnung der Welt, als Global Player, aufzutreten. Auf die globalen Verhältnisse Einfluss zu nehmen war vormals eine begrenzte Option – innerhalb des «Westens» hatten die USA das Sagen, und Frankreich und Großbritannien folgten, teilweise widerwillig, während Deutschland und Italien dabei so gut wie keine Rolle spielten. Seitdem aber müssen sich die Europäer auf das Ringen um die Ordnung einer globalen Welt einlassen. Man kann umgekehrt die Erweiterungsrunden als eine nichtintendierte Vorbereitung beschreiben, um bei einer Erosion oder einem Zerbrechen des Westens eine weltpolitisch eigenständige Rolle spielen zu können. Dem exklusiven «Europa der Sechs» wäre das schwerlich möglich gewesen; dem großen Europa bleibt nichts anderes übrig.

Warum Deutschland den Zusammenhalt Europas sichern muss

Seit Ausbruch der Finanz- und Wirtschaftskrise von 2008 klagen einige Südstaaten der EU, sie würden von «Brüssel» beziehungsweise einem hegemonial auftretenden Deutschland bei der Aufstellung ihrer Staatshaushalte gegängelt und bei Investitionsentscheidungen sowie der Ausgestaltung ihres Wohlfahrtsstaates behindert. Was zunächst der übliche Verhandlungspoker um Einhaltung oder Verletzung der vertraglich auf 60 Prozent des Bruttoinlandsprodukts fixierten Obergrenze der Staatsverschuldung und der auf drei Prozent begrenzten jährlichen Steigerung der Staatsverschuldung war, hat sich seitdem zu einer breit geführten Debatte über das Eingriffsrecht der Europäischen Kommission in die nationalen Haushalte ausgewachsen. Der Vorwurf lautet, die Souveränität des jeweiligen Staates werde eingeschränkt und der per Wahl oder Volkentscheid geäußerte Willen der Bürger eines Landes ignoriert, während man sich um die sozialen Folgen der oktroyierten Sparmaßnahmen nicht schere. Eine von den Bürgern nicht gewählte Kommission setze die auf nationalstaatlicher Ebene institutionalisierte Demokratie außer Kraft.

Aus Sicht der Betroffenen sind diese Vorwürfe zunächst

nachvollziehbar. Übersehen wird dabei jedoch, dass die Regierungen der jeweiligen Länder beim Eintritt in die EU beziehungsweise den Euroraum Verträge unterschrieben haben, durch die ihre politischen Spielräume eingeschränkt worden sind, und dass ebendiese Regierungen – das betrifft die überschuldeten Staaten – mit dem EU-Beitritt eine Sozialpolitik betrieben haben, die deutlich über die Leistungsfähigkeit ihrer Staaten hinausging. Gleichzeitig hat in den betroffenen Ländern eine durch die Produktivitätsentwicklung nicht gedeckte Lohnentwicklung stattgefunden, in deren Folge die Konkurrenzfähigkeit der nationalen Unternehmen und ihrer Produkte immer weiter gesunken ist. Am Beispiel Griechenlands lässt sich das zeigen: Während in dem Jahrzehnt vor der Finanzkrise die Löhne im EU-Durchschnitt um 30 Prozent stiegen, kletterten sie in Griechenland um 85 Prozent nach oben; dabei standen den Lohnsteigerungen im öffentlichen Dienst, im EU-Durchschnitt 40 Prozent, 117 Prozent in Griechenland gegenüber.[48] Das entstandene Ungleichgewicht hätte für Griechenland vor dem Beitritt zum Euroraum kein unlösbares Problem dargestellt, denn durch die Abwertung der Drachme gegenüber dem Euro beziehungsweise den Währungen der wichtigsten Handelspartner hätte sich das Gleichgewicht wiederherstellen lassen, und die aus der Abwertung erwachsende Inflation hätte die unverhältnismäßig hohen Lohnsteigerungen nach einiger Zeit «aufgezehrt». Durch den Beitritt zum Euroraum stand der doppelte Mechanismus von Abwertung und Inflationierung jedoch nicht mehr zur Verfügung, und so geriet das Land in eine Krise, die es aus eigener Kraft nicht mehr bewältigen konnte (und nach wie vor nicht kann).

In dieser Lage war Griechenland, wollte es den Staatsbankrott und dessen unkalkulierbare wirtschaftliche Folgen vermeiden, auf die Solidarität der übrigen Euroländer angewiesen. Diese waren dazu auch durchaus bereit – freilich unter der Voraussetzung, dass Griechenland für sie nicht zu einem «Fass ohne Boden» wurde, sondern durch strukturelle Einsparungen und verbesserte Einnahmen sicherstellte, dass es sich bei den Finanztransfers um einen zeitlich begrenzten Vorgang handelte. Es gab grundsätzlich zwei Möglichkeiten, die Staatsschuldenkrise zu bewältigen: den Austritt Griechenlands aus dem Euroraum, mit dem das Land – nach dem wohl unvermeidlichen Staatsbankrott – wieder seine früheren Optionen zur Abwertung der Währung und zur Lohnentwertung durch Inflation erhalten hätte, oder aber Reformen, um die Einnahmen des Staates zu erhöhen und die Ausgaben zu senken. Auch ein Austritt aus dem Euroraum wäre auf eine allgemeine Absenkung des Lebensstandards in Griechenland hinausgelaufen. Und umgekehrt war die konkrete Ausgestaltung der Einschnitte beim Verbleib im Euroraum eine Angelegenheit der griechischen Regierung, auf die wiederum die Bürger qua Wahlen entscheidenden Einfluss hatten. Das wäre nicht anders gewesen, wenn Griechenland nicht Mitglied der EU und des Euroraums gewesen wäre, sondern allein um Hilfskredite des Internationalen Währungsfonds oder der Weltbank nachgesucht hätte.[49] Als die schnell aufeinanderfolgenden griechischen Regierungen sich dieser Aufgabe nicht stellten, gleichzeitig aber bekundeten, weiterhin im Euroraum bleiben zu wollen, griffen die Geldgeber ein und machten Vorgaben für die Reform der Steuer- und Sozialpolitik, die zu erfüllen zur Vorbedingung für weitere Hilfen wurde. Dagegen wiederum mobilisierten alte Parteien und neue Bewegungen die Bevölkerung Griechenlands, während sie der Europäischen Union und insbesondere Deutschland als dem politischen Wortführer der Geldgeber die Schuld für die dramatische Verschlechterung der sozialen und wirtschaftlichen Lage des Landes gaben. Aus einem von der griechischen Politik zu lösenden Problem war damit eines zwischen Griechenland und der Mehrheit der Länder des Euroraums geworden.[50]

Damit lag ein Muster vor, nach dem Länder, die in wirtschaftliche Krisen geraten waren oder sich eine übergroße Schuldenlast aufgebürdet hatten, die selbst geschaffenen Probleme politisch externalisieren und die Verantwortung so auf andere abschieben konnten. Das hat den alten Parteien in Griechenland zwar nicht viel geholfen, denn sie verloren im Strudel der Ereignisse Macht und Einfluss, aber auch die neuen Parteien haben die Externalisierungsstrategie genutzt. Dabei ist ein Narrativ entstanden, das die Europäische Union in Opfer und Täter aufgespalten hat, die sich gegenseitig mit Vorwürfen und Schmähungen überzogen. Dieses Narrativ hat die frühere Leiterzählung vom Europa der Werte und der Solidarität überlagert. An seine Stelle ist ein Europa getreten, das von den mächtigen Austeritätspolitikern des europäischen Nordens beherrscht werde, die alle anderen nach ihrer Pfeife tanzen ließen. Dieses Spaltungsnarrativ hat die Zentrifugalkräfte in der EU weiter vergrößert.

Das Bittere daran ist, dass die Hilfsleistungen anderer Eurostaaten für Griechenland tatsächlich ein Akt der Solidarität waren, den die Steuerzahler dieser Länder werden bezahlen müssen. Auch die Niedrigzinspolitik der Europäischen Zentralbank (EZB) hilft den EU-Staaten des Südens, mit ihrer Schuldenlast zurechtzukommen, wohingegen die Bürger der nördlichen Staaten in der Phase einer zehnjährigen Hochkonjunktur, in der ein höheres Zinsniveau üblich ist, durch diese Politik benachteiligt worden sind.[51] Man kann darin einen Beitrag dieser Bürger zur europäischen Solidarität sehen, nur sind nicht alle dieser Sicht gefolgt; einige betrachteten sich ihrerseits als Opfer des europäischen Südens, die von der EZB in

Haftung genommen würden. Daraus sind in den Ländern des Nordens ebenfalls antieuropäische Ressentiments entstanden, von denen in erster Linie rechtspopulistische Parteien profitiert haben. Die Gründung der AfD in Deutschland etwa war zunächst eine negative Reaktion auf die Solidaritätszumutungen gegenüber dem europäischen Süden. Seitdem stehen sich zwei populistische Opfererzählungen gegenüber, in denen Benachteiligung und Fremdbestimmung für die je eigene Anhängerschaft attestiert wird.

Es sind jedoch keineswegs alle Südstaaten der Union dem in Griechenland verfassten Skript zur Abwälzung der Verantwortung gefolgt. Portugal etwa, das sich nach Ausbruch der Krise in einer ähnlichen, wenn auch weniger brisanten Lage befand, hat einen anderen Weg gewählt: Es hat durchaus schmerzliche Reformen im Innern durchgeführt, dabei aber darauf verzichtet, die Bevölkerung gegen die EU zu mobilisieren, um den Reformdruck abzumildern. Das gilt mutatis mutandis auch für Spanien, wo unter dem Eindruck der Krise mit Podemos eine linkspopulistische Bewegung entstanden ist, die ihren Zenit jedoch bereits überschritten hat, ohne entscheidenden Einfluss auf die spanische Politik zu erlangen. Dagegen hat die im Jahre 2017 aus dem Movimento delle Cinque Stelle und der Lega gebildete italienische Regierung das griechische Drehbuch für die Externalisierung politischer Verantwortung und die Schaffung innereuropäischer Feindbilder übernommen und um die demonstrative Verachtung von Regeln und Verpflichtungen erweitert. Um strukturelle Reformen, wie sie die Vorgängerregierung zumindest angestrebt hat, zu vermeiden und eine Reihe von Wahlversprechen realisieren zu können, riskiert die populistische Regierung Italiens, den europäischen Währungs- und Wirtschaftsraum in die nächste Krise zu stürzen. Der darüber zwischen Rom und Brüssel ausgetragene Konflikt endete in einem Unentschieden, nachdem der Kommission die «Reaktion der Märkte» in Form steigender Zinsen für italienische Staatsanleihen zur Hilfe gekommen war. Die Regierung in Rom war zeitweilig gezwungen, zumindest symbolisch einzulenken. Das aber heißt, dass sich die EU bei der Einhaltung von Regeln und der Geltung von Verträgen mehr auf die Mechanismen des Marktes verlassen muss, als dass sie mit der Verlässlichkeit einzelner Mitgliedsstaaten rechnen kann.

Das andere Epizentrum der Zentrifugalkräfte liegt in Mitteleuropa, wo die Regierungen Ungarns und Polens sowie, in deren Kielwasser, die Tschechiens und der Slowakei sich bei der Aufnahme von Geflüchteten europäischer Solidarität verweigern. Aus deren Binnenperspektive mag das zunächst nachvollziehbar sein. Aus Polen sind in den drei Jahrzehnten seit dem Zusammenbruch des Ostblocks 2,5 Millionen Menschen abgewandert, im Fall Rumäniens sind es sogar 3,5 Millionen[52] – und es sind vor allem junge Menschen, die sich auf den Weg nach Westen machen, weil sie in ihrer Heimat keine oder nur schlecht bezahlte Arbeit finden. Zwar hatte Polen nicht zuletzt infolge der EU-Finanztransfers die höchsten wirtschaftlichen Zuwachsraten innerhalb der Union, aber es besteht weiterhin eine gewaltige Kluft zwischen dem Osten des EU-Raums und seinen wirtschaftlichen Zentren. Die Modernisierung der Wirtschaftsstrukturen in den ehemaligen Ostblockländern war nicht nur mit einer Transformation der sozialistischen Organisationsformen verbunden, sondern führte auch zu einem Umbau der landwirtschaftlichen Produktion, durch den viele Dörfer verödet sind. Nun entvölkert sich Mittelosteuropa weiter, und die Zurückgebliebenen leben in Angst vor der Zukunft. Hält diese Entwicklung an, so wird dieser Raum nach Berechnungen des Internationalen Währungsfonds im kom-

menden Jahrzehnt etwa neun Prozent seines Bruttoinlandsprodukts verlieren.[53]

Die Länder Mittelost- und Südosteuropas bräuchten eigentlich Zuwanderung, um die Verluste ihrer eigenen Bevölkerung
wenigstens ansatzweise auszugleichen und die Schrumpfung
des Bruttoinlandsprodukts einigermaßen zu begrenzen; dem
steht bei den Zurückgebliebenen jedoch der Eindruck gegenüber, dass ihre Länder zu einem großen Arbeitskräftereservoir
geworden sind, aus dem der europäische Westen sich nach
Gutdünken bedient.[54] Wenn man seit dem Fall des Eisernen
Vorhangs schon nicht die Abwanderung der eigenen Leute verhindern konnte, dann soll wenigstens die Zuwanderung von
Fremden verhindert werden. Diese Erfahrung der Osteuropäer
wiederholt sich in Deutschland zwischen den östlichen und
den westlichen Bundesländern auf ähnliche Weise.

Nun wird die EU die Weigerung der Visegrád-Staaten,
Geflüchtete aufzunehmen, durchaus verkraften können, da
die für diese Länder vorgesehenen Kontingente ohnehin nicht
besonders groß sind und die Bereitschaft der Migranten, für
längere Zeit in Mittelosteuropa zu bleiben oder sich dort dauerhaft niederzulassen, eher gering ist. Die Geflüchteten würden,
wenn man sie aufnähme, diese Länder vermutlich so schnell
wie möglich verlassen und versuchen, nach Deutschland,
Skandinavien, Großbritannien oder in die USA zu kommen.
Es ging und geht in dieser Frage inzwischen mehr um symbolische Akte als um eine tatsächliche und nachhaltige Entlastung
der Staaten, die in Europa das Hauptziel der Migrationsbewegungen sind. Insofern ist die Migrationsfrage für die operative
Politik ein sehr viel kleineres Problem als die Überschuldung
des europäischen Südens und die dort entstandenen antieuro-
päischen Bewegungen.[55]

Die Frage der Aufnahme von Geflüchteten ist jedoch nur

die Spitze einer politisch-kulturellen Distanz, die Mittel-
ost- und Südosteuropa seit der Regierungsübernahme durch
rechtspopulistische und nationalistische Parteien vom politischen Selbstverständnis der westlichen EU-Staaten trennt.
Das eigentliche Problem ist das grundlegend andere Demokratieverständnis dieser Regierungen, das der ungarische Minis-
terpräsident Viktor Orbán auf die Formel von der «illiberalen
Demokratie» gebracht hat, die er in Ungarn durchsetzen wolle.
Während in liberalen Demokratien der «Volkswille» durch
rechtsstaatliche Regeln begrenzt und von Überprüfungs-
instanzen kontrolliert wird, soll er in den illiberalen Demokratien Mittelosteuropas unmittelbar die Politik bestimmen.
«Illiberale Demokratie» heißt Ausschaltung der intermediären
Instanzen, der Institutionen einer Vermittlung und Filterung
des Volkswillens. In der Praxis läuft das darauf hinaus, dass
die Regierungen und die sie tragenden Parteien sehr viel
größere Spielräume bei der Durchsetzung ihrer Ziele und der
Verfestigung von Machtstrukturen haben. In liberalen Demokratien dagegen steht der Herrschaft autoritärer Politiker und
der Übernahme des Staates durch eine Partei das System der
Gewaltenteilung und der Rechtsstaatsprinzipien wie Pressefreiheit, Meinungsfreiheit und Unabhängigkeit der Justiz
im Wege. Deswegen haben sich die rechtsnationalistischen
Regierungen Polens und Ungarns auch als Erstes darange-
macht, die Pressefreiheit zu beschneiden, die Rechtsprechung
unter ihre Kontrolle zu bringen und die Aktionsmöglich-
keiten bürgergesellschaftlicher Bewegungen einzuschränken.
Diese Vorstellung von Demokratie unterscheidet sich grundlegend vom Wertekanon des Europaprojekts. Aus einer an
rechtsstaatlichen Regeln orientierten Perspektive ist in Mittelosteuropa das Wort «Demokratie» zum Decknamen für
autoritäre Regime geworden. Das gilt im weiteren Sinn auch

für Südosteuropa, wo das Problem der Korruption noch hinzukommt.[56]

Nun hängt das unterschiedliche Demokratieverständnis, das zurzeit Ost und West trennt, sicherlich auch an den jeweils über die Mehrheit verfügenden Parteien: Als in Polen noch die liberalkonservative Bürgerplattform (PO) die Regierung stellte, folgte sie im Unterschied zur jetzt regierenden nationalkonservativen Partei Recht und Gerechtigkeit (PiS) einer durchaus westlichen Vorstellung von Demokratie, und auch in Ungarn hat sich das neue Demokratieverständnis erst unter Viktor Orbán und seinem ungarischen Bürgerbund, der Fidesz-Partei, durchgesetzt. Man kann also nicht ausschließen, dass es nach einem Regierungswechsel zu einer Rückkehr liberaldemokratischer Verhältnisse kommt. Erschwert wird ein Regierungswechsel jedoch durch die Auflösung der intermediären Instanzen. Der Umbau der Verfassungsordnung soll dafür sorgen, dass die Vorherrschaft der rechtsnationalistischen Parteien auf lange Zeit sichergestellt ist. Dazu trägt auch die ressentimentgeladene Abwehrhaltung gegen «Brüssel» bei, weil damit die liberaldemokratischen Kontrahenten als «Erfüllungsgehilfen» der EU geschmäht werden können; es wird behauptet, sie würden den Ausverkauf der nationalen Interessen betreiben, wenn sie an die Macht kämen. Das politische Klima der mittelosteuropäischen Länder ist auf diese Weise mit nationalistischen Vorstellungen aufgeladen worden, die mit dem Europaprojekt unvereinbar sind.

Die Entstehung eines «Brüssel-kritischen» Blocks innerhalb der EU wird dadurch komplettiert, dass die Visegrád-Staaten inzwischen eine die offizielle EU-Linie konterkarierende Außenpolitik innerhalb der Union betreiben, etwa wenn es um die Unterstützung der israelischen Siedlungspolitik geht. Der Block der Visegrád-Staaten ist für die Union somit nicht nur ein inneres Problem, sondern stellt auch deren geschlossenes Auftreten nach außen in Frage. Gerade dieses ist angesichts der gegenwärtigen Veränderungen an der europäischen Peripherie und des Umbaus der globalen Ordnung seit dem Ausstieg der USA aus der Rolle eines «Hüters» dieser Ordnung von elementarer Bedeutung. Indem die Visegrád-Länder, aber auch der Sonderfall Italien dafür sorgen, dass Europa keiner einheitlichen Linie folgen kann, schwächen sie die Union.

Die Zentrifugalkräfte erwachsen daraus, dass nationalistisch oder populistisch auftretende Akteure die tatsächlichen oder vermeintlichen Interessen einzelner Mitgliedsstaaten bedingungslos und ohne Rücksicht auf die gemeinschaftlichen Interessen und Prioritäten der Union und die bei ihrem Beitritt eingegangenen Verpflichtungen verfolgen. Dabei können sie auf negative Emotionalisierung setzen und Empörungskonjunkturen schüren oder steuern, um von eigenen Verantwortlichkeiten abzulenken und eingegangene Verpflichtungen zurückzuweisen. Die Regierungen der Zentripetalkräfte müssen dagegen die nationalen Interessen ihrer Länder mit denen der Union in Einklang bringen und ihre Eigeninteressen von Fall zu Fall zurückstellen. Das kann auf Dauer nur dann funktionieren, wenn das Interesse am Fortbestand der Union mit den *langfristigen* Eigeninteressen der am Zusammenhalt orientierten Staaten übereinstimmt. Eine langfristig angelegte Politikperspektive, die auf rationale Abwägung setzt und emotionale Reaktionen vermeidet, ist den Bürgern jedoch sehr viel schwerer zu vermitteln als eine von Emotionen getragene und an kurzen Zeiträumen orientierte Politik. Zentripetalakteure sind darum politisch sehr viel leichter verwundbar als ihre Gegenspieler.

Solange die Europäische Gemeinschaft im Wesentlichen ein westeuropäisch geprägtes Elitenprojekt war, bedrohte das Spiel der zentrifugalen und zentripetalen Kräfte, das sich im Streit um Europa seit jeher beobachten lässt, niemals ihren Fortbestand. Das Kalkül der politischen und wirtschaftlichen Eliten drehte sich um die Vorteile eines gemeinsamen Marktes, um die Stellung Westeuropas innerhalb des Atlantischen Bündnisses und um die Vermeidung von innereuropäischen Konflikten, die zur Einbruchstelle von Einigungsgegnern hätten werden können. Dass dabei kurzfristige Eigeninteressen hintangestellt werden mussten und emotionale Befindlichkeiten keine zentrale Rolle spielen durften, war eine Vorbedingung für den Fortschritt des Europaprojekts. Man war sich sicher, dass die in der Gemeinschaft aufsummierten Eigeninteressen den einzelnen Mitgliedsländern erheblich größere Vorteile brachten, als wenn diese ihre Interessen allein oder womöglich gegeneinander vertreten würden, und weil man sich dessen so sicher war, baute man so gut wie keine Sicherungsmechanismen ein, die bei Interessenkonflikten automatisch griffen. Die Europäische Gemeinschaft erschien als ein Selbstläufer, der keiner robusten Kontroll- und Ausgleichsmechanismen bedurfte. Dementsprechend verzichtete man auf Regeln für den Ausschluss eines Mitgliedslandes aus der Union. So war man weitgehend hilflos, als einzelne Regierungen sich gegen Europa profilierten oder die rechtsstaatliche Wertebindung verletzten, und konnte nur auf Symbolpolitik zurückgreifen.

In der Direktwahl des Europaparlaments und einer schrittweisen Stärkung seiner Kompetenzen sahen die politischen Eliten weniger ein Risiko als eine Chance, der Integration Europas neuen Schwung und zusätzliche Legitimität zu verleihen. Es ist jedoch nicht gelungen, die zentrifugalen Kräfte zu bändigen. Im Europaparlament spiegeln sich vielmehr weitgehend die Kräfteverhältnisse in den einzelnen Ländern wider, und populistische Parteien werden durch die Einbindung in gesamteuropäische Fraktionen keineswegs gemäßigt. Die Kräfte des Zentrifugalen haben sich eher noch verstärkt, und eine Zentripetalkraft auf Regierungsebene, die der Kommission zur Seite stehen und sie stützen muss, ist weiterhin oder mehr denn je notwendig. Da es für die EU kein Zurück mehr gibt und die Rückverwandlung in ein Elitenprojekt, wie das der 1950er bis 1970er Jahre, ausgeschlossen ist, hängt der Fortbestand der Union seitdem von einer solchen Kraft des Zentripetalen ab. Seit etwa einem Jahrzehnt ist das im Wesentlichen die Aufgabe der Bundesrepublik Deutschland, und so wird es nach Lage der Dinge vorerst auch bleiben.[57]

Die Suche nach einem oder einigen Mitgliedsstaaten der EU als Kraft des Zentripetalen gründet auf der Voraussetzung, dass die EU-Kommission oder das Europäische Parlament[58] – jedenfalls, wenn sie allein und auf sich gestellt agieren – nicht genügend Kraft aufbringen, um den durch die Zentrifugalkräfte gesteigerten inneren wie äußeren Herausforderungen gewachsen zu sein. Die Schwäche der Kommission rührt unter anderem daher, dass sie als aktivierender Faktor der Kompromissbildung tätig werden muss. Sie muss den Zusammenhalt der Gemeinschaft als *funktionalen Effekt* ihres Agierens im Auge haben, aber kann nicht, jedenfalls nicht immer, *intentional* eine dementsprechende Politik vertreten. Die Aufgaben der Zentripetalität müssen darum auf intergouvernementaler Ebene von einzelnen Mitgliedsstaaten übernommen werden, die als Vertreter politischer Geschlossenheit den notorisch ihre Eigeninteressen verfolgenden Unionsmitgliedern entgegentreten und ihnen Paroli bieten. Um das zu können, müssen sie in der Union Überzeugungskraft und Glaubwürdigkeit besitzen, und die haben sie nur, wenn sie nicht nur dann als Anwälte des Gesamtinteresses auftreten, wenn dies mit ihrem nationalen Eigeninteresse übereinstimmt, sondern auch, wenn sie für alle erkennbar ihr Eigeninteresse zugunsten des Gemeinwohls zurückstellen. Das kann zu Aporien führen, wie die Auseinandersetzung um die Aufnahme von Geflüchteten gezeigt hat, in der die Bundesrepublik nicht auf der Einhaltung des Dublin-Abkommens bestanden hat, sondern die in Ungarn «gestrandeten» und von Griechenland auf der Balkanroute nachdrängenden Flüchtlinge ins Land ließ. Dafür ist sie von vielen europäischen Staaten scharf kritisiert worden. Aber eine strikte Anwendung der Dublin-Regeln hätte dazu geführt, dass so gut wie keine Geflüchteten nach Deutschland hätten gelangen können, da sie auf dem Weg dorthin zwangsläufig andere EU-Länder passierten, wo sie gemäß Dublin-Abkommen einen Asylantrag hätten stellen müssen, der dort zu bearbeiten gewesen wäre. Geflüchtete, die dennoch nach Deutschland gelangt wären, hätten dorthin «abgeschoben» werden können, wo sie erstmals den EU-Raum betreten haben. Das wäre damals fast durchweg Griechenland gewesen. Ein dem deutschen Eigeninteresse folgendes Insistieren auf einer strikten Einhaltung der Dublin-Regeln hätte zum Zusammenbruch Griechenlands und der Staaten des mittleren Balkans geführt, da diese weder ökonomisch noch organisatorisch in der Lage gewesen wären, die große Zahl der Geflüchteten aufzunehmen.[59] Auch wenn es als das Gegenteil gescholten worden ist, hat Deutschland hier die Zentripetalfunktion erfüllt, weil die Probleme und Konflikte, die sich ohne das Einlenken der Bundesrepublik ergeben hätten, sehr viel größer gewesen wären.

Die längste Zeit in der Geschichte des Europaprojekts hat die «Achse Paris–Bonn» und später «Paris–Berlin» die Zentripetalfunktion übernommen und dabei nicht nur für den Zusammenhalt der Gemeinschaft gesorgt, sondern auch Initiativen zur Weiterentwicklung der Union gestartet. Neben der Achsenmetapher war auch vom «deutsch-französischen Motor» die Rede. Voraussetzung der deutsch-französischen Zusammenarbeit als Kraft des Zentripetalen war, dass sich beide Seiten «auf Augenhöhe» begegneten. Dabei hatten die Franzosen ein Übergewicht an politischer und die Deutschen eines an wirtschaftlicher Macht. Beides glich sich aus; zumindest versuchten beide Seiten zu demonstrieren, dass dies der Fall sei. Eine weitere Voraussetzung dieses Agierens «auf Augenhöhe» war, dass die überwiegende Mehrheit in beiden Ländern das Europaprojekt unterstützte, so dass die Regierungen bei der Suche nach europäischen Kompromissen und weiterführenden Initiativen freie Hand hatten.

Seit Beginn des 21. Jahrhunderts lief die deutsch-französische Achse jedoch nicht mehr rund. Das wurde spätestens am 29. Mai 2005 deutlich, als 55 Prozent der Franzosen in einem Referendum den europäischen Verfassungsvertrag ablehnten und damit die Union in eine tiefe Krise stürzten. Das Konstitutionalisierungsprojekt erlitt einen schweren Rückschlag, aber vor allem stand damit die Mehrheit der Bürger in einem Trägerland des Europaprojekts nicht mehr hinter dem Prozess einer weiteren Vertiefung und Konsolidierung der Union. Das Scheitern des Verfassungsvertrags am Votum der französischen (und auch der niederländischen) Wähler war jedoch nur der vorläufige Höhepunkt einer Entwicklung, die bereits in den 1990er Jahren mit dem Aufstieg des Front National begonnen hatte: dem Gefühl vieler Franzosen, vor allem der Bauern und Industriearbeiter, die europäische Integration bringe ihnen mehr Nachteile als Vorteile. Europakritische Töne waren von nun an im politischen Raum immer häufiger zu hören, und der Front National gewann an Zustimmung, je stärker er sich als Vertreter einer Anti-Europa-Politik positionierte. Das schränkte den Handlungsspielraum der französischen Präsidenten und ihrer Kabinette ein und hinderte sie daran, in Europa weiterhin eine führende Rolle zu spielen. Was bis dahin im Zusammenspiel zwischen Berlin und Paris vorangebracht worden war, musste Deutschland nun weitgehend allein schultern.[60]

Deutschland – die alte Bundesrepublik und seit 1990 das wiedervereinigte Deutschland – war der Hauptprofiteur der aufeinanderfolgenden Erweiterungsrunden, zunächst durch die ständige Vergrößerung des Marktes für deutsche Industrieprodukte und Handelsunternehmen, später durch die geopolitischen Veränderungen in Europa, in deren Folge die beiden deutschen Staaten aus Frontstaaten des Kalten Kriegs zur «Zentralmacht Europas» wurden.[61] Das war eine Position, vor der die deutsche Politik anfänglich erkennbar zurückscheute. Immerhin war die europäische Geschichte des 20. Jahrhunderts durch die doppelte Katastrophe, in die ein deutscher Führungsanspruch Europa geführt hatte, negativ mit der «deutschen Frage» verbunden. Und nicht zu vergessen: Neben der Nato hatte auch die europäische Gemeinschaft anfangs das Ziel, die wirtschaftlichen Potenziale Deutschlands einzuhegen und zu verhindern, dass sie ein weiteres Mal einem deutschen Hegemonialanspruch in Europa dienten.[62] Zu den Bedenken der europäischen Nachbarn, die in den Kontroversen um die Wiedervereinigung deutlich geworden waren, kam das Unbehagen der deutschen Politik, die sich aufdrängende Rolle tatsächlich zu übernehmen.

Mit der Zeit ist Deutschland dann doch in diese Rolle hineingewachsen, um sie bis zur Rückkehr Frankreichs in die europäische Politik seit dem Amtsantritt Emmanuel Macrons mit großem Erfolg zu spielen.[63] Dabei sind ihm drei Faktoren zugutegekommen: der Umstand, dass die deutsche Semi-Hegemonie unter den gegebenen Umständen darauf hinauslief, die Aufgaben einer Zentripetalkraft zu übernehmen, also wesentlich dem Gesamtverband zu dienen und nicht die eigenen Interessen in den Mittelpunkt der Agenda zu stellen; sodann eine deutliche Steigerung der ökonomischen Fähigkeiten, nachdem das Jahrzehnt der Integration der ostdeutschen in die westdeutsche Wirtschaft zu Ende war und die Republik durch die Agendapolitik ökonomisch neuen Schwung erlangt hatte; und drittens der auf Vermittlung und Ausgleich angelegte Politikstil Angela Merkels, der die deutsche Kanzlerin über lange Jahre zur personifizierten Zentripetalität Europas werden ließ.

Auch wenn Frankreich sich dauerhaft in der Rolle einer EU-Führungsmacht zurückmelden sollte, was der Stabilität Europas guttäte, bleibt doch das wirtschaftliche und demographische Übergewicht Deutschlands, das in den nächsten zwei bis drei Jahrzehnten Bestand haben dürfte. In nüchternen Zahlen ausgedrückt: Im Jahr 2018 hatten Deutschland 82,8 und Frankreich 67,2 Millionen Einwohner, wobei dem deutschen Bruttoinlandsprodukt von 3386 Milliarden Euro ein französisches von 2349 Milliarden Euro gegenüberstand.[64] Demographie und Wirtschaftsleistung sind die Grundlagen der deutschen Position in der EU. Diese ist im Verlauf der letzten drei Jahrzehnte noch dadurch gestärkt worden, dass im Portfolio der Machtsorten das Gewicht wirtschaftlicher Macht gewachsen und das militärischer Macht, bei deren Aufbau sich Deutschland zurückgehalten hat, kontinuierlich gesunken ist.[65] Deutschland konnte nach 1990 seine Verteidigungsausgaben deutlich reduzieren und die so verfügbare «Friedensdividende» in den wirtschaftlichen Aufbau der neuen Bundesländer sowie die soziale Abfederung der damit verbundenen Verwerfungen investieren, ohne dadurch in der Rangfolge der europäischen Mächte zurückzufallen. In den machtpolitischen Konstellationen vor Beginn des europäischen Integrationsprojekts hätte eine Reduktion militärischer Macht zwangsläufig zu einem Positionsverlust geführt. Ohne Zweifel war und ist Deutschland der Hauptprofiteur der Umwälzungen von 1989/90, und dass dem so war, hat im Wesentlichen mit der EU und deren Osterweiterung zu tun. Die deutschen Wähler haben das offenbar begriffen, weswegen es bis September 2017 keine «europaskeptische» Partei in den Bundestag geschafft hat.[66]

Wie gegen die mentale Dominanz der Abstiegs- und Niedergangsnarrative bereits geltend gemacht,[67] sind Aufstiege und Abstiege häufig ineinander verwoben, und wie Veränderungen jeweils wahrgenommen werden, hängt vom Blickwinkel des Beobachters ab. Einige Mitgliedsstaaten der Europäischen Union haben in den letzten Jahrzehnten an Gewicht und Einfluss verloren, während andere dazugewonnen haben: zunächst *relativ* durch die Vergrößerung der EU und ihre gewachsene wirtschaftliche wie politische Bedeutung im Weltmaßstab; sodann aber auch *absolut* durch Gewichtsverschiebungen und Einflussverlagerungen innerhalb der Union. Deutschland hat von den relativen wie absoluten Veränderungen profitiert, und seine führenden Politiker haben die Klugheit besessen, mit diesem unverhofften Profit zurückhaltend und vorsichtig umzugehen. Der Aufstieg Deutschlands zur europäischen Zentral- und Führungsmacht ist nämlich nicht ohne erhebliche Risiken, und das Hauptrisiko besteht in der Formierung einer Koalition aus den ins Hintertreffen geratenen EU-Ländern. Tatsächlich hat es von links- wie rechtspopulistischer Seite in anderen Ländern der EU immer wieder Angriffe auf Deutschland wegen der ihm zugefallenen Führungsrolle gegeben. Diese aber vermochten keine Wucht zu entwickeln, weil die aus der Zentripetalposition erwachsenen Aufgaben eine überaus flexible Politik erforderten, so dass sich keine Seite dauerhaft auf «Berlin» einschießen konnte. Das ist überaus bemerkenswert in Anbetracht des Umstandes, dass Deutschland durch seine Geschichte – die Eroberungsfeldzüge seit 1938, den Angriffskrieg seit 1939, die brutale Repression in den besetzten Gebieten und die Ermordung der europäischen Juden – ein «verwundbarer Hegemon» ist,[68] der nur mit maßvoller Zurückhaltung und auf Ausgleich bedacht seinen Einfluss geltend machen kann und sollte.

Es ist eine konservative, eine bestandserhaltende Aufgabe, die der Macht des Zentripetalen zukommt. Auch wenn sie bewältigt wird, so sind die im Begriff der Überdehnung zusammengefassten Probleme der EU damit noch nicht gelöst; im Prinzip ist nur Zeit gewonnen. Es kommt darauf an, diese Zeit zu nutzen, um die Union zur Bearbeitung der auf sie eindrängenden Herausforderungen zu befähigen und ihre notorische Neigung zur Selbstbeschäftigung zu beenden. Diese Aufgabe fällt Deutschland nicht allein zu, aber es wird nicht umhinkönnen, dabei die zentrale Rolle zu spielen: Es muss eine Debatte über die strukturelle Überdehnung der Union anstoßen und Vorschläge zu deren Reduzierung auf den Tisch legen, es muss Mehrheiten zur Reform der EU zustande bringen, und schließlich muss es die Implementierung der Reformen entscheidend vorantreiben. Um auf die oben skizzierten drei Szenarien eines Endes der EU zurückzukommen: Erfüllt die Zentripetalmacht ihre Aufgabe, kommt es weder zum Zerfall noch zur Spaltung der EU, was aber nicht ausschließt, dass die Union lediglich im Zustand der Agonie fortbesteht.

Um Letzteres zu verhindern, müssen die Bürger der Mitgliedsländer für das Projekt der Europäischen Union zurückgewonnen werden, und zwar zunächst dadurch, dass man ihnen argumentativ verdeutlicht, welche massiven Nachteile sie von dessen Scheitern zu erwarten hätten. Das mag angesichts der negativen Emotionalisierung gegen Europa, wie sie von populistischen Parteien und Bewegungen auch in der Bundesrepublik betrieben wird, auf den ersten Blick schwach wirken, aber letztlich wappnet es die Bürger stärker gegen die populistische Schmähung Europas als der bloße Versuch, der negativen eine positive Emotionalisierung entgegenzusetzen. Mit einer nachvollziehbaren Argumentation muss verhindert werden, dass populistische Parteien so tun können, als ließen sich alle Probleme einfach aus der Welt schaffen, wenn man nur eines abschaffen würde: wahlweise den Euro, den Schengenraum oder die Europäische Union. Wozu eine entsprechende populistische Politik führen kann, lässt sich derzeit am Brexit-Chaos beobachten, nachdem sich die für die Leave-Entscheidung verantwortlichen Populisten wie Nigel Farage und Boris Johnson zunächst davongeschlichen haben, um die Folgen ihrer beispiellosen Negativ-Kampagne nicht mittragen zu müssen. Diese Beobachtung allein genügt jedoch nicht.

Was Deutschland anbetrifft, so müssen die proeuropäischen Parteien deutlich machen, was ein Ende der Europäischen Union für das Land bedeuten würde. Die erste, sich massiv auswirkende Folge wäre, dass Deutschland den uneingeschränkten Zugang zum europäischen Markt verlieren würde, weil es diesen Markt in der gegenwärtigen Form dann nicht mehr gäbe. Der Export Deutschlands innerhalb der Europäischen Union hatte im Jahr 2017 einen Umfang von 750 Milliarden Euro. Dem standen Importe aus dem europäischen Ausland im Wert von 682 Milliarden Euro gegenüber, das heißt, Deutschland erzielte innerhalb der EU einen Handelsbilanzüberschuss von 68 Milliarden Euro.[69] Umgekehrt ist die Bundesrepublik aber auch eines der wichtigsten Exportländer für zahlreiche andere EU-Länder. Die deutschen Importe aus osteuropäischen Ländern wie Tschechien, Polen, Ungarn, aber auch westeuropäischen Ländern wie insbesondere den Niederlanden, die den höchsten Handelsbilanzüberschuss innerhalb der EU aufweisen, sind für deren Wirtschaftsleistung von erheblicher Bedeutung. Ein Zerfall der Union würde die anderen europäischen

Länder förmlich dazu nötigen, sich gegen deutsche Exporte abzuschotten und umgekehrt. Das würde auf der anderen Seite einen Deregulierungswettlauf in Gang setzen, um konkurrenzfähig zu sein – mit fatalen Konsequenzen für die deutsche und die gesamteuropäische Wirtschaft.

In Deutschland wären die ökonomischen Folgen eines Scheiterns der Europäischen Union unmittelbar zu spüren; mittelfristig dürften sich aber auch die Handelskonditionen gegenüber China und den USA für eine nicht länger in die EU eingebettete Bundesrepublik verschlechtern – den USA ist der deutsche Exportüberschuss seit langer Zeit und erst recht unter Donald Trump ein Dorn im Auge, und den Konditionen Chinas könnte Deutschland allein effektiv nichts entgegensetzen. Bei einem Exportüberschuss im Welthandel von 228 Milliarden Euro im Jahr 2017 (Importen im Wert von 1031 Milliarden Euro standen Exporte im Wert von 1279 Milliarden Euro gegenüber), einer Exportquote von 39 Prozent und einer Importabhängigkeitsquote von 34 Prozent würde dies die deutsche Wirtschaft massiv beeinträchtigen und mit Sicherheit erhebliche Wohlstandseinbußen zur Folge haben.[70] Das Exportvolumen Deutschlands ist zurzeit das weltweit drittgrößte; es liegt knapp hinter dem der USA (China nimmt unangefochten die Spitzenposition ein), ist aber mehr als doppelt so hoch wie das Japans, des einstigen Konkurrenten um den Titel des «Exportweltmeisters». Dabei ist zu beachten, dass trotz eines umfangreichen Güteraustauschs mit China und den USA der größere Teil der Exporte in andere EU-Länder geht. Der Anteil dieser Exporte am Gesamtexport lag für Deutschland 2017 bei 58,5 Prozent. Dass die deutschen Erfolge im Welthandel dies ausgleichen könnten, ist eine Illusion.

Andererseits sind die deutschen Exportüberschüsse für die anderen europäischen Staaten ein Problem, das nicht einfach ignoriert werden kann. Sie führen zu einer zunehmenden Verschuldung der importierenden Länder gegenüber der Bundesrepublik und schaden damit deren Ökonomien. Letztlich schaden sie aber auch Deutschland selbst, weil der größte Teil der Importe anderer europäischer Länder kreditfinanziert ist. Betrachtet man nicht nur die Leistungsbilanzüberschüsse, sondern auch die Finanzierungsbilanz, so zeigt sich, dass sie mit einem Kreditexport einhergeht, dessen Ausfallrisiken die Bundesrepublik und damit die deutschen Steuerzahler tragen.[71] Das zwingt Deutschland wiederum, gegenüber EU-Schuldnerländern hart aufzutreten. Auf diese Weise fördert der Handelsbilanzüberschuss massiv Vorbehalte gegenüber Deutschland und trägt erheblich zu einem Anwachsen der Zentrifugalkräfte bei. Insofern wäre es durchaus sinnvoll, durch die Stärkung der Binnenkonjunktur, die wiederum etwa durch höhere Investitionen in den Ausbau eines separaten Schienennetzes für den Güterverkehr oder den sozialen Wohnungsbau ausgelöst werden könnte, den Leistungsbilanzüberschuss zu verringern. In Erwägung gezogen werden sollte auch eine zeitweilige Senkung der Mehrwertsteuer, wie es Carl Christian von Weizsäcker vorgeschlagen hat. Dabei müsste zwar an anderer Stelle eingespart werden, wenn es nicht zu einem zeitweiligen Anstieg der Staatschulden kommen soll, aber die europäischen Zentrifugalkräfte könnten auf diese Weise gebremst werden.[72] Der auf einen Zerfall der EU folgende Wirtschaftseinbruch würde nicht nur das allgemeine Wohlstandsniveau senken, sondern auch die Möglichkeiten des Sozialstaats zum Ausgleich von Ungerechtigkeiten und zur Dämpfung von Armut deutlich einschränken. Soziale Unruhen und politische Instabilität wären die Folge, zumal Deutschland nach einem Scheitern der Europäischen Union, wie das Beispiel Großbritanniens zeigt, ein politisch gespaltenes Land wäre.

Dem stünde nur rein theoretisch ein Zugewinn an politischer Handlungsmacht gegenüber, wie dies die Brexit-Populisten für Großbritannien mit ihrer Parole «take back control» behaupten und auch die rechtspopulistischen Anhänger eines deutschen Austritts aus der EU versprechen. Auf den ersten Blick würde Deutschland Souveränität zurückgewinnen, jedenfalls die an die EU abgegebenen Kompetenzen. Souveränität bezeichnet jedoch, zumindest als politiktheoretischer Begriff,[73] nicht nur rechtliche Zuständigkeit, sondern auch realpolitische Durchsetzungsmacht. Den rechtlichen Zuständigkeiten würde im Falle eines Scheiterns der EU keine realpolitische Durchsetzungsmacht entsprechen, so dass die zurückgewonnenen Zuständigkeiten nicht viel wert wären. Die Entwicklung vom gemeinsamen Markt zur politischen Union hat den Mitgliedsstaaten ein politisches Gewicht verschafft, das sie als einzelne nicht hätten – das gilt nicht nur für die Bundesrepublik, sondern auch für die anderen europäischen Staaten –, und die Briten werden das nach dem Brexit schmerzlich erfahren. Dies dürfte sich vor allem dort zeigen, wo es um Aufgaben und Herausforderungen geht, die nur grenzüberschreitend und in Kooperation mit anderen Staaten zu bewältigen sind: Handelssicherheit und das Gewicht einer einheitlichen Währung, Energiesicherheit, Standardsetzung, Umweltschutz und Klimapolitik, äußere Sicherheit und das Vermeiden von Rüstungswettläufen, aber auch soziale Sicherheit und vieles andere mehr. Es spricht deshalb alles dafür, dass Deutschland mehr an politischer Handlungsmacht verlieren als gewinnen würde, wenn die Europäische Union scheitern sollte.

Nun könnte man dem entgegenhalten, der unmittelbare Wählereinfluss auf die Politik sei dafür sehr viel größer. Unbestreitbar ist, dass die Stimme eines Wählers umso mehr Gewicht hat, je weniger Wähler an der Entscheidung betei-

ligt sind; insofern ist der Einfluss jeder einzelnen Stimme im
Nationalstaat relativ höher als auf EU-Ebene, zumal die Bevölkerungszahl der Mitgliedsländer nicht unmittelbar auf die Sitz-
verteilung im Europaparlament durchschlägt: In Deutschland
etwa kommen 854000 Einwohner auf einen Abgeordneten
(die Zahlen für Frankreich, Italien und Spanien sind ähnlich),
während in Österreich, Bulgarien und Dänemark dafür nur
die Hälfte erforderlich ist, in Luxemburg nur ein Zehntel und
in Malta noch weniger. Insgesamt heißt das: In bevölkerungs-
starken Ländern haben die Bürger gegenüber dem EU-Durchschnitt nur das halbe Stimmgewicht.[74]

Das ändert jedoch nichts daran, dass das politische Gewicht
eines Landes mit kleiner Einwohnerzahl geringer ist als das
eines Landes mit großer Bevölkerung. Im Hinblick auf das
weltpolitische Geschehen, den Fluss der Handelsströme, die
Klimapolitik und nicht zuletzt die Sicherheitspolitik spielen
die bevölkerungsreichen Staaten eine wichtigere Rolle, die sie
aber nur spielen können, weil sie im Bündnis mit den kleineren
europäischen Staaten an politischem Gewicht gewinnen. Die
kleineren europäischen Staaten wiederum haben die Möglichkeit, in den Rahmen jener Länder einzutreten, die ihre Interessen überhaupt erst zur Geltung bringen. Die Formierung der
EU aus mehr als zwei Dutzend europäischer Staaten war unter
anderem der Versuch, die relative Machtlosigkeit der einzelnen Länder – und das gilt nicht nur für die kleineren – durch
ihre Bündelung in politisches Gewicht zu verwandeln. Alles
in allem wäre auch hier im Falle eines Scheiterns der Europäischen Union ein gravierender Einflussverlust die Folge.

Eine weitere Standardkritik populistischer Parteien besteht
in der Behauptung, Europa habe mit Brüssel ein «Bürokratie-
monster» geschaffen, das sich in sinnlosen Regelungen aus-
tobe und selbst die Salatgurke normiere. Was als «Regulie-

rungswut» Brüssels beschrieben wird, ist oftmals jedoch eine
Folge der Wünsche vonseiten der Industrie (Normierung
hat hier, wie die Deutsche Industrienorm gezeigt hat, durchaus zahlreiche Vorzüge), des Handels (der normierte Gurken
forderte, damit mehr davon in eine Kiste passen), der länder-
spezifischen Sozialpolitik, der Verbraucherverbände und
– zuletzt – auch der Bürger. Zweifellos gibt es einen Überschuss
an Bürokratisierung, aber er rechtfertigt nicht, die EU als Projekt der Vereinheitlichung von Normen und Standards grundsätzlich zu diskreditieren. Zudem gilt seit dem Vertrag von
Lissabon das Prinzip der Subsidiarität, dem zufolge nur das
auf europäischer Ebene geregelt wird, was nicht auf nationaler
Ebene gut oder besser geregelt werden kann.[75] Den nationalen
Parlamenten ist das Recht zugewiesen, in Kooperation miteinander gegen Regelungen der EU-Kommission Einspruch zu
erheben, wenn diese nach eigener Auffassung ihre Zuständigkeit überschreitet.

Von diesem Recht wird freilich kaum Gebrauch gemacht,
weil die vorgegebenen Fristen zu kurz sind und die nationalen Parlamente zu wenig miteinander kooperieren. Der Paragraph 5 des Lissabonner Vertrags ist zudem inhaltlich unter-
bestimmt, weil dort nicht klar festgelegt wird, wer wofür
zuständig ist. Eine eigentlich sinnvolle Bestimmung wie das
Subsidiaritätsprinzip wird auf diese Weise unterminiert.
Hier wie an anderer Stelle hat die Logik der Administration
über die Imperative demokratischer Partizipation die Ober-
hand erlangt. Das Verhältnis zwischen EU-weit einheitlichen
Normen, Regeln und Standards und der Verfügung der Bürger
über die Gestaltung ihres Lebensraums muss in eine neue
Balance gebracht werden. Die Uneinheitlichkeit, die sich die
EU bei der Unternehmensbesteuerung mit Rücksicht auf die
besonderen Interessen ihrer Mitgliedsstaaten leistet, muss sie

sich erst recht in kleineren und weniger wichtigen Fragen leisten können.

Das führt unmittelbar zum zweiten Punkt: der Fiskalpolitik in den Mitgliedsstaaten und dem Einfluss der Bürger auf Erhöhung oder Abbau von Staatsschulden. So wichtig eine Verringerung der Staatsschulden für eine größere Resilienz des Euroraums bei der nächsten Finanz- und Wirtschaftskrise ist, so unwahrscheinlich ist es, dass sie durch politischen Druck aus Brüssel oder einem großen Mitgliedsland erreicht werden kann. Alle diesbezüglichen Versuche haben nur dazu geführt, dass in den betroffenen Ländern die Ablehnung der EU zugenommen hat. Hier muss man, so schwierig das für eine systemisch vorbereitete Krisenabwehr auch sein mag, vor allem auf die «technischen Reaktionen» der Märkte setzen, die durch Zinserhöhung bei wachsender Verschuldung den jeweiligen Regierungen die Grenzen ihrer Möglichkeiten aufzeigen. Der Druck des Marktes wird aber nur dann Wirkung zeigen, wenn er nicht durch die Europäische Zentralbank konterkariert wird. Eine Alternative dazu wäre, sich innerhalb der EU auf Regeln zu verständigen, die *politisch unverfügbar* sind, also automatisch greifen und auch unter Verweis auf Ausnahmesituationen nicht außer Kraft gesetzt werden können. Die Politisierung der Vorgaben zur Begrenzung der Neuverschuldung hat sich als eine offene Tür erwiesen, diesen die Geltung zu entziehen. Seitdem wird die Durchsetzung der Vorgaben als politischer Willkürakt der EU gegen eines ihrer Mitgliedsländer skandalisiert. Die ansonsten wünschenswerte Flexibilität der Union wird hier zu einem ernsten Risiko.

Sollte es nicht gelingen, in der Schuldenfrage härtere Grenzen zu ziehen, so bleibt noch die Option, dass ein Staat, der die eingegangenen Selbstbindungen wiederholt verletzt, den Euroraum verlassen muss. Ein sich über Jahre hinziehendes

Hin und Her wie in der Griechenlandkrise wäre damit ausgeschlossen, und tatsächlich kann sich die Union derlei kein zweites Mal leisten, ohne irreparablen Schaden zu erleiden. Die gegen den Ausschluss eines Landes aus dem Euroraum sprechenden Folgen müssen dann in Kauf genommen werden, um die Respektierung von Regeln und Begrenzungen sicherzustellen. Die damit verbundene Inflexibilität ist der Preis, den eine bloß auf Verträge gegründete Währungsunion, die über keine mit Zwangsgewalt ausgestattete politische Spitze verfügt, nun einmal zu zahlen hat. Um der drohenden Agonie zu entgehen, wird die Union sich für eine der hier skizzierten Möglichkeiten entscheiden müssen.

Insbesondere gilt das auch für den demokratischen Rechtsstaat. Die in Artikel 2 der Europäischen Verfassung verankerte Rechtsstaatlichkeit gehört zu den gemeinsamen Werten, auf denen die Europäische Union gründet. Auch hier kommt es darauf an, einen der politischen Verfügung entzogenen Mechanismus zu installieren, der automatisch greift, wenn eine Regierung gegen die Grundwerte und Verfassungsprinzipien der Union verstößt und solche Verstöße nicht umgehend korrigiert. Die derzeitigen Möglichkeiten, nach Artikel 7 Absatz 1 des konsolidierten Vertrags über die Europäische Union die eindeutige Gefahr einer schwerwiegenden Verletzung der in Artikel 2 der Europäischen Verfassung genannten gemeinsamen Werte durch einen Mitgliedsstaat festzustellen, sind voraussetzungsreich und nur schwer durchzusetzen. So bedarf es dazu im Europäischen Rat einer Mehrheit von vier Fünfteln seiner Mitglieder sowie einer Mehrheit des Europaparlaments, nachdem die Kommission die eindeutige Gefahr einer solchen Verletzung geprüft hat. Zudem muss die Kommission dem entsprechenden Land die Möglichkeit zur Stellungnahme einräumen. Erst wenn Rat und Europaparlament mit großer Mehrheit die Bedenken der Kommission teilen, kann diese das Land vor dem Europäischen Gerichtshof verklagen. Das ist bisher nur ein einziges Mal geschehen – verklagt wurde Polen wegen der durch die regierende PIS-Partei eingeleiteten Justizreformen, die die Unabhängigkeit der Justiz untergraben. Die derzeitigen Sanktionen reichen bis hin zum Verlust der Stimmrechte bei Entscheidungen des Europäischen Rats. Die institutionellen Hürden sind aber so hoch, dass sie kaum überwindlich scheinen, und drohende Sanktionen sind durch Koalitionen zwischen vertragsverletzenden Ländern leicht auszuhebeln. Das funktioniert zwar nicht immer, wie das Beispiel Polen zeigt, es wirkt sich jedoch schon im Vorfeld auf die Aktionsmacht der Kommission aus, weil sie zunächst sondieren muss, ob sich die erforderliche Mehrheit überhaupt herstellen lässt. Wer die Wertebindung der EU sichern will, sollte daher über eine Verschärfung möglicher Maßnahmen nachdenken, etwa in Form einer zeitweiligen vollständigen Suspension der Mitwirkungsrechte in der Union. Die EU kann es sich nicht leisten, in der Welt als Werteunion aufzutreten und andererseits keine scharfen Instrumente zur Verfügung zu haben, um die Einhaltung dieser Werte im Inneren durchzusetzen.

Um Vertragsverletzungen sinnfällig zu machen, muss die Differenz zwischen dem liberaldemokratischen Rechtsstaat und anderen, illiberalen, autoritären oder oligarchischen Formen politischer Herrschaft klarer als bisher gezogen werden. Für die Entscheidung, ob eine Grenze überschritten worden ist, sollte eine eigene Kammer des Europäischen Gerichtshofs zuständig sein, bei deren Zusammensetzung sichergestellt ist, dass in ihr politische Opportunitätserwägungen keine Rolle spielen. Ihre Entscheidungen müssen für potenzielle Regelverletzer vorhersehbar und unabwendbar sein. Um den Bürgern eines Landes, das entweder notorisch die fiskalischen Regeln bricht oder fortgesetzt die liberaldemokratischen Grenzen überschreitet, eine Entscheidung über die wirtschaftlichen und politischen Folgen zu ermöglichen, sollte der Ausschluss eines Landes aus dem Euroraum oder die Suspension seiner Mitwirkungsrechte in der Union mit Neuwahlen auf nationaler Ebene verbunden werden. Dadurch haben die Bürger die Möglichkeit, die regelverletzende oder grenzüberschreitende Regierung abzuwählen, mithin also eine Kurskorrektur ihres Landes vorzunehmen, um Ausschluss oder Rechtesuspension zu vermeiden. Bestätigt dagegen eine Mehrheit die Politik der Regierung, so übernimmt sie die Verantwortung für die angekündigten Konsequenzen.

Das sind indes Veränderungen in der Architektur der Union, die kurzfristig kaum umzusetzen sind. Am ehesten noch lässt sich das Maß an Subsidiarität erhöhen, wenngleich auch hier die Tücke im Detail liegen dürfte. Die Härtung der Regelstruktur und die Schärfung der Grenzziehung dagegen sind Veränderungen, die auf einen Umbau der Union bei weitergehendem Betrieb hinauslaufen und deswegen auf lange Zeit hin angelegt sein müssen. An ihnen entscheidet sich letzten Endes das Schicksal der Union, denn mit jedem Fortschritt, der in den genannten Bereichen erzielt wird – Flexibilisierung durch größere Subsidiarität, Härtung der Regeln, Schärfung der Grenzziehungen –, vermindert sich auch die existenzbedrohliche Überlastung der Union. So wird ein «Abschied vom Abstieg» möglich, nicht auf einen Schlag, aber doch schrittweise. Wie dringlich eine solche Trendumkehr in der Selbstwahrnehmung der Union wie im Verhältnis von Herausforderungen und Fähigkeiten ist, wird deutlich, sobald man sich mit dem politisch-geographischen Umfeld beschäftigt, in dem sich die Union gegen eine Verschlechterung der Nachbarschaftsbeziehungen (Türkei, Russland), gegen Akte zu ihrer

Destabilisierung (Russland, USA) und einen wachsenden Problemdruck (Naher Osten, gegenüberliegende Mittelmeerküste) zu behaupten hat – und zwar unter der Bedingung, dass es die frühere Einbettung der EU in den «Westen» nicht mehr gibt.

Weltordnung ohne «Hüter» und Zerfall des Westens

Während die Bereitstellung von Ressourcen und Fähigkeiten im Innern der Union erst nach einiger Zeit Wirkung zeigen wird, werden die von außen andrängenden Probleme umso größer, je länger ihre Bearbeitung auf sich warten lässt. Hier steht die EU unter unmittelbarem Handlungsdruck. Das hat sich in der «Flüchtlingskrise» von 2015/16 gezeigt, die nicht zuletzt eine Krise der Europäischen Union war. Nicht nur die europäische Peripherie – von Russland über die Ukraine, die Türkei und den Nahen Osten, die Maghrebregion von Libyen bis Marokko sowie die Sahelzone zwischen Somalia und Mali – macht eine proaktive Außen- und Sicherheitspolitik erforderlich, sondern auch eine sich schnell verändernde Weltordnung bei einem gleichzeitigen Auseinanderdriften von USA und EU.

Als man in den 1990er Jahren vor der Frage stand, in welchem Bereich die angestrebte Vertiefung der EU voranzubringen sei, hat man sich für die Fiskal- und Währungspolitik entschieden und die Außen- und Sicherheitspolitik hintangestellt. Der Hauptgrund dafür war die Einbindung in die Nato und den «Westen», die eine eigenständige Sicherheitspolitik weder notwendig noch geraten erscheinen ließ. Die Situation hat sich jedoch grundlegend geändert. Ausgangspunkt jeder Analyse der gegenwärtigen außen- und sicherheitspolitischen Lage ist die Beobachtung, dass sich die USA aus der Rolle eines «Hüters» der globalen Ordnung zurückgezogen haben, die sie nach dem Zusammenbruch des Sowjetblocks übernommen hatten. Dieser Rückzug begann unter Präsident Obama, als man zu dem Ergebnis kam, die USA seien zu einer gleichzeitigen und gleichgewichtigen Machtprojektion in den atlantischen wie den pazifischen Raum nicht mehr in der Lage. Das war nicht zuletzt eine Reaktion auf den Ausgang des Irak-projekts, bei dem die USA außer dem Sturz Saddam Husseins keines ihrer Ziele erreicht, aber Hunderte Milliarden Dollar im irakischen Sand und Sumpf versenkt hatten. Vor die Ent-scheidung zwischen beiden Weltregionen gestellt, bevorzugte die Obama-Administration den pazifischen Raum, weil sie davon ausging, dass dieser im 21. Jahrhundert die größere wirt-schaftliche Dynamik aufweisen werde, und man in Washing-ton die Erwartung hegte, die Europäer würden die sicherheits-politische Verantwortung im atlantischen Raum zumindest teilweise übernehmen. Das Problem der imperialen Überdeh-nung hatte auch die USA ereilt, und sie wollten es durch eine faire Lastenteilung reduzieren.

Was unter Obama erwartet, aber jenseits des Zwei-Prozent-Ziels der Verteidigungsausgaben am Bruttoinlandsprodukt nicht verabredet und einer geordneten Arbeitsteilung zuge-führt worden ist,[76] entwickelt sich nun unter Trump kataklys-misch. Aus dem vorgesehenen *burden sharing* ist ein Auseinan-derdriften beider Seiten geworden, das sich auch nach einem Machtwechsel in Washington nicht mehr rückgängig machen lassen wird. Was die EU in dieser Lage anstreben sollte, sind verlässliche Absprachen über Aufgabenteilung und Zuständig-keitsbereiche sowie enge Konsultationen mit den USA, wenn diese an der europäischen Peripherie intervenieren, wie dies in Syrien und Libyen der Fall war. So, wie die Europäer auf dem amerikanischen Doppelkontinent keine politische Initiative starten, die nicht mit den USA abgesprochen ist, sollte die

EU auch gegenüber den USA sicherzustellen versuchen, dass ihre elementaren Interessen gewahrt werden und sich gegebenenfalls durch ein europäisches Veto durchsetzen lassen. Man könnte das als die wechselseitige Einräumung einer abgespeckten Variante der Monroe-Doktrin bezeichnen, mit der die USA im Jahr 1823 den amerikanischen Doppelkontinent zu ihrem Einflussgebiet erklärt haben.[77] Die symmetrische Verteilung der Aufgaben und Lasten in der unmittelbaren Peripherie beider Akteure hat für die Europäer freilich zwei Voraussetzungen: dass sie – erstens – bei der Übernahme von Aufgaben nicht miteinander in Streit geraten und – zweitens – ihre Ressourcen und Fähigkeiten ausreichen, diese Aufgaben auch zu bewältigen.

Letzteres betrifft etwa die Cybersicherheit, also die Fähigkeit, Angriffe auf die Kommunikations- und Steuerungssysteme eines europäischen Staates, von wem auch immer sie kommen mögen,[78] abzuwehren und notfalls mit Gegenangriffen zu beantworten. Zu diesem Typ von Sicherheit gehört im weiteren Sinn auch Abhörsicherheit, die zur Voraussetzung hat, dass die Europäer eine eigene Industrie für die erforderliche Hardware aufbauen und ihre IT-Systeme gegen das Eindringen von außen hinreichend absichern. Beides fehlt zurzeit. Die Schließung dieser Sicherheitslücke wird nicht nur viel Geld kosten, sondern auch gut koordinierte gemeinsame Anstrengungen erfordern. Will man sich eine Vorstellung von den Dimensionen dieses Projekts machen, so liegt die Analogie zum Aufbau einer eigenen europäischen Flugzeugindustrie nahe: Was mit Airbus gelungen ist, nämlich den bis dahin dominierenden US-amerikanischen Herstellern Paroli zu bieten, sollte auch im Bereich der Cybersicherheit möglich sein. Ging es bei Airbus um wirtschaftliche und technologische Konkurrenzfähigkeit auf einem globalen Markt, so geht es bei der Cybersicherheit darum, Europa zu einem strategischen Akteur im globalen Rahmen zu machen und zu verhindern, dass es zum Spielball anderer strategischer Akteure wird.

Diese Überlegungen werfen ein Schlaglicht auf die Probleme einer Weltordnung, in der die USA die ihnen nach 1989/91 zugefallene Hüterrolle nicht länger wahrnehmen. Dafür, dass sie sich aus dieser Rolle dauerhaft zurückgezogen haben, spricht nicht nur das Auftreten Trumps (die Ablehnung multilateraler Verträge und die Präferenz für eine Bilateralität, bei der die USA notorisch im Vorteil sind), sondern auch die allenthalben erkennbare Überdehnung der USA, *overstretch* und *overcommitment*, die zeigen, dass die USA zwar der Hüter einer regionalen, nicht aber einer globalen Ordnung sein können. Das löst bei einigen Schadenfreude, bei anderen Beruhigung, bei vielen jedoch Ängste aus, heißt es doch, dass die Globalisierung der liberalen Ordnung des Westens und die Durchsetzung ihrer Prinzipien gescheitert ist. Dass die Europäer allein dieses Projekt weiterführen können, ist ausgeschlossen. Gescheitert ist damit auch die Idee einer auf normativen Vorgaben beruhenden Weltordnung, in der das Recht ein stärkerer Prägestempel sein sollte als bloße Macht und rechtsstaatlich garantierte demokratische Ordnungen sich früher oder später global durchsetzen ließen. Eine liberale Weltordnung, die auf wirtschaftliche Verflechtung, einen fairen Ausgleich zwischen dem globalen Süden und dem reichen Norden und den Verzicht auf militärische Gewalt bei der Verfolgung der eigenen Interessen setzt, bleibt weiterhin anzustreben.[79] Es wäre jedoch verhängnisvoll, wenn man das Anzustrebende mit dem Tatsächlichen verwechseln und seine Politik auf diese Verwechslung gründen würde.

Mehrere Fragen stellen sich im Hinblick auf die zukünftige Weltordnung: Wird sich das Verhältnis zwischen den

USA und Europa nach dem Ende der Präsidentschaft Donald Trumps wieder verbessern, und wird es womöglich zu einer Wiederbelebung des Westens kommen? Was ist nach dem Rückzug der USA aus der Hüterrolle zu erwarten: Wird eine andere Macht, etwa China, diese Rolle übernehmen? Oder werden die Strukturen so umgebaut werden, dass eine Weltordnung entsteht, die ohne Hüter auskommen kann?

Was das Verhältnis zwischen EU und USA anbetrifft, wird das Auftreten Russlands eine wichtige Rolle spielen: Je aggressiver Russland gegenüber seinen europäischen Nachbarn wie den baltischen Staaten und Polen auftritt, desto mehr wird es diese in die Arme der USA treiben und eine eigenständige Politik der EU verhindern. Über diesen Effekt dürfte man sich im Kreml im Klaren sein und nach der Maßgabe agieren, ob man mehr an einer Schwächung der EU bei einer engen Bindung der osteuropäischen Staaten an die USA oder an einem gegenüber den USA weitgehend selbständigen Europa interessiert ist.[80] In strukturell ähnlicher, wenn auch weniger bedrängender Art und Weise wird das Auftreten Chinas das Verhältnis zwischen EU und USA bestimmen. Doch so wichtig diese äußeren Faktoren sein mögen – die Bedeutung, die sie für die Politik der EU haben, wird letzten Endes vom politischen Selbstbewusstsein der Europäer abhängen: von der vorhandenen oder fehlenden Überzeugung, die Probleme des eigenen Raumes selbst lösen und dabei eigene Vorstellungen zur Geltung bringen zu können.[81] Diese Überzeugung ist eine unabdingbare Voraussetzung des «Abschieds vom Abstieg». Unter dem Aspekt der «Versicherheitlichung» ist dies jedoch einer jener Punkte, an dem sich am ehesten eine Übereinstimmung der EU-Mitgliedsländer erreichen lässt, denn an äußerer (wie auch innerer) Sicherheit sind alle gleichermaßen interessiert.[82]

Ein weiterer bestimmender Faktor sind die unterschiedlichen Vorstellungen von der Ausgestaltung einer liberalen Welthandelsordnung, die bereits vor Donald Trump das europäisch-amerikanische Verhältnis belastet haben. Sie fanden ihren Ausdruck, als über das transatlantische Freihandelsabkommen TTIP verhandelt wurde: Während die USA wesentlich am Abbau von Handelshemmnissen interessiert waren, wollte die Mehrheit der Europäer eine Reihe von Sozial- und Umweltstandards festschreiben, was die USA ablehnten. Im Prinzip ging es um die Frage, ob die angestrebte Weltordnung eher neoliberal oder sozialliberal ausgestaltet sein sollte.[83] Die weltwirtschaftlichen Vorstellungen der Handelspartner lassen zumindest derzeit kaum Kompromisse zu. Ginge die EU hier auf die USA zu, würde das den Abschied von den eigenen Werten bedeuten.

Das europäische Projekt zur Ausgestaltung einer liberalen Weltwirtschaftsordnung läuft gegenwärtig eher auf die Verallgemeinerung der EU-Standards in den wohlhabenden Ländern der nördlichen Hemisphäre hinaus, und zwar bei gleichzeitigen Bemühungen um eine wirtschaftliche und soziale Annäherung des globalen Südens an das Niveau des Nordens. Diese Bemühungen werden von der Wirtschafts- und Handelspolitik der EU jedoch immer wieder konterkariert, etwa in der Fischereipolitik oder beim aggressiven Export subventionierter Lebensmittel nach Afrika, der die dortigen Märkte ruiniert und mit den eigenen normativen Vorstellungen nicht übereinstimmt. Die Handelspolitik der EU muss schon aus wohlverstandenem Eigeninteresse gegenüber Afrika so umgestaltet werden, dass sie die afrikanischen Länder ökonomisch nicht immer weiter schwächt, sondern zum Aufbau einer stabilen Ökonomie in Afrika beiträgt.[84] Eine Handelspolitik, die den afrikanischen Export begünstigt, ist auf jeden Fall sinnvoller als eine Entwicklungshilfepolitik, die Afrika in Abhängigkeit hält.

Im Prinzip vertreten Europäer und Amerikaner zwei entgegengesetzte Strategien im Umgang mit Knappheit: Während die USA der Vorstellung von Konkurrenz als Effizienzgenerator folgen, setzen die Europäer, jedenfalls in ihren offiziellen Erklärungen, auf Nachhaltigkeit und Ressourcenschonung. Beide ringen im globalen Rahmen um Unterstützer für ihre Vorhaben.[85] Diesen Unterschied gibt es bereits seit langem, aber je weiter die Globalisierung vorangeschritten ist, desto mehr hat er an politischer Brisanz gewonnen. Zwar haben die damit verbundenen Fragen mit Trumps Übergang zu einer wesentlich protektionistischen Handels- und Wirtschaftspolitik an Bedeutung verloren und sind durch den Konflikt um unausgeglichene Handelsbilanzen abgelöst worden; sie würden jedoch bei einer Rückkehr zu den Konstellationen vor Trump sofort wieder auftauchen. Eine Wiederherstellung des «alten Westens» ist in sicherheitspolitischer Hinsicht möglich, in wirtschafts- und handelspolitischer Hinsicht dagegen unwahrscheinlich.[86] Welches der beiden Politikfelder für das Verhältnis zwischen EU und USA entscheidend ist, wird letztlich von den allgemeinen politischen Rahmenbedingungen abhängen.

Grundsätzlich gibt es für die Ausgestaltung der zukünftigen Weltordnung zwei Möglichkeiten: Es kann dies eine Ordnung mit Hüter sein, bei der nach dem Rückzug der USA aus dieser Position eine andere Großmacht folgen und die Aufgaben des Hüters übernehmen würde; es kann aber ebenso eine Ordnung sein, die strukturell ohne Hüter auskommt – und auch auskommen muss, weil sich keiner findet, der diese Aufgabe übernehmen will oder zu übernehmen vermag. In der politischen Publizistik wird immer wieder China als die Führungsmacht des 21. Jahrhunderts präsentiert. Tatsächlich spricht vieles dafür, dass das «Reich der Mitte» eine bedeutende Rolle spielen wird; unwahrscheinlich aber ist, dass es die Rolle eines Hüters der globalen Ordnung übernehmen wird. Dafür fehlen China, nach wie vor ein Schwellenland, die Ressourcen, und die Überforderung der sehr viel reicheren USA wird der chinesischen Führung eine Warnung sein, sich auf ein solches Projekt einzulassen. Unterschiedliche geopolitische Konstellationen kommen hinzu: Während die USA zur Weltmacht aufsteigen konnten, ohne dass ihre unmittelbare Umgebung darauf mit der Bildung einer antihegemonialen oder antiimperialen Koalition reagierte,[87] ist das im Fall Chinas anders. Die großen Inselmächte Ostasiens, die Staaten Indochinas und nicht zuletzt Indien beobachten die chinesische Machtentfaltung sehr genau und sind bestrebt, ein Gegengewicht zur chinesischen Dominanz im asiatischen Raum darzustellen.[88] Außerdem ist China im Rahmen seiner Seidenstraßenstrategie darauf bedacht, keine öffentlichen Güter bereitzustellen, an denen jeder nach Belieben teilhaben kann, sondern sich auf die Verfügbarkeit von Clubgütern zu konzentrieren, zu denen nur ausgewählte Staaten Zugang haben. Dabei hat China die Position des Gatekeepers inne und verlegt sich ansonsten auf Investitionen, mit denen die begünstigten Länder in eine langfristige finanzielle Abhängigkeit gebracht werden. Das ist klassische Imperiumsbildung.[89]

Eine Ordnung, die auch ohne Hüter für die Verfügbarkeit von *common goods* sorgt und ein Sachwalter des Globalen ist, wird aus einer Addition von Einflussgebieten bestehen, und die Sorge fürs Globale wird eine Folge von Vereinbarungen zwischen den großen Akteuren gemäß deren Interessen und Präferenzen sein. Es wird in ihr keine Macht geben, die intentional auf das Wohl der Ordnung verpflichtet ist. Auch der Einfluss von Nichtregierungsorganisationen, die als Lobbyisten des globalen Wohls auftreten, wird zurückgehen beziehungsweise sich auf die Einflussgebiete der jeweiligen großen Mächte beschränken. Vor allem aber wird die Epoche der Werte und Normen mit universellem Geltungsanspruch zu Ende gehen, weil jedes der Einflussgebiete seinen eigenen Wertekanon und seinen eigenen Normhorizont hat, in die es sich von anderen nicht hineinreden und nicht hineinregieren lässt. Das heißt nicht, dass es in dieser Weltordnung keinerlei universelle Werte und allgemeine Normen mehr geben wird, aber sie werden sich auf den kleinsten gemeinsamen Nenner zwischen den Machtzentren beschränken und das Resultat von Verhandlungen und Verträgen sein.

Leichter als eine Verständigung über geteilte Werte und ethische Normen wird die Einigung über gemeinsame Interessen fallen, weswegen der Welthandel von einem Umbau der Weltordnung im beschriebenen Sinn weniger betroffen sein dürfte als globale Werte und ein gemeinsames Ethos der Menschheit. Natürlich werden die einzelnen Machtzentren mitsamt ihren Einflussgebieten darauf bedacht sein, ihre Wirtschaft gegen das Eindringen fremder Akteure in zentrale Bereiche zu schützen, und sie werden stärker als bisher ihre strategischen Interessen im Auge behalten. In Anbetracht der komparativen Vorteile von freiem Handel und offener Konkurrenz sowie der Abhängigkeit von Rohstoffen ist jedoch nicht zu erwarten, dass die Machtzentren sich in geschlossene Wirtschaftsräume verwandeln, die nur noch dünne Verbindungslinien zu den anderen unterhalten.

Es spricht vieles dafür, dass die Weltordnung des 21. Jahrhunderts ein System der Fünf sein wird,[90] und seit einiger Zeit dreht sich alles um die Frage, wer dazugehören wird und wer nicht. Mit großer Sicherheit sind dies die USA und China, und auch Russland hat aufgrund seiner geopolitischen Lage als europäisch-nordasiatische Landbrücke sowie seiner Rolle als zweite große Atommacht gute Chancen, wenngleich es seiner Wirtschaftsleistung nach eher in zweiter oder dritter Reihe steht. Das aggressive Auftreten Russlands im Kaukasus und in der Ostukraine markierte den Anspruch, zum Kreis der großen Mächte zu gehören – zumal nach der Äußerung des damaligen US-Präsidenten Obama, Russland sei nur noch eine Regionalmacht. Auch die EU ist von ihren wirtschaftlichen Potenzialen her ein Anwärter auf die Riege der Fünf, wenn es ihr gelingt, nach außen geschlossen aufzutreten und ihre gegenwärtige Überforderung zu reduzieren. Letzteres kann freilich nicht in einem Rückzug vor größeren außen- und sicherheitspolitischen Aufgaben bestehen, sondern muss sich aus einer Steigerung der eigenen Fähigkeiten und einem Abarbeiten der von außen kommenden Herausforderungen ergeben. Hier wird sich letztes Endes entscheiden, ob der EU ein «Abschied vom Abstieg» gelingt. Der Fünfte in diesem System könnte Indien sein, wobei die Position des Fünften in allen Pentarchien umstritten und umkämpft war.[91]

Eine so oder auf ähnliche Weise zusammengesetzte globale Pentarchie würde dem Fehlen eines Hüters der Ordnung Rechnung tragen, der allenthalben konstatierten Verschiebung des wirtschaftlichen Schwergewichts von Westen nach Osten[92] gerecht werden und doch die nach wie vor starke Position des Westens berücksichtigen; sie bezieht gleichzeitig die unterschiedlichen wirtschaftlichen Leitideen von EU und USA ein, indem sie die Möglichkeit zur Umsetzung im je eigenen Einflussbereich eröffnet, und sie lässt obendrein eine sicherheitspolitische Kooperation zwischen den beiden Seiten des Nordatlantiks zu. Freilich hat diese Pentarchie das unübersehbare Problem, dass in ihr kein Akteur aus Lateinamerika oder Afrika enthalten ist, ebenso wenig einer aus der islamischen Welt. Das aber ist entscheidend, wenn man erreichen will, dass die

Länder dieser Erdteile nicht zu Spielbällen in der Konkurrenz der großen Ordnungsmächte werden. Von daher ist es zentral, ihre Interessen angemessen zu berücksichtigen, ohne dabei die Sphäre einer der anderen Ordnungsmächte fundamental zu verletzen. Die Konflikte, die in einem solchen Fall entstehen können, lassen sich am Krieg in der Ostukraine exemplifizieren, dessen Beendigung nicht in Sicht ist. Doch keine noch so klare Verständigung zwischen den Machtzentren wird das Aufflammen von kleinen Kriegen in der Peripherie der Großräume verhindern; sie in Grenzen zu halten und möglichst schnell zu beenden ist die Aufgabe des Machtzentrums, dem das jeweilige Konfliktgebiet als Peripherie zugerechnet ist. Bei Überschneidungen ist ein konsensuelles, miteinander abgestimmtes Agieren der Zentren unerlässlich.

Diese allgemeinen Überlegungen zu den Funktionsimperativen einer Ordnung ohne Hüter lassen sich für das Europa der EU konkretisieren, wobei die gegenwärtigen Konstellationen und die aus ihnen resultierenden Herausforderungen zugrunde gelegt werden: Das Verhältnis mit Russland sollte sich dem annähern, was man eine «strategische Partnerschaft» nennt, und dazu muss als Erstes das zuletzt aufgestaute gegenseitige Misstrauen abgebaut werden – auch deswegen, weil ohne eine Kooperation mit Russland die wichtigsten sicherheitspolitischen Herausforderungen der EU nicht nachhaltig bearbeitet werden können. Diese reichen von einer dauerhaften Stabilisierung der porösen Südostflanke Europas bis zur Befriedung des Nahen Ostens. Wenn aus dem an Wendungen reichen Syrienkrieg etwas zu lernen ist, dann dies, dass Russland mit relativ geringem Aufwand alle Projekte des Westens zunichtemachen kann. Eine verlässliche Partnerschaft mit Russland würde sich auf das Problem der Überdehnung in doppelter Hinsicht auswirken: Zum einen ließen sich die wesentlich gegen Russland gerichteten konventionellen Rüstungsanstrengungen begrenzen, zum anderen ergäbe sich die Chance einer perspektivischen Zusammenarbeit bei der Pazifizierung des Nahen Ostens. Dagegen wird die Europa gegenüberliegende Mittelmeerküste bis hin zur subsaharischen Sahelzone von Somalia bis Mali im Hinblick auf Stabilität und Prosperität eine Herausforderung bleiben, bei der die Europäer im Wesentlichen auf sich allein gestellt sein werden. Um sie zu bewältigen, werden sie – und zwar alle, keineswegs nur die Mittelmeeranrainerstaaten – das Gros ihrer Kräfte und Fähigkeiten aufbieten müssen.

Die Stabilisierung der genannten drei Regionen, des Nahen Ostens, der gegenüberliegenden Mittelmeerküste und der Sahelzone, ist Arbeit an der ersten großen Verwundbarkeit Europas. Der europäische Wirtschaftsraum braucht Zuwanderung aus Drittstaaten, um sein Wohlstandsniveau halten zu können,[93] und ihr Werteverständnis verpflichtet die Europäer, Verfolgten Asyl zu gewähren. Eine Flüchtlingsbewegung wie die von 2015 und 2016 aber würde, sollte sie sich wiederholen, und das in womöglich noch größeren Dimensionen,[94] die Staaten der EU überfordern – vielleicht nicht von ihren objektiven Fähigkeiten her, aber im Hinblick auf die subjektive Aufnahmebereitschaft und Integrationswilligkeit der Menschen. Auch ein zur Festung ausgebautes Europa, wie es Konservative und Rechtspopulisten fordern und wie es unter ihrem politischen Druck teilweise schon entstanden ist, wird dieser Herausforderung nicht gewachsen sein, wenn die Fluchtursachen im Nahen Osten, im Maghreb und in der Sahelzone nicht beseitigt werden, und das heißt, dass innergesellschaftliche und transnationale Kriege dort beendet und angemessene Handelsbedingungen geschaffen werden müssen, damit die Menschen in ihren Heimatländern eine Zukunftsperspektive entwickeln können. Letzteres wird nur möglich sein, wenn in diesen Räumen politische Stabilität und wirtschaftliche Prosperität Einzug halten. Daran mitzuwirken ist die große Aufgabe, mit der die Europäer in den kommenden Jahrzehnten beschäftigt sein werden. Dabei kann mitunter auch der Einsatz militärischer Kräfte unverzichtbar sein, aber für das Gelingen oder Scheitern der Projekte werden wirtschaftliche, politische und auch kulturelle Macht ausschlaggebend sein, und vieles wird davon abhängen, ob es den Europäern gelingt, neue und innovative Wege zum beschriebenen Ziel zu finden.

Die zweite große Verwundbarkeit, von deren Begrenzung Aufnahme und Verbleib der EU im Kreis der fünf Machtzentren abhängen, ist die Infiltrierbarkeit der europäischen Kommunikations- und Steuerungssysteme für andere Mächte. Es gibt viele Faktoren, die nahelegen, dass die Konflikte der Zukunft, auch und gerade solche zwischen den großen Machtzentren, in Form einer hybriden Kriegführung ausgetragen werden, bei der die schleichende Paralyse von Steuerungssystemen des Gegners und die strategische Platzierung von Desinformationen eine zentrale Rolle spielen. Ein Akteur, der hier keine Resilienz aufweist und auch nicht zu Gegenattacken fähig ist, auf denen ein jedes System gegenseitiger Abschreckung beruht, wird sich nicht lange in der ersten Reihe der politischen Akteure halten können, auch darum nicht, weil er seine technologischen Innovationen und wissenschaftlichen Entdeckungen nicht gegen Ausspähung durch andere schützen kann.

Wenn es den Europäern gelingt, diese beiden strategischen Verwundbarkeiten zu begrenzen, wird dies der entscheidende Schritt hin zu einem «Abschied vom Abstieg» sein.

Schluss: Was aus alldem folgt

Es steht außer Frage: Deutschland und die Europäische Union haben Probleme, große Probleme, die ebenso zügig wie zielführend angegangen werden müssen. Nimmt man in Augenschein, was bislang unternommen wurde, wird man den Eindruck nicht los, dass die Politik den Ernst der Lage nicht begriffen hat und alles andere als entschlossen an Antworten und Lösungen arbeitet – vom Kampf gegen den Klimawandel bis zur Sicherung der technologischen und wissenschaftlichen Konkurrenzfähigkeit. Aber auch der unter diesem Eindruck entstandene Alarmismus ist kein Schritt zur Lösung der aufgestauten Probleme, sondern blockiert letztlich deren Bearbeitung. Mag die politische Untätigkeit aus der Sorge erwachsen, Fehler zu machen, die nicht mehr zu korrigieren sind, so überschwemmt der Alarmismus die Politik mit Vorschlägen und Hinweisen, denen, weil die Zeit ja drängt, umgehend Folge zu leisten sei – mit dem Ergebnis, dass die Fehler, die vermieden werden sollten, mit umso größerer Wahrscheinlichkeit gemacht werden, und sich unbedachte Nebenfolgen einstellen, die in der Summe noch verheerender sind als das, was verhindert werden sollte. Das große Gerede, das ansonsten daraus entsteht, lässt die Beteiligten am Ende glauben, sie hätten tatsächlich etwas bewirkt. Das ist die Falle des Alarmismus: In seinem Bestreben, durch die Behauptung höchster Dringlichkeit Aufmerksamkeit zu erzeugen, hat er die Probleme so groß gemacht, dass ihnen keine politische

Reaktion mehr gerecht werden kann. So gerät der Alarmismus schließlich in Gegensatz zu allen Versuchen, die Probleme anzugehen, auf die er zuvor hingewiesen hat. Wer den Abstieg dramatisiert, wird alle Optionen des Abschieds vom Abstieg als unzureichend zurückweisen. So wird der Alarmismus zum Komplizen dessen, wovor er gewarnt hat.

Zu den politikblockierenden Effekten des Alarmismus kommt seit der Entstehung des Internets und der sozialen Medien ein Zustand permanent überbordender Erregung hinzu, in dem sich die Debatten nur noch um sich selbst drehen und ein Modus des Invektiven, der schmähenden Angriffe, üblich geworden ist. Die lösungsorientierte Debatte, Lebenselixier der Demokratie, wird von Erregungswellen und Empörungskaskaden überflutet. Es entstehen Gruppen, die sich gegenseitig ihre Einstellungen und Werte, ihre Lebensführung und Präferenzen vorhalten, entsprechend dem, was sie für den Zeitgeist halten. Die Auseinandersetzung um das, was politisch korrekt ist oder sein soll, absorbiert einen erheblichen Teil der Energie, die sonst für die Beschäftigung mit den wirklich wichtigen Fragen verwendet werden könnte. Das Fatale daran ist aber gar nicht der unproduktive Energieverbrauch, sondern die Einübung in Alles-oder-nichts-Kontroversen, in denen es keinerlei Kompromiss geben kann. Geht es um moralische und im weiteren Sinn ästhetische Fragen, ist jeder Kompromiss ein fauler Kompromiss, und die Auseinandersetzungen nehmen Züge eines Glaubenskriegs an – nicht nur wegen der Unversöhnlichkeit, mit der sie geführt werden, sondern auch infolge der für diese Konflikte typischen Invektiven. Die Rasterung der Parteien nach dem Gut-böse-Schema zerstört jede demokratische Debattenkultur. Die Ära der konfessionellen Bürgerkriege in Europa ging zu Ende, als es gelang, Glaubensfragen durch ihre Privatisierung politisch zu neutralisieren. Inzwischen ist etwas Ähnliches erneut vonnöten. Resonanz muss wieder in Respondenz überführt werden.

Eine unverzichtbare Voraussetzung dafür ist die Wiederherstellung und Schärfung der politischen Urteilskraft, die in einer demokratischen Politikkultur nicht nur bei den Eliten, sondern in der gesamten Bürgerschaft vorhanden sein muss. Eine Debattenkultur des Alarmismus und ein Klima der Erregung und Empörung sind der Urteilskraft abträglich. Das lässt sich an der jüngsten Entwicklung in Deutschland und Europa recht gut beobachten: Der Gestus der Empörung ist ein starker Konkurrent des sachbezogenen Arguments geworden und sorgt inzwischen dafür, dass Letzteres häufig gar nicht mehr zu Gehör kommt. Daran haben Talkshows und insbesondere die neuen sozialen Medien mit ihren Echokammern und Filterblasen einen erheblichen Anteil. Tatsächlich stellen Talkshows eine mediale Prämie auf invektive Empörung dar, wenn dort gerade die lautstärksten Vertreter einer politischen Position Aufmerksamkeit erhalten, während rationale Argumentation marginalisiert wird. Die sozialen Medien verhindern einen offenen Diskurs, indem sie die Wahrnehmung von Meinungsäußerungen so lenken, dass vorgefertigte Urteile und Hasskommunikation sich wechselseitig stützen.

Aber keine noch so heftige Kritik wird das Internet mitsamt den damit verbundenen Kommunikationsformen wieder zum Verschwinden bringen. Auch die Maschinenstürmer des 19. Jahrhunderts konnten die Industrialisierung der Produktion nicht aufhalten. Stattdessen geht es darum, Orte zu schaffen, an denen das Urteilsvermögen jenseits von Empörung und Beschimpfung geschult wird und Lösungsvorschläge auf ihre Folgen und Effekte hin beurteilt werden. Je mehr sich die Arenen des Invektiven ausdehnen, desto wichtiger ist der Aufbau von Foren, in denen dem entgegengearbeitet wird. Dazu, wie die Kultur des Argumentierens und Erwägens, auf der die liberale Demokratie beruht, gepflegt und weiterentwickelt werden kann, haben wir in diesem Buch eine Reihe von Vorschlägen gemacht. Zugleich haben wir geprüft, ob die zurzeit in Umlauf befindlichen Ideen der aus unserer Sicht zentralen Herausforderung genügen: einer Erneuerung bürgerschaftlichen Engagements und der Schärfung politischer Urteilskraft.

Auch die Frage nach dem gesellschaftlichen Zusammenhalt hat mit der Art des Kommunizierens zu tun, denn die Entstehung von politischen Lagern, die sich gegenseitig ihre moralischen Defizite vorhalten, befördert die Spaltung der Gesellschaft. Solidarität lässt sich nur dort einfordern und praktizieren, wo man diejenigen, mit denen man solidarisch sein soll, nicht für dessen unwürdig erachtet. Neben dem Rechtsstaat beruht auch der Wohlfahrtsstaat auf der Voraussetzung gegenseitiger Anerkennung. Demokratien haben, zumal in Phasen langewährenden Friedens und Wohlstands, eine Tendenz, all das, was Voraussetzung ihres Fortbestands ist, für selbstverständlich zu halten und ihm keine oder nur geringe Aufmerksamkeit zu widmen. Das ändert sich erst in Krisenzeiten, wenn klar wird, wie fragil der Boden ist, auf dem die wertgeschätzte Ordnung steht. Krisen sind deswegen nicht nur Gefährdungen der demokratischen Ordnung, sondern eröffnen auch Chancen zu einer Erneuerung und Revitalisierung, die regelmäßig stattfinden muss. Man könnte diese Krisen als Lebenselixier der Demokratie begreifen – doch dazu müssen sie als solches wahrgenommen und genutzt werden. Auch dazu haben wir in diesem Buch eine Reihe von Vorschlägen gemacht.

Der gesellschaftliche Zusammenhalt hängt freilich nicht nur von Kommunikationsformen ab, sondern auch von einer Regulation des Arbeitsmarkts und der wohlfahrtsstaatlichen Interventionen. Entgegen der verbreiteten Vorstellung, dass das Volumen der wohlfahrtsstaatlichen Ausgaben in den letzten Jahrzehnten geschrumpft sei, ist der Sozialetat Deutschlands, also die sozialen Aufwendungen der Kommunen, der Länder und des Bundes, in den letzten Jahren weiter gewachsen – nicht so stark wie in den Jahrzehnten zuvor, aber doch kontinuierlich. Aufgrund des gesellschaftlichen und wirtschaftlichen Wandels werden ständig neue Erwartungen an den Wohlfahrtsstaat herangetragen, und wenn er einigen davon nachkommt, muss er seine Tätigkeit in anderen Bereichen begrenzen, um nicht immer fetter und zugleich kraftloser zu werden. Wer hier nur auf Ausbau und Erweiterung setzt, wird den Wohlfahrtsstaat auf längere Sicht überfordern und damit zerstören. Auch der Wohlfahrtsstaat muss, mehr noch als die Demokratie, permanent reformiert werden, um angesichts stetig neuer Herausforderungen reaktionsfähig zu bleiben.

Dass die Betroffenen das in vielen Fällen als Sozialabbau und einen für soziale Abstiege verantwortlichen Niedergang des Sozialstaats bezeichnen, ist verständlich, gesamtgesellschaftlich gesehen aber falsch. Vielmehr geht es um eine Neuausrichtung der sozialstaatlichen Intervention. Damit soll nicht in Abrede gestellt werden, dass sozialstaatliche Reformen politisch heftig umkämpft sind und es dabei immer auch um Interessen geht – keineswegs nur um die der Leistungsempfänger, sondern auch die jener, die mit Beiträgen, Abgaben und Steuern die zu erbringenden Leistungen finanzieren. Unter dem Anspruchsbegriff der Gerechtigkeit machen beide Seiten ihre Interessen geltend; für den Zusammenhalt der Gesellschaft muss ein fairer Kompromiss gefunden werden. Das ist umso leichter möglich, je mehr Urteilskraft auf beiden Seiten im Spiel ist. Als deren Kompass sollte ein Begriff dienen, der im Unterschied zu dem der Gerechtigkeit zuletzt kaum eine Rolle gespielt hat: der des Gemeinwohls. Aus einer Floskel in Sonntagsreden muss Gemeinwohl in einen Maßstab für das regulatorische Eingreifen der Politik verwandelt werden, an dem die Ansprüche jetziger wie zukünftiger Generationen zu messen sind. Ein differenziertes und operationalisiertes Gemeinwohlverständnis ist die Waage, auf der konkurrierende Ansprüche und Erwartungen ausbalanciert werden. Darin steckt auch ein Auftrag an die mit Wirtschaft und Gesellschaft, Politik und Recht befassten Wissenschaften, sich stärker als bisher um die Ausarbeitung und Präzisierung dieses Begriffs zu bemühen und ihn wieder in den Mittelpunkt der Diskussion um die gesellschaftlichen Werte zu rücken.

Die Umsetzung von Gemeinwohlvorstellungen wird auf Dauer nur möglich sein, wenn Deutschland – und Europa – im globalen Wettbewerb um wirtschaftliche Stärke und wissenschaftlich-technologische Innovationskraft eine Spitzenposition behalten. Hier ist in den letzten Jahrzehnten manches versäumt worden, und so ist eine ganze Reihe von Defiziten wettzumachen. Dabei will wohlerwogen sein, welche Beschränkungen man sich beim Export bestimmter Produkte wie in der Forschung aus politisch-ethischen Gründen auferlegt. Die Debatte darüber beginnt bei Fragen der Bildung und Ausbildung und reicht bis zu wissenschaftlichen und technologischen Spitzenleistungen. Ein Land, das so gut wie keine Rohstoffe besitzt und jene, die es hat, aus klimapolitischen Gründen nicht mehr einsetzen will, kann es sich nicht leisten, im internationalen Maßstab zurückzufallen. Rohstoffreichtum wird oft zum Fluch, weil er Bürgerkriege hervorbringt und Oligarchien mitsamt autokratischen Herrschern begünstigt. Rohstoffarmut dagegen macht es erforderlich, dass das Land ebenso umsichtig wie energisch in die Fähigkeiten seiner Menschen investiert. Die dafür erforderlichen Investitionen in Bildung stärken auch den sozialen Zusammenhalt und die demokratische Orientierung, wenn es gelingt, Bildung tatsächlich für alle zu ermöglichen. Dazu bedarf es weiterer großer Kraftanstrengungen.

Der Abschied vom Abstieg gründet sich auf Zuversicht und Zukunftswillen – beides knappe Ressourcen. Wehleidiges Niedergangsgerede, aufgeregter Alarmismus und populistische Invektiven zehren Zuversicht und Zukunftswillen auf. Wer sich vom Abstieg verabschieden will, ist auf beides zwingend angewiesen.

Anmerkungen

Einleitung: Zeitenwende oder Zwischenspiel?

1 Vgl. Wirsching/Kohler/Wilhelm (Hgg.), *Weimarer Verhältnisse?*.

2 Es fällt auf, dass durchweg von «starken Männern» und nicht etwa von «starken Frauen» die Rede ist. Offenbar wird allein Männern die notwendige Stärke zugetraut, den «Augiasstall der Politik» zu säubern. Man kann darin eine «Rücknahme» vorangegangener Entwicklungen sehen: Einem halben Jahrhundert des Aufstiegs von Frauen in politische Spitzenämter wird die Forderung nach einer Revirilisierung der Politik entgegengestellt. Donald Trump hat in der Auseinandersetzung mit Hillary Clinton ganz unverhohlen auf diese Strategie gesetzt.

3 Christian Alt und Christian Schiffer haben die sich seit den 1970er Jahren verstärkenden Schübe von Verschwörungsideen herausgearbeitet (*Angela Merkel ist Hitlers Tochter*, S. 39–68). Während es sich dabei zunächst um Identifikationskerne esoterischer Minderheiten handelte, haben solche obsessiven Ideen seit den Anschlägen vom 11. September 2001 politische Wucht erlangt. Zur Geschichte der Verschwörungstheorien weiterhin Butter, «*Nichts ist, wie es scheint*», S. 139–178; zu deren Ausbreitung in Deutschland Heitmeyer, *Autoritäre Versuchungen*, S. 318–322.

4 Zu dieser Unterscheidung in der Geschichte des politischen Denkens vgl. Gebhardt/Münkler (Hgg.), *Bürgerschaft und Herrschaft*, passim. Eric Voegelin hat Nationalismus und Totalitarismus in ihren diversen Varianten unter dem Begriff der «politischen Religion» analysiert.

5 Der Historiker Frank Bösch hat die Islamische Revolution im Iran als eines der Beispiele für die von ihm auf das Jahr 1979 datierte «Zeitenwende» angeführt.

6 Samuel Huntington hat von «Wellen der Demokratisierung» gesprochen, was impliziert, dass es nach Phasen des Vordringens auch wieder Phasen des Zurückflutens gibt.

7 La Boétie, *Von der freiwilligen Knechtschaft*, S. 32–95.

8 Marx, «Der achtzehnte Brumaire des Louis Bonaparte», S. 136.

9 Ebd., S. 175.

10 Zur Theorie des *Framing* aus linguistischer und kognitionspsychologischer Sicht vgl. Busse, *Frame-Semantik*; zur Praxis – mit teilweise pro-

blematischer Anwendungsorientierung – Wehling, *Politisches Framing*, S. 42–67.

11 Demgegenüber scheint uns der Vorschlag von Chantal Mouffe (*Für einen linken Populismus*), rechten Narrativen linke entgegenzusetzen, wenig sinnvoll. Vielmehr kommt es darauf an, die Analyse von Narrativen, die vorwiegend in den Kulturwissenschaften betrieben wird, in den Sozialwissenschaften stärker zur Geltung zu bringen und bestimmten Narrativen Argumente, nicht andere Narrative, entgegenzusetzen.

12 Vgl. dazu die Arbeiten Heinrich August Winklers, insbesondere dessen mehrbändige *Geschichte des Westens.*

13 Exemplarisch dafür etwa Khanna, *The Future is Asian.*

14 Beck, *Risikogesellschaft*, S. 121–160.

15 So der englische Titel von Fergusons Buch *Der Westen und der Rest der Welt.*

16 Als ein Ergebnis dieser Entwicklung sieht Andreas Reckwitz in seinem Buch *Die Gesellschaft der Singularitäten* die verschärfte Konkurrenz um den individuellen Vorrang Einzelner. Damit aber erodiert der gesellschaftliche Zusammenhalt. Es wird nachfolgend deswegen auch um die Frage gehen, wie unter den Bedingungen fortschreitender Individualisierung der Zusammenhalt einer Gesellschaft gewährleistet werden kann, beginnend damit, dass die Verlierer dieser Entwicklung nicht ins Bodenlose stürzen dürfen, bis dahin, dass Gesellschaften ein gemeinsames Selbstbewusstsein brauchen, das ihnen Zutrauen in die eigenen Fähigkeiten und Stolz auf das in der Vergangenheit Geleistete verschafft. Es geht um jene kompensatorischen Mechanismen, die der Politikwissenschaftler Karl Deutsch einst auf die Formel brachte, ein Auto könne umso schneller fahren, je bessere Bremsen es habe.

17 Der Begriff «Erwartungshorizont» ist durch Reinhart Koselleck («Erfahrungsraum und Erwartungshorizont») geprägt worden.

18 Vgl. Münkler, *Mitte und Maß*, S. 225 ff.

19 Dazu Walter, *Gelb oder Grün?*, S. 77 ff.

20 Vgl. Schäfer / Schwander / Manow, «Der sozial ‹auffällige› Nichtwähler», S. 21–44.

21 Vgl. Zick / Küpper / Berghan, *Verlorene Mitte – feindselige Zustände*, S. 15–33 und 283 ff.

22 Vgl. Priester, *Rechter und linker Populismus*, insbes. S. 32–50, sowie Manow, *Die politische Ökonomie des Populismus*, S. 38 ff.

23 Dazu Walter, *Im Herbst der Volksparteien.*

24 Dazu Walter, *Vorwärts oder abwärts?*, S. 118 ff.; ders., *Die SPD*, S. 313 ff.

25 Über die empirische Basis von Ingleharts *The Silent Revolution* ist in den Sozialwissenschaften eine heftige Debatte geführt worden. Retro-

spektiv lässt sich festhalten, dass diejenigen, die Ingleharts These auf die Gesellschaft als Ganzes bezogen haben, falsch lagen, wohingegen sich jene, die darin die Voraussage einer Spaltung der Gesellschaft in «Materialisten» und «Postmaterialisten» erkannt haben, bestätigt sehen können.

26 Dazu Manow, *Die Politische Ökonomie des Populismus*, S. 99 ff.

1. Der Verlust der Zukunft: eine Bestandsaufnahme

1 Dazu jetzt Bieß, *Republik der Angst*, S. 413 ff.

2 Stellvertretend für viele Veröffentlichungen sind hier zu nennen Nachtwey, *Die Abstiegsgesellschaft*, sowie Castel/Dörre (Hg.), *Prekarität, Abstieg, Ausgrenzung*.

3 Auf Deutschland bezogen ist hier ein Buch mit grammatisch falschem Titel, offenbar selbst ein Zeichen des Niedergangs, zu nennen: Sieferle, *Finis Germania*; sowie, mit Blick auf ganz Europa, Onfray, *Niedergang*. Außerdem Weiß, *Deutschlands Neue Rechte*, S. 15 ff.

4 Zur Entstehungsgeschichte und Wirkung von Spenglers *Untergang des Abendlands* vgl. Demandt/Farrenkopf (Hg.), *Der Fall Spengler*, passim, sowie Felken, *Oswald Spengler*, S. 40 ff. und 114 ff.

5 Um auch hier eine repräsentative Publikation zu nennen: Streeck, *Gekaufte Zeit*, insbes. S. 46–60; in eine vergleichbare Richtung hat Wilhelm Heitmeyer bereits 2001 in dem Aufsatz «Autoritärer Kapitalismus, Demokratieentleerung und Rechtspopulismus» argumentiert.

6 Die These von der Entstehung des Konservatismus durch das Reflexivwerden des Traditionalismus ist entwickelt bei Mannheim, *Konservatismus*, S. 92 ff.

7 Die Formel vom «Rad der Geschichte» findet sich bereits im *Kommunistischen Manifest*, wo Marx und Engels den Widerstand der Mittelständler gegen die Bourgeoisie als konservativ bezeichnen und dann fortfahren: «Noch mehr, sie sind reaktionär, denn sie suchen das Rad der Geschichte zurückzudrehen.» Marx/Engels, *Das Kommunistische Manifest*, S. 56; zur Bedeutung des Fortschrittsglaubens für das Selbstverständnis der politischen Linken vgl. Salvadori, *Fortschritt*, S. 51 ff. und 73 ff.

8 Dazu Loewenstein, *Der Fortschrittsglaube*, S. 176 ff.

9 Vgl. Hacke, *Philosophie der Bürgerlichkeit*, S. 170 ff.

10 Astrid Séville greift darum in ihrem Buch *Der Sound der Macht* zu kurz, wenn sie die Alternativen in der deutschen Demokratie wesentlich an Rhetorik und Performanz knüpft.

11 So auch die Kurzbeschreibung der SPD-Geschichte bei Walter, *Rebellen, Propheten und Tabubrecher*, S. 14–17; Zahlen zur Abwanderung von

Arbeitern zur politischen Rechten bei Manow, *Die Politische Ökonomie des Populismus*, S. 90 ff.

12 Die ökonomischen Gründe für die Rechtsbewegung in der Arbeiterschaft werden herausgestellt bei Eribon, *Rückkehr nach Reims*. Eribons Beschreibung hat die Debatte über die rechtspopulistischen Dispositionen der Arbeiterschaft seitdem weitgehend geprägt. Zur Hinwendung zum Populismus in England vgl. Fieschi u. a. (Hgg.), *Populist Fantasies*, S. 99–149.

13 Dazu Münkler, «Populism in Germany», S. 559 ff.

14 Angesichts dieses Dilemmas sind einige sich nach wie vor als sozialdemokratisch bezeichnende Parteien in den Ländern Mittel- und Ostmitteleuropas auf eine Linie eingeschwenkt, die nach westeuropäischen Maßstäben als rechtspopulistisch zu bezeichnen ist.

15 Dahrendorf, «Das Elend der Sozialdemokratie», S. 1021–1038.

16 Vgl. Walter, *Im Herbst der Volksparteien?*, sowie Seils, *Parteiendämmerung*.

17 Zur Genese der soziopolitischen Mitte und deren politiktheoretischer Reflexion vgl. Münkler, «Die Entstehung des Mitteparadigmas in Politik und Gesellschaft».

18 Für eine Übersicht zu den in der Summe positiven Entwicklungen der jüngeren Zeit in Deutschland vgl. Wüllenweber, *Frohe Botschaft*, passim; zu einigen Gründen, warum das Vertrauen in den Fortschritt schwindet, während zentrale Daten einen weitergehenden materiellen Fortschritt belegen, Pinker, *Aufklärung jetzt*, S. 57–74. Weiterhin Cremer, *Deutschland ist gerechter, als wir meinen*, passim.

19 Das ist die durchgängige Betrachtung der von Jutta Allmendinger geleiteten «Vermächtnisstudie» (*Das Land, in dem wir leben wollen*). Es gilt offenbar auch für diejenigen, die sich 2014/15 regelmäßig an den Pegida-Demonstrationen in Dresden beteiligten, vgl. Geiges / Marg / Walter, *PEGIDA*, S. 64.

20 Dieser Aspekt ist für Deutschland von Heitmeyer, *Autoritäre Versuchungen*, S. 89 ff. und 146 ff., sowie für Deutschland und Europa von Manow, *Die politische Ökonomie des Populismus*, S. 55 ff. und 99 ff., herausgestellt worden.

21 Vgl. Münkler, «Verkleinern und Entschleunigen?», S. 83 ff.

22 Deshalb ist der von Chantal Mouffe als Antwort auf den Rechtspopulismus favorisierte Linkspopulismus (*Für einen linken Populismus*) zum Scheitern verurteilt.

23 Zur Darstellung des Dubslav von Stechlin bei Fontane vgl. von Graevenitz, *Theodor Fontane: ängstliche Moderne*, S. 649 f.

24 Ebd., S. 639 ff.

25 Mohler, *Die konservative Revolution*. Auch wenn die Stimmigkeit von

Mohlers Zusammenstellung immer wieder angezweifelt worden ist und die Bezeichnung «konservative Revolution», die auf Hugo von Hofmannsthal zurückgeht, keineswegs allenthalben Zustimmung gefunden hat (für eine kritische Reflexion vgl. Breuer, *Anatomie der konservativen Revolution*), lässt sich doch das darin zusammengefasste Wahrnehmungsmodell für einen Teil der deutschen Intellektuellen der 1920er und 1930er Jahre kaum in Abrede stellen.

26 Vermutlich wusste der CSU-Politiker Dobrindt nicht, was er sagte, als er in der *Welt* vom 4. Januar 2018 eine «konservative Revolution» forderte.

27 Der Altertumswissenschaftler Scheidel hat in seinem Buch *Nach dem Krieg sind alle gleich* die These vertreten, nur Kriege würden zu einem Mehr an sozialer Gleichheit führen, während der Frieden ein Generator sozialer Ungleichheit sei. Eine ähnliche Sicht findet sich auch bei Piketty, *Das Kapital im 21. Jahrhundert*, S. 64 ff. Skeptisch gegenüber der These von der Egalitätswirkung des Krieges bei einem vergleichenden Blick auf die Zeit nach dem Ersten Weltkrieg hingegen Kaelble, *Mehr Reichtum, mehr Armut*, S. 40.

28 Dazu Münkler, *Die Deutschen und ihre Mythen*, S. 455–476.

29 Das Begriffspaar «Erfahrungsraum» / «Erwartungshorizont» geht zurück auf Koselleck, «‹Erfahrungsraum› und ‹Erwartungshorizont›», S. 349–375.

30 Zum Begriff der politischen Klasse und deren spezifischen Reproduktionsbedingungen in Deutschland vgl. von Beyme, *Die politische Klasse im Parteienstaat*, S. 11–38. Unter dem Einfluss des Populismus hat der ursprüngliche deskriptive Begriff «politische Klasse» inzwischen eine denunziatorische Bedeutung angenommen.

31 Dass die politische Linke eine starke Präferenz für die direkte Demokratie hat, gehört zu ihrer Geschichte; in den von einer Gruppe des Göttinger Instituts für Demokratieforschung geführten Gesprächen mit Teilnehmern an Pegida-Demonstrationen, also Personen, die überwiegend der politischen Rechten zuzuordnen sind, hat sich ebenfalls eine Präferenz für direktdemokratische Elemente gezeigt, die freilich stark mit der Ablehnung der politischen Klasse zu tun hat; vgl. Geiges / Marg / Walter, *PEGIDA*, S. 113.

32 Dazu Buchstein, «Die Zumutungen der Demokratie», S. 295–324, sowie Münkler, «Der kompetente Bürger», S. 153–172.

33 Geiger / Marg / Walter, *PEGIDA*, S. 42 f., sowie Vorländer u. a., *PEGIDA*, S. 105 ff.

34 Aus der Fülle der einschlägigen Literatur zum Populismus sind vor allem zwei Arbeiten zu nennen: Priester, *Rechter und linker Populismus*, sowie Müller, *Was ist Populismus?*.

35 Deswegen ist die von Laclau und Mouffe verfolgte Idee einer links-populistischen Bewegung ein Spiel mit dem Feuer, auf das sich eine kluge Linke nicht einlassen sollte; vgl. Laclau, *On Populist Reason*, und Mouffe, *Für einen linken Populismus*.

36 Für eine kurze Zusammenfassung dieser Debatten vgl. Séville, *Der Sound der Macht*, S. 54–65.

37 Vgl. Lewandowsky, «Die Verteidigung der Nation».

38 Vgl. auf der Homepage der AfD etwa die Stellungnahme von Alice Wei-del: https://www.afd.de/alice-weidel-insolvenzverschleppung-grie-chenlands-beenden-euroraum-aufloesen/; letzter Zugriff am 2. Januar 2019.

39 Vgl. das Parteiprogramm der AfD für die Europawahl 2014; dazu Ketel-hut u. a., *Facetten des deutschen Euroskeptizismus*.

40 Welches demokratietheoretische Problem sich daraus ergibt, wird deut-lich durch die unmittelbare Gegenüberstellung dieser Konstellationen mit dem Ideal der Demokratie, wie es im Athen des 5. und 4. vor-christlichen Jahrhunderts verwirklicht wurde; Olalla, *Die ausgegrabene Demokratie*, insbes. S. 11–17.

41 Eurostat gibt für die Jugendarbeitslosigkeit im Juni 2018 folgende Zahlen an (in Relation zur Gesamtzahl der Beschäftigten in der Altersgruppe der Fünfzehn- bis Vierundzwanzigjährigen): Griechenland 42,3 Pro-zent (April 2018), Spanien 34,1 Prozent und Italien 32,5 Prozent. Der Anteil der arbeitslosen Jugendlichen in Relation zur Gesamtzahl der Erwerbspersonen beträgt für 2017: Griechenland 24,9 Prozent, Spanien 22,1 Prozent, Italien 11,9 Prozent.

42 Vgl. Manow, *Im Schatten des Königs*, S. 16–56.

43 Zu ihnen sind die «Querfront»-Bestrebungen des politisch von weit links kommenden Jürgen Elsässer zu zählen.

44 Philip Manow führt dies auf die stärkere Exportorientierung in Nord- und Westeuropa zurück, während die südlichen EU-Staaten auf die Binnenwirtschaft ausgerichtet waren. Nach seiner These befördert Binnenmarktorientierung den Linkspopulismus, wohingegen Export-orientierung eher Rechtspopulismus zur Folge hat (*Die politische Öko-nomie des Populismus*, S. 103 ff.).

45 Ivan Krastev («Auf dem Weg in die Mehrheitsdiktatur?», S. 118) hat von «einer Revolte der Demokratie gegen den Liberalismus» gesprochen.

46 Dazu ausführlich Münkler / Münkler, *Die neuen Deutschen*, passim; für eine andere Beurteilung Heitmeyer, *Autoritäre Versuchungen*, und Manow, *Die politische Ökonomie des Populismus*.

47 Vgl. hierzu Rödder, *Wer hat Angst vor Deutschland?*, S. 193 ff.; zu dem dahinterstehenden Selbstbild einer Mehrheit der Deutschen Joffe, *Der gute Deutsche*, passim.

48 Es handelt sich dabei um fremdenfeindliche Bewegungen mit einem kommunalen oder regionalen Bezug als Identitätsmarkierung: Pro NRW, Pro Chemnitz etc. Man kann darin eine Variante der sich ansonsten eher intellektuell ausgebenden Identitären für den «einfachen Mann» sehen; vgl. Speit (Hg.), *Das Netzwerk der Identitären*.

49 Zur Entstehungsgeschichte der AfD vgl. Werner, *Wer ist, was will und wie wirkt die AfD*, sowie Bebnowski, *Die Alternative für Deutschland*, und Wildt, *Volk, Volksgemeinschaft, AfD*; zu Pegida, die das erste Mal am 20. Oktober 2014 in Dresden demonstrierte, vgl. Geiges / Marg / Walter, *PEGIDA*, sowie Rehberg / Kunz / Schlinzig (Hgg.), *PEGIDA*, und Vorländer / Herold / Schäller, *PEGIDA*.

50 Diese Übergangssituation wurde bereits im Sommer 2015 mit erstaunlicher Präzision von Korte / Leggewie / Lewandowsky, «Partei am Scheideweg: Die Alternative der AfD», herausgearbeitet.

51 Dazu die Beiträge von Göran Rosenberg und Yvonne Zonderop in Fieschi / Morris / Caballero (Hgg.), *Populist Fantasies*, passim.

52 Dazu Wieviorka, «The Front National – caught between extremism, populism and democracy», S. 441–502.

53 So das Ergebnis einer im September 2018 veröffentlichten Allensbach-Studie, in der freilich auch festgehalten wird, dass von den Unterstützern der Zuwanderung und einer Integration der Neuankömmlinge in die deutsche Gesellschaft die Bildung von Parallelgesellschaften als das größte Risiko der Zuwanderung angesehen wird; Renate Köcher, «Hohe Erwartungen», S. 10.

54 Der italienische Kulturtheoretiker Umberto Eco hat Migration von Immigration dadurch unterschieden, dass Letztere vonseiten des die Migrierenden aufnehmenden Landes gesteuert und kontrolliert werden könne, während das bei Migration, die sich wie ein Naturphänomen ereigne, nicht der Fall sei. Eco, «Die Migrationen, die Toleranz und das Untolerierbare», S. 96 und 99.

55 Guggenberger / Offe (Hgg.), *An den Grenzen der Mehrheitsdemokratie*, passim.

56 Diese Ähnlichkeiten sind herausgearbeitet bei Ebner, *Wut*, passim.

57 Walter, *Zeiten des Umbruchs?*, S. 121.

58 Dazu eingehend Diehl, *Das Symbolische, das Imaginäre und die Demokratie*, sowie Diehl / Steilen (Hgg.), *Politische Repräsentation und das Symbolische*.

59 Die Regressionsthese ist das Leitmotiv der Beiträge in dem von Heinrich Geiselberger herausgegebenen Sammelband *Die große Regression*.

60 Für Beispiele aus der Parteijugend der AfD vgl. Justus Bender, «Expresszug nach Auschwitz-Birkenau»; in: *Frankfurter Allgemeine Zeitung*, 26. November 2018, S. 3.

61 Der englische Politiktheoretiker Thomas Hobbes hat in der Mitte des 17. Jahrhunderts vorgeschlagen, den Staat und die bei ihm konzentrierte Zwangsgewalt als Ergebnis eines Vertrags zu begreifen, den jeder mit jedem schließt, um sicherzustellen, dass man nicht ständig vor der Gier und Missgunst, aber auch der Angst und den daraus erwachsenen Präventivhandlungen der anderen auf der Hut sein muss. Man hat Hobbes deswegen vorgeworfen, die Gesellschaft aus der Sicht eines Misanthropen beschrieben und seiner Staatstheorie ein ausgesprochen negatives Menschenbild zugrunde gelegt zu haben (vgl. Münkler, *Thomas Hobbes*, S. 82 ff.). Beschäftigt man sich indes mit den im Internet kursierenden Hassmails, die häufig unter der Tarnkappe von Decknamen in Umlauf gebracht werden, so erscheinen Hobbes' anthropologische Grundannahmen alles andere als übertrieben.

62 Žižek, *Der Mut der Hoffnungslosigkeit*, S. 331 f.

63 Elias, *Über den Prozeß der Zivilisation*, Bd. 1, S. VII–LXX.

64 Wie die Debatte um den erlaubten Waffenbesitz in den Vereinigten Staaten zeigt, ist dort das Gewaltmonopol des Staates niemals durchgesetzt worden. Ein entsprechender Prozess der gesellschaftlichen Deeskalation hat daher nicht in vergleichbarer Weise stattgefunden.

65 Im März 1933 hatte sich Schmitt den an die Macht gekommenen Nationalsozialisten angedient und war durch die Protektion Hermann Görings zum zeitweiligen «Kronjuristen» des Regimes avanciert. Nach Angriffen der SS-Zeitschrift *Das Schwarze Korps* gegen ihn ist er 1936 aus den einflussreichen Positionen wieder verdrängt worden; dazu Mehring, *Carl Schmitt*, S. 304–340.

66 Schmitt, *Der Leviathan in der Staatslehre des Thomas Hobbes*, insbes. S. 86–118. Indem Hobbes den «Vorbehalt der inneren, privaten Gedanken- und Glaubensfreiheit in das politische System» aufgenommen habe, sei dieser «zum Todeskeim» geworden, «der den mächtigen Leviathan von innen her zerstört und den sterblichen Gott zur Strecke gebracht» habe (S. 86).

67 Baruch de Spinoza, den Schmitt als den «ersten liberalen Juden» bezeichnet, habe die Einräumung von Gedanken- und Glaubensfreiheit sofort als «die große Einbruchstelle des modernen Liberalismus» erkannt, «von der aus das ganze, von Hobbes aufgestellte und gemeinte Verhältnis von Äußerlich und Innerlich, Öffentlich und Privat, in sein Gegenteil verkehrt werden konnte» (ebd.). Die Verbindung von Liberalismuskritik und Antisemitismus tritt hier relativ deutlich hervor.

68 Der erste implizite Einwand stammt übrigens von Elias selbst, denn er hat das Werk seinen in Breslau gebliebenen Eltern gewidmet, von denen seine Mutter in Auschwitz ermordet worden ist. Warum Elias trotz der Kritik an seiner Zivilisierungsthese nach wie vor überaus les-

bar ist, zeigt Teresa Koloma Beck, die sich auch mit der Gewaltfrage auseinandersetzt («Mehr als der Mythos vom Zivilisationsprozess»).

69 Duerr, *Über den Mythos vom Zivilisationsprozeß*, insbes. Bd. 2, S. 270–361. Duerrs Invektive gegen Elias gründete vor allem darauf, dass er dessen Überlegungen als eurozentristisch und gegenüber segmentären Gesellschaften als herabsetzend begriff, weshalb der Ethnologe sich gegenüber dem Soziologen überaus kritisch in Stellung brachte.

70 Sloterdijk, *Zorn und Zeit*, S. 353.

71 René Cuperus, https://www.ipg-journal.de/interviews/artikel/wie-man-populismus-nicht-bekaempft-664/; letzter Zugriff am 4. Januar 2019.

72 Cuperus, «Das Versagen der selbstgerechten Etablierten» (dieser Text basiert auf dem obengenannten Interview), in: *Berliner Republik* 6/2014.

73 Walter, *Zeiten des Umbruchs*, S. 115.

74 Vor allem die Bücher von Streeck (*Gekaufte Zeit*), Heitmeyer (*Autoritäre Versuchungen*) und Manow (*Politische Ökonomie des Populismus*) sind hier zu nennen.

75 Rorty, *Stolz auf unser Land*, S. 80 f.

76 Ebd., S. 43 ff.; ähnliche Beobachtungen finden sich zuvor bereits bei Ehrenreich, *Angst vor dem Absturz*, S. 13 ff.

77 Judt, *Dem Land geht es schlecht*, insbes. S. 43 ff.

78 Mason, *Postkapitalismus*, sowie ders., «Keine Angst vor der Freiheit»; außerdem Quintane, *Wohin mit den Mittelklassen?*.

79 Vance, *Hillbilly Elegy*; Eribon, *Rückkehr nach Reims*.

80 Vgl. Streeck, *Gekaufte Zeit*, passim, sowie ders., «Die Wiederkehr des Verdrängten», S. 253 ff.

81 Fraser, «Vom Regen des progressiven Neoliberalismus in die Traufe des reaktionären Populismus», S. 78 f.

82 Ebd., S. 83.

83 Ebd., S. 79. Was in Deutschland der nostalgische Rückbezug auf den Sozialstaat der 1960er und 1970er Jahre ist, ist in den USA die Erinnerung an die New-Deal-Politik Franklin D. Roosevelts, mit der es gelang, die große Depression der 1930er Jahre zu überwinden.

84 Ebd., S. 83. Die Grundlagen von Frasers Argumentation sind ausführlich entfaltet in ihrem Buch *Fortunes of Feminism*.

85 Vgl. Statistisches Bundesamt: Volkswirtschaftliche Gesamtrechnungen. Bruttoinlandsprodukt, Bruttonationaleinkommen, Volkseinkommen. Lange Reihen ab 1925, erschienen am 23. 11. 2018.

86 1926 hat der russische Wirtschaftswissenschaftler Nikolai D. Kondratieff (neuere Transkription Kondratiew) in seinem Buch *Die langen Wellen der Konjunktur* erstmalig in langen Wellen verlaufende Zyklen

der Weltkonjunktur beschrieben, die etwa fünfzig bis sechzig Jahre dauern. Deutlicher noch als Kondratieff selbst hat der österreichische Nationalökonom Joseph Alois Schumpeter, der auch den Begriff des Kondratieff-Zyklus eingeführt hat, betont, dass diese Zyklen und ihre langen Wellen auf technischen Innovationen beruhen, die zu ökonomischen Paradigmenwechseln führen, deren ökonomische Wirkungen etwa fünfzig bis sechzig Jahre dauern, bis sie von einem weiteren Paradigmenwechsel abgelöst werden.

87 Die Gesamtstaatsverschuldung, also die Schulden des öffentlichen Gesamthaushalts von Bund, Ländern und Kommunen, stieg nach Angaben des Statistischen Bundesamtes von 28 998 im Jahr 1960 auf 2 009 310 Millionen Euro im Jahr 2016; 2017 ist sie auf 1 967 385 zurückgeführt worden. Quelle: https://www.destatis.de/DE/ZahlenFakten/GesellschaftStaat/OeffentlicheFinanzenSteuern/Oeffentliche-Finanzen/Schulden/Tabellen/SchuldenNichtOeffentlich_Insgesamt.html; letzter Zugriff am 6. Januar 2019.

88 Loewenstein, *Der Fortschrittsglaube*, S. 440 ff.

89 Hegel, *Grundlinien der Philosophie des Rechts*, S. 14. Wenn Hegel schreibt, «daß die Philosophie, weil sie das Ergründen des Vernünftigen ist, eben damit das Erfassen des Gegenwärtigen und Wirklichen, nicht das Aufstellen eines Jenseitigen ist, das Gott weiß wo sein sollte» (ebd.), so konnte die deutsche Sozialdemokratie dem uneingeschränkt zustimmen, solange die Verknüpfung von Vernunft und Wirklichkeit für sie über die Idee des Fortschritts vermittelt war. Es ging nicht darum, die Geschichte zu belehren, wohin sie sich bewegen sollte, sondern die Vernünftigkeit ihres Verlaufs als schrittweise Umsetzung des Parteiprogramms zu begreifen.

90 Dazu ausführlich Alvaredo u. a. (Hgg.), *Die weltweite Ungleichheit*, S. 61 ff., sowie die Beiträge in Bude / Staab (Hgg.), *Kapitalismus und Ungleichheit*; als Überblick dazu Bude, «Globale Klassenverhältnisse», S. 115–136.

91 Piketty, *Das Kapital im 21. Jahrhundert*, insbes. S. 217 ff.; vgl. auch ders., *Ökonomie der Ungleichheit*, S. 14–31.

92 Boatcă, «Kapital aus Staatsbürgerschaft», S. 140 f., Weiß, «Globale Ungleichheiten», S. 96 ff., sowie Shachar, *The Birthright Lottery*.

93 Die weltweite Politik der Abschottung von Räumen, freilich mehr gegen Migration als gegen Güterverkehr und Informationsaustausch gerichtet, wird analysiert bei Brown, *Mauern*, sowie Marshall, *Abschottung*; für eine ethische Reflexion über die Akzeptanz und Begrenzung von Migration vgl. Nida-Rümelin, *Über Grenzen denken*.

94 Eine instruktive Darstellung der Anfänge weltwirtschaftlicher Verflechtungen findet sich in Fernand Braudels *Sozialgeschichte des 15.–18. Jahr-*

hunderts, in der Braudel vor allem die Rolle der großen Handelsstädte bei der Etablierung eines globalen Güteraustauschs herausarbeitet. Sie haben die Weltwirtschaft organisiert, während die Staaten damit befasst waren, Nationalökonomien auszubilden, beides weitgehend komplementär zueinander; Braudel, *Sozialgeschichte,* Bd. 3, S. 96 ff. und 187 ff. Den Aufstieg der Europäer und die von ihnen durchgesetzte globale Verflechtung regionaler Ökonomien beschreiben Landes, *Wohlstand und Armut der Nationen,* sowie Ferguson, *Der Westen und der Rest der Welt.*

95 Es war der Liberale Friedrich Naumann, dessen Mitteleuropapläne als ein erster Entwurf für solche die Nationalökonomie überschreitenden wirtschaftlichen Großräume angesehen werden können. Seine 1915 erschienene Schrift «Mitteleuropa» war eine Reaktion auf die Ausschließung Deutschlands von der Weltwirtschaft durch die britische Handelsblockade. Naumann ging davon aus, dass diese Ausschließung auch nach Kriegsende fortbestehen würde, und wollte die strategische Verwundbarkeit des Reichs durch die Schaffung eines wirtschaftlich autarken Großraums begrenzen, der vom Ärmelkanal und von der Ostsee bis zum Schwarzen Meer reichen sollte; vgl. Schmidt, *Die Wiedergeburt der Mitte Europas,* S. 56–63. Es war dies ein Raum ohne offenen Zugang zu den Weltmeeren, und er war so angelegt, dass der Anschluss an eine globale Ökonomie verzichtbar beziehungsweise die Aussperrung aus ihr verkraftbar war.

96 Auch Philip Manow, der einen differenzierten Ansatz verfolgt, muss auf Erinnerungen zurückgreifen, wenn er die Arbeitslosigkeit um 2000 für eine vergleichsweise hohe Affinität zur AfD verantwortlich macht (*Die politische Ökonomie des Populismus,* S. 93 ff.).

97 Geiges / Marg / Walter, *PEGIDA,* S. 64; Vorländer / Herold / Schäller (Hgg.): *PEGIDA: Entwicklung, Zusammensetzung und Deutung einer Empörungsbewegung.*

98 Vgl. Rehberg / Kunz / Schlinzing (Hgg.): *PEGIDA – Rechtspopulismus zwischen Fremdenangst und «Wende»-Enttäuschung?.*

99 Vehrkamp / Wegschaider, *Populäre Wahlen.*

100 Koppetsch, «Eine Welle der Nostalgie», S. 53, Anm. 6.

101 Vgl. Bandau, «Skandinaviens Rechtspopulisten: Von Schmuddelkindern zu Königsmachern»; Rydgren, «Radical Right-wing Populism in Sweden and Denmark»; ders. / van der Meiden, «The radical right and the end of Swedish exceptionalism».

102 Das spielt nicht zuletzt für ehemalige DDR-Bürger eine zentrale Rolle, die nicht erwartet hatten, dass mit dem Ende der DDR auch die Abwertung ihrer eigenen Lebenserfahrungen einhergehen würde. Das wird deutlich in Köpping, *Integriert doch erst mal uns!.*

103 Waldmann, *Der konservative Impuls*, insbes. S. 255 ff.

104 Ebd., S. 134 ff.

105 Zum Konzept des sozialmoralischen Milieus und dessen Rolle in der deutschen Geschichte vgl. Lepsius, *Demokratie in Deutschland*, S. 11–132, insbes. S. 32 ff., sowie ders., «Kulturelle Dimensionen der sozialen Schichtung», S. 96–116.

106 Lepsius, *Demokratie in Deutschland*, S. 47 ff.

107 Vgl. König, *Kleine Geschichte der Konsumgesellschaft*, S. 27 ff.

108 Judith Shklar hat in einer kleinen Studie diesen Wandel der Gerechtigkeitsvorstellung und die mit ihm verbundene Zunahme von Ungerechtigkeitserfahrungen vor allem auf den Fortschritt von Wissenschaft und Technik zurückgeführt (Shklar, *Über Ungerechtigkeit*, S. 87 ff.). Eine ebenso große Bedeutung dürfte dabei jedoch der Erosion der Milieus als Filter von Gerechtigkeitserwartungen zukommen. Gerechtigkeit wurde aus einer milieugebundenen zu einer universalen Beurteilungskategorie. Für eine Bestandsaufnahme gegenwärtiger Gerechtigkeitserwartungen vgl. Liebig / Lengfeld / Mau (Hgg.), *Verteilungsprobleme und Gerechtigkeit*.

109 «Die Bourgeoisie», heißt es dort, «hat (...) kein anderes Band zwischen Mensch und Mensch übriggelassen als das nackte Interesse, als die gefühllose ‹bare Zahlung›.» Und: «An die Stelle der alten, durch Landeserzeugnisse befriedigten Bedürfnisse treten neue, welche die Produkte der entferntesten Länder und Klimate [sic!] zu ihrer Befriedigung erheischen.» Marx / Engels, *Das Kommunistische Manifest*, S. 46 und 48.

110 Nietzsche, «Zur Genealogie der Moral», S. 367; zum Ressentiment und zu seiner Prägekraft für die Gesellschaften des 19. und 21. Jahrhunderts vgl. Jessen, *Zornpolitik*, S. 27–54.

111 Vgl. Ellerbrock u.a.: «Invektivität – Perspektiven eines neuen Forschungsprogramms in den Kultur- und Sozialwissenschaften», S. 16.

112 Krastev, «Auf dem Weg in die Mehrheitsdiktatur?», S. 121.

113 Mishra, *Das Zeitalter des Zorns*, insbes. S. 11–48 und 305–352; ders., «Politik im Zeitalter des Zorns», S. 181 ff.

114 Nietzsche, *Also sprach Zarathustra*, S. 14.

115 Ebd., S. 14 f.

116 Das «Der Kampf um Anerkennung» überschriebene Kapitel steht bei Fukuyama für den Hegel'schen Blick auf die Geschichte und deren Ende, das «Der letzte Mensch» betitelte Kapitel steht für die Sicht Nietzsches; Fukuyama, *Das Ende der Geschichte*, S. 203–287 und 383–448. Im Übrigen spielt der *thymos*, auf dessen «Wiederentdeckung» sich Peter Sloterdijk viel zugutegehalten hat (vgl. oben, S. 62 f.), bei Fukuyama eine zentrale Rolle als Antriebsmoment der Geschichte (S. 253 ff. und 307 ff.).

117 Mishra, *Das Zeitalter des Zorns*, S. 21 f.

118 George Soros ist insbesondere in Ungarn heftigen antisemitischen Invektiven ausgesetzt und wird zum Sündenbock für alles gemacht.

119 Zur Unterscheidung zwischen Revolution und Revolte vgl. Münkler / Straßenberger, *Politische Theorie und Ideengeschichte*, S. 315–342.

120 Mishra, *Das Zeitalter des Zorns*, S. 370 ff.

121 Uffa Jessen hat sich in seinem Buch *Zornpolitik* mehrfach gegen eine schematische Gegenüberstellung von Rationalität und Emotionalität gewandt. Darum geht es hier nicht, sondern die Grenzlinie wird dort gezogen, wo Emotionen an die Stelle von Argumenten treten, anstatt mit diesen eine Verbindung einzugehen.

122 Für eine politische Phänomenologie der Emotionen vgl. außer Jessen, *Zornpolitik*, passim, Demmerling / Landweer, *Philosophie der Gefühle*; Koch (Hg.), *Angst*; Kolnai, *Ekel, Hochmut, Haß*; sowie Schweeger (Hg.), *Erkundungen zur Kultur des Empfindens*.

123 Hessel, *Empört Euch!*. Für Hessel stand fest, dass Widerstand und die Schaffung des Neuen zwei Seiten ein und derselben Medaille sind (S. 21).

124 In einem Gespräch über den publizistischen Erfolg seines Essays versuchte Hessel, der Empörung nachträglich eine politische Richtung zu geben; Hessel, *An die Empörten dieser Erde!*.

125 Das wird besonders deutlich, wenn man die von einem «Unsichtbaren Komitee» verfasste Schrift *Der kommende Aufstand*, die Angriffe auf die Verkehrs- und Zirkulationssysteme empfiehlt, um «Sand ins Getriebe» zu streuen, mit der Schrift von Michael Ley, *Die kommende Revolte*, vergleicht, in der die (linke) Globalisierungskritik in eine Ablehnung des Multikulturalismus und eine Zurückweisung des Islam gewendet wird (S. 61–92).

126 Vgl. Soentgen, *Ökologie der Angst*, S. 55 ff.

127 Ruth Wodak hat ihre Analyse rechtspopulistischer Diskursstrategien, insbesondere in Österreich, *Politik mit der Angst* betitelt.

128 Auf die mangelnde Unterscheidung von Gefahr und Risiko beziehungsweise die systematische Überschätzung von Risiken hat insbesondere Cass Sunstein in *Gesetze der Angst* (S. 134–141) hingewiesen.

129 Dazu Vasold, *Pest, Not und schwere Plagen*, S. 38–93; Winkle, *Geißeln der Menschheit*, S. 435–464; Meier (Hg.), *Pest*, S. 142–198, sowie allgemein Wilderotter, «‹Alle dachten, das Ende der Welt sei gekommen›», S. 12–53.

130 Der Zusammenhang von Epidemie und Angst ist ausführlich analysiert bei Briese, *Angst in den Zeiten der Cholera*, insbes. Bd. 2.

131 Vgl. Garrett, *Die kommenden Plagen*, passim.

132 Das schließt nicht aus, dass auch Regierungen mit Angst Politik machen,

um die Folgebereitschaft der Bürger zu erhöhen; vgl. dazu Selk, *Das Regieren der Angst.*

133 Hierzu und zum Folgenden vgl. Hendricks / Vestergaard, *Postfaktisch*, S. 157–179.

134 Vgl. Lyotard, *Das postmoderne Wissen*, S. 13–17; ders., *Postmoderne für Kinder*, S. 32–37.

135 Zur Globalisierung als Veränderung der Raumstrukturen vgl. Minc, *Globalisierung*, Cohen, *Globalisierung als politische Herausforderung*, und Friedman, *Globalisierung verstehen.* Globalisierungskritische Überlegungen finden sich bei Safranski, *Wieviel Globalisierung verträgt der Mensch?*; zur Veränderung der Zeitstrukturen vgl. Rosa, *Beschleunigung*, passim, sowie ders., *Beschleunigung und Entfremdung.*

136 Der Soziologe Richard Sennett hat erst jüngst in seinem Buch *Handwerk* eine große Jeremiade über die Entwertung der Dinge durch ihre massenhafte industrielle Fertigung angestimmt; zur früheren Kritik an Beschleunigung und Massenfertigung vgl. Gutsche, *«Niedergang»*, S. 319–338.

137 Maslow, *Motivation und Persönlichkeit*; zur Rolle von Sicherheit in der modernen Gesellschaft vgl. Glaeßner, *Freiheit und Sicherheit*, S. 33 ff.

138 Die hier angestellten Überlegungen folgen Lantermann, *Die radikalisierte Gesellschaft*, S. 43 ff.

139 Ebd., S. 93–100.

140 Ebd., S. 170–172.

141 Als Dirk Kurbjuweit angesichts der Auseinandersetzungen um den Stuttgarter Hauptbahnhof den Begriff «Wutbürger» prägte, stellte er diesen in die Nähe eines komplementären Begriffs, nämlich den des «Angstbürgers»; Kurbjuweit, «Der Wutbürger», S. 26 f.; dazu auch Jessen, *Zornpolitik*, S. 116 f.

142 So Götz Kubitschek, einer der Vordenker des deutschen Rechtspopulismus, bei einer Veranstaltung mit Uwe Tellkamp und Durs Grünbein in Dresden.

143 Vgl. Sunstein, *Gesetze der Angst*, S. 105 ff.

144 Zur Fixierung des Rechtspopulismus auf das Thema Sexualität vgl. Bednarz, *Die Angstprediger*, S. 66–115.

145 Ausführlich dazu Snyder, *Der Weg in die Unfreiheit*, S. 60 f.

146 Dazu Münkler / Münkler, *Die neuen Deutschen*, S. 30 ff.

147 Vgl. Etzemüller, *Der ewigwährende Untergang*, passim.

148 Zu nennen sind hier vor allem zwei Autoren, Ilse Schwidetzky und Giselher Wirsing, die bereits in der NS-Zeit eine publizistisch bedeutende Rolle gespielt hatten und nun ihre bevölkerungspolitische Agenda akademisch camouflierten: Schwidetzky, *Das Problem des Völkertodes*, und Wirsing, *Die Menschenlawine.*

149 Sarrazin, *Deutschland schafft sich ab*, S. 49.

150 Ebd., S. 50; zur Diskussion der Thesen Sarrazins, zu ihrer wissenschaftlichen Haltbarkeit sowie ihren Verbindungen zu rassebiologisch-eugenischen Konzeptionen der Weimarer Republik und der Nazizeit vgl. den von der Deutschlandstiftung Integration herausgegebenen Sammelband *Sarrazin. Eine deutsche Debatte.*

151 Zu nennen sind Sarrazins Bücher *Der neue Tugendterror* und *Feindliche Übernahme.*

152 Picht, *Die deutsche Bildungskatastrophe*, S. 30–32.

153 Vgl. Wodak, *Politik mit der Angst*, S. 54 ff.

154 Dazu eingehend Faber, *Abendland*; Pöpping, *Abendland*, sowie Faber / Briese (Hgg.), *Heimatland, Vaterland, Abendland.*

155 Über die strukturellen Affinitäten zwischen Rechtspopulismus und islamistischem Dschihadismus berichtet Ebner, *Wut*, passim.

156 Dieser Vorwurf richtet sich zunächst gegen Samuel Huntington, der in seinem Buch *Clash of Civilizations* die islamische Welt als einen zu politisch einheitlichem Handeln befähigten Akteur betrachtet hat. In seiner Prognose der künftigen Weltordnung akzeptierte er vorauseilend, was die Dschihadisten erst durchsetzen wollten. Huntington hat damit ein politisch folgenreiches *mental mapping* betrieben. Tatsächlich sind die islamisch geprägten Länder heute von einer gemeinsamen Politik ebenso weit entfernt, wie sie das immer waren. Vielmehr war es das Projekt eines Osama bin Laden und ähnlich Gesinnter, eine muslimische Einheitsfront gegen «den Westen» herzustellen, und dabei setzte die von ihnen verfolgte terroristische Strategie darauf, dass «der Westen» durch seine Reaktionen auf die Terroranschläge diese Einheitsfront schon herstellen werde.

157 Die Neutralisierung des Religiös-Konfessionellen im Sinne seiner Entpolitisierung ist ein zentrales Thema bei Carl Schmitt, der die Genese des neuzeitlichen Staates mit dem Erfolg dieser Neutralisierung verbunden hat. Entweder haben die selbsternannten Rechtsintellektuellen in Deutschland, die sich viel auf ihre Schmitt-Rezeption zugutehalten (vgl. Salzborn, *Angriff der Antidemokraten*, S. 63 ff.), diese Passage übersehen, oder aber sie setzen Schmitts Überlegungen in umgekehrter Richtung ein: nicht als Element bei der Errichtung von Staatlichkeit, sondern als eines bei deren Zerstörung.

158 Das hat sich auch bei der Wahl rechtsradikaler Präsidentschaftskandidaten auf den Philippinen und in Brasilien gezeigt, wo Korruption und Kriminalität funktional an die Stelle des Islam getreten sind.

159 Vgl. Salzborn, *Angriff der Antidemokraten*, S. 20 ff.

160 Zum Konzept der Natiogenese in den Sozial- und Kulturwissenschaften vgl. Münkler, *Reich, Nation, Europa*, S. 61–95.

161 Dazu Speit (Hg.), *Das Netzwerk der Identitären.*

2. Abstiegsängste, Niedergangsprognosen und ihre Profiteure

1 Dazu Rauchensteiner, *Der Tod des Doppeladlers*, S. 100 ff.; zum Gegeneinander von allgemeiner Dekadenzstimmung und problemlösenden Modernisierungsprojekten im Wien des Fin de Siècle vgl. Schorske, *Wien*, S. 23 ff. und 195 ff.

2 Zur aktuellen Herrschaft der Angst vgl. Nussbaum, *Königreich der Angst*; zu Angst und Moderne allgemein Koch, «Angst und Moderne», sowie Balke, *Politik der Angst.*

3 Vgl. Cohen, *History and Popular Memory*, bes. S. XI–XV.

4 Vgl. Müller-Funk, *Die Kultur und ihre Narrative*, S. 130–134; Koschorke, *Wahrheit und Erfindung*, S. 29–38.

5 Vgl. nach wie vor Sontheimer, *Antidemokratisches Denken in der Weimarer Republik*, sowie jetzt Hacke, *Existenzkrise der Demokratie.*

6 Zu den hier angesprochenen Fragen vgl. außer dem von Koselleck und Widmer herausgegebenen Band *Niedergang* auch Pauen, *Geschichtsphilosophie, Metaphysik und Moderne*, sowie Pross, *Dekadenz.*

7 Dazu Nolte, *Kurze Geschichte der Imperien*, S. 165 ff. und 302 ff.; eine paradigmatische Analyse des Untergangs von Zivilisationen bietet Jared Diamond, *Kollaps.*

8 Zum Traum Nebukadnezars und zu den aufeinanderfolgenden Weltreichen vgl. Koch, *Das Buch Daniel*, S. 182 ff.

9 Zur Zeitalterlehre Hesiods vgl. Becker, *Die Bedrohung der Polis*; siehe auch Fränkel, *Dichtung und Philosophie des frühen Griechentums*, S. 124 ff.

10 Die Vorstellung vom Katechon geht auf den 2. Thessalonicherbrief (2, 6 und 7) zurück, in dem der Apostel Paulus von «einem Aufhaltenden» scheibt. Zur Identifikation des Reichs mit dem Katechon vgl. Münkler, *Reich, Nation, Europa*, S. 23 ff.; zur Rolle des Katechon im Denken Carl Schmitts siehe Großheutschi, *Carl Schmitt und die Lehre vom Katechon*, S. 57 ff.

11 Zum Amselfeld-Narrativ und seinen politischen Folgen vgl. Cohen, *History and Popular Memory*, S. 1–32.

12 Ausführlich hierzu Pross, *Dekadenz*, S. 256 ff.; sowie Mehring, *Thomas Mann*, S. 72 ff.

13 Zur sich ausbreitenden Nervosität im Übergang vom 19. zum 20. Jahrhundert vgl. Radkau, *Das Zeitalter der Nervosität*, insbes. S. 173–353.

14 Rostow, *The Stages of Economic Growth.*

15 Dazu Buchheit, *Vergil über die Sendung Roms*, S. 133 ff.; auch die Gegenüberstellung von Rom und dem von den Römern zerstörten Karthago ist eine Vergewisserung der Dauer Roms, denn Rom ist ganz anders als Karthago (ebd., S. 173 ff.).

16 Gibbon, *Verfall und Untergang des Römischen Reichs*; neben Gibbon ist für den deutschen Kulturkreis noch Otto Seecks *Geschichte des Untergangs der antiken Welt* zu nennen. Dazu Demandt, *Der Fall Roms*, S. 13 ff. und passim; zur Bedeutung von Gibbons Werk für den britischen Diskurs am Ende des 19. und Anfang des 20. Jahrhunderts eingehend Hausteiner, *Greater than Rome*, S. 103 ff.

17 Dazu Silbermann, *Propheten des Untergangs*.

18 Vgl. Löwith, *Weltgeschichte und Heilsgeschehen*.

19 Vgl. Sieferle, *Fortschrittsfeinde?*. Rolf Peter Sieferle steht exemplarisch für die Gruppe derer, die sich, von einer links-ökologischen Kritik an den Verwertungsimperativen des Kapitalismus ausgehend, mehr und mehr der politischen Rechten zugewandt haben, um schließlich in den breiten Chor neurechter Untergangspropheten einzustimmen.

20 Machiavelli, *Politische Schriften*, S. 318.

21 Die Vorstellung von einem zyklisch stationären Geschichtsverlauf ließ sich nach der Aufklärung nur noch als radikaler Geschichtspessimismus fortführen, wie man ihn etwa bei Arthur Schopenhauer findet. «Durchgängig und überall», heißt es in dessen Hauptwerk *Die Welt als Wille und Vorstellung*, «ist das ächte Symbol der Natur der Kreis, weil er das Schema der Wiederkehr ist: diese ist in der These die allgemeinste Form der Natur, welche sie in Allem durchführt, vom Laufe der Gestirne an, bis zum Tod und der Entstehung organischer Wesen, und wodurch allein in den rastlosen Strohm der Zeit und ihres Inhalts doch ein bestehendes Daseyn, d. i. eine Natur, möglich wird.» Schopenhauer, *Die Welt als Wille und Vorstellung*, Bd. 2, Teilbd. 2, S. 559 (= *Werke in zehn Bänden*, Bd. 4.).

22 Vgl. Spengler, *Reden und Aufsätze*, S. 63 f.

23 Dazu Demandt/Farrenkopf (Hgg.), *Der Fall Spengler*, sowie Demandt, *Untergänge des Abendlandes*; für den Versuch einer Aktualisierung Spenglers mit anderen politischen Zielsetzungen als denen Spenglers vgl. Krebs, *Die imperiale Endzeit*.

24 Die Entgegensetzung von Kultur und Zivilisation hat in den Polemiken französischer und deutscher Wissenschaftler während des Ersten Weltkriegs, als der erste Band von Spenglers *Untergang* entstand, eine zentrale Rolle gespielt.

25 Die Vorstellung vom Anbruch eines «caesarischen Zeitalters» und der historischen Obsoleszenz der Demokratie zeigt Spengler als Feind der Weimarer Republik und ihrer politischen Ordnung. Spengler war jedoch kein bedingungsloser Anhänger Hitlers und des Nationalsozialismus; an Letzterem fehlte ihm der «preußische Stil», und Ersteren hielt er dem italienischen «Caesaren» Mussolini für unterlegen; vgl. Felken, *Oswald Spengler*, S. 219–237.

26 Ferrari Zumbini, «Macht und Dekadenz», S. 89.

27 Diese Analogie ist von deutscher Seite während des Krieges immer wieder hergestellt worden; vgl. Münkler, «Die Antike im Krieg», S. 60 ff.; zu Spenglers Analogien zwischen Rom und Deutschland beziehungsweise Karthago und England vgl. Ferrari Zumbini, «Macht und Dekadenz», S. 77.

28 Farrenkopf, «Klio und Caesar», S. 45–73, hier S. 46 f.

29 Die einschlägigen Äußerungen Nietzsches sind zahlreich. In *Die Geburt der Tragödie* beklagt Nietzsche, ihm sei das «griechische Problem» zwar aufgegangen, aber durch «die Einmischung der modernsten Dinge» verdorben worden – «und das zu einer Zeit, wo der deutsche Geist, der nicht vor Langem noch den Willen zur Herrschaft über Europa, die Kraft zur Führung Europas gehabt hatte, eben letztwillig und endgültig *abdankte*, und, unter dem pomphaften Vorwande einer Reichs-Begründung, seinen Übergang zur Vermittelmäßigung, zur Demokratie und den ‹modernen Ideen› machte» (*Die Geburt der Tragödie*, S. 38 f.). Oder in der *Götzen-Dämmerung*: «Es zahlt sich teuer aus, zur Macht zu kommen: die Macht verdummt ... Die Deutschen, man hieß sie einst das Volk der Denker: denken sie heute überhaupt noch? Die Deutschen langweilen sich jetzt am Geiste, die Deutschen misstrauen jetzt dem Geiste, die Politik verschlingt allen Ernst für wirklich geistige Dinge – ‹Deutschland, Deutschland über alles›, ich fürchte, das war das Ende der deutschen Philosophie.» (*Götzen-Dämmerung*, S. 122)

30 Die Formulierung findet sich in einem Brief an Ida Boy-Ed vom 5. Dezember 1922; vgl. Thomas Mann, *Briefe 1889–1936*, S. 202. Mann setzte sich in zwei Texten ausführlich mit Spengler auseinander: in seinem Essay «Über die Lehre Spenglers» und in seinem Vortrag «Von deutscher Republik». Für eine genaue Analyse von Thomas Manns anfänglicher Faszination und anschließender Abkehr von Oswald Spenglers Untergangsprophetien vgl. Beßlich, *Faszination des Verfalls*, insbes. S. 26–33 und S. 35–39.

31 Dazu Münkler, *Der Große Krieg*, S. 248 ff.

32 Spengler, *Der Untergang des Abendlandes*, S. 1109.

33 Paradigmatisch dafür ist der Sammelband Demandt / Farrenkopf (Hgg.), *Der Fall Spengler*; darin insbesondere Rüdiger vom Bruch, «Kulturpsychologie und Kulturbiologie». Auch die Interpretation Alexander Demandts (*Untergänge des Abendlandes*) betrachtet Spengler als Geschichtstheoretiker, der vergleichend in den Kreis anderer Zyklentheoretiker, Apokalyptiker und Kulturmorphologen gestellt wird.

34 Das lässt sich nicht zuletzt an der neurechten Zeitschrift «Sezession» nachvollziehen, die Spengler schon 2005 ein Themenheft gewidmet und sich wiederholt mit ihm beschäftigt hat. Hier gefällt offenbar

das dezidiert Elitäre an Spenglers Denken, sein quasinaturwissenschaftlicher Gestus wie auch der von ihm bevorzugte Tonfall von Kälte und Entschlossenheit.

35 Spengler und Toynbee werden von David Engels als «Höhepunkt der komparatistischen Geschichtsbetrachtung» bezeichnet, insofern sie «eine in dieser Vollständigkeit (...) nie dagewesene Systematik der Weltgeschichte durch strenge Parallelisierung aller menschlichen Hochkulturen» vorgelegt hätten. Engels, *Auf dem Weg ins Imperium*, S. 43.

36 Onfray, *Niedergang*, S. 653.

37 Sieferle, *Finis Germania*, S. 46 f.

38 Fritz Stern behandelt in seinem Buch *Kulturpessimismus als politische Gefahr* Spengler nicht, sondern konzentriert sich auf Paul de Lagarde, Julius Langbehn sowie Arthur Moeller van den Bruck.

39 Hegel, *Phänomenologie des Geistes*, S. 158 ff.; Jürgen Ebach (*Kassandra und Jona*, insbes. S. 9–12) hat das Drama des Untergangspropheten an der Gestalt des biblischen Jona nachgezeichnet, der den ihm von Gott aufgetragenen Gang nach Ninive verweigert, weil er fürchtet, die Menschen würden, wenn er ihnen die wegen ihres Verhaltens von Gott verhängte Strafe angekündigt habe, ihr Leben ändern, was Gott wiederum dazu veranlassen werde, von einer Bestrafung der Einwohner Ninives abzusehen. Jona sieht in einer solchen Wendung der Geschicke Ninives keinen Erfolg seines Wirkens, sondern eine Blamage seines Prophetentums. Die Eitelkeit des Intellektuellen ist bei ihm stärker als das Bedürfnis nach politischer Wirksamkeit, weil kaum einer diese als Folge seiner Warnungen erkennen würde. Als Gegenfigur zu Jona stellt Ebach Kassandra heraus, bei der das vorausgesagte Unglück eintritt, weil niemand auf sie hört. Die Nichtbeachtung von Kassandras Warnungen ist durch einen göttlichen Fluch sichergestellt. Es kommt nicht von ungefähr, dass Intellektuelle als *Söhne der Kassandra* (Harry Pross) und nicht als «Kinder Jonas» bezeichnet werden. Dass apokalyptische Untergangsszenarien sich gerade unter deutschen Intellektuellen einer großen Beliebtheit erfreuen, hat Klaus Vondung (*Die Apokalypse in Deutschland*, insbes. S. 150–257) ausführlich dargestellt.

40 Diesen Satz soll Wilhelm I. am Tag nach der Schlacht von Sedan an seine Frau telegraphiert haben. Ab 1873 wurde der Satz im Deutschen Reich unter Ersetzung von «Fügung» durch «Führung» zum Motto des alljährlich begangenen Sedantags.

41 Dazu Biebricher, *Geistig-moralische Wende*, S. 45 ff.

42 Vgl. Hornung (Hg.), *Mut zur Wende*, passim; zuvor bereits in diesem Sinne Rohrmoser, *Zur geistig-ethischen Erneuerung*.

43 Benjamin, «Über den Begriff der Geschichte», S. 695. Benjamin setzt sich hier mit der Niederlage der politischen Linken gegenüber dem

Faschismus auseinander, die von ihm nicht zuletzt auf deren Sorglosigkeit infolge des Fortschrittsglaubens zurückgeführt wird.

44 Ebd., S. 697 f.

45 Benjamin, *Gesammelte Schriften*, Bd. I, 3, S. 1232; zur Lokomotivmetapher vgl. Euchner, «‹Die Revolutionen sind die Lokomotiven der Geschichte›», S. 277–307.

46 Vgl. Anders, *Die atomare Drohung*, sowie ders., *Die Antiquiertheit des Menschen*, insbes. Bd. 1, S. 276 ff.; Ebach (*Kassandra und Jona*, S. 19) merkt an, wenn Ernst Bloch mit seinem Werk *Das Prinzip Hoffnung* der Philosoph der 1960er Jahre gewesen sei, so sei Anders der Philosoph der 1980er Jahre geworden.

47 Chomsky, *Kampf oder Untergang!*, S. 22 f.

48 Ebd., S. 123.

49 Offenbar sieht Chomsky in Henry Kissinger seinen eigentlichen Antipoden: den Intellektuellen, der «zum Schmeichler des Hofes» wurde (ebd., S. 25) und dem man die Macht übertragen hat, damit er den «Herren der Menschheit» diene.

50 Ebd., S. 23.

51 Ebd., S. 179.

52 Ebd., S. 181.

53 Ebd., S. 29.

54 Vgl. Münkler / Straßenberger, *Politische Theorie und Ideengeschichte*, S. 262 ff.

55 Chomsky, *Kampf oder Untergang!*, S. 65.

56 Ebd., S. 147.

57 Die Relativierung von Niedergangsdiagnosen durch den Verweis auf den Zeitpunkt der Beobachtung und den Standpunkt des Beobachters erfolgt analog zu Karl Mannheims wissenssoziologischer Dechiffrierung von Ideologie und Ideologieverdacht: Ideologie im Sinne «falschen Bewusstseins» wird in der Regel dem politischen Kontrahenten attestiert und als Ausdruck seiner sozialen Interessenlage erklärt. Da die Standortgebundenheit für den je Attestierenden ebenso gilt, gerät man schnell zu einem «totalen Ideologiebegriff», bei dem es keine Beobachterposition gibt, die nicht selbst ideologisch ist (Mannheim, *Ideologie und Utopie*, S. 49–94). Mannheims Bemühen zielt auf eine Position des Intellektuellen, die nicht sozial gebunden ist.

58 Vgl. van Dülmen, *Reformation als Revolution*, und Goertz (Hg.), *Radikale Reformatoren*.

59 Allgemein Mayer-Tasch, *Über Prophetie und Politik*.

60 Gibbon hat auf einen Vergleich zwischen Ost- und Westrom keinen großen Wert gelegt: Seine Darstellung der Spätphase des Ostreichs zeichnet sich durch abgrundtiefe Verachtung für die äußere Schwäche

und das innere Elend dieses Reichs aus und kann darum wenig zur Erklärung von dessen Dauer beitragen. Umso stärker sind dafür die von Gibbon nahegelegten Analogien zur Gegenwart des britischen Empire ausgeprägt, das während der Niederschrift (Gibbon schrieb die letzten Zeilen seines Buches im Sommer 1787) einen Teil seines amerikanischen Territoriums verloren hatte.

61 Gibbon, *Verfall und Untergang des Römischen Reiches*, S. 51. Gibbon löst das oben beschriebene Prophetendilemma, indem er den Propheten durch den Historiker als «rückwärtsgewandten Propheten» ersetzt: Erst im Rückblick wird deutlich, welchen Verlauf die weitere Geschichte nehmen *musste*. Die historische Darstellung offenbart, was in der Gegenwart notwendig verborgen blieb. Damit ist auch das epistomologische Problem gelöst: Die Beobachtung des Niedergangs gründet sich nicht auf göttliche Eingebung, sondern auf eine systematische Betrachtung der Geschichte.

62 Ebd., S. 53.

63 Zum Anspruch Russlands, eine Filiation Ostroms zu sein, vgl. unten, S. 149 f.

64 Gibbon, *Verfall und Untergang*, S. 50 ff. «Sie behaupteten, daß sich mit der Vervollkommnung der Künste und Gewerbe das Menschengeschlecht sichtlich vermehrt habe»: Ein Topos der älteren Niedergangsvorstellungen lautete, dass es früher mehr Menschen als jetzt gegeben habe und ihr zahlenmäßiger Rückgang ein Indikator des Niedergangs sei.

65 Auch der Althistoriker Eduard Meyer hat die Pax Romana als eine Ursache der römischen Dekadenz angesehen.

66 Im Prinzip handelt es sich hier um ein altes republikanisches Argument, das gegen das Versprechen von Ruhe und Sicherheit in der monarchischen Ordnung gerichtet war. Republiken sind demnach der institutionalisierte Konflikt, wobei die Konfliktaustragung jedoch reguliert und begrenzt werden musste, so dass sie nicht in einen Bürgerkrieg umschlagen konnte. Der politische Dauerstress, den republikanische Ordnungen ihren Bürgern zumuten, verhindert, dass Situationen eintreten, denen die an Ruhe, Sicherheit und Ordnung gewöhnten Bürger nicht gewachsen sind.

67 Mit Einzelnachweisen zu den Stellungnahmen von Irving Kristol, Christopher Hitchens sowie Frederick und Robert Kagan vgl. Robin, *Der reaktionäre Geist*, S. 229–250.

68 Tatsächlich bemühte sich Bill Clinton sehr wohl um eine neue US-amerikanisch geprägte Weltordnung, nur setzte er dabei mehr auf ökonomische als auf militärische Macht.

69 Dazu Robin, *Der reaktionäre Geist*, S. 241 ff.

70 Demandt, *Der Fall Roms*, S. 246–273.

71 Beispiele für diese Sicht des Islams in der rechtsradikalen bis rechts-populistischen Literatur finden sich bei Ulfkotte, *Vorsicht Bürgerkrieg!*, insbes. S. 189–250, sowie Onfray, *Niedergang*, S. 580–620; zur Thematisierung der Religion in der Neuen Rechten Salzborn, *Angriff der Antidemokraten*, S. 87 ff., sowie Bednarz, *Die Angstprediger*, S. 127 ff.

72 Demandt, *Der Fall Roms*, S. 274–346.

73 Ulfkotte, *Vorsicht Bürgerkrieg*, S. 31–90, insbes. S. 69 ff.; zu den sachlichen Verbindungen zwischen sozialer Spaltung und Rechtspopulismus vgl. Manow, *Die politische Ökonomie des Populismus*, S. 70 ff.

74 Demandt, *Der Fall Roms*, S. 347–396.

75 Ebd., S. 368 ff.

76 Sieferle, *Finis Germania*, S. 24.

77 Ebd., S. 95.

78 Protagonist dieser Sichtweise ist in Deutschland Thilo Sarrazin mit dem Buch *Deutschland schafft sich ab*, insbes. S. 331–390; für eine kritische Auseinandersetzung mit der genetischen Begründung des angeblichen Niedergangs vgl. die Beiträge von Peter Weingart, Diethard Tautz, Coskun Canan und Thomas Etzemüller in Haller / Niggeschmidt (Hgg.), *Der Mythos vom Niedergang der Intelligenz*.

79 Demandt, *Der Fall Roms*, S. 397–430.

80 «Werteverfall und der Zerfall staatlicher Macht» hat Udo Ulfkotte Teil III seines Buches *Vorsicht Bürgerkrieg!* (S. 189–231) überschrieben. Darin finden sich Zwischenüberschriften wie «Rückfall in die Barbarei», «Hommage ans Gesindel», «Richter – Schlappschwänze in Roben» oder «Die importierte Respektlosigkeit». Tatsächlich ist die Gewaltkriminalität in Deutschland im Verlauf der letzten Jahrzehnte kontinuierlich zurückgegangen (vgl. Wüllenweber, *Frohe Botschaft*, S. 36–38). Das gilt auch für Städte mit einem hohen Migrantenanteil (ebd., S. 49 f.).

81 Sieferle, *Finis Germania*, S. 20 f.

82 Ebd., S. 56.

83 Ebd., S. 92.

84 Spengler, *Untergang des Abendlands*, S. 678.

85 Sieferle, *Finis Germania*, S. 92 f.

86 Zur Praxis des kaiserlichen Euergetismus in Rom und zu ihren politischen Folgen vgl. Veyne, *Brot und Spiele*, S. 442–632.

87 Vgl. Nitsche, «Moskau – das Dritte Rom?», S. 341 ff. Der intellektuelle Ziehvater dieses russischen Selbstbewusstseins ist Nikolai Jakovlevič Danilevskij mit seinem Buch *Rußland und Europa* von 1869, in dem er die Auffassung vertritt, die lokale Selbstverwaltung des *mir* habe Russland vor der «Krankheit Europas», dem landlosen Proletariat, bewahrt. Er fordert, Russland solle Konstantinopel erobern und es zur Haupt-

stadt eines slawischen Imperiums machen; dazu Berdjaev, *Die russische Idee*, S. 54–83, insbes. S. 78 ff.

88 So Kerstin Holm, «Auf diesen Mann hört Putin»; in: *Frankfurter Allgemeine Zeitung*, 16. Juni 2014, S. 9.

89 Dazu Schuppert, *Governance of Diversity*, S. 23–46.

90 Jean-Christophe Rufin hat in seinem Buch *Die neuen Barbaren*, das von der Ablösung des Ost-West- durch den Nord-Süd-Konflikt handelt, auf die Konstruktion eines «Südens» bereits im politischen Denken der Römer hingewiesen (S. 12–26), mit der Rom sich eine den mittelmeerischen Raum übergreifende universelle «Mission» verschafft habe. Das hat Rufin kritisch auf die damals neue globale Dominanz der USA bezogen. Doch auf die kurze Ära interventiver Dominanz folgte eine ängstliche Abschottung, die im Bau von Zäunen und Mauern ihren Ausdruck findet.

91 Sieferle, *Finis Germania*, S. 84.

92 Mohler, *Die Konservative Revolution*, 2 Bde.; zu Moeller van den Bruck vgl. Stern, *Kulturpessimismus*, S. 223–317.

93 Vgl. Moeller van den Bruck, *Das Recht der jungen Völker*.

94 Sieferle hat sich in seinem Buch *Die Konservative Revolution* mit Moeller nicht explizit auseinandergesetzt.

95 Vgl. von See, *Barbar, Germane, Arier*, insbes. S. 31–60, sowie Schneider, *Der Barbar*, S. 105–132 und 201–233.

96 Vgl. Schneider, *Der Barbar*, S. 245–266.

97 Die nachfolgenden Ausführungen zu Michel Houellebecq stützen sich auf dessen Romane *Die Möglichkeit einer Insel*, *Plattform* und *Unterwerfung*.

98 Daniel 1, der Berichterstatter aus der Endzeit des Menschengeschlechts, erwähnt Schopenhauer und Nietzsche mehrfach als intellektuelle Referenzfiguren seiner Weltsicht.

99 Langeweile und der Versuch, sie zu überspielen, sind ein durchgängiges Thema in den Romanen Houellebecqs. Er greift damit ein Problem auf, das die bürgerliche Gesellschaft seit ihren Anfängen beschäftigt hat – jedenfalls dort, wo ein verlässliches Einkommen die Sorge um den Lebensunterhalt begrenzt hat; vgl. Decker, *Besuch vom Mittagsdämon*, S. 39 ff., sowie Große, *Philosophie der Langeweile*, insbes. S. 51 ff.

100 In diesem Zusammenhang sollte nicht unerwähnt bleiben, dass Houellebecqs Nietzsche-Bezüge kein adäquates Bild von Nietzsche und dessen *Zarathustra* bieten; für eine philosophisch anspruchsvolle Interpretation vgl. Meier, *Was ist Nietzsches Zarathustra?*

101 Aus beiläufigen Bemerkungen geht hervor, dass zunächst infolge des Abschmelzens der Polkappen große Teile der Erde im Wasser versunken sind; danach kam eine große Dürre, die für Hungersnöte sorgte.

Die Verluste an bewohnbarem Raum und die anschließenden Migrationsbewegungen haben offenbar zu Atomkriegen geführt, in denen dann der Rest der Zivilisation vernichtet wurde.

102 Ein expliziter Bezug auf Toynbee findet sich in *Unterwerfung*, S. 228; zu Toynbee vgl. Herman, *Propheten des Untergangs*, S. 257–302.

103 Houellebecq, *Unterwerfung*, S. 230 ff.

104 Dass dieser Rechtskatholizismus zur ideologischen Grundlage des Vichy-Regimes von 1940 bis 1944 wurde, dürfte Houellebecq bewusst gewesen sein; zu ähnlichen intellektuellen Verbindungslinien in Deutschland vgl. Faber, *Lateinischer Faschismus*, insbes. S. 77–95. Neben den evangelikalen Bewegungen weist auch der konservative Katholizismus heute oftmals eine Nähe zum Rechtspopulismus auf; dazu Bednarz, *Die Angstprediger*, S. 218 ff.

105 Zu den Pointen von *Unterwerfung* gehört, dass viele, die zuvor der Bewegung der Identitären angehört haben und für die Verteidigung des «Abendlands» gegen die Islamisierung angetreten sind, nach dem Wahlsieg des muslimischen Präsidenten und der Zulassung der Scharia zum Islam konvertierten, weil sie hier ihre Ideen verwirklicht sehen: die Ablehnung von Individualismus, Gleichberechtigung und einer auf dem Konkurrenzprinzip beruhenden Wirtschaft.

106 Dazu ausführlich Moreau, «Die neue Religion der Rasse», insbes. S. 138 ff., sowie Christadler, «Die ‹Nouvelle Droite› in Frankreich», S. 181 ff.; zur Rezeption der ursprünglich französischen Ideen in der deutschen Rechten seit Beginn des 21. Jahrhunderts vgl. Salzborn, *Angriff der Antidemokraten*, S. 34–62 sowie 164 ff. Als neurechte Programmschrift vgl. Pirinçci, *Umvolkung*, sowie Sellner *Identitär!*; eine umstandslose Übertragung des Entropiegesetzes auf die geschichtliche Entwicklung von Zivilisationen im hier angesprochenen Sinn nimmt auch Onfray in *Niedergang* vor.

107 Dazu allgemein Speit (Hg.), *Das Netzwerk der Identitären*; zur Rezeption französischer Theoretiker vgl. ders., «Identitärer Aufbruch», S. 42–55.

108 Julia Ebner hat in *Wut* auf eine Reihe weiterer Ähnlichkeiten zwischen Rechtsextremisten beziehungsweise Identitären und Dschihadisten hingewiesen.

109 Vgl. Salzborn, *Angriff der Antidemokraten*, S. 177 ff.

110 Vgl. Münkler (Hg.), *Furcht und Faszination*.

111 Dazu Wenkus, *Stammesbildung und Verfassung*; ebenso Demandt, «Die Anfänge der Staatenbildung bei den Germanen».

112 Vgl. Benedict Anderson, *Die Erfindung der Nation*, insbes. S. 44–54.

113 Engels, *Auf dem Weg ins Imperium*, S. 232 ff.

114 Toynbee, *Der Gang der Weltgeschichte*, Bd. 2, S. 406 ff.

115 Zur «Typologie der Vielfalt» und der Frage «Elite versus Homogenität»

im Kontext dieser Debatte vgl. Martin Meyer, *Ende der Geschichte?*, S. 32 ff. und 183 ff.; die Frage nach der Zukunft des Sozialismus nach dem Verschwinden der weltgeschichtlichen Alternativen stellt Perry Anderson in *Zum Ende der Geschichte*, S. 140–160.

116 Vgl. Demandt, *Untergänge des Abendlandes*, S. 23–26.

117 Onfray, *Niedergang*, S. 578 f.

118 Verena Gutsche hat in ihrer vergleichenden Analyse britischer und deutscher Niedergangsdiskurse während der ersten drei Jahrzehnte des 20. Jahrhunderts Kinderlosigkeit, Vermassung, Wachstum der Städte, Beschleunigung und Entgeistung als behauptete Symptome des Niedergangs in diesen Diskursen identifiziert (*«Niedergang»*, S. 245–365). Alle diese Symptome sind eng mit der Großstadt verbunden.

119 Hierzu und zum Folgenden vgl. ebd., S. 246–270, sowie Herman, *Propheten des Niedergangs*, S. 137–181.

120 Sarrazin, *Deutschland schafft sich ab*, S. 331–390.

121 Zur Berufung auf das Volk und dessen Konstruktion als ethnische Identität vgl. Wildt, *Volk, Volksgemeinschaft, AfD*, S. 91–120.

122 Sieferle, *Finis Germania*, S. 58.

123 In *Die fröhliche Wissenschaft* (§ 40, S. 67 f.) heißt es, die Masse sei zu jeder Form von Sklaverei bereit, solange sie spüre, dass die Befehle von oben eine vornehme Form hätten. Diese «Vornehmlichkeit» des Befehls sei in einer «militärischen Kultur» gegeben, nicht jedoch in einer «industriellen Kultur», die deswegen stetig Gefahr laufe, in den Sozialismus umzukippen.

124 Le Bon, *Psychologie der Massen*; vgl. Moscovici, *Das Zeitalter der Massen*, S. 71 ff., sowie Gutsche, *«Niedergang»*, S. 231–295.

125 Zu Rohrbach und der Rezeption seines Buches vgl. Gutsche, *«Niedergang»*, S. 237–243.

126 Ebd., S. 318.

127 Ebd., S. 296–318.

128 So heißt es in der «Catilinarischen Verschwörung» (37,5): «Zunächst einmal gab es diejenigen, die sich überall durch Sittenlosigkeit und Unverschämtheit ganz besonders hervortaten, ebenso andere, die durch ein schändliches Leben ihr Erbe verloren hatten, schließlich all diejenigen, die eine Untat oder ein Verbrechen in die Verbannung getrieben hatte – alle diese Existenzen waren nach Rom wie in eine Kloake geströmt.» Sallust, *Werke*, S. 39.

129 Bei der großen Hure Babylon, die der Schreiber der Offenbarung sieht, handelt es sich um Rom; von ihr heißt es: «Sie hielt einen goldenen Becher in der Hand, der mit dem abscheulichen Schmutz ihrer Hurerei gefüllt war. Auf ihrer Stirn stand ein Name, ein geheimnisvoller Name: Babylon, die Große, die Mutter der Huren und aller Abscheulichkeiten

der Erde. Und ich sah, daß die Frau betrunken war vom Blut der Heiligen und vom Blut der Jünger Jesu.» (17,6) Der Engel, der den Fall Babylons / Roms verkündet, ruft: «Gefallen, gefallen ist Babylon, die Große! Zur Wohnung von Dämonen ist sie geworden, zur Behausung aller unreinen Geister und zum Schlupfwinkel aller unreinen und abscheulichen Vögel. Denn vom Zornwein ihrer Unzucht haben alle Völker getrunken, und die Könige der Erde haben mit ihr Unzucht getrieben. Durch die Fülle ihres Wohlstands sind die Kaufleute der Erde reich geworden.» (18, 2 und 3). Zitat nach der Einheitsübersetzung der *Neuen Jerusalemer Bibel*.

130 Dazu ausführlich Herman, *Propheten des Untergangs*, S. 394–447.

131 Nach den Berechnungen des DIW von 2017 lag bis zum Ende der 1990er Jahre die Entwicklung des realen Haushaltseinkommens der unteren 40 Prozent deutscher Einkommensbezieher mit dem der oberen 60 Prozent ungefähr gleichauf, bevor sich nach der Jahrhundertwende beide Verläufe deutlich voneinander entfernten: Während das Einkommen der unteren 40 Prozent um 2012 bei dem Niveau von 1991 lag, hatte sich das der oberen 60 Prozent auf mehr als 115 Prozent des Stands von 1991 gesteigert; vgl. die DIW-Statistik bei Heitmeyer, *Autoritäre Versuchungen*, S. 153, Abb. 24.

132 Zur Relativierung der Deutschland betreffenden Armutsstatistiken, denen zufolge 15,7 Prozent der Bevölkerung als arm gelten, vgl. Cremer, *Deutschland ist gerechter, als wir meinen*, S. 72 ff.; zum Armutsrisiko der Kinder von Alleinerziehenden ebd., S. 79 f.

133 Das Sozialbudget Deutschlands, in dem die Sozialausgaben des Bundes, der Länder und der Kommunen zusammengefasst sind, stieg von 400 Milliarden Euro im Jahr 1991 auf 960 Milliarden Euro im Jahr 2017, hat sich somit innerhalb eines Vierteljahrhunderts mehr als verdoppelt. Die Erzählung vom neoliberalen Sozialstaatsabbau ist insofern nicht zutreffend, jedenfalls nicht in der Form, wie sie verbreitet wird. Aussagekräftiger als die bloßen Zahlen der verausgabten Summen ist die Sozialleistungsquote, die das Verhältnis des Sozialbudgets zum Bruttoinlandsprodukt angibt. Sie lag zu Beginn des 20. Jahrhunderts bei 2,4 Prozent, um Mitte der 1970er Jahre, also in der goldenen Zeit des westdeutschen Sozialstaats, etwa 26 Prozent zu erreichen. Heute liegt sie bei 29 Prozent. Zahlen nach Cremer, *Deutschland ist gerechter, als wir meinen*, S. 95 ff.

134 Nachtwey, *Die Abstiegsgesellschaft*; ein ähnliches narratives Muster findet sich auch bei Streeck, *Gekaufte Zeit*. Am Anfang dieses Kontrastierungsnarrativs steht Sennett, *Der flexible Mensch*, der die den Einzelnen betreffenden Kosten des neuen Kapitalismus vor dem Hintergrund des alten Kapitalismus berechnet.

135 Nachtwey, *Abstiegsgesellschaft*, S. 17–41 und 119–179.

136 Ebd., S. 181–233.

137 Sennett, *Der flexible Mensch*, S. 57 ff. und 99 ff.; ders., *Die Kultur des neuen Kapitalismus*, S. 146 ff.

138 Vgl. dazu mit entgegengesetzter Akzentsetzung Niehues, «Deutschlands Mittelschicht in Abstiegsangst?», S. 53 ff., und Lessenich, «Die ewige Mitte und das Gespenst der Abstiegsgesellschaft», S. 163 ff.; zu politischen Konsequenzen Manow, «Der Extremismus der Mitte», S. 10 f.

139 Dazu Clemens Pornschlegel, «Das gelbe Europaproblem»; in: *Frankfurter Allgemeine Sonntagszeitung*, 13. Januar 2019, S. 40, sowie de la Riva, «Aufstand der Gelbwesten», S. 21–24.

140 Zur politiktheoretischen Unterscheidung zwischen Revolte und Revolution vgl. Münkler / Straßenberger, *Politische Theorie und Ideengeschichte*, S. 315–342.

141 Beck, *Die Risikogesellschaft*; Butterwegge, *Wohlfahrtsstaaten im Wandel*.

142 Bauman, *Moderne und Ambivalenz*.

143 So die These von Thomas Bauer in seinem Buch *Die Vereindeutigung der Welt*.

144 Dazu Heitmeyer, *Autoritäre Versuchungen*, S. 121 f.

145 Zur Unterscheidung zwischen Angst und Furcht vgl. oben, S. 89 ff.

146 Heitmeyer, *Autoritäre Versuchungen*, S. 133.

147 Vgl. etwa Dörre, «Einführung zum Abschnitt Gewerkschaften», S. 57 ff.

148 Der Begriff «Spaltung» dramatisiert die Lage über Gebühr; er ist eher ein Warnhinweis als eine soziologisch angemessene Bezeichnung. Zwar haben sich die Einkommensunterschiede vergrößert, aber von einem «Zerfall der Mitte» kann nicht die Rede sein; vgl. Cremer, *Deutschland ist gerechter, als wir meinen*, S. 39 ff.

149 So stehen einem Tiefstand von 19,7 Milliarden im Normalarbeitsverhältnis Beschäftigten im Jahre 2005 inzwischen 21,7 Milliarden in dieser Form Beschäftigte im Jahr 2014 gegenüber – ein Zuwachs von etwa 10 Prozent innerhalb eines Jahrzehnts; ebd., S. 59.

150 Luc Boltanski und Ève Chiapello haben mit Blick auf die Entstehung des Niedriglohnsektors von einer «Dekonstruktion der Arbeitswelt» gesprochen; *Der neue Geist des Kapitalismus*, S. 261–368.

151 Für eine ausführliche Beschreibung des «Bedeutungsverlusts der Gewerkschaften» vgl. ebd., S. 310–338.

152 Boltanski und Chiapello sprechen von einer «Infragestellung», aber auch von dem «Auflösungsprozess» der sozialen Klassen; ebd., S. 338 ff. und 346 ff. Demnach war die Existenz sozialer Klassen die Grundlage für die

Solidarität unterschiedlicher Berufsgruppen und damit einer breit auf-
gestellten gewerkschaftlichen Interessenvertretung.

153 Polanyi, *The Great Transformation*, S. 13.

3. Die Bildungsrepublik: ein unvollendetes Projekt

1 Interview der dpa mit Otto Kenzler, 17. April 2007 (vgl.: https://www.
zdh.de/presse/interviews/archiv-interviews/handwerk-mahnt-bes
sere-schulbildung-an/?L=0; letzter Zugriff am 3. April 2019).

2 Pressemitteilung des Bundesverbands des Deutschen Handwerks vom
12. Februar 2013: «Berufsbildungsreform muss im Erziehungssystem
beginnen!» (https://www.zdh.de/presse/pressemitteilungen/archiv-
pressemeldungen/berufsbildungsreform-muss-im-erziehungssystem-
beginnen/?L=0; letzter Zugriff am 3. April 2019).

3 Füller, *Schlaue Kinder, schlechte Schulen*, S. 157–178; Ders.: «Im Land der
Bildungsarmut», Hans Böckler Stiftung, Magazin *Mitbestimmung* Aus-
gabe 05/2008 (https://www.boeckler.de/20460_20465.htm#; letzter
Zugriff am 6. Mai 2018).

4 «Bildungskrise. Warum das Hauptschulsterben die Wirtschaft gefährdet», *Wirtschaftswoche* vom 8. April 2010 (https://www.wiwo.de/
politik/deutschland/bildungskrise-warum-das-hauptschulsterben-
die-wirtschaft-gefaehrdet/5634234-all.html; letzter Zugriff am 6. Mai
2019).

5 http://www.bundespraesident.de/SharedDocs/Reden/DE/Roman-
Herzog/Reden/1997/04/19970426_Rede.html; letzter Zugriff am
7. Mai 2018.

6 Vgl. Artelt u. a., *PISA 2000. Zusammenfassung zentraler Befunde.* Dieser
und die nachfolgenden Berichte finden sich unter: https://www.pisa.
tum.de/home/; letzter Zugriff am 3. April 2019.

7 Vgl. Bude, *Bildungspanik.*

8 Vgl.https://www.faz.net/aktuell/politik/inland/nationaler-bildungs
bericht-merkel-ruft-bildungsrepublik-aus-1545858.html, zuletzt aktu-
alisiert am 12. Juni 2008; letzter Zugriff am 3. April 2019.

9 Vgl. Autorengruppe Bildungsberichterstattung: *Bildung in Deutschland
2018* (Nationaler Bildungsbericht), S. 120.

10 Zit. nach Führ, «Bismarck», S. 115.

11 Vgl. Nida-Rümelin, *Akademisierungswahn.*

12 Picht, *Die deutsche Bildungskatastrophe*, S. 25.

13 Ebd., S. 31.

14 Gemessen an der Aufmerksamkeit, die sie errangen, waren Pichts
Thesen bemerkenswert erfolgreich. Auf die Bildungspolitik hatten sie

– trotz einer von ihnen ausgelösten Bundestagsdebatte – weit weniger Auswirkungen. Wenn man Pichts Buch heute liest, kann man den Eindruck gewinnen, dass sich zwar vieles geändert, aber nichts grundlegend gebessert hat.

15 Vgl. Dahrendorf, *Bildung ist Bürgerrecht*. Das Buch erschien zunächst als sechsteilige Artikelserie in der *Zeit*. Sie ist zugänglich auf Zeit Online: https://www.zeit.de/2015/46/ralf-dahrendorf-streitschrift-bildung-buergerrecht-aktualitaet.

16 Dahrendorf, *Bildung für alle*, Teil 4.

17 Ebd.

18 Ebd. Diese Aussage trifft auch auf Thilo Sarrazin zu. Einerseits hält Sarrazin frühkindliche Bildung und die Förderung aller Schülerinnen und Schüler für wichtig, andererseits bezeichnet er in *Deutschland schafft sich ab* muslimische Schüler als minder intelligent und führt ihre schwachen Bildungsergebnisse auf die islamische Kultur zurück. Dass für diese Ergebnisse in erster Linie die Tatsache ursächlich sein könnte, dass viele dieser Schüler eingeschult worden sind, ohne dass man sich die Mühe gemacht hat, ihnen zuvor Deutschunterricht zu erteilen, wodurch Bildungsverlierer produziert wurden, kommt ihm nicht in den Sinn.

19 Rousseau, *Discours sur l'origine*, S. 102 ff.

20 Ebd., S. 140 f. und 369.

21 Vgl. Wörterbuchnetz: Althochdeutsches Wörterbuch, Bd. 1, Sp. 1051–1052.

22 Vgl. mhdbw-online.

23 Vgl. das Stichwort «Gelehrsamkeit», in: Wolfgang Pfeifer u. a., *Etymologisches Wörterbuch des Deutschen* (1993). Digitalisierte und von Wolfgang Pfeifer überarbeitete Version im Digitalen Wörterbuch der deutschen Sprache (https://www.dwds.de/wb/Haus; letzter Zugriff am 4. Mai 2019).

24 Vgl. Buck, *Humanismus*, S. 156–160.

25 Vgl. Ebd., S. 165–169.

26 Vgl. Bollenbeck, *Bildung und Kultur*, S. 43.

27 Vgl. das Lemma «Uomo universale», in: Münkler / Münkler, *Lexikon der Renaissance*, S. 394–396.

28 Vgl. Böhme, *Wirkungsgeschichte des Humanismus*, S. 121–129.

29 Vgl. Mertens, «Deutscher Renaissance-Humanismus», S. 200.

30 Vgl. Böhme, *Wirkungsgeschichte des Humanismus*, S. 90–120.

31 Vgl. Bollenbeck, *Bildung und Kultur*, S. 148–154; Fuhrmann, *Der europäische Bildungskanon*, S. 58.

32 Vgl. Koselleck, *Begriffsgeschichten*, S. 115–117.

33 Vgl. Bollenbeck, *Bildung und Kultur*, S. 149.

34 Zit. nach Bollenbeck, *Was ist Bildung*, S. 157.

35 Zit. nach Paulsen, «Bildung», S. 660.

36 Humboldt, *Über die Verschiedenheit des menschlichen Sprachbaus*, S. 30.

37 Humboldt, *Rechenschaftsbericht an den König*, Dezember 1809; zit. nach Ellwein, *Die deutsche Universität*, S. 116.

38 Humboldt, *Der Königsberger und der Litauische Schulplan*, S. 110.

39 Ebd., S. 111.

40 Ebd., S. 135 f.

41 Vgl. Niekerk, «Buffon, Blumenbach, Herder», S. 41.

42 Vgl. Geier, *Die Brüder Humboldt*, S. 270.

43 Schweim (Hg.), *Schulreform in Preußen*, S. 229

44 Ebd.

45 Vgl. Bleek, *Kameralausbildung*, S. 104.

46 Vgl. Nehring, «Kulturbourgoisie», S. 12.

47 Vgl. Jung, *Zeichen des Verfalls*, S. 152 f.

48 Vgl. Nehring, «Kulturbourgeoisie», S. 17–19.

49 Vgl. Fontane, *Briefe an seine Familie*, Bd. 2, S. 174.

50 Paulsen, «Bildung», S. 658.

51 Vgl. Fuhrmann, *Der europäische Bildungskanon*, S. 102–110.

52 Vgl. Münkler, *Der Große Krieg*, S. 229 ff.

53 Adorno, «Theorie der Halbbildung», S. 95.

54 Ebd., S. 96.

55 Ebd., S. 98.

56 Vgl. Laux, «Die Fabrikation von Humankapital», S. 2.

57 Vgl. ebd., S. 11.

58 Vgl. ebd., S. 7; Kiker, «The Historical Roots of the Concept of Human Capital», S. 482.

59 Vgl. Kiker, «The Historical Roots of the Concept of Human Capital», S. 482.

60 Smith, *Untersuchung über Wesen und Ursachen des Reichtums der Völker*, S. 318.

61 Vgl. Laux, «Die Fabrikation von Humankapital», S. 7.

62 Vgl. Becker, *Human Capital*; Schultz, «Capital Formation by Education».

63 Vgl. Zedler / Döbert, «Erziehungswissenschaftliche Bildungsforschung», S. 26–28.

64 Foucault, «Neoliberale Gouvernementalität II. Die Theorie des Humankapitals». Ulrich Bröckling hat Foucaults Überlegungen mit dem Begriff des «unternehmerischen Selbst» aufgegriffen, das den Menschen dem Diktat permanenter Selbstoptimierung unterwerfe, wobei Bildung bei Bröckling keine große Rolle spielt. Vgl. Bröckling, *Das unternehmerische Selbst*.

65 Vgl. http://www.unwortdesjahres.net/index.php?id=113; letzter Zugriff am 7. Mai 2019.

66 Vgl. die Interviewbeiträge verschiedener Wirtschaftswissenschaftler auf https://www.deutschlandfunk.de/pisa-im-quadrat.724.de.html?dram:article_id=98201; letzter Zugriff am 7. Mai 2019.

67 Gernhardt hatte gereimt: «Ich stehe vor der Qual der Wahl / Was meint das Wort Humankapital? / Ist es banal, phänomenal, / global, fatal, irrational, / ist's liberal, ist's epochal …? Ich sag ganz unsentimental / Wer's nutzt, dem ist der Mensch egal / Er sieht ihn nur als Material / Pfeift ganz brutal auf die Moral / und macht den Sprachskandal total.» Zit. nach ebd.

68 https://www.gisi.ch/dienstleistungen/menschen-und-wissen/menschen/humankapital-jetzt-erst-recht/; letzter Zugriff am 7. Mai 2019.

69 Das hebt insbesondere der OECD-Bildungsbericht 2018 vor, dessen Schwerpunkt auf Chancengerechtigkeit liegt. Vgl. *Bildung auf einen Blick 2018. OECD-Indikatoren*, S. 20. (www.oecd-library.org; letzter Zugriff am 29. April 2019)

70 Ebd., S. 55.

71 Vgl. Solga / Becker, «Soziologische Bildungsforschung»; Götz / Frenzell / Pekrun, «Psychologische Bildungsforschung».

72 Zedler / Döbert, «Erziehungswissenschaftliche Bildungsforschung».

73 Bromme / Prenzel / Jäger, «Empirische Bildungsforschung und evidenzbasierte Bildungspolitik», S. 3.

74 Ebd., S. 7.

75 Vgl. Bude, *Bildungspanik*, S. 33–37.

76 Vgl. Thiel, «Evidenzbasierte Bildungspolitik».

77 Zedler, «Erziehungswissenschaftliche Bildungsforschung», S. 10.

78 Ebd.

79 Ebd.

80 Vgl. Wagner, *Das Problem sind die Lehrer*, passim.

81 Zu den Einwänden gegen die methodischen Probleme vgl. Wuttke, «Die Insignifikanz signifikanter Unterschiede».

82 Vgl. Nida-Rümelin, *Akademisierungswahn*.

83 Vgl. https://derstandard.at/2000098983628/Elementarpaedagogik-Professionalisierung-durch-Akademisierung; letzter Zugriff am 28. März 2019.

84 So wirbt die Leuphana Universität Lüneburg auf der Seite https://www.studieren-studium.com für den Studiengang «Soziale Arbeit für Erzieherinnen und Erzieher» mit folgendem Hinweis: «Der Bachelor Soziale Arbeit der Leuphana Universität Lüneburg ist ein international anerkannter Universitätsabschluss und qualifiziert z. B. zur Einstufung in den gehobenen Dienst bei öffentlichen Anstellungsträgern.» (Letzter Zugriff am 6. Mai 2019)

85 Vgl. Bourdieu, *Die feinen Unterschiede*, S. 100–115.

86 Dieses Problem bildet den Kern von Édouard Louis' Roman *Das Ende von Eddy.*

87 Bourdieu, *Die feinen Unterschiede*, S. 284 ff.

88 Vgl. Bourdieu, *Der Staatsadel*, S. 159–277.

89 Vgl. Butterwege, *Krise und Zukunft des Sozialstaats*, S. 368–371.

90 Vgl. *Bildung auf einen Blick 2018. OECD Indikatoren.* (www.oecd-library. org; letzter Zugriff am 29. April 2019). Siehe auch: Bundesministerium für Bildung und Forschung (Hg.): *Chancengerechtigkeit und Teilhabe. Ergebnisse aus der Forschung.*

91 Vgl. Grotlüschen u. a., *Hauptergebnisse der leo. – Level-One Studie*, S. 25.

92 Vgl. ebd.

93 https://www.focus.de/familie/lernen/nachhilfe/eltern-im-einsatz-bildungskrise_id_2018898.html; letzter Zugriff am 1. Mai 2019.

94 Heinz Bude verwendet Goffmans Bild von Vorder- und Hinterbühne in Bezug auf das japanische Schulsystem (*Bildungspanik*, S. 30 f.); vgl. Goffman, *Wir alle spielen Theater.*

95 Ein Beispiel für einen solchen Brandbrief ist die Berliner Rütli-Schule. Als Beispiel für Fernsehsendungen zum Thema vgl. etwa die ZDF-Dokumentation *Lehrer am Limit* (https://www.zdf.de/dokumenta-tion/37-grad/37-lehrer-am-limit-100.html; letzter Zugriff am 28. April 2019), deren Titel auf das Buch von Ingrid Freimuth, *Lehrer über dem Limit,* anspielt.

96 Vgl. Ludger Wößmann (2005): «Educational production in Europe», in: *Economic Policy* 20 (43), S. 445–504.

97 Vgl. Jung, «Das Bildungssystem in Südkorea»; Dawson, «Private Tuto-ring and Mass Schooling in East Asia». Dawson hat diese privaten Bildungsinstitutionen als einen «shadow education market» bezeich-net. Vgl. zum japanischen Schulsystem auch Bude, *Bildungspanik*, S. 24–35.

98 Zum Umfang und zu den mangelnden Erfolgen des Nachhilfeunter-richts in Deutschland vgl. Klemm / Hollenbach, *Nachhilfeunterricht in Deutschland.*

99 Vgl. Tenorth, «Das Gymnasium als Leitinstitution».

100 Vgl. Edelstein, *Bildung und Armut.*

101 Vgl. Füller, *Schlaue Kinder, schlechte Schulen*, S. 53–55.

102 Vgl. Bertelsmann Stiftung, *Chancenspiegel.*

103 Erstere Position ist insbesondere, worauf weiter oben schon hingewie-sen worden ist, mit den Thesen von Thilo Sarrazin verbunden (*Deutsch-land schafft sich ab*); zu letzterer siehe Geißler, *Die Metamorphose.*

104 Vgl. Reckwitz, *Die Gesellschaft der Singularitäten*, S. 356 ff.

105 So etwa Freimuth, *Lehrer über dem Limit.*

106 Das Rahmenprogramm empirische Bildungsforschung des Bundes-
ministeriums für Bildung und Forschung vom September 2018
(https://www.empirische-bildungsforschung-bmbf.de/) macht das
deutlich, wenn es dort heißt, Transfer- und Implementationsstudien
rückten zunehmend in den Vordergrund. Im Klartext bedeutet das,
dass sie zuvor keine große Rolle gespielt haben.

107 Für erstere Position vgl. Liessmann, *Geisterstunde*; Kraus, *Wie man eine
Bildungsnation an die Wand fährt*; ders., *Spaßpädagogik*; für letztere
Sauter, *Schule, Macht, Ungleichheit.*

108 Vgl. Kaube, *Ist die Schule zu blöd für unsere Kinder?*, S. 249–253.

109 Vgl.   https://www.zeit.de/gesellschaft/schule/2017-10/unterrichts
ausfall-schule-bildung-studie-eltern; letzter Zugriff am 26. April
2019.

110 Die A-Levels werden daher auch in Deutschland nicht als Allgemeine
Hochschulreife anerkannt. Vgl. die Seite des DAAD: https://www.
daad.de/deutschland/nach-deutschland/voraussetzungen/de/61120-
anerkennung-des-general-certificate-of-education-gce-in-deutsch-
land/; letzter Zugriff am 23. April 2019.

111 Vgl. *Bildungswesen in der Bundesrepublik Deutschland*, S. 140.

112 Vgl. *Pisa im Überblick* (https://www.mpib-berlin.mpg.de/Pisa/PISA_
im_Ueberblick.pdf; letzter Zugriff am 6. Mai 2019).

113 Zit. nach Below, *Bildungssysteme und soziale Ungleichheit*, S. 81.

114 Vgl. Tietze, *Die theoretische Aneignung der Produktionsmittel*,
S. 154–165.

115 Vgl. Lambrecht, «Deutsch-deutsche Reformdebatten».

116 Zit. nach www.ddr-Schulrecht.de; letzter Zugriff am 8. Mai 2019.

117 Ebd.

118 Die bildungsökonomische Perspektive spielte bereits in den 1960er Jahren eine Rolle, als Georg Picht in der Bundesrepublik eine Steigerung
der Abiturientenzahlen forderte. Um diese Zeit wurden auch in der
DDR innerhalb der Parteiführung ähnliche Überlegungen diskutiert,
die jedoch nicht öffentlichkeitswirksam wurden. Vgl. Lambrecht,
«Deutsch-deutsche Reformdebatten».

119 Vgl. Solga, «Die Etablierung einer Klassengesellschaft in der DDR».

120 Daran änderten auch die Arbeiter-und-Bauern-Fakultäten nichts, die
bis 1963 einen besonderen Zugang zur Universität bildeten, der sich an
die berufliche Ausbildung anschließen beziehungsweise mit ihr parallel laufen konnte.

121 Vgl. Below, *Bildungssysteme und soziale Ungleichheit*, S. 94.

122 Eine Studie der Bonner Psychologen Una Röhr-Sendlmeier und Tobias
Kuhl kam 2018 zu dem Ergebnis, dass die «Fibelmethode», bei der einzelne Buchstaben eingeführt und Wörter in Einzellaute zerlegt werden,

am erfolgreichsten ist. Vgl. die Presseerklärung der Universität Bonn: https://www.uni-bonn.de/neues/237-2018; letzter Zugriff am 12. Mai 2019.

123 Nach Wolfgang Steinig und Dirk Betzel hatte das den Effekt, dass Mittelschichtkinder im Durchschnitt nicht schlechter schrieben. Vgl. Steinig / Betzel, «Schreiben Grundschüler heute schlechter?».

124 Vgl. Kuhl / Sendlmeier, «Rechtschreiberfolg nach unterschiedlichen Didaktiken – eine kombinierte Längsschnitt-Querschnittstudie in der Grundschule» (https://www.researchgate.net/publication/ 327832814_Rechtschreiberfolg_nach_unterschiedlichen_Didaktiken_-_ eine_kombinierte_Langsschnitt-Querschnittstudie_in_der_Grundschule; letzter Zugriff am 12. Mai 2019). Zur Lesefähigkeit der Grundschüler am Ende der vierten Klasse vgl. Bos u. a., «Erste Ergebnisse aus IGLU: Schülerleistungen am Ende der vierten Jahrgangsstufe im internationalen Vergleich» (https://nbn-resolving.org/urn:nbn:de:0168-ssoar-201711; letzter Zugriff am 3. Mai 2019).

125 Vgl. Precht, *Anna, die Schule und der liebe Gott*, S. 223–246.

126 Vgl. Reckwitz, *Die Gesellschaft der Singularitäten*, S. 329–335.

127 Vgl. Verband der Privatschulen (https://www.privatschulen.de/presse-journalisten-pressemitteilung/wissenswertes-faq-mainmenu-53. html; letzter Zugriff am 10. Mai 2018).

128 https://www.destatis.de/DE/Presse/Pressemitteilungen/Zahl-der-Woche/2019/ PD19_02_p002.html; letzter Zugriff am 10. Mai 2019.

4. Die Erneuerung der liberalen Demokratie

1 Steven Levitsky und Daniel Ziblatt haben in ihrem Buch *Wie Demokratien sterben* diesen Unterschied zwischen dem Sturz der Demokratien in Europa und Lateinamerika während der 1920er und 1930er Jahre und der Bedrohung von Demokratien in der Gegenwart herausgestellt.

2 Zolo, *Die demokratische Fürstenherrschaft*, S. 163 ff. Der englische Titel des Buches, *Democracy and Complexity: A Realist Approach*, gibt dessen Zielrichtung genauer wieder.

3 Ebd., S. 165.

4 Die hier als «Paradoxie» bezeichnete Verkehrung in der Beziehung zwischen Absicht und Wirkung lässt sich auflösen, wenn man die nicht-intendierten Folgen eines Vorhabens als dessen «Preis» begreift. Das hat allerdings zur Voraussetzung, dass die nichtintendierten Effekte die ursprüngliche Absicht einschränken, aber nicht zunichtemachen. Eine weitere Möglichkeit zur Beschreibung solcher Verkehrungen ist die von Bernhard Pörksen gebrauchte Formel «eskalierender Schmetterlings-

effekte» (Pörksen, *Die große Gereiztheit*, S. 128 f.): Der einen Orkan aus-
lösende Flügelschlag eines Schmetterlings hat keinerlei intentionale
Beziehung zum schließlich eingetretenen Ergebnis.

5 Zolo, *Die demokratische Fürstenherrschaft*, S. 167. Zolo hat in seiner Kritik an der Rolle von Politikern als Machtelite teilweise extreme Positionen bezogen, die, in erster Linie aus der italienischen Politik begründet,
für seine grundsätzliche Beschreibung der Komplexitätsprobleme liberaler Demokratien aber nicht zentral sind. Anders als Jason Brennan,
der in *Gegen die Demokratie* eine Rückkehr zur Elitenherrschaft vor-
schlägt, hat er solchen antidemokratischen Tendenzen nicht das Wort
geredet.

6 Für Zolo mündet dies in die Forderung, Politik wieder verstärkt als
«Stätte der Klugheit» und nicht der Verwirklichung von Gerechtigkeit
zu begreifen; ebd., S. 59.

7 Die nachfolgenden Überlegungen schließen an Hendricks / Vestergaard,
Postfaktisch, S. 157–179, an.

8 Lyotard, *Das postmoderne Wissen*, passim.

9 Für eine ausführliche Darstellung der systemischen Aufgaben der
Mitte im Hinblick auf das politische System wie den gesellschaftlichen
Zusammenhalt vgl. Münkler, *Mitte und Maß*, S. 43–73. Inzwischen hat
sich eine intensive Debatte über Erosion oder Resilienz der Mitte ent-
wickelt; vgl. dazu Schöneck / Ritter (Hgg.), *Die Mitte als Kampfzone*,
Manow, «Der Extremismus der Mitte», sowie Mau, *Lebenschancen*,
S. 47–94.

10 Neben den Verbotsurteilen gegen verfassungsfeindliche Parteien seitens des Bundesverfassungsgerichts und der Fünf-Prozent-Klausel des
Grundgesetzes spielte der Ost-West-Konflikt bei der Marginalisierung
des linken Rands und Adenauers Politik der Integration ehemaliger
Nazis bei der Aufsaugung des rechten Rands eine wichtige Rolle; vgl.
Herbert, *Geschichte Deutschlands*, S. 645 ff., und Winkler, *Geschichte
des Westens. Vom Kalten Krieg zum Mauerfall*, S. 202 f.

11 So veröffentlichte bereits 1956 der Schweizer Publizist Fritz René Allemann ein Buch unter dem Titel *Bonn ist nicht Weimar*.

12 Dazu ausführlich Ullrich, *Der Weimar-Komplex*, insbes. S. 305–613.

13 Dazu Wirsching / Kohler / Wilhelm (Hgg.), *Weimarer Verhältnisse?*.

14 Roger Willemsen hat ein Jahr lang die Debatten im Bundestag verfolgt.
Zwei Beobachtungen stechen dabei heraus: die Formelsprache des parlamentarischen Sprechens, also eine Rhetorik der politischen Technizi-
tät, die mehr von einem Expertengespräch als einer politischen Kontroverse an sich hat (Willemsen, *Das Hohe Haus*, S. 156 f. und 167 ff.), und
die Irrelevanz vieler dieser Debatten angesichts der Probleme, die zur
gleichen Zeit in der Öffentlichkeit diskutiert worden sind.

15 Zur Unterscheidung zwischen zwei Arten des Kompromisses und zu den Merkmalen eines faulen Kompromisses vgl. Margalit, *Über Kompromisse – und faule Kompromisse*, S. 28–50 und 143–170.

16 Vgl. oben, S. 30 ff.

17 Zu den Dilemmata der Sozialdemokratie vgl. Walter, *Die SPD*, S. 271 ff., sowie ders., *Vorwärts oder abwärts?*, S. 58 ff. und 118 ff. Dass die CDU ihre Stabilität keineswegs bloßem Beharren, sondern auch einigen entschlossenen Veränderungen in der programmatischen Ausrichtung der Partei zu verdanken hat, ist von Mariam Lau, *Die letzte Volkspartei*, insbes. S. 206 f., herausgearbeitet worden. Zu den Problemen der Volksparteien, sich in einem Feld divergenter Interessen und fluider Wertbindungen zu behaupten, vgl. Walter, *Im Herbst der Volksparteien*, sowie ders., *Zeiten des Umbruchs?*, S. 69–168.

18 Hobsbawns Titel für seine *Weltgeschichte des 20. Jahrhunderts* ist doppeldeutig: Konzeptionell ist damit die Gegenüberstellung eines «Katastrophenzeitalters» (der ersten Hälfte des 20. Jahrhunderts) und eines «Goldenen Zeitalters» (der zweiten Hälfte) gemeint, aber es geht auch um den die Politik lange Zeit bestimmenden Zusammenstoß der politischen Extreme von rechts und links. In seinem Resümee (S. 688 ff.) geht Hobsbawn davon aus, dass beide, das Katastrophen- wie das Goldene Zeitalter, nicht wiederkehren werden.

19 Man denke etwa an den Hype der FDP bei der Bundestagswahl 2009, dem der Sturz unter die Fünf-Prozent-Marke bei der Wahl von 2013 folgte, oder an den Auf- und Abstieg der Piraten oder der Schill-Partei in Hamburg.

20 Diese Veränderungen sind von Richard Sennett in *Der flexible Mensch* sowie *Die Kultur des neuen Kapitalismus* analysiert worden.

21 Marshall McLuhan prägte den Begriff «Gutenberg-Galaxis» 1962. Die deutsche Übersetzung des gleichnamigen Werks, die 1995 erschien, trug bereits den Untertitel *Das Ende des Buchzeitalters*. Zu den Folgen vgl. Bolz, *Am Ende der Gutenberg-Galaxis*.

22 Vor allem in der französischen Politikwissenschaft ist das der Fall, etwa bei Bernard Manin in *Kritik der repräsentativen Demokratie* oder auch in den Arbeiten von Pierre Rosanvallon, der in dem Buch *Die gute Regierung* die These entwickelt hat, aus dem «Gefühl des Schlechtrepräsentiert-Werdens» sei inzwischen ein «Gefühl des Schlechtregiert-Werdens» geworden. Rosanvallon hat in *Die Gegen-Demokratie* (insbes. S. 263 ff.) über ein «gemischtes System» aus parlamentarisch-repräsentativen und direktdemokratischen Elementen nachgedacht. Dazu auch Tormey, *Vom Ende der repräsentativen Politik*.

23 Zu nennen ist hier vor allem Ober, *Demopolis*; kritisch dazu Bringmann, *Das Volk regiert sich selbst*, S. 299–302.

24 So gibt Rosanvallon bereits im Untertitel seines Buchs *Die Gegen-Demokratie* den Hinweis, man befinde sich in einem *Zeitalter des Misstrauens*. Zur Funktion des Misstrauens in der Demokratie allgemein Mühlfried, *Misstrauen*, S. 28–38.

25 Während Rousseau für Korsika eine demokratische Verfassung entwarf, schlug er für Polen ein im Wesentlichen aristokratisches Projekt vor; zur Frage der räumlichen Ausdehnung von Republiken und zur Auffassung, dass diese Republiken Föderationen bilden sollten, um sich behaupten zu können, vgl. Fetscher, *Rousseaus politische Philosophie*, S. 175–184, sowie Jörke, *Die Größe der Demokratie*, insbes. S. 41–80.

26 Hamilton / Madison / Jay, *Die Federalist-Artikel*, S. 44.

27 Auch die von Rainer Schmalz-Bruns beschriebene «reflexive Demokratie» beruht wesentlich auf der Möglichkeit zur Entschleunigung als Voraussetzung für Reflexivität. Schmalz-Bruns, *Reflexive Demokratie*, S. 159 ff.

28 Vgl. dazu die Vorschläge in Schiller / Mittendorf (Hgg.), *Direkte Demokratie*.

29 Dazu Giesecke, *Der Buchdruck in der frühen Neuzeit*, insbes. S. 63–167, sowie Behringer, *Im Zeichen des Merkur*, S. 303–549.

30 Dazu grundlegend Rosa, *Beschleunigung*, insbes. S. 333 ff.; zum Zusammenhang zwischen sozialer Beschleunigung und Krise der Demokratie vgl. ders., *Weltbeziehungen im Zeitalter der Beschleunigung*, S. 357–373.

31 Vor etwa zwanzig Jahren ist diese Entwicklung unter den Stichworten «Theatralisierung der Politik», «Mediokratie» und «Politainment» kritisch thematisiert worden; vgl. Münkler, «Die Theatralisierung der Politik», Meyer, *Mediokratie*, sowie Dörner, *Politainment*.

32 Beispielhaft dafür war vor allem Gerhard Schröder; vgl. Meng, *Der Medienkanzler*, insbes. S. 70–108.

33 Dazu Walter, *Rebellen, Propheten und Tabubrecher*, S. 148 ff. Die andere Seite des Tabubruchs ist der Skandal beziehungsweise die Skandalisierung.

34 Vgl. Chen, *Online Incivility and Public Debate*, S. 29 ff.

35 Dazu passen Berichte der damit befassten Behörden, wonach sich rechtsradikale Kampfsportgruppen in Deutschland verstärkt auf den Straßenkampf vorbereiten; so *Der Tagesspiegel* vom 10. März 2019, S. 2.

36 Pörksen, *Die große Gereiztheit*, S. 17.

37 Ebd., S. 56.

38 Ebd., S. 144 f.

39 Bernhard Pörksen widerspricht mit Blick auf *filter bubbles* und *filter clashs* der verbreiteten Vorstellung, es gehe um die Bestätigung von Sicherheit und Gewissheit, wenn sich die Menschen nur noch über das informieren, was sie ohnehin wissen oder glauben, und beschreibt

dagegen «Angstgemeinschaften» als Folge dieses Informations-
verhaltens (S. 117). Offenbar reagieren viele auf das Schwinden der
«behaglichen Welt des Nichtwissens» keineswegs damit, dass sie sich
in neue Behaglichkeiten zurückziehen, sondern indem sie eine regel-
rechte Sucht nach dem Verstörenden und Schockierenden entwickeln.
Aus der Sucht nach dem Unbehaglichen ist eine gewaltige «Emotions-
und Erregungsindustrie» entstanden (S. 139 ff.).

40 Dazu ausführlich Hendricks / Vestergaard, *Postfaktisch*, S. 91–126.

41 Marsilius, *Der Verteidiger des Friedens*, I, 12, 5, S. 54.

42 In den Kämpfen des 14. Jahrhunderts, die in den oberitalienischen
Städten zwischen Guelfen und Ghibellinen ausgetragen wurden, stand
Marsilius formal aufseiten der kaisertreuen Ghibellinen, hing aber der
Vorstellung an, dass diese Kämpfe nur beendet werden könnten, wenn
die Mehrheit der Bürgerschaft, eben der *maior et valencior pars*, die
Regierungsgeschäfte übernähme.

43 Dieses auf die unteren zwei Drittel der Bevölkerung bezogene Volks-
verständnis lässt sich der Schrift *Der Staat der Athener* entnehmen, die
lange Zeit dem Sokratesschüler Xenophon zugeschrieben worden ist;
ebenso der negativen Charakterisierung der Demokratie bei Platon; vgl.
Bringmann, *Das Volk regiert sich selbst*, S. 111–128.

44 Dazu Buchstein, «Die Zumutungen der Demokratie», S. 295–324; in
diesem Sinn auch Van Reybrouck, *Gegen Wahlen*.

45 Es ist bemerkenswert, dass in dem von André Brodocz, Marcus Llanque
und Gary Schaal herausgegebenen Band *Bedrohungen der Demokratie*
kein Beitrag explizit diesem Problem gewidmet ist. Im Aufsatz von Sandra Seubert («Weder Engel noch Teufel…») wird es immerhin gestreift;
Seubert beschäftigt sich mit der republikanischen Idee des guten Bürgers, der in bestimmten Situationen das Gemeinwohl höher stellt als
sein Eigeninteresse.

46 Zu den Enthaltungen bei der Abstimmung sind dann noch die Nicht-
teilnahmen an der Abstimmung hinzuzurechnen, die in einer direkten
Demokratie größeres Gewicht haben als in der repräsentativen Demokratie.

47 Dieses Problem wird bei Kelsen, *Vom Wesen und Wert der Demokratie*,
S. 14–15, diskutiert.

48 Demokratische Ämterbesetzung heißt bei Aristoteles, «dass alle aus
allen entweder durch Wahl oder durch Los bestimmt werden, oder
kombiniert, die einen durch Wahl und die anderen durchs Los». Dem
stehen die oligarchischen und aristokratischen Bestellungsverfahren
gegenüber: «Daß aber einige aus einigen bestimmt werden, ist oligar-
chisch, ebenso, daß einige aus einigen durchs Los wählen (…), und daß
einige aus einigen auf beide Weisen, durch Wahl und Los, es tun. Daß

endlich einige aus allen und alle aus einigen durch Wahl besetzen, ist aristokratisch.» Aristoteles, *Politik*, IV, 14, 1300 31–34 und 130b 1–6, S. 163. Eine ausführliche Beschreibung des Losverfahrens als politischer Auswahlmechanismus findet sich bei Buchstein, *Demokratie und Lotterie*; zur athenischen Praxis darin S. 17–59; zur Sichtweise des Aristoteles S. 91–99.

49 Die *radikale* Demokratie, in der politische Teilhabe die Ausübung von Regierungsgeschäften einschließt, geht davon aus, dass alle Bürger hinreichend kompetent sind; die *direkte* Demokratie als Variante der radikalen Demokratie senkt die Kompetenzanforderungen. Die repräsentativ-mandative Demokratie geht dagegen von einer gestuften Befähigung aus, also von sehr unterschiedlichen Kompetenzen. Das entscheidende Problem ist das der politischen Führungsfähigkeit, und darin liegt die zentrale Schwäche der radikalen Demokratie.

50 Diese Definition des Bürgers geht auf Aristoteles zurück, der die unterschiedlichen Definitionen des Bürgers im Verhältnis zur jeweiligen Verfassung entwickelt. In einer Ordnung der Freien und Gleichen werden vom Bürger zwei verschiedene Tugenden beziehungsweise Kompetenzen verlangt: «Der gute Bürger (...) muß sich sowohl regieren lassen als auch regieren können» (*Politik*, III, 4, 1277b 12–13).

51 Dass dieses «weitgehend» ernst zu nehmen ist, hat Klaus Bringmann sehr deutlich herausgestellt (*Das Volk regiert sich selbst*, S. 57 f.).

52 Dazu Tarkiainen, *Die athenische Demokratie*, S. 39–58 und S. 155 ff., sowie Meyer, *Einführung in die antike Staatskunde*, S. 80–88.

53 Tarkiainen, *Die athenische Demokratie*, S. 209–276; Meyer, *Einführung in die antike Staatskunde*, S. 88–97.

54 Tarkiainen, *Die athenische Demokratie*, S. 135–141; Bringmann, *Das Volk regiert sich selbst*, S. 75 f.

55 In der Mehrheitsentscheidung steckt die Annahme, dass hier nicht nur der größere, sondern auch der weitsichtigere Teil der Abstimmenden ausschlaggebend ist. Dass es sich so verhält, lässt sich aus elitistischer Sicht immer in Frage stellen. Die Akzeptanz von Mehrheitsentscheidungen hängt jedoch an dieser Annahme; zu deren Entwicklung im antiken Griechenland vgl. Flaig, *Die Mehrheitsentscheidung*, S. 173–256.

56 Dazu allgemein Melchinger, *Die Welt als Tragödie*, 2 Bde.; speziell auf die politischen Dilemmata bei Aischylos abhebend Föllinger, *Aischylos*, S. 46–181.

57 Das erklärt, warum Shakespeares Dramen immer wieder als Reflexionsraum der eigenen Gegenwart, und zwar speziell in politischer Hinsicht, genutzt worden sind, von Gustav Landauer (*Shakespeare*) bis Stephen Greenblatt (*Der Tyrann*). Geht es dem in der Münchner Räterepublik

von Freikorpsleuten ermordeten Landauer um Freiheit, so geht es Greenblatt um die Tücken des Populismus und den Selbstbetrug der Mächtigen.

58 Das gilt so nicht für das vorbürgerliche Barocktheater, in dem, etwa bei Andreas Gryphius oder Christian Weise, Fragen des Machtgebrauchs verhandelt wurden.

59 In diesem Sinne ist die Akzentuierung der okularen beziehungsweise visuellen Politikpartizipation (anstelle der bislang im Zentrum stehenden vokalen Partizipationsvorstellungen), wie sie Jeffrey Edward Green in *The Eyes of the People* ins Spiel gebracht hat, mit einer deutlichen Verminderung der Urteilsfähigkeit verbunden; dazu Urbinati, «Okulare Demokratie».

60 Zunächst waren es vor allem Handwerksgesellen, die diese Entwicklung vorantrieben. Sie waren es auch, die als Erste gleiche politische Teilhaberechte für alle einforderten. Was Edward P. Thompson in seinem Werk *Die Entstehung der englischen Arbeiterklasse*, Bd. 1, S. 255 ff., über die britischen Verhältnisse dargelegt hat, gilt mutatis mutandis auch für Deutschland.

61 Dazu Walter, *Die SPD*, S. 21–55. Offenbar war die Vermittlung von Teilhabekompetenzen und politischer Urteilskraft das stärkste Mittel gegen die Neigung zu einem sich als revolutionär missverstehenden Putschismus, wie er von den russischen Bolschewiki praktiziert wurde.

62 Dazu von Beyme, *Die politische Klasse im Parteienstaat*, passim.

63 So Wiesendahl, *Volksparteien*, S. 210 ff.

64 Vgl. Wiesendahl, «Kein Frischblut mehr», S. 39–125.

65 Vgl. Niedermayer, «Die Entwicklung der Parteimitgliedschaften von 1990 bis 2009», S. 425, und ders., «Die Entwicklung der Parteimitgliedschaften in der Bundesrepublik», S. 21.

66 So Bürklin, «Die Potsdamer Parteimitgliederstudie 1998», S. 37.

67 Leibholz, «Parteienstaat und repräsentative Demokratie», S. 1–8.

68 Der bedeutendste Text dieses Typs von Demokratietheorie ist nach wie vor Joseph Schumpeters Buch *Kapitalismus, Sozialismus und Demokratie*, das erstmals 1942 veröffentlicht wurde. Während Giovanni Sartori (*Demokratietheorie*, S. 160 ff.) Demokratie bei Schumpeter als eine Methode zur Austragung politischer Konkurrenz begreift, bei der die Stimmabgabe des Volkes über Sieg und Niederlage entscheidet, hat Manfred G. Schmidt (*Demokratietheorien*, S. 130 ff.) Schumpeters Modell als ökonomische Demokratietheorie rubriziert, in der die politische Stimmabgabe analog zur Entscheidung eines Konsumenten zwischen konkurrierenden Angeboten verstanden wird.

69 Vgl. Wiesendahl, *Mitgliederparteien am Ende?*, passim.

70 Die zeitweilig jeden Montag stattfindenden Pegida-Demonstrationen

in Dresden haben große mediale Resonanz gefunden, während das tagtägliche Engagement von Bürgern im Rahmen der Integration von Flüchtlingen, einem auf lange Dauer angelegten Projekt, an dem sich im Vergleich zu den Pegida-Aufmärschen eine vielfache Zahl von Bürgern beteiligt hat, nur in Spezialsendungen erwähnt wurde.

71 Koschnick, *Eine Demokratie haben wir schon lange nicht mehr*, passim. Hier ist anzumerken, dass Koschnick sich in seinem Zorn auf die Parteien als «Form der milden Funktionsdiktatur» (S. 69 ff.) in eine Reihe von Selbstwidersprüchen verstrickt, denen an dieser Stelle nicht weiter nachgegangen werden muss.

72 Crouch, *Postdemokratie*, insbes. S. 7–44.

73 Koschnick, *Eine Demokratie haben wir schon lange nicht mehr*, S. 42 ff. und 54 ff.

74 Ebd., S. 139 ff. und 151 ff.

75 Ebd., S. 207 ff.

76 Michels, *Soziologie des Parteiwesens*, S. 351 ff.; zur Aktualität von Michels für die moderne Parteiensoziologie vgl. Bluhm / Krause (Hgg.), *Robert Michels' «Soziologie des Parteiwesens»*.

77 Diese Konsequenz zieht Danilo Zolo in seinem Buch *Die demokratische Fürstenherrschaft*, S. 213 ff.; in diesem Sinn auch Brennan, *Gegen Demokratie*.

78 Lincoln, *Gettysburg Address*, S. 10.

79 Für eine knappe Darstellung der klassischen Verfassungstypologie vgl. Münkler / Straßenberger, *Politische Theorie und Ideengeschichte*, S. 85 ff.

80 Wörtlich übersetzt bedeutet Ochlokratie Pöbelherrschaft, also das An-der-Macht-Sein der untersten Gesellschaftsschichten. Tatsächlich sind diese jedoch nur handlungsfähig in Verbindung mit Anführern, die den oberen Schichten entstammen. Mitte des 19. Jahrhunderts hat Marx dafür den Begriff des Lumpenproletariats geprägt, womit er die Verbindung verschuldeter Bohemiens mit käuflichen Elementen der untersten Gesellschaftsschichten meinte: Beiden gehe es darum, den Staat der eigenen Herrschaft zu unterwerfen, um sich durch ihn alimentieren zu lassen – bei den einen übernimmt er die Schulden, bei den anderen verteilt er Wohltaten. Marx' Analyse des Lumpenproletariats findet sich vor allem in der Schrift *Der achtzehnte Brumaire des Louis Bonaparte*; sie enthält Elemente von Sallusts Analyse der Catilinarischen Verschwörung.

81 Dazu Marg u. a. (Hgg.), *Die neue Macht der Bürger*.

82 Zur Output-Legitimation vgl. oben, S. 57 ff.

83 Für einen zusammenfassenden Überblick zur Governance in ihren unterschiedlichen Dimensionen und Facetten sowie zur einschlägigen Forschung Schuppert (Hg.), *Governance-Forschung*.

84 Juvenal, *Satiren* 10, 79–81: «Einst verlieh es [das römische Volk] Befehls-
gewalt, Rutenbündel, Legionen, alles sonst. Jetzt hält es sich zurück und
wünscht ängstlich nur zwei Dinge, Brot und Circusspiele.»

85 Vgl. Walter, «Bürgerlichkeit und Protest», S. 308–317.

86 So Hammer / Jasser, «Das Volk als Zuschauer – die Zuschauer als Volk?»,
S. 131 ff.

87 Koschnick, *Eine Demokratie haben wir schon lange nicht mehr*, S. 93 ff.,
insbes. S. 99.

88 Vgl. oben, S. 265 ff.

89 Zu diesem Ergebnis kommen alle einschlägigen Analysen; vgl. den
von einer Enquete-Kommission des Bundestags vorgelegten Bericht
Bürgerschaftliches Engagement, insbes. S. 109 ff., weiterhin den vom
Bundesfamilienministerium herausgegebenen Freiwilligensurvey
Zivilgesellschaft, soziales Kapital und freiwilliges Engagement sowie die
empirisch ausgelegten Beiträge in Heinze / Olk (Hgg.), *Bürgerengagement in Deutschland*, S. 231–375.

90 Die klassischen Elitentheorien, wie sie von Gaetano Mosca und Vilfredo
Pareto entwickelt worden sind, bilden die analytische Folie für eine
Theorie der zyklischen Erneuerung des Parteiensystems.

91 Dazu Walter, «Bürgerlichkeit und Protest in der Misstrauensgesellschaft», S. 302 f.

92 Mit dem Erfordernis langfristiger Perspektiven, die von den politischen
Parteien entworfen werden und die in ihnen «verkörpert» sind, hat sich
Simone Weil bereits in ihren 1957 verfassten *Anmerkungen zur gene-
rellen Abschaffung der politischen Parteien* auseinandergesetzt; sie ist
dabei zu dem Ergebnis gekommen, eine Politik ohne Parteien sei eine
Politik der unmittelbaren Gegenwärtigkeit.

93 Urbinati, «Der Populismus und der Niedergang der Parteiendemokratie», S. 53 f.

94 Ebd., S. 53.

95 Dementsprechend lautet der zentrale Vorwurf, den Levitsky und Ziblatt
der republikanischen Partei in den USA machen, dass deren Oligarchie
den Aufstieg des populistischen Charismatikers Trump nicht verhindert habe; vgl. dies., *Wie Demokratien sterben*, S. 64 ff.

96 Das ist Urbinatis Gegenentwurf zu Chantal Mouffes Projekt eines linken Populismus.

97 Vgl. Vondung, *Die Apokalypse in Deutschland*, S. 152 ff.

98 Vgl. oben, S. 301 ff.

99 Hierzu und zum Folgenden vgl. Münkler, «Republikanismus in der italienischen Renaissance», S. 41–74; weiterhin Schulz, *Die Krise des Republikanismus*.

100 Vgl. Münkler, «Verkleinern und Entschleunigen», S. 112 ff.

101 Dieser Gegensatz hat in der Debatte über positive und negative Freiheit eine Fortsetzung erfahren; dazu Berlin, «Zwei Freiheitsbegriffe», S. 197 ff.

102 So lässt sich die republikanische Insistenz auf dem Vorrang des Gemeinwohls gegenüber dem Eigeninteresse sowohl bei einem bestimmten Typus des Konservatismus als auch bei vielen Varianten des sozialistischen Denkens identifizieren, ohne dass sich sagen ließe, Konservatismus oder Sozialismus seien legitime Erben der republikanischen Denktradition.

103 Die angestellten Überlegungen zum knappen Zeitbudget der Bürger widersprechen dieser Diagnose nur dem Anschein nach. Weil die EU ihnen praktisch keinerlei Einflussforen bot, mussten die Betreffenden die Erfahrung unzureichender Zeitbudgets nicht machen. Infolgedessen konzentrierte sich der Zorn der Enttäuschten und Missmutigen auf «Brüssel»: Hier unterlagen sie nicht dem Risiko, zeigen zu müssen, was sie selbst politisch leisten konnten.

104 Für eine grundsätzliche Diskussion dieses Problems vgl. Kersten / Neu / Vogel, *Politik des Zusammenhalts*, passim. Seit längerem ist das gewichtigste Argument für Bürokratieabbau nicht die Ermöglichung bürgerschaftlicher Partizipation, sondern die im Vergleich zur Bürokratie angeblich höhere Effizienz und zielgenauere Ressourcenallokation der Märkte (vgl. ebd., S. 53–63). Der Imperativ administrativer Effizienz und die neoliberale Grundüberzeugung von der Allokationssicherheit der Märkte wirken hier zusammen gegen das Projekt bürgerschaftlicher Partizipation.

105 Vgl. Münkler, «Verkleinern und Entschleunigen», S. 83 ff.

106 Tatsächlich werden die Festlegungen durch Mehrheitsentscheidung getroffen; die aber ist als die Entscheidung der gesamten Bürgerschaft anzusehen. Um das nachvollziehen zu können, bietet sich ein Rückgriff auf Rousseaus Unterscheidung zwischen einer *volonté générale* und einer *volonté de tous* an: *Volonté générale* steht hier – unter anderem – für die Verständigung aller darüber, dass in bestimmten sachlichen wie personellen Fragen der *Wille der Mehrheit* als der *Wille der Gesamtheit* gelten soll.

107 Zu dieser populistischen Behauptung vgl. oben, S. 43 ff.

108 Das geht deutlich über die Vorschläge hinaus, die Florian Meinel in seiner unter dem Titel *Vertrauensfrage* veröffentlichten Analyse des bundesrepublikanischen Parlamentarismus ins Spiel gebracht hat. Beide Ansätze sind jedoch komplementär und können sich gegenseitig ergänzen. Sie verbinden sich in der Betonung einer strukturellen Relevanz der Volksparteien für das nachhaltige Funktionieren einer liberalen Demokratie (*Vertrauensfrage*, S. 79 ff.).

109 Dazu unten, S. 333 ff.

110 Astrid Séville hat das «den Sound der Macht» genannt und wesentlich mit dem Regierungsstil von Angela Merkel in Verbindung gebracht.

111 Zu nennen sind die großen Kontroversen über die Wiederbewaffnung, die Ostpolitik Willy Brandts, die Aufstellung US-amerikanischer Mittelstreckenraketen auf deutschem Boden und schließlich die Nutzung der Atomenergie. Im Rückblick kann man den Eindruck gewinnen, einige der disruptiven Entscheidungen Angela Merkels (Ausstieg aus dem Wiedereinstieg in die Atomenergie, Aussetzung der Wehrpflicht und Akzeptanz der gleichgeschlechtlichen Ehe) seien durch die Absicht bestimmt gewesen, eine grundsätzliche Debatte zu vermeiden, die außerhalb des Parlaments auch «auf der Straße» ausgetragen worden wäre. Um das zu vermeiden, wurde auch die parlamentarische Debatte so knapp wie möglich gehalten.

112 Dabei ist festzuhalten, dass es in der parlamentarischen Demokratie nicht die Regierung allein ist, die Entscheidungen trifft; die eine Regierung tragenden Parlamentsfraktionen mitsamt den Parteispitzen sind von Anfang an in den Entscheidungsprozess eingebunden. Dazu Meinel, *Vertrauensfrage*, S. 100 ff.

113 Es gehört zu den infolge des Diktaturbegriffs und der Totalitarismuskonzeption in Vergessenheit geratenen Merkmalen der NS-Herrschaft zwischen 1933 bis 1939, dass sie einige Volksabstimmungen durchführen ließ, die eine überwältigende Zustimmung zu ihrer Politik zum Ausdruck brachten.

114 Es handelt sich um einen Vorgang, der häufig in theologischen Kategorien beschrieben worden ist, etwa in Analogie zur Transsubstantiation beim Abendmahl, durch die nach katholischer Auffassung aus der Oblate der Leib und aus dem Wein das Blut Christi wird. So wird hier aus dem diffusen Gerede der Leute der «heilige» Wille des Volkes, was in der Formel *vox populi – vox Dei* zum Ausdruck kommt.

115 Zu der dahinterstehenden Vorstellung von Repräsentation vgl. Meinel, *Vertrauensfrage*, S. 100 ff.

116 Aristoteles hat in seiner *Politik* das Handeln (*prattein*), vor allem das Zusammenhandeln (*symprattein*), als Wesensmerkmal der Politik herausgestellt, denn nicht im kognitiven Bereich, sondern in der politischen Praxis erfährt sich der Bürger als Bürger. Im 20. Jahrhundert ist diese Vorstellung von Politik von Hannah Arendt (insbesondere in *Vita activa*) wieder aufgenommen und neu ausgearbeitet worden. Die politische Theorie in Deutschland hat sich in den letzten Jahrzehnten jedoch stärker an Kant als an Aristoteles orientiert; sie hat dem Theoretischen im Sinne nachvollziehenden Betrachtens ein höheres Gewicht beigemessen als dem Praktischen im Sinne gestaltenden Handelns. Infolgedessen hat sie

die Demokratie als vernünftige Ordnung vernünftiger Bürger begriffen und war auf den Einbruch der Unvernunft nicht vorbereitet.

117 Berühmt dafür ist Lenins Äußerung, wonach die kommunistische Ordnung so beschaffen sein werde, dass sie von jeder Köchin gehandhabt werden könne.

118 Dazu Münkler, «Verkleinern und Entschleunigen», S. 107 ff.

119 Weber, «Politik als Beruf», S. 513.

120 Die Argumentation folgt hier mit etwas veränderter Akzentsetzung Kersten / Neu / Vogel, *Politik des Zusammenhalts*, S. 33–51.

121 Bei der Aufwandsentschädigung sollte es sich tatsächlich um eine solche handeln; sie sollte nicht zur Tarnbezeichnung für ein Gehalt werden.

122 Vgl. oben, S. 303 ff.

123 Das zielt nicht auf «die emanzipatorische Kraft des Misstrauens», sondern auf die von ihm ausgehende «tödliche Kraft»; diese Unterscheidung findet sich bei Mühlfried, *Misstrauen*, S. 21 ff. und 59 ff.

124 Vgl. Putnam, *Making Democracy Work*; ders., *Bowling Alone*, sowie ders. (Hg.), *Gesellschaft und Gemeinsinn*.

125 Nach dem Zusammenbruch der sozialistischen Herausforderung des kapitalistischen Westens, der auch eine Niederlage des (in diesem Fall von oben verordneten) Gemeinschaftsdenkens gegen einen entgrenzten Individualismus war, haben in der politischen Debatte für einige Jahre die unter der Sammelbezeichnung des Kommunitarismus (vgl. Vorländer, «Dritter Weg und Kommunitarismus», Haus, *Kommunitarismus*, sowie Reese-Schäfer (Hg.), *Handbuch Kommunitarismus*) firmierenden Bemühungen einiger Theoretiker – an erster Stelle ist Amitai Etzioni zu nennen – um gemeinschaftsbezogene Gegengewichte zu einer rein individualistisch gedachten Gesellschaft Aufmerksamkeit erregt. Da sie jedoch keine praktische Relevanz erlangten, ist das Interesse an ihnen wieder erloschen.

126 Vgl. u.a. Bude, *Die Ausgeschlossenen*, insbes. S. 9–35; ders., *Gesellschaft der Angst*; Nachtwey, *Die Abstiegsgesellschaft*, S. 119–179; Lessenich / Nullmeier (Hgg.), *Deutschland. Eine gespaltene Gesellschaft*; Castel / Dörre (Hgg.), *Prekarität, Abstieg, Ausgrenzung*; Neckel, «Oligarchische Ungleichheit», S. 51 ff.

127 Vgl. Mau, *Lebenschancen*, insbes. S. 47–96, sowie Koppetsch, *Die Wiederkehr der Konformität*, insbes. S. 31–67.

128 Dazu Münkler, *Mitte und Maß*, S. 215 ff.

129 Zur globalen Dimension vor allem Bude / Staab (Hgg.), *Kapitalismus und Ungleichheit*, sowie Alvaredo u.a. (Hgg.), *Die weltweite Ungleichheit*; zu den Folgen globaler Entwicklungen für die Zukunft der Mittelschicht Collins, «Das Ende der Mittelschichtarbeit», S. 49–88; für eine Geschichte des Kapitalismus, die ihn weder moralisch verurteilt noch

dem Untergang zustreben sieht, jetzt Plumpe, *Das kalte Herz*; zur jüngeren Entwicklung S. 501 ff.; zur Labilität des Kapitalismus dagegen Calhoun, «Was den Kapitalismus heute bedroht», S. 163–202.

130 Diese Argumentation bei Betts / Collier, *Gestrandet*, S. 211 ff. und 267 ff.

131 Die Herausforderungen, die mit der Integration von Menschen aus der arabisch-muslimischen Welt verbunden sind, stellt Hamed Abdel-Samad in dem Buch *Integration* heraus, wobei die Aufmerksamkeit stärker auf der soziokulturellen als auf der sozioökonomischen Dimension liegt. Abdel-Samad kommt zu dem Ergebnis, die Integration sei schwierig, aber nicht zum Scheitern verurteilt. Im Unterschied dazu haben die beiden Verfasser des vorliegenden Buches den Integrationsansatz vor allem in der sozioökonomischen Dimension gesucht und sind in *Die neuen Deutschen* zu einem zuversichtlicheren Schluss gelangt. Dass Migration und Integration in der deutschen Geschichte keineswegs erst in jüngster Zeit eine große Rolle spielen, sondern dies schon immer getan haben, zeigt Ther, *Die Außenseiter*; zu den Integrationsverläufen insbes. S. 303–368; zu einer normativen Sicht der Integration vgl. Miller, *Fremde in unserer Mitte*, S. 201–230.

132 Es gibt indes auch Autoren, deren Überlegungen quer zu dieser Unterteilung stehen, und dabei handelt es sich keineswegs nur um Jürgen Elsässer und dessen Querfrontbestrebungen (Elsässer kommt von ganz links und ist inzwischen ganz rechts angekommen). Gemäßigter als Elsässer, aber demselben Ansatz folgend, Schreyer, *Die Angst der Eliten*. Interessanter ist Terry Eagleton, der auf seiner linken Position beharrt, wenn er geltend macht, der globale Kapitalismus sei kulturell an Mischung und Verschmelzung interessiert, während er gleichzeitig die Kluft zwischen den sozialen Klassen vertiefe (*Kultur*, S. 181). Kultur, so der Tenor seiner Überlegungen, könne schwerlich kosmopolitisch werden, weil sie «ihre Kraft großenteils aus lokalen Loyalitätsverhältnissen» ziehe (ebd., S. 184). Eagleton geht davon aus, dass der Kapitalismus zum Niedergang und schließlich Untergang dessen führen werde, was man klassisch als Kultur bezeichnet habe (ebd., S. 23 sowie 172–177).

133 Vgl. Allmendinger, *Das Land, in dem wir leben wollen*, S. 62, 132 f. und 204 ff.

134 Ebd., S. 136.

135 Vgl. oben, S. 109 ff.

136 Weber, «Parlament und Regierung», S. 331 f.; Helmut Lethen hat die systemischen Integrationsmodi der modernen Gesellschaft als «Verhaltenslehre der Kälte» beschrieben und sie wesentlich auf die Sondersituation der Weimarer Republik bezogen. Es handelt sich dabei jedoch

um Verhaltensformen, die allenthalben in einem Umfeld zu beobachten sind, das keine Vertrautheit kennt und in dem die Insistenz auf Vertrautheit und das Geltendmachen moralischer Intentionen dysfunktional ist. Moralität wird auf Funktionalität umgestellt, und die mit Gemeinschaftsvorstellungen verbundenen Imperative der Moralökonomie werden durch eine gesellschaftskonstitutive Marktökonomie ersetzt.

137 Das lässt sich an der Mentalität vieler Menschen in den «neuen Bundesländern» beobachten, von denen viele eine längere Phase existenzieller Unsicherheit durchlebt haben.

138 Vgl. Lantermann, *Die radikalisierte Gesellschaft*, S. 17 f.

139 Zur Entstehung und Durchsetzung der Nationsvorstellung im neuzeitlichen Europa vgl. Münkler, *Reich, Nation, Europa*, S. 61 ff.

140 Etwa Sassen, *The Global City*; dies., *Machtbeben*; dies., *Cities in a World Economy*.

141 Merkel, «Bruchlinien», S. 11–14.

142 Die in der von Jutta Allmendinger geleiteten Vermächtnisstudie (*Das Land, in dem wir leben wollen*) zusammengestellten Daten weisen durchweg in diese Richtung: Auch bei denen, die skeptisch in die Zukunft schauen, spielt Güterknappheit keine entscheidende Rolle.

143 Kondylis, *Der Niedergang der bürgerlichen Denk- und Lebensform*, S. 188–196; ausdrücklich nicht teilen wir den konservativ-pessimistischen Tenor, der sich durch Kondylis' Analyse zieht, etwa wenn er davon spricht, dass sich mit der hedonistischen Ethik auch eine Lebensführung der Spontaneität durchgesetzt habe (S. 211), der bürgerliche Bildungskanon zerfallen sei (S. 220) und stattdessen auf dem «Markt der Werte» ständig neue Produkte lanciert würden (S. 222). Die negative Charakterisierung aller als hedonistisch bezeichneten Ethiken bei Kondylis ist eine Fortschreibung von Nietzsches distanzierendem Blick auf den «letzten Menschen» (vgl. oben, S. 153 ff.).

144 Judt, *Dem Land geht es schlecht*, S. 20 ff.; Tony Judt plädiert für eine «Wiederbelebung des sozialdemokratischen Projekts», nachdem die Politik der Privatisierung in den letzten zwei Jahrzehnten keineswegs das geleistet habe, was man sich von ihr versprochen hätte. Er gesteht aber zu, dass dieses Projekt eine wesentlich nostalgische Färbung hat.

145 Wenn von den Enteignungen Unternehmen ab einem Besitz von dreitausend Wohnungen betroffen sein sollten, wie von einigen Initiativen vorgeschlagen, so wird das die Immobilienkonzerne Vonovia (Stand Anfang 2019: 395769 Wohnungen), Deutsche Wohnen (164265 Wohnungen) und LEG Immobilien (133969 Wohnungen) treffen (*Süddeutsche Zeitung*, 9. April 2019, S. 2). Deren Reaktion ist leicht vorhersehbar: Sie werden die renovierten und ertragsstarken Wohnungen in kleine Unternehmen ausgliedern, die knapp unterhalb der Enteignungsgrenze

liegen, und die sanierungsbedürftigen und wenig ertragreichen Wohn-einheiten in einer Art *bad company* zusammenfassen, die der Staat dann gegen hohe Entschädigungen enteignet. Die Entschädigungs-summe könnte dabei mehr als fünfmal so hoch ausfallen wie der Betrag, zu dem diese Wohnungen erworben wurden.

146 Dazu Metzler, *Der deutsche Sozialstaat*, S. 16–53.

147 Kondylis, *Der Niedergang bürgerlicher Denk- und Lebensformen*, S. 208 ff.

148 Platon, *Der Staat*, III, 14 f.

149 Rawls, *Theorie der Gerechtigkeit*; Walzer, *Sphären der Gerechtigkeit.*

150 Zum Gemeinwohlbegriff und zu seinem politischen Gebrauch vgl. die vier aus einem Forschungsprojekt der Berlin-Brandenburgischen Aka-demie der Wissenschaften hervorgegangenen Bände; insbes. Münk-ler / Bluhm (Hgg.), *Gemeinwohl und Gemeinsinn.*

5. Deutschland, Europa und die neue Weltordnung

1 Unter dem Eindruck des sich abzeichnenden Gewichtsverlustes der Europäer im globalen Rahmen ist eine Reihe von großen Arbeiten entstanden, die sich mit dem Aufstieg Europas zum globalen Macht- und Wohlstandszentrum beschäftigen; zu nennen sind insbesondere Landes, *Wohlstand und Armut der Nationen*, Bayly, *Die Geburt der modernen Welt*, sowie Ferguson, *Der Westen und der Rest der Welt.* Der relative Niedergang Europas beziehungsweise des Westens wird, je nachdem, was für den Aufstieg als ursächlich angesehen wird, unterschiedlich akzentuiert. Nur Niall Ferguson (S. 429–433) stellt eine Verbindung zum (langsamen) Niedergang des Römischen Reichs und dessen Beschreibung bei Gibbon her. Für eine Gegenerzählung, in der die Geschichte nicht aus (west-)europäischer Sicht dargestellt wird, sondern Zentralasien und die angrenzenden Räume als «die Mitte der Welt» angesehen werden, vgl. Frankopan, *Licht aus dem Osten.*

2 Für eine Gegenüberstellung des 19. und 20. Jahrhunderts im Hinblick auf die europäische «Weltgeltung» vgl. Langewiesche, *Ein gewaltsamer Lehrer*, S. 31–132.

3 Schümer, *Das Gesicht Europas*; Lützeler (Hg.), *Hoffnung Europa*; Sloter-dijk, *Falls Europa erwacht.*

4 Simms / Zeeb, *Europa am Abgrund*; Milev (Hg.), *Europa im freien Fall*; Krastev, *Europadämmerung.*

5 Schmale, *Was wird aus der Europäischen Union?*; Guérot, *Der neue Bür-gerkrieg*; Steinmeier, *Europa ist die Lösung.*

6 Schmid, *Europa ist tot, es lebe Europa*; Grimm, *Europa ja – aber welches?*;

Hennette/Piketty u.a., *Für ein anderes Europa*; Leggewie, *Europa zuerst!*

7 Eine seit langem auf die Konstitutionalisierung Europas drängende Stimme ist die von Jürgen Habermas, zuletzt in dem Essay *Zur Verfassung Europas*. Die lauteste Stimme für eine Fundamentaldemokratisierung Europas gehört Ulrike Guérot, zuletzt mit dem Buch *Warum Europa eine Republik werden muss*.

8 Die Bürokratiebeschränkung ist von Hans Magnus Enzensberger in dem Essay *Sanftes Monster Brüssel* ins Spiel gebracht worden; für eine Neudimensionierung der Gemeinschaftswährung hat sich unter anderem der Bonner Historiker Dominik Geppert in dem Buch *Ein Europa, das es nicht gibt* stark gemacht (insbes. S. 67 ff.).

9 Zur kulturellen Entstehung Mittelost- bzw. Ostmitteleuropas vgl. Conze, *Ostmitteleuropa*; mit dem Begriff wird ein Raum bezeichnet, der sich vom Baltikum über Polen und Böhmen bis nach Ungarn erstreckt.

10 Frankopan, *Die neuen Seidenstraßen*, S. 223.

11 Zum chinesischen Seidenstraßenprojekt und seinen Folgen für die politische und ökonomische Gewichtsverteilung im globalen Rahmen vgl. ebd., passim, sowie Sommer, *China First*, insbes. S. 211 ff. Zur Gewichtsverschiebung nach Ost- und Südasien insgesamt Khanna, *The Future is Asian*.

12 Die russische Diversionsstrategie begann freilich nicht erst 2014 mit der Krim-Annexion, sondern zeigte sich bereits 2007 in den Hackerangriffen auf die Kommunikations- und Steuerungssysteme Estlands. Das wurde damals allerdings eher als eine Herausforderung der Nato angesehen. Eine geopolitische Analyse hätte deutlich gemacht, dass es sich hier um eine auf das Binnenmeer an der nordwestlichen Flanke Russlands bezogene Machtdemonstration handelte, die wiederum erwarten ließ, dass bei einer Abschließung Russlands vom Binnenmeer an seiner Südwestflanke, dem Schwarzen Meer, mit einer starken Reaktion zu rechnen war.

13 Die günstigen geopolitischen Rahmenbedingungen des Europaprojekts hat Tony Judt in *Die große Illusion Europa*, S. 17–60, sehr genau beschrieben. Sie spielt in den meisten anderen Darstellungen des Wegs von der EWG zur EU (Gehler, *Europa*; Weidenfeld, *Europa*; Patel, *Projekt Europa*) nur eine untergeordnete Rolle. Patel (S. 36 ff.) weist darauf hin, dass die EWG als «Mutter» der EU zunächst nur *eines* von mehreren europäischen Gemeinschaftsprojekten war. Da die der gemeinsamen Verteidigung gewidmete EVG (Europäische Verteidigungsgemeinschaft) 1954 jedoch am Widerstand der französischen Nationalversammlung scheiterte, wurde die Nato, die kein europäisches, sondern ein transatlantisches Bündnis ist, zum sicherheitspolitischen Mono-

polisten in Europa. Dafür ist bezeichnend, dass Richard Münch sich in seiner Analyse des Europaprojekts mit Identität, Ökonomie, Politik, Solidarität und Kultur beschäftigt, nicht aber mit sicherheitspolitischen Fragen (Münch, *Das Projekt Europa*).

14 Zur Konstruktion des Westens vgl. Heinrich August Winklers monumentale Studie *Geschichte des Westens*, in der die politisch-kulturelle Idee des Westens bis in die Antike zurückdatiert wird, um ihre Entwicklung bis in die Gegenwart nachzuverfolgen. Winklers Ansatz zeichnet sich dadurch aus, dass er die wertepolitischen Bindungen höher stellt als die geopolitischen Konstellationen.

15 Dazu Münkler, *Der neue Golfkrieg*, S. 29 ff.

16 Der Begriff «transnationaler Krieg» steht für die Verbindung eines Bürgerkriegs mit Interventionen äußerer Akteure, bei denen es sich um Staaten, aber auch um suprastaatliche Organisationen handeln kann. Er sprengt die binäre Konstruktion von Staatenkrieg *oder* Bürgerkrieg, da der transnationale Krieg ein Drittes dazwischen ist.

17 Dieser Auffassung scheint auch Winkler in seinem «Postskriptum» zur *Geschichte des Westens*, dem Buch *Zerbricht der Westen?*, zuzuneigen.

18 Dazu Frankopan, *Die neuen Seidenstraßen*, S. 126 f. und 205.

19 Kennedy, *Aufstieg und Fall der großen Mächte*, S. 768 f.; im Anschluss daran und diesen Ansatz ausweitend Münkler, *Imperien*, S. 172 ff. Im Begriff des *imperial overstretch* oder auch *overcommitment* werden Beobachtungen gebündelt, die sich bereits in Gibbons Analyse des *Verfalls und Untergangs des Römischen Reichs* finden lassen.

20 Zu diesem Problem ebenso grundsätzlich wie grundlegend Hausteiner (Hg.), *Föderalismen*.

21 So etwa Sloterdijk, *Falls Europa erwacht*, insbes. S. 42 ff.; in diesem Sinne auch Kupchan, *Die europäische Herausforderung*, S. 115 ff., Rifkin, *Der europäische Traum*, insbes. S. 216 ff., sowie Posener, *Imperium der Zukunft*, S. 75 ff.

22 Um nur zwei Titel zu nennen: Ferguson, *Der Niedergang des Westens*, passim, und Fischer, *Der Abstieg des Westens*, S. 115 ff.

23 Zu dieser Denkfigur vgl. Walter, *Nützliche Feindschaft?*, S. 126 ff.

24 Dieser Aspekt findet sich schon früh in der US-amerikanischen Beobachtung der deutschen und japanischen Konkurrenz, etwa bei Rosecrance, *Der neue Handelsstaat*.

25 So zuletzt etwa Hoffmann, «Forderung ohne Fakten», S. 39.

26 Ebd., S. 37.

27 Die in Deutschland wichtigste Stimme eines solchen von unten her erfolgenden Neugründungsprojekts ist Ulrike Guérot; vgl. deren Buch *Warum Europa eine Republik werden muss,* sowie Guérot, Negt u. a., *Europa jetzt!*.

28 Das Szenario «Weiter wie bisher» ist eine von fünf Handlungsperspektiven, die in dem am 1. März 2017 vorgelegten Weißbuch der EU-Kommission beschrieben werden; vgl. Schmale, *Was wird aus der Europäischen Union?*, S. 125.

29 Für die Probleme eines liberalen Demokratieverständnisses mit der Entwicklung in Ungarn vgl. Müller, *Wo Europa endet*, insbes. S. 36 ff.

30 Schmale, *Was wird aus der Europäischen Union?*, S. 126.

31 Strategisch betrachtet, handelt es sich hierbei um eine Variante dessen, was Albert Hirschman als die alternativen Optionen von *exit and voice*, Abwanderung und Widerspruch, dargestellt hat: Statt aus der EU auszutreten, wird hier auf die permanente Blockade von innen zwecks Durchsetzung eigener Interessen gesetzt. Vgl. Hirschman, *Abwandern und Widerspruch*.

32 Zur Geschichte der französischen Mittelmeerprojekte, ihres regelmäßigen Auftauchens und Wiederverschwindens, vgl. Lepenies, *Die Macht am Mittelmeer*, passim. Siehe auch Schmale, *Was wird aus der europäischen Union?*, S. 126.

33 Judt, *Große Illusion Europa*, S. 57; von den inzwischen vergessenen Irritationen der frühen 1990er Jahre handelt auch Hoffmann / Kramer (Hg.), *Das verunsicherte Europa*.

34 Judt, *Große Illusion Europa*, S. 47 ff.; in Judts *Geschichte Europas von 1945 bis zur Gegenwart* ist diese Periode ausführlich dargestellt (S. 273–506); sie war zugleich «die Stunde der Sozialdemokratie» (S. 399–435).

35 Das änderte sich erst mit der Aufstellung der Kopenhagen-Kriterien, die 1993 formuliert und 1997 in den Amsterdamer Vertrag aufgenommen wurden; vgl. Patel, *Projekt Europa*, S. 206 f.; Gehler, *Europa*, S. 143 f.

36 Gauß (Hg.), *Das Buch der Ränder*, Einleitung.

37 Vgl. Kreis, *Europa und seine Grenzen*, Cerutti / Rudolph (Hgg.), *Brauchen die Europäer eine politische Identität?*, sowie den Abschnitt «Selbstbilder Europa im historischen Wandel» in Drechsel u. a. (Hgg.), *Bilder von Europa*, S. 37–134.

38 Ausführlich zu den Erweiterungsrunden Gehler, *Europa. Ideen, Institutionen, Vereinigung, Zusammenhalt*, S. 292 ff., 386 ff. und 473 ff.

39 Die Details finden sich bei Gehler, *Europa*, S. 347 f.

40 Um die Perspektive des Regierens aufrechtzuerhalten, wurde die Vorstellung von den mehreren Ebenen entwickelt, auf denen Europa politisch administriert werde; zu Begriff und Realität des Mehrebenensystems vgl. Scharpf, *Regieren in Europa*, S. 81–110.

41 Die kleineuropäische beziehungsweise «abendländische» Europaidee ist räumlich auf den Nordwesten des Kontinents und von ihrer Entstehungszeit her auf das Mittelalter konzentriert; diese Genese Europas wird herausgestellt bei Seibt, *Die Begründung Europas*, sowie Mit-

terauer, *Warum Europa?*; ein diesbezüglicher Referenztext vor Beginn des Europaprojekts ist Dawson, *Gestaltung des Abendlandes*; der englische Originaltitel lautet *The Making of Europe.*

42 Die ideengeschichtlichen Arbeiten, die Europa als politische Idee entwickeln, haben in der Regel die Antike zum Ausgangs- und Bezugspunkt und schenken dem Mittelalter keine große Beachtung; vgl. Jaeckle, *Die Idee Europa*, und Tielker, *Europa – die Genese einer politischen Idee.* Das kann nicht überraschen, weil die Autoren, von denen die mittelalterlichen Ursprünge Europas herausgestellt werden, auf die Ernährungsgrundlagen (Roggen und Hafer), die Hufenverfassung und die Abstammungsregularien zurückgreifen, wie Michael Mitterauer dies tut, oder weil sie, wie Ferdinand Seibt, die Verkehrswege, das Geld, den Hausbau und die Waffenherstellung in den Mittelpunkt stellen. Ideengeschichtliche Ursprünge Europas kommen unter Bezug auf das Mittelalter erst ins Spiel, wenn die religiöse Prägung des Kontinents hervorgehoben wird, wie etwa bei Isensee, «Europa – die politische Erfindung eines Erdteils». Dass eine genauere Auseinandersetzung mit den religiösen Wurzeln Europas jedoch eher die Trennlinien als die Einheitlichkeit des Projekts betont, zeigen die Beiträge in Kallscheuer (Hg.), *Das Europa der Religionen.*

43 Selbst Griechenland stieß hier auf keine größeren Schwierigkeiten, was nicht selbstverständlich war. Kulturell gehörte es seit der Teilung des Römischen Reichs im 4. nachchristlichen Jahrhundert nicht mehr zu dem Raum, aus dem «Europa» hervorgegangen ist. Außerdem war es durch die jahrhundertelange türkische Herrschaft geprägt und damit politisch-kulturell mit dem osmanischen Raum verbunden. Fast alle Argumente, die später gegen den EU-Beitritt der Türkei geltend gemacht wurden, hätten sich, mit Ausnahme des religiösen, auch gegen Griechenland ins Spiel bringen lassen. Erwägungen über den Gegensatz zwischen der orthodoxen und der lateinischen Christenheit spielten keine Rolle. Spanien und Portugal hatten es dagegen deutlich schwerer, ihre Zugehörigkeit zu Europa zu plausibilisieren: Der muslimische Abschnitt ihrer Geschichte spielt im kulturellen Gedächtnis Europas eine sehr viel stärkere Rolle, als das bei Griechenland der Fall war, und mit der im 16. Jahrhundert aufgekommenen «schwarzen Legende», der Erzählung über die spanische Grausamkeit (vgl. Pollmann, «Eine natürliche Feindschaft», S. 73 ff.), sowie der Erinnerung an die Inquisition und ihre Praktiken ist die Iberische Halbinsel aus dem kulturellen Gedächtnis des Europas der Aufklärung herausgedrängt worden.

44 Für eine zusammenfassende Darstellung vgl. Besier, *Das Europa der Diktaturen*, S. 81–306.

45 Dazu Rosenberg, *Die Rache der Geschichte*, insbesondere 1. und 2. Teil.

46 Die Folgen dessen für die weitere Entwicklung der EU werden zumeist nicht hinreichend herausgearbeitet: Zunächst war damit ein erster Schritt über den Eisernen Vorgang gemacht; sodann veränderte sich das Gewicht Deutschlands in der EG – was jedoch erst später in seiner ganzen Bedeutung erkennbar wurde (zu den Widerständen gegen die deutsche Vereinigung vgl. Gehler, *Europa*, S. 138 ff.) –, und schließlich konnte die deutsche Regierung danach nur noch als Anwalt der beitrittswilligen Staaten Mitteleuropas auftreten.

47 Zeitweilig ist im Übrigen das Projekt verfolgt worden, die Vertiefung über die Erweiterung zu stellen beziehungsweise den Weg der Erweiterung erst zu beschreiten, nachdem die Vertiefung erfolgt sein würde; vgl. Gehler, *Europa. Ideen, Institutionen, Vereinigung, Zusammenhalt*, S. 373 ff.

48 Die Zahlen nach Krastev, *Europadämmerung*, S. 77. 2009 korrigierte die griechische Regierung ihr Budgetdefizit von 3,7 auf 12,7 Prozent des BIP; im Zuge der Krise kletterte die Staatsverschuldung dann von 104 auf 130 Prozent des BIP. Vgl. Gehler, *Europa. Ideen, Institutionen, Vereinigung, Zusammenhalt*, S. 677.

49 Das war der Grund, warum die deutsche Regierung so nachdrücklich auf einer Beteiligung des Internationalen Währungsfonds an den Hilfspaketen für Griechenland bestanden hat. Es ging darum, den politischen Druck zu begrenzen, den Griechenland zwecks Minderung der Reformauflagen auf die EU-Länder ausüben konnte.

50 Wie die exzessive Aufblähung der Staatsschulden eine Folge der von den beiden seit 1973 im Wechsel den Staat beherrschenden Parteien (Pasok und Nea Demokratia) betriebene Klientelpolitik war, bei der der Staatshaushalt dazu herhalten musste, die je eigene Anhängerschaft zu versorgen, so blockierte dieser Klientelismus nunmehr nachhaltige Reformen in Gestalt einer deutlichen Einschränkung von «Wohltaten». Erst die neu entstandene Partei Syriza war unter dem Druck von außen (von der EU) in der Lage, diese Reformen anzugehen.

51 Die Niedrigzinspolitik der EZB hat vor allem negative Folgen für Sparer und Besitzer von Lebensversicherungspolicen. Daneben hat sie dazu beigetragen, die Immobilienpreise in die Höhe zu treiben. Sie ist zweifellos von Vorteil für die deutsche Exportindustrie (gewesen), hatte dabei aber den Effekt einer großen Umverteilmaschine, die den angestrebten Wirkungen sozialstaatlicher Eingriffe entgegenwirkte. Schließlich hat sie jedoch auch bei den Geberländern die Zinslasten für deren Schulden erleichtert.

52 Vgl. Krastev, *Europadämmerung*, S. 57.

53 Ebd., S. 63.

54 Das ist ein etwas anderes Argument als das von Ivan Krastev und Stephen Holmes vorgebrachte, wonach der Westen infolge der Aufnahme von Migranten aus dem arabischen und afrikanischen Raum zum «negativen Vorbild» der Osteuropäer geworden sei. Krastev und Holmes sehen in der Ablehnung von Migranten im Osten eine demonstrative Abkehr vom westlichen Vorbild: Wenn man nicht mehr versuche, so zu werden, wie der Westen ist, dann würden, so die untergründige Erwartung, die jungen Leute auch dableiben und nicht in den Westen gehen. Krastev / Holmes, «Osteuropa erklären», S. 24 ff.

55 Mit Blick auf die operative Politik ist daher Ivan Krastev (*Europadämmerung*, S. 55) nicht zuzustimmen, wenn er meint, die Migrationsfrage würde den Zusammenhalt der Europäischen Union stärker bedrohen als die Überschuldung der südlichen EU-Staaten.

56 Korruption ist in Rumänien und Bulgarien, aber auch auf dem Balkan insgesamt endemisch. Sie ist das Ergebnis der dort vorherrschenden klientelistischen Strukturen, die ihren Ausdruck darin finden, dass Solidarität nicht horizontal, sondern vertikal gedacht und eingefordert wird.

57 Die nachfolgend angestellten Überlegungen sind breit entwickelt in Münkler, *Macht in der Mitte*, insbes. S. 167–192; dazu auch Kundnani, *German Power*, insbes. S. 133–181, sowie Hüther, *Die junge Nation*, insbes. S. 229–269.

58 Die Europäische Zentralbank (EZB) als dritte Gemeinschaftsinstitution kommt hier, da sie die «Herrin» des Euroraums, aber nicht des EU-Raums ist, zunächst nicht in Betracht. Was den Euroraum anbetrifft, ist sie eine Kraft des Zusammenhalts, die mitunter eine größere Bedeutung hat als die genuin politischen Institutionen.

59 Die griechische Regierung hat offenbar verstanden, dass die Bundesrepublik hier eine erhebliche Solidaritätsleistung erbracht hat: Seitdem ist aus Griechenland kaum noch Kritik an der deutschen Politik zu hören.

60 Italien, der dritte große Gründungsstaat des Europaprojekts, war mit dem Zerfall seines Parteiensystems und dem Aufstieg Silvio Berlusconis bereits zuvor aus dem Kreis der europäischen Führungsmächte ausgeschieden. Es ist seitdem nicht mehr dorthin zurückgekehrt.

61 Der Bonner Historiker Hans-Peter Schwarz hat schon 1994 den Begriff der «Zentralmacht Europas» für die neue Position Deutschlands geprägt. Leon Mangasarian und Jan Techau haben von der «Führungsmacht Deutschland» gesprochen.

62 Vgl. Gehler, *Europa*, S. 110 ff., und Patel, *Projekt Europa*, S. 22 ff., sowie Rödder, *Wer hat Angst vor Deutschland?*, S. 170 ff.

63 Für eine knappe Darstellung dieser Zeit vgl. Rödder, *Wer hat Angst vor Deutschland?*, S. 193–235.

64 Quelle: Eurostat. Nimmt man Großbritannien als Vergleichsgröße hinzu, so liegt das BIP des Vereinigten Königreichs mit 2934 Milliarden Euro leicht über dem BIP Frankreichs, während die Einwohnerzahl mit 66,2 Millionen geringfügig kleiner ist als die Frankreichs. In der EU-Rangfolge schließen bei Bevölkerung und Wirtschaftsleistung Italien und Spanien an.

65 Zur Unterscheidung von politischer, ökonomischer, militärischer und kultureller beziehungsweise ideologischer Macht vgl. Mann, *Geschichte der Macht*, Bd. 1, S. 46–56.

66 Dazu Münkler, «Populism in Germany», S. 505–568.

67 Vgl. oben, S. 179 f.

68 Zum Begriff des «verwundbaren Hegemons» mit Blick auf die deutsche Geschichte vgl. Münkler, *Macht in der Mitte*, S. 174 ff. Kundnani, *German Power*, S. 159 ff., spricht von einer «geoökonomischen Halbhegemonie» Deutschlands, bei der die politische Verwundbarkeit durch den Verweis auf die deutsche Geschichte keine Rolle spielt.

69 Quelle: Statistisches Bundesamt (Destatis) 2019; Die Eurostat Online-Datenbank, Intra and Extra-EU trade by Member State and by product group (09/2018), verzeichnet eine davon leicht abweichende Zahl, was seinen Grund in nicht völlig übereinstimmenden Berechnungsgrundlagen hat.

70 Quelle: Statistisches Bundesamt (Destatis) 2019.

71 Vgl. Dieter, *Deutschlands zweischneidige Außenwirtschaftspolitik*.

72 Vgl. Weizsäcker, «Europas Mitte», S. 389; Dieter, *Deutschlands zweischneidige Außenwirtschaftspolitik*, S. 25 f.

73 Dazu Münkler / Straßenberger, *Politische Theorie und Ideengeschichte*, S. 122–150.

74 Da es in der EU kein Zwei-Kammern-Parlament gibt, werden die kleinen Länder durch ein höheres Stimmengewicht vor der Majorisierung durch die großen Länder geschützt. Demokratietheoretisch ist diese ungleiche Stimmgewichtung ein Problem, weil sie die Legitimität des Europäischen Parlaments beeinträchtigt; unter dem Aspekt des Minderheitenschutzes ist sie aber nicht unplausibel.

75 Vgl. dazu die Beiträge in Riklin / Batliner (Hgg.), *Subsidiarität*.

76 Zur Fragwürdigkeit dieses Ziels und insbesondere zu seiner Orientierung am BIP vgl. Hoffmann, «Forderung ohne Fakten», S. 37 f.

77 Dazu Grewe, *Epochen der Völkerrechtsgeschichte*, S. 538 f., sowie Fisch, *Die Europäische Expansion*, S. 91–93 u. ö.

78 Ein zentrales Problem beim Aufbau eines zu früheren Konstellationen analogen Abschreckungsregimes ist, dass es lange dauert, diejenigen zu identifizieren, von denen eine Cyberattacke durchgeführt wurde. Fast noch größer ist das daran anschließende Problem der Zurechnung zu

einem Staat beziehungsweise dessen Regierung. Beides zusammen wird als «Attribution» bezeichnet; vgl. dazu mit unterschiedlicher Akzentsetzung Rid, *Mythos Cyberwar*, S. 229 ff., und Kurz / Rieger, *Cyberwar*, S. 121 ff.

79 So auch Herdegen, *Der Kampf um die Weltordnung*, S. 11 ff.

80 In der Frage des Umgangs mit dem Iran und einer geeigneten Strategie, ihn am Aufbau einer Nuklearstreitmacht zu hindern, hat sich eine solche eigenständige Politik Europas gezeigt, als es zusammen mit Russland und China an dem Abkommen festgehalten hat, das bei internationalen Kontrollen des iranischen Atomprogramms eine Aussetzung der gegen den Iran verhängten Wirtschaftssanktionen vorsah; zur komplizierten völkerrechtlichen Situation nach der gegenüber den vorgesehenen Regularien nicht konformen Kündigung des «Joint Comprehensive Plan of Action» vgl. Herdegen, *Der Kampf um die Weltordnung*, S. 28 f.

81 Vgl. Asseburg / Kempin (Hg.), *Die EU als strategischer Akteur?*.

82 Vgl. Diedrichs, «Neue Dynamik», sowie Wagner, «Europäische Governance».

83 Dieser Aspekt wird herausgestellt bei Strasser, «Am Ende der Pax Americana?», S. 108 f.

84 Vgl. Giesbert / Pfeiffer / Schotte, *Umstrittene Freihandelsabkommen mit der EU*.

85 Auf das Erfordernis von Verbündeten im Ringen der großen Mächte hat Khanna in *Der Kampf um die Zweite Welt*, S. 18 ff. und 493 ff., aufmerksam gemacht.

86 Zu einem ähnlichen Ergebnis ist aus US-amerikanischer Sicht auch Mary Nolan gekommen, die das 20. Jahrhundert als das transatlantische Jahrhundert der USA bezeichnet hat und davon ausgeht, dass das 21. Jahrhundert dies aufgrund zahlreicher Konflikte nicht sein wird; Nolan, *The Transatlantic Century*, S. 356 ff.

87 Zu den Vorteilen, die eine geopolitisch periphere Macht beim Aufstieg zur Weltmacht hat, vgl. Münkler, *Imperien*, S. 61 ff. Diesen Randlagenvorteil hat das «Reich der Mitte» nie besessen.

88 Vgl. Frankopan, *Die neuen Seidenstraßen*, S. 163 ff., und Sommer, *China First*, S. 295 ff.

89 Dazu Frankopan, *Die neuen Seidenstraßen*, S. 91 ff.

90 Die Alternative dazu ist eine Neuauflage der bipolaren Ordnung, bei der die USA und China die beiden Machtpole bilden würden. Das hätte freilich zur Voraussetzung, dass sich Russland China und die EU den USA unterordnen würden, was zwar nicht grundsätzlich auszuschließen, aber doch eher unwahrscheinlich ist.

91 Sicherlich ist die Beschränkung einer solchen Ordnung auf fünf Mächte

nicht zwingend, sie lässt sich aber fast durchweg beim Zerfall von Ordnungen mit Hüter beobachten.

92 Vgl. Khanna, *The Future is Asian*, S. 79 ff.

93 Damit ist nicht die Binnenwanderung von Arbeitskräften *innerhalb* des
EU-Raumes gemeint, die eine der vier Grundfreiheiten der EU darstellt. Diese findet von Süden, Osten und Südosten nach Westen und
in die Mitte statt und folgt wesentlich den Pull-Effekten, die von einer
florierenden Wirtschaft, hohen Löhnen, Überalterung und einer ohne
Zuwanderung sinkenden Bevölkerungszahl in den prosperierenden
Räumen ausgeht. Gemeint ist hier eine zusätzliche Arbeitsmigration
aus Räumen außerhalb der EU. Europa als «Festung» würde die Wirtschaft der EU stark beeinträchtigen.

94 Zu den Ursachen der Flucht und den Möglichkeiten ihrer Beseitigung
jenseits einer bedingungslosen Abschottung Europas vgl. Meier-Braun,
Schwarzbuch Migration, S. 153–176.

Literatur

Abdel-Samad, Hamed: *Integration. Protokoll eines Scheiterns*, München 2018.

Adorno, Theodor W.: «Theorie der Halbbildung» [1959]; in: ders.: *Gesammelte Schriften*, Bd. 8, Frankfurt am Main 1972, S. 93–121.

Alemann, Ulrich von / Morlok, Martin / Spier, Tim (Hgg.): *Parteien ohne Mitglieder?*, Baden-Baden 2013.

Allemann, Fritz René: *Bonn ist nicht Weimar* [1956]. Hg. von Xenia von Bahder, Frankfurt am Main 2000.

Allmendinger, Jutta: *Das Land, in dem wir leben möchten. Wie die Deutschen sich ihre Zukunft vorstellen*, München 2017.

Alt, Christian / Schiffer, Christian: *Angela Merkel ist Hitlers Tochter. Im Land der Verschwörungstheorien*, München 2018.

Alvaredo, Facundo, u. a. (Hgg.): *Die weltweite Ungleichheit. Der World Inequality Report 2018*, München 2018.

Anders, Günther: *Die atomare Drohung. Radikale Überlegungen*. Vierte, durch ein Vorwort erweiterte Auflage von «Endzeit und Zeitenende» [1972], München 1983.

Ders.: *Die Antiquiertheit des Menschen*, 2 Bde., München 1985/1986.

Anderson, Benedict: *Die Erfindung der Nation. Zur Karriere eines folgenreichen Konzepts* [1983]. Aus dem Englischen von Benedikt Burkard, Frankfurt am Main / New York 1988.

Anderson, Perry: *Zum Ende der Geschichte*. Aus dem Englischen von Christiane Goldmann, Berlin 1993.

Anweiler, Oskar: *Schulpolitik und Schulsystem in der DDR*, Opladen 1988.

Arendt, Hannah: *Vita activa oder Vom tätigen Leben* [1958], München / Zürich 1981.

Aristoteles: *Politik*. Übers. und hg. von Olof Gigon, München 1973.

Aron, Raymond: *Frieden und Krieg. Eine Theorie der Staatenwelt*. Aus dem Französischen von Sigrid von Massenbach, Frankfurt am Main 1962.

Artelt, Cordula / Baumert, Jürgen, u. a.: *PISA 2000. Zusammenfassung zentraler Befunde*, Berlin 2001.

Autorengruppe Bildungsberichterstattung 2018: *Bildung in Deutschland 2018. Ein indikatorengestützter Bericht mit einer Analyse zu Wirkungen und Erträgen von Bildung*, Bielefeld 2018.

Bauer, Thomas: *Die Vereindeutigung der Welt. Über den Verlust an Mehrdeutigkeit und Vielfalt*, Ditzingen 2018.

Bauman, Zygmunt: *Moderne und Ambivalenz. Das Ende der Eindeutigkeit*, Hamburg 2005.

Baumert, Jürgen: «Leistungen, Leistungsfähigkeit und Leistungsgrenzen der empirischen Bildungsforschung. Das Beispiel von Large-Scale-Assessment-Studien zwischen Wissenschaft und Politik»; in: *Zeitschrift für Erziehungswissenschaft*, 2016, Suppl. 1, S. 215–253 (DOI 101007/s11618-016-0704-4).

Bayly, Christopher A.: *Die Geburt der modernen Welt. Eine Globalgeschichte 1780–1914*. Aus dem Englischen von Thomas Bertram und Martin Klaus, Frankfurt am Main / New York 2006.

Bebnowski, David: *Die Alternative für Deutschland. Aufstieg und gesellschaftliche Repräsentanz einer rechten populistischen Partei*, Wiesbaden 2015.

Beck, Ulrich: *Risikogesellschaft. Auf dem Weg in eine andere Moderne*, Frankfurt am Main 1986.

Becker, Gary S.: *Human Capital. A Theoretical and Empirical Analysis with Special Reference to Education*, New York 1964.

Becker, Matthias: *Die Bedrohung der Polis. Hesiods «Werke und Tage» als Zeugnis literarischer Bedrohungskommunikation*, Tübingen 2018.

Becker, Rolf / Lauterbach, Wolfgang: *Bildung als Privileg. Erklärungen und Befunde zu den Ursachen der Bildungsungleichheit*, Wiesbaden 2016.

Diess.: «Bildung als Privileg – Ursachen, Mechanismen, Prozesse und Wirkungen»; in: diess.: *Bildung als Privileg*, Wiesbaden 2016, S. 3–53.

Bednarz, Liane: *Die Angstprediger. Wie rechte Christen Gesellschaft und Kirchen unterwandern*, München 2018.

Behringer, Wolfgang: *Im Zeichen des Merkur. Reichspost und Kommunikationsrevolution in der Frühen Neuzeit*, Göttingen 2003.

Below, Susanne von: *Bildungssysteme und soziale Ungleichheit. Das Beispiel der neuen Bundesländer*, Opladen 2002.

Benjamin, Walter: *Gesammelte Schriften*. Hg. von Rolf Tiedemann und Hermann Schweppenhäuser, Frankfurt am Main 1974.

Berdjaev, Nikolaj: *Die russische Idee. Grundprobleme des russischen Denkens im 19. Jahrhundert und zu Beginn des 20. Jahrhunderts*. Übers. von Dietrich Kegler, St. Augustin 1983.

Berlin, Isaiah: «Zwei Freiheitsbegriffe»; in: ders.: *Freiheit. Vier Versuche*. Aus dem Englischen von Reinhard Kaiser, Frankfurt am Main 1995, S. 197–256.

Bertelsmann Stiftung, u. a. (Hgg.): *Chancenspiegel – eine Zwischenbilanz. Zur Chancengerechtigkeit und Leistungsfähigkeit der deutschen Schulsysteme seit 2002*, Gütersloh 2017.

Besier, Gerhard: *Das Europa der Diktaturen. Eine neue Geschichte des 20. Jahrhunderts*, München 2006.

Beßlich, Barbara: *Faszination des Verfalls. Thomas Mann und Oswald Spengler*, Berlin 2002.

Betts, Alexander / Collier, Paul: *Gestrandet. Warum unsere Flüchtlingspolitik allen schadet – und was jetzt zu tun ist*. Aus dem Englischen von Helmut Dierlamm und Norbert Juraschitz, München 2017.

Beyme, Klaus von: *Die politische Klasse im Parteienstaat*, Frankfurt am Main 1993.

Biebricher, Thomas: *Geistig-moralische Wende. Die Erschöpfung des deutschen Konservatismus*, Berlin 2019.

Bieß, Frank: *Republik der Angst. Eine andere Geschichte der Bundesrepublik*, Reinbek bei Hamburg 2019.

Bleek, Wilhelm: *Von der Kameralausbildung zum Juristenprivileg. Studium, Prüfung und Ausbildung der höheren Beamten des allgemeinen Verwaltungsdienstes in Deutschland im 18. und 19. Jahrhundert*, Berlin 1972.

Bluhm, Harald / Krause, Skadi (Hgg.): *Robert Michels' «Soziologie des Parteiwesens». Oligarchien und Eliten – die Kehrseiten moderner Demokratie*, Wiesbaden 2012.

Boatcă, Manuela: «Kapital aus Staatsbürgerschaft und die globale Strukturierung des Nationalen»; in: Bude / Staab (Hgg.): *Kapitalismus und Ungleichheit*, S. 137–153.

Böckenförde, Ernst-Wolfgang: *Staat, Gesellschaft, Freiheit. Studien zur Staatstheorie und zum Verfassungsrecht*, Frankfurt am Main 1976.

Böhme, Günther: *Wirkungsgeschichte des Humanismus im Zeitalter des Rationalismus*, Darmstadt 1988.

Bollenbeck, Georg: *Bildung und Kultur. Glanz und Elend eines deutschen Deutungsmusters*, Frankfurt am Main 1994.

Boltanski, Luc / Chiapello, Ève: *Der neue Geist des Kapitalismus*. Aus dem Französischen von Michael Tillmann. Mit einem Vorwort von Franz Schultheis, Konstanz 2003.

Bolz, Norbert W.: *Am Ende der Gutenberg-Galaxis*, München 1995.

Le Bon, Gustav: *Psychologie der Massen*, Stuttgart 1985.

Bos, Wilfried / Lankes, Eva-Maria / Prenzel, Manfred / Schwippert, Knut / Valtin, Renate / Walther, Gert: *Erste Ergebnisse aus IGLU: Schülerleistungen am Ende der vierten Jahrgangsstufe im internationalen Vergleich*, Sozialwissenschaftlicher Fachinformationsdienst soFid, Bildungsforschung 2007/1, S. 9–46 (https://www.ssoar.info/ssoar/handle/document/20171).

Ders. / Postlethwaite, T. Neville / Gebauer, Miriam: «Potenziale Grenzen und Perspektiven internationaler Schulleistungsforschung; in: Tippelt / Schmidt (Hgg.): *Handbuch Bildungsforschung*, S. 275–296.

Bösch, Frank: *Zeitenwende 1979. Als die Welt von heute begann*, München 2019.

Bourdieu, Pierre: *Die feinen Unterschiede. Kritik der gesellschaftlichen Urteilskraft*, Frankfurt am Main 1982.

Ders.: *Bildung. Schriften zur Kultursoziologie 2*, Frankfurt am Main 2018.

Ders.: *Der Staatsadel*. Aus dem Französischen von Franz Hector und Jürgen Bolder, Konstanz 2004.

Ders.: «Ökonomisches Kapital, kulturelles Kapital, soziales Kapital»; in: Reinhard Kreckel (Hg.): *Soziale Ungleichheiten*, Göttingen 1983, S. 183–198.

Braudel, Fernand: *Sozialgeschichte des 15.–18. Jahrhunderts. Bd. 3: Aufbruch zur Weltwirtschaft*. Aus dem Französischen von Siglinde Summerer und Gerda Kurz, München 1986.

Bremer, Helmut: «Die Möglichkeit von Chancengleichheit: Pierre Bourdieus Entzauberung der Natürlichkeit von Bildung und Erziehung – und deren ungebrochene Aktualität»; in: Rehberg, Karl-Siegbert (Hg.): *Die Natur der Gesellschaft: Verhandlungen des 33. Kongresses der Deutschen Gesellschaft für Soziologie in Kassel 2006*, Teilbd. 1 u. 2, Frankfurt am Main 2008, S. 1528–1538.

Brennan, Jason: *Gegen die Demokratie. Warum wir die Politik nicht den Unvernünftigen überlassen dürfen*, Berlin 2017.

Breuer, Stefan: *Anatomie der Konservativen Revolution*, Darmstadt 1993.

Briese, Olaf: *Angst in den Zeiten der Cholera*, 4 Bde., Bd. 2: *Panik-Kurve. Berlins Cholerajahr 1831/32*, Berlin 2003.

Bringmann, Klaus: *Das Volk regiert sich selbst. Eine Geschichte der Demokratie*, Darmstadt 2019.

Brodocz, André / Llanque, Marcus / Schaal, Gary S. (Hgg.): *Bedrohungen der Demokratie*, Wiesbaden 2008.

Bröckling, Ulrich: *Das unternehmerische Selbst – Soziologie einer Subjektivierungsform*, Frankfurt am Main 2007.

Bromme, Rainer / Prenzel, Manfred / Jäger, Michael: «Empirische Bildungsforschung und evidenzbasierte Bildungspolitik. Eine Analyse von Anforderungen an die Darstellung, Interpretation und Rezeption empirischer Befunde»; in: *Zeitschrift für Erziehungswissenschaft 17 (2014)*, S. 3–54.

Brown, Wendy: *Mauern. Die neue Abschottung und der Niedergang der Souveränität* [2010]. Aus dem Amerikanischen von Frank Lachmann, Berlin 2018.

Bruch, Rüdiger von: «Kulturpsychologie und Kulturbiologie. Universalgeschichte als Kulturmorphologie bei Karl Lamprecht und Oswald Spengler»; in: Demandt / Farrenkopf (Hgg.): *Der Fall Spengler*, S. 1–20.

Brunnermeier, Markus / James, Harold / Landau, Jean-Pierre: *Euro. Der*

Kampf der Wirtschaftskulturen. Aus dem Englischen von Thorsten Schmidt, München 2018.

Buchheit, Vinzenz: *Vergil über die Sendung Roms. Untersuchungen zum Bellum Poenicum und zur Aeneis*, Heidelberg 1963.

Buchstein, Hubertus: «Die Zumutungen der Demokratie. Von der normativen Theorie des Bürgers zur institutionell vermittelten Präferenzkompetenz»; in: Klaus von Beyme / Claus Offe (Hgg.): *Politische Theorien in der Ära der Transformation* (= PVS-Sonderheft 26), Opladen 1996, S. 295–324.

Ders.: *Demokratie und Lotterie. Das Los als politisches Entscheidungsinstrument von der Antike bis zur EU*, Frankfurt am Main / New York 2009.

Buck, August: «Die studia humanitatis im italienischen Humanismus»; in: Wolfgang Reinhard (Hg.): *Humanismus im Bildungswesen des 15. und 16. Jahrhunderts*, Weinheim 1984.

Ders.: *Humanismus. Seine europäische Entwicklung in Dokumenten und Darstellungen*, Freiburg / München 1987.

Bude, Heinz: *Die Ausgeschlossenen. Das Ende vom Traum einer gerechten Gesellschaft*, München 2008.

Ders.: *Gesellschaft der Angst*, Hamburg 2014.

Ders. / Staab, Philipp (Hgg.): *Kapitalismus und Ungleichheit. Die neuen Verwerfungen*, Frankfurt am Main / New York 2016.

Ders.: *Bildungspanik. Was unsere Gesellschaft spaltet*, München 2017.

Ders.: «Globale Klassenverhältnisse»; in: Bude / Staab (Hgg.): *Kapitalismus und Ungleichheit*, S. 115–136.

Bundesministerium für Familie, Senioren, Frauen und Jugend (Hg.): *Zivilgesellschaft, soziales Kapital und freiwilliges Engagement in Deutschland 1999 – 2004 – 2009*, München 2010.

Bundesministerium für innerdeutsche Beziehungen (Hg.): *Vergleich von Bildung und Erziehung in der Bundesrepublik Deutschland und in der Deutschen Demokratischen Republik*, Köln 1990.

Bürklin, Wilhelm: «Die Potsdamer Parteimitgliederstudie 1998. Ein empirischer Test des Rational-Choice-Modells innerparteilicher Partizipation»; in: Alemann / Morlok / Spier (Hgg.): *Parteien ohne Mitglieder?*, S. 29–43.

Busse, Dietrich: *Frame-Semantik. Ein Kompendium*, Berlin / Boston 2012.

Butter, Michael: *«Nichts ist, wie es scheint». Über Verschwörungstheorien*, Berlin 2018.

Butterwegge, Christoph: *Wohlfahrtsstaat im Wandel. Probleme und Perspektiven der Sozialpolitik*, Opladen 1999.

Ders.: *Krise und Zukunft des Sozialstaates*, Wiesbaden 2014.

Calhoun, Craig: «Was den Kapitalismus heute bedroht»; in: Wallerstein, u. a.: *Stirbt der Kapitalismus?*, S. 163–202.

Castel, Robert / Dörre, Klaus (Hgg.): *Prekarität, Abstieg, Ausgrenzung. Die soziale Frage am Beginn des 21. Jahrhunderts*, Frankfurt am Main / New York 2009.

Cerutti, Furio / Rudolph, Enno (Hgg.): *Brauchen die Europäer eine Identität? Politische und kulturelle Aspekte*, Zürich 2011.

Chen, Gina Masullo: *Online Incivility and Public Debate: Nasty Talk*, Basingstoke, London 2016.

Chomsky, Noam, im Gespräch mit Emran Feroz: *Kampf oder Untergang! Warum wir gegen die Herren der Menschheit aufstehen müssen*, Frankfurt am Main 2018.

Christadler, Marieluise: «Die ‹Nouvelle Droite› in Frankreich»; in: Fetscher (Hg.): *Neokonservative und ‹Neue Rechte›*, S. 163–215.

Cohen, Daniel: *Globalisierung als politische Herausforderung*. Aus dem Französischen von Gerhard Kilper, Hamburg 2006.

Cohen, Paul A.: *History and Popular Memory. The Power of Story in Moments of Crisis*, New York 2014.

Collins, Randall: «Das Ende der Mittelschichtarbeit: keine weiteren Auswege»; in: Wallerstein, u. a.: *Stirbt der Kapitalismus?*, S. 49–88.

Conze, Werner: *Ostmitteleuropa. Von der Antike bis zum 18. Jahrhundert*, München 1992.

Cremer, Georg: *Deutschland ist gerechter, als wir meinen. Eine Bestandsaufnahme*, München 2018.

Crouch, Colin: *Postdemokratie*. Aus dem Englischen von Nikolaus Gramm, Frankfurt am Main 2008.

Cuperus, René: «Das Versagen der selbstgerechten Etablierten»; in: *Berliner Republik*, 2014, Nr. 6, S. 71–73.

Dahrendorf, Ralf: *Bildung ist Bürgerrecht. Plädoyer für eine aktive Bildungspolitik*, Hamburg 1965.

Ders.: «Das Elend der Sozialdemokratie»; in: *Merkur*, 41. Jg., 1987, Heft 12, S. 1021–1038.

Sekretariat der Ständigen Konferenz der Kultusminister der Länder in der Bundesrepublik Deutschland (KMK): *Das Bildungswesen in der Bundesrepublik Deutschland 2015/2016. Darstellung der Kompetenzen, Strukturen und bildungspolitischen Entwicklungen für den Informationsaustausch in Europa*, Bonn 2017 (https://www.kmk.org/dokumentation-statistik/informationen-zum-deutschen-bildungssystem.html).

Danilewsky, Nikolai Jakowlewitsch: *Rußland und Europa. Eine Untersuchung über die kulturellen und politischen Beziehungen der slawischen zur germanisch-romanischen Welt*, Stuttgart 1920.

Dawson, Christopher: *Die Gestaltung des Abendlandes. Eine Einführung in die Geschichte der abendländischen Einheit*. Deutsch von Irmgard Mühlenkamp, Leipzig 1935.

Dawson, Walter: «Private Tutoring and Mass Schooling in East Asia. Reflections of Inequality in Japan, Korea, and Cambodia»; in: *Asia Pacific Educational Review* 11 (2010), S. 14–24.

Decker, Friedhelm: *Besuch vom Mittagsdämon. Philosophie der Langeweile*, Springe 2003.

Demandt, Alexander: «Die Anfänge der Staatenbildung bei den Germanen»; in: *Historische Zeitschrift*, 1980, Bd. 230, S. 265–291.

Ders. / Farrenkopf, John (Hgg.): *Der Fall Spengler. Eine kritische Bilanz*, Köln / Weimar / Wien 1994.

Ders.: *Der Fall Roms. Die Auflösung des römischen Reiches im Urteil der Nachwelt*, München 2014 (2., erweiterte und aktualisierte Auflage).

Ders.: *Untergänge des Abendlandes. Studien zu Spengler*, Köln / Weimar / Wien 2017.

Demmerling, Christoph / Landweer, Hilge: *Philosophie der Gefühle. Von Achtung bis Zorn*, Stuttgart 2007.

Deutschlandstiftung Integration (Hg.): *Sarrazin. Eine deutsche Debatte*, München / Zürich 2010.

Diamond, Jared: *Kollaps. Warum Gesellschaften überleben oder untergehen*. Aus dem Amerikanischen von Sebastian Vogel, Frankfurt am Main 2005.

Diedrichs, Udo: «Neue Dynamik in der Europäischen Außen- und Sicherheitspolitik: Auf dem Weg zu einer EU Security Governance»; in: Tömmel (Hg.): *Die Europäische Union*, S. 343–364.

Diehl, Paula: *Das Symbolische, das Imaginäre und die Demokratie. Eine Theorie politischer Repräsentation*, Baden-Baden 2015.

Dies. / Steilen, Felix (Hgg.): *Politische Repräsentation und das Symbolische. Historische, politische und soziologische Perspektiven*, Wiesbaden 2016.

Dieter, Heribert: *Deutschlands zweischneidige Außenwirtschaftspolitik. Gründe und Optionen für den Abbau der Leistungsbilanzüberschüsse*, SWP-Studie 13. Juli 2018 (https://www.swp-berlin.org/publikation/deutschlands-zweischneidige-aussenwirtschaftspolitik/).

Distelmeyer, Jan: *Katastrophe und Kapitalismus: Phantasien des Untergangs*, Berlin 2013.

Dohmen, Dieter / Fuchs, Kathrin / Himpele, Klemens: *Bildung, externe Effekte, technologische Leistungsfähigkeit und Wirtschaftswachstum*, Köln: Forschungsinstitut für Bildungs- und Sozialökonomie (FiBS) 2006 (https://www.ssoar.info/ssoar/handle/document/21813).

Dörner, Andreas: *Politainment. Politik in der medialen Erlebnisgesellschaft*, Frankfurt am Main 2001.

Dörpinghaus, Andreas / Poenitsch, Andreas / Wigger, Lothar: *Einführung in die Theorie der Bildung*, Darmstadt 2015.

Dörre, Klaus: «Einführung zum Abschnitt Gewerkschaften»; in: Geiselberger (Hg.): *Und jetzt?*, S. 53–78.

Doyle, Michael: *Empires*, Ithaca / London 1984.

Drechsel, Benjamin, u. a. (Hgg.): *Bilder von Europa. Innen- und Außen-ansichten von der Antike bis zur Gegenwart*, Bielefeld 2010

Dreier, Horst: *Staat ohne Gott. Religion in der säkularen Moderne*, München 2018.

Duchardt, Heinz: *Balance of Power und Pentarchie 1700–1785*, Paderborn, u. a. 1997 (= Hdb. der Geschichte der Internat. Beziehungen, Bd. 4).

Duerr, Hans Peter: *Der Mythos vom Zivilisationsprozeß*, 4 Bde., Frankfurt am Main 1988–1997.

Dülmen, Richard van: *Reformation als Revolution. Soziale Bewegung und religiöser Radikalismus in der deutschen Reformation*, München 1977.

Eagleton, Terry: *Kultur*. Aus dem Englischen von Hainer Kober, Berlin 2017.

Ebach, Jürgen: *Kassandra und Jona. Gegen die Macht des Schicksals*, Frankfurt am Main 1987.

Ebner, Julia: *Wut. Was Islamisten und Rechtsextreme mit uns machen*. Aus dem Englischen von Thomas Bertram, Darmstadt 2018.

Eco, Umberto: «Migrationen, die Toleranz und das Untolerierbare»; in: ders.: *Vier moralische Schriften*, München 1998, S. 89–116.

Ehrenreich, Barbara: *Angst vor dem Absturz. Das Dilemma der Mittelklasse*. Aus dem Amerikanischen von Wolfgang Heuss, München 1992.

Einsiedler, Wolfgang / Götz, Margarete / Hartinge Andreas, u. a.: *Handbuch Grundschulpädagogik und Grundschuldidaktik*, Bad Heilbrunn 2014.

Elchardus, Mark: «Self-control as social control. The emergence of symbolic society»; in: *Poetics*, 37, 2009, S. 146–161.

Ders. / Herbots, Sarah / Spruyt, Bram [2013]: «Keeping on track and growing apart: An empirical analysis of the role of education and media in attitude formation»; in: *Poetics*, 41, 5, S. 524–544.

Ders. / Spruyt, Bram [2016]: «Populism, persistent republicanism and declinism. An empirical analysis of populism as a thin ideology»; in: *Government and Opposition*, 51, 1, S. 111–133.

Ders.: *Au-Delà du déclin. Une voie collective,* Louvain 2015.

Elias, Norbert: *Über den Prozeß der Zivilisation. Soziogenetische und psychogenetische Untersuchungen*, 2 Bde. [1936], Frankfurt am Main 1976.

Ellwein, Thomas: *Die deutsche Universität. Vom Mittelalter bis zur Gegenwart*, Königstein 1985.

Ders. / Hesse, Joachim Jens: *Der überforderte Staat*, Baden-Baden 1994.

Endreß, Martin: «Die ‹Entwertung› des Wissens in der ‹Wissensgesellschaft›»; in: Rehberg (Hg.): *Soziale Ungleichheit, kulturelle Unterschiede*, S. 3146–3153.

Engels, David: *Auf dem Weg ins Imperium. Die Krise der Europäischen*

Union und der Untergang der römischen Republik. Historische Parallelen, Berlin 2014.

Enquete-Kommission «Zukunft des Bürgerschaftlichen Engagements» des Deutschen Bundestags: *Bericht bürgerschaftliches Engagement: auf dem Weg in eine zukunftsfähige Bürgergesellschaft*, Opladen 2002.

Enzensberger, Hans Magnus: *Sanftes Monster Brüssel oder Die Entmündigung Europas*, Berlin 2011.

Eribon, Didier: *Rückkehr nach Reims*. Aus dem Französischen von Tobias Haberkorn, Berlin 2016.

Etzemüller, Thomas: *Der ewigwährende Untergang. Der apokalyptische Bevölkerungsdiskurs im 20. Jahrhundert*, Bielefeld 2007.

Euchner, Walter: «‹Die Revolutionen sind die Lokomotiven der Geschichte.› Zum Metaphern- und Symbolumfeld des Marxschen Diktums»; in: *Die Macht der Vorstellungen. Die politische Metapher in historischer Perspektive*. Hg. von Walter Euchner u. a., Berlin / Bologna 1993, S. 277–307.

Faber, Richard: *Abendland. Ein politischer Kampfbegriff*, Hildesheim 1979.

Ders.: *Lateinischer Faschismus. Über Carl Schmitt den Römer und Katholiken*, Berlin / Wien 2001.

Ders. / Briese, Olaf (Hgg.): *Heimatland, Vaterland, Abendland. Über alte und neue Populismen*, Würzburg 2018.

Fadel, Charles / Bialik, Maya / Trilling, Bernie: *Die vier Dimensionen der Bildung. Was Schülerinnen und Schüler im 21. Jahrhundert lernen müssen*. Aus dem Englischen von Jöran Muuß-Merholz, Hamburg 2017.

Farrenkopf, John: «Klio und Caesar. Spenglers Philosophie der Weltgeschichte im Dienste der Staatskunst»; in: Demandt / Farrenkopf (Hgg.): *Der Fall Spengler*, S. 45–73.

Felken, Detlef: *Oswald Spengler. Konservativer Denker zwischen Kaiserreich und Diktatur*, München 1988.

Ferguson, Niall: *Der Westen und der Rest der Welt. Die Geschichte vom Wettstreit der Kulturen*. Aus dem Englischen von Michael Bayer und Stephan Gebauer, Berlin 2011.

Ders.: *Der Niedergang des Westens. Wie Institutionen verfallen und Ökonomien sterben*. Aus dem Englischen von Klaus-Dieter Schmidt, Berlin 2013.

Ferrari Zumbini, Massimo: «Macht und Dekadenz. Der ‹Streit um Spengler› und die Frage nach den Quellen zum ‹Untergang des Abendlandes›»; in: Demandt / Farrenkopf (Hgg.): *Der Fall Spengler*, S. 75–95.

Fetscher, Iring: *Rousseaus politische Philosophie. Zur Geschichte des demokratischen Freiheitsbegriffs*, Frankfurt am Main 1975 (3., überarb. Auflage).

Ders. (Hg.): *Neokonservative und ‹Neue Rechte›. Der Angriff gegen Sozialstaat und liberale Demokratie in den Vereinigten Staaten, Westeuropa und der Bundesrepublik*, München 1983.

Fieschi, Catherine / Morris, Marley / Caballero, Lila (Hgg.): *Populist Fantasies. European revolts in context*, London 2013.

Fisch, Jörg: *Die europäische Expansion und das Völkerrecht. Die Auseinandersetzung um den Status der überseeischen Gebiete vom 15. Jahrhundert bis zur Gegenwart*, Stuttgart 1984.

Fischer, Joschka: *Der Abstieg des Westens. Europa in der neuen Weltordnung des 21. Jahrhunderts*, Köln 2018.

Fischer, Karsten: *Die Zukunft einer Provokation. Religion im säkularen Staat*, Berlin 2009.

Flaig, Egon: *Die Mehrheitsentscheidung. Entstehung und kulturelle Dynamik*, Paderborn, u. a. 2013.

Fohrmann, Oliver: *Im Spiegel des Geldes. Bildung und Identität in Zeiten der Ökonomisierung*, Bielefeld 2016.

Föllinger, Sabine: *Aischylos. Meister der griechischen Tragödie*, München 2009.

Fontane, Theodor: *Briefe an seine Familie*, Bd. 2, Berlin 1905.

Foucault, Michel: «Neoliberale Gouvernementalität II. Die Theorie des Humankapitals». Vorlesung, Sitzung vom 14. März 1979. In: Bröckling, Ulrich (Hg.): *Michel Foucault. Kritik des Regierens. Schriften zur Politik*. Frankfurt am Main 2010, S. 177–203.

Fränkel, Hermann: *Dichtung und Philosophie des frühen Griechentums. Eine Geschichte der griechischen Epik, Lyrik und Prosa bis zur Mitte des fünften Jahrhunderts*, München 1976 (3., durchgesehene Auflage).

Frankopan, Peter: *Licht aus dem Osten. Eine neue Geschichte der Welt.* Aus dem Englischen von Michael Bayer und Norbert Juraschitz, Berlin 2017.

Ders.: *Die neuen Seidenstraßen. Gegenwart und Zukunft unserer Welt.* Aus dem Englischen von Henning Thies, Berlin 2019.

Fraser, Nancy: *Fortunes of Feminism: From State-Managed Capitalism to Neoliberal Crisis*, New York 2013.

Dies.: «Vom Regen des progressiven Neoliberalismus in die Traufe des reaktionären Populismus»; in: Geiselberger (Hg.): *Die große Regression*, S. 77–91.

Freimuth, Ingrid: *Lehrer über dem Limit. Warum die Integration scheitert*, München 2018.

Friedman, Thomas L.: *Globalisierung verstehen. Zwischen Marktplatz und Weltmarkt.* Aus dem Amerikanischen von Helmut Dierlamm, Berlin 1999.

Führ, Christoph: «Bismarck: Zur Gefahr eines ‹akademischen Proletariats›:

Immediateingabe vom 16. März 1890»; in: ders.: *Bildungsgeschichte und Bildungspolitik. Aufsätze und Vorträge*, Köln, u. a. 1997, S. 111–116.

Füller, Christian: *Schlaue Kinder, schlechte Schulen. Wie unfähige Politiker unser Bildungssystem ruinieren und warum es trotzdem gute Schulen gibt*, München 2008.

Fuhrmann, Manfred: *Der europäische Bildungskanon des bürgerlichen Zeitalters*, Frankfurt am Main / Leipzig 1999.

Ders.: *Bildung: Europas kulturelle Identität*, Stuttgart 2002.

Fukuyama, Francis: *Das Ende der Geschichte. Wo stehen wir?* Aus dem Amerikanischen von Helmut Dierlamm, u. a., München 1992.

Furck, Carl-Ludwig: «Reißet die trennenden Schranken nieder!», in: Rösner, Ernst (Hg.): *Sechsjährige Grundschule. Qualität und Chancen eines Reformmodells*, Essen 1994, S. 45–69.

Garrett, Laurie: *Die kommenden Plagen. Neue Krankheiten in einer gefährdeten Welt*. Aus dem Amerikanischen von Tatjana Kruse, Frankfurt am Main 1996.

Gauß, Karl Markus (Hg.): *Das Buch der Ränder. Lektüre aus einem nahfernen Europa*, Klagenfurt 1992.

Gebhardt, Jürgen / Münkler, Herfried (Hgg.): *Bürgerschaft und Herrschaft. Zum Verhältnis von Macht und Demokratie im antiken und neuzeitlichen politischen Denken*, Baden-Baden 1993.

Gehler, Michael: *Europa. Von der Utopie zur Realität*, Innsbruck-Wien 2014.

Ders.: *Europa. Ideen, Institutionen, Vereinigung, Zusammenhalt*, Reinbek bei Hamburg 2018.

Geier, Manfred: *Die Brüder Humboldt. Eine Biographie,* Reinbek bei Hamburg 2009.

Geiges, Lars / Marg, Stine / Walter, Franz: *Pegida. Die schmutzige Seite der Zivilgesellschaft?*, Bielefeld 2015.

Geiselberger, Heinrich (Hg.): *Und jetzt? Politik, Protest und Propaganda*, Frankfurt am Main 2007.

Ders.: *Die große Regression. Eine internationale Debatte über die geistige Situation der Zeit*, Berlin 2017.

Geißler, Gert: *Schule und Erziehung in der DDR*, Erfurt 2015.

Geißler, Rainer: «Die Metamorphose der Arbeitertochter zum Migrantensohn. Zum Wandel der Chancenstruktur im Bildungssystem nach Schicht, Geschlecht, Ethnie und deren Verknüpfungen»; in: Berger, Peter A. / Kahlert, Heike (Hgg.): *Institutionalisierte Ungleichheiten. Wie das Bildungswesen Chancen blockiert*, Weinheim / München 2005, S. 71–100.

Geppert, Dominik: *Ein Europa, das es nicht gibt. Die fatale Sprengwirkung des Euro*, Berlin 2013.

Gibbon, Edward: *Verfall und Untergang des römischen Reiches*. Hg. von

Dero A. Saunders. Aus dem Englischen von Johann Sporschil, Nördlingen 1987.

Giesbert, Lena / Pfeiffer, Birte / Schotte, Simone: *Umstrittene Freihandelsabkommen mit der EU*. GIGA Focus Afrika, 7. Dezember 2016 (https:// www.giga-hamburg.de/de/publikation/umstrittene-freihandelsab kommen-mit-der-eu-afrika-unter-handels-druck).

Giesecke, Hermann: «‹Humankapital› als Bildungsziel? Grenzen ökonomischen Denkens für das pädagogische Handeln»; in: *Neue Sammlung 3 (2005)*, S. 377–389.

Giesecke, Michael: *Der Buchdruck in der frühen Neuzeit. Eine historische Fallstudie über die Durchsetzung neuer Informations- und Kommunikationstechnologien*, Frankfurt am Main 1991.

Glaeßner, Gert-Joachim: *Freiheit und Sicherheit. Eine Ortsbestimmung*, Bonn 2016.

Goertz, Hans-Jürgen (Hg.): *Radikale Reformatoren. 21 biographische Skizzen von Thomas Müntzer bis Paracelsus*, München 1978.

Goez, Werner: *Geschichte Italiens in Mittelalter und Renaissance*, Darmstadt 1988.

Götz, Thomas / Frenzell, Anne C. / Pekrun, Reinhard: «Psychologische Bildungsforschung», in: Tippelt, Rudolf / Schmidt, Bernhard (Hg.): *Handbuch Bildungsforschung*, S. 71–92 (3., durchgesehene Auflage).

Goffmann, Erving: *Wir alle spielen Theater. Die Selbstdarstellung im Alltag.* Übers. von Peter Weber-Schäfer, München 2003.

Graevenitz, Gerhart von: *Theodor Fontane: ängstliche Moderne. Über das Imaginäre*, Konstanz 2014.

Green, Jeffrey Edward: *The Eyes of the People. Democracy in an Age of Spectatorship*, Oxford / New York 2010.

Ders.: *The Shadow of Unfairness: A Plebeian Theory of Liberal Democracy*, Oxford / New York 2016.

Greenblatt, Stephen: *Der Tyrann. Shakespeares Machtkunde für das 21. Jahrhundert*, München 2018.

Grewe, Wilhelm G.: *Epochen der Völkerrechtsgeschichte*, Baden-Baden 1984.

Grimm, Dieter: *Europa ja – aber welches? Zur Verfassung der europäischen Demokratie*, München 2016.

Grossheutschi, Felix: *Carl Schmitt und die Lehre vom Katechon*, Berlin 1996.

Große, Jürgen: *Philosophie der Langeweile*, Stuttgart / Weimar 2008.

Grotlüschen, Anke / Riekmann, Wibke / Buddeberg, Klaus: «Hauptergebnisse der leo. – Level-One Studie»; in: diess. (Hgg.): *Funktionaler Analphabetismus in Deutschland. Ergebnisse der ersten leo. – Level-One Studie*, Münster, u. a. 2012, S. 13–53.

Guérot, Ulrike: *Warum Europa eine Republik werden muss. Eine politische Utopie*, Bonn 2016.

Dies.: *Der neue Bürgerkrieg. Das offene Europa und seine Feinde*, Berlin 2017.

Dies. / Negt, Oskar / Kehrbaum, Tom / Herold, Emanuel: *Europa jetzt! Eine Ermutigung*, Göttingen 2018.

Guggenberger, Bernd / Offe, Claus (Hgg.): *An den Grenzen der Mehrheitsdemokratie. Politik und Soziologie der Mehrheitsregel*, Opladen 1984.

Gutsche, Verena: *«Niedergang». Variationen eines kulturkritischen Diskurselements zwischen 1900 und 1930. Großbritannien und Deutschland im Vergleich*, Würzburg 2015.

Habermas, Jürgen: *Zur Verfassung Europas. Ein Essay*, Berlin 2011.

Hacke, Jens: *Philosophie der Bürgerlichkeit. Die liberalkonservative Begründung der Bundesrepublik*, Göttingen 2006.

Ders.: *Existenzkrise der Demokratie. Zur politischen Theorie des Liberalismus in der Zwischenkriegszeit*, Berlin 2018.

Hagedorn, Ludger / Hasewend, Katharina / Randeria, Shalini (Hgg.): *Wenn Demokratien demokratisch untergehen*, Wien 2019.

Haller, Michael / Niggeschmidt, Martin (Hgg.): *Der Mythos vom Niedergang der Intelligenz. Von Galton zu Sarrazin: Die Denkmuster und Denkfehler der Eugenik*, Wiesbaden 2012.

Hamilton, Alexander / Madison, James / Jay, John: *Die Federalist-Artikel. Politische Theorie und Verfassungskommentar der amerikanischen Gründerväter*. Hg., übers., eingeleitet und kommentiert von Angela Adams und Willi Paul Adams, Paderborn, u. a. 1994.

Hammer, Dominik / Kajewski, Marie (Hgg.): *Okulare Demokratie. Der Bürger als Zuschauer*, Bielefeld 2017.

Ders. / Jasser, Greta: «Das Volk als Zuschauer – die Zuschauer als Volk?»; in: Hammer / Kajewski (Hgg.): *Okulare Demokratie*, S. 131–147.

Hardin, Garret: «The Tragedy of the Commons»; in: *Science*, Bd. 162, 1968, Nr. 3859, S. 1243–1248.

Hastedt, Heiner (Hg.): *Was ist Bildung? Eine Textanthologie*, Stuttgart 2012.

Hattie, John A. C.: *Visible Learning. A synthesis of over 800 meta-analyses relating to achievement*, London / New York 2009.

Haus, Michael: *Kommunitarismus. Einführung und Analyse*, Wiesbaden 2003.

Hausteiner, Eva Marlene: *Greater than Rome. Neubestimmungen britischer Imperialität 1870–1914*, Frankfurt am Main / New York 2015.

Dies. (Hg.): *Föderalismen. Modelle jenseits des Staates*, Baden-Baden 2016.

Hegel, Georg Wilhelm Friedrich: *Phänomenologie des Geistes*. Nach dem Text der Originalausgabe hg. von Johannes Hoffmeister, Hamburg 1952.

Ders.: *Grundlinien der Philosophie des Rechts*. Hg. von Johannes Hoffmeister, Hamburg 1955.

Heinze, Rolf G. / Olk, Thomas (Hgg.): *Bürgerengagement in Deutschland. Bestandsaufnahmen und Perspektiven*, Opladen 2001.

Heitmeyer, Wilhelm: *Autoritäre Versuchungen. Signaturen der Bedrohung 1*, Berlin 2018.

Ders.: «Autoritärer Kapitalismus, Demokratieentleerung und Rechtspopulismus. Eine Analyse von Entwicklungstendenzen»; in: Dietmar Loch / Wilhelm Heitmeyer (Hgg.): *Schattenseiten der Globalisierung. Rechtsradikalismus, Rechtspopulismus und separatistischer Regionalismus in westlichen Demokratien*, Frankfurt am Main 2001, S. 497–534.

Hendricks, Vincent F. / Vestergaard, Mads: *Postfaktisch. Die neue Wirklichkeit in Zeiten von Bullshit, Fake News und Verschwörungstheorien*. Aus dem Dänischen von Thomas Borchert, München 2018.

Hennette, Stéphanie / Piketty, Thomas / Sacriste, Guillaume / Vanchez, Antoine: *Für ein anderes Europa. Vertrag zur Demokratisierung der Eurozone*, München 2017.

Hennis, Wilhelm / Kielmansegg, Peter Graf / Matz, Ulrich (Hgg.): *Regierbarkeit. Studie zu ihrer Problematisierung*, Stuttgart 1977.

Herbert, Ulrich: *Geschichte Deutschlands im 20. Jahrhundert*, München 2014.

Herdegen, Matthias: *Der Kampf um die Weltordnung. Eine strategische Betrachtung*, München 1919.

Herman, Arthur: *Propheten des Niedergangs. Der Endzeitmythos im westlichen Denken*. Aus dem Amerikanischen von Klaus-Dieter Schmidt, Berlin 1998.

Hessel, Stéphane: *Empört Euch!* Aus dem Französischen vom Michael Kogon, Berlin 2011.

Ders.: *An die Empörten dieser Erde! Vom Protest zum Handeln*. Hg. von Roland Mark, Berlin 2012.

Hirschman, Albert O.: *Abwanderung und Widerspruch. Reaktionen auf Leistungsabfall bei Unternehmungen, Organisationen und Staaten*. Übers. von Leonhard Walentik, Tübingen 1974.

Hobsbawm, Eric: *Das Zeitalter der Extreme. Weltgeschichte des 20. Jahrhunderts*. Aus dem Englischen von Yvonne Badal, München / Wien 1995.

Hoffmann, Hellmut: «Forderung ohne Fakten: Zwei Prozent für die Nato»; in: *Blätter für deutsche und internationale Politik*, 64. Jg., 2019, Heft 1, S. 37–41.

Hoffmann, Hilmar / Kramer, Dieter (Hgg.): *Das verunsicherte Europa*, Frankfurt am Main 1992.

Horkheimer, Max, «Begriff der Bildung» [1953]; in: ders.: *Gesammelte Schriften*, Band 8, Frankfurt am Main 1985, S. 409–419.

Horlacher, Rebekka: *Bildung*, Bern, u. a. 2011.

Horn, Eva: *Zukunft als Katastrophe. Fiktion und Prävention*, Frankfurt am Main 2014.

Hornung, Klaus (Hg.): *Mut zur Wende*, Krefeld 1985.

Houellebecq, Michel: *Plattform* [2001]. Aus dem Französischen von Uli Wittmann, Köln 2002.

Ders.: *Die Möglichkeit einer Insel*. Aus dem Französischen von Uli Wittmann, Köln 2005.

Ders.: *Unterwerfung*. Aus dem Französischen von Norma Cassau und Bernd Wilczek, Köln 2015.

Humboldt, Wilhelm von: «Theorie der Bildung des Menschen» [1793]; in: ders.: *Schriften zur Bildung*. Hg. von Gerhard Lauer, Stuttgart 2017, S. 5–12.

Humboldt, Wilhelm von: «Der Königsberger und der Litauische Schulplan»; in: ders.: *Schriften zur Bildung*. Hg. von Gerhard Lauer, Stuttgart 2017, S. 110–142.

Humboldt, Wilhelm von: «Über die Verschiedenheit des menschlichen Sprachbaus und ihren Einfluß auf die geistige Entwicklung des Menschengeschlechts», in: ders.: *Schriften*, Bd. 7. Hg. von Albert Leitzmann, Berlin 1907.

Hummelsheim, Stefan / Timmermann, Dieter: «Bildungsökonomie»; in: Tippelt / Schmidt: *Handbuch Bildungsforschung*, S. 93–134.

Huntington, Samuel: *The Third Wave. Democratization in the Late Twentieth Century*, London 1991.

Ders.: *Der Kampf der Kulturen. Die Neugestaltung der Weltpolitik im 21. Jahrhundert*. Aus dem Amerikanischen von Holger Fließbach, München / Wien 1996.

Hüther, Michael: *Die junge Nation. Deutschlands neue Rolle in Europa*, Hamburg 2014.

Inglehart, Ronald: *The Silent Revolution. Changing Values and Political Style among Western Publics*, Princeton 1977.

Isensee, Josef: «Europa – die politische Erfindung eines Erdteils»; in: ders. (Hg.): *Europa als politische Idee und rechtliche Form*, Berlin 1993, S. 103–138.

Jaeckle, Erwin: *Die Idee Europa*, Frankfurt am Main / Berlin 1988.

Jeismann, Karl Ernst: «Das preussische Gymnasium in Staat und Gesellschaft»; in: *Die Entstehung des Gymnasiums als Schule des Staates und der Gebildeten, 1787 – 1817*, Stuttgart 1996.

Jensen, Uffa: *Zornpolitik*, Berlin 2017.

Jörke, Dirk: *Die Größe der Demokratie. Über die räumliche Dimension von Herrschaft und Partizipation*, Berlin 2019.

Joffe, Josef: *Der gute Deutsche. Die Karriere einer moralischen Supermacht*, München 2018.

Judt, Tony: *Große Illusion Europa. Herausforderungen und Gefahren einer Idee.* Aus dem Englischen von Susanne Hornfeck, München / Wien 1996.

Ders.: *Geschichte Europas von 1945 bis zur Gegenwart.* Aus dem Englischen von Matthias Fienbork und Heiner Kober, München / Wien 2006.

Ders.: *Dem Land geht es schlecht. Ein Traktat über unsere Unzufriedenheit.* Aus dem Amerikanischen von Matthias Fienbork, München 2011.

Jung, Keun-Sik: «Das Bildungssystem in Südkorea», in: Lee, Eun-Jeung / Mosler, Hannes B. (Hgg.): *Länderbericht Korea*, Bonn: Bundeszentrale für Politische Bildung, 2015.

Jung, Theo: *Zeichen des Verfalls. Semantische Studien zur Entstehung der Kulturkritik im 18. und frühen 19. Jahrhundert*, Göttingen 2012.

Juvenal: *Saturae / Satiren.* Lateinisch-deutsch, hg., übers. und mit Anmerkungen versehen von Joachim Adamietz, München / Zürich 1993.

Kaelble, Hartmut: *Mehr Reichtum, mehr Armut. Soziale Ungleichheit in Europa vom 20. Jahrhundert bis zur Gegenwart*, Frankfurt am Main / New York 2017.

Kallscheuer, Otto (Hg.): *Das Europa der Religionen. Ein Kontinent zwischen Säkularisierung und Fundamentalismus*, Frankfurt am Main 1996.

Kant, Immanuel: *Werke in zehn Bänden.* Hg. von Wilhelm Weischedel, Darmstadt 1970.

Kelsen, Hans: *Vom Wesen und Wert der Demokratie* [1929], Aalen 1981 (Neudruck der 2. Auflage).

Kennedy, Paul: *Aufstieg und Fall der großen Mächte. Ökonomischer Wandel und militärischer Konflikt von 1500 bis 2000.* Aus dem Englischen von Catharina Jurisch, Frankfurt am Main 1989.

Kerstan, Thomas: *Was unsere Kinder wissen müssen. Ein Kanon für das 21. Jahrhundert*, Hamburg 2018.

Kersten, Jens / Neu, Claudia / Vogel, Bertold: *Politik des Zusammenhalts. Über Demokratie und Bürokratie*, Hamburg 2019.

Ketelhut, Jörn / Kretschmer, Angelika / Lewandowsky, Marcel / Roger, Léa: «Facetten des deutschen Euroskeptizismus: Eine qualitative Analyse der deutschen Wahlprogramme zur Europawahl 2014»; in: *Zeitschrift für Parlamentsfragen*, Bd. 47, 2016, Heft 2, S. 285–304.

Khanna, Parag: *Der Kampf um die Zweite Welt. Imperien und Einfluss in der neuen Weltordnung.* Aus dem Amerikanischen von Thorsten Schmidt, Berlin 2008.

Ders.: *The Future is Asian. Global Order in the Twenty-First Century*, London 2019.

Klemm, Klaus / Hollenbach, Nicole: *Nachhilfeunterricht in Deutschland: Ausmaß – Wirkung – Kosten*, Bertelsmann Studien, Bielefeld 2015.

Koch, Klaus (unter Mitarbeit von Till Niewisch und Jürgen Tubach): *Das Buch Daniel*, Darmstadt 1980.

Koch, Lars (Hg.): *Angst. Ein interdisziplinäres Handbuch*, Stuttgart 2013.

Ders.: «‹Desiring Walls›. Über das kollektive Imaginäre einer Architektur der Angst»; in: *Polar. Politik – Theorie – Alltag*, Bd. 21, 2016, S. 39–48.

Ders.: «Angst und Gewalt in der Literatur: Historizität, Semantik und Ausdruck»; in: *Handbuch-Reihe «Sprachwissen»*, Bd. 17: *Sprache in der Literatur*. Hg. von Anne Betten / Ulla Fix / Berbeli Wanning, Berlin / New York 2017, S. 18–54.

Köcher, Renate: «Hohe Erwartungen. Die Bundesregierung plant ein Einwanderungsgesetz»; in: *Frankfurter Allgemeine Zeitung*, 19. September 2018, S. 10.

Kolnai, Aurel: *Ekel, Hochmut, Haß. Phänomenologie feindlicher Gefühle*, Frankfurt am Main 2007.

Koloma Beck, Teresa / Schlichte, Klaus: *Theorien der Gewalt zur Einführung*, Hamburg 2014.

Dies.: «(Staats-)Gewalt und moderne Gesellschaften. Der Mythos vom Verschwinden der Gewalt in der Moderne»; in: *Aus Politik und Zeitgeschichte* (APuZ), 4/2017, S. 16–21.

Dies.: «Mehr als der Mythos vom Zivilisationsprozess. Warum es sich lohnt, Norbert Elias’ bekanntestes Werk neu zu lesen»; in: *Zeithistorische Forschungen / Studies in Contemporary History*, Online-Ausgabe, 15 (2018), H. 2, URL: http://www.zeithistorische-forschungen.de/2-2018/id=5601, Druckausgabe: S. 383–390.

Kondylis, Panajotis: *Der Niedergang der bürgerlichen Denk- und Lebensform*, Weinheim 1991.

König, Wolfgang: *Kleine Geschichte der Konsumgesellschaft. Konsum als Lebensform der Moderne*, Stuttgart 2008.

Koppetsch, Cornelia: *Die Wiederkehr der Konformität. Streifzüge durch die gefährdete Mitte*, Frankfurt am Main / New York 2013.

Dies.: «Eine Welle der Nostalgie. Die akademische Mittelschicht und die illiberale Gesellschaft»; in: *Merkur*, 72. Jg., 2018, Heft 832, S. 51–58.

Korte, Karl-Rudolf / Leggewie, Claus / Lewandowsky, Marcel: «Partei am Scheideweg: Die Alternative der AfD»; in: *Blätter für deutsche und internationale Politik*, 2015, Heft 6, S. 59–67.

Koschnick, Wolfgang J.: *Eine Demokratie haben wir schon lange nicht mehr. Abschied von einer Illusion*, Frankfurt am Main 2016.

Koschorke, Albrecht: *Wahrheit und Erfindung. Grundzüge einer allgemeinen Erzähltheorie*, Frankfurt am Main 2012.

Koselleck, Reinhart: «‹Erfahrungsraum› und ‹Erwartungshorizont› – zwei historische Kategorien»; in: ders.: *Vergangene Zukunft. Zur Semantik geschichtlicher Zeiten*, Frankfurt am Main 1979, S. 349–375.

Ders. / Widmer, Paul (Hgg.): *Niedergang. Studien zu einem geschichtlichen Thema*, Stuttgart 1980.

Ders: *Begriffsgeschichten. Studien zur Semantik und Pragmatik der politischen und sozialen Sprache,* Frankfurt am Main 2006.

Krastev, Ivan: «Auf dem Weg in die Mehrheitsdiktatur?»; in: Geiselberger (Hg.): *Die große Regression,* S. 117–134.

Ders.: *Europadämmerung. Ein Essay.* Aus dem Englischen von Michael Bischoff, Berlin 2017.

Ders. / Holmes, Stephen: «Osteuropa erklären. Das Unbehagen an der Nachahmung»; in: *Merkur,* 73. Jg., 2019, Nr. 836, S. 14–28.

Kraus, Josef: *Wie man eine Bildungsnation an die Wand fährt: Und was Eltern jetzt wissen müssen,* München 2017.

Krebs, Wolfgang: *Die imperiale Endzeit. Oswald Spengler und die Zukunft der abendländischen Zivilisation,* Berlin 2008.

Kreckel, Reinhard: *Politische Soziologie der sozialen Ungleichheit,* Frankfurt am Main 2004.

Kreis, Georg: *Europa und seine Grenzen,* Bern / Stuttgart / Wien 2004.

Kucklick, Christoph: *Die granulare Gesellschaft. Wie das Digitale unsere Wirklichkeit auflöst,* Berlin 2017.

Kundnani, Hans: *German Power. Das Paradox der deutschen Stärke.* Aus dem Englischen von Andreas Wirthensohn, München 2016.

Kupchan, Charles: *Die europäische Herausforderung. Vom Ende der Vorherrschaft Amerikas.* Deutsch von Friedrich Mielke, Berlin 2003.

Kurbjuweit, Dirk: «Der Wutbürger»; in: *Der Spiegel,* Nr. 41, 2010.

Kurz, Constanze / Rieger, Frank: *Cyberwar. Die Gefahr aus dem Netz. Wer uns bedroht, und wie wir uns wehren können,* München 2018.

La Boétie, Etienne de: *Von der freiwilligen Knechtschaft.* Unter Mitwirkung von Neithart Bulst hg. und übers. von Horst Günther, Frankfurt am Main 1980.

Laclau, Ernesto: *On Populist Reason,* London 2005.

Lambrecht, Wolfgang: «Deutsch-deutsche Reformdebatten vor ‹Bologna›. Die ‹Bildungskatastrophe› der 1960er-Jahre»; in: *Zeithistorische Forschungen / Studies in Contemporary History 4 (2007),* S. 472–477 (http://www.zeithistorische-forschungen.de/3-2007/id=4578).

Landauer, Gustav: *Shakespeare. Dargestellt in Vorträgen.* Im letztwilligen Auftrag des Verfassers hg. von Martin Buber, 2 Bde., Frankfurt am Main 1920.

Landes, David: *Wohlstand und Armut der Nationen. Warum die Einen reich und die Anderen arm sind.* Aus dem Amerikanischen von Ulrich Enderwitz, u. a., Berlin 1999.

Langewiesche, Dieter: *Ein gewaltsamer Lehrer. Europas Kriege in der Moderne,* München 2019.

Lantermann, Ernst-Dieter: *Die radikalisierte Gesellschaft. Von der Logik des Fanatismus,* München 2016.

Lau, Mariam: *Die letzte Volkspartei. Angela Merkel und die Modernisierung der CDU*, München 2009.

Leggewie, Claus: *Europa zuerst. Eine Unabhängigkeitserklärung*, Berlin 2017.

Leibholz, Gerhard: «Parteienstaat und repräsentative Demokratie»; in: *Deutsches Verwaltungsblatt*, Bd. 66, 1951, Heft 1, S. 1–8.

Leonhard, Jörn: *Der überforderte Frieden. Versailles und die Welt 1918–1923*, München 2018.

Lepenies, Wolf: *Die Macht am Mittelmeer. Französische Träume von einem anderen Europa*, München 2016.

Lepsius, M. Rainer: «Kulturelle Dimensionen der sozialen Schichtung»; in: ders.: *Interessen, Ideen und Institutionen*, Opladen 1990, S. 96–116.

Ders.: *Demokratie in Deutschland. Soziologisch-historische Konstellationsanalysen. Ausgewählte Aufsätze*, Göttingen 1993.

Lessenich, Stephan/Nullmeier, Frank (Hgg.): *Deutschland. Eine gespaltene Gesellschaft*, Frankfurt am Main/New York 2006.

Ders.: «Die ewige Mitte und das Gespenst der Abstiegsgesellschaft»; in: Schöneck/Ritter (Hgg.): *Die Mitte als Kampfzone*, S. 163–178.

Lethen, Helmut: *Verhaltenslehren der Kälte. Lebensversuche zwischen den Kriegen*, Frankfurt am Main 1994.

Levitsky, Steven/Ziblatt, Daniel: *Wie Demokratien sterben. Und was wir dagegen tun können*. Aus dem Amerikanischen von Klaus-Dieter Schmidt, München 2018.

Lewandowsky, Marcel: «Die Verteidigung der Nation: Außen- und europapolitische Positionen der AfD im Spiegel des Rechtspopulismus»; in: Alexander Häusler (Hg.): *Die Alternative für Deutschland. Programmatik, Entwicklung und politische Verortung*, Wiesbaden 2016, S. 39–51.

Ley, Michael: *Die kommende Revolte* [2012], Paderborn 2015.

Liebig, Stefan/Lengfeld, Holger/Mau, Steffen (Hgg.): *Verteilungsprobleme und Gerechtigkeit in modernen Gesellschaften*, Frankfurt am Main/New York 2004.

Liessmann, Konrad Paul: *Bildung als Provokation*, Wien 2017.

Ders.: *Geisterstunde. Die Praxis der Unbildung. Eine Streitschrift*, München 2017.

Lincoln, Abraham: *Gettysburg Adress. 19. November 1863*. Mit einem Essay von Ekkehart Krippendorff, Hamburg 1994.

Loewenstein, Bedrich: *Der Fortschrittsglaube. Europäisches Geschichtsdenken zwischen Utopie und Ideologie*, Darmstadt 2015.

Löwith, Karl: *Weltgeschichte und Heilsgeschehen. Die theologischen Voraussetzungen der Geschichtsphilosophie*, Stuttgart, u. a. 1973.

Luhmann, Niklas: *Die Politik der Gesellschaft*. Hg. von André Kieserling, Frankfurt am Main 2000.

Lützeler, Paul Michael (Hg.): *Hoffnung Europa. Deutsche Essays von Novalis bis Enzensberger*, Frankfurt am Main 1994.

Lyotard, Jean-François: *Postmoderne für Kinder. Briefe aus den Jahren 1982–1985*. Hg. von Peter Engelmann, Wien 1987.

Ders.: *Das postmoderne Wissen*. Hg. von Peter Engelmann, Wien 1999.

Machiavelli, Niccolò: *Politische Schriften*. Aus dem Italienischen von Johann Ziegler und Franz Nicolaus Baur. Hg. von Herfried Münkler, Frankfurt am Main 1990.

MacMillan, Margaret: *Die Friedensmacher. Wie der Versailler Vertrag die Welt veränderte*. Aus dem Amerikanischen von Klaus-Dieter Schmidt, Berlin 2015.

Mangasarian, Leon / Techau, Jan: *Führungsmacht Deutschland. Strategie ohne Angst und Anmaßung*, München 2017.

Manin, Bernard: *Kritik der repräsentativen Demokratie*. Aus dem Englischen von Tatjana Petzer, Berlin 2017.

Mann, Michael: *Geschichte der Macht*. Aus dem Englischen von Hanne Herkommer, 3 Bde., Frankfurt am Main / New York 1990–2001.

Mann, Thomas: «Von deutscher Republik»; in: ders., *Reden und Aufsätze*, Bd. II, Frankfurt am Main 1965, S. 9–52.

Ders.: «Über die Lehre Spenglers»; in: ders., *Gesammelte Werke in dreizehn Bänden. Band 10: Reden und Aufsätze. Teil 2*, Frankfurt am Main 1974, S. 172–180.

Mannheim, Karl: *Konservatismus. Ein Betrag zur Soziologie des Wissens*. Hg. von David Kettler, Volker Meja und Nico Stehr, Frankfurt am Main 1984.

Ders.: *Ideologie und Utopie* [1929], Frankfurt am Main 1985.

Manow, Philip: *Im Schatten des Königs. Die politische Anatomie demokratischer Repräsentation*, Frankfurt am Main 2008.

Ders.: *Die politische Ökonomie des Populismus*, Berlin 2018.

Ders.: «Der Extremismus der Mitte»; in: *Merkur*, 73. Jg., Jan. 2919, Heft Nr. 836, S. 5–13.

Marg, Stine / Geiges, Lars / Butzlaff, Felix / Walter, Franz (Hgg.): *Die neue Macht der Bürger. Was motiviert die Protestbewegungen?*, Reinbek bei Hamburg 2013.

Margalit, Avishai: *Über Kompromisse – und faule Kompromisse*. Aus dem Englischen von Michael Bischoff, Berlin 2011.

Marshall, Tim: *Abschottung. Die neue Macht der Mauern*. Aus dem Englischen von Hans-Peter Remmler, München 2018.

Marsilius von Padua: *Der Verteidiger des Friedens (Defensor pacis)*. Auswahl und Nachwort von Heinz Rausch, Stuttgart 1971.

Marx, Karl / Engels, Friedrich: *Das Kommunistische Manifest*. Mit einer Einführung von Eric Hobsbawm, Hamburg / Berlin 1999.

Marx, Karl: «Der achtzehnte Brumaire des Louis Bonaparte»; in: Karl Marx / Friedrich Engels, *Gesamtausgabe (MEGA)*, Erste Abteilung, Bd. 11, Berlin (Ost) 1985, S. 96–189.

Maslow, Abraham H.: *Motivation und Persönlichkeit*. Übers. von Paul Kruntorad, Reinbek bei Hamburg 1981.

Mason, Paul: *Postkapitalismus. Grundrisse einer kommenden Ökonomie*. Aus dem Englischen von Stephan Gebauer, Berlin 2016.

Ders.: «Angst vor der Freiheit»; in: Geiselberger (Hg.): *Die große Regression*, S. 149–174.

Matthes, Britta / Mach, Bogdan: «Probleme der Vergleichbarkeit von Bildungszertifikaten in international vergleichenden Untersuchungen»; in: Rehberg (Hg.): *Soziale Ungleichheit, kulturelle Unterschiede*, S. 2021–2033 (https://nbn-resolving.org/urn:nbn:de:0168-ssoar-144049).

Mau, Steffen: *Lebenschancen. Wohin driftet die Mittelschicht?*, Berlin 2012.

Mayer-Tasch, Peter Cornelius: *Über Prophetie und Politik*, München 2000.

McLuhan, Marshall: *The Gutenberg Galaxy*, London 1962; dt.: *Die Gutenberg-Galaxis. Das Ende des Buchzeitalters*, Bonn 1995.

Mehring, Reinhard: *Thomas Mann. Künstler und Philosoph*, München 2001.

Ders.: *Carl Schmitt. Aufstieg und Fall. Eine Biographie*, München 2009.

Meier, Heinrich: *Was ist Nietzsches Zarathustra? Eine philosophische Auseinandersetzung*, München 2017.

Meier, Mischa (Hg.): *Pest. Die Geschichte eines Menschheitstraumas*, Stuttgart 2005.

Meier-Braun, Karl-Heinz: *Schwarzbuch Migration. Die dunkle Seite unserer Flüchtlingspolitik*, München 2018.

Meinel, Florian: *Vertrauensfrage. Zur Krise des heutigen Parlamentarismus*, München 2019.

Melchinger, Siegfried: *Die Welt als Tragödie*, 2 Bde., München 1979/1980.

Meng, Richard: *Der Medienkanzler. Was bleibt vom System Schröder?*, Frankfurt am Main 2002.

Merkel, Wolfgang: «Bruchlinien. Kosmopolitismus, Kommunitarismus und die Demokratie»; in: *WZB-Mitteilungen*, Nr. 154, 2016, S. 11–14.

Mertens, Dieter: «Deutscher Renaissance-Humanismus»; in: *Humanismus in Europa*, Heidelberg 1998, S. 187–210.

Metzler, Gabriele: *Der deutsche Sozialstaat. Vom bismarckschen Erfolgsmodell zum Pflegefall*, Stuttgart / München 2003.

Meyer, Ernst: *Einführung in die antike Staatskunde*, Darmstadt 1980.

Meyer, Martin: *Ende der Geschichte?*, München / Wien 1993.

Meyer, Thomas: *Mediokratie. Die Kolonisierung der Politik durch das Mediensystem*, Frankfurt am Main 2001.

Michels, Robert: *Soziologie des Parteiwesens in der modernen Demokratie.*

Untersuchungen über die oligarchischen Tendenzen des Gruppenlebens, Stuttgart 1989 (4., erg. Auflage).

Milev, Yana (Hg.): *Europa im freien Fall. Orientierung in einem neuen Kalten Krieg*, Wien / Berlin 2016.

Miller, David: *Fremde in unserer Mitte. Politische Philosophie der Einwanderung.* Aus dem Englischen von Frank Lachmann, Berlin 2017.

Minc, Alain: *Globalisierung – Chance der Zukunft.* Aus dem Französischen von Markus Sedlaczek, Wien 1998.

Mishra, Pankaj: *Das Zeitalter des Zorns. Eine Geschichte der Gegenwart.* Aus dem Englischen von Laura Su Bischoff und Michael Bischoff, Frankfurt am Main 2017.

Ders.: «Politik im Zeitalter des Zorns. Das dunkle Erbe der Aufklärung»; in: Geiselberger (Hg.): *Die große Regression*, S. 175–193.

Mitterauer, Michael: *Warum Europa? Mittelalterliche Grundlagen eines Sonderwegs*, München 2003.

Moeller van den Bruck, Arthur: *Das Recht der jungen Völker.* Hg. von Hans Schwarz, Berlin 1932.

Mohler, Armin: *Die Konservative Revolution in Deutschland 1918–1932. Ein Handbuch*, 2 Bde., Darmstadt 1989.

Moreau, Patrick: «Die neue Religion der Rasse. Der Biologismus und die kollektive Ethik der neuen Rechten in Frankreich und Deutschland»; in: Fetscher (Hg.): *Neokonservative und ‹Neue Rechte›*, S. 122–162.

Moscovici, Serge: *Das Zeitalter der Massen.* Aus dem Französischen von Michael Sommer, Frankfurt am Main 1986.

Mouffe, Chantal: *Für einen linken Populismus.* Aus dem Englischen von Richard Barth, Berlin 2018.

Dies.: «Die Affekte der Demokratie»; in: Hagedorn, u.a. (Hgg.): *Wenn Demokratien demokratisch untergehen*, S. 147–162.

Mühlfried, Florian: *Misstrauen. Vom Wert eines Unwertes*, Ditzingen 2019.

Müller, Jan-Werner: *Wo Europa endet. Ungarn, Brüssel und das Schicksal der liberalen Demokratie*, Berlin 2013.

Ders.: *Was ist Populismus? Ein Essay*, Berlin 2016.

Müller-Funk, Wolfgang: *Die Kultur und ihre Narrative. Eine Einführung*, Wien / New York 2002.

Münch, Richard: *Das Projekt Europa. Zwischen Nationalstaat, regionaler Autonomie und Weltgesellschaft*, Frankfurt am Main 1993.

Münkler, Herfried: «Der kompetente Bürger»; in: Ansgar Klein / Rainer Schmalz-Bruns (Hgg.): *Politische Beteiligung und Bürgerengagement in Deutschland. Möglichkeiten und Grenzen*, Baden-Baden 1997, S. 153–171.

Ders. (Hg.): *Furcht und Faszination. Facetten der Fremdheit.* Berlin 1997.

Ders.: *Reich, Nation, Europa. Modelle politischer Ordnung*, Weinheim 1999.

Ders.: «Republikanismus in der italienischen Renaissance»; in: Peter Blickle / Rupert Moser (Hgg.): *Traditionen der Republik – Wege zur Demokratie*, Bern, u.a. 1999, S. 41–71.

Ders. / Münkler, Marina: *Lexikon der Renaissance*, München 2000.

Ders. / Bluhm, Harald (Hgg.): *Gemeinwohl und Gemeinsinn. Historische Semantiken politischer Leitbegriffe*, Berlin 2001.

Ders.: «Die Theatralisierung der Politik»; in Josef Früchtl / Jörg Zimmermann (Hgg.): *Ästhetik der Inszenierung. Dimensionen eines künstlerischen, kulturellen und gesellschaftlichen Phänomens*, Frankfurt am Main 2001, S. 144–163.

Ders.: *Der neue Golfkrieg*, Berlin 2003.

Ders.: *Imperien. Die Logik der Weltherrschaft – vom Alten Rom bis zu den Vereinigten Staaten*, Berlin 2005.

Ders.: *Die Deutschen und ihre Mythen*, Berlin 2009.

Ders.: *Mitte und Maß. Der Kampf um die richtige Ordnung*, Berlin 2010.

Ders.: Populism in Germany: a history of its mentalities, myths and symbols; in: Fieschi / Morris / Caballero (Hgg.): *Populist Fantasies*, S. 505–568.

Ders.: *Der Große Krieg. Die Welt 1914 bis 1918*, Berlin 2013.

Ders.: «Die Antike im Krieg»; in: *Zeitschrift für Ideengeschichte*, VIII. Jg., 2014, Heft 2, S. 55–70.

Ders.: «Die Entstehung des Mitteparadigmas in Politik und Gesellschaft»; in: *Aus Politik und Zeitgeschichte*, Heft 49/2014, S. 49–54.

Ders.: *Thomas Hobbes. Eine Einführung*, Frankfurt am Main / New York 2014.

Ders.: *Macht in der Mitte. Die neuen Aufgabe Deutschlands in Europa*, Hamburg 2015.

Ders. / Münkler, Marina: *Die neuen Deutschen. Ein Land vor seiner Zukunft*, Berlin 2016.

Ders. / Straßenberger, Grit: *Politische Theorie und Ideengeschichte. Eine Einführung*, München 2016.

Ders.: «Verkleinern und Entschleunigen oder die Partizipationsformen neu arrangieren?»; in: Friedrich Wilhelm Graf / Heinrich Meier (Hgg.): *Die Zukunft der Demokratie. Kritik und Plädoyer*, München 2018, S. 83–119.

Murillo, Jose Sanchez de / Haas, Rüdiger / Rinser, Christoph (Hgg.): *Bildung – was ist das?*, Stuttgart 2013 (= Aufgang. Jahrbuch für Denken, Dichten und Musik, Bd. 10).

Nachtwey, Oliver: *Die Abstiegsgesellschaft. Über das Aufbegehren in der regressiven Moderne*, Berlin 2016.

Naumann, Friedrich: «Mitteleuropa» [1915]; in: ders.: *Werke*. Hg. von Theodor Schieder, Bd. 4, Köln / Opladen 1964, S. 485–766.

Neckel, Sighard: *Status und Scham. Zur symbolischen Reproduktion sozialer Ungleichheit*, Frankfurt am Main / New York 1991.

Ders.: «Oligarchische Ungleichheit. Winner-take-all-Positionen in der (obersten) Oberschicht»; in: *WestEnd*, 11. Jg., 2014, Heft 2, S. 51–63.

Nehring, Wolfgang: «Die Kulturbourgeoisie und ihre Kritiker. Zum literarischen Spektrum der Gründerzeit»; in: *Studia theodisca* XIII, 2006, S. 9–20.

Neue Jerusalemer Bibel. Einheitsübersetzung mit dem Kommentar der Jerusalemer Bibel, Freiburg / Basel / Wien 1985.

Nida-Rümelin, Julian: *Philosophie einer humanen Bildung*, Hamburg 2013.

Ders.: *Der Akademisierungswahn – Zur Krise beruflicher und akademischer Bildung*, Hamburg 2014.

Ders.: *Über Grenzen denken. Eine Ethik der Migration*, Hamburg 2017.

Niedermayer, Oskar: «Die Entwicklung der Parteimitgliedschaften von 1990 bis 2009»; in: *Zeitschrift für Parlamentsfragen*, Bd. 41, 2010, S. 421–437.

Ders.: «Die Entwicklung der Parteimitgliedschaften in der Bundesrepublik»; in: Alemann / Morlok / Spier (Hgg.): *Parteien ohne Mitglieder?*, S. 17–28.

Niehues, Judith. «Deutschlands Mittelschicht in Abstiegsangst? Eine Betrachtung aus ökonomischer Perspektive»; in: Schöneck / Ritter (Hgg.): *Die Mitte als Kampfzone*, S. 53–68.

Nietzsche, Friedrich: *Also sprach Zarathustra. Ein Buch für alle und keinen*, Stuttgart 1975.

Ders.: *Die fröhliche Wissenschaft*, Stuttgart 1976.

Ders.: «Zur Genealogie der Moral»; in: ders.: *Jenseits von Gut und Böse / Zur Genealogie der Moral*, Stuttgart 1976.

Ders.: *Die Geburt der Tragödie / Der griechische Staat*, Stuttgart 1976.

Ders.: *Götzendämmerung / Der Antichrist / Ecco Homo*, Stuttgart 1978.

Nitsche, Peter: «Moskau – das Dritte Rom?»; in: *Geschichte in Wissenschaft und Unterricht*, 1991, Bd. 41, S. 341–354.

Noelle-Neumann, Elisabeth: *Die Schweigespirale. Öffentliche Meinung – unsere soziale Haut*, München 1980.

Nolan, Mary: *The Transatlantic Century. Europe and the United States 1890–2010*, Cambridge 2012.

Nolte, Hans-Heinrich: *Kurze Geschichte der Imperien*, Wien / Köln / Weimar 2017.

Nußbaum, Martha: *Königreich der Angst. Gedanken zur aktuellen politischen Krise*. Aus dem Englischen von Manfred Weltecke, Darmstadt 2019.

Ober, Josiah: *Demopolis – oder was ist Demokratie?*. Aus dem Englischen von Karin Schuler und Andreas Thomsen, Darmstadt 2017.

Olalla, Pedro: *Die ausgegrabene Demokratie. Ein politischer Spaziergang durch Athen*. Aus dem Spanischen von Matthias Strobel, Berlin 2018.

Onfray, Michel: *Niedergang. Aufstieg und Fall der abendländischen Kultur – von Jesus bis Bin Laden*. Aus dem Französischem von Stephanie Singh und Enrico Heinemann, München 2017.

Ostrom, Elinor: *Die Verfassung der Allmende. Jenseits von Staat und Markt*. Übers. von Ekkehard Schöller, Tübingen 1999.

Patel, Kiran Klaus: *Projekt Europa. Eine kritische Geschichte*, München 2018.

Pauen, Michael: *Geschichtsphilosophie, Metaphysik und Moderne von Nietzsche bis Spengler*, Berlin 1997.

Paulsen, Friedrich: «Bildung»; in: Rein, Wilhelm (Hg.): *Encyklopädisches Handbuch der Pädagogik*, Bd. 1, Langensalza 1903, S. 658–670.

Picht, Georg: *Die Deutsche Bildungskatastrophe, Analyse und Dokumentation*, Freiburg 1964.

Piketty, Thomas: *Das Kapital im 21. Jahrhundert*. Aus dem Französischen von Ilse Utz und Stefan Lorenzer, München 2014.

Pinker, Steven: *Aufklärung jetzt. Für Vernunft, Wissenschaft, Humanismus und Fortschritt. Eine Verteidigung*, Frankfurt am Main 2018.

Platon: *Der Staat/Politeia*. Eingeleitet von Olof Gigon. Übertragen von Rudolf Rufener, Zürich / München 1973.

Plumpe, Werner: *Das kalte Herz. Kapitalismus: Die Geschichte einer andauernden Revolution*, Berlin 2019.

Polanyi, Karl: *The Great Transformation. Politische und ökonomische Ursprünge von Gesellschafs- und Wirtschaftssystemen* [1944]. Übers. von Heinrich Jelinek, Wien 1977.

Pollmann, Judith: «Eine natürliche Feindschaft: Ursprung und Funktion der schwarzen Legende über Spanien in den Niederlanden, 1560–1581»; in: Franz Bosbach (Hg.): *Feindbilder. Die Darstellung des Gegners in der politischen Publizistik des Mittelalters und der Neuzeit*, Köln / Weimar / Wien 1992, S. 73–93.

Pöpping, Dagmar: *Abendland. Christliche Akademiker und die Utopie der Antimoderne, 1900–1945*, Berlin 2003.

Pörksen, Bernhard: *Die große Gereiztheit. Wege aus der kollektiven Erregung*, München 2018.

Posener, Alan: *Imperium der Zukunft. Warum Europa Weltmacht werden muss*, München 2007.

Precht, Richard David: *Anna, die Schule und der liebe Gott. Der Verrat des Bildungssystems an unseren Kindern*, München 2015.

Priester, Karin: *Rechter und linker Populismus. Annäherung an ein Chamäleon*, Frankfurt am Main 2012.

Pross, Caroline: *Dekadenz. Studien zu einer großen Erzählung der frühen Moderne*, Göttingen 2013.

Pross, Harry: *Söhne der Kassandra. Versuch über deutsche Intellektuelle*, Stuttgart, u.a. 1971.

Putnam, Robert: *Making Democracy Work. Civic Traditions in Modern Italy*, Princeton 1993.

Ders.: *Bowling Alone. The Collapse and Revival of American Community*, New York 2000.

Ders. (Hg.): *Gesellschaft und Gemeinsinn. Sozialkapital im internationalen Vergleich*, Gütersloh 2001.

Quintane, Nathalie: *Wohin mit den Mittelklassen?*. Aus dem Französischen von Claudia Hamm. Mit Fotografien von Benoît Galibert, Berlin 2018.

Rauchensteiner, Manfried: *Der Tod des Doppeladlers. Österreich-Ungarn und der Erste Weltkrieg*, Graz/Wien/Köln 1993.

Rawls, John: *Eine Theorie der Gerechtigkeit* [1971]. Übers. von Hermann Vetter, Frankfurt am Main 1975.

Reckwitz, Andreas: *Die Gesellschaft der Singularitäten. Zum Strukturwandel der Moderne*, Berlin 2017.

Reese-Schäfer, Walter (Hg.): *Handbuch Kommunitarismus*, Wiesbaden 2018.

Rehberg, Karl-Siegbert (Hg.): *Soziale Ungleichheit, kulturelle Unterschiede: Verhandlungen des 32. Kongresses der Deutschen Gesellschaft für Soziologie in München*, Teilbd. 1 und 2, Frankfurt am Main 2006 (https://nbn-resolving.org/urn:nbn:de:0168-ssoar-144049).

Ders./Kunz, Franziska/Schlinzig, Timo (Hgg.): *PEGIDA – Rechtspopulismus zwischen Fremdenangst und «Wende»-Enttäuschung?, Analysen im Überblick*, Bielefeld 2016.

Rid, Thomas: *Mythos Cyberwar. Über digitale Spionage, Sabotage und andere Gefahren*. Aus dem Englischen von Bettina Engels und Michael Adrian, Hamburg 2018.

Rifkin, Jeremy: *Der europäische Traum. Die Vision einer leisen Supermacht*. Aus dem Englischen von Helmut Schickert, Frankfurt am Main/New York 2004.

Riklin Alois/Batliner, Gerard (Hgg.): *Subsidiarität. Ein interdisziplinäres Kolloquium*, Baden-Baden 1994.

Riva, Miguel de la: «Aufstand der Gelbwesten. Macron im freien Fall?»; in: *Blätter für deutsche und internationale Politik*, 64. Jg., 2019, Heft 1, S. 21–24.

Robin, Corey: *Der reaktionäre Geist. Von den Anfängen bis Donald Trump*. Aus dem Englischen von Bernadette Ott, Berlin 2018.

Rödder, Andreas: *Wer hat Angst vor Deutschland? Geschichte eines europäischen Problems*, Frankfurt am Main 2018.

Rohrmoser, Günter: *Zur geistig-ethischen Erneuerung*, Stuttgart 1979.

Rorty, Richard: *Stolz auf unser Land. Die amerikanische Linke und der Pa-triotismus.* Übers. von Hermann Vetter, Frankfurt am Main 1999.

Rosa, Hartmut: *Beschleunigung. Die Veränderung der Zeitstrukturen in der Moderne,* Frankfurt am Main 2005.

Ders.: *Weltbeziehungen im Zeitalter der Beschleunigung. Umrisse einer neu-en Gesellschaftskritik,* Berlin 2012.

Ders.: *Beschleunigung und Entfremdung. Entwurf einer kritischen Theorie spätmoderner Zeitlichkeit,* Berlin 2013.

Ders.: *Resonanz. Eine Soziologie der Weltbeziehung,* Berlin 2016.

Rosanvallon, Pierre: *Die gute Regierung.* Aus dem Französischen von Mi-chael Halfbrodt, Hamburg 2016.

Ders.: *Die Gegen-Demokratie. Politik im Zeitalter des Misstrauens.* Aus dem Französischen von Michael Halfbrodt, Hamburg 2017.

Rosecrance, Richard: *Der neue Handelsstaat. Herausforderungen für Poli-tik und Wirtschaft.* Aus dem Englischen von Gerhard Hauck, Frankfurt am Main / New York 1987.

Rosenberg, Tina: *Die Rache der Geschichte. Erkundungen im neuen Europa.* Aus dem Amerikanischen von Udo Rennert, München / Wien 1997.

Rostow, Walt Whitman: *The Stages of Economic Growth,* London 1962.

Roth, Gerhard: *Bildung braucht Persönlichkeit. Wie Lernen gelingt,* Stutt-gart 2015.

Rousseau, Jean-Jacques: *Discours sur l'origine et les fondements de l'inégali-té parmi les hommes / Diskurs über den Ursprung und die Grundlagen der Ungleichheit unter den Menschen.* Kritische Ausgabe, neu ediert, über-setzt und kommentiert von Heinrich Meier, Paderborn 1984.

Rufin, Jean-Christophe: *Die neuen Barbaren. Der Nord-Süd-Konflikt nach dem Ende des Kalten Krieges.* Aus dem Französischen von Joachim Mei-nert, München 1996.

Ryffel, Heinrich: *Metabolè politeíon. Der Wandel der Staatsverfassungen,* Bern 1949.

Safranski, Rüdiger: *Wieviel Globalisierung verträgt der Mensch?,* München 2003.

Sallust: *Werke.* Lat.-dt. Ausgabe. Eingeleitet, übersetzt und kommentiert von Thorsten Burkard, Darmstadt 2010.

Salvadori, Massimo L.: *Fortschritt – die Zukunft einer Idee.* Aus dem Italie-nischen von Rita Seuß, Berlin 2008.

Salzborn, Samuel: *Angriff der Antidemokraten. Die völkische Rebellion der neuen Rechten,* Weinheim 2017.

Sarrazin, Thilo: *Deutschland schafft sich ab. Wie wir unser Land aufs Spiel setzen,* München 2012.

Ders.: *Der neue Tugendterror. Über die Grenzen der Meinungsfreiheit in Deutschland,* München 2014.

Ders.: *Feindliche Übernahme. Wie der Islam den Fortschritt behindert und die Gesellschaft bedroht*, München 2018.

Sartori, Giovanni: *Demokratietheorie.* Aus dem Englischen von Hermann Vetter, Darmstadt 1992.

Sassen, Saskia: *The Global City*, New York / London / Tokio 1991.

Dies.: *Cities in a World Economy*, Thousand Oaks / Cal. 2000.

Dies.: *Machtbeben*, Stuttgart 2000.

Schäfer, Armin: *Krisentheorien der Demokratie: Unregierbarkeit, Spätkapitalismus und Postdemokratie.* MPIfG Discussion Paper 08/10, Köln 2008.

Ders. / Schwander, Hanna / Manow, Philip: «Der sozial ‹auffällige› Nichtwähler: Determinanten der Wahlbeteiligung bei der Bundestagswahl 2013»; in: Harald Schoen / Bernhard Weßels (Hgg.): *Wahlen und Wähler. Analysen aus Anlass der Bundestagswahl 2013*, Berlin 2016, S. 21–44.

Scharpf, Fritz W.: *Regieren in Europa. Effektiv und demokratisch?*, Frankfurt am Main / New York 1999.

Scheidel, Walter: *Nach dem Krieg sind alle gleich. Eine Geschichte der Ungleichheit.* Aus dem Englischen von Stephan Gebauer-Lippert, Darmstadt 2018.

Schiller, Theo / Mittendorf, Volker (Hgg.): *Direkte Demokratie. Forschung und Perspektiven*, Wiesbaden 2002.

Schmale, Wolfgang: *Was wird aus der Europäischen Union? Geschichte und Zukunft*, Ditzingen 2018.

Schmalz-Bruns, Rainer: *Reflexive Demokratie. Die demokratische Transformation moderner Politik*, Baden-Baden 1995.

Schmid, Thomas: *Europa ist tot, es lebe Europa! Eine Weltmacht muss sich neu erfinden*, München 2016.

Schmidt, Manfred G.: *Demokratietheorien. Eine Einführung*, Opladen 1995.

Ders.: «Warum Mittelmaß? Deutschlands Bildungsausgaben im Vergleich»; in: *Politische Vierteljahresschrift*, Bd. 43, Heft 1, 2002, S. 3–19.

Schmidt, Rainer: *Die Wiedergeburt der Mitte Europas. Politisches Denken jenseits von Ost und West*, Berlin 2001.

Schmitt, Carl: *Der Leviathan in der Staatslehre des Thomas Hobbes. Sinn und Fehlschlag eines politischen Symbols* [1938], Köln-Lövenich 1982.

Schneider, Manfred: *Der Barbar. Endzeitstimmung und Kulturrecycling*, München / Wien 1997.

Schöneck, Nadine M. / Ritter, Sabine (Hgg.): *Die Mitte als Kampfzone. Wertorientierungen und Abgrenzungspraktiken der Mittelschichten*, Bielefeld 2018.

Schopenhauer, Arthur: *Werke in zehn Bänden* (= Zürcher Ausgabe), Zürich 1977.

Schorske, Carl E.: *Wien. Geist und Gesellschaft im Fin de Siècle.* Deutsch von Horst Günther, Frankfurt am Main 1980.

Schreyer, Paul: *Die Angst der Eliten. Wer fürchtet die Demokratie?*, Frankfurt am Main 2018.

Schultz, Theodore W.: «Capital Formation by Education»; in: *Journal of Political Economy 68 (1960)*, S. 571–583.

Schulz, Daniel: *Die Krise des Republikanismus*, Baden-Baden 2015.

Schuppert, Gunnar Folke (Hg.): *Governance-Forschung. Vergewisserung über Stand und Entwicklungslinien*, Baden-Baden 2005.

Ders.: *Governance of Diversity. Zum Umgang mit kultureller und religiöser Pluralität in säkularen Gesellschaften*, Frankfurt am Main / New York 2017.

Schümer, Dirk: *Das Gesicht Europas. Ein Kontinent wächst zusammen*, Hamburg 2000.

Schumpeter, Joseph A.: *Kapitalismus, Sozialismus, Demokratie.* Einleitung von Edgar Salin, Tübingen 1950.

Schwanitz, Dietrich: *Bildung. Alles, was man wissen muss*, Frankfurt am Main 1999.

Schwarz, Hans-Peter: *Die Zentralmacht Europas. Deutschlands Rückkehr auf die Weltbühne*, Berlin 1994.

Schweger, Elisabeth (Hg.): *Erkundungen zur Kultur des Empfindens. Frankfurter Dialoge VII*, Frankfurt am Main 2008.

Schwidetzky, Ilse: *Das Problem des Völkertodes. Eine Studie zur historischen Bevölkerungsbiologie*, Stuttgart 1954.

See, Klaus von: *Barbar, Germane, Arier. Die Suche nach der Identität der Deutschen*, Heidelberg 1994.

Seeck, Otto: *Geschichte des Untergangs der antiken Welt*, 6 Bde. [1895–1920/21], Darmstadt 2000.

Seibt, Ferdinand: *Die Begründung Europas. Ein Zwischenbericht über die letzten tausend Jahre*, Frankfurt am Main 2002.

Seils, Christoph: *Parteiendämmerung oder Was kommt nach den Volksparteien?*, Berlin 2010.

Selk, Veith: *Das Regieren der Angst. Eine politische Ideengeschichte von der Tyrannis bis zum Leviathan*, Hannover 2016.

Sennett, Richard: *Der flexible Mensch. Die Kultur des neuen Kapitalismus.* Deutsch von Martin Richter, Berlin 1998.

Ders.: *Die Kultur des neuen Kapitalismus.* Aus dem Amerikanischen von Michael Bischoff, Berlin 2005.

Ders.: *Handwerk.* Aus dem Amerikanischen von Michael Bischoff, Berlin 2007.

Seubert, Sandra: «Weder Engel noch Teufel … Zur Notwendigkeit und zu den Grenzen von Tugendzumutungen»; in: Brodocz / Llanque / Schaal (Hgg.): *Bedrohungen der Demokratie*, S. 334–352.

Séville, Astrid: *Der Sound der Macht. Eine Kritik der dissonanten Herrschaft*, München 2018.

Shachar, Ayelet: *The Birthright Lottery. Citizenship and Global Inequality*, Cambridge 2009.

Shklar, Judith N.: *Über Ungerechtigkeit. Erkundungen zu einem moralischen Gefühl.* Aus dem Amerikanischen von Christiane Goldmann, Berlin 1992.

Sieferle, Rolf Peter: *Fortschrittsfeinde? Opposition gegen Technik und Industrie von der Romantik bis zur Gegenwart*, München 1984.

Ders.: *Die Konservative Revolution. Fünf biographische Skizzen*, Frankfurt am Main 1995.

Ders.: *Finis Germania* [sic!], Schnellroda 2017.

Silbermann, Alphons: *Propheten des Untergangs. Das Geschäft mit den Ängsten*, Bergisch Gladbach 1995.

Simmel, Georg: «Exkurs über den Fremden» [1908]; in: ders.: *Soziologie. Untersuchungen über die Vergemeinschaftung.* Gesamtausgabe, Bd. 11, Frankfurt am Main 1992, S. 509–512.

Simms, Brendan / Zeeb, Benjamin: *Europa am Abgrund. Plädoyer für die Vereinigten Staaten von Europa.* Aus dem Englischen von Hans Freundl, München 2016.

Sloterdijk, Peter: *Falls Europa erwacht. Gedanken zum Programm einer Weltmacht am Ende des Zeitaltes ihrer politischen Absence*, Frankfurt am Main 1994.

Ders: *Zorn und Zeit. Politisch-psychologischer Versuch*, Frankfurt am Main 2006.

Smith, Adam: *Untersuchung über Wesen und Ursachen des Reichtums der Völker.* Hg. und eingeleitet von Erich W. Streissler. Aus dem Englischen übersetzt von Monika Streissler, 2 Bde., Düsseldorf 1999.

Snyder, Timothy: *Der Weg in die Unfreiheit. Russland, Europa, Amerika.* Aus dem Englischen von Ulla Höber und Werner Roller, München 2018.

Soentgen, Jens: *Ökologie der Angst*, Berlin 2018.

Solga, Heike: «Die Etablierung einer Klassengesellschaft in der DDR: Anspruch und Wirklichkeit des Postulats sozialer Gleichheit»; in: Huinink, Johannes, u. a. (Hgg.): *Kollektiv und Eigensinn. Lebensverläufe in der DDR und danach*, Berlin 1995, S. 45–88.

Dies. / Becker, Rolf: «Soziologische Bildungsforschung – eine kritische Bestandsaufnahme»; in: *Kölner Zeitschrift für Soziologie und Sozialpsychologie, Sonderheft 52 (2012), Soziologische Bildungsforschung*, S. 7–43.

Dies. / Wagner, Sandra: «Die Zurückgelassenen. Die soziale Verarmung der Lernumwelt von Hauptschülerinnen und Hauptschülern»; in: Becker / Lauterbach (Hgg.): *Bildung als Privileg*, 2016, S. 221–252.

Sombart, Werner: *Der Bourgeois. Zur Geistesgeschichte des modernen Wirtschaftsmenschen*, München / Leipzig 1913.

Sommer, Theo: *China First. Die Welt auf dem Weg ins 21. Jahrhundert*, München 2019.

Sontheimer, Kurt: *Antidemokratisches Denken in der Weimarer Republik. Die politischen Ideen des deutschen Nationalismus zwischen 1918 und 1933*, München 1978.

Speit, Andreas (Hg.): *Das Netzwerk der Identitären. Ideologie und Aktionen der Neuen Rechten*, Berlin 2018.

Ders.: «Identitärer Aufbruch. Die Vorbilder und Vordenker aus Frankreich»; in: ders. (Hg.): *Das Netzwerk der Identitären*, S. 42–55.

Spengler, Oswald: *Der Untergang des Abendlandes. Umrisse einer Morphologie der Weltgeschichte* [1923], München 1998.

Ders.: «Pessimismus» [1921]; in: ders.: *Reden und Aufsätze*, Berlin 2016, S. 59–73.

Stalder, Felix: *Kultur der Digitalität*, Berlin 2017.

Steffens, Ulrich / Höfer, Dieter: «Die Hattie-Studie – Forschungsbilanz und Handlungsperspektiven»; in: Börner, Hartmut (Hg.): *Lehrerhandeln und Lernerfolg. Die Hattie Studie, Ergebnisse und Perspektiven*, Bad Berka 2013, S. 10–35.

Stehr, Nico: «Moderne Wissensgesellschaften»; in: *Aus Politik und Zeitgeschichte*, B 36/2001, S. 7–14 (http://www.bpb.de/apuz/26052/moderne-wissensgesellschaften).

Steinig, Wolfgang / Betzel, Dirk: «Schreiben Grundschüler heute schlechter als vor 40 Jahren? Texte von Viertklässlern aus den Jahren 1972, 2002 und 2012»; in: Plewnia, Albrecht von / Witt, Andreas (Hgg.): *Sprachverfall? Dynamik – Wandel – Variation*, Berlin / Boston 2014, S. 353–372.

Steinmeier, Frank-Walter: *Europa ist die Lösung. Churchills Vermächtnis*, Wals b. Salzburg 2016.

Stern, Fritz: *Kulturpessimismus als politische Gefahr. Eine Analyse nationaler Ideologie in Deutschland* [1961/63], München 1986.

Stiglitz, Joseph: *Europa spart sich kaputt. Warum der Euro einen Neustart braucht.* Aus dem amerikanischen Englisch von Thorsten Schmidt, München 2018.

Strasser, Johano: «Am Ende der Pax Americana? Wie könnte eine neue Weltordnung aussehen?»; in: *Neue Gesellschaft / Frankfurter Hefte*, 2019, Heft 1/2, S. 107–111.

Straßenberger, Grit: *Über das Narrative in der politischen Theorie*, Berlin 2005.

Streeck, Wolfgang: *Gekaufte Zeit. Die vertagte Krise des demokratischen Kapitalismus. Frankfurter Adorno-Vorlesungen 2012*, Berlin 2013.

Ders.: «Die Wiederkehr des Verdrängten als Anfang vom Ende des neoliberalen Kapitalismus»; in: Geiselberger (Hg.): *Die große Regression*, S. 253–273.

Sunstein, Cass R.: *Gesetze der Angst. Jenseits des Vorsorgeprinzips.* Aus dem Amerikanischen von R. Celikates und E. Engels, Frankfurt am Main 2007.

Ders.: *#republic. Divided Democracy in the Age of Social Media*, Princeton / New Jersey 2017.

Tarkiainen, Tuttu: *Die athenische Demokratie.* Aus dem Finnischen von Rita Öhquist, München 1972.

Tenorth, Heinz-Elmar: «Bildung – Ressource im Konflikt»; in: *Geschichte in Wissenschaft und Unterricht 63 (2012)*, S. 567–581.

Ders.: «Das Gymnasium als Leitinstitution des deutschen Bildungswesens»; in: *Engagement 3 (2008)*, S. 252–263.

Ders.: *Wilhelm von Humboldt: Bildungspolitik und Universitätsreform*, Paderborn 2016.

Ther, Philipp: *Die Außenseiter. Flucht, Flüchtlinge und Integration im modernen Europa*, Berlin 2017.

Thiel, Felicitas: «Evidenzbasierte Bildungspolitik – Generierung und Nutzung wissenschaftlichen Wissens»; in BMBF (Hg.): *Bildungsforschung 2020 – Herausforderungen und Perspektiven*, Bonn / Berlin, S. 116–127.

Thompson, Edward P.: *Die Entstehung der englischen Arbeiterklasse* [1963], 2 Bde., Frankfurt am Main 1987.

Thukydides: *Der Peloponnesische Krieg.* Übers. und hg. von Helmuth Vretska und Werner Rinner, Stuttgart 2000.

Tielker, Wilhelm: *Europa – Genese einer politischen Idee. Von der Antike bis in die Gegenwart*, Münster 1998.

Tietze, Andreas: *Die theoretische Aneignung der Produktionsmittel: Gegenstand, Struktur und gesellschaftstheoretische Begründung der polytechnischen Bildung in der DDR*, Frankfurt am Main 2012.

Tippelt, Rudolf / Schmidt, Bernhard (Hgg.): *Handbuch Bildungsforschung*, Wiesbaden 2010 (3., durchgesehene Auflage).

Tömmel, Ingeborg (Hg.): *Die Europäische Union – Governance und Policy Making*, Politische Vierteljahresschrift, Sonderheft 40, 2007.

Tormey, Simon: *Vom Ende der repräsentativen Politik.* Aus dem Englischen von Sonja Schuhmacher und Bernhard Jendricke, Hamburg 2015.

Toynbee, Arnold: *Der Gang der Weltgeschichte.* Übers. von Jürgen von Kempski, 2 Bde., München 1970.

Ulfkotte, Udo: *Vorsicht Bürgerkrieg! Was lange gärt, wird endlich Wut*, Rottenburg 2014 (6., gekürzte und aktualisierte Auflage).

Ullrich, Sebastian: *Der Weimar-Komplex. Das Scheitern der ersten deutschen Demokratie und die politische Kultur der frühen Bundesrepublik*, Göttingen 2009.

Unsichtbares Komitee: *Der kommende Aufstand* [2007]. Aus dem Französischen von Elmar Schmeda, Hamburg 2010.

Urbinati, Nadia: «Okulare Demokratie, eine abgeschwächte Politik»; in: Hammer / Kajewski (Hgg.): *Okulare Demokratie*, S. 43–68.

Dies.: «Der Populismus und der Niedergang der Parteiendemokratie»; in: Hagedorn, u. a. (Hgg.): *Wenn Demokratien demokratisch untergehen*, S. 41–57.

Vance, J. D.: *Hillbilly Elegy. A Memoir of a Family and Culture in Crisis*, New York 2017.

Van Reybrouck, David: *Gegen Wahlen. Warum Abstimmen nicht demokratisch ist*, Göttingen 2016.

Vasold, Manfred: *Pest, Not und schwere Plagen. Seuchen und Epidemien vom Mittelalter bis heute*, München 1991.

Vehrkamp, Robert / Wegschaider, Klaudia: *Populäre Wahlen. Mobilisierung und Gegenmobilisierung der sozialen Milieus bei der Bundestagswahl 2017*, Gütersloh 2017.

Veyne, Paul: *Brot und Spiele. Gesellschaftliche Macht und politische Herrschaft in der Antike*. Deutsch von Klaus Laermann und Hans Richard Brittnacher, München 1994.

Vico, Giambattista: *Prinzipien einer neuen Wissenschaft über die gemeinsame Natur der Völker*. Hg. von Vittorio Hösle und Christoph Jermann, Hamburg 1990.

Voegelin, Eric: *Die politischen Religionen*. Hg. und mit einem Nachwort von Peter J. Opitz, München 1993.

Vondung, Klaus: *Die Apokalypse in Deutschland*, München 1988.

Vorländer, Hans: «Dritter Weg und Kommunitarismus»; in: *Aus Politik und Zeitgeschichte 2001*, Heft 16/17.

Ders. / Herold, Maik / Schäller, Steven: *PEGIDA – Entwicklung, Zusammensetzung und Deutung einer Empörungsbewegung*, Wiesbaden 2016.

Wagner, Wolfgang: «Europäische Governance im Politikfeld Innere Sicherheit»; in: Tömmel (Hg.): *Die Europäische Union*, S. 323–342.

Waldmann, Peter: *Der konservative Impuls. Wandel als Verlusterfahrung*, Hamburg 2017.

Wallerstein, Immanuel, u. a.: *Stirbt der Kapitalismus? Fünf Szenarien für das 21. Jahrhundert*. Aus dem Englischen von Thomas Laugstien, Frankfurt am Main / New York 2014.

Walter, Franz: «Bürgerlichkeit und Protest in der Misstrauensgesellschaft. Konklusion und Ausblick»; in: Marg, u. a. (Hgg.): *Die neue Macht der Bürger*, S. 301–343.

Ders.: *Im Herbst der Volksparteien. Eine kleine Geschichte von Aufstieg und Rückgang politischer Massenintegration*, Bielefeld 2009.

Ders.: *Gelb oder Grün? Kleine Parteiengeschichte der besserverdienenden Mitte in Deutschland*, Bielefeld 2010.

Ders.: *Vorwärts oder abwärts. Zur Transformation der Sozialdemokratie*, Berlin 2010.

Ders.: *Rebellen, Propheten und Tabubrecher. Politische Aufbrüche und Ernüchterungen im 20. und 21. Jahrhundert*, Göttingen 2017.

Ders.: *Die SPD. Biographie einer Partei*, Reinbek bei Hamburg 2018.

Ders.: *Zeiten des Umbruchs? Analysen zur Politik*, Stuttgart 2018.

Walter, Marco: *Nützliche Feindschaft? Existenzbedingungen demokratischer Imperien – Rom und USA*, Paderborn 2015.

Walzer, Michael: *Sphären der Gerechtigkeit. Ein Plädoyer für Pluralität und Gleichheit* [1983]. Aus dem Englischen von Hanne Herkommer, Frankfurt am Main / New York 1992.

Weber, Max: «Parlament und Regierung im neugeordneten Deutschland»; in: ders.: *Gesammelte Politische Schriften*. Hg. von Johannes Winckelmann, Tübingen 1988, S. 306–443.

Ders.: «Politik als Beruf»; in: ders.: *Gesammelt Politische Schriften*, S. 505–560.

Wehling, Elisabeth: *Politisches Framing. Wie eine Nation sich ihr Denken einredet – und daraus Politik macht*, Köln 2016.

Weidenfeld, Werner: *Europa. Eine Strategie*, München 2014.

Weil, Simone: *Anmerkung zur generellen Abschaffung der politischen Parteien* [1957]. Übers. von Esther von der Osten, Zürich 2009.

Weiß, Anja: «Globale Ungleichheiten und die Soziologie»; in: Bude / Staab (Hgg.): *Kapitalismus und Ungleichheit*, S. 95–114.

Weiß, Volker: *Deutschlands neue Rechte. Angriff der Eliten – Von Spengler bis Sarrazin*, Paderborn 2011.

Ders.: *Die autoritäre Revolte. Die neue Rechte und der Untergang des Abendlandes*, Stuttgart 2017.

Weißgerber, Simon: «Macht Schule noch Bildung? Kritik eines funktionalen Bildungsbegriffs»; in: *Soziologiemagazin: publizieren statt archivieren 8 (2015)*, S. 68–74 (https://nbn-resolving.org/urn:nbn:de:0168-ssoar-46647-7).

Weizsäcker, Carl Christian von: «Europas Mitte. Mit einer Leistungsbilanzbremse könnte Deutschland für neuen Zusammenhalt unter den Partnern sorgen»; in: *Perspektiven der Wirtschaftspolitik*, Bd. 17, 2016, S. 383–392.

Wenskus, Reinhard: *Stammesbildung und Verfassung. Das Werden der frühmittelalterlichen Gentes*, Köln / Graz 1961.

Werner, Alban: *Wer ist, was will und wie wirkt die AfD*, Köln / Karlsruhe 2015.

Wiesendahl, Elmar: *Mitgliederparteien am Ende? Eine Kritik der Niedergangsdiskussion*, Wiesbaden 2006.

Ders.: *Volksparteien. Aufstieg, Krise, Zukunft*, Opladen / Fermington Hills 2011.

Ders.: «Kein Frischblut mehr. Anmerkungen zur Erforschung der Nachwuchskrise der Parteien»; in: Alemann / Morlok / Spier (Hgg.): *Parteien ohne Mitglieder?*, S. 79–125.

Wieviorka, Michel: «The Front National – caught between extremism, populism and democracy»; in: Fieschi, u. a. (Hgg.): *Populist Fantasies*, S. 441–502.

Wilderotter, Hans: «‹Alle dachten, das Ende der Welt sei gekommen.› Vierhundert Jahre Pest in Europa»; in: ders., unter Mitarb. von Michael Dorrmann (Hgg.): *Das große Sterben. Seuchen machen Geschichte* (Deutsches Hygiene-Museum Dresden), Berlin 1995, S. 12–53.

Wildt, Michael: *Volk, Volksgemeinschaft, AfD*, Hamburg 2017.

Willemsen, Roger: *Das Hohe Haus. Ein Jahr im Parlament*, Frankfurt am Main 2014.

Wimmer, Michael: «Antihumanismus, Transhumanismus, Posthumanismus: Bildung nach ihrem Ende»; in: Kluge, Sven / Steffens, Gerd / Lohmann, Ingrid (Hgg.): *Menschenverbesserung – Transhumanismus. Jahrbuch für Pädagogik*, Frankfurt am Main, u. a. 2014, S. 237–265 (URN: urn:nbn:de:0111-pedocs-128248).

Winkle, Stefan: *Geißel der Menschheit. Kulturgeschichte der Seuchen*, Düsseldorf 1997.

Winkler, Heinrich August: *Geschichte des Westens*, 4 Bde., München 2009–2015.

Ders.: *Zerbricht der Westen? Über die gegenwärtige Krise in Europa und Amerika*, München 2017.

Wirsching, Andreas / Kohler, Berthold / Wilhelm, Ulrich (Hgg.): *Weimarer Verhältnisse? Historische Lektionen für unsere Demokratie*, Ditzingen 2018.

Wirsing, Giselher: *Die Menschenlawine. Der Bevölkerungszuwachs als weltpolitisches Problem*, Stuttgart 1956.

Wodak, Ruth: *Politik mit der Angst. Zur Wirkung rechtspopulistischer Diskurse*, Wien / Hamburg 2016.

Wüllenweber, Walter: *Frohe Botschaft. Es steht nicht gut um die Menschheit – aber besser als jemals zuvor*, München 2018.

Wuttke, Joachim: «Die Insignifikanz signifikanter Unterschiede: der Genauigkeitsanspruch von PISA ist illusorisch»; in: Jahnke, T. / Meyerhöfer, W. (Hgg.): *PISA & Co: Kritik eines Programms*, Hildesheim 2007, S. 1–129 (https://nbn-resolving.org/urn:nbn:de:0168-ssoar-359057).

Zedler, Peter: «Erziehungswissenschaftliche Bildungsforschung»; in: Tippelt, Rudolf / Schmidt, Bernhard (Hgg.): *Handbuch Bildungsforschung*, Wiesbaden 2016, S. 1–28.

Zedler, Peter / Döbert, Hans: «Erziehungswissenschaftliche Bildungsforschung»; in: Tippelt, Rudolf / Schmidt, Bernhard (Hgg.): *Handbuch
Bildungsforschung*, Wiesbaden 2010, S. 23–45.

Zick, Andreas / Küpper, Beate / Berghan, Wilhelm: *Verlorene Mitte – feindselige Zustände. Rechtsextreme Einstellungen in Deutschland 2018/19*,
Bonn 2019.

Žižek, Slavoj: *Der Mut der Hoffnungslosigkeit.* Aus dem Englischen von
Frank Born, Frankfurt am Main 2018.

Zolo, Danilo: *Die demokratische Fürstenherrschaft. Für eine realistische
Theorie der Politik.* Aus dem Italienischen von Moshe Kahn, Göttingen
1997.

Dank

Wer viel unterwegs ist, zumal aus beruflichen Gründen, und dabei einem eng gestrickten Zeitplan unterliegt, wird die obsessive Vorstellung von Abstieg und Niedergang nur allzu gut kennen. Flugzeugverspätungen und Zugausfälle, aber auch lange Staus auf Autobahnen und Bundesstraßen, dazu ein Informationswirrwarr und immer wieder das Gefühl, in einer permanent wachsenden Servicewüste gefangen zu sein, hinterlassen den Eindruck, es sei früher doch alles sehr viel besser gewesen und seit einiger Zeit gehe es nur noch bergab. Den um sich greifenden Pessimismus und die mit ihm einhergehende defätistische Grundstimmung in Schranken zu halten kostet dann einige Mühe. Dabei sind wir zumeist nur zum Opfer trügerischer Erinnerungen geworden, weil wir vergleichbare «kleine Katastrophen» der Vergangenheit längst vergessen haben und nicht mehr daran denken, wie lange vor dreißig, vierzig Jahren das Reisen noch dauerte, wie langsam die Züge fuhren, wie unbequem die Zugfahrten oft waren. Wir haben uns mehr Zeit gelassen, beziehungsweise: Wir haben uns Zeit genommen. Mit der Beschleunigung der Arbeitsabläufe und der zunehmenden Vernetzung ist die verfügbare Zeit jedoch immer weniger geworden; wir haben es sehr viel eiliger, weswegen wir auf Verzögerungen und Verspätungen, auf Pannen und Missgeschicke sehr viel ungehaltener reagieren. Die Beschleunigung hat uns verwundbar gemacht.

Tatsächlich zeigt sich in dieser Verwundbarkeit und in unserem Umgang mit ihr ein grundlegender Wandel unserer Wahrnehmung und Bewertung von Veränderung. Was wir selbst vor einiger Zeit noch als Fortschritte der Verkehrsinfrastruktur beschrieben hätten, nehmen wir nun als deren Verfall wahr. Das zeigt sich nicht nur beim Zeitregime des Reisens, sondern in fast allen Lebensbereichen. Wir reden ständig über das, was nicht geklappt hat, was schiefgegangen ist, was zusätzlichen Stress erzeugt – und ohne es zu bemerken, reden wir uns selbst in einen Defätismus und Pessimismus hinein, der uns nur noch Abstieg und Niedergang erkennen lässt. Bei einem gelassenen Vergleich mit früher würde sich diese Wahrnehmung als unbegründet erweisen. Doch im Bann dieser Verbindung von Eile und Ärger sind wir zu einer solchen nüchternen Betrachtung nicht in der Lage. Deswegen sagen Abstiegsdiagnosen häufig mehr über die aus, die sie äußern, als über die tatsächlichen Verhältnisse.

Unser Dank gilt daher all jenen Mitmenschen, die uns in solchen alltäglichen Situationen aus unserem Bann befreit haben: durch eine ironische Bemerkung, eine hilfreiche Information, ein freundliches Lächeln oder bloß ein Mienenspiel der Ruhe und Gelassenheit. Sie sind in diesen Momenten die Vermittler dessen, worum es in diesem Buch geht: des Zutrauens und der Zuversicht, dass wir die Probleme lösen können und den Herausforderungen gewachsen sein werden. Auch wenn wir ihre Namen nicht kennen, sollen sie hier an erster Stelle stehen.

Darüber hinaus gibt es Institutionen und Personen, die benannt werden können und müssen, wenn es um die Entstehungsgeschichte dieses Buches geht. Für Marina Münkler ist dies der an der TU Dresden eingerichtete und von der Deutschen Forschungsgemeinschaft finanzierte Sonderforschungsbereich «Invektivität. Konstellationen und Dynamiken der Herabsetzung», in dessen Rahmen ihr ein Forschungsfreisemester gewährt wurde, ohne das dieses Buch schwerlich hätte geschrieben werden können. Verena Wielens hat während dieser Zeit dafür gesorgt, dass die anfallenden Anfragen und Erwartungen im Dresdener Sekretariat aufgefangen worden sind und die dem Nachdenken und Schreiben gewidmeten Tage nicht beeinträchtigt haben. Dafür gilt ihr unser herzlicher Dank.

Von Herfried Münkler geht ein nicht minder großer Dank an Karina Hoffmann, die einmal mehr seine handschriftlichen Textbeiträge abgeschrieben sowie Nachträge und Ergänzungen, die im Verlauf des gemeinsamen Arbeitsprozesses entstanden sind, in das Gesamttyposkript eingebracht hat. Die Aufmerksamkeit und die Sorgfalt, mit der sie das getan hat, sind bewundernswert. Weiterhin ist Felix Wassermann zu danken, der Herfried Münkler die Möglichkeit gegeben hat, im Rahmen eines Kolloquiums einige Überlegungen zu Abstieg und Niedergang in aktueller wie ideengeschichtlicher Perspektive vorzustellen und sie mit vielen alten und neuen Freunden und Bekannten zu diskutieren. Es ist unersetzlicher Gewinn, der aus solchen Diskussionen gezogen werden kann.

Außerdem gilt unser Dank Gunnar Schmidt, dem Verleger des Rowohlt · Berlin Verlags, der die erste Idee Marina Münklers über den erforderlichen «Abschied vom Abstieg» aufgegriffen und uns mit freundlicher Beharrlichkeit dazu gebracht hat, sie kontinuierlich weiterzuverfolgen. Frank Pöhlmann war während des Schreibens ein aufmerksamer Lektor, der unseren gemeinsamen Diskussions- und Klärungsprozess wie dessen Niederschrift hilfreich befördert und begleitet hat.

Üblicherweise folgt hier die Aufzählung der Kolleginnen und Kollegen, die Teile des Manuskripts gelesen und dazu

Kommentare verfasst haben. Doch auf diese Kollegenkommunikation während der Arbeit haben wir diesmal bewusst verzichtet. Das gemeinsame Schreiben eines Buches ist ein ebenso aufwendiges wie riskantes Unterfangen – auch wenn wir uns nicht zum ersten Mal an ein solches Vorhaben herangewagt haben –, bei dem alle Energie und Aufmerksamkeit nach innen gerichtet ist. Es muss damit gerechnet werden, dass von außen eingeholte Ratschläge die ohnehin vorhandenen Zentrifugalkräfte des Schreibvorgangs noch erhöhen würden, zumal bei einem Thema, bei dem vermutlich eine Fülle von Aspekten ins Spiel käme, die es allesamt verdient hätten, noch berücksichtigt zu werden. Das schien uns zu riskant zu sein. Deswegen ist die Formel, die sonst häufig eine bloße Floskel ist, in unserem Falle ganz ernst gemeint: Für alle Irrtümer und Fehler, die in diesem Buch enthalten sind, sind allein wir verantwortlich.